사례 실무중심 생활법률

이경용 · 강봉현 · 김상명

정독
DEEP READING

머리말

보통 사람들이 법을 공부한다는 것은 너무나 어렵고 힘든 일이 아닐 수 없다. 대부분 법전이나 법학책에 나오는 용어부터 난관에 봉착한다. 법학을 공부하는 것이 흥미도 없을 뿐 아니라 재미조차 없다고 생각하는 것 같다. 하지만 본인이나 가족, 혹은 지인 중에 법을 위반한 행위로 고소나 고발을 당한 경우에 법전을 보거나 법학 교재를 사서 특정 부분을 찾아보기도 하고, 혹은 법학지식이 있는 교수나 변호사 혹은 법무사 등에게 상담하여 해결하려고 한다. 이마저도 힘든 경우에는 평소 알고 지내던 지인을 통해 동종 유사 사무실에 근무하는 사무원 등에게 상담하여 해결해 보려고 시도해 보지만 그곳에서도 답을 찾을 수 없다는 결론에 이른다.

결국은 대한법률구조공단을 통한 변호사 등을 소개받거나 변호사와 상담을 통해 보지만 그들도 내편은 아닌 것 같아 속이 상할 때가 많다고 하소연하기도 한다. 왜 이런 일들을 경험해야 하는 것일까?

우리 사회 대부분 일반 시민들은 법률 적용과 집행에 있어서 불평등하다고 인식하고 있기 때문이 아닐까 싶다. 우리 사회에 '유전무죄 무전유죄'라는 말이 회자되고 있는 점에 주목할 필요가 있다. 한국 사회는 아직까지도 공정과 상식이 통한 사회가 아니라는 것을 반증하는 것이 아닐까? 이런 질문에서부터 출발하여, 제주국제대학교 경찰학부에 재직하고 있는 이경용 박사, 강봉현 박사, 김상명 박사가 각자의 실무적인 경험과 이론을 바탕으로 논의와 토론을 거쳐, '사례 실무중심 생활법률'을 출간하기로 하였다.

본 교재는 이론을 토대로 사례연구 실무중심으로 구성하려고 노력하였다. 총 제16장으로 구성했다. 제1장 생활법률의 학습 방법, 제2장 생활관계와 법률관계, 제3장 국민의 권리, 제4장 권리의 행사와 그 제한, 제5장 법률행위, 제6장 결혼과 법률, 제7장 재산상속과 법률, 제8장 부동산과 법률, 제9장 임대차와 법률, 제10장 형사사건과 법률, 제11장 교통사고와 법률, 제12장 행정구제와 법률, 제13장 성범죄와 법률, 제14장 여성과 법률, 제15장 재산범죄와 법률, 제16장 스토킹과 법률로 구성했다.

본 교재 작성과 구성에 있어서 이론과 사례 실무중심으로 교재를 준비하다 보니 다양한 참고 문헌을 토대로 교재를 구성할 수밖에 없었다. 따라서 저자가 2인 이상인 경우에는 제1저자 표기로만 한정하였으며, 본문 각 장의 참고문헌 표기는 원칙적으로 생략하고 전체 참고문헌으로 대체하였음을 밝혀둔다.

본 교재를 출간하는데 있어 법무사의 다양한 경험을 바탕으로 실무적인 자료와 경찰학부에서 형사판례연구와 형사소송실무 등을 강의하고 있는 경찰학부 이경용 교수, 경찰학부에서 물권법과 계약법을 강의하고 있는 강봉현 교수, 경학부의 학부장으로 재직하고 있는 김상명 교수, 각자의 맡은바 노력과 배려로 출간되었음에 감사를 표한다.

그리고 출판을 허락해 주신 출판사 정독 김중용 대표님과 심성보 편집 이사님께 깊은 감사를 드린다.

2023. 9.

공저자 드림

차 례

제 1 장 생활법률의 학습 방법

제 3 장 국민의 권리

제 5 장 법률행위

제 6 장 결혼과 법률

제 7 장 재산상속과 법률

제 8 장 부동산과 법률

제 9 장 임대차와 법률

제11장 교통사고와 법률

제13장 성범죄와 법률

제14장 여성과 법률

제15장 재산범죄와 법률

第16장 스토킹과 법률

제 1 장

생활법률의 학습 방법

제 1 장 생활법률의 학습 방법

Ⅰ. 공동생활과 생활법률

사례연구

[사례 실무중심 학습]

甲은 생활법률이란 책을 사서 나름대로 열심히 읽고 있는데 도무지 단어나 용어가 어려워 이해하기 어렵고 재미도 없다. 혹시나 사례 실무중심 생활법률을 공부하는 방법이 따로 있는 것을 모른 것이 아닌가 하는 생각이 든다. 고민도 생긴다. 어떠한 방법으로 생활법률을 학습하는 것이 좋은가?

사람들은 법을 공부하기 위해서는 서점이나 인터넷에서 법학 교재나 수험 서적을 사서 공부하거나 혹은 대학 법학과에서 학습을 통하여 법학박사 학위를 취득하거나 법학교수가 되는 등의 방법을 선택하기도 한다. 그리고 변호사나 법무사, 노무사, 회계사 등의 자격시험에 합격하거나 법원직공무원이나 검찰직공무원이 되어야만 법을 많이 아는 것으로 인식하고 있다. 그래서 자기 나름의 공부 방법을 정해 놓고 공부하거나 필독서를 가지고 학습하고 있는 것이 보통이다. 이러한 현상은 우리나라의 한국적 수험법학의 분위기에 해당하는 방법이라 할 수 있다.

그러나 생활법률 지식을 습득하기 위해서는 생활법률을 반복하여 학습해 나가는 것이 매우 중요하다. 생활법률과 법조문을 반복해서 읽고 또 읽고 생각하는 문제점을 다른 사람들과 토론하기도 하고, 본인 생각을 글로 정리해 보기도 하며, 주변 사람들의 여러 가지 생활에서 일어나는 일에 적용해 보고 그 문제점을 해결하는 능력 및 처리능력을 향상시키려는 반복적인 노력이 필요하다.

인간은 자기 혼자 홀로 생활할 수 없고 다른 **사람**들과 함께 어떠한 관계를 유지하면서 생활하게 된다. 그리스 철학자 아리스토텔레스(Aristoteles, B.C. 384~322)는 '**인간은 사회적 동물**'이라 함으로써 인간은 사회적 존재로 둘 이상 모여 서로 어떠한 특별한 관계를 유지하면서 살게 되어 그곳에 사회가 형성되고 인간 상호간의 사회 공동생활을 하게 된다고 한다. 이러한 인간 공동생활 관계에서 일정한 목적을 달성하려고 할 때 거기에 사람 상호간에 이해관계가 생기게 되므로 영국의 철학자 홉스(Thomas Hobbes, 1588~1679)는 이를 '**만인에 대한 만인의 투쟁**'상태라고 함으로써 인간사회가 긴장과 투쟁의 관계로 변화되기도 한다고 한다. 따라서 사람은 생활공동체로서의 사회질서 유지가 요청된다. 사회구성원은 누구나 함께 사회적 활동을 하면서 다소의 제약을 받지 않을 수 없고 규범에 복종하지 않을 수 없게 된다. 결과적으로 사람은 사회를 떠나서 존재할 수 없고, **사회규범**을 벗어나 존재할 수 없는 것이다.

고대사회에서는 개인의 자아의식이 희박하여 **종교**라든가 **관습**이나 **도덕** 등과 같은 규범으로서도 사회질서를 유지할 수 있었으나, 사회가 진보되고 발달하여 그 규모가 확대되고 개인의식과 사회의식이 높아짐에 따라 과거 무자각의 단순한 **사회규범**으로써는 그 질서유지가 어렵게 되었다. 여기에 사회의 진전에 따라 그 사회공동체의 중심권력이 확립되고, 여러 가지의 사회규범에서 법이 분화하여 사회 **질서유지**를 확보하기에 이르렀던 것이다. 따라서 "**사회가 있는 곳에 법이 있다**"(Ubi societas ibi ius)라고 하는 법 격언은 사람이 모여 사회생활을 하는 곳에는 그 질서를 유지하기 위하여 반드시 법이라는 **강제규범**이 필요하다는 것을 표현한 것이다.

사람이 사회 공동생활을 영위하면서 살아가는 생활관계에서 발생하는 법률을 다루는 **생활법률**은 법을 공부하지 않았던 사람들을 대상으로 일상생활에 필요한 기초적인 **법률지식**을 습득하게 하기 위한 교양서적이다. 사회생활을 하는데 있어서 생활법률 지식을 가지는 일이 얼마나 중요한지는 이미 다 아는 사실이다. 우리는 '**아는 것이 지식**'이라는 시대는 지나고, 이제는 '**알아 가는 것이 지식**'이라고 할 수 있는 시대에 살고 있다.

우리는 법 없이 살 것 같은 사람도 일상생활을 하다 보면 가끔은 법률지식이 필요하다고 느낄 때가 많다. 그 필요성은 언제 어떻게 닥칠지 모르는 불상사에 대비하기 위한 것이다. 종래 "아는 것이 힘, 배워야 산다"는 말처럼 평소 법률지식을 가지고 있으면 살아가는데 도움이 되는 것은 당연하다. 어떤 사람은 아주 작은 법률지식을 모르거나 간과함으로써 큰 손해를 보는 경우도 있다. 그러나 그 경우에 "아니 세상에 이런 법이 어디 있는가?", "나는 그러한 규정이 있는지도 몰랐다", "이러한 법이 있다는 것을 알았다면 그렇지 않았을 것이다. 어떻게 안될까?"라고 이야기해 보지만, 법의 규정을 몰랐다고 용서받을 수는 없는 시대에 살고 있다. 우리 법원에서 종종 인용되는 문구 중에 "단순한 법령을 모르는 것은 정당한 사유에 해당한다고 볼 수 없다"는 말이 있다. '몰랐다'는 사실만으로 책임을 면할 수는 없다는 이야기다. 법학을 전공하는 법학도가 아니더라도 자신의 일상생활과 관련된 법률문제에 대해서 생활법률 지식을 알아두어야 한다.

어떤 **법률문제**가 발생되었을 때 우리는 "이런 경우에 어떻게 하면 되는가?", "어떻게 하면 되는지 알려면 어떻게 해야 하나?"를 생각한다. 그 해답을 찾기 위해서 흔히 **법률사무소**나 **법조계**의 친지를 방문하거나 전화로 상담하게 된다. 그러나 그러한 방법이 그리 쉬운 일만은 아니다. 일이 생길 때마다 일일이 자세한 방법을 물을 수도 없고, 바쁜 사람에게 그러한 질문을 자주 할 수도 없기 때문이다. 이 경우 우리는 법률문제에 관한 짧은 지식이라도 가지고 있으면 다른 사람에게 큰 불편을 주지 않으면서 법률문제를 해결할 방법을 찾을 수 있을 것이다.

우리가 학습할 내용은 바로 이것이다. 법률전문가가 우리에게 법률문제를 상담하는 것은 그들이 만들어내서 우리에게 제공하는 것이 아니다. 단지 우리가 그 해답이 어디에 있는지, 그리고 어떤 방법으로 그 해답을 찾을 것인지를 모를 뿐이다. 법률전문가가 우리에게 제공하는 그 해답은 국회 등에서 제정한 **법률** 등의 실정법과 법원의 판결을 토대로 만들어진 **판례**에 근거하고 있다. 우리가 법률문제를 해결하는데 필요한 법률지식은 실정법과 판례, 그리고 실정법과 판례에 대한 연구자료를 통한 법률지식에서 얻을 수 있다.

II. 생활법률을 찾는 방법

우리가 법률문제에 부딪혔을 때 가장 먼저 알아야 하는 것이 바로 실정법이다. 모든 법률문제 해결의 출발점이 바로 실정법이라 해도 좋을 정도로 실정법은 중요한 근거가 된다. 재판을 담당한 법관들도 구체적인 사건에 대하여 자기 마음대로 판결을 하는 것이 아니라 국회 등에서 제정한 실정법을 바탕으로 판결한다. 그러면 실정법은 어디에서 어떻게 찾아볼 수 있을까?

1. 직접 찾는 방법

실정법은 국회에서 제정한 **법률**을 말한다(넓은 의미로는 국회에서 제정한 법률, 정부에서 제정한 **명령**이나 **규칙**, 그리고 자치법규인 **조례** 등을 통틀어 실정법이라고 한다). 대학도서관이나 공립도서관 등 공공도서관을 이용하는 수밖에 없다. 도서관에 가면 대부분의 법률들이 수록된 대법전과 소법전을 찾아볼 수 있다. 물론 개인적으로 서점에서 구입하여 볼 수도 있지만, 가격이 만만치 않다. 법전은 찾고자 하는 법률들이 항목별로, 또는 가나다순으로 일목요연하게 수록되어 있어 찾아보기가 매우 쉽다. 그런데 법전은 매년 초에 지난해까지의 실정법을 그 내용으로 개정판을 발간하고 있는데, 법률은 수시로 제정 또는 개정, 폐지되므로 연중에 개정되거나 제정된 법률이 수록되지 않거나, 폐지된 법률이 그대로 남아있는 경우가 있는 단점이 있다.

가장 최근에 제정되거나 개정된 실정법을 찾는 방법은 정부(행정안전부)에서 발간된 관보를 보는 것이다. 그러나 관보는 공휴일은 제외하고 거의 매일 발간되기 때문에 몇 개월만 지나도 그 양이 매우 많아지게 되므로 관보에서 실정법의 제정·개정 사항을 찾기란 그리 쉬운 일이 아니다. 실정법의 제정·개정에 대한 자세한 이유나 입법 절차를 알고자 할 때는 국회상임위원회 회의록과 본회의 회의록을 찾아볼 수 있다.

2. 인터넷에서 찾는 방법

인터넷상에서 얻을 수 있는 법률정보는 크게 법령에 관한 정보, 판례에 관한 정보, 문헌에 관한 정보, 법률정보, 각종 서식에 관한 정보로 나누어 볼 수 있다. 이 정보들은 공공기관이나 사기업에서 제공하고 있다. 법률정보를 제공하는 사기업들은 이러한 정보를 모두 취급하고 있지만, 공공기관의 경우에는 각 기관의 성격에 맞는 정보만을 취급하는 경우가 많다. 법령에 관한 포괄적인 정보를 제공하는 주요 공공기관으로는 **국회**, **대법원**, **법제처** 등을 들 수 있다. 우리나라 공식적인 법령정보는 법제처에서 운영하고 있는 '국가법령정보센터(http://www.law.go.kr)'에서 찾아볼 수 있다. 국가법령정보센터는 현행 법령에 대하여 가장 정확한 정보를 제시하는 사이트이다. 대한민국 법령과 조례·규칙뿐만 아니라 법원 판례, 헌법재판소결정례, 법령해석례, 행정심판례 등을 제공하고 있어 누구든지 일상생활에 필요한 법령정보를 검색할 수 있다.

그리고 '찾기 쉬운 생활법령정보'(http://easylaw.go.kr)는 실생활에 필요한 법령을 쉽게 찾고 이해할 수 있도록 법령 간의 관계를 생활 중심으로 분류하고, 어려운 법령의 내용을 알기 쉽게 해설하여 제공한다.

이 밖에 법령정보를 제공하는 웹사이트 중 대표적인 곳으로 네트로(www.netlaw.co.kr), 로앤비(www.lawnb.com)를 들 수 있다. 최근에 인터넷 포털 사이트들도 법령정보를 제공하고 있다. 대표적인 것으로 네이버 법률세무(lawyer.naver.com)와 다음법률(law.daum.net)을 들 수 있다. 이전에는 실정법의 제정이나 개정, 입법이유나 입법절차 등을 자세히 알려면 인터넷을 통하면 누구든지 간단하게 찾아볼 수 있게 되었다. 먼저 대한민국국회 사이트(www.search.assembly.go.kr)를 방문하면, 입법통합지식관리시스템의 일부로서 국회법률정보시스템이 있다. 이 시스템은 검색어 입력방식과 사전식 분류검색방법의 두 가지를 지원한다. 여기에서 검색어 입력방식은 법령명칭, 주제어, 법령공포일자 또는 공포번호 중 한 가지를 입력하여 해당법령을 찾아내는 방식이다. 국회는 대한민국의 입법기관인 만큼 최근에 국회에서 가결된 법률안에 관한 정보, 현행법률이 있기까지 국회에서 논의된 여러 법률안 및 이에 대한 심사보고서 등도 제공하고 있다.

대한민국법률정보(www.lawkorea.com)를 방문하면, 초기화면에 법률정보, 사법시험, 법률상담 등의 메뉴가 있어 해당 메뉴를 클릭하면 입법예고, 최근 개정법령, 현행법령뿐만 아니라 최근 판례정보까지 얻을 수 있다. 그리고 법제처 홈페이지(www.moleg.go.kr) 중앙에 있는 종합법령정보서비스를 이용하면, 두 가지 방식으로 검색이 가능하다.

우리가 원하는 실정법에 대한 정보는 국회 사이트(www.assembly.go.kr)나 대한민국법률정보사이트(www.lawkorea.com), 그리고 법제처사이트(www.moleg.go.kr) 등을 잘 이용하면 충분히 구할 수 있다. 그리고 행정안전부사이트(www.mogaha.go.kr.)를 방문하여 초기화면에 '알권리보장' 메뉴를 클릭하면 법령자료실이 있는데 여기에 들어가면 입법예고, 법령공포, 훈령이나 예규 등의 새롭고 다양한 자료들을 한꺼번에 얻을 수 있다. 오늘날 전자정부의 실현이라는 목표 아래 입법, 사법, 행정기관 모두 각각 인터넷사이트를 가지고 있으므로 이를 잘 이용하면 큰 도움을 받을 수 있다.

3. 판례를 찾는 방법

판례는 법원에서 내려지는 판결에서 얻어지는 법이다. 판례는 우리 주변에서 발생되는 구체적인 법률분쟁이 어떤 실정법이 적용되어 해결되는지를 판결이라는 이름으로 보여준다. 법원의 판결은 당사자간의 다툼을 해결하는데, 그것을 보는 우리로 하여금 장차 어떻게 행동해야 할 것인가를 지시하는 역할을 하기도 한다. 판례는 대법원을 비롯하여 고등법원과 각 지방법원 및 지원에 이르는 전국 곳곳의 법원에서 내려지는 판결이 누적되어 얻어지는 법을 말한다. 각 법원은 소속 법관들이 내린 판결문을 보관하고 있어 법원에 가면 그 판결문을 복사하여 볼 수 있다.

대법원도서관에서 발간하는 '판례공보'와 '하급심판결집'을 이용하는 것이다. 판례공보와 판결집은 전국 법원의 판결 중에서 일부를 선별하여 판례공보의 경우에는 월 2회, 판결집은 연 2회 정도 발간하고 있다. 최근에는 법원도서관에서 이 판례공보와 판결집을 판례검색프로그램(법고을 LX)으로 제작하여 보급하고 있다. 그러나 판례공보와 판결집은 민사·형사·특별법 영역으로 구분되어 있을 뿐으로 개별 실정법별로 정리되어 있지 않아서 일정한 법률지식이 없이는 필요한 자료를 찾기가 쉽지 않다는 단점이 있다. 서점에서 '판례교재' 서적을 구입해 보는 것도 한 가지 방법이다. 이들 판례교재는 대학 강의교재로 사용되는데, 판례공보와 판결집에 실린 판례 중에서 중요한 판례를 엄선하여 개별 실정법을 중심으로 구성되어 있으며, 소개된 판례에 대한 평석이 추가되어 있다는 장점이 있다.

인터넷을 통한 판례 검색은 대법원사이트를 통해서 가능하다. 법령정보 제공처로 소개한 사기업 웹사이트 네트로와 로앤비, 포털사이트 법률세무와 다음법률에서도 판례정보를 얻을 수 있다. 우선, 대법원의 종합법률서비스

(www.glaw.scourt.go.kr)는 대법원, 헌법재판소, 하급심의 판례에 대한 정보를 제공한다. 특히 대법원 판례에 대해서는 전문을 제공하고 있다. 여기에 접속하면 소송절차, 공탁, 정보광장 등의 메뉴가 나오는데, '정보광장'을 클릭하면 종합법률정보, 시험정보, 관련사이트 등의 하위메뉴가 보이며, '종합법률정보'를 클릭하면 대법원을 비롯한 각급법원의 판례를 찾을 수 있다. 판례는 민사, 형사, 행정, 가사, 특허로 구분하여 찾을 수 있도록 하고, 선고일자나 검색어, 참고조문, 사건번호만 알아도 검색이 가능하도록 되어 있다. 여기에서 제공하는 판례자료는 주로 법원도서관에서 발간하는 판례공보에 실린 대법원판결, 고등법원이나 지방법원 등의 하급심판례정보도 제공하고 있다. 헌법재판소 결정은 헌법재판소 사이트(www.ccourt.co.kr)에서도 제공하고 있다. 헌법재판소 홈페이지 상단에 있는 '헌법재판정보'를 클릭하면 헌법재판소의 판례정보를 이용할 수 있다. 법제처(www.moleg.go.kr)의 종합법령정보서비스에서도 대법원판례, 헌법재판소판례, 하급심판례는 물론 법제처가 운영을 맡고 있는 국무총리 행정심판위원회에서 심리·의결한 행정심판청구사건의 재결례에 관한 정보를 제공하고 있으므로 여기에서도 판례를 찾을 수 있다.

Ⅲ. 연구자료를 찾는 방법

우리는 실정법과 판례자료를 조사하는 방법으로 실정법이나 판례에 대해서 다양한 해석이 가능하기에 이에 대한 논란이 끊이지 않는 것이 법 현실이다. 우리가 법률지식을 조금씩 얻게 되면 어떤 실정법의 규정이 왜 그렇게 규정되어 있는지, 또는 어떤 판결이 법률을 왜 그렇게 적용하고 있는지 궁금하게 된다. 이러한 기본적인 의문을 풀기 위해서는 다양한 연구자료를 읽어보는 것이 도움이 된다.

1. 연구자료의 구성

전통적으로 연구자료라고 하면 두꺼운 교과서와 논문을 생각하게 된다. 대학생들이 연구자료로서 가장 먼저 접하는 것이 단행본으로 된 전공교재이다. 다른 학문처럼 법학의 경우에도 전공과목들마다 저마다의 교재들이 있다. 재미있는 것은 '법철학', '법사상사', '법제사' '법사회학', '법여성학'처럼 '법'이라는 글자가 앞에 있는 전공과목이 있는가 하면, '헌법', '민법', '형법', '상법', '행정법', '세법', '소송법'처럼 '법'이라는 글자가 뒤에 있는 전공과목도 있다. 이들 과목에 대한 교재는 그 제목에서도 알 수 있듯이 우리가 일상생활에서 겪게 되는 다양한 법률문제를 심도 있게 다루고 있다. 이 전공교재는 단순한 법률문제의 나열이 아니라 그 해답이 나오기까지의 논리적 과정을 하나씩 풀어나가고 있는 것이다.

법학전문학술지에는 논문과 판례평석 등이 실리는데, 논문은 글자 그대로 어떤 주제에 대한 주장을 담은 글이고, 판례평석은 법원의 판결에 대한 비평이라고 할 수 있다. 일반적으로 법학전문학술지는 전공과목별로 존재하기도 하고, 모든 전공을 망라하는 경우도 있다. 이 학술지는 전문가의 전문적인 의견 내지는 주장을 담고 있어서 법학을 전공하지 않는 일반인들이 읽기에는 다소 부담이 될 수 있다.

2. 인터넷에서 찾는 방법

우리가 찾는 전공교재나 학술지가 과연 도서관에 있는지 알아보는 간편한 방법이 바로 인터넷을 통한 검색이다. 이전에는 이 도서관 저 도서관 헤매면서 우리가 필요한 자료를 찾아 다녔는데, 지금은 집에 앉아서도 어느 도서관에 어떤 자료가 있는지 바로 알 수 있고, 필요한 자료를 인터넷을 통해서 신청할 수도 있게 되었다. 국회도서관, 법원도서관, 국립중앙도서관, 각 대학도서관 등을 그들 전자주소를 통해서 접속하면 그 도서관의 자료들을 한눈에 볼 수 있다. 만약 개별 도서관의 주소를 모를 때에는 한국교육학술정보원 학술연구정보서비스(www.riss4u.net)를 접속하면 우리가 찾는 연구자료가 어디에 있는지 쉽게 알 수 있다.

국가전자도서관(www.dlibrary.go.kr)은 하나의 도서관이 아니라 여러 공공도서관의 자료를 한 곳에서 이용할 수 있도록 만든 가상도서관이다. 이곳에서는 국립중앙도서관, 국회도서관, 법원도서관 등에 소장되어 있는 자료를 한꺼번에 검색할 수 있다. 국가전자도서관은 현재 7개의 참여기관이 제공하는 36종의 다양한 데이터베이스를 통합하여 검색할 수 있다. 그리고 일반 이용자들은 저작권에 저촉되지 않는 원문을 무료로 열람·출력할 수 있고, 저작권이 있는 원문은 가까운 공공도서관의 지정된 PC에서 열람할 수 있다.

IV. 법무부 법률교육

1. 법사랑 사이버랜드

법사랑 사이버랜드(http://cyberland.lawnorder.go.kr)는 법을 쉽게 이해할 수 있는 영상, 카드 뉴스, 웹툰 등을 제공한다. 유아부터 성인을 대상으로 맞춤형 영상을 제공하며, 법의 의미와 역할, 생활법령에 관한 정보뿐만 아니라 인권이나 민주시민 의식을 향상시킬 수 있는 온라인교육 콘텐츠를 제공한다.

2. 솔로몬로파크

솔로몬로파크(http://www.lawnorder.go.kr/solomond/index.do)는 법무부에서 운영하는 국내 최초의 법교육 테마공원으로 어린이, 청소년을 비롯한 모든 국민이 법을 쉬고 재미있게 배우고 체험할 수 있는 법과 정의의 배움터이다. 모의재판, 과학수사실, 모의국회, 법짱마을 등 신나는 법체험 프로그램과 어린이 법탐험 캠프, 교사직무연수 등 다양한 법연수 프로그램을 통해 민주시민의 자질과 소양을 자연스럽게 체득할 수 있다.

3. 법교육 전자도서관, 이로운 도서관

법교육 전자도서관인 이로운 도서관(http://www.lawnorder.go.kr/portal/cluser/contents/Library.do)은 법교육 출간교재, 연재기사, 연구보고서, 멀티미디어 콘텐츠 등 법교육 관련 자료를 체계적으로 정리하여 이용자가 쉽고 재미있게 법질서 및 민주시민의식을 배울 수 있도록 개발된 온라인 법교육 토털사이트이다.

4. 생활법률지식 서비스 '버비'

생활법률지식서비스 버비(http://talk.lawnorder.go.kr/web/index.do)는 국민들이 쉽고 편리하게 생활법률 지식을 접할 수 있도록 제작된 정보제공 시스템이다. 이 서비스는 법률전문가가 제작한 문답지식을 이용하여 외부의 개발자나 사용자들이 다양하고 재미있는 서비스 및 애플리케이션을 개발할 수 있도록 무료로 공유하는 오픈 API 서버를 기반으로 한다. 누구나 홈페이지 창과 카카오톡을 이용하여 법과 관련한 질문을 올리면 자동으로 답변이 생성되어 쉽게 이용할 수 있다.

Ⅴ. 법률전문가

사례연구

최근 검사, 판사, 변호사 등 법률가가 점점 국민들의 따가운 비판의 대상이 되고 있다. 검사와 판사는 어쩐지 권력의 시녀같아 보인다. 그리고 변호사는 말로만 인권과 정의를 부르짖고 있으나 실제로는 돈만 챙기는 장사꾼같이 보인다는 비판이 있다. 법률가들은 헌법과 법률에 따라 정의로운 인간상으로 거듭날 수는 없는가?

우리나라 법률가가 사회적으로 좋은 지위를 확보하다 보니 권력과 금력에 결탁되어 일반 국민으로부터 지탄을 받게 된 것이다. 어쩌면 당연한 결과라고 볼 수 있다. 법률가가 국민을 위한 봉사자라기보다는 관료화되면서 생긴 부작용이라 할 수밖에 없다. 이에 대한 제도적·윤리적 반성이 모색되어야 한다. 가령 공직자윤리법에 의해 재산등록 내지 공개가 되고 엄격한 법조 윤리가 실천되면 상당한 수정과 제한이 가해질 수 있을 것이다. 제도적으로 아무리 대책을 강구해 놓아도 그 법과 제도를 운영하는 법률가 자신이 이를 탈법적으로 악용하면 속수무책이 될 수밖에 없는 것이 현실이다. 따라서 법조 윤리와 법률가의 인생관과 가치관이 매우 중요하다고 판단된다.

1. 변호사

변호사(lawyer, attorney)란 법을 다루는 실무가로서, 형사소송에서 피고인 등을 위해 변호해주거나, 민사소송·행정소송 등에서 소송의 당사자들을 대리하여 소송을 수행하거나, 또는 법률자문을 해주는 것을 직업으로 삼는다. 형사소송에서의 국선변호인, 헌법소송의 국선대리인 제도를 이용하거나 법률구조법에 따른 대한법률구조공단 소속 변호사를 선임하는 것이 아닌 한 사건을 위임하는 데 비용이 많이 드는 편이다. 현재 변호사 자격을 취득하려면 법학전문대학원(로스쿨)을 졸업하고 변호사시험에 합격해야 하며, 로스쿨 졸업 후 변호사시험 응시 가능 횟수는 5회로 제한된다.

변호사는 소송 등 법률절차에서 당사자를 대리하며, 특히 민·형사재판에서 변론을 맡는다. 법정에서 변호사가 필요한 이유는 소송당사자 본인은 법률적 지식이 부족하여 어떻게 해야 할지 모르고 이러한 법률 지식이 없으면 법적 분쟁에서 매우 불리해지기 때문이다.

2. 판 사

판사는 대법원을 제외한 법원들에서 현행 헌법, 법률, 법령에 따라 주어진 사건 기타 사안에 대한 총체적인 판단과 판결을 내리는 직업 또는 그 위치에 있는 사람을 뜻한다. '법관=판사'로 생각하는 경우가 많은데, 법관 중 대법원장과 대법관은 판사가 아니다. 즉, '판사⊂법관', '법관−대법원장−대법관=판사'이다. 물론 대법원장과 대법관은 다 합쳐서 대한민국에 14명밖에 없으므로, 절대다수의 법관은 판사다.

대법원장이 대법관회의의 동의를 얻어 임명한다(헌법 제104조 제3항). 임기 10년에 연임이나 중임 제한은 없지만, 정년은 65세로 임기 중이라도 정년에 달하면 퇴직해야 한다. 탄핵당하거나 금고 이상의 형벌을 받지 않는 한 파면되지 않고, 징계처분에 의하지 않는 한 정직, 감봉 등 불이익을 받지 않는다. 즉, 여타 공무원과 달리 판사는 징계처분으로도 파면, 해임되지 않는다. 이에 따라 판사가 범죄를 저지르고도 멀쩡히 판사직을 유지하게 되는 경우가 있으나, 사법권의 독립을 위해 필요한 조항이다.

사법권의 독립을 보장하기 위해, 판사가 직무를 수행하며 내린 판결은 어떠한 경우에도 문책사유가 되지 않는다. 이론상으로는 오심으로 억울한 사람한테 사형 판결을 내려도 그 판사는 법적으로 처벌, 징계의 대상이 아니다. 다만 오심이 아니라 판사가 뇌물을 받는다든지 해서 일부러 이상한 판결을 내리는 경우는 다른 공무원과 마찬가지로 그에 상응하는 형사처벌 대상이다. 그리고 능력 부족으로 오심이 잦다면 당연히 인사상 불이익이 따른다. 단, 그런 만큼 공직에 있는 동안은 정기 및 보궐 선거의 단순 투표권을 제외한 정치 활동을 할 수 없다. 이상의 대원칙은 군사법원의 군판사도 똑같으나 적용 법조항에 있어 약간 차이가 있다.

민사, 형사, 가사, 행정소송 등을 담당하며, 소송사건 외에 비송사건 등 재판 전체에 관여하여 판결, 결정, 명령 등의 형식으로 재판의 결론을 내리고, 중재, 조정, 화해 등에도 관여한다. 또한 체포영장, 구속영장, 압수·수색 영장 등을 발부할 수 있는 유일한 존재다. 판사가 발부한 영장 없이 사람을 체포하거나 개인 물품을 뒤진다든가 하는 행위는 현행범이나 긴급체포 등 몇몇 예외를 제외하고 전부 불법이다. 이를 **영장주의**라 한다.

3. 검 사

검사는 행정부에 소속한 행정공무원이지만 일반 공무원과는 달리 개개의 검사가 검찰권을 행사하는 **국가기관**(단독제의 관청)으로, 총장·검사장 또는 지청장의 보조기관이 아니다. 검사는 법학전문대학원(로스쿨) 졸업 후 변호사 자격을 취득해야 검사가 되기 위한 지원자격이 주어진다. 검찰청에 소속되어 있다.

검사가 속해있는 검찰청은 검찰권을 행사하는 단독관청이다. 수사기관이고 소추기관인 동시에 형의 집행기관이다. 검사의 주된 업무는 범죄를 수사하여 법원에 기소하는 것을 통해서 법이 올바르게 작용하도록 하는 것이다. 우리나라 검찰 제도는 **기소독점주의**와 **기소편의주의**를 취하고 있다. **기소독점주의**는 공소를 제기할 수 있는 권한을 검사만이 가진다고 하는 것이다. **기소편의주의**는 검사의 재량에 따라 공소를 제기하지 않는 권한을 부여하는 것이다.

4. 법학박사/법학교수

일반대학원에서 법학석사는 석사학위과정(3년 이상)을 수료하고 법학석사 학위를 받은 자이며, 법학박사는 법학석사를 취득하고 법학박사학위과정(3~5년)을 수료하고 박사학위 논문심사를 통과하여 학위를 받은 자이다. 법학박사

학위로서 대학 예하 법학교수직의 직위를 지내는 것이 일반적이다.

일반적으로 법학박사 학위 소지자들은 크게 두 가지 유형으로 나뉘는데, 하나는 독일, 프랑스, 미국, 영국 등지에서 법학박사 학위를 취득한 유학파 법학박사 학위 소지자이고, 하나는 국내 대학원에서 법학박사 학위를 취득한 국내파 법학박사 학위 소지자가 있다.

5. 법무사

법무사(Certified Judicial Scriveners)란 우리나라에서 타인의 위임을 통해 법원·검찰청 제출서류의 작성, 등기·공탁사건 신청의 대리, 경매·공매사건 매수·입찰신청의 대리, 개인파산·회생사건 신청의 대리를 수행할 법무사법상의 자격이 있는 전문가를 말한다. 즉 법무사는 법원(등기소 포함), 검찰을 비롯한 사법기관이나 수사기관에 제출하는 서류의 작성 및 제출 등을 대행하는 것을 주 업무로 한다.

민사소송, 형사소송, 등기, 민사집행, 가압류, 가처분, 공탁, 개인회생, 파산, 가사사건, 이혼사건, 개명사건 등의 서류작성, 공경매사건 관련 신청대리, 위 사무를 위한 법률자문·상담 등 업무를 수행한다(법무사법 제2조). 사무소마다 차이는 있으나 실무적으로 제일 많이 하는 업무가 등기업무로 부동산등기, 가령 매매, 상속, 증여 등으로 인한 소유권이전등기, 근저당설정등기, 근저당권 해제 등이며, 법인등기로는 법인설립등기, 대표자 변경등기 등이며 등기업무 다음으로 민사집행업무(제3채무자 채권압류 및 추심, 동산 강제집행, 재산명시, 재산조회, 채무불이행자 명부 등재 신청 등)를 꼽을 수 있다.

다음으로 지급명령신청, 민사소액사건의 소장, 준비서면, 답변서 작성과 형사 고소장 작성 등의 업무도 한다. 공탁사건 신청의 대리, 각종 공매사건에서의 매수신청 및 입찰신청의 대리업무를 맡기도 한다.

6. 변리사

변리사는 특허청 또는 법원에 대하여 특허, 실용신안, 디자인 또는 상표에 관한 사항을 대리하고 그 사항에 관한 감정과 그 밖의 사무를 수행하는 것을 업으로 한다.

7. 공인노무사

공인노무사는 노동분야의 전문적인 법률, 경영, 경제 지식 서비스의 수요에 대응하여 탄생한 제도로서, 민·형사 송무를 주로 담당하는 변호사와는 달리 노동법률, 경영자문, 인사노무, 4대보험, 정부지원금, 컨설팅, 경영학술용역 등에 있어서의 광범위한 노동 관련 지식 서비스를 제공한다. 노동 관련 법률사무 및 심판대리를 수행한다.

공인노무사는 사업장의 노사관계에 대한 사항을 분석하여 합리적인 개선방안을 제시하며, 채용에서 퇴직까지의 근로자의 모든 법률문제 전반에 대한 상담 및 교육업무를 담당한다. 노동조합의 설립 및 운영 등 모든 활동과 산업재해에 대한 사전적 예방 조치로 사업장의 안전, 보건에 대하여 자문한다. 개별 근로자에 대한 부당한 해고, 징계, 전직, 감봉 등에 대한 구제 신청을 대리하거나, 단체교섭 및 노동쟁의 때 조정 업무도 담당한다.

8. 감정평가사

감정평가사(Certified Appraiser)는 부동산, 동산, 유·무형자산 등의 경제적 가치를 판정하여 그 결과를 가액으로 표시하는 국가전문자격이다. 감정평가사가 작성하고 서명한 감정평가서는 회계의 재무제표와 같이 정보이용자에게 가치와 가격에 대한 공신력 있는 정보를 제공한다.

정부 차원의 공공사업(재개발)에는 **손실보상** 문제가 뒤따르는데 이를 감정평가한다. 매년 발표되는 **공시지가**를 산정하는 것 역시 과세의 기준으로 사용되는 등 매우 중요한 업무이다. 감정평가사는 공적 영역 이외에도 개발, 투자, 컨설팅, 금융기관의 담보 등에 활용하기 위한 감정평가도 수행되고 있다. 토지와 건물만 평가할 수 있는 것이 아니라 **준부동산**(자동차, 항공기, 선박, 건설기계 등), 유형자산과 무형자산까지 평가할 수 있다.

9. 공인중개사

공인중개사는 토지와 건축물, 그 밖의 토지의 정착물과 대통령령이 정하는 재산권 및 물건 등의 중개대상물에 대하여 거래당사자간의 매매·교환·임대차 그 밖의 권리의 득실변경에 관한 알선 매개 역할을 수행한다.

10. 주택관리사

주택관리사는 공동주택관리법에 의하여 공동주택(아파트)의 관리를 하는 자격을 말한다. 의무관리대상 공동주택을 관리하는 입주자대표회의(자치관리), 관리업무를 인계하기 전의 사업주체, 주택관리업자, 임대사업자는 주택관리사를 해당 공동주택의 관리사무소장으로 배치하여야 한다(주택관리사법 제64조). 다만, 대통령령으로 정하는 세대수 미만의 공동주택에는 주택관리사를 갈음하여 주택관리사보를 해당 공동주택의 관리사무소장으로 배치할 수 있다.

제 2 장

생활관계와 법률관계

제 2 장 생활관계와 법률관계

Ⅰ. 생활관계

사례연구

[호의관계]

甲은 친구 乙과 오후 4시에 A 카페에서 만나기로 약속하였다. 그런데 乙이 이 약속을 일방적으로 지키지 않았다. 甲은 乙에게 법률상 책임을 물을 수 있는가?

甲과 乙은 친구 사이로 甲과 乙의 약속은 법률에 따라 규율 받는 법률관계가 아니다. 단순히 생활관계 중에서 호의관계일 뿐이다. 따라서 甲은 약속을 지키지 않은 乙에 대하여 자기가 해야 할 일들을 하지 못해서 화가 났다고 해도 甲은 乙에 대한 법적 책임을 물을 수는 없다.

1. 가정과 사회

인간은 누구나 나면서부터 부모, 형제 등으로 구성된 **가정**의 일원이다. 가정은 우리가 살아가는 데 있어서 가장 기초사회로서 우리 삶의 보금자리이다. 우리 생활의 중심인 가정을 유지·존속시켜야 하는 것이 매우 중요한 문제이다. 가정의 중요성을 아무리 강조해도 지나치지 않는 까닭은 가정이야말로 **개인**은 물론이고 **국가사회**를 이루는 기초이고 발판이 되기 때문이다.

사람은 누구나 행복한 가정을 소원한다. 행복한 가정을 이룩하기 위해서는 경제적·사회적, 그리고 여러 가지 여건이 충족되어야만 한다. 가정은 사회의 연장선이라는 인식을 하는 것이 중요하다. 사회생활 속에서는 구성원 사이에 의견의 다양성으로 인해 갈등과 대립 등이 있을 수 있다. 이런 현상은 가정도 마찬가지다. 부부, 부모와 자녀, 형제자매 등으로 구성된 가정이라는 사회를 어떤 원칙에 따라 이끌어 가야 하는가가 문제가 된다.[1] 가정을 일반사회와 같이 법이나 계약으로만 이끌어 갈 수는 없다. 그렇다고 아무런 원칙도 없이 살아가는 것도 또한 참된 가정을 존속시키는데 충분한 조건일 수 없다.

가정은 사회의 중요한 요소이다. 사람은 사회생활을 하면서 살아간다.[2] 우리 사회를 유지하기 위해서는 최소한 규율 내지 규범이 있어야 한다. 그것은 어느 측면에서 **법**일 수도 있고, 가풍이나 **가훈**과 같은 전통적인 **관습**이 될 수도 있다. 이러한 가정의 규범을 준수하여 구성원 간의 이해를 조정하고 의견을 일치하는 것이야말로 **화합**이고 조화이다. 이것이 가정이라는 사회를 유지해 가는데 필요한 최소한 요건이다.

화목한 가정은 그 가정의 행복을 가져올 뿐만 아니라 국가와 사회를 밝고 건강하게 발전시키는 초석이 된다. 가정은 국가의 기초이고 국가의 유지·발전은 한 가정, 한 가정의 건전한 발전에서 기인한다는 상관성을 인식해야 한다.

이렇듯 사람이 살아가는 생활관계에서는 호의관계와 법률관계가 있다. 호의관계는 법률관계와 구별되는 생활관계로 원칙적으로 법률문제가 생기지는 않는다. 호의관계에 수반하여 손해가 발생하는 경우, 법률문제가 될 수 있으며 이때 그 손해를 누가 부담하는냐가 법적인 쟁점이 된다. 호의관계에서는 의사표시 해석의 기준, 무상계약[3]에서의 책임 경감의 법리, 과실상계[4]의 법리 등이 유추 적용될 수 있다. 가령, 호의(선한 마음으로)로 자동차를 무료로 태워 주고 가다가 운전자의 과실로 사고가 나 탄 사람에게 상해 혹은 사망이 발생하는 경우가 호의관계이다. 호의관계는 그 급부를 이행하지 않는다고 하여 상대방에게 이행청구권이 인정되지 않고, 따라서 그것을 강제적으로 실현시킬 수 없다. 무상급부라 하여 항상 호의관계로 되는 것은 아니다. 법률관계는 구체적으로 권리와 의무의 복합적 구성물로, 이를 권리중심으로 파악하면 권리

---

1) 로마 "사회 있는 곳에 법이 있다"(Ubi societas ibi ius)란 법언이 있다.

2) 아리스토텔레스(Aristoteles, BC 384~322)는 "인간은 사회적 동물이다." 홉스(Thomas Hobbes, 1588~1679)는 "만인의 만인에 대한 투쟁"이라고 정의하였다.

3) 증여 등과 같이 경제적 출연은 한쪽 당사자만 하고, 상대방 쪽에서는 이에 대응하는 반대 급부를 하지 않는 계약을 말한다.

4) 채무불이행이나 불법행위에 있어서 채무자(가해자)뿐만 아니라 채권자(피해자)에게도 손해발생 및 손해확대의 야기에 과실이 있는 경우에 법원이 손해배상액 산정시 이를 참작하여 채무자(가해자)의 책임을 경감할 수 있다(제396조, 제763조).

가 발생·변경·소멸하는 모습으로 나타난다.

2. 법의 개념

사례연구

[악법도 법인가]

소크라테스는 '악법도 법이다'면서 독배를 마시고 죽음을 택했다. 악법은 무엇이며, 악법에 대하여 어떻게 행동해야 우리 사회에 덕이 될까?

악명 높은 사람도 인간이 아니라고 말할 수는 없는 것처럼 악법도 법이라고 아니할 수는 없다. 악법은 문자 그대로의 의미는 '나쁜 법'이지만, 법이란 사실 사회질서 유지에 있으므로 단순히 선악의 잣대를 들이대기보다는 사실상 지키기 어려운 법 내지는 순기능보다 역기능이 우세한 법을 말한다. 가령 '일회용품 사용금지'라는 법은 환경보호 측면에서는 매우 좋은 취지이지만 현실적으로 지키기는 매우 어려운 법이므로 이것도 악법이라 평가하는 측면도 있다는데 주목할 필요가 있다.

사실 각 개인마다 가치관이 다른지라 누구에게는 이상적인 법도 누구에게는 악법이 되기도 한다. 때로는 경우에 따라서는 악법이지만 그 나라 국민들에게는 악법으로 여겨지지 않는 경우도 있을 수 있다. 우리 사회에서 더욱 필요한 것은 헌법상 주어지는 저항권의 의식도 중요하다. 그보다 더 중요한 것은 법률을 개선하여 악법적인 요소(나쁜 법)를 제거해 나가는 혁신적인 의지가 더욱 중요하다.

법이란 무엇인가. 즉 법의 개념에 관해서는 법학자마다 다른 정의를 갖고 있다고 할 정도로 다양하다. 미국에서는 "법원에서 판사가 말하는 것, 그것이 법이다"라고 하는가 하면, 독일의 라드브루흐(Radbruchsche)는 "법이념에 봉사하는 의미를 가진 현실"이라 한다. 그러나 학자들이 어떤 정의를 내리느냐가 중요한 것이 아니다. 우리가 생활 속에서 무엇을 법이라 생각하느냐, 또는 무엇을 법이 아니라 생각하느냐가 중요한 것이다.

국가·사회를 유지·발전시키기 위해서는 규범 중에서도 법이 필요하다. 그러면 법이란 무엇인가를 밝혀야 한다. 그렇지만 명확한 답을 찾기는 어렵다. 인간의 사회생활이 시작되면서부터 수많은 법이 생성되고 소멸해 왔다. 법은 역사적 의미도 내포되어 있고 실제 생활에 적응하여 온 실증적인 의미도 담고 있기 때문이다.

민주국가에서는 법에 의하여 정치를 해야 하고(**법치주의**),[5] 법에 의하여 일상생활이 규율되면서 영위되어야 한다(**법의 지배**).[6] 우리의 생활이 법에 의해서 유지되는 밀접한 관계를 맺고 법의 의미를 밝히는 것은 쉬운 일이 아니다. 법학을 연구하는 사람들의 밝혀야 할 최후의 과제라고 할 수 있다. 그렇지만 일반적으로 법이란 사람이 사회생활을 하는데 서로 지켜야 할 행위의 준칙으로서 자기의 의사와 관계없이 강제되는 사회규범이라 정의할 수 있을 것이다.

3. 법과 정치

사례연구

[위헌법률심사제청]

국회에서 여당측이 제안한 A법률의 통과를 둘러싸고 여당과 야당 양측은 연일 격렬한 토론을 하던 중, 숫자적으로 열세인 야당측은 어떻게 해서라도 이 법률 통과를 저지하기로 결의하고, 국회 본회의장 안에서 농성을 하였다. 이에 여당측은 그다음 날 새벽인 1969년 9월 14일 일요일 오전 2시경 등하관제하는 국회 별관에서 여당측 의원들만으로 표결에 붙여 통과시켰다. 이에 헌법에 정한 절차에 따라 대통령은 동 법률안을 공포하였다. 그 후 B가 A법률 위반으로 구속기소되었는데, B는 동 법률이 국회의 법률제정의 요식행위를 갖추지 아니한 것이라는 것을 이유로 법원에 위헌법률심사제청을 청구하였다. 법원은 어떤 결정을 내린 것인가?

법률에 대한 형식적 심사권이 위헌법률심사제청의 대상이 되는가와 관련하여 입법절차가 과연 통치행위로서 사법권의 한계로 될 것인지가 문제가 된다. 통치행위라 함은 국가행위의 적법성을 법원이 심사하는 것보다는 고도로 정치적인 의미를 가진 국가행위 내지 국가적 이해에 직접 관계되는 사항을 대상으로 하는 국가행위라 하여 법원의 합법성의 심사에서 제외되는 행위를 말한다. 따라서 통치행위는 사법권의 한계 문제가 된다. 대법원은 계엄선포의 통치행위성을 인정하였고(대법원 1964. 7. 21. 선고 64초4 판결), 국민투표법의 국회 의결 절차의 합헌성 판단을 회피하여 통치행위로 인정하였다(대법원 1972. 1. 18. 선고 71도

5) 법치주의(Rule of Law)는 사람이나 폭력이 아닌 법이 지배하는 국가원리로 헌법원리이다. 공포되고 명확하게 규정된 법에 의해 국가권력을 제한·통제함으로써 자의적인 지배를 배격하는 것을 핵심으로 한다.

6) 법의 지배(Rule of Law)는 이른바 행정권이 법에 따라 행사되어야 한다는 사상·원칙을 말한다.

1845 판결).

국회의 **법률성립 절차상의 하자**는 통치행위성이 부인되어 위헌여부 심사의 대상이 된다. 판례에 따르면 그 무효를 선언함으로써 야기될 정치적 결과를 고려하여 이를 통치행위로 보아 법원이 그 심사제청을 회피해야 한다는 결과가 된다. 그러나 동 법률의 하자 있는 의결을 통치행위로 본다고 하더라도 국민의 기본권에 관한 한 통치행위이론이 부정되어야 한다. 법률의 위헌여부 결정권이 헌법재판소에 있는 이상, 법원이 동 법률이 위헌의 의심이 있는 것으로서 헌법재판소에 위헌법률심사제청을 해야 한다. 헌법재판소는 심판에 있어서 정치적 문제를 합헌으로 판단하는 경우는 있을 수 있으나 회피할 수는 없는 것이다.

법은 사회의 질서유지를 주목적으로 하므로 법이 가장 먼저 규율하는 그 대상은 정치생활이다. **정치**란 이해를 서로 달리하는 여러 사람이 사회생활을 함에 있어서 그 행동이 일치되지 아니할 때, 하나의 통일성을 확보하려고 한다. 그런데 모든 정치수단은 공통된 통로인 법을 통하게 된다. 누구도 법과 정치가 불가분하게 결합되어 있음을 부인하지 않는다. 정치행위 중에서 **통치행위**(acts of states)는 국가적인 이해관계를 직접 대상으로 하는 고도의 정치성을 띤 국가행위로, 이는 쟁송(소로 다투는 행위) 대상으로 하기에는 부적당한 성질이므로 사법적 심사에서 배제된다.

4. 법과 종교

사례연구

[설교 방해]

甲은 A교회의 교인이다. 주일예배 중에 甲은 목사 乙로부터 예배 중에는 모자를 벗으라는 지시를 받았다. 그런데 甲은 乙의 지시에 따르지 않았다. 甲은 목사 乙과 언쟁하게 되었고, 목사 乙은 그를 경찰서에 고발하였다. 목사 乙은 어떤 법관념을 가졌으며, 甲은 처벌은 받아야 하는가?

교회에서 예배를 드리기 위하여 필요한 교회질서를 따라 주는 것이 일반적인 의무이다. 그러나 모자를 쓰고 있지 않으면 안되는 특별한 사정이 있으면 미리 양해를 구하거나 남에게 피해를 주지 않도록 주의를 하여야 할 필요성은 있어 보인다.

그러나 모자를 벗지 않는 행위가 예배에 방해가 되는 것인지를 구체적으로 검토해 보아

> 야 하겠지만 만일 그 자체만으로 목사 乙이 경찰서에 고발하였다면 목사는 도의적·윤리적인 문제를 법적으로 확대한 것으로 용인될 수 없는 것으로 보는 것이 합리적이다. 다만, 목사가 모자를 벗으라 했다고 하여 그것을 공격하여 소란을 피워 예배를 방해하는 정도에 이르렀다면 형법 제158조[7]에 의한 종교행위방해죄가 성립되어 처벌될 수도 있음을 주의해야 한다.

종교의 본질은 신에의 귀의를 목적으로 하여 자기를 지키는 내심적 신앙을 그 특징으로 한다. 즉 종교의 본질은 절대자인 신에게 귀의하는 개인적·내심적인 신앙에 의하여 유지되는 점에서는 사회적인 것이 아니다. 하지만 종교는 사람의 사회생활을 규율하고 있는 것이 많으므로 사회규범의 하나라고 볼 수 있다. 법은 조직화된 국가권력에 의하여 강제되는데 반하여, 종교는 국가권력에 의하여 강제되지 아니하고 종교를 믿는 각 개인의 신앙을 바탕으로 하여 성립하고 존속하는 점에서 양자는 구별되어야 한다. 다만 법과 종교는 그 규범의 내용에 있어서 항상 차이가 있는 것은 아니고 때로는 동일한 경우도 적지 아니한다. 예컨대 '살인하지 말라', '훔치지 말라'라는 규범의 내용은 양자에 공통적으로 종교 규범이 국가권력에 의하여 강제되면 그것은 동시에 법으로 된다는 것이다.

종교와 법이 서로 어떠한 관계가 있느냐는 그 나라가 채용하는 종교제도 여하에 따라 달라진다. 고대사회에 있어서 법과 종교는 미분화상태에 있었고 오히려 종교심이 강하였기 때문에 종교 규범이 동시에 사회생활 전체를 의미하는 것이었다. 즉 종교 규범이 곧 법규범이 되고 또 한편 법규범의 내용은 종교의 교리를 말하는 것이라 할 수 있었다. 그러나 근대사회에 있어서는 헌법에서 종교의 자유가 보장되고 정교분리원칙이 채택됨에 따라 종교와 정치는 엄격히 분리되었음으로 종교 규범은 다만 믿는 자에게 한해서만 적용되고 구속력을 가지게 되었다.

종교는 주관적으로는 사람이 **신**의 존재를 믿고 이에 귀의한다고 하는 개인적인 내심적 신앙을 의미하는 것이므로 그것이 개인의 내심에만 머물러 있

7) **형법 제158조(장례식 등의 방해)** 장례식, 제사, 예배 또는 설교를 방해한 자는 3년 이하의 징역 또는 500만원 이하의 벌금에 처한다.

는 한 외부적으로는 아무런 영향이 없다. 그러나 사회에서는 종교가 사람의 사회생활을 규제하고 있는 경우가 많다. 종교는 객관적으로는 사람이 자기의 내심적 **신앙**에 터전을 두고 요구되는 규범이라고 할 수 있다.

법과 종교는 어느 정도 구별이 가능하지만 절대적 구별은 될 수 없다. 상호 관련성을 많이 내포하고 있다. 가령 유태인들의 신앙의 근원이었던 모세 5경 중, **십계명**[8] 중에는 **'살인하지 말라'**, **'간음하지 말라'**, **'도둑질하지 말라'**, **'네 이웃에 대하여 거짓 증거하지 말라'**, **'네 이웃의 집을 탐내지 말라'** 등이 있다. 이는 법규범에서도 살인죄, 간통죄, 절도죄, 위증죄 등으로 각각 처벌하도록 되어 있는 것과 유사하다. 내용면에서도 일치하는 면도 있다. 가령, 증인, 감정인 등의 선서제도, 대통령취임선서 등과 같이 실정법에서 그 실효성을 확보하기 위하여 종교적 감정을 이용하는 경우가 있다. 따라서 법과 종교는 전혀 다른 사회규범이 아니라, 사회에 대해 일정한 행태를 가지고 생활할 것을 요구하는 생활방식에 관한 사회규범으로 사회의 정의나 평화를 실현하려는 공통의 목적을 가지고 있기에 양자 간의 조화가 필요하다.

---

8) 모세 십계명

1. 너는 나 외에는 다른 신들을 네게 두지 말라.
2. 너를 위하여 새긴 우상을 만들지 말고, 또 위로 하늘에 있는 것이나, 아래로 땅에 있는 것이나, 땅 아래 물속에 있는 것의 어떤 형상도 만들지 말며, 그것들에게 절하지 말며, 그것들을 섬기지 말라.
3. 너는 네 하나님 여호와의 이름을 망령되게 부르지 말라.
4. 안식일을 기억하여 거룩하게 지키라.
5. 네 부모를 공경하라.
6. 살인하지 말라.
7. 간음하지 말라.
8. 도둑질하지 말라.
9. 네 이웃에 대하여 거짓 증거하지 말라.
10. 네 이웃의 집을 탐내지 말라. 네 이웃의 아내나 남종이나 여종이나 소나 나귀나 소유 중 아무것도 탐내지 말라.

사례연구

[예배 방해]

목사 甲은 "1999년 10월 10일 지구의 종말이 오고, 그때에는 성령을 받은 신도만이 들림을 받는다"고 설교하였다. A목사의 종말론에 대하여 신도들은 지지파, 중립파, 반대파로 나뉘게 되었다. 그러던 어느 날 반대파에서는 "A목사는 이단이다"는 요지의 유인물을 돌리게 되었고, 차츰 중도파까지 교회를 떠나게 되었다. A목사는 반대파를 상대로 고소한 경우에 어떻게 해석하여야 하는가?

헌법 제20조는 종교의 자유를 인정하고, 국교의 부정과 정교분리의 원칙을 규정하고 있다. 종교의 자유는 신앙의 자유, 종교적 행위의 자유 및 종교적 집회·결사의 자유의 3가지를 내용으로 한다. 형법은 예배, 설교 등 종교적 행사의 자유를 방해하는 행위에 대하여 처벌하고 있다. 종교적 행사의 진행만이 아니라 직전의 행위까지 처벌된다. 다만 A목사의 설교를 반대하고 유인물을 배포한 것에 불과한 것으로는 예배나 설교의 방해, 목사의 업무를 방해하는 행위로 나가지 않는 한 설교방해 및 예배방해죄가 성립하지 않는다.

5. 법과 관습

사례연구

[착한 사마리아인]

말(horse)의 수레(마차)에 싣고 행상을 하는 甲은 단골집인 A집을 들러 저녁을 얻어먹었다. 갑자기 아프기 시작하였고 바깥은 추워 하룻밤을 자고 가게 해 달라고 간청하였다. 그러나 집주인 乙은 행상 甲을 수레에 싣고 고삐를 간신히 쥐게 하고는 말을 채찍하여 돌려보냈다. 그런데 행상 甲은 다음 날 아침 논도랑에 빠져 죽게 될 지경에 길을 지나던 주민에게 발견되었다. 甲은 乙을 법원에 고소하였다. 어떻게 생각하는가?

이 사건은 미국에서 실제 있었던 사건이다. 미국 법원은 누구든지 적절한 주의를 행하지 않으면 다른 사람에게 손해를 입힐 것이 확실한 상황에 놓이게 될 때에는 이러한 위험을 제거하도록 기울여야 할 의무를 진다고 판시하였다. 미국에서는 주마다 법이 달라 구조불이행을 처벌하는 이른바 사마리아인법(the Good Samarilan Law) 조항을 가진 주도 있고 없는 주도 있다. 그러나 인간성을 처벌하는 이 법이 미국과 세계 각국에서 채택되고 있다는 사실에 주목할 필요가 있다.

법(law)은 인간이 살아가는 사회를 유지하기 위해 구성원 모두가 반드시 지켜야 할 것을 정하는 사회규범이며, 강제력을 본질적 요소로 하는 강제규범이다. 법은 국민의 기본적 인권을 비롯한 권리를 보장하는 보장적 기능, 국민의 권리를 질서유지와 공공복리를 위해 일정한 정도의 통제를 하는 통제적 기능, 분쟁의 해결을 위한 판단기준을 제시하고 심판하는 분쟁 해결적 기능을 가지고 있다.

관습(custom)은 현실 생활에서 동일한 행위가 장기간 반복 수행됨에 따라 무의식적으로 형성되는 사회생활의 준칙으로서, 사람들이 그것을 준수하는 것이 타당하다고 생각하는 것을 말한다. 본래 국가성립 이전까지의 모든 사회규범은 관습의 형태로 존재하였고, 이는 사회통제의 수단이었다. 그러나 사회발전에 따라 관습은 스스로 분화과정을 밟아 법·도덕·종교 등처럼 다른 규범으로 분리되었다. 관습은 사회의 오랜 관행에서 발생하여 그에 기반을 두는 것이므로 불합리성도 많지만, 실제성을 가지고 있어 다른 사회규범보다 현실적 의미가 강해 관행으로 이어지고 있다.

법과 관습에 대해서는 양자가 사회생활에 관한 규범이지만, 법은 **국가권력**(사회단체의 중심 권력)에 의하여 강제되는 것인데 대하여, 관습은 그 국가권력에 의하여 강제되는 것이 아니고 그 준수는 각 개인의 자유로운 규범의식에 의한다. 물론 관습도 그 적용을 받는 개인은 강제적 압박으로 느끼는 경우도 있지만, 이것은 사회단체의 확립된 국가권력에 의하여 강제되는 것이 아니고 위반자에 대하여 단순한 일반적 **사회세력**(비조직적·비권력적)인 사회의 비난에 의한 압박에 불과하다.

관습에는 **사실인관습**과 **관습법**이 있다. **사실인관습**은 사회관행에 의하여 발생한 사회생활규범인 점에서 관습법과 같으나, 사회의 법적확신이나 인식에 의하여 법적 규범으로서 승인된 정도에 이르지 못한 것이라는 점에서 관습법과 다르다. 그러므로 법령으로서의 효력은 없으며 강행법규에 저촉하지 않는 한 법률행위에 한해서 법률행위 당사자의 의사를 보충함에 그친다. 하지만 **관습법**은 법원으로서 법령과 같은 효력을 가지며 강행법규에 저촉되지 않는 한 재판의 근거가 된다(민법 제1조).

선한 사마리아인법

착한 사마리아인의 법이라고도 한다. 국내에선 '응급의료에 관한 법률'이라는 이름으로 제정되어 있다. 성경에서 예수가 한 선한 사마리아인의 비유에서 따온 법 개념이다. 현재는 미국, 캐나다 등 많은 나라에서 입법화되어 있다. 법이 만들어진 이유는 선한 의도에서 한 일임에도 피해를 받는, 도와주고 나서 누명을 쓰는 것을 두려워해 사람들이 스스로 선행을 자제하는 것을 방지하기 위해 만들어졌다. 이 법에는 크게 두 가지의 내용이 들어 있다.

하나는 위급한 상황에 처한 다른 사람을 돕다가 의도하지 않은 불의의 상황에 처하더라도 정상참작 또는 면책을 받을 수 있다. 예를 들어서 **심폐소생술(CPR)**을 하다가 갈비뼈가 부서지거나 **하임리히법**(질식한 한자의 목에서 이물질을 제거하는 데 사용되는 응급처치법)을 하다가 뼈를 부러트렸거나, 응급환자를 데려가는 도중에 실수로 부상을 입혔거나, 폭행을 당하는 사람을 돕기 위해 폭행을 하는 사람에게 상처를 입혔을 경우 등이다. 당장 자신과 관계없는 일에 뛰어드는 것 자체가 충분한 위험성을 동반하는데, 도와주고 누명 쓰기식 일이 터질 수도 있다면 차라리 안 도와주고 법적 처벌을 받는 것이 더 나을 수도 있다.

특별히 이 조항이 없더라도 **위험 감소 이론**에 따라 상대방이 처한 위험을 감소시켰다면(죽을 위기에 있는 사람을 구하다가 부상을 입혔을 경우) 객관적 귀속이 부정되어 무죄가 되긴 하지만 이렇게 돌아가는 경우는 보통 대법원까지 가는 길고 긴 법적인 투쟁과 소송 끝에 얻은 결과물이 된다.

타인을 구조하는 과정에서 자신에게 위험한 상황이 초래될 가능성이 없음에도 불구하고 위급한 상황에 처한 다른 사람을 돕지 않을 경우(응급환자를 보면 '반드시' 구조해야 한다는 의무조항) 처벌이 가능하다. 다만 우리나라는 해당되지 않는다. 이 조항은 어디까지나 앞의 조항인 의로운 사람을 도와주는 규칙이 성립해야만 존재가치가 있다. 그렇지 않으면 도와주려고 해도 욕먹고, 도와주지 않으면 처벌받는 진퇴양난의 사태가 발생한다.

II. 법의 목적

법의 목적 혹은 이념은 가치판단의 기준이다. 법에 의하여 실현하고자 하는 공동생활의 실천 목표이며, 모든 법의 일정한 표준이 될 수 있는 공통의 법이념으로 법의 궁극적인 목적을 의미한다. 일반적으로 법의 목적은 **라드브루흐**(G. Radbruch)가 법이념의 3요소로 들고 있는 정의, 합목적성, 법적안정성을 살펴본다.

1. 정 의

사례연구

[정의와 부정의]

수많은 학자, 사상가들이 수백년 동안 정의가 무엇인가를 설명하려고 노력해 왔다. 하지만 정의가 무엇인지 잘 모르겠다는 것이 일반론이다. 우리 사회에서는 정의보다는 부정의가 더 큰 세력을 가지고 있는 것이 분명하다. 이것은 정의가 무엇인지를 알지 못해서가 아니다. 그럼 왜 부조리가 지속되고 있는 것인가?

우리 사회에서는 정의보다는 부정의가 오히려 성공하고 지배하는 것처럼 나타나는 것이 현실이다. 왜 그러한가에 대한 설명은 신정론(신의 섭리론)의 깊은 이해가 필요하다. 구약성서의 욥기(Job)에서 "선한 사람이 왜 고난을 당합니까?(욥3:1-26)"의 주제가 그것이다. 이에 대해 그리스도적인 설명이 있다. 인간은 감히 왜 그런가를 물을 '권리'가 없는 것으로 나타난다. 인간은 주어진 삶을 정의롭게 살아야 한다는 실존적 요청을 받을 뿐이다. 그러나 단기적으로 보면 부정의가 성공하는 것처럼 보이지만 긴 안목으로 보면은 역사는 결코 악한 세력보다는 선한 인간의 양심과 노력의 방향으로 움직여지고 있음을 배울 수 있다.

정의(justice)가 법의 근본적 목적의 하나라는 점에 대해서 이의가 없다. 정의란 개인마다 이성을 올바르게 사용하여 지켜야 할 덕목으로 주관적 정의와 사회질서 전체가 이상적 형태로 지향해 나갈 하나의 보편적·일반적 가치기준이다. 법은 정의의 실현을 기본적 사명으로 하는 사회규범이며, 정의는 법을 특정 지우는 결정적 기준인 동시에 사회에 있어서 최고가치의 하나이다. 정의의 핵심은 평등의 사상이다. 평등은 정의의 본질이고, 보편성은 정의의 형식이다.

정의는 일반적으로 **아리스토텔레스**(Aristoteles)의 정의론을 든다.[9] 첫째, 일반적 정의와 특수적 정의로 나뉘고, 전자는 개인이 공동체의 일반원칙에 따르는 것으로 합법성 그 자체를 의미한다. 후자는 평등을 그 본질로 하며 과다와 과소의 중간을 이루는 정당한 배분을 의미한다. 둘째, 특수적 정의는 다시 평균적 정의와 배분적 정의로 나뉜다. 전자는 사법상의 정의이며 정의의 근원

9) 플라톤(Platon, BC 427~347)은 정의를 인간의 이성에서 발견하였는데, 그는 지혜·용기·절제·정의의 넷으로 나누고, 정의의 본질이란 공동생활 속에서 분수를 지키는 것을 의미한다.

적 형식으로 급부와 반대급부 간의 절대적 평등을 의미하여 사인 간의 법률관계를 규율한다. 후자는 단체에서 개인이 갖는 가치에 상응한 비례적 평등으로 상대적 평등을 의미하며 공법상의 법률관계를 규율한다.

2. 합목적성

합목적성이란 법이 그 가치관이나 목적에 구체적으로 합치되는 것을 말한다. 언제나 법은 가치관에 합치되어야 한다는 것을 말한다. 법의 합목적성은 정의와 달리 절대적인 개념이 아니라 그 사회의 가치관에 따라서 다르게 나타나는 상대적 개념이다. 법규범이 추상적인 당위로서 요구되는 규범이 아니라 국민의 사회생활에서 실제로 행하여지는 실제 규범일 수 있게 하는 것이 바로 합목적성의 이념이다.[10)]

개인주의적 가치관의 관점에서는 가치의 주체는 개인이고 국가는 개인의 생명·자유·재산을 보전·증대하기 위한 수단에 불과한 것이나, 단체주의적 가치관의 관점에서는 가치의 주체는 국가이고 개인의 사적이익이 희생되더라도 국가의 공적 이익이 보존·발전되어야 한다고 본다. **홉스**(Thomas Hobbes)는 인간의 자연 상태는 '만인의 만인에 대한 투쟁'이라고 하여 사람의 본성을 비사회적·이기적이라고 보고, 사람은 원시 투쟁의 상태에서 탈출하기 위해 개개인이 각자의 계약에 의해 국가를 형성하게 된 것으로 현실사회 안에서 선·악을 구별하는 일반적 기준은 오로지 국가 안에서만 가능하다고 본다. 따라서 선과 악, 정의와 부정의를 구별하는 기준은 영구불변하는 진리 속에 있는 것이 아니라, 국가권력의 의지결정에 의해 나타난다고 보아 "진리가 아니라 권력이 법을 만든다"고 하였다.

존 로크(John Locke)는 생명·자유·재산 등의 자연권을 보호하는 것이 법의 목적이라고 보고, 법은 자유를 억제하는 것이 아니라 자유를 보전하고 증대하는 데 그 목적이 있다고 한다. 19C에는 자유주의가 유일한 가치관으로 되어 법은 국가의 권력에 대하여 개인의 권리를 보장하는 것을 목적으로 하였

10) 역사적으로 보면 개인주의와 단체주의, 공공의 복지와 개인의 권리, 이데올로기와 이데올로기의 대립 사이에 과연 무엇이 가치관에 따른 합목적인 것인가를 결정하는 것은 매우 곤란한 일이 아닐 수 없다.

고, 20C에는 평등을 배분적 정의에 입각하여 사회적으로 실현하려는 복지주의가 대두하여 가치관이 종래의 자유주의로부터 복지주의로 변화하게 되었다.

3. 법적안정성

현행 법질서가 동요됨이 없이 어떤 행위가 옳고, 어떤 권리가 보호되며, 어떤 책임이 생기는가를 일반 사람들이 확실히 알아 법의 권위를 믿고 안심하고 행동할 수 있는 상태를 말한다. 법이 명확하여야 하고, 법이 함부로 변경되어서는 아니 된다. 법이 명확하지 아니하면 국민은 불명확한 법에 의하여 단속을 받거나 처벌되어 안심하고 생활할 수 없으며, 법이 함부로 변경되면 사람들은 법을 믿지 못하게 되고, 법의 변경을 몰라 사회질서에 혼란이 생긴다.

법적안정성을 유지하기 위하여서는 법이 명확하여야 하므로, 법의 의미를 성문의 법규에 의하여 확정하고 성문법을 정확하고 조리 있는 논리에 의하여 해석하는 것이 필요하다. 법적안정성의 요구는 성문법의 발달을 가져오고, 또한 법해석학에 있어서 개념법학의 우위를 가져온다. 그러나 사회생활은 끊임없이 유동·변화하므로, 법을 너무 고착시키면 법이 사회생활과 유리되어 결과적으로 법을 무시하고 사회정의를 실현하려는 움직임이 나타나 오히려 법적안정성을 파괴할 우려가 크다. 그러므로 사회의 현실에 순응하고 정의의 요구에 따라 변화할 수 있는 정도의 탄력성을 법에 부여하는 것이 오히려 법적안정성을 유지할 수 있는 길이 된다.

4. 법이념 간의 상호관계

세 이념은 상호 모순관계에 있으면서도 상호 보완관계에 있다. 정의만을 강조하게 되면 법적안정성이 해치게 되고, 법적안정성만 강조하게 되면 정의를 망각하게 된다. 이에 대하여 라드브루흐는 법이념으로서 정의·합목적성·법적안정성의 세 가지를 들고, 세 가지의 법이념은 시대와 나라에 따라 각각 달리 적용된다고 한다.

세 가지가 상호 모순·충돌하는 경우에 자연법 시대에는 정의의 이념이 강조되었고, 경찰국가 시대에서는 국가의 목적, 국가의 안정을 위하여 정의나 법적안정성을 희생시키고 합목적성의 이념이 강조되었으며, 법실증주의 시대에서는 법적안정성을 유지하기 위해 정의나 합목적성이 소홀히 되었고, 법적안정성의 이념이 강조되었다. **형법**에는 정의의 이념이, **행정법**에는 합목적성의 이념이, **민법**이나 **소송법**에서는 법적안정성의 이념이 강하게 작용한다.[11)]

Ⅲ. 법률관계

1. 개 념

법률관계란 법에 의하여 규율되는 생활관계를 말한다. 우리의 사회생활을 규율하는 법률 이외에 다른 규범도 있지만 법은 법률관계로부터 부과된 의무가 자발적으로 이행되지 않는 경우에 국가공권력에 의하여 그 의무이행이 강제될 수 있는 특성이 있다. 가령, 물건을 팔고 사는 경우에 파는 사람(매도인)과 사는 사람(매수인), 돈을 빌리는 경우에 빌려주는 사람(대주)과 빌리는 사람(차주), 다른 사람에게 손해를 끼치는 경우에 손해를 가하는 사람(가해자)과 손해를 받은 사람(피해자) 등과 같이 권리를 보호되는 자를 **권리자**라 하고, 법에 의하여 일정한 의무를 지는 자를 **의무자**라 한다.

위와 같이 법률관계란 권리자가 의무자에 대하여 자신의 권리(위 사례에서 매도인의 대금청구권, 대주의 차용금 반환청구권 등)를 행사하고, 의무자가 권리자(위 사례에서 매수인의 대급지급의무, 차주의 차용금 반환의무 등)에 대하여 그에 따른 의무를 이행하는 관계를 말한다.

---

11) 법적안정성은 기능에 관한 이념인데 대하여 정의와 합목적성은 법의 내용에 관한 이념이고, 또한 정의는 윤리와 결부되는 이념인데 대하여 합목적성은 공익과 결부되는 이념이다. 이와 같이 3자는 각각 그 이념의 기초를 달리하므로 상호 모순·갈등이 있을 수 있다.

2. 호의관계와 법률관계

사례연구

[약혼자에게서 받은 예물의 반환 여부]

B녀는 연애 끝에 사랑하는 A남과 약혼을 하게 되었고, 비교적 넉넉한 A남의 집안에서는 약혼식 날 풍성한 예물과 함께 상당액의 결혼 준비 자금까지 보내줬다. 꿈같은 기대감에 벅차서 B녀는 이것저것 혼수를 마련하였고, 결혼 날까지 다가옴에 따라 A남 측으로부터 받은 금전도 거의 다 소비하게 되었다. 그러나 불행하게도 어느 날 A남의 승용차가 교통사고를 당하면서 A남도 사망하고 말았다. 슬픔에 잠겨 있는 B녀에게 A 남자네 집에서 중개인을 통하여 약혼 때 증여한 예물과 금전 등을 돌려달라고 반환요청을 해 왔다. 어떻게 하여야 할까?

이 경우에 쌍방에게 책임이 없는 사유에 의하여 파혼이 될 것이므로 약혼예물도 원칙적으로 서로 반환하여야 한다. 따라서 B녀가 A남에게 증여한 약혼예물이 있다면 그것은 돌려받고 자기가 받은 예물은 남자 집에 반환하든지 아니면, B녀가 돌려 받아야 할 예물 액수만큼을 공제하고 나머지 부분만 돌려주면 되는 것이고, 이자는 붙여줄 필요가 없다. 문제는 이미 소비해 버린 금전의 반환 여부이다. 결혼 준비에 쓰려고 준 돈을 결혼 준비에 쓴 것이라면 반환할 필요는 없겠으나 형태를 달리하여 **현존하는 이익**, 즉 귀금속·가전제품·가구 등의 혼수품은 현물로써 반환하여야 한다. 그 밖에 여자의 전유물을 사느라고 소비한 금전과 남아있는 잔금은 현금으로 반환해야 한다.

법률관계와 대비되는 **호의관계**가 있다. 법률관계가 법적 의무를 부담하는 관계라면 호의관계는 법적 구속을 받으려는 의사 없이 일정한 급부(이행)를 하기로 하는 경우를 말한다. 가령 이웃 가정이 여름휴가를 가는 동안 옆집에서 기르던 개를 돌보아 주는 경우나 이웃집에서 빨래를 널어두고 단기 여행을 갔는데 태풍이 와서 그 집의 널어둔 빨래를 거둬들인 경우 등이다. 이러한 호의행위는 이행자(급부자)에게 법적 의무가 없음에도 불구하고 상대방에게 무상으로 이행(급부)을 한다는 것이다. 설사 이행을 약속한 자가 그 급부를 이행하지 않더라도 상대방은 그 이행을 청구하거나 손해배상을 청구하지 못한다. 가령 이웃집 부인들이 외출할 때에 서로 상대방의 아이를 돌보아 주기로 약속하여 이를 실천하던 중 부주의로 아이가 다친 경우, 지나가던 행인이 자동차의 후진을 도와 신호를 보냈으나 잘못 신호하여 사고가 발생한 경우, 호의로 자동차를 무료로 태워주고 가다가 과실로 사고가 발생하여 탄 사람에게 상해가 발생한 경우 등이 호의행위이다.

호의행위 중에서 **호의동승**이 있다. 호의동승은 차량의 운행자가 다른 사람을 무상으로 태워주는 경우이다. 호의동승을 허락한 경우에도 차량의 운행자는 다른 사람을 태워주어야 할 법적 의무를 부담하는 것은 아니므로 태워주지 않더라도 그로 인한 손해를 배상할 의무가 없다. 그렇지만 차량을 운행하는 과정에서 운행자의 과실로 교통사고가 발생하여 동승한 사람에게 손해가 발생한 경우에 당사자 사이에 법률관계 생긴다.

판례는 차량의 운행자가 아무런 대가를 받지 아니하고 동승자의 편의와 이익을 위하여 동승을 허락하고 동승자도 그 자신의 편의와 이익을 위하여 그 제공을 받은 경우, 그 운행 목적, 동승자와 운행자의 인적 관계, 그가 차에 동승한 경위, 특히 동승을 요구한 목적과 적극성 등 여러 사정에 비추어 가해자에게 일반 교통사고와 동일한 책임을 지우는 것이 신의칙이나 형평의 원칙으로 보아 매우 불합리하다고 인정될 때에는 그 배상액을 경감할 수 있으나, 사고 차량에 단순히 호의로 동승하였다는 사실만 가지고 바로 이를 배상액 경감 사유로 삼을 수 없다고 판시[12]함으로써 자동차 운전자에게 일반적인 불법행위로 인한 경우와 같은 범위의 손해배상책임이 발생한다고 판시하였다.[13]

차량에 무상으로 동승하였다고 하더라도 그와 같은 사실만으로 위험하게 운전을 하는 운행자에게 안전 운행을 촉구하여야 할 주의의무가 있다고 볼 수 없다.[14] 그렇지만 동승자의 적극적인 부탁으로 동승자를 위하여 운행이 이루어지고 짙은 안개로 인하여 가시거리가 짧음에도 불구하고 운전자가 과속을 하는 경우, 운행자에 대하여 속도를 줄여 안전하게 운전하도록 주의를 환기할 의무가 있다.[15] 친구와 함께 술을 마신 후 그가 운전하는 차에 동승한 경우에는 운행자가 부담할 손해배상액을 경감할 수 있다.[16]

동승자들이 모두 사고차량의 소유자 겸 운행자와 같은 회사 소속 직원들

12) 대법원 2012. 4. 26. 선고 2010다60769 판결; 대법원 1992. 5. 12. 선고 91다40993 판결.
13) 대법원 1996. 3. 22. 선고 95다24302 판결.
14) 대법원 1999. 2. 9. 선고 98다53141 판결.
15) 대법원 1993. 7. 16. 선고 93다13056 판결.
16) 대법원 1992. 1. 21. 선고 91다39306 판결.

로서 상을 당한 동료직원을 문상하러 가기 위하여 동승하였다가 사고를 당하였다면, 동승자에 대한 관계에서 운행자의 책임을 상당한 정도 감액 조정하는 것이 신의칙이나 형평의 원칙에 합당하다.[17]

IV. 법률관계의 성립

법률관계는 당사자의 의사 혹은 법률의 규정에 의하여 성립한다. 당사자의 의사에 의하여 법률관계가 성립하는 것은 당사자의 합의를 근거로 하여 일방이 상대방에 대하여 권리를 가지고 상대방이 그에 따른 의무를 부담하게 되는 경우를 말한다(가령, 증여·매매·임대차 등과 같은 계약[18] 등). 법률의 규정에 의하여 성립한다는 것은 법에서 정하고 있는 상황이 발생한 경우에 당사자의 의사와는 상관없이 일방에게 권리가 생기고 상대방에게 의무가 지워지는 경우를 말한다(가령, 사무관리, 부당이득, 불법행위 등).

1. 당사자 의사에 의한 성립

민법에서는 증여, 매매, 교환, 소비대차, 사용대차, 임대차, 고용, 도급, 여행계약, 현상광고, 위임, 임치, 조합, 종신정기금, 화해에 이르기까지 15종의 전형계약(민법전에 규정된 계약)을 규정하고 있다.

1.1 증여계약

사례연구

[증 여]

甲은 아주 절친인 친구 乙에게 평상시 감사하는 마음이 있어 자기의 집을 주기로 서면으로 약속하였다. 그런데 乙은 甲이 해외를 다녀온 사이에 배은망덕하게도 甲의 배우자 丙과 간통을 하였다는 사실을 알게 되었다. 甲은 乙에게 공짜로 주기로 한 그 집을 주지 않을 수 없는 것인가?

---

17) 대법원 1992. 5. 12. 선고 91다40993 판결.

18) 민법에서는 증여, 매매, 교환, 소비대차, 사용대차, 임대차, 고용, 도급, 여행계약, 현상광고, 위임, 임치, 조합, 종신정기금, 화해에 이르기까지 15종의 전형계약을 규정하고 있다.

증여자와 수증자의 관계는 다른 사람보다 신의칙(신의 성실의 원칙)이 강조된다. 그런데 乙은 甲의 믿음에 배반하여 甲의 배우자와 간통하는 반인륜적인 행위를 하였다. 따라서 甲이 증여의 의사를 서면으로 표시하였다 하더라도 이를 해제할 수 있다(제556조 1항).

증여는 당사자의 일방이 재산을 무상으로 상대방(친족 또는 타인)에게 수여하는 의사를 표시하고 상대방이 이를 승낙하여 성립하는 계약을 말한다(제554조). 서면에 의하지 않는 증여는 서면에 증여의 의사를 명기하지 않고 구두약속만으로 성립한 증여계약을 말한다. 실제로 이행되기까지는(가령 일부가 이행된 경우에는 그 나머지 부분에 대하여) 증여자·수증자의 어느 쪽으로부터라도 이 증여계약을 취소할 수가 있다(제555조, 제558조). 증여가 무상계약이라는 점에서 서면에 의하지 않는 경우는 적어도 이행될 때까지는 어느 때나 취소할 수 있다고 하여 그 구속력을 약화시켰다.

1.2 매매계약

사례연구

[명의신탁]

甲은 부동산 구매 후 개인적인 사정으로 인해 甲의 자녀 乙·丙이 성인이 될 때까지 A의 명의로 맡겨두기로 하였다. 그러나 A의 건강이 악화되어 사망하기 직전, 甲도 모르는 사이에 A에게 맡겨둔 부동산을 타인에게 증여한다는 내용의 유언공정증서가 작성되어 있었고, 결국 상속이 이루어져 등기부상 명의를 빼앗기게 되었다. 그런데 甲과 A는 명의신탁을 하면서 공정증서를 받았고, 乙·丙뿐만 아니라 주변인들도 그 집의 실소유주는 甲이라는 것을 아는 상황이다. 그 집을 되찾을 수 있는가?

위 사례의 해당 부동산의 매매대금은 甲이 모두 부담하였을 뿐만 아니라 실제 거주도 甲과 가족 乙과 丙이 거주였던 사실, 그리고 그러한 甲과 A간의 명의신탁 사정을 알고 있었으므로 A에게 상속을 받은 자녀들은 甲에게 집을 돌려줘야만 한다. 이는 중간 생략형 3자간 명의신탁이 이뤄진 것으로 볼 수밖에 없다. 그러므로 甲과 A간의 해당 신탁 약정은 무효이며, 이로 인한 물권변동도 무효에 해당한다고 보아야 한다.

따라서 甲은 상속으로 인한 소유권이전등기 말소 절차를 이행하고, 소송비용도 피고들(상속을 받은 자)이 부담하도록 소를 제기하여 반환받을 수 있다.

매매는 당사자의 일방(매도인)이 어떤 재산권을 상대방(매수인)에게 이전하기로 약속하고 상대방이 이에 대하여 그 대금을 지급하기로 약속함으로써 성립하는 계약이다(제563조). 어떤 물품을 산다고 하는 것은 그 물품의 소유권을 산다는 것이 된다. 따라서 말할 필요도 없이 소유권 이외의 재산적 가치가 있는 권리도 타인에게 양도 가능한 것인 이상 모두 매매의 목적이 될 수 있다(제449조). 매매의 목적이 무엇인가에 따라 매매에 의한 권리의무관계는 각각 상이하게 전개된다.

사례연구

[확대손해]

甲은 자기 집에서 기르던 닭이 병든 닭임을 알면서도 이를 숨기고 乙에게 공짜로 닭 세 마리를 주었다. 그로 인하여 乙의 닭도 전염병이 감염되어 乙의 닭 20마리와 오리 10마리도 모두 죽었다. 乙이 취할 수 있는 방법은 무엇인가?

甲은 자기의 닭이 병든 닭임을 알았다면 이를 乙에게 말해 주어야 한다. 그런데 공짜로 준다고 하더라도 병든 닭이라는 것을 알려주는 것이 신의성실의 원칙에도 적합하다. 甲이 준 닭으로 인하여 乙에게 확대손해를 미쳤으므로 乙은 甲에게 닭 20마리와 오리 10마리에 대한 손해배상을 청구할 수 있다.

매매는 **재산권의 이전**과 반대급부로서의 **대금의 지급**으로 성립한다. 대금의 지급은 금전으로 지급하는데 이 점이 교환과 다르다. 당사자가 재산권 이전과 대금의 지급의 합의가 있으면 즉시 성립한다(낙성계약). 특히 계약서를 작성하거나 현실적으로 이행하지 않아도 계약은 유효하게 성립한다(불요식계약). 매매가 성립하면 매도인에게 재산권 이전, 매수인에게 대금지급의 채무가 각각 생긴다. 매매는 채권을 발생시키는 계약으로서, 재산권이 이전한 것으로 되는 효과인 물권효과는 직접적으로는 매매계약에서 생기지 않는다. 물품과 대금을 바꿈으로써 매매가 행하여지는 현실매매, 예컨대 '자동판매기에 의한 매매 등'도 계약성립과 동시에 이행이 행하여지는 것뿐이다. 또한 매매는 위와 같이 매도인·매수인 쌍방이 각각 채무를 부담하는 쌍무계약이므로 위의 채무에 관하여는 쌍무계약에 관한 규정(동시이행의 항변권: 제536조. 위험부담:

제537조 이하)이 적용된다. 매매는 유상계약의 전형이므로 다른 유상계약(교환·임대차·이자부 소비대차 등)에도 그 계약유형의 성질에 반하지 않는 한 매매의 규정이 준용된다(제567조).

이중매매는 동일한 재산권에 관하여 둘 이상의 매매를 하는 것을 말한다. 매매는 매도인에게 매매의 목적이 되는 재산권 이전의 채무를 발생시킬 뿐이며, 재산권 이전의 효력은 매매계약으로부터 직접 생기는 게 아니다. 즉 민법은 물권과 지시채권 및 무기명채권의 양도에 관하여는 이른바 형식주의를 취하여 등기나 인도, 또는 증서의 배서 교부가 있어야 양도·취득된다(제186조, 제188조, 제508조, 제523조). 지명채권도 대항요건을 갖추어야 한다. 또 채권은 배타성이 없으므로 채권계약의 단계에서는 이중매매의 두 매수인의 권리는 서로 충돌하지 않는다. 따라서 이론상 이중매매는 무효라고 할 수 없다. 다만 계약의 이행단계에서 문제가 있으나 이때에도 두 매수인 중에서 먼저 등기나 인도 또는 대항요건을 갖춘 자가 완전히 권리를 취득하며, 다른 편의 매매계약은 이행불능으로 된다. 이중매매로 매도인이 일방에게 이행불능의 책임을 지는 것과 이중매매의 유효·무효와는 별개의 문제이다.

매매의 예약은 본계약인 매매계약을 장래 체결할 것을 약속하는 계약이다. 매매의 예약 이후, 당사자의 일방이 본계약의 체결을 청약할 때에는 상대방은 그것에 응하여야 한다. 청약의 권리를 일방 당사자만이 가지는 경우(한쪽 당사자는 채무만을 부담하는 경우), 즉 '편무예약'과 쌍방이 가지는 경우(쌍방이 채권·채무를 각각 갖는 경우), 즉 '쌍무예약'이 있다. 그런데 상대방이 청약에 응하여 매매계약의 체결을 승인하지 않는 경우는 계약에 기하여 상대방의 승낙을 구하는 소를 제기하여 그 재판을 얻거나(제389조 2항) 또는 채무불이행을 이유로 손해배상을 청구하게 된다. 따라서 민법은 매매의 일방예약이 있는 경우에는 계약에 기하여 매매 완결의 의사표시를 하면 상대방의 승낙 없이 매매의 성립을 인정한다(제564조).

사례연구

[대물 반환 예약]

甲은 乙에게 1억원을 빌리고 변제기에 원금과 이지를 갚지 못하면 甲의 집으로 줄 것을 약속하고 그 집에 저당권설정등기까지 해 놓았다. 甲은 변제기에 그 돈을 갚지 못했다. 집의 시가는 2억원 정도인데 약속대로 그 집으로 반환해 주어야 하는가?

甲과 乙은 1억원의 채무에 관하여 대물 반환의 예약을 한 것이다. 대물 반환의 예약을 한 경우에는 대물 반환할 재산(甲의 집)의 예약 당시 가액이 차용금(1억원) 및 이에 붙인 이자의 합산액을 넘지 못한다. 따라서 甲과 乙 사이의 예약은 1억원에 이자를 합한 한도에서 효력이 있고 이를 초과하는 금액은 반환해야 한다.

일방예약은 민법 제564조의 규정에 대하여 예약 완결권자(예약에 기하여 매매의 체결을 청약하는 권리를 가진 사람)가 매매 완결의 의사표시를 한 때로부터 매매의 효력이 생기는 매매의 예약 중에서 일방 당사자만이 예약완결권을 갖는 것을 말한다. 또한 쌍방 당사자가 권리를 가진 경우를 쌍방예약이라고 하는데 일방예약이 양당사자에게 있는 것으로 취급하면 된다. 일방예약이 있으면 당사자 일방의 의사표시(예약완결권을 행사한다는 의사표시)만에 의하여 매매(계약)가 성립하게 된다. 따라서 일방예약의 법률적 성질은 단순한 예약이 아니라 정지조건부 매매(예약완결권의 행사를 정지조건으로 하는 매매)라고 생각되고 있다.

계약금은 계약을 체결할 때 당사자 일방이 상대방에게 교부하는 금전 기타의 유가물을 말한다. 그 계약금 지급을 약정하는 합의를 계약금계약이라고 한다. 계약금계약은 주된 계약에 부수하는 종된 계약이므로 주된 계약이 무효, 취소 등으로 소멸하면 계약금계약도 당연히 소멸한다. 그러나 계약금계약이 반드시 주된 계약과 동시에 체결될 필요는 없다. 계약금계약은 금전 또는 유가물의 교부를 요건으로 한다는 점에서 요물계약이다. 계약이 이행되면 그 교부자는 수령자에게 계약금의 반환을 청구할 수 있는데 통상적으로는 계약대금의 일부로서 충당하는 것이 보통이다. 일반적으로는 선급금·착수금·약정금·예약금 등으로도 불리고 있다.

사례연구

[계약의 해제]

甲은 주택을 乙에게 1억원에 팔기로 하고 계약금 1천만원을 수령하였다. 그 후 15일 후에 중도금 4천만원을 받고 잔금은 1개월 후에 받기로 하였다. 그런데 甲은 마음을 바꾸어 계약을 해제하겠다고 계약금의 배액을 가지고 왔다. 甲은 매매계약을 해제할 수 있는 것인가?

乙은 甲에게 중도금까지 지급하였으므로 계약이행에 착수한 것이다. 따라서 매수인 乙의 보호를 위하여 해약금의 지급, 즉 배액의 상환으로써 계약을 해제할 수는 없다. 다만 중도금이 지급된 이후에는 甲과 乙이 합의한 경우에 한하여 계약을 해제할 수 있을 뿐이다.

계약금계약은 유상계약에서 행해지고 기본적으로는, 계약이 성립되었음을 증명하기 위하여, 즉 계약체결의 증거로서의 의미를 가지는 증약금의 의미를 갖는다. 또한, 당사자의 의사에 따라 다음의 의미를 더 갖고 있다. 계약의 해제권을 보류하기 위하여 교부되는 해약금의 경우로서 민법은 계약금을 원칙적으로 해약금의 성질을 갖는 것으로 규정하고 있으며, 판례도 또한 계약금이 해약금의 성실을 가질 뿐이라고 한다.

매매의 효력에는 매매의 의사표시의 내용으로부터 당연히 발생하는 효력(법률행위적 효력)으로서의 매도인이 재산권을 이전하여야 하는 의무(매수인 편에서 말하면 재산권 이전을 청구할 수 있는 권리－채권)와 매수인이 대금을 지급하여야 할 의무(매도인 편에서 말하면 대금 지급을 청구할 수 있는 권리－채권) 및 매매가 유상계약이라는 점에 기하여 특히 법률이 정한 효력(비법률행위적 효력)으로서의 매도인의 담보책임이 있다. 이 중에서 매도인의 재산권 이전 의무에 관하여는 매도인의 과실 인수 권리(제587조), 매수인의 대금지급 의무에 관하여는 대금지급 시기(제585조), 대금지급 장소(민법 제586조), 이자지급 의무(제587조), 대금지급 거절이 가능한 경우(제588조) 등에 관하여 각각 특칙을 두고 있다.

사례연구

[목적물의 하자]

乙은 甲회사로부터 냉장고 한 대를 샀는데 2개월도 안되어 고장이 나서 甲회사에 수리 또는 교환해 줄 것을 요구했다. 그러나 甲회사는 미온적인 태도를 보이며 오랜 시간 수리해 주지 않았다. 그래서 乙이 임의적으로 수리하고 수리대금을 받고자 한다. 이렇게 할 수 있는 것인가?

매수한 냉장고가 고장난 것이라면 매매의 목적물에 하자가 있는 것이다. 매수할 때 하자가 있음을 몰랐고 모른 데 과실이 없었다면 甲회사에 대하여 하자담보책임을 물을 수 있다. 담보책임의 내용으로서 목적물의 결함으로 인하여 매매의 목적을 달성할 수 없는 때에는 乙은 계약을 해제하고 손해배상을 청구할 수 있다. 하자가 계약의 목적을 달성할 수 없을 정도로 중대한 것이 아닌 때에는 손해배상만을 청구할 수 있다. 甲이 냉장고 수리에 미온적이라면 乙은 수리를 하고 난 후 수리대금 및 그 법정이자에 대하여 손해배상을 청구할 수 있다. 이는 6개월 이내에 행사해야 한다.

1.3 교환계약

교환이란 당사자 쌍방이 금전 이외의 재산권을 서로 이전할 것을 약정함으로써 성립하는 쌍무·유상·낙성·불요식의 계약이다(제596조). 당사자 쌍방 간에 '**금전 이외의 재산권**'을 이전한다는 점에서, 재산권 이전의 대가로 매수인이 금전을 지급하는 매매와 구별됩니다. 노무의 제공이나 일의 완성과 같이 재산권이 이전이 아닌 것은 교환계약의 목적이 될 수 없다.

일반적으로 교환계약을 체결하려는 당사자는 서로 자기가 소유하는 교환 목적물은 고가로 평가하고 상대방이 소유하는 목적물은 저가로 평가하여 보다 유리한 조건으로 교환계약을 체결하기를 희망하는 이해상반의 지위에 있고, 각자가 자신의 지식과 경험을 이용하여 최대한으로 자신의 이익을 도모할 것이 예상되기 때문에, 당사자 일방이 알고 있는 정보를 상대방에게 사실대로 고지하여야 할 신의칙상의 주의의무가 인정된다고 볼 만한 특별한 사정이 없는 한, 어느 일방이 교환 목적물의 시가나 그 가액 결정의 기초가 되는 사항에 관하여 상대방에게 설명 내지 고지를 할 주의의무를 부담한다고 할 수 없다. 일방 당사자가 자기가 소유하는 목적물의 시가를 묵비하여 상대방에게 고지하지 아니하거나 혹은 허위로 시가보다 높은 가액을 시가라고 고지하였다 하더라도 이는 상대방의 의사결정에 불법적인 간섭을 한 것이라고 볼 수 없다.[19]

교환계약에서 당사자의 일방이 교환 목적물인 각 재산권의 차액에 해당하는 금원인 **보충금의 지급**에 갈음하여 상대방으로부터 이전받을 목적물에 관한 근저당권의 피담보채무를 인수하기로 약정한 경우, 특별한 사정이 없는 한 채무를 인수한 일방은 보충금을 제외한 나머지 재산권을 상대방에게 이전하여 줌으로써 교환계약상의 의무를 다한 것이 된다.[20]

1.4 소비대차

사례연구

[소비대차]

甲은 乙로부터 가을에 갚기로 하고 쌀 한 가마를 빌리고 그 이자로 쌀 5말을 주기로 하였다. 쌀을 가지고 와서 며칠 후에 보니 벌레 먹은 쌀이 많았다. 甲은 乙에게 좋은 쌀로 바꾸어 달라고 할 수 있는가? 바꾸어 주지 않으면 甲은 가을에 좋은 쌀 한 가마와 5말을 갚아야 하는가?

甲과 乙 사이에는 이자가 붙은 쌀의 소비대차계약을 체결한 것이다. 이자가 붙은 소비대차의 목적물에 하자가 있는 경우에는 乙은 하자 없는 것과 바꾸어 줄 의무가 있다. 반면 甲은 벌레 먹지 않은 쌀을 청구할 수 있다. 甲이 가을에 같은 정도의 벌레 먹은 쌀을 반환하기 곤란한 것이 사실이다. 그 시기에 甲은 빌린(벌레 먹은) 쌀값으로 반환하면 된다. 그러나 甲은 좋은 쌀로 대체하여 줄 것을 청구할 수 있고, 乙이 바꾸어 주지 않으면 계약 자체를 해제하고 손해가 있으면 그 손해배상을 청구할 수 있다.

소비대차란 당사자의 일방(대주)이 금전 기타의 대체물이 소유권을 상대방(차주)에게 이전할 것을 약정하고 상대방은 그것과 **동종·동질·동량의 물건**을 반환할 것을 약정함으로써 성립하는 계약이다(제598조). 가령 금전이나 미곡 등의 대차가 대표적이다.

당사자 쌍방이 소비대차에 의하지 아니하고 금전 기타의 대체물을 지급할 의무가 있는 경우(매매대금을 빌린 것으로 하는 경우 등)에 당사자가 그 목적

19) 대법원 2002. 9. 4. 선고 2000다54406, 54413 판결.
20) 대법원 1998. 7. 24. 선고 98다13877 판결.

물을 소비대차의 목적으로 할 것을 약정한 때에는 소비대차의 효력이 있다(민법 제605조). 이를 **준소비대차**라고 한다. 가령, 와일즈가 HP로부터 100만 달러에 웹서버를 산 경우, 와일즈가 부담하는 매매대금지급채무를 당사자의 합의에 의해 소비대차의 목적으로 하였다면, 100만 달러의 대금채무는 소멸하고 소비대차계약이 성립함으로써 와일즈는 HP에 대하여 100만 달러의 대여금반환채무를 부담하게 되는데 이것이 준소비대차이다.

1.5 사용대차

사용대차란 당사자 일방(대주)이 상대방(차주)에게 무상으로 사용·수익을 위하여 목적물을 인도할 것을 약정하고 상대방(차주)은 이를 사용·수익한 후 그 물건을 반환할 것을 약정하는 계약이다(제609조).

사용대차의 대주는 차주로 하여금 목적물을 사용하고 수익하게 할 의무가 있다. 그렇기에 대주는 목적물을 차주에게 인도하여야 하며 대주는 정당한 사용·수익을 방해하면 안된다. 대주는 담보책임을 지지는 않지만 물건의 하자나 흠결을 알고 차주에게 말하지 않을 경우는 담보책임을 가지게 되며, 차주의 부담있는 사용대차에 있어서는 대주는 그 부담의 한도에서 매도인과 같은 담보책임을 가진다.

차주의 입장에서는 목적물을 계약과 목적물의 성질에 의하여 정하여진 용법으로 사용하고 수익하여야만 하며, 대주의 승낙이 없으면 제3자에게 넘기는 행위인 전대하지 못한다. 차주가 이를 위반할 경우는 대주는 계약을 해지할 권한을 가진다. 그리고 손해배상도 청구할 수 있다. 차주는 **선량한 관리자의 주의의무**를 가진다. 차주는 통상의 필요비를 부담하는 것은 물론 기타의 비용을 지출한 때에도 대주에 대하여 그 상환을 청구할 수 있다. 공동차주 같은 경우는 연대책임이 있다.

사용대차는 약정한 시기에 종료되어야 하지만 그 시기의 약정이 없는 경우에는 차주는 계약과 목적물의 성질에 의하여 사용·수익이 종료한 때에 반환하여야 한다. 사용하고 수익에 족한 기간이 지나갈 때는 대주는 언제든지 계약을 해지할 수 있다. 차주가 혹시 사망하거나 파산 신고가 될 때는 대주는 계약을 해지할 수 있다. 차주는 특약이 없는 경우 언제든지 계약을 해지할 수 있다.

1.6 임대차

사례연구

[임대차]

乙은 甲에게서 건물을 임차하여 사용하고 있는데 甲이 그 건물을 丙에게 매도해 버렸다. 이런 사정도 모른 乙은 돈을 들여 그 건물에 수도시설까지 하였다. 그런데 매수인 丙은 乙에게 내용증명 우편으로 그 건물을 명도해 달라고 통보하여 왔다. 이런 경우에 乙이 보호받을 수 있는 방법은 없는 것인가?

乙이 임차한 건물에 임대차 등기를 했느냐에 따라 명도 여부가 다르다. 乙이 甲으로부터 임대차 등기를 한 때에는 丙에 대하여 대항할 수 있으므로 乙은 그 존속기간까지 자기의 권리를 주장하고 丙의 명도청구를 거절할 수 있다. 임대차 등기를 하지 않은 경우는 丙의 명도 청구에 응하여야 한다. 이런 경우를 매매는 '임대차를 깨뜨린다'고 하는 것이다. 그 건물이 주택과 같은 주거용건물이라면 乙이 인도받아서 주민등록을 마쳤다면 존속기간까지 대항할 수 있다. 乙이 수도시설을 하는데 지출한 비용은 그 금액의 반환을 청구할 수 있다(민법 제654조·제617조).

임대차란 당사자의 일방(임대인)이 상대방(임차인)에게 목적물을 사용·수익할 수 있게 하고, 상대방(임차인)이 그 대가로서 차임을 지급할 것을 약정함으로써 성립하는 계약을 말한다(제618조). 임대차의 객체는 동산과 부동산을 불문한다. 임대차는 목적물을 사용·수익한 후 이를 반환하는 계속적 급부를 내용으로 하는 계속적 계약관계이다. 물건을 사용·수익한 후 이를 반환하는 법률관계로는 채권관계인 임대차 이외에 물권관계인 지상권[21]과 전세권[22]도 있다. 물권인 지상권, 전세권과 달리 임차권은 임대인에 대한 권리인 채권일 뿐이다. 임차권은 배타성이 없다. 따라서 임차물에 대한 매매, 교환, 증여가 있

---

21) 지상권은 타인의 토지에 건물을 비롯한 공작물이나 수목을 소유하기 위한 권리인 물권이다. 우리나라는 토지와 그 위의 정착물 등을 서로 별개로 취급한다. 따라서 건물의 소유자가 토지에 대한 지상권을 가지고 있다면 토지의 소유자와 건물의 소유자가 다를 수 있다.

22) 전세권은 전세보증금을 지급하고 타인의 부동산을 일정 기간 그 용도에 따라 사용·수익한 후, 그 부동산을 반환하고 전세금의 반환을 받는 권리인 물권이다(민법 제303조 1항). 전세권은 부동산을 사용, 수익하는 용익 권능과 함께, 전세금반환청구권을 담보하는 담보물권의 성격도 함께 가지고 있다.

게 되면, 임대차는 효력을 상실한다. 임대차는 양도성이 제한된다. 임대인의 동의가 없으면 임차권을 양도하거나 전대하지 못한다(제629조 1항).

부동산임차인은 당사자 간의 반대 약정이 없으면 임대인에게 임차권 등기절차에 협력할 것을 청구할 수 있다(제621조). 토지임차인으로부터 건물의 소유권을 취득한 자는, 토지임대인의 동의를 얻어 건물의 소유를 목적으로 하는 토지임차권을 양수한 경우에만, 그의 토지임차권의 대항력이 인정된다. 지상건물이 경매절차에 의해 매각된 경우, 매수인은 건물의 소유권과 함께 건물의 소유를 목적으로 하는 토지임차권도 취득하지만, 토지임대인의 동의에 의하여 토지임차권을 취득한 것은 아니므로, 토지임대인에 대하여 토지임차권으로 대항할 수는 없다.

사례연구

[부동산임대차]

甲은 급한 사정으로 인하여 지금까지 세 들어 살고 있던 집을 주인 乙의 동의를 얻지 않고 丙에게 다시 세를 놓았다. 임대차의 양도 후 그것을 알게 된 乙은 丙에게 집을 내놓으라고 한다. 丙은 어떻게 하는 것이 좋은가?

민법은 임대차의 양도나 전대를 원칙적으로 제한하고 있다. 이를 양도 또는 전대할 경우에는 임대인의 동의를 얻어야 한다. 그런데 다시 양도를 해버린 경우에 乙은 甲과의 임대차 계약을 해지하고 丙에게는 퇴거를 요구할 수 있다. 그러나 주택의 소부분(주택의 방하나 등 일부분)이라면 전대는 유효하다.

부동산의 매수인은 임차인의 변경이 임대차를 지속시키기 어려울 정도로 신뢰관계를 파괴하는 배신행위가 아니라고 인정될 특별한 사정이 있음을 입증한 경우에는, 임대인의 동의가 없더라도 임차권의 이전으로 임대인에게 대항할 수 있다.

임대차에서 기간의 약정이 없는 때에는 당사자는 언제든지 계약해지의 통고를 할 수 있다. 다만 해지의 효과는 해지 후 일정기간이 경과한 때에 발생한다. 즉 토지, 건물 기타 공작물에 대해서는 임대인이 해지를 통고한 경우에는 6개월, 임차인이 해지를 통고한 경우에는 1월, 동산에 대하여는 누가 해지를 통고하든 5일이 경과하면 해지의 효력이 생긴다. 이는 강행규정이다. 차임

지급 규정이 없으면 임대차가 아니라 사용대차가 된다. 차임 채권은 금전에 한하지 아니하며, 다른 채권으로 갈음할 수도 있다. 즉, 매매는 임대차를 깨뜨린다.

사례연구

[임대차 보증금]

甲은 보증금 300만원에 매달 10만원의 월세를 받기로 하고 방 한칸을 乙에게 빌려주었다. 그런데 乙은 매달 내기로 한 월세를 몇 달째 계속 내지 않고 있다. 이 경우에 甲은 어떻게 하면 좋은 것인가?

임대차계약에서 甲이 받은 보증금은 乙이 그 계약이 끝날 때까지 내야 할 돈을 담보하기 위하여 보관시켜 놓은 것이다. 세든 乙이 내야 할 돈을 내지 않았다면 채무불이행이 된다. 그 보증금으로 월세나 그 밖의 불이행으로 인하여 생긴 손해배상에 충당하고 나머지만 돌려주면 된다. 그렇지 않고 월세 기간이 끝나기 전에 甲은 乙에게 밀린 월세를 청구할 수도 있다.

1.7 고 용

사례연구

[고 용]

甲은 乙을 1년간 고용하였다. 보수는 1년이 끝나는 날에 2,500만원을 주기로 하였다. 그러나 乙의 건강이 나빠져서 도저히 고용을 계속할 수 없게 되어 7개월을 마치고 그만두었다. 이 경우에 甲은 1년이 되지 않았다고 하여 보수를 주지 않을 수 있는가? 乙은 지금까지 일한 보수를 청구할 수는 없는가?

甲과 乙은 고용기간 1년의 약정이 있지만 乙의 병환으로 노무 제공을 할 수 없는 부득이한 사정이 생겼다. 부득이한 사정이 있으면 각 당사자는 즉시 그 계약을 해지할 수 있다. 이 경우에 甲은 신의칙에 좇아 7개월의 보수를 주어야 한다. 乙은 그것을 당연히 청구할 수 있다. 그러나 부득이한 사유가 당사자 일방의 과실로 인하여 생긴 때에는 상대방에 대하여 손해를 배상해야 한다.

고용이란 고용되는 자(근로자·피용자)가 고용하는 자(사용자·고용주)에 대하여 노무를 제공할 것을 약정하고 고용하는 사람이 그 노무에 대하여 보수(임금)를 지급할 것을 약정함으로써 성립하는 계약을 말한다(제655조). 특별법 우선의 원칙에 따라 노동법이 우선하고 해당 민법의 고용 부분은 보충적으로 적용되기 때문에 실질적으로 사용되는 비중은 낮다. 보수는 먼저 약정에 의하고 약정에 없으면 관습에 의하여 지급한다(제656조). 하지만 보수지급시기와 달리 보수 액수의 경우 약정과 관습까지만 이를 규정하고 있다. 먼저 고용주는 근로자의 동의 없이 권리를 제3자에게 양도할 수 없고(제657조 1항), 근로자가 고용자 동의 없이 근로를 제3자에게 대타로 뛰게 할 수 없다(제657조 2항). 이 내용을 어길 경우 상대방은 계약을 해지할 수 있다. 고용주는 근로자에 대하여 약정하지 아니한 노동의 제공을 요구할 수 없다(제658조 1항)고 규정되어 있는데 이는 예로 들면 계약에는 주간 근무형식이라고 기재되어있었으나 막상 하고 보니 교대근무를 시키려는 경우를 들 수 있다.

전문자격증 혹은 기능사 같은 기술 자격증을 필요로 하는 상황에서 채용된 근로자가 알고 보니 아무런 자격증이 없었던 경우 이를 해지할 수 있다. 고용 약정기간이 3년을 넘어갈 경우 당사자는 언제든지 계약해지의 통고를 할 수 있으며(제659조), 이는 바로 효력이 발생하는 것이 아니라 통고를 한 3개월 후에 발생된다. 약정이 없었던 경우에는 처음부터 마음대로 해지 통보가 가능하고 1개월 만에 효력이 발생된다(제660조). 부득이한 사유가 있는 경우 서로 마음대로 해지가 가능하다(제661조). 단 그 사유가 당사자 혼자의 잘못으로 생긴 때에는 상대방에 대하여 손해를 배상하여야 한다. 단 파산에 대해서는 손해를 배상하지 아니한다. 묵시의 갱신에 대해서 다루고 있다(제662조). 이때 묵시의 갱신은 기간의 약정이 있었던 경우에만 적용된다.

1.8 도 급

사례연구

[도 급]

甲은 건축업자 乙과의 계약으로 건축비와 재료는 모두 乙이 부담하고 건축이 완성된 후 甲은 1억원을 주기로 하였다. 집이 완성되어 甲이 이사하여 살던 중 장마가 와서

비가 새기 시작한다. 甲은 어떻게 해야 할지 걱정이 태산 같다. 어떻게 하는 것이 좋은가?

수급인 乙은 집의 건축이라고 하는 일의 완성을 하여 그 집을 도급인 甲에게 인도하여야 할 의무가 있다. 그런데 장마로 인하여 비가 샌다는 것은 완성된 집에 하자가 있음을 뜻한다. 이 경우에 甲은 수급인 乙에 대하여 하자보수와 함께 손해배상을 청구할 수 있다.

도급은 당사자 일방이 어느 일을 완성할 것을 약정하고 상대방이 그 일의 결과에 대하여 보수를 지급할 것을 약정함으로써 그 효력이 생긴다(제664조). 이때 수급인의 일을 완성할 의무와 상대방의 보수지급은 동시이행관계가 아니며 선완성 후 인도 후 보수지급을 원칙으로 한다. 이때 일의 완성이란 일을 끝내고 무작정 넘긴다고 끝이 아니라 받는 상대방인 도급인이 목적물을 검수해서 계약대로 완성되었음을 인정(내용이나 사실이 옳다고 인정)하는 것까지 포함된다. 보수는 그 완성된 목적물의 인도와 동시에 지급하여야 한다. 그러나 목적물의 인도를 요하지 아니하는 경우에는 그 일을 완성한 후 지체없이 지급하여야 한다(제665조 1항).

보수는 약정한 시기에 지급하여야 하며 시기의 약정이 없으면 관습에 의하고 관습이 없으면 약정한 노무를 종료한 후 지체없이 지급하여야 한다(제656조 2항). 다만 실질적인 보수지급과 별개로 부동산 공사의 수급인은 필요한 경우 보수지급을 담보하기 위하여 부동산에 대해 저당권을 설정할 수 있다. 이 경우, 해당 저당 목적물은 담보의 성질을 지닌 만큼 보수지급이 이루어지면 저당권 설정을 철회해야 한다.

완성된 목적물 또는 완성 전의 성취된 부분에 하자가 있는 때에는 도급인은 수급인에 대하여 상당한 기간을 정하여 그 하자의 보수를 청구할 수 있다. 그러나 하자가 중요하지 아니한 경우에 그 보수에 과다한 비용을 요할 때에는 그러하지 아니하다(제667조 1항).

하자의 보수는 토지나 건물의 경우 5년이다. 단 건물이나 토지가 석회 혹은 금속 등으로 만들었을 경우 다시 10년으로 늘어난다. 하자담보책임에 대한 기간은 제척기간으로써 권리행사 기간이다. 재판상 청구를 할 수 있는 출소기간이 아니기에 하자가 생긴 즉시 바로 민사소송을 걸어도 된다(제671조). 도급인이 완성된 목적물의 하자로 인하여 계약의 목적을 달성할 수 없는 때에는 계약을 해제할 수 있다. 그러나 건물 기타 토지의 공작물에 대하여는 그러하지 아니한다(제668조). 완성 전이라면 수급인은 손해를 배상하고 계약을 해제할 수 있다. 그리고 도급인의 파산한 경우(당사자가 아닌 도급인이라고 지칭했으므로 수급인은 해당 없다) 수급인은 계약을 일방적으로 해제할 수 있다. 이때 도급인은 이를 이유로 수급인에 대하여 손해배상을 청구할 수 없다(제673조, 제674조).

1.9 현상광고

사례연구

[현상광고]

甲은 잃어버린 애견을 찾아주는 사람에게 100만원을 사례하겠다고 광고를 냈다. 그런데 乙은 이러한 현상광고를 알지 못하고 甲의 애견을 찾아주었다. 이 경우에도 乙을 현상금을 받을 권리가 있는가?

甲이 현상광고를 한 사실을 모르고 乙이 甲의 애견을 찾아주었다면 乙은 보수를 청구할 수 있다. 광고자 甲은 보수를 지급할 의사로서 청약한 자이므로 광고에서 정한 행위를 완료한 자가 있다면 그 의사의 유무를 불문하고 보수를 지급하여도 불이익이 되는 것이 아니기 때문이다.

현상광고란 광고사가 어느 행위를 한 자에게 일정한 보수를 지급할 의사를 표시하고, 응모자가 그 광고에 정한 행위를 완료함으로써 성립하는 계약을 말한다(제675조). 이러한 사례는 가출인의 수색, 유실물의 수색, 학술적 발명 등에 널리 쓰이는 방법이다. 민법상 전형계약의 일종이다. 현상광고는 일종의 요물계약이며 또 유상·편무계약이다. 광고자는 광고에 정한 행위 완료자에 대하여 광고 소정의 보수를 지급할 의무를 진다(제675조).

광고에 정한 행위를 한 자가 여러 명인 때에는 먼저 그 행위를 완료한 자가 보수를 받을 권리를 가진다(제676조 1항). 즉, 최초로 지정행위를 완료한 자에 대해서만 계약이 성립한다. 수인이 동시에 지정행위를 완료한 때에는 각각 균등한 비율로 보수를 받을 권리를 취득하는 것이 원칙이지만, 만약 보수가 그 성질상 분할할 수 없거나, 광고에 1인만이 보수를 받을 것으로 정한 때에는 추첨에 의한다(제676조 2항).

특히 문제는 광고가 있음을 알지 못하고 광고에 지정한 행위를 완료한 경우이다. 이 경우에는 청약에 대하여 승낙을 한 것은 아니므로 계약은 성립되었다고 볼 수 없다. 그러나 민법은 이 경우에도 계약의 성립을 인정하여 보수청구권을 갖는다는 특별규정을 두고 있다(제677조). 민법은 현상광고의 철회에 관하여 특수한 규정을 두고 있다.

광고자가 광고에 지정행위의 완료기간을 정한 때에는 그 기간만료 전에는 광고를 철회하지 못한다(제679조 1항). 광고에 행위의 완료기간을 정하지 아니한 때에는 지정행위의 완료 전에 자유롭게 철회할 수 있으나, 그 방법은 전의 광고와 동일한 방법에 의함을 요한다. 동일한 방법으로 철회할 수 없을 때에는 그와 유사한 방법으로 철회할 수 있으나 이 철회는 철회한 것을 알지 못한 제3자에 대하여는 철회로서의 효력이 생기지 아니한다(제679조 1항·2항).

광고에 정한 행위를 완료한 자가 수인인 경우 그중 우수한 자에게만 보수를 지급할 것을 정하는 것이 **우수현상광고**이다. 이 광고에는 응모기간을 정해야 한다(제678조 1항). 우수의 판정은 광고 중에 정한 자가 하고, 광고 중에 판정자를 정하지 아니한 때에는 광고자가 특정한다(제678조 2항).

사례연구

[우수현상광고]

광고주 乙이 우수현상광고의 당선자인 甲과 설계비에 관하여 협의하면서, 乙이 1993. 11. 11. 제시한 8,000만원의 설계보수에 관하여 甲이 같은 달 15. 위 제의를 수용할 수 없다는 의사를 표시하였는데도 불구하고, 다시 같은 달 17. 甲에게 같은 달 20.까지 제안을 수용하지 아니하면, 甲이 이 사건 공사에 관한 설계계약을 체결할 의사가 없는 것으로 간주한다는 뜻을 일방적으로 통보한 경우 甲의 손해배상청구권은 언제까지 행사를 하여야 하는 것인가?

민법 제163조 제3호에 따르면 “도급받는 자, 기사 기타 공사의 설계 또는 감독에 종사하는 자의 공사에 관한 채권”에 대하여 3년의 단기소멸시효가 적용된다고 규정하고 있다. 대법원은 이 사안과 같은 경우에 “우수현상광고의 광고자로서 당선자에게 일정한 계약을 체결할 의무가 있는 자가 그 의무를 위반함으로써 계약의 종국적인 체결에 이르지 않게 되어 상대방이 그러한 계약체결 의무의 채무불이행을 원인으로 하는 손해배상을 청구한 경우, 그 손해배상청구권은 계약이 체결되었을 경우에 취득하게 될 계약상의 이행청구권과 실질적이고 경제적으로 밀접한 관계가 형성되어 있기 때문에, 그 손해배상청구권의 소멸시효기간은 계약이 체결되었을 때 취득하게 될 이행청구권에 적용되는 소멸시효기간에 따른다. 우수현상광고의 당선자인 원고가 광고주인 피고에 대하여 가지고 있는 본래의 채권인 '기본 및 실시설계권'이란 당선자인 피고에 대하여 우수작으로 판정된 계획설계에 기초하여 기본 및 실시설계계약의 체결을 청구할 수 있는 권리라고 할 것이고, 이러한 청구권에 기하여 계약이 체결되었을 경우에 취득하게 될 계약상의 이행청구권은 '설계에 종사하는 자의 공사에 관한 채권'으로서 이에 관하여는 민법 제163조 제3호 소정의 3년의 단기소멸시효가 적용되므로, 위의 기본 및 실시설계계약의 체결의무의 불이행으로 인한 손해배상청구권의 소멸시효 역시 3년의 단기소멸시효가 적용된다 할 것이다"고 판시하였다.

채무불이행으로 인한 손해배상청구권의 소멸시효는 채무불이행시로부터 진행한다 할 것이다(대법원 2005. 1. 14. 선고 2002다57119 판결). 따라서, 이 경우 甲의 손해배상청구권은 3년의 단기소멸시효가 적용된다 할 것이고, 채무불이행시로부터 소멸시효가 진행한다 할 것이므로 乙이 최종적으로 시한을 정하여 통보한 다음날(이행거절의 의사를 표시한 날의 다음날)인 1993. 11. 21.부터 소멸시효가 진행한다. 그러므로 1993. 11. 21.부터 3년 이내에 甲은 乙에 대하여 손해배상청구를 하여야 한다.

우수한 자가 없다는 판정은 할 수 없다(제678조 3항 본문). 다만 광고 중에 다른 의사표시가 있거나 정해져 있는 때에는 그것에 의한다(제678조 3항 단서). 그리고 응모자는 판정에 대하여 이의를 하지 못한다(제678조 4항). 수인의 행위가 동등으로 판정된 때에는 각각 균등한 비율로 보수를 받을 권리가 있고, 보수가 그 성질상 분할할 수 없거나 광고에 1인만이 보수를 받을 것으로 정한 때에는 추첨에 의하여 결정한다(제678조 5항).

1.10 위 임

사례연구

[위 임]

甲은 乙의 아파트에서 산다. 乙은 매월 전기료와 수도요금 그 밖의 관리비를 종이에 적어 가지고 와서 집세와 함께 받아 간다. 甲은 그 액수가 너무 많아 알아보았더니 실제 금액보다 더 많았다. 甲은 乙에 대하여 어떻게 할 수 있는 것인가?

乙은 甲의 전기료 납부 등의 사무를 처리해 주는 수임인이다. 수임인은 선량한 관리자의

> 주의로써 위임사무를 처리해야 한다(제681조). 사무처리 후 그 전말을 보고해야 한다(제683조). 乙은 그 의무를 다하지 않았으므로 이에 대하여 甲은 이제까지 초과 지급한 경비와 이자의 반환을 청구할 수 있다. 甲은 앞으로 내야 할 집에서 그 금액을 공제하는 것도 한 방법이 될 것이다.

위임이란 당사자의 일방이 상대방에 대하여 사무의 처리를 위탁하고 상대방이 이를 승낙함으로써 성립하는 계약이다(제680조). 위임은 사법상 당사자의 일방(위임자)이 상대방을 신뢰하여 사무의 처리를 위탁하고 상대방(수임자)이 그것을 수락함으로써 성립한다(제680조~제692조). 노무공급계약의 일종이지만, 일정한 사무의 처리라고 하는 통일된 노무를 목적으로 하는 점에 특색이 있다. 사무의 내용은 매매·임대차 등의 법률행위인 경우도 있고 그렇지 않은 경우도 있다.

위임의 성질은 원칙적으로 무상·편무계약이지만 보수의 약정이 있는 경우가 많고 이 경우에는 유상·쌍무계약이 된다. 그리고 위임은 낙성·불요식의 계약이지만 실제에 있어서는 위임장이 교부되는 예가 많다. 이것은 계약을 성립시켰다는 증거에 불과하나 보통 대리권 수여의 증거로 쓰인다.

수임자는 보수의 유무에 관계 없이 위임의 본지에 따라 선량한 관리자의 주의를 가지고 위임사무를 처리해야 하며(제681조), 사무처리상황의 보고의무(제683조), 사무처리에 당하여 수취한 금전 그 밖의 물건 및 과실의 인도의무(제684조 1항), 위임자를 위하여 취득한 권리의 이전의무(제684조 2항), 자기를 위하여 사용한 금전의 이자지급 및 손해배상의무 등을 진다(제685조).

위임자는 보수지급의무(유상의 경우)를 지는 외에 비용선급의 의무, 지출비용 및 이자의 상환의무 등 민법 소정의 의무를 진다(제686조, 제687조, 제688조). 위임은 당사자 간의 신뢰에 기초되는 것이므로 그 신뢰가 무너지면 각 당사자는 언제든지 그 이유를 제시하지 않고 해지할 수 있다(제689조). 또한 위임을 위임자 또는 수임인의 사망, 파산에 의해서도 종료한다(제690조).

또한 위임종료의 경우에 급박한 사정이 있는 때에는 수임인·수임인의 사망, 파산에 의해서도 종료한다(제690조). 또한 위임종료의 경우에 급박한 사정이 있는 때에는 수임인·그 상속인이나 법정대리인은 위임인·그 상속인이나 법정대리인이 위임사무를 처리할 수 있을 때까지 그 사무의 처리를 계속하여야 한다(제691조). 위임종료의 사유는 이를 상대방에게 통지하거나 상대방이 이를 안 때가 아니면, 이로써 상대방에게 대항하지 못한다(제692조).

1.11 여행계약

제674조의2(여행계약의 의의) 여행계약은 당사자 한쪽이 상대방에게 운송, 숙박, 관광 또는 그 밖의 여행 관련 용역을 결합하여 제공하기로 약정하고 상대방이 그 대금을 지급하기로 약정함으로써 효력이 생긴다.
제674조의3(여행 개시 전의 계약해제) 여행자는 여행을 시작하기 전에는 언제든지 계약을 해제할 수 있다. 다만, 여행자는 상대방에게 발생한 손해를 배상하여야 한다.
제674조의4(부득이한 사유로 인한 계약 해지) ① 부득이한 사유가 있는 경우에는 각 당사자는 계약을 해지할 수 있다. 다만, 그 사유가 당사자 한쪽의 과실로 인하여 생긴 경우에는 상대방에게 손해를 배상하여야 한다.
② 제1항에 따라 계약이 해지된 경우에도 계약상 귀환운송 의무가 있는 여행주최자는 여행자를 귀환운송할 의무가 있다.
③ 제1항의 해지로 인하여 발생하는 추가 비용은 그 해지 사유가 어느 당사자의 사정에 속하는 경우에는 그 당사자가 부담하고, 누구의 사정에도 속하지 아니하는 경우에는 각 당사자가 절반씩 부담한다.
제674조의5(대금의 지급시기) 여행자는 약정한 시기에 대금을 지급하여야 하며, 그 시기의 약정이 없으면 관습에 따르고, 관습이 없으면 여행의 종료 후 지체없이 지급하여야 한다.
제674조의6(여행주최자의 담보책임) ① 여행에 하자가 있는 경우에는 여행자는 여행주최자에게 하자의 시정 또는 대금의 감액을 청구할 수 있다. 다만, 그 시정에 지나치게 많은 비용이 들거나 그 밖에 시정을 합리적으로 기대할 수 없는 경우에는 시정을 청구할 수 없다.
② 제1항의 시정 청구는 상당한 기간을 정하여 하여야 한다. 다만, 즉시 시정할 필요가 있는 경우에는 그러하지 아니하다.
③ 여행자는 시정 청구, 감액 청구를 갈음하여 손해배상을 청구하거나 시정 청구, 감액 청구와 함께 손해배상을 청구할 수 있다.
제674조의7(여행주최자의 담보책임과 여행자의 해지권) ① 여행자는 여행에 중대한 하자가 있는 경우에 그 시정이 이루어지지 아니하거나 계약의 내용에 따른 이행을 기대할 수 없는 경우에는 계약을 해지할 수 있다.
② 계약이 해지된 경우에는 여행주최자는 대금청구권을 상실한다. 다만, 여행자가 실행된

여행으로 이익을 얻은 경우에는 그 이익을 여행주최자에게 상환하여야 한다.
③ 여행주최자는 계약의 해지로 인하여 필요하게 된 조치를 할 의무를 지며, 계약상 귀환운송 의무가 있으면 여행자를 귀환운송하여야 한다. 이 경우 상당한 이유가 있는 때에는 여행주최자는 여행자에게 그 비용의 일부를 청구할 수 있다.
제674조의8(담보책임의 존속기간) 제674조의6과 제674조의7에 따른 권리는 여행 기간 중에도 행사할 수 있으며, 계약에서 정한 여행 종료일부터 6개월 내에 행사하여야 한다.
제674조의9(강행규정) 제674조의3, 제674조의4 또는 제674조의6부터 제674조의8까지의 규정을 위반하는 약정으로서 여행자에게 불리한 것은 효력이 없다.

여행(Travel, trip, tour, journey)이란, 일이나 유람, 휴식 등을 위해 일상생활에서 벗어나 타 국가, 다른 지역으로 떠나는 일을 말한다. 크게 배낭여행과 패키지여행, 혹은 국내여행과 해외여행으로 구분된다. 2020년대 들어서는 우주여행 또한 본격적으로 새로운 여행의 한 형태로 등장하기 시작했다. 다른 지역의 문물을 체험하는 관광은 여행의 목적 중 하나로 볼 수 있다. 일례로 일을 목적으로 하는 출장 역시 여행의 목적 중 하나이다. 하지만 구어로는 '여행'과 '관광'을 혼용하는데, 그 이유는 대부분의 사람들의 여행 목적이 관광이기 때문이며, 일을 목적으로 하는 여행인 출장의 경우 사람들이 일상생활의 일부로 인식하여 여행이라고 잘 생각하지 않기 때문이다.

표준국어대사전에서는 '여행'을 "일이나 유람을 목적으로 다른 고장이나 외국에 가는 일"이라고 정의하고 있으며, '관광'을 "다른 지방이나 다른 나라에 가서 그곳의 풍경, 풍습, 문물 따위를 구경함"이라고 정의하고 있다. 한국어뿐만이 아니라 영어에서도 여행(Travel, Tour)과 관광(Sightseeing)의 개념을 다르게 인식하며, 두 개념을 의미하는 단어가 따로 있지만, 영어권의 사람들도 역시 그 차이를 명확하게 설명하지는 못하고 두 용어를 혼용한다.

개정 민법은 2015년 2월 3일 '여행계약'에 관한 절을 신설하였다. 이에 의하면 "여행계약"이란 "당사자 한쪽이 상대방에게 운송, 숙박, 관광 또는 그 밖의 여행 관련 용역을 결합하여 제공하기로 약정하고 상대방이 그 대금을 지급하기로 약정"하는 계약이다(제674조의2). 이 개정으로 인해 종래 '소비자분쟁해결기준'(소비자기본법에 따라 제정된 공정거래위원회고시)에 따라서만 규율되던 사항이 법률에 의한 직접 규율의 영역으로 들어왔다.

여행계약은 당사자의 한쪽(여행사)이 상대방(여행자)에게 운송, 숙박, 관광 또는 그 밖의 여행 관련 용역을 결합하여 제공하기로 약정하고 상대방(여행자)이 그 대금을 지급하기로 약정함으로써 성립하는 효력이 생긴다(민법 제674조의2). 소비자와 여행사, 숙박업자, 운송업자 등 간의 여행상품을 대상으로 하는 계약이다.

여행업자는 기획 여행계약의 상대방인 여행자에 대하여 기획 여행계약의 부수의무로서, 여행자의 생명, 신체, 재산 등의 안전을 확보하기 위하여, 여행목적지, 여행일정, 여행행정, 여행 서비스기관의 선택 등에 관하여 미리 충분히 조사, 검토하여 전문업자로서의 합리적인 판단을 하고, 또한 그 계약 내용의 실시에 관하여 모르는 위험을 미리 제거할 수단을 강구하거나 또는 여행자에게 그 뜻을 고지하여 여행자 스스로 그 위험을 수용할지 여부에 관하여 선택의 기회를 주는 등의 합리적 조치를 취할 신의칙상의 주의의무를 진다.[23)]

1.12 임 치

사례연구

[임 치]

乙은 방학을 고향에서 보내려고 그의 물건을 甲에게 보관시켜 놓았다. 그런데 甲은 자기의 물건은 물론이고 乙이 보관시켜 놓은 물건까지도 도난을 당했다. 이 경우에 乙은 甲에게 손해배상을 청구할 수 있는가?

乙은 甲에게 물건을 보관시켰으므로 乙은 임치인이고 甲은 수치인의 관계이다. 그런데 甲이 보수를 받고 그 물건을 보관한 경우에는 선량한 관리자의 주의로써 보관해야 한다. 이에 위반한 경우에는 손해배상책임을 진다. 그러나 乙이 무상으로 물건을 맡긴 경우에는 甲은 자기의 물건과 같은 주의의무를 다하였다면 손해배상의 의무가 없다. 甲이 자기의 물건까지 도난당한 것에 비추어 보면 乙의 물건도 자기 재산과 같은 주의를 한 것으로 볼 수 있을 것이므로 손해배상을 청구할 수 없다고 할 것이다.

임치란 당사자의 일방인 수치인(물건을 맡아 보관 중인 사람)이 임치인인

---

23) 대법원 1998. 1. 21. 선고 98다25061 판결.

상대방(물건을 맡긴 사람)을 위하여 위탁받은 금전이나 유가증권 기타의 물건을 보관하기로 하는 계약을 말한다(제693조). 일방(수치인)이 상대방(임치인)을 위하여 금전이나 유가증권 기타 물건을 보관하는 계약이다(제693제~제702조). 민법은 임치계약을 낙성계약으로 하였다. 보관료를 지급하는 경우와 그렇지 않은 경우가 있는바, 전자는 유상·쌍무계약이고, 후자는 무상·편무계약이다. 목적물은 동산인 경우가 많지만 부동산일 수도 있다.

1.13 조 합

사례연구

[조 합]

조합원 甲은 조합의 사무를 집행하면서 조합재산을 자기 개인을 위하여 낭비하였다. 이를 알게 된 조합원 乙·丙이 甲을 제명하려고 한다. 이 조합의 조합원은 15명이다. 甲을 어떻게 제명시킬 수 있는가? 이 경우에 甲의 출자에 대하여 어떻게 계산해 주어야 하는가?

甲은 조합의 사무를 집행하면서 부정한 행위를 하였다. 乙·丙이 그를 제명하고자 하는 것은 정당한 것이지만 조합원 15명의 동의가 있어야 한다(제718조). 이 경우에 대하여는 제명 당시의 조합재산 상태를 기준으로 하여 甲의 지분을 계산하여야 한다. 반환하여 주어야 할 지분은 금전으로 하면 된다(제719조 1항·2항). 다만 제명될 당시 완결되지 아니한 사항에 관하여는 완결 후에 계산하는 것이 정확하다(동조 제3항).

조합이란 2인 이상의 영업자가 상호출자하여 공동사업을 경영할 것을 약정하는 계약이다(제703조~제724조). 출자는 그 종류·성질에 제한이 없고 금전 그 밖의 재산·노무·신용 등 재산적 가치가 있는 것이면 된다(제703조 2항). 사업은 영리를 목적으로 하지 않는 것이거나 일시적인[24] 것도 좋다. 그러나 공동으로 경영하는 것이어야 하므로 이익은 전원이 받는 것이어야 한다.

따라서 한 사람만이 이익을 보는 사자(사적)조합이나 익명조합은 민법상의 조합이 아니다. 조합계약은 낙성계약으로 각 조합원이 지는 출자의무는 대가관계에 있으므로 유상·쌍무계약이다. 쌍무계약이라고는 하지만 보통의 쌍

24) 이 경우는 당좌조합이 있다. 당좌조합이란 두 사람 이상이 출자하여 일시적으로 공동사업을 하기 위하여 조직하는 조합을 말한다.

무계약과는 달라 각 조합원의 채무는 모두 공동목적을 위하여 결합되어 있는 점에 특색이 있으며, 쌍무계약에 관한 일반적 규정을 조합에 적용함에 있어서는 일정한 제한을 받는다.

첫째, 동시이행의 항변에 관한 것으로 각 조합원은 업무집행자로부터 출자를 청구 당하면 자기 이외에 출자를 하지 아니한 다른 조합원이 있어도 동시이행의 항변을 행사하지 못한다. 둘째, 위험부담에 있어서도 한 개인 조합원의 출자의무가 불능으로 되어도 그 조합원이 조합관계로부터 탈퇴할 뿐이고, 다른 조합원간의 조합관계는 존속한다. 조합은 공동목적을 가진 인적 결합체로서 일종의 단체성을 가지며, 사단[25)]과 대비된다.

그러나 조합은 사단과는 달리 단체로서의 단일성이 약하고 각 조합원의 개성이 강하며, 각 조합원이 공동목적에 의하여 결합되는 데 불과하다. 대외적으로는 사단이 법인격(사단법인)을 갖는 데 대하여, 조합은 법인격을 갖지 않는 것이 보통인데, 내부관계에서 오는 단체의 유형과 법인격과는 반드시 일치하지 않고, 법인이 아닌 사단(권리능력 없는 사단)이 있는가 하면, 반면에 조합의 실체를 갖는 법인(합명회사)도 있다. 또 민법상의 조합은 아니나 조합의 이름을 갖는 특별법상의 법인이 있다(노동조합·협동조합·공공조합 등).

1.14 종신정기금

사례연구

[종신정기금]

甲은 손주 乙을 평생 도와주려고 한다. 그러나 한 번에 많은 도움을 준다고 하여도 乙의 낭비성 등의 사정 때문에 걱정이 된다. 甲이 乙을 돕는데 어떤 좋은 방법이 없는가?

甲이 乙을 도와주는 방법은 증여 등 여러 가지가 있다. 그러나 乙이 평생 안정되게 생활하도록 하는 방법으로서 종신정기금을 지급하기로 하는 것이 좋을 듯하다. 甲은 자기나 乙 또는 제3자의 사망시까지 매월 얼마씩 지급하기로 약정하는 것이 좋은 방법이다.

---

25) 사단이란, 일정한 목적을 위해 결합하여 개개 구성원을 초월한 독립의 존재로서 활동하는 단체를 말한다. 사단으로서 법인이 된 것을 사단법인, 법인이 되지 않은 것을 법인 아닌 사단(비법인사단), 권리능력 없는 사단, 또는 법인격 없는 사단이라고 한다.

종신정기금이란 한쪽 당사자가 자기, 상대방 또는 제3자의 종신까지 정기로 금전 기타의 물건을 상대방 또는 제3자에게 지급할 것을 약정함으로써 성립하는 계약을 말한다(제725조). 정기에 지급하는 금전 기타 물건을 정기금이라 한다. 이 계약의 특색은 특정인의 종기, 즉 사망시까지 정기금 채권이 존속하는 것이며, 사망이라는 불확정적인 우연한 사실에 계약의 존속이 구속된다는 점에서 일종의 사행계약이라는 데에 있다.

종신정기금계약의 성질은 정기금 채무를 부담함에 있어서 아무 대가 없이 증여로 할 경우에는 무상계약이고, 외상채무·소비대차채무 기타 원본을 수취하여 종신정기금으로 하는 경우는 유상계약이며, 모두 제3자를 위한 계약이다. 그리고 당사자의 의사의 합치만으로 성립하고, 또한 아무런 방식도 요하지 아니하므로 낙성·불요식계약이다. 정기금의 목적물은 보통 금전이고 그 외에 기타의 물건도 될 수 있으나 이는 대체물임을 요한다.

'정기로 지급한다'라고 함은 매년·매월처럼 일정한 기간을 두고 규칙적으로 돌아오는 시기마다 지급함을 말하며, 매기에 지급하는 금액은 동일함을 요하지 않는다. 정기금 채무의 불이행에는 채무불이행의 일반원칙이 적용되지만, 특히 징기금 채무자가 원본을 수취한 경우에는 정기금 채권자는 최고 없이 계약을 해제하여 원본의 반환을 청구할 수 있고, 또한 손해가 있으면 그 배상도 청구할 수 있다. 그러나 이미 수취한 정기금이 있는 경우에는 원본의 이자를 공제한 금액을 정기금 채무자에게 반환하여야 한다(제727조).

채권자의 사망으로 종신정기금계약은 종료되지만, 그 사망이 정기금 채무자의 귀책사유로 인한 때에는 정기금 채권자 또는 그 상속인은 민법 제727조에 의하여 계약해제·손해배상의 청구를 하든지 법원에 추정생존연한을 인정받든지 할 수 있다(제729조 1항, 2항). 종신정기금계약은 보험적 작용을 하는데, 실제로 사인끼리 적용되는 일은 드물고 공공의 제도로 이용되는 일이 많다.

1.15 화 해

사례연구

[화 해]

甲은 乙에게 100만원을 꾸어 주었다고 하고 乙은 50만원을 빌렸다고 하다가 상호 양보하여 75만원으로 확정하였다. 그 후 甲은 乙로부터 100만원의 차용증서를 찾았다. 이 경우에 甲은 얼마를 받을 수 있는가?

甲과 乙 사이의 채권관계는 화해에 의하여 75만원으로 확정되었다. 따라서 甲은 乙로부터 받은 100만원의 차용증서를 찾았다고 하더라도 화해계약으로 인하여 그때부터 100만원의 채권 중 25만원 잃게 되었다. 그러나 이 효력은 장래에 향하여 생기는 것이므로 甲은 화해계약 이전의 25만원의 이자는 청구할 수 있다.

화해란 당사자가 상호 양보하여 당사자 간의 분쟁을 끝낼 것을 약정함으로써 성립하는 계약이다(제731조). 화해계약은 당사자 일방이 양보한 권리가 소멸되고 상대방이 화해로 인하여 그 권리를 취득하는 효력이 있다(제732조). 화해계약은 착오를 이유로 하여 취소하지 못한다. 그러나 화해 당사자의 자격 또는 화해의 목적인 분쟁 이외의 사항에 착오가 있는 때에는 그러하지 아니하다(제733조).

재판상 화해란 판사 앞에서 분쟁당사자 쌍방이 "이러한 분쟁이 있는데 이것을 이렇게 상호 양보하여 해결하겠습니다"라고 하는 것이다. 판사 앞에서 하고 판사가 판결문 비슷하게 조서(화해조서)를 만들어 주는 것이다, **기판력**[26]이 생기고, 내용에 따라서는 **집행권원**[27]까지 만들 수 있다는 것이 재판외 화

26) 기판력은 확정판결에서 판단된 내용과 동일한 사항이 나중에 문제 되었을 때 당사자는 이에 반하여 다시 다툴 수 없고, 어떠한 법원도 이에 모순, 저촉되는 판단을 할 수 없는 기속력을 말한다. 확정판결의 효력 중 어떤 의미에서 가장 중요한 것이다. 왜냐하면, 기판력이 생기지 않는 확정판결이라는 것은 없고, 확정판결에 기판력이 생기지 않는다면 얼마든지 다시 뒤집을 수 있어 확정판결의 존재 의미가 없기 때문이다.

27) 집행권원이라 강제집행의 근거가 되는 것으로 청구권의 존재와 범위를 표시하여 그 집행력을 인정한 증서를 말한다. 집행권원에 의한 강제집행절차란 집행권원을 실현하는 절차를 말한다. 구민사소송법에서는 '채무명의'라고 하였는데, 이는 2002년 민사소송법이 전면 개정 되면서 현재의 용어로 순화되었다.

해와의 결정적 차이점이다.

화해조서의 화해조항이 결국 판결의 주문에 대응하는데, 아무렇게나 당사자가 말한 대로 만드는 것이 아니고 판결 주문례 비슷하게 '각을 잡고' 만든다. 다만, 판결이 아니기 때문에 같은 내용이라도 문구의 차이가 있으며(예로, 금전 지급 주문이라면 "…을 지급하라"라고 쓰지만, 화해조항에서는 이를 "…을 지급한다" 라고 쓴다), 주문보다도 문구가 다양하게 나온다. 개인이 법원에서 화해한 경우에, 당사자가 소송비용부담의 원칙만을 정하고 그 액수를 정하지 아니한 때에는 법원은 당사자의 신청(소송비용부담 및 확정신청)에 따라 결정으로 그 액수를 정하여야 한다(민사소송법 제113조 1항). 그러나, 화해조항의 절대다수는 화해 비용 내지 소송비용을 각자 부담으로 정하므로, 규정이 실제로 적용되는 예는 극히 드물다.

2. 법률규정에 의한 성립

2.1 사무관리

사례연구

[사무관리]

甲은 여름휴가를 맞아 3주간 예정으로 필리핀을 갔다. 그런데 그 기간 동안에 태풍과 큰비가 내려 甲의 주택 하수구가 막혀 침수될 위험이 있어 옆집의 乙이 담을 넘어 들어가 막힌 곳을 뚫어 침수 사태를 막았다. 이 경우에 乙은 30만원의 비용이 들었다고 한다. 乙은 이 돈을 받을 수 있는가?

乙은 아무런 권리나 의무도 없이 甲의 주택 하수구를 처리하였고 여기에 들인 비용은 유익비로 30만원을 지출하였다. 甲은 乙의 관리행위가 본인의 의사에 반하지 않으면 甲을 위하여 지출한 비용 30만원과 이자 상당액을 상환해야 한다(민법 제739조 1항). 만약 乙이 甲의 의사에 반하여 관리를 한 것이라면 현존하는 이익의 한도에서 그 이자와 함께 상환해 주어야 한다.

사무관리란 법률상 의무 없이 타인을 위하여 그 사무를 관리하는 행위를 말한다(제734조). 가령 친구가 운영하는 문방구에서 친구가 자리를 비운 사이고객을 위하여 일정한 판매행위를 하는 것을 말한다. 사무관리를 인정하는 것은 권리·의무가 없더라도 일정한 조건에 따라 타인의 사무를 관리하는 것이 사회연대 내지 상부상조의 이념에 부합하기 때문이다. 사무관리가 성립하려면 타인의 사무의 관리가 있어야 하고, 관리의사가 있고, 법률상 의무가 없고, 본인에게 불리하거나 본인의 의사에 반하는 것이 명백하지 않아야 한다(제734조). 타인의 사무는 사실행위·법률행위 또는 재산적 행위, 비재산적 행위 등 어느 것이나 목적이 될 수 있다. 관리는 보존·개량 이외에 처분도 포함될 수 있다. 관리의사는 관리의 이익을 타인에게 귀속시키려는 의사이다.

사무관리행위는 위법성을 조각한다. 관리자는 보수청구권을 갖지 않으나 특별하게 인정되는 경우가 있다. 해난구조자(상법 제849조), 유실물습득자(유실물법 제4조) 등이 그 예이다. 관리자는 관리를 개시한 후에는 본인 또는 그 상속인이나 법정대리인이 사무를 관리하는 때까지 관리를 계속하여야 하지만, 관리의 계속이 본인의 의사에 반하거나 본인에게 불리함이 명백한 때에는 관리를 중지하여야 한다(제737조). 관리는 본인에게 가장 이익이 되는 방법으로 하여야 하며, 본인의 의사를 알거나 알 수 있는 때에는 그 의사에 적합하도록 하여야 하고. 관리자가 이에 위반한 경우에는 과실이 없는 때에도 손해를 배상할 책임이 있다(제734조). 그러나 긴급사무관리의 경우에는 고의나 중대한 과실이 없으면 손해를 배상할 책임이 없다(제735조).

관리자는 관리를 개시한 때에는 지체없이 본인에게 통지하여야 한다(제736조). 관리자에게는 수임인의 계산에 관한 규정이 준용된다(제683조 내지 제685조, 제738조). 관리자는 본인에게 비용의 상환을 청구할 수 있으며(제688조, 제739조), 과실이 없이 받은 손해의 보상을 본인의 현존이익의 한도에서 청구할 수 있다(제740조).

2.2 부당이득

사례연구

[부당이득]

甲은 乙의 주택을 보증금 3천만원에 월세 50만원의 주고 2년의 기한으로 살고 있다.

甲은 임대 기한이 다 되어 보증금 반환을 요구하였으나 乙의 자금사정이 어렵다는 이유로 3개월 후에 받았다. 甲이 이사하려는 날에 乙은 3개월이 월세를 달라고 한다. 이런 경우에도 월세를 지급해야 하는가?

임대차 기한이 도래하면 임차인 甲은 임대인 乙에게 주택을 명도해야 하고, 乙은 甲에게 보증금을 반환해 주어야 한다. 그런데 甲은 乙이 보증금을 주지 않아 3개월을 그 집에서 더 살게 되었다. 그렇다고 하더라도 甲은 3개월 분의 월세를 지급하여야 하고, 이를 주지 않으면 부당이득이 된다. 다만 乙이 보증금을 지체한데 대한 손해가 있으면 배상청구를 할 수 있다.

부당이득이란 법률상 원인 없이 이득을 얻고 그로 인하여 타인에게 손해를 가하는 것을 말한다(민법 제741조). 가령 이자제한법상 제한이자를 초과하는 경우 등이다. 부당이득이 성립하기 위하여는 타인의 재산 또는 노무로 인하여 이익을 얻고, 그에 의해 타인에게 손해를 주고, 이익과 손해 사이에 인과관계가 있고, 법률상 원인이 없어야 한다(제741조). 수익의 방법은 법률행위 또는 사실행위나 자연적 사실에 의한 것도 관계없다. 손해는 적극적으로 재산이 감소하는 경우와 소극적으로 재산의 증가가 저지되는 경우를 포함한다. 이익과 손해 사이의 인과관계는 직접적인 것에 한하지 않고 사회통념상 그 연락을 인정할 수 있는 것이면 충분하다고 본다. 법률상 원인의 존부는 이득이 손실자의 급부행위에 의한 경우인가 그렇지 않은 경우인가에 따라 개별적·구체적으로 판단된다.

부당이득이 인정되면 손실자는 이득자에 대하여 부당이득반환청구권을 갖게 된다. 수익자는 원물을 반환할 수 없는 때에는 가액을 반환하여야 하며, 수익자가 이익을 반환할 수 없는 경우에는 수익자로부터 무상으로 목적물을 양수한 악의의 제3자가 그 반환책임이 있다(제747조). 이익의 반환은 손실액과 이득액을 한도로 한다. 이 경우에 선의의 수익자는 받은 이익이 현존하는 한도에서 반환하여야 하며, 악의의 수익자는 받은 이익에 이자를 붙여서 반환하고 손해가 있으면 배상하여야 한다(제748조). 수익자가 이익을 받은 후 법률상 원인 없음을 안 때에는 그때부터 악의의 수익자로 되며, 선의의 수익자가 패소한 때에는 그 소를 제기한 때부터 악의의 수익자로 본다(제749조).

특수한 부당이득으로서 비채변제(제742조), 기한 전의 변제(제743조), 도의관념에 적합한 **비채변제**(제744조),[28] 타인의 채무의 변제(제745조), **불법원인급여**(제746조)[29] 등이 있으며, 이들의 경우에는 부당이득반환청구권이 인정되지 않는다.

사례연구

[비채변제]

甲은 乙이 진 빚을 자기가 갚아야 할 채무로 잘못 알고 丙에게 500만원을 변제하고 영수증까지 받아 두었다. 변제를 받은 丙은 차용증서를 폐기하여 버렸다. 그 후 甲은 그 빚이 자기가 진 것이 아님을 알게 되어 丙에게 부당이득의 반환을 청구하였다. 이 경우에 丙은 500만원을 丙에게 되돌려 주어야 하는가?

甲은 채무자가 아닌 자로서 乙의 채무를 변제한 경우로 이를 비채변제라 한다. 따라서 채권자 丙은 부당이득의 반환을 해주어야만 한다. 그러나 丙은 이것을 신뢰하여 차용증서를 폐기하였으므로 甲의 반환청구에 응해야 한다면 丙에게 부당한 결과가 된다. 그리하여 甲은 丙에게 반환청구를 할 수 없고, 乙에게 구상권을 행사하여야 한다.

---

28) 비채변제란 채무가 없는데도 변제하는 것을 말한다. 부당이득이 성립될 것이지만 예외적으로 반환청구권이 생기지 않는 경우가 있다. (1) 채무가 없음을 알면서 변제한 경우 — 불합리한 행동을 보호할 필요가 없기 때문이다(제742조). (2) 변제기가 도래하지 않았음에도 불구하고 변제기가 도래한 것으로 생각하여 기한 전에 변제하는 경우 — 기한 전의 변제는 비채변제는 아니지만 착오에 기할 때는 그 때문에 무효가 되어 부당이득이 성립할 수도 있다. 그러나 변제자에 반환하고 변제기에 다시 변제하는 것은 귀찮은 짓이므로 중간이자와 같이 채권자가 얻은 이익분의 반환청구를 인정하는 데 그친다(제743조). (3) 채무자가 아닌 자가 착오에 의하여 타인의 채무를 변제한 경우 — 제3자의 변제도 원칙적으로 유효하나 착오에 기할 때는 무효가 되며, 따라서 부당이득이 성립될 것이지만 채권자가 유효한 변제로 생각하여 증서를 훼멸하고, 담보를 포기하고, 혹은 시효에서 채권을 잃었을 경우는 부당이득의 반환을 청구할 수 없게 된다(제745조). 그 결과 본래의 채무자는 부당이득을 하게 되며, 따라서 변제자는 이것에 대응하여 반환청구를 하게 된다(제745조).

29) 도박이나 인신매매와 같은 계약은 법의 보호를 받지 못한다. 즉 선량한 풍속 기타 사회질서에 반하는 법률행위는 무효가 된다(제103조). 이러한 행위에 기해서 급부한 자도 법의 보호를 받지 못한다. 이러한 취지에서 민법은 불법의 원인으로 말미암아 급부한자에게는 부당이득 반환청구권을 인정하지 아니한다(제746조).

사례연구

[불법원인급여]

甲은 자동차를 몰고 가다가 도로를 무단 횡단하는 乙에게 상처를 입혔다. 甲은 구속될까 걱정되어 일처리를 잘 봐달라는 부탁을 위해, 일 처리를 잘해 주겠다는 丙을 찾아가 선처를 부탁하고, 500만원을 주었다. 그런데 甲은 乙의 과실도 있고 상처도 경미하여 벌금을 물고 해결이 되었다. 뒤늦게 속은 것을 안 甲은 丙에게 500만원을 받아내고자 한다. 이것은 가능한가?

甲은 丙에게 불법원인으로서 500만원을 지급하였다. 그러므로 甲은 丙에게 이것의 반환을 청구하지 못하는 것이 원칙이다. 이 500만원의 반환청구를 인정하면 뇌물을 주는 것을 인정하는 결과가 된다. 丙에게 500만원을 준 뇌물은 불법원인급여라 한다.

2.3 불법행위

불법행위란 고의 또는 과실로 인한 위법행위로 타인에게 손해를 가하는 자는 그 손해를 배상할 책임이 있다(제750조). 불법행위책임은 채무불이행으로 인한 손해배상책임과 더불어 채권발생의 2대 원인이 된다. 불법행위로 생긴 손해는 가해자가 배상하여야 한다. 그 손해에는 재산상의 손해 및 재산 이외의 손해도 포함된다. 가령, 트럭 운전사가 과음으로 운전하다가 여성을 치고 부상을 입힌 경우, 운전사는 치료비는 물론, 기타의 재산적 손해 및 얼굴에 상처가 남았다거나 아니면 불구자가 되었을 경우의 정신적 손해를 배상하여야 한다(제751조). 불법행위는 일반불법행위와 특수불법행위로 나뉜다.

2.3-1 일반불법행위

사례연구

[일반불법행위]

甲은 총각 乙이 여자관계가 복잡하다고 헛소문을 퍼뜨려 결혼에 적지 않은 지장을 받고 있다 참다 못한 乙이 이를 법적으로 해결하고자 한다. 이 경우에 乙이 甲에 대하여 취할 수 있는 방법은 무엇인가?

甲은 乙의 명예를 훼손하였으므로 불법행위책임을 진다. 명예는 개인에 대한 사회적 가치

평가로서 소중히 여긴다. 그런데 甲은 헛소문(허위사실)을 유포하여 乙의 명예를 실추시켰으므로 그 책임을 물을 수 있다. 명예훼손으로 인한 손해는 정신적 손해로서 乙은 이른바 위자료를 청구할 수 있고, 원상회복의 한 조치로서 사죄광고 등을 청구할 수도 있다. 우리 형법에서는 이를 명예훼손죄로 규정하여 처벌하고 있다(형법 제307조)

일반불법행위는 ① 가해자의 고의 또는 과실이 있어야 한다. 이것은 근세 민법에서 고의 또는 과실이 없으면 손해배상책임이 생기지 않는다는 과실책임의 원칙을 나타낸 것이지만, 오늘날 교통기관이나 대기업의 발달에 따라 무과실책임이 인정되는 경우가 증가추세에 있다. ② 가해자에게 책임능력이 있어야 한다. 자기행위의 책임을 변식할 지능이 없는 미성년자나 심신상실자는 불법행위책임을 부담하지 않는다(제753조·제754조). 다만 19세 미만의 미성년자라고 하여 무조건 책임능력이 없는 것은 아니고 구체적인 경우에 따라 판단하여야 한다. ③ 가해행위에 위법성이 있어야 한다. 가해행위가 위법하다고 하는 것은 법률이 보호할 가치 있는 이익을 위법하게 침해하는 것을 말한다. 위법성의 유무는 피침해이익의 성질과 침해행위의 태양과의 상관관계에서 구체적으로 판단하여야 한다. 다만, 일반적으로는 위법성이 있는 경우라도, 별도로 정당방위·긴급피난(제761조), 피해자의 승낙, 정당행위 등의 사유가 있을 때에는 위법성이 조각되어 행위자는 그 손해를 배상할 책임이 없다. 이 경우 피해자는 정당방위 등의 원인을 준 처음의 가해자에 대하여 손해배상을 청구할 수 있나. ④ 손해가 발생하여야 한다. 재산적 손해에 한하지 않고 정신적 손해도 포함한다. 다만, 그 손해는 가해행위와 상당인과관계에 있는 범위 내의 것이어야 한다.

2.3-2 특수불법행위

사례연구

[미성년자의 불법행위로 인한 부모의 책임]

甲은 마을 근처의 밭에서 값비싼 묘목을 심어 놓았다. 그런데 이웃 乙의 어린 아들 丙이 그 묘목을 마구 뽑아 말라 죽게 되었다. 甲은 아무것도 모르는 丙에게 손해배상을 청구할 수도 없어 속만 태운다. 어떤 좋은 방법이 없는 것인가?

미성년자의 불법행위로 인한 손해배상책임은 미성년자가 자기 행위의 책임을 질 만한 정신적 능력이 없을 때에는 배상책임이 없다(제753조). 이러한 경우에는 부모가 책임을 진다. 따라서 甲은 丙의 부 乙에게 손해의 배상을 청구할 수 있다. 그러나 乙이 丙을 감독하는데 있어서 그 의무를 게을리하지 않았다는 것을 증명한 경우에는 책임을 면할 수 있다(제755조).

민법 제755조(감독자의 책임) ① 다른 자에게 손해를 가한 사람이 제753조 또는 제754조에 따라 책임이 없는 경우에는 그를 감독할 법정의무가 있는 자가 그 손해를 배상할 책임이 있다. 다만, 감독의무를 게을리하지 아니한 경우에는 그러하지 아니하다.
② 감독의무자를 갈음하여 제753조 또는 제754조에 따라 책임이 없는 사람을 감독하는 자도 제1항의 책임이 있다.

타인의 행위에 대하여 책임을 인정하고 또 고의·과실의 입증책임의 전환 또는 무과실책임을 인정하고 있다. 가령, ① 책임무능력자를 감독하는 자의 책임(제755조), ② 피용자의 행위에 대한 사용자의 책임(제756조), ③ 수급인의 행위에 대한 도급인의 책임(제757조), ④ 공작물 등을 점유 또는 소유하는 자의 책임(제758조), ⑤ 동물점유자의 책임(제759조), ⑥ 공동불법행위(제760조)가 있다. 민법 이외의 특별법에 의해 불법행위책임이 인정되는 것으로는 실화책임에 관한 법률, 자동차손해배상보장법·원자력손해배상법·국가배상법 등이 있다.

사례연구

[사용자의 배상책임]

음식점을 경영하는 甲은 乙을 고용하여 음식을 배달시키고 있다. 그런데 乙이 음식배달을 위해 오토바이를 타고 가던 중 丙을 다치게 하고, 음식이 쏟아져 옷도 세탁을 해야 할 형편이다. 乙은 배상능력이 없는데 丙은 치료비와 세탁비의 배상을 받을 수는 없는 것인가?

음식점 주인 甲은 乙을 사용하여 음식의 배달을 시킨 경우에 사용자의 배상책임(민법 제756조)을 지므로 丙에게 배상책임, 즉 치료비와 세탁비를 배상해야 한다. 乙이 음식을 배달하는 일은 乙의 사무집행과 관련 있는 것이다. 따라서 배상능력이 없는 乙에 대하여 피해자인 丙을 보호하고 甲은 乙을 고용하여 이익을 얻기 때문에 甲은 丙에게 배상책임이 있다.

민법 제756조(사용자의 배상책임) ① 타인을 사용하여 어느 사무에 종사하게 한 자는 피용자가 그 사무집행에 관하여 제삼자에게 가한 손해를 배상할 책임이 있다. 그러나 사용자가 피용자의 선임 및 그 사무감독에 상당한 주의를 한 때 또는 상당한 주의를 하여도 손해가 있을 경우에는 그러하지 아니하다.
② 사용자에 갈음하여 그 사무를 감독하는 자도 전항의 책임이 있다.
③ 전2항의 경우에 사용자 또는 감독자는 피용자에 대하여 구상권을 행사할 수 있다.

사례연구

[도급인의 책임]

수급인 乙은 도급인 甲의 건물을 짓던 중 널려있는 벽돌을 치우지 않고 날이 저물어 그대로 귀가하였다. 밤에 그곳을 지나던 丙이 널려있는 벽돌 조각에 걸려 넘어지면서 다리에 골절상을 입었다. 丙은 치료비의 배상청구를 하려고 한다. 누구에게 하여야 하는가?

丙은 자기의 골절상 치료비를 乙에게 배상청구를 하여야 한다. 만약 甲에게 배상책임을 물으려면 甲이 그 건물을 짓도록 乙에게 주문한 것이나 甲의 지시에 관하여 중대한 과실이 있다는 것을 피해자 丙이 증명하여야 한다. 甲은 乙을 지휘·감독한 것도 아니므로 사용자 책임을 물을 수는 없다.

민법 제757조(도급인의 책임) 도급인은 수급인이 그 일에 관하여 제삼자에게 가한 손해를 배상할 책임이 없다. 그러나 도급 또는 지시에 관하여 도급인에게 중대한 과실이 있는 때에는 그러하지 아니하다.

사례연구

[공작물 등의 점유자·소유자의 책임]

甲은 바람 부는 날 호우에 거리를 지나다가 건물에서 간판이 떨어져 머리를 다쳤다. 甲은 간판을 설치한 점포의 주인 乙을 찾아가서 손해배상을 청구하였다 그러나 乙은 바람에 떨어졌으니 자기는 책임이 없으며, 자기도 피해자라고 한다. 甲은 배상을 받을 수 없는 것인가?

공작물 등의 설치·보존에 관하여 하자가 있는 데에도 불구하고 이를 수선하지 않거나 주의를 다하지 않음으로서 발생한 손해를 점유자 또는 소유자가 배상할 책임을 진다. 乙은 간판의 점유자이며 소유자이다. 따라서 간판의 설치·보존에 주의를 게을리하지 않았어야 하는데도 불구하고 이를 다하지 못하였다. 乙은 공작물의 점유자로서 또는 소유자로서 甲에게 배상책임을 진다. 甲은 乙에게 손해배상을 청구하여 배상을 받을 수 있다.

민법 제758조(공작물 등의 점유자, 소유자의 책임) ① 공작물의 설치 또는 보존의 하자로 인하여 타인에게 손해를 가한 때에는 공작물점유자가 손해를 배상할 책임이 있다. 그러나 점유자가 손해의 방지에 필요한 주의를 해태하지 아니한 때에는 그 소유자가 손해를 배상할 책임이 있다.
② 전항의 규정은 수목의 재식 또는 보존에 하자있는 경우에 준용한다.
③ 제2항의 경우에 점유자 또는 소유자는 그 손해의 원인에 대한 책임있는 자에 대하여 구상권을 행사할 수 있다.

사례연구

[동물점유자의 책임]

중학생 甲은 공놀이를 하다가 잘못하여 乙의 집으로 공을 넘겨 보냈다. 공을 가져오려고 乙의 집 대문에 가니 '개 주의'라는 경고문이 있었다. 그러나 가만히 가서 가져오면 괜찮겠지 하고 대문을 여는 순간 개에게 물리고 말았다. 甲은 개에게 물린 치료비를 乙에게 배상시킬 수 없는 것인가?

甲은 동물의 점유자인 乙에게 손해배상을 청구할 수 있다. 乙이 비록 대문에 '개 주의'라는 경고를 하였다하더라도 그것으로는 부족하다. 단단한 쇠줄에 메어서 기르는 것이 상당한 주의를 다하는 것이다. 乙은 이를 게을리했기 때문에 손해배상을 하여야 한다. 甲도 타인의 집을 함부로 들어가려고 한 것은 잘못이다. 이 점은 손해배상에서 고려하여 과실상계(서로 과실이 있는 만큼 비례하여 책임을 지는)를 해야 할 것이다.

민법 제759조(동물점유자의 책임) ① 동물의 점유자는 그 동물이 타인에게 가한 손해를 배상할 책임이 있다. 그러나 동물의 종류와 성질에 따라 그 보관에 상당한 주의를 해태하지 아니한 때에는 그러하지 아니하다.
② 점유자에 갈음하여 동물을 보관한 자도 전항의 책임이 있다.

2.3-3 효 과

사례연구

[공동불법행위책임]

甲은 직장에서 늦게 퇴근하다가 폭력배에게 몰매를 맞아 이가 세 개 부러지는 상해를 입었다. 다행히 폭력배 乙·丙·丁을 붙잡았으나 서로 자기를 이를 부러트리지 않았다고 주장한다. 甲도 누구의 주먹에 맞아 이가 부러졌는지 알 수도 없다. 이 경우에 甲은 누구에게 손해배상을 청구하여야 하는가?

乙·丙·丁이 공동으로 甲을 폭행한 불법행위로 인한 손해는 연대하여 배상할 책임이 있다. 乙·丙·丁 중 누구의 주먹에 의하여 이가 부러졌는지 알지 못하여도 공동불법행위의 책임을 진다. 공동불법행위자인 乙·丙·丁은 각자 甲의 손해의 전부를 배상할 책임이 있다. 따라서 甲은 乙·丙·丁에게 손해배상을 청구할 수 있을 뿐만 아니라 이 세 명 중에서 한 사람을 상대로 하여 청구하더라도 가능하다.

민법 제760조(공동불법행위자의 책임) ① 수인이 공동의 불법행위로 타인에게 손해를 가한 때에는 연대하여 그 손해를 배상할 책임이 있다.
② 공동 아닌 수인의 행위 중 어느 자의 행위가 그 손해를 가한 것인지를 알 수 없는 때에도 전항과 같다.
③ 교사자나 방조자는 공동행위자로 본다.

불법행위가 성립하게 되면 가해자는 피해자에게 그 손해를 배상하여야 하고, 이 경우 그 배상의 방법은 금전배상이 원칙이다(제763조). 다만, 명예훼손의 경우에는 법원은 피해자의 청구에 의하여 손해배상에 갈음하거나 손해배상과 함께 명예회복에 적당한 처분을 가해자에게 명할 수 있다(제764조). 불법행위로 인한 손해배상의 청구권은 피해자나 그 법정대리인이 그 손해 및 가해자를 안 날로부터 3년간 또는 불법행위를 한 날로부터 10년간 행사하지 아니하면 시효로 인하여 소멸한다(제766조).

Ⅴ. 법률관계에서 적용되는 법령과 판례

1. 법 령

일상적으로 사용되는 법령이라는 용어는 법률과 명령을 합쳐서 부는 말이다. 우리가 사회에서 마주하는, 법 또는 법령이라고 부르는 수많은 규범(norm)들은 언뜻 보기에는 모두 같은 지위를 갖는 것으로 보일 수 있으나 사실은 헌법을 정점으로 하는 고도의 계층구조 내지는 위계질서를 형성하고 있다. 이에 따라 하위법은 상위법이 규정하는 절차와 사유에 의해서만 만들어질 수 있고 상위법에 어긋나는 하위법은 그 효력이 부인되는 등의 법적 효력이 발생한다. 우리의 법령체계는 최상위규범인 헌법을 포함하여 법률, 명령, 규칙, 지방자치단체의 자치법규 등을 그 구성요소로 하고 있다. 우리의 생활을 규율하고 있는 법령에는 법률과 명령 이외에도 여러 가지가 있다. 법이라 불리는 것 중에서 가장 상위에 있는 것은 대한민국 헌법이다.

법률은 그 내용이 헌법에 위반되어서는 안되고, 헌법에 위반되는지 여부는 헌법재판소에서 심판한다. 헌법재판소의 심판결과 위헌이라고 판단되면 그 법률을 효력을 상실한다. 명령도 헌법 또는 법률에 위반되어서는 안된다. 명령이나 법률에 위반되는지 여부는 대법원이 심판하고, 위헌 또는 위법이라고 판단되면 그 효력을 상실한다. 법령은 관보에 수록되어 공포되면 그 효력을 가지게 된다. 따라서 생활을 규율하는 법령에 어떠한 것이 있는지를 살펴보면 관보를 찾아보아야 한다. 그러나 매번 관보를 찾아보는 것은 매우 번거로운 일이기 때문에 법제처에서는 현행법령집이라고 하는 법령집을 발간하고 있다. 그리고 홈페이지를 통하여 법령정보를 국가법령정보센터에서 제공하고 있다.

1.1 헌 법

헌법은 대한민국의 최상위법령으로서, 모든 하위법령의 제정 근거이자 기준이 된다. 인권이나 정부 구조 등 보편적이고 항구적인 가치를 매우 포괄적·추상적으로 규정하고 있다. 최상위법령인만큼 당연한 소리지만 개정이 매우 까다롭다. 헌법은 국가의 근본규범으로서 국민의 기본권과 국가의 조직 및 업무영역 그리고 국가운영의 기본원리에 관하여 규정한다. 헌법에서 규정하는 기본권에 관한 내용은 매우 추상적이어서 우리의 생활을 직접 규율하지는 않으나 최근 위헌법률심사청구나 헌법소원 등에 대한 헌법재판소의 결정을 통하여 우리의 생활에 간접적으로 영향을 미치는 경우가 많다.

1.2 법 률

헌법에 다음 가는 두 번째 상위법령으로서, 국민의 자유와 권리에 대한 제한, 의무의 부과 등을 헌법보다 구체적·개별적으로 규정하고 있다. 오직 민의의 집약체인 국회에서만 국회의원 과반수의 찬성으로 제·개정될 수 있다. 법률은 헌법에 기초가 만들어지면 우리의 생활에 가장 많은 영향을 미치는 법령은 국회에서 만들어진 법률이다. 법률은 국민의 생활을 직접 규율하는 규범이라는 점에서 법령의 중심이 된다. 국회가 제정한 법률에는 우리의 일상생활에 관한 구체적인 사항을 모두 담을 수 없으므로 법률에 규정하기에 적당하지 않은 사항이나 법률을 시행하기 위하여 필요한 사항에 관하여 명령이라는 것이 만들어진다. '명령'은 대통령에 의하여 만들어지는 대통령령과 국무총리에 의하여 만들어지는 총리령과 각부의 장관에 의하여 만들어지는 부령이 있다. 이 가운데 대통령령을 법률에 대한 관계에서 시행령이라고 한다.

총리령과 부령을 시행규칙이라 말한다. 지방자치단체의 지방자치의회에서 만드는 조례와 지방자치단체의 장이 만드는 규칙이 있다. 대법원이 만드는 대법원규칙(헌법 제108조)이 있고, 중앙선거관리위원회가 만드는 내부 선거관리 규칙(헌법 제114조 6항)이 있다.

1.3 조 약

조약은 헌법 제6조는 "헌법에 의하여 체결·공포된 조약과 일반적으로 승인된 국제법규는 국내법과 같은 효력을 가진다"고 규정하고 있으므로 조약은 국내법과 같은 효력을 가지는데, 그 체결 방식과 내용에 따라 법률 혹은 명령의 효력을 가지는 것으로 해석된다.

1.4 명 령

명령은 법률에 다음 가는 세 번째 상위법령으로서, 행정부가 고유의 권한으로 제정할 수 있는 규범. 법률이 구체적으로 범위를 정하여 위임하는 사항에 한해서만 행정부가 명령을 제정할 수 있다. 즉, 법률에서 "~에 관한 사항은 대통령령으로 정한다" 등과 같이 명시적으로 위임한 범위에서만 명령이 성립할 수 있는 것이다.

1.5 조례·규칙

조례는 각 지방자치단체 의회에서 제정한 규정을 말한다. 법률은 우리나라 지역에 상관없이 우리나라 국민 모두에게 적용되는 것이지만, 조례는 특정한 지역의 실정에 맞게 정한 것이기 때문에 그 지역 주민에게만 적용된다. 규칙은 각 지방자치단체의 장이 제정한 규정을 말한다.

기본권 침해에 대한 위헌법률심사 절차

1. 제1단계: 기본권의 보호영역 확정

청구인이 어떠한 권리를 내세우며 그것이 헌법이 보장하고 있는 기본권이라고 주장하는 경우, 헌법재판소는 헌법 조문 등을 검토하여, 청구인이 주장하는 권리가 헌법상 보호되는 기본권의 보호영역에 속하는지 확정한다. 보호영역의 범위는 헌법 조문의 구조, 헌법제정자의 의도, 연혁 등을 고려하여 확정할 수밖에 없다. 가령 헌재 2004. 7. 15. 2003헌바35등 결정에서는, 「청구인이 부정한 방법으로 토목건축공사업 면허를 받았다가 그 사실이 발각되어 건설업등록이 말소된 후 재산권 침해 주장을 하였으나, 헌법재판소는 이 경우 청구인의 법적 지위에 관한 권리가 헌법상 재산권의 보호영역(범위)에 속하지 않는다」고 판시했다.

2. 제2단계: 기본권제한 여부 확정

기본권의 제한이란 기본권이 보호하려고 하는 내용(보호영역)을 일정한 한계 안에 국한시킨다는 것과 그 내용을 축소한다는 것을 말한다. 기본권행사와 관련한 사소한 부담, 일상의 성가심, 개인의 예민한 감수성을 해치는 것 등만으로는 아직 기본권에 대한 제한 자체가 존재한다고 할 수 없다. 가령 민사소송법 제248조가 "소는 법원에 소장을 제출함으로써 제기한다"고 규정하여 민사소송(소액사건 제외)에서 구술제소를 불가능하게 함으로써 재판청구권이 침해되었다고 주장하였는데, 헌법재판소가 소장의 제출에 의하여 소를 제기하도록 하는 것은 사소한 부담에 불과하여 재판청구권 제한이 아니라고 판단한다면, 청구인의 헌법소원심판 청구는 헌법재판소법 제68조 제1항에 의한 헌법소원의 대상이 될 수 없다는 이유로 각하될 것이다. 따라서 기본권제한 여부 확정은 궁극적으로 판례에 의하여 정리되어야 할 문제라 할 것이다.

3. 제3단계: 제한의 정당화 심사

가. 형식적 요건

헌법 제37조 제2항은 '법률'에 근거하여 기본권을 제한할 수 있음을 규정하고 있으므로, 법률에 의하지 않고서는 기본권을 제한할 수 없다. 이 경우 헌법이 기본권 제한을 법률에 위임하였다하여 기본권 제한적 법률유보라고 한다. 법률에 근거하지 아니한 기본권 제한 조치는 정당화될 수 없어 그 자체로 기본권을 침해하여 위헌이다. 헌법은 이에 대하여 일정한 예외를 인정하고 있다. 입법사항에 관한 조약(헌법 제60조 제1항), 입법사항의 행정입법에의 위임(헌법 제75조, 제95조), 법률의 효력을 가지는 대통령의 명령(헌법 제76조 제1항, 제2항) 등이 그것이다.

나. 실질적 요건

① 본질적 내용 침해 금지

헌법 제37조 2항 후단은 기본권을 제한하는 입법자는 어떠한 경우에도 기본권의 본질적 내용을 침해할 수 없음을 규정하고 있다. 그러나 실제 그 구체적 내용이 무엇인가에 관하여 는 이론적 합의를 보지 못하고 절대설, 상대설, 절충설이 대립하고 있으며, 무용론까지도 주장되고 있다.

② 일반적 법률유보

헌법 제37조 2항은 일반적 법률유보에 있어서 가중사유로서 '국가안전보장', '질서유지' 및 '공공복리'를 들고 있다. 이는 기본권제한 입법의 목적을 한정하는 기능을 하게 된다. 결국 과잉금지원칙에 있어서 입법목적의 정당성 심사는 이러한 기본권제한사유에 합치하는지 여부의 심사라고 할 수 있다.

③ 과잉금지원칙

헌법 제37조 2항은 "국민의 자유와 권리를 제한하는 법률의 제정은 질서유지와 공공복리를 위하여 필요한 경우에 한한다"고 규정하고 있다. 헌법재판소는 '필요한 경우에 한하여'라는 문구에서 '피해의 최소성'을 이끌어 냄으로써 사회적 기본권을 제외한 모든 기본권 제한에 있어 과잉금지의 원칙(목적의 정당성, 수단의 적합성, 피해의 최소성, 법익균형성)이 적용된다고 하고 있다(헌재 1990. 9. 3. 선고 89헌가95 결정). 물론 부수적으로 법치국가원리를 원용하고 있기도 하다. 그러나 '필요한 경우에 한하여'라는 의미는 헌법 제37조 2항에서 제시된 바의 목적의 실현이 '요구되는 때에 한하여'로 해석하는 것이 자연스럽고 타당하다.

과잉금지의 원칙의 헌법적 근거를 헌법 제37조 2항의 '필요한 경우에 한하여'에서 찾음으로써 기본권제한 정당화의 심사기준은 법치국가원리에서 도출함으로써 기본권침해의 심사기준을 다양화하는 것이 필요하다.

헌법재판소의 심사기준은 미국에서 인종차별 등의 경우에 극히 예외적으로 적용되는 엄격심사(strict scrutiny)를 사회적 기본권을 제외한 모든 기본권 제한의 합헌성 판단에 적용한다.

◇ 심사기준

1. 원 칙

일반적인 기본권 제한에서 엄격한 심사기준으로 4단계 심사(목적의 정당성, 방법의 적정성, 피해의 최소성, 법익의 균형성)를 거쳐야 한다. 피해의 최소성이란 입법권자가 선택한 기본권 제한의 조치가 입법목적달성을 위하여 설사 적절하다 할지라도 보다 완화된 형태나 방법을 모색함으로써 기본권의 제한은 필요한 최소한도에 그치도록 하여야 한다는 원칙(헌재 1990. 9. 3. 89헌가95 결정)이다

2. 예 외

사회보장수급권 제한 등 입법형성의 자유 영역은 완화된 심사기준을 적용한다. 합리성 심사 내지 자의금지의 원칙(목적의 정당성, 방법의 적정성) 등이다. 미국에서는 엄격심사기준이 적용되는 영역에서는 대부분 위헌으로 결정됨에 비해, 헌법재판소는 엄격심사기준에 따라 피해최소성을 적용하면서도 납득하기 어려운 논리로 합헌결정을 함으로써 논리적 정합성이 없다.

◇ 담 론

헌법재판소는 기본권침해 여부를 판단함에 있어 보통은 제1, 2단계를 생략하고 바로 제3단계로 넘어가는 등, 지나치게 제1, 2단계 심사를 경시하는 측면이 있다. 그 결과 청구인이 주장하는 대부분의 권리를 헌법상의 기본권으로 파악하고, 그 제한을 인정한 후, 과잉금지원칙 심사로 들어가서 기계적이고 도식적인 심사를 하게 된다. 예를 들면, 헌재 2001. 1. 18. 99헌마555 결정은 '주점 주인이 청소년들에게 술을 자유롭게 팔 권리'를 헌법 제15조의 직업수행의 자유의 보호영역에 포함된 것으로 보고 과잉금지의 원칙 심사로 들어갔다. 청소년들에게 술을 파는 것은 범죄행위인데, 헌법이 그러한 범죄행위를 할 권리를 기본권으로 보장하고 있다고 보고, 그 제한이 정당한지를 따져봐야 한다는 것은 아무래도 납득하기 어렵다. 헌법 제15조의 보호영역에 대한 좀 더 진지한 심사가 있었어야 한다.

2. 판 례

판례는 법원이 법령을 구체적인 사건에 적용하여 판단한 결과가 판결이며, 판결에 나타난 일반적인 법리를 판례라고 부른다. 판례는 구체적인 사건에 대한 법원의 판단기준을 의미하므로 우리가 분쟁을 해결하기 위하여 소송을 제기한다면 법원이 어떠한 판단을 내릴 것인지를 예견할 수 있는 기준이 된다.

우리가 일상생활에 관한 법를 공부함에 있어서는 다양한 경험을 할 수는 없기 때문에 법원의 판결에 나타난 사실관계를 검토함으로써 간접적인 경험을 할 수도 있다 따라서 법원의 판결은 일상생활에 관한 법의 적용을 학습함에 있어서 매우 중요한 자료가 된다.

법원의 판결은 일간신문을 통해서도 살펴볼 수 있지만 법원에서 간행되는 판결집에 수록된 것을 찾아보는 것이 바람직하다. 현재 법원도서관에서 발생되고 있는 판결집으로는 대법원판결을 담고 있는 판례공보와 각급 법원의 판결을 담고 있는 각급 법원판례공보가 있다. 그리고 판결집에 실려있는 판결은 대법원 홈페이지 종합법률정보에서 검색할 수 있다. 그 밖에 법령과 판례를 설명하고 있는 많은 문헌자료도 인터넷을 통하여 검색할 수 있다. 가장 대표적인 것은 법원도서관 홈페이지다. 그리고 국회도서관 홈페이지와 국립중앙도서관 홈페이지에서도 관련 자료를 검색할 수 있다.

제 3 장

국민의 권리

제 3 장 국민의 권리

Ⅰ. 국민의 포괄적 기본권

1. 인간의 존엄과 가치·행복추구권

헌법 제10조는 "모든 국민은 인간으로서의 존엄과 가치를 가치며, 행복을 추구할 권리를 가진다. 국가는 개인이 가지는 불가침의 **기본적 인권**을 확인하고 이를 보장할 의무를 진다"고 규정하고 있다. **인간의 존엄**이란 인간의 본질로 간주되고 있는 인격의 내용을 의미하고, 인간의 가치란 인간에 대한 총체적인 평가를 의미한다. 인격권을 근거로 헌법재판소의 결정예로는 **정정보도청구권**, **사죄광고**, **알권리**의 이념적 기초 등이 있다.

사례연구

[인간의 기본적 권리]

甲은 평소 D포털 인터넷 기사에 달린 댓글을 읽거나 새로운 댓글을 다는 것으로 가끔은 즐거움이 있다. 과격한 댓글도 있지만, 익명으로 자유롭게 의견을 게시하고 다른 사람들의 의견도 알 수 있어 인터넷 기사의 댓글 제도가 좋다고 생각한다. 그런데 甲은 인터넷 댓글을 달려고 하자. D인터넷 포털 사이트에서는 '실명을 확인한 후에 게시할 수 있습니다'라는 안내창이 떴고, 실명인증을 하고 싶지 않았던 甲은 결국 그 인터넷사이트에 댓글을 달지 않았다. 그러면 甲은 인터넷 게시판에 익명으로 자유롭게 의견을 달 수는 없는 것인가?

헌법상 표현의 자유는 익명의 자유도 포함된다. 온라인 공간에서도 보장되어야 한다. 따라서 甲은 인터넷 기사에 익명으로 자유롭게 댓글을 게시하는 것은 헌법에서 보장하는 표현의 자유에 해당한다. 그러므로 甲은 인터넷 기사에 익명으로 댓글을 달 권리가 있다.

정정보도청구권은 사실적 주장에 관한 언론보도의 전부 또는 일부가 진실하지 아니하여 피해를 입은 경우에 이를 진실에 부합되게 고쳐서 보도해 줄 것을 청구할 수 있는 권리다. 언론중재법상의 정정보도청구권은 민법의 불법행위책임이나 형사책임과는 별도로 인정되는 권리이다. 언론중재법상 정정보도청구권은 언론사의 고의, 과실, 위법성을 요건으로 하지 않는다. 언론의 고의, 과실, 위법성을 입증하지 않고서도 정정보도를 이행하도록 할 수 있게 된 것이다.

사죄 광고는 방송위원회는 방송사업자 등이 심의규정을 위반한 경우 '시청자에 대한 사과'를 명할 수 있다(방송법 제100조). 명령을 받으면 7일 이내에 이행하고 결과를 보고해야 한다. 사과방송을 할 때도 방송법에 따라 이행명령을 받았음을 고지한다. '명령을 받았고 그래서 사과합니다. 시청자 여러분 정말 죄송합니다'라는 서술구조를 띤다.

알 권리(right to know)란 정보에 대한 접근, 수집, 처리하거나 정보공개를 청구할 수 있는 권리이다. 알 권리는 정보에 대한 자유로운 접근이 보장되어야 비로소 가능한 것이므로, 결국 알 권리는 표현의 자유의 뒷면이라고 할 수 있다. 또한 헌법재판소는 알 권리는 표현의 자유의 한 내용이지만, 이를 보장함으로써 국민 주권주의, 인간의 존엄과 가치, 인간다운 생활을 할 권리도 아울러 신장시키는 결과가 된다고 하였다(헌재 1991. 5. 13. 90헌마133).

사례연구

[인간의 존엄권]

경찰서 유치장의 칸막이가 낮은 화장실이 설치되어 있는 경우, 유치인의 인간으로서의 존엄과 가치를 침해하는 것으로 보아야 하는가?

경찰서 유치장에 수용되어 있는 동안 차폐시설이 불충분하여 사용과정에서 신체부위가 다른 유치인들 및 경찰관들에게 관찰될 수 있고 냄새가 유출되는 실내화장실을 사용하도록 강제한 행위는 인간으로서의 기본적 품위를 유지할 수 없고 수인의 한계를 일탈하는 등 인권침해가 된다(헌법재판소 2001. 7. 19. 선고 2000헌마546 전원재판부).

사례연구

[비례의 원칙]

군 상관을 살해한 경우 사형만을 유일한 법정형으로 규정하고 있는 군형법 제53조 제1항은 형벌과 책임 간의 비례원칙에 위배되는가?

군대 내 명령체계유지 및 국가방위라는 이유만으로 가해자와 상관 사이에 명령복종관계가 있는지 여부를 불문하고 전시와 평시를 구분하지 아니한 채 다양한 동기와 행위 태양의 범죄를 동일하게 평가하여 사형만을 유일한 법정형으로 규정하고 있는 이 법률조항은, 범죄의 중대성 정도에 비하여 심각하게 불균형적인 과중한 형벌을 규정함으로써 죄질과 그에 따른 행위자의 책임 사이에 비례관계가 준수되지 않아 인간의 존엄과 가치를 존중하고 보호하려는 실질적 법치국가의 이념에 어긋난다(헌법재판소 2007. 11. 29. 선고 2006헌가13 전원재판부).

행복추구권은 고통이 없는 상태, 안락하고 만족스러운 삶을 살 수 있는 권리다. 이는 행동자유권, 개성의 자유로운 발현권, **자기결정권**, **계약의 자유**, 생명권, **인격권**(성명권, 초상권, 명예권 등), 평화적 생존권, 휴식권, 수면권, **일조권** 등을 포함한다.

2. 평등권

사례연구

[채용시 연령차별]

근로자 채용 시 연령차별은 평등권의 침해인가?

국가인권위원회는 국가정보원 신규직원 채용 시 연령 상한을 두고 있는 것에 대해 평등권 침해의 차별행위에 해당한다고 판단하였다. 불평등한 대우를 하지 말 것과, 평등한 대우를 요구할 수 있는 모든 국민의 권리로서 국민의 기본권 중의 기본권이다(인권위 2009. 9. 30. 09진차275 09진차912 09진차937).

평등권은 자연법사상, 민주주의 사상 등의 영향을 받아 보편화되었다. 최초 19776년 미국의 버지니아권리 장전에서 성문화하였다. 헌법 제11조 1항은

"모든 국민은 법 앞에 평등하다. 누구든지 **성별·종교 또는 사회적 신분**에 의하여 **정치적·경제적·사회적·문화적** 생활의 모든 영역에 있어서 차별을 받지 아니한다"라고 규정한다. 제11조 2항 및 3항에서 사회적 특수계급제도의 부인, 영전 일대의 원칙을 규정하고 있다. 그 밖의 교육에 있어서 균등(헌법 제31조 1항), 혼인과 가족생활에 있어서 양성의 평등(헌법 제36조 1항), 선거에 있어서 평등에 관한 규정(헌법 제41조 1항), 균형성 있는 국민경제의 발전에 관한 규정(헌법 제119조 2항) 등이 있다.

사례연구

[공무원시험 가산점]

공무원시험에서 군필자에게 가산점을 부여하는 행위가 평등권의 침해인가?

가산점제도는 아무런 재정적 뒷받침 없이 제대군인을 지원하려 한 나머지 결과적으로 여성과 장애인 등 이른바 사회적 약자들의 희생을 초래하고 있으며, 각종 국제협약, 실질적 평등 및 사회적 법치국가를 표방하고 있는 헌법과 이를 구체화하고 있는 전체 법체계 등에 비추어 법체계 내에 확고히 정립된 기본질서라고 할 '**여성과 장애인에 대한 차별금지와 보호**'에도 저촉되므로 정책수단으로서의 적합성과 합리성을 상실한 것이다.

가산점제도는 제대군인에 비하여, 여성 및 제대군인이 아닌 남성을 부당한 방법으로 지나치게 차별하는 것으로서 헌법 제11조에 위배되며, 평등권이 침해된다(헌법재판소 1999. 12. 23. 선고 98헌마363 전원재판부).

헌법 제11조 1항의 '**법**'이란 헌법, **법률, 명령, 규칙** 등의 성문법뿐만 아니라 **관습법** 등 불문법을 포함하는 일체의 법을 의미한다. '**평등**'이란 절대적 평등이 아니라 상대적·비례적 평등을 말한다. 헌법 제11조 1항의 '**성별·종교, 사회적 신분**'은 예시적 규정이다. 기타 근거에 의한 불합리한 차별도 금지된다. 2002. 9. 25. 국가인권위원회에서는 대학입학시험의 동점자 처리 과정에서 나이가 많다는 이유로 불합격 처리한 사안에 대해 구제 권고를 내린바 있고, 2002. 8. 2. 크레파스와 수채물감의 특정색을 '살색'으로 이름을 붙인 것은 평등권을 해친 것이라며 이의 시정 권고를 내린 바 있다. 그러나 **존속살인**에 대한 중벌, **누범자**에 대한 중벌, **강간죄**의 객체를 부녀로만 한 것, **병역의무**를 남성만이 가지는 것, 여성의 **생리휴가**, 미성년자 **관람불가** 등은 합리적 차별대우이므로 위헌이 아니다.

II. 자유권적 기본권

1. 신체의 자유

사례연구

[계호 근무준칙은 신체의 자유를 침해하는가]

검사조사실에서 계구사용[1]을 원칙으로 규정하고 있는 '계호근무준칙'은 신체의 자유를 침해하는가?

검사가 검사조사실에서 피의자신문을 하는 절차에서는 피의자가 신체적으로나 심리적으로 위축되지 않은 상태에서 자기의 방어권을 충분히 행사할 수 있어야 하므로 계구를 사용하지 말아야 하는 것이 원칙이고 다만 도주, 폭행, 소요, 자해 등의 위험이 분명하고 구체적으로 드러나는 경우에만 예외적으로 계구를 사용하여야 할 것이다(헌법재판소 2005. 5. 26. 선고 2004헌마49 전원재판부).

누구든지 법률에 의하지 아니하고는 **체포·구속·압수·수색 또는 심문**을 받지 아니하며, 법률과 적법한 절차에 의하지 아니하고는 **처벌·보안처분 또는 강제노역**을 받지 아니한다(헌법 제12조 1항). 처벌 등은 **죄형법정주의**에 의한다.

죄형법정주의는 어떤 행위가 범죄로 처벌되기 위해서는 행위 이전에 미리 성문의 법률로 규정되어 있어야 한다는 원칙이다. "법률이 없으면 범죄 없고 형벌도 없다"(Nullum crimen, nulla poena sine praevia lege poenali)는 근대 형법의 기본원리이다. 죄형법정주의 파생원칙은 관습형법금지의 원칙, 소급효금지의 원칙, 명확성의 원칙, 유추해석금지의 원칙, 자기책임의 원리, 적정성의 원칙이 있다.

헌법재판소는 "죄형법정주의는 이미 제정된 정의로운 법률에 의하지 아니하고는 처벌되지 아니한다는 원칙으로서 이는 무엇이 처벌될 행위인가를

1) 계구란 피고인이나 죄인이 도주, 폭행, 소요 또는 자살을 할 우려가 있을 때에 이를 억제하기 위하여 쓰는 기구를 통틀어 이르는 말로, 포승, 연쇄, 수갑, 재갈 따위가 있다.

국민이 예측가능한 형식으로 정하도록 하여 개인의 법적안정성을 보호하고 성문의 형벌법규에 의한 실정법질서를 확립하여 국가형벌권의 자의적 행사로부터 개인의 자유와 권리를 보장하려는 법치국가 형법의 기본원칙이다"라고 밝혔다(헌재 1991. 7. 8. 91헌가4).

형사처벌의 대상이 되는 범죄의 구성요건은 형식적 의미의 법률로 명확하게 규정되어야 하며, 만약 범죄의 구성요건에 관한 규정이 지나치게 추상적이거나 모호하여 그 내용과 적용범위가 과도하게 광범위하거나 불명확한 경우에는 국가형벌권의 자의적인 행사가 가능하게 되어 개인의 자유와 권리를 보장할 수 없으므로 죄형법정주의의 원칙에 위배된다.[2)]

형사피고인은 유죄의 판결이 확정될 때까지는 무죄로 추정된다(헌법 제27조 4항). **무죄추정의 원칙**은 형사정책과 관련하여 피의자뿐만 아니라 피고인까지도 유죄의 선고를 받기까지는 무죄로 추정된다는 원칙이다.

모든 국민은 고문을 받지 아니하며, 형사상 자기에게 불리한 진술을 강요당하지 아니한다(헌법 제12조 2항). **고문**이란 정신적·육체적인 고통을 주는 일체의 행위를 말하며, 이러한 공무원의 위법행위에 대해서는 **국가배상책임**을 져야 한다. 또한 불리한 진술을 강요당하지 않을 권리는 **묵비권**의 보장이다.

사례연구

[정신병원에서 인권침해 행위]

정신병원에 입원한 언니의 병문안을 갔다가 상처가 있어 확인을 했더니 지난 한 달간 여러 차례 격리된 것을 알게 되었다. 격리된 상황이 위험해서라기보다는 관리 차원에서 한 것 같아 신경이 쓰이는데 이런 경우도 인권침해에 해당하는가?

인권침해 중 신체의 자유 침해에 해당한다. 「정신보건법」에 따르면 정신병원의 환자의 격리 강박은 신체적 제한 외의 방법으로 그 위험을 회피하는 것이 뚜렷하게 곤란한 경우에 한해… 종사자들이 환자들의 신체를 묶었던 행위는 목적의 정당성이 인정되기 어렵고, 이는 신체의 자유를 침해한 행위가 된다.

체포·구속·압수 또는 수색을 할 때에는 적법한 절차에 따라 검사의 신청

2) 헌법재판소 1995. 9. 28. 선고 93헌바50 전원재판부.

에 의하여 법관이 발부한 영장을 제시하여야 한다(헌법 제12조 3항 단서). 이는 미국헌법의 정신을 계승하였으며, 범죄수사로 인한 부당한 인권침해와 신체의 자유에 대한 침해를 막기 위한 것이다. **영장주의** 예외로는 현행범인인 경우와 장기 3년 이상의 형에 해당하는 죄를 범하고 **도피** 또는 **증거인멸**의 염려가 있을 때에는 사후에 영장을 청구할 수 있고(헌법 제12조 3항 후단), 대통령의 비상계엄이 선포된 경우(헌법 제77조 3항) 등이다.

비상계엄이란 대통령이 전시, 사변 또는 이에 준하는 국가비상사태로 사회질서가 극도로 혼란된 지역에 군사상의 필요에 의하거나 공공의 안녕질서를 유지하기 위하여 선포하는 계엄을 말한다(헌법 제77조, 계엄법 제2조·제10조). 계엄의 종류에는 비상계엄과 경비계엄이 있다.

누구든지 체포 또는 구속을 당한 때에는 즉시 **변호인의 조력을 받을 권리**를 가진다(헌법 제12조 4항). 피고인뿐만 아니라 형사피의자도 일단 체포·구속당하면 변호인의 조력을 받을 권리를 가지므로 변호인과의 접견, 교통을 금지하는 것은 위헌이다. 형사피고인이 스스로 변호인을 구할 수 없는 때에는 법률에 따라 법률에 따라 **국선변호인의 조력**을 받을 권리가 있다(헌법 제12조 5항).

누구든지 체포 또는 구속의 이유와 변호인의 조력을 받을 권리가 있음을 고지(**고지의무**)받지 아니하고는 체포 또는 구속을 당하지 아니한다(헌법 제12조 5항).

사례연구

[미란다의 원칙]

현행범 체포에서 미란다의 원칙은 반드시 필요하는가?

현행범 체포 과정은 통상적으로 물리적인 유형력 행사가 동반된다 할 것이므로 최소한 현행범으로 체포한다는 고지는 있어야 일반적이 폭력행위와 구별될 수 있다(광주지방법원 순천지원 2015. 6. 4. 선고 2014고단1696, 2014고단2251(병합) 판결).

누구든지 체포 또는 구속을 당한 때에는 적부의 심사를 법원에 청구할 권리를 가진다(헌법 제12조 6항). 아직 기소되지 않은 형사피의자의 권리를 보장하기 위해 마련된 **구속적부심사청구권**이다.

사례연구

[자백의 증거능력]

공동 피고인 중 A는 법정에서 범행을 부인하고, B는 범행을 A와 함께하였다고 자백한 경우, B의 자백을 A의 범행에 대한 유죄의 증거로 사용할 수 있는가?

먼저, 범행을 자백하는 공동 피고인 B에 대하여 A는 B의 진술의 진실성 여부를 반대 신문할 수 없고, B의 자백은 증인과 같이 선서와 위증죄로 처벌하는 방법으로 그 진실성을 확보할 수 없으므로 A에 대한 유죄의 증거로 사용할 수 없다는 반대설이 있다. 한편, A는 법정에서 피고인 신문 절차 과정을 통하여 B에 대하여 반대신문을 할 수 있으므로 B의 자백은 A에 대한 증거로 사용할 수 있다는 찬성설이 있다.

그런데 형사소송법은 미국과 같이 공동 피고인이 다른 공동 피고인에 대한 반대 신문권을 보장하지 않고 있다. 공동 피고인의 자백을 다른 공동 피고인에 대한 증거로 사용할 경우, 부인하는 피고인만 불리하게 되는 불합리한 결과를 낳게 된다. 따라서 이론상으로는 반대설이 옳다고 할 수 있다.

그러나 대법원은 찬성하는 입장에 서 있다. 공범자가 검사의 수사 단계에서, 가령 공범자 A는 범행을 부인하고 공범자 B는 자백을 한 경우, 공범자 B에 대하여 검사가 작성한 피의자 신문 조서는 A에 대한 증거로 사용할 수 있다고 판시하고 있다.

공범에서 있어서 **죄수의 딜레마**란 공범으로 의심되는 두 명의 용의자를 따로따로 수사실로 불러 자백할 기회를 준 경우에, '둘 다 자백하지 않으면 징역 1년, 둘 다 서로의 죄를 자백하면 징역 3년, 둘 중 한 명은 자백하고 다른 한 명이 자백하지 않는다면, 자백한 쪽은 석방되고, 자백하지 않은 쪽은 징역 10년에 처하게 된다'는 상황에서 용의자는 자백하는 것이 이득인지, 아니면 자백하지 않는 것이 이득인지 따진다.

두 사람이 각자의 이익을 위해서 이성적으로 행동한다고 가정하면, 상대방이 취하는 행동과 무관하게 자신이 자백하는 것이 이득이므로 둘 다 자백을 택하게 된다. 그 결과 둘 다 3년의 징역을 살게 된다. 각자가 최선의 이익을 보려는 행동으로 인해서 모두가 오히려 큰 손해를 본다. 반대로 두 사람 모두 공공의 이익을 위해 개인의 이익을 포기한다면 결과적으로는 두 사람 모두 적지 않은 이익을 볼 수 있다는 것이다.

피고의 **자백**이 고문·폭행·협박·구속의 부당한 장기화 또는 기망 기타의 방법에 의하여 자의로 진술된 것이 아니라고 인정될 때 또는 정식재판에 있어서 피고인의 자백이 그에게 불리한 **유일한 증거**일 때에는 이를 유죄의 증거로 삼거나 이를 이유로 처벌할 수 없다(헌법 제12조 7항, 자백의 증거능력제한). 이것은 형사소송법이 피고인의 권리를 보장하기 위해 둔 규정(형사소송법 제290조 내지 제310조)에 대해 헌법적인 근거를 제시한 것으로서 자백이 **증거능력**을 갖기 위해서는 임의성을 필요로 하며, 자백이 증명력을 갖기 위해서는 **보강증거**를 필요로 한다.

사례연구

[대통령의 특권]

甲대통령은 '어떤 누구에게도 정치자금을 받지 않겠다'고 선언하였으나 총선을 위해 S회사 회장 乙에게 10억원을 차용하였다. 그러나 甲대통령은 국민의 신임을 이용하여 乙에게 약속한 날짜에 돈을 갚지 않고 버티고 있다. 과연 乙은 甲대통령을 상대로 소송을 제기할 수 있는가?

헌법상 대통령은 재임 중 형사상 소추를 원칙으로 받지 않는다. 다만 국가의 안위에 관한 중대한 범죄인 내란죄, 외환죄만은 재임 중이라도 소추할 수 있다(헌법 제84조). 재임 중이라도 민사에 관해서는 소추할 수 있고 행정상의 책임추궁인 탄핵소추도 할 수 있다. 그리고 퇴직 후에는 재임 중에 범한 죄에 대하여 소추할 수 있다. 따라서 乙은 甲 대통령을 상대로 민사소송을 제기할 수 있다.

모든 국민은 **행위시의 법률**에 의하여 범죄를 구성하지 아니하는 행위(**불소급의 원칙**)로 소추되지 아니하며, 동일한 범죄에 대하여 거듭 처벌(**일사부재리의 원칙**)받지 아니한다(헌법 제13조 1항). 모든 국민은 자기의 행위가 아닌 친족의 행위로 인하여 불이익한 처우를 받지 아니한다(헌법 제13조 3항). 불이익한 처우란 해외여행의 제한이나 공무담임권의 제한 기타 모든 영역에 있어서 국가기관에 의한 모든 불이익한 처우를 포함하는 것이며, 이는 **연좌제금지**는 형법상의 자기책임의 원칙에 따른 당연한 귀결이다.

사례연구

[국회의원의 특권]

국회의원 甲은 1년 전 총선 과정에서 乙로부터 3억원의 금품을 받았다. 정기국회가 개원되어 법무부에 대한 국정감사를 벌이던 중 甲은 금품수수 협의가 언론에 공개되었다. 검찰은 법무부에 대한 감사가 끝나고 회의가 열리지 않고 있는 일요일에 국회의원 甲을 체포하여 수사하고자 하는데 가능한가?

국회의원은 현행범인인 경우를 제외하고는 회기 중 국회의 동의없이 체포 또는 구금되지 아니하며, 국회의원이 회기 전에 체포 또는 구금된 때에는 현행범인이 아닌 한 국회의 요구가 있으면 회기 중에 석방된다(헌법 제44조). 회기 중이라 함은 집회일로부터 폐회일까지를 의미한다. 국회의원에 대한 불체포특권은 국회의원이 범죄행위에 대한 책임면제가 아니라 사법부의 부당한 체포권의 남용을 막기 위해 인정된 특권이다. 따라서 국회의원 甲에 대해서는 회기 중 체포할 수 없지만 회기가 끝나는 대로 체포하여 수사할 수 있다.

2. 거주·이전의 자유

사례연구

[행동의 자유권 침해]

경찰의 통행제지행위가 과잉금지원칙을 위반하여 일반적 행동자유권을 침해한 것인가?

통행제지행위는 서울광장에서 개최될 여지가 있는 일체의 집회를 금지하고 일반시민들의 통행조차 금지하는 전면적이고 광범위하며 극단적인 조치이므로 집회의 조건부 허용이나 개별적 집회의 금지나 해산으로는 방지할 수 없는 급박하고 명백하며 중대한 위험이 있는 경우에 한하여 비로소 취할 수 있는 거의 마지막 수단에 해당한다.

서울광장 주변에 노무현 전 대통령을 추모하는 사람들이 많이 모여 있었다거나 일부 시민들이 서울광장 인근에서 불법적인 폭력행위를 저지른 바 있다고 하더라도 그것만으로 폭력행위일로부터 4일 후까지 이러한 조치를 그대로 유지해야 할 급박하고 명백한 불법·폭력 집회나 시위의 위험성이 있었다고 할 수 없다.

따라서 경찰청장의 통행제지행위는 법률적 근거를 갖추지 못한 것이고 법률유보원칙에도 위반하여 청구인들의 일반적 행동자유권을 침해한 것이다(헌법재판소 2011. 6. 30. 선고 2009헌마406 전원재판부).

모든 국민은 거주·이전의 자유를 갖는다(헌법 제14조). **거주·이전의 자유**

란 국민이 자기가 원하는 곳에 주소나 거소를 정하고 또 그것을 이전할 자유 및 일단 정한 주소·거소를 그의 의사에 반하여 옮기지 아니할 자유를 말한다. 거주·이전의 자유의 내용은 국내외 거주·이전의 자유, 국적이탈의 자유가 있고, 외국인의 입국의 자유는 제한되나 출국의 자유는 인정된다. 다만 헌법 제37조 2항에 의한 제한, 국가보안법, 소방법, 전염병예방법, 해외이주법, 여권법 등에 의해 제한된다.

3. 직업선택의 자유

사례연구

[안마사의 직업선택의 자유]

시각장애인에게 한정하여 '안마사' 부여가 직업선택의 침해인가?

시각장애인에 대한 복지정책이 미흡한 현실에서 안마사가 시각장애인이 선택할 수 있는 거의 유일한 직업이라는 점, 안마사 직업을 비시각장애인에게 허용할 경우 시각장애인의 생계를 보장하기 위한 다른 대안이 충분하지 않다는 점, 시각장애인은 역사적으로 교육, 고용 등 일상생활에서 차별을 받아온 소수자로서 실질적인 평등을 구현하기 위해서 이들을 우대하는 조치를 취할 필요가 있는 점 등에 비추어 최소침해성원칙에 반하지 아니하고, 시각장애인의 생존권 등 공익과 그로 인해 잃게 되는 일반국민의 직업선택의 자유 등 사익을 비교해 보더라도, 공익과 사익 사이에 법익 불균형이 발생한다고 단정할 수도 없다.

헌법 제37조 제2항에서 정한 기본권 제한 입법의 한계를 벗어나서 비시각장애인의 직업선택의 자유를 침해하거나 평등권을 침해한다고 볼 수 없다(헌법재판소 2008. 10. 30. 선고 2006헌마1098,1116,1117 전원재판부).

모든 국민은 직업선택의 자유를 갖는다(헌법 제15조). 직업선택의 자유의 내용은, 직업결정의 자유, 영업의 자유, 이전의 자유, 무직업의 자유 등이 포함된다. 바이마르헌법에서 처음으로 규정되었으며 우리 헌법 제3공화국에서 처음으로 규정하였다.

사례연구

[국내 판매 제한]

보존음료수의 국내판매를 완전히 금지하는 것이 직업의 자유에 대한 중대한 제한인가?

보존음료수의 국내판매를 금지함으로써 잠재적인 판매시장의 거의 대부분을 폐쇄한다는 것은 실질적으로 보존음료수제조업의 허가를 전면적으로 허용하면서 그 허가의 요건을 한정하는 것에 못지 않는 큰 제한으로 직업선택의 자유를 제한하는 것이다(대법원 1994. 3. 8. 선고 92누1728 판결).

4. 주거의 자유

사례연구

[다른 공동주거자가 공동생활의 장소에 출입]

공동거주자 중 한 사람이 법률적인 근거 기타 정당한 이유 없이 다른 공동거주자가 공동생활의 장소에 출입하는 것을 금지하였는데 다른 공동거주자가 이에 대항하여 공동생활의 장소에 들어간 경우, 주거침입죄가 성립하는가?

공동거주자의 승낙을 받아 공동생활의 장소에 함께 들어간 외부인의 출입 및 이용행위가 전체적으로 그의 출입을 승낙한 공동거주자의 통상적인 공동생활 장소의 출입 및 이용행위의 일환이자 이에 수반되는 행위로 평가할 수 있는 경우라면, 이를 금지하는 공동거주자의 사실상 평온상태를 해쳤음에도 불구하고 그 외부인에 대하여도 역시 주거침입죄가 성립하지 않는다(대법원 2021. 9. 9. 선고 2020도6085 전원합의부 판결).

모든 국민은 주거의 자유를 침해받지 아니한다. 주거에 대한 **압수**나 **수색**을 할 때에는 검사의 신청에 의하여 **법관**이 발부한 **영장**을 제시하여야 한다(헌법 제16조). 주거란 사람이 거주하는 곳으로서 학교, 회사, 여관의 객실 등이다. 주거의 불가침은 신체의 자유와 더불어 최소한의 자유로서 형사상·행정상의 절차적 보장을 초월하여 **프라이버시**(privacy)에 관한 권리의 일환이다.

누구나 출입 가능한 음식점에 상대방과의 대화를 녹음하기 위한 장치를 설치했다면 주거침입죄로 처벌할 수 없다는 대법원 판단이 나왔다. 식당 주인 의사에 반한 도청은 불법 침입으로 선고한 이른바 '**초원복집**' 사건의 대법 판결을 뒤집은 것으로 25년 만에 판례가 바뀌었다. 2022. 3. 24. 대법원 전원합의체는 주거침입죄로 기소된 A씨 상고심에서 무죄를 선고한 원심을 확정했다.

5. 사생활의 비밀과 자유

사례연구

[프라이버시]

인기 영화배우인 A녀는 일찍이 영화배우 B남을 둘러싼 치정관계와 관련하여 납치사건을 일으켜 형사처벌을 받은 경험이 있다. 영화감독 C는 이 사건을 소재로 하여 「남과 여」라는 영화를 제작하였다. 그런데 그중에 치정장면이 많이 다루어졌으므로, A녀는 자신의 사생활의 비밀(privacy)이 침해되었음을 이유로 동 영화의 상영금지가처분을 신청하였다. 이에 대하여 C는 영화제작의 예술적 의도를 강조하면서 그 사건이 A자신이 의해서도 공표된 바 있고, 또 세간에 널리 알려진 것일 뿐 아니라 사실이 전혀 왜곡되어 있지 아니한 점 등을 들어 A녀의 사생활의 비밀을 침해한 것이 아니라고 주장한다. 이 경우 A녀의 사생활의 비밀이 침해되었다고 볼 수 있는가?

헌법 제17조에서 "모든 국민은 사생활의 비밀과 자유를 침해받지 아니한다"고 하여 사생활의 비밀과 사생활의 자유를 보장하고 있다. 사생활의 비밀과 자유의 불가침은 '사생활의 내용을 공개 당하지 아니할 권리', '사생활의 자유로운 형성과 전개를 방해받지 아니할 권리'뿐만 아니라 본인 또는 그 책임하에 있는 자에 관한 정보에의 접근과 그 그릇된 정보의 정정이나 그 누설방지까지도 청구할 수 있는 복합적 성질의 권리이다. 따라서 사생활의 비밀과 자유는 이른바 프라이버시의 권리보다 넓은 개념이다. 이 사생활의 비밀과 자유는 인격권의 일종으로 자유권의 성격을 가지는 것이며 원칙적으로 일신전속적인 권리이다. 사적사항의 공개나 인격적 징표를 훼손 또는 이용당하거나 자유로운 사생활의 자유를 방해당함으로써 입게 되는 정신적 고통을 구제하려는 것이 사생활의 비밀과 자유의 보호법익이므로 이 권리는 인격권의 일종이다.

사생활 비밀의 불가침으로는 개인에 관한 난처한 사적 사항의 불가침, 명예나 신용의 불가침, 인격적 징표의 불가침 등을 들 수 있다. 이 권리침해의 성립요건으로는 공개된 내용이 첫째 사생활상의 사실 또는 사실처럼 받아들여질 것, 둘째 일반인의 감수성을 기준으로 할 때 사인의 입장이라면 공개를 바라지 않았으리라고 인정될 것, 셋째 일반인에게 아직 알려지고 있지 아니한 사항일 것 등을 들 수 있다. 본 사안에서 이러한 요건이 충족되었다고 보기는 어려워 보인다.

모든 국민의 사생활의 비밀과 자유를 침해받지 아니한다(헌법 제17조). 사생활의 자유와 비밀은 제5공화국 헌법에서 최초로 도입했다. 사생활의 자유란 개개인 누구나 불문하고 자기의 사적 생활을 자유롭게 영위하는 것을 말한다. 사생활의 비밀이란 부당한 공개를 당하지 않는 권리를 말한다.

성범죄자의 **신상공개제도**는 사생활의 비밀과 자유를 침해하는가? 공개명령과 고지명령의 예외사유의 하나로 규정된 '그 밖에 신상정보를 공개하여서는 아니될 특별한 사정이 있다고 판단되는 경우'에 해당하는지 여부는 피고인의 연령, 직업, 재범위험성 등 행위자의 특성, 당해 범행의 종류, 동기, 범행과정, 결과 및 그 죄의 경중 등 범행의 특성, 공개명령 또는 고지명령으로 인하여 피고인이 입는 불이익의 정도와 예상되는 부작용, 그로 인해 달성할 수 있는 아동·청소년 대상 성범죄의 예방 효과 및 성범죄로부터의 아동·청소년 보호 효과 등을 종합적으로 고려하여 판단하여야 한다.[3)]

그림묘사된 초상권은 사생활의 비밀과 자유의 침해인가? 개인의 사생활의 비밀에 관한 사항은 그것이 공공의 이해와 관련되어 공중의 정당한 관심의 대상이 되는 사항이 아닌 한, 비밀로서 보호되어야 한다. 또한 사람은 누구나 자신의 얼굴 기타 사회통념상 특정인임을 식별할 수 있는 신체적 특징에 관하여 함부로 촬영 또는 그림묘사되거나 공표되지 아니하며 영리적으로 이용당하지 아니할 권리를 가진다. 이러한 초상권도 헌법 제10조 제1문에 의하여 헌법적으로 보장되는 권리이다.[4)]

6. 통신의 자유

헌법은 모든 국민은 통신의 비밀을 침해받지 아니한다고 규정한다(제18조). 개인의 사생활의 비밀을 보장하며 개인의 인격을 보호하고 있다. '**통신**'이란 신서·전신·전화 및 그 밖의 우편물과 같이 우편기관에 의하여 다루어지는 격지자간의 의사전달을 물론 물품의 수수까지 포함하며, "침해받지 아니한다"라는 것은 발신에서부터 수신 사이에 비밀이 침해되지 않는 것을 말한다.

전기통신사업법 제30조 본문은 "누구든지 전기통신사업자가 제공하는 전기통신역무를 이용하여 타인의 통신을 매개하거나 이를 타인의 통신용으로

3) 대법원 2012. 1. 27. 선고 2011도14676 판결.
4) 대법원 2013. 6. 27. 선고 2012다31628 판결.

제공하여서는 아니 된다"고 규정한다. 이는 정당한 권한 없이 다른 전기통신사업자가 제공하는 전기통신역무를 이용하여 자신이 제공받는 역무와 동종 또는 유사한 역무를 제공함으로써 전기통신사업자의 사업에 지장을 초래하거나 통신시장질서를 교란하는 행위를 막기 위한 취지이다.[5] 여기에서 '타인의 통신을 매개'한다는 것은 전기통신사업자가 제공하는 전기통신역무를 이용하여 다른 사람들 사이의 통신을 연결해 주는 행위를 의미하고, '타인의 통신용으로 제공'한다는 것은 전기통신사업자가 제공하는 전기통신역무를 다른 사람이 통신을 위하여 이용하도록 제공하는 행위를 의미한다.[6]

신병교육이 민간인을 조기에 군인으로 양성하는 기초과정으로서 단기간에 강도 높은 군사훈련을 통하여 군인의 기본자세를 확립하고 어떠한 상황에서도 군인으로서의 임무를 완수할 수 있도록 강인한 체력과 정신력 함양을 목표로 하고 있다는 점, 모든 신병들에게 5주간이라는 짧은 훈련기간 동안 통제된 병영생활을 교육시킬 필요가 있어 외부와의 전화 통화를 금지시키는 것이 효율적이라고 군지휘관이 판단하였고, 이러한 판단이 자의적이었다고 볼 만한 사정은 없는 점 등에 비추어 볼 때, 지침은 그 부과 목적이 정당하고 그 내용에 합리성과 공평성이 인정된다고 할 것이다. 지침에 의하여 국방의 의무가 정당하게 부과되어 있는 이상, 행복추구권, 사생활의 자유, 평등권 등 기본권 제한은 수인할 수밖에 없다.[7]

7. 양심의 자유

사례연구

[종교적인 양심]

육군 OO부대소속의 사병인 A는 종교적인 양심적 반전론자이다. 그는 평소에 군복무와 자신의 신앙과의 모순 때문에 번민중에 있었다. 그러던 차에 외부로부터 적의 무력공격이 발생하여, A의 소속부대에 출동명령이 하달되자, A는 도리어 뜻을 정하고 상

5) 헌법재판소 2002. 5. 30. 선고 2001헌바5 전원재판부.
6) 대법원 2021. 7. 29. 선고 2021도3520 판결.
7) 헌법재판소 2010. 10. 28. 선고 2007헌마890 전원재판부.

관의 출동명령에 불복하였다. 그 때문에 A는 군사법원의 심판에 회부되어 군형법 제44조 1호(항명죄)에 따라 10년의 징역형을 선고받게 되었다. 이에 대하여 A는 자신의 행동은 양심에 따르는 것으로 양심의 자유를 보장한 헌법 제19조를 근거로 위의 처벌은 헌법위반이라고 주장한다. A의 주장은 정당한 것인가?

제2차 세계대전 이후에 많은 국가들은 헌법과 법률로서 "누구든지 종교적 또는 양심적 신조에 반할 때에는 군복무의 거부 또는 일부를 거부할 수 있다"라고 입법을 하는 추세이다. 이것이 이른바 양심적 반전권 내지 병역거부권·집총거부권이다. 이러한 신조를 가진 자를 양심적 반전론자라 한다. 헌법에서는 양심적 반전권에 관한 명문의 규정이 없으므로 A의 주장이 정당한 것이 되기 위해서는 A가 원용하는 양심적 반전권을 헌법 제19조의 '양심적 자유'로부터 도출될 수 있어야 한다. A는 그 신조가 종교에 바탕을 둔 양심적 반전론이라는 점에서 고전적인 유형의 반전론자이다. 반전권을 헌법 제19조의 양심의 자유로부터 도출할 수 있다면, 방위출동명령의 거부는 헌법상의 양심적 반전권의 행사가 되어 A를 처벌한 당국의 조치는 위헌이며 무효이다. 그런데 A의 주장처럼 헌법 해석상 양심의 자유가 헌법상 보장되고 있다고 하여, 당연히 양심적 반전권까지 보장된다고 볼 수 있는 것은 아니다. 양심의 자유에 있어서도 양심상의 결정을 외부에 표현하거나 양심상의 결정을 실현하려고 할 경우에는 법률에 의한 제한이 따른다. 반전권을 인정할 것인가 아닌가는 헌법규정이나 국회의 권한에 맡겨진 입법사항이다.

따라서 실정법상 양심적 반전권을 주장할 수 있기 위해서는 헌법상 또는 법률상 명시된 권리설정 규정이 필요하다. 이러한 근거 규정이 없음에도 적전에서 출동명령을 거부한 행위에 대한 군형법 제44조의 항명죄 적용은 정당하므로 A의 주장은 받아들일 수 없다.

양심의 자유(헌법 제19조)는 종교의 자유와 함께 인간 내심의 자유로서 정신적 자유의 근원으로 인정되고, 1850년 프로이센헌법이 최초로 종교의 자유와 함께 규정하였다. 양심의 자유의 내용으로는 양심형성의 자유, 침묵의 자유, 사상 및 신념에 반하는 행위를 강요당하지 않는 자유 등이 포함된다. 양심의 자유는 외부에 표현될 때에 한하여 제한이 따른다.

양심적 병역거부자에게 병역의무의 이행을 일률적으로 강제하고 그 불이행에 대하여 형사처벌 등 제재를 하는 것은 양심의 자유를 비롯한 헌법상 기본권 보장체계와 전체 법질서에 비추어 타당하지 않을 뿐만 아니라 소수자에 대한 관용과 포용이라는 자유민주주의 정신에도 위배된다. 진정한 양심에 따른 병역거부라면, 병역법 제88조 제1항의 '정당한 사유'에 해당한다.[8)]

8) 대법원 2021. 2. 4. 선고 2020도3439 판결; 대법원 2018. 11. 1. 선고 2016도10912 전원합의체.

8. 종교의 자유

사례연구

[사립학교 교리 교육]

사립학교에서 특정의 종교 교리를 전파하는 종파 교육은 허용되는가?

종교학교가 고등학교 평준화 정책에 따라 학생 자신의 신앙과 무관하게 입학하게 된 학생들을 상대로 종교적 중립성이 유지된 보편적인 교양으로서의 종교교육의 범위를 넘어서서 학교의 설립이념이 된 특정의 종교 교리를 전파하는 종파 교육 형태의 종교 교육을 실시하는 경우에는 그 종교교육의 구체적인 내용과 정도, 종교교육이 일시적인 것인지 아니면 계속적인 것인지 여부, 학생들에게 종교교육에 관하여 사전에 충분한 설명을 하고 동의를 구하였는지 여부, 종교교육에 대한 학생들의 태도나 학생들이 불이익이 있을 것을 염려하지 아니하고 자유롭게 대체과목을 선택하거나 종교교육에 참여를 거부할 수 있었는지 여부 등의 구체적인 사정을 종합적으로 고려하여 사회공동체의 건전한 상식과 법감정에 비추어 볼 때 용인될 수 있는 한계를 초과한 종교교육이라고 보이는 경우에는 위법성을 인정할 수 있다(대법원 2010. 4. 22. 선고 2008다38288 전원합의체 판결).

모든 국민은 종교의 자유를 가진다. 국교는 인정되지 아니하고 종교와 정치는 분리된다(헌법 제20조). 종교의 자유와 국교금지, 정교분리의 원칙이 포함된다. 종교의 자유는 신앙의 자유, 종교적 행위의 자유, 종교적 집회·결사의 자유를 그 내용으로 한다. 신앙의 자유는 절대적 자유이지만 종교적 행위의 자유 및 종교적 집회·결사의 자유는 대외적 행위의 자유이므로 제한이 가능하다.

사례연구

[일요일날 국가시험을 실시하는 경우]

사법시험 시행일자를 일요일로 정하여 공고한 공고가 기독교를 신봉하는 청구인의 종교의 자유를 침해하는가?

청구인이 자신이 신봉하는 종교의 특별한 교리를 이유로 일요일에는 예배행사 참여와 기도와 선행 이외의 다른 행위를 할 수 없다는 것일 뿐이므로 다수 국민의 편의를 위하여 시험 시행일을 일요일로 정한 공고가 특별히 청구인의 사법시험 응시 기회를 차단한다고 볼 수 없다(헌법재판소 2001. 9. 27. 선고 2000헌마159 전원재판부).

헌법상 국교금지 및 정교분리의 원칙은 종교의 자유를 명실상부하게 보장하기 위한 제도다. 특정종교단체에 대한 재정지원이나 특권부여 금지, 국가적 식전행사에 특정종교의 의식거행 등은 금지된다.

9. 학문과 예술의 자유

사례연구

[국정교과서 지정]

국정교과서제도가 학문의 자유를 침해하는가?

국정교과서제도는 교과서라는 형태의 도서에 대하여 국가가 이를 독점하는 것이지만, 국민의 수학권의 보호라는 차원에서 학년과 학과에 따라 어떤 교과용 도서에 대하여 이를 자유발행제로 하는 것이 온당하지 못한 경우가 있을 수 있고 그러한 경우 국가가 관여할 수밖에 없다는 것과 관여할 수 있는 헌법적 근거가 있다는 것을 인정한다면 그 인정의 범위 내에서 국가가 이를 검·인정제로 할 것인가 또는 국정제로 할 것인가에 대하여 재량권을 갖는다고 할 것이므로 중학교의 국어교과서에 관한 한, 교과용 도서의 국정제는 학문의 자유나 언론·출판의 자유를 침해하는 제도가 아님은 물론 교육의 자주성·전문성·정치적 중립성과도 무조건 양립되지 않는 것이라 하기 어렵다(헌법재판소 1992. 11. 12. 선고 89헌마88 전원재판부).

모든 국민은 학문과 예술의 자유를 가진다(헌법 제22조 1항). 학문의 자유에는 연구의 자유, 연구결과 발표의 자유, 교수의 자유 및 연구를 위한 집회·결사의 자유를 포함한다. 예술의 자유에는 예술창작의 자유, 예술적 결사의 자유가 포함된다. 아름다움을 추구하는 예술창작의 자유는 절대적 자유이나 예술작품의 전시는 상대적인 자유이다.

10. 언론·출판의 자유

사례연구

[본인확인제가 언론자유 침해인가]

본인확인제를 규정한 정보통신망 이용촉진 및 정보보호 등에 관한 법률이 과잉금지원칙에 위배하여 인터넷 게시판 이용자의 표현의 자유, 개인정보자기결정권 및 인터넷 게시판을 운영하는 정보통신서비스 제공자의 언론의 자유를 침해하는가?

정보통신서비스 제공자에게 본인확인조치의무를 부과하여 이용자로 하여금 본인확인절차를 거쳐야만 게시판을 이용할 수 있도록 하는 본인확인제를 규율하는 법령조항들은 본인확인이라는 방법으로 게시판 이용자의 표현의 자유를 사전에 제한하여 의사표현 자체를 위축시키고 그 결과 헌법으로 보호되는 표현까지도 억제함으로써 민주주의의 근간을 이루는 자유로운 여론 형성을 방해하는 것으로서 과잉금지원칙에 위배하여 표현의 자유, 개인정보자기결정권, 청구인 회사의 언론의 자유 등 기본권을 침해한다(헌법재판소 2012. 8. 23. 선고 2010헌마47,252(병합) 전원재판부).

표현의 자유는 정신적 자유의 하나로서 정신활동의 자유, 정신적 표현의 자유를 말한다. 즉 종교·양심·사상·학문·예술을 외부적으로 표현하는 언론·출판의 자유 및 집회·결사의 자유(헌법 제12조)를 표현의 자유라고 본다.

언론·출판의 자유는 외부적 표현의 자유, 즉 의사표현의 자유로 오늘날 민주정치에 있어서 빼놓을 수 없는 자유로 인정되고 있다. 언론의 자유에는 보도의 자유(사상·표현을 표명하고 전파할 자유), **알 권리**(정보를 모집·처리할 자유, 표현받는 자유), 방송·방영 등의 자유 등을 포함한다. '**언론**'이란 구두에 의한 표현을 말하고, '**출판**'이란 문자 및 형상에 의한 표현을 말한다. 언론·출판에 대한 허가나 검열을 인정되지 않으며, 이는 언론·출판에 대한 사전 억제를 금지하기 위한 것이다. 다만 언론·출판의 자유는 헌법 제21조 4항, 정기간행물법, 방송법 등에 의해 일정한 제한을 받는다.

집회·결사의 자유는 민주주의 사회에서의 정치적 자유로서 민주정치실현에 불가결의 전제가 되고 있다. '**집회**'란 다수인이 일시적으로 공통의 목적을 가지고 일정한 장소에 집합하는 것으로 공식·비공식적 집회, 옥내·옥외집회를 불문하며, '**결사**'란 공통의 목적을 가진 계속적인 다수인의 집단을 말한다.

집회·결사에 대한 **허가제**는 인정되지 않는다. **신고제**는 행정상 참고를 위한 것이므로 인정되며, 집회·결사의 자유는 '집회 및 시위에 관한 법률'과 '사회단체등록에 관한 법률' 등에 의해 제한받는다.

11. 재산권의 보장

사례연구

[재산권이 종전보다 불리한 경우]

국민의 재산권이 종전보다 불리한 법률효과를 규정하고 있는 경우에 재산권의 침해인가?

행정처분은 그 근거 법령이 개정된 경우에도 경과규정에서 달리 정함이 없는 한 처분 당시 시행되는 개정 법령과 그에서 정한 기준에 의하는 것이 원칙이고, 개정 법령이 기존의 사실 또는 법률관계를 적용 대상으로 하면서 국민의 재산권과 관련하여 종전보다 불리한 법률효과를 규정하고 있는 경우에도 그러한 사실 또는 법률관계가 개정 법률이 시행되기 이전에 이미 완성 또는 종결된 것이 아니라면 이를 헌법상 금지되는 소급입법에 의한 재산권 침해라고 할 수는 없다(대법원 2020. 7. 23. 선고 2019두31839 판결).

재산권의 보장은 근대경제사회를 구성하는 기초원칙의 하나이며, 근대의 자유국가 내지 법치국가는 이 원칙을 제도화한 사유재산제도 위에 성립되고 있다. 헌법에서 모든 국민의 재산권을 보장되며, 그 내용과 한계는 법률로 정하도록 하였다. 재산권의 행사는 공공복리에 적합하도록 행사하여야 하며, 공공필요에 의한 재산권의 수용·사용 또는 제한 및 그에 대한 보상은 법률로써 하되, 정당한 보상을 지급하도록 하여야 한다(헌법 제23조). 손실보상의 이론적 근거는 특정인에게 가해진 특별한 희생은 이를 전체의 부담으로 보상하는 것이 정의와 공평에 맞는다는 데 있다.

Ⅲ. 생존권적 기본권

생존권적 기본권은 국가에 의한 권리이다. 이는 1919년 바이마르헌법 제151조에서 최초로 규정되었다.

1. 교육을 받을 권리

사례연구

[검정고시 응시 기간 제한]

고등학교에서 퇴학된 날로부터 6월이 지나지 아니한 자를 고등학교 졸업학력 검정고시를 받을 수 있는 자의 범위에서 제외하고 있는 고등학교 졸업학력 검정고시 규칙은 교육을 받을 권리를 침해하는 것인가?

단순히 고등학교 자퇴생의 검정고시 응시자격만을 제한함으로써 입법목적을 달성하려 하는 것은 기본권의 제한은 필요한 최소한도에 그쳐야 한다는 피해최소성의 원칙에 어긋난다.

나아가 고등학교 자퇴생은 자퇴 이후 6월 이내에는 검정고시에 응시할 수 없는 중대한 불이익을 받는 반면, 응시제한을 통해 달성할 수 있는 효과는 불분명하거나 오히려 부작용이 크다고 예상되므로, 결국 규칙조항으로 인한 기본권제한은 법익의 균형성을 상실하였다. 과잉금지원칙에 위배하여 청구인의 교육을 받을 권리를 침해하였으므로 헌법에 위반된다(헌법재판소 2008. 4. 24. 선고 2007헌마1456 전원재판부).

교육을 받을 권리는 교육을 받을 수 있도록 국가의 적극적인 배려를 요구할 수 있는 권리이다(헌법 제31조). 의무교육의 무상, 교육의 자주성·전문성·정치적 중립성 및 대학의 자율성 보장, 평생교육진흥의무, 교육제도와 그 운영, 교육재정 및 교원의 지위를 법률로 정하도록 하고 있다.

2. 근로의 권리와 노동3권

사례연구

[파업의 정당성]

국회에서 노동쟁의조정법의 개정안이 제안되었다. A회사의 노동조합은 이것이 근로자의 권리를 현저히 제한하는 개악이라고 반대하고 이 법안의 통과를 저지하기 위하여 파업할 것을 결의하였다. 입법에 대한 반대 파업은 정치적 파업에 속하는 것이라고 이해되고 있는데, A회사의 이러한 파업은 정당한 것인가?

A회사의 노동조합이 노동쟁의조정법의 개악을 반대하기 위하여 파업을 결의한 것은 합법적이라 할 수 있다. 노동쟁의조정법을 개악하는 것은 근로자의 단결권·단체교섭권·단체행동

권 등의 근로3권의 보장과 직접적인 관계가 있다. 근로자들은 이에 의하여 근로3권을 제한당하게 된다면 사용자와 대등한 관계에서 대결할 수 없는 약한 지위에 머물게 될 것이다. 따라서 근로조건의 실효적인 향상을 통한 경제적·사회적 지위의 향상이 어려워질 것이고 나아가 생존권의 위협을 받게 될 것이다.

A노조의 노동쟁의조정법 개악 반대 파업은 국가의 입법을 반대하기 위한 파업이므로 구체적으로 노·사간의 노동쟁의를 전제로 한 노동법상의 쟁의행위는 아니지만 근로조건의 향상과 근로자의 경제적·사회적 지위의 향상을 위한 단체행동으로서 헌법 제33조에 의하여 직접 도출되는 권리라고 할 수 있다. 따라서 A노조는 파업의 수단·방법에 있어서의 한계를 일탈하지 않는 한, 하등의 민·형사책임을 지지 않는다. 헌법 제33조에 의하여 직접 위법성이 조각된다. 비록 정치적 파업이 위법한 것이라 할지라도 그것은 조합의 행위이므로 그 조합원 개개인들에게는 책임을 물을 수 없다고 새기는 것이 타당하다.

근로의 권리란 근로자가 근로의 기회 제공 및 근로조건상의 여러 조건에 있어서 보호를 받는 권리를 말한다. 근로의 권리는 1919년 바이마르헌법 이래 국민의 생존권을 보장하려는 각국의 헌법에 규정한다. 헌법 제32조는 고용증진, 적정임금의 보장, 최저임금제의 실시 등에 대한 국가의 의무(제32조 1항·2항), **근로기준 법정주의**(동조 3항), 근로관계에 있어서 여성에 대한 차별금지(동조 4항), 연소근로자의 특별보호(동조 제5항), 국가유공자 등 유가족이 근로기회 우선보장(동조 6항) 등을 규정한다.

노동3권은 근로자가 근로조건의 향상을 위하여 자주적으로 단결·단체교섭 및 단체행동을 할 수 있는 권리를 말한다(제33조). 근로 3권은 근로조건의 향상을 위한 것이므로 순수한 정치적 파업이나 정치적 행동권은 제한된다. **동정파업** 역시 제한된다. 헌법 제33조는 **단결권·단체교섭권·단체행정권**을 보장하고 있으나 공무원은 법률로 인정된 자만이 노동3권을 가지며, 법률이 정하는 방위산업체 근로자의 단체행동권은 법률에 의하여 제한될 수 있다.

특수경비원의 단체행동권을 박탈하여 근로의 권리에 위배되는가? 일반근로자인 특수경비원의 쟁의행위를 전면적으로 금지하고 있는 법률조항은 헌법이 보장하고 있는 독립된 기본권인 단체행동권을 전면 박탈하는 것으로 헌법에 위반된다.[9)]

---

9) 헌법재판소 2009. 10. 29. 선고 2007헌마1359 전원재판부.

3. 인간다운 생활을 할 권리

사례연구

[법률 개정 요구]

전국장애인차별철폐연대(전장연) 회원 등 장애인들이 '버스 교체·폐차시 저상버스 도입 의무화'와 '특별교통수단(장애인 콜택시 등) 지역 간 차별 철폐'를 위한 '교통약자 이동편의 증진법' 개정을 요구하는 것은 정당한가?

2021년 12월 31일 교통약자법 개정안이 국회를 통과했다. '시내버스와 마을버스 등을 교체할 때 저상버스를 도입해야 한다', '특별교통수단을 운영하는 시·군 이동지원센터와 광역 이동지원센터를 설치해야 한다'는 내용 등이 포함됐다.

인간다운 생활을 할 권리란 일반적으로 인간의 존엄성에 상응하여 건강하고 문화적인 최소한도의 생활을 할 권리를 말한다(헌법 제34조). 생존권적 기본권 중 가장 핵심적인 권리이다. 권리는 사회보장을 받을 권리, 생활보호를 받을 권리, 재해예방과 위험보호에 관한 권리 등을 그 내용으로 한다.

인간다운 생활을 한다는 것은 단순한 복지의 차원을 넘어 사회의 일원으로써 정치·경제·사회·문화생활 등 사회 전분야에 걸쳐 기회의 균등 실현과 적극적인 사회 참여가 가능하도록 이동권의 확보가 전제되어야 가능한 일이므로, 이동권은 인간다운 생활을 하기 위한 인간의 고유한 권리(제10조)로 장애인뿐 아니라 모든 국민에게 평등의 척도(제11조)로써 작동되는 기본권이다. 이와 관련하여 사회보장에 관한 법률, 직업안정법, 생활보호법, 아동복지법, 모자보건법, 노인복지법, 의료보호법, 재해구호법 등을 두고 있다.

4. 혼인·가족제도·모성 및 보건에 관한 권리

사례연구

[남성 유아 휴직 허용]

남성 단기 복무 장교를 육아휴직 허용 대상에서 제외하는 군인사법 중 육아휴직 부분이 남성 단기 복무 장교의 양육권을 침해하는가?

육아휴직 신청권이 가지는 근로자로서의 권리성, 육아휴직의 허용 대상을 확대할 경우 예산과 인력이 추가로 소요되는 점, 다른 의무복무군인과의 형평성 등을 고려하여 육아휴직의 허용 대상을 정한 것이므로, 국가가 헌법상 용인될 수 있는 재량의 범위를 명백히 일탈함으로써 사회적 기본권으로서의 양육권을 최소한 보장하여야 할 의무를 불이행한 것으로 볼 수 없다.

남성 단기 복무 장교인 육아휴직에 있어서 직업군인들 및 다른 공무원과 달리 취급하는 데에는 합리적인 근거가 있으므로, 결국 법률조항은 평등권을 침해하지 아니한다(헌법재판소 2008. 10. 30. 선고 2005헌마1156 전원재판부).

혼인·가족제도(제36조 1항)는 혼인 및 가정생활에 있어서 남존여비의 봉건적 관념을 청산함으로써 개인의 존엄과 양성평등을 기초로 하는 가정의 민주화를 확립하려는 원칙 규범이다. 매매혼, 강제혼, 결혼퇴직제 등 혼인의 자유를 침해하는 경우에는 위헌이다. 일부일처제를 침해하는 등 혼인의 순결을 침해하는 경우도 위헌이다. 국가는 모성의 보호를 위해 노력할 의무를 가진다(동조 2항). 모자보건법, 모자복지법에서 그 근거를 찾을 수 있다.

보건의 권리(제36조 3항)는 국민이 그 건강을 유지하는 데 필요한 국가적 급부와 배려를 요구할 수 있는 권리를 말한다. 개인의 건강의 침해, 건강의 유지를 위해 필요한 시설이나 환경을 요구할 수 있는 권리를 그 내용으로 한다.

5. 환경권

사례연구

[환경권 보호]

甲은 Y자동차 정류장 인근에 거주하고 있는 주민이다. 甲은 그동안 그 정류장에서 발생하는 소음과 먼지 때문에 생활하는데 있어 막대한 지장을 받아 왔다. 따라서 甲은 헌법 제35조의 환경권을 근거로 하여 깨끗한 환경에서 생활할 권리를 보호해 줄 것을 국가에 대하여 청구하려고 한다. 甲의 그러한 권리구제가 가능한 것인가?

헌법 제35조는 "모든 국민은 건강하고 쾌적한 환경에서 생활할 권리를 가지며, 국가와 국민은 환경보호를 위하여 노력하여야 한다"고 규정하고 있다. 헌법상 환경권은 어떠한 성질을 가지는 권리인가 문제가 된다. 헌법은 다만 "모든 국민은 건강하고, 쾌적한 환경에서 생활할 권리를 가지며…"라고 규정하고 있기 때문에 그 조문만 보면 그 국민의 환경권은 자유권(침해배제청구권), 즉 적극적인 청구권으로 볼 수도 있다. 그러나 환경권은 헌법에 기본권으로 규정되어 있기 때문에 최소한 배제청구권의 효력은 갖는다고 봄이 타당하다. 한편 환경권은 적극적인 청구권의 성격도 갖는 것으로 볼 수 있는가가 문제이다. 헌법에서는 "법률이 정하는 바에 의하여"라는 형식적 법률유보조항을 두고 있지 않음으로써 마치 헌법에 근거하여 직접 그 권리를 행사할 수 있는 것같이 보인다. 그러나 법률유보조항이 없다고 언제나 헌법에 규정되어 있는 청구권적 권리를 모두 직접적인 권리로 볼 수 없다. 왜냐면 그 권리는 오히려 법률의 제정에 의하여 비로소 구체화된다.

따라서 甲은 헌법 제35조에 규정되어 있는 환경권에 근거하여 권리구제의 발생을 강구해야 하지만, 그 권리구제의 가능성과 구체적인 방법은 필수적으로 관계법규를 종합적으로 분석하여 모색하여야 한다.

환경권이란 인간다운 건강하고 쾌적한 환경 속에서 생활할 권리를 말한다. **공해** 또는 환경파괴로부터 생명과 신체의 안전을 수호하기 위한 권리개념으로서 미국을 중심으로 등장하였다. 환경권에는 수인의 한도를 넘는 국가의 환경침해 내지 환경보호에 관한 국가시책을 지양하도록 요구할 수 있는 권리, 국가 이외의 다른 사인에 의하여 발생하는 환경침해를 막아줄 것을 요구할 수 있는 권리, 건강하고 쾌적한 생활환경을 만들고 보전해 줄 것을 국가에게 요구하는 권리 등을 내용으로 한다.

국가기관에 의해 환경권이 침해된 경우에는 **청원권, 행정소송, 국가배상청구권, 헌법소원** 등의 방법으로, 그리고 사인에 의해 환경권이 침해된 경우에는 **민사소송**에 의한 배상청구, **물권적 청구권**에 의한 구제 등을 통해 권리를 구제할 수 있다. **조망권의 침해는 헌법상 보장되는 환경권의 침해인가**? 조망이익은 원칙적으로 특정의 장소가 그 장소로부터 외부를 조망함에 있어 특별한 가치를 가지고 있고, 조망이익의 향유를 하나의 중요한 목적으로 하여 그 장소에 건물이 건축된 경우와 같이 건물의 소유자나 점유자가 그 건물로부터 향유하는 조망이익이 사회통념상 독자의 이익으로 승인되어야 할 정도로 중요성을 갖는다고 인정되는 경우에 비로소 법적인 보호의 대상이 되는 것이다.[10)]

10) 대법원 2004. 9. 13. 선고 2003다64602 판결.

Ⅳ. 청구권적 기본권

1. 청원권

사례연구

[청원권]

국회에 청원할 때 의원의 소개를 얻어 청원서를 제출하도록 한 국회법이 국회에 청원하려는 자의 청원권을 침해하는가?

의회에 대한 청원에 국회의원의 소개를 얻도록 한 것은 청원 심사의 효율성을 확보하기 위한 적절한 수단이다. 청원은 일반의안과 같이 처리되므로 청원서 제출단계부터 의원의 관여가 필요하고, 의원의 소개가 없는 민원의 경우에는 진정으로 접수하여 처리하고 있으며, 청원의 소개의원은 1인으로 족한 점 등을 감안할 때 국회에 청원하려는 자의 청원권을 침해한다고 볼 수 없다(헌법재판소 2006. 6. 29. 선고 2005헌마604 전원재판부).

청원권이란 국민이 국가나 국가기관에 대하여 적극적으로 특정한 행위를 문서로 진술할 권리를 말한다(제26조). 청원할 수 있는 사항은 피해의 구제, 공무원의 위법·부당한 행위에 대한 시정이나 징계의 요구, 법률·명령·규칙의 제정·개정 또는 폐지, 공공의 제도 또는 시설의 운영, 그 밖에 공공기관 등의 권한에 속하는 사항이다(청원법 제4조). 청원할 수 없는 사항은 재판에 간섭하거나 국가원수를 모독하는 것을 내용으로 하는 것, 타인의 모해할 목적으로 허위의 사실을 적시하는 것 등이다(청원법 제5조, 제10조). 공무원 혹은 군인은 청원할 수 있으나 직무와 관련된 집단적 청원만은 원칙적으로 허용되지 않는다.

2. 재판청구권

사례연구

[수형자 변호인 접견 제한]

수형자와 소송대리인인 변호사의 접견을 일반 접견에 포함시켜 시간은 30분 이내로,

> 횟수는 월 4회로 제한규정은 재판청구권을 침해하는가?
>
> 변호사와의 접견은 수형자로 하여금 변호사의 조력을 받을 수 있게 함으로써 재판청구권을 보장하는 것을 목적으로 하는 반면, 가족, 친구 등과의 일반접견은 수형자의 교화 및 갱생 등을 목적으로 한다.
>
> 변호사와의 접견 시간을 일반접견과 동일하게 제한하면서 접견 횟수 및 일반접견의 횟수에 포함시키는 것은 변호사의 조력을 받아야 할 수형자의 재판청구권을 침해한다(헌법재판소 2015. 11. 26. 선고 2012헌마858 전원재판부).

재판을 받을 권리는 독립된 법원에서 신분이 보장된 **법관**에 의해 적법한 절차에 따라 공정한 재판을 받을 권리를 말한다(헌법 제27조). **재판청구권**은 1215년 마그나 카르타(Magna Carta)에 그 연원을 두고 있으며, 1789년 **프랑스 인권선언**과 1791년 프랑스 헌법에 성문화하였다. 재판청구권은 법관에 의한 재판을 받을 권리이다. 신속·공정한 재판을 받을 권리, 형사피고인 및 형사피의자에 대한 **무죄추정의 원칙**, 형사피해자의 **재판진술권** 등의 내용을 포함한다.

헌법과 법률이 정한 법관에 의한 재판을 받을 권리가 있으며(제27조 1항), 군인 또는 군무원이 아닌 경우에는 **군사재판**을 받지 아니한다. 다만 중대한 군사상의 비밀·초병·초소·유독음식물 제공·포로·군용물에 관한 죄 중 법률이 정하는 경우와 **계엄의 선포**된 경우 등은 예외로 하고 있다(동조 2항).

신속·공정한 재판을 받을 권리를 가진다(동조 3항). 재판의 공개란 재판장이 법정질서 유지상 방청권을 발행하고 그 소지자만 방청을 허용하는 것도 재판의 공개가 된다.[11] 다만, 심리는 국가의 안전보장 또는 안녕질서를 방해하거나 선량한 풍속을 해할 염려가 있을 때에는 법원의 결정으로 재판을 공개하지 아니할 수 있다(제109조 단서).

형사절차상 형사피고인 및 형사피의자의 인권보장, 가령 명예와 신체의 자유보장을 위해 형사피고인 및 형사피의자는 유죄의 판결이 확정될 때까지 무죄로 추정된다(제27조 4항). 형사피해자는 법률이 정하는 바에 따라 당해 사건의 재판절차에서 진술할 수 있다(동조 5항).

11) 대법원 1975. 4. 8. 선고 74다3323 판결.

3. 형사보상청구권

사례연구

[단심재판]

형사보상금에 대한 보상결정에 대하여 불복할 수 없도록 하여 형사보상을 단심재판으로 규정한 형사보상법 조항은 형사보상청구권 및 재판청구권을 침해하는가?

보상액의 산정에 기초되는 사실인정이나 보상액에 관한 판단에서 오류나 불합리성이 발견되는 경우에도 그 시정을 구하는 불복신청을 할 수 없도록 하는 것은 형사보상청구권 및 그 실현을 위한 기본권으로서의 재판청구권의 본질적 내용을 침해하는 것이다.

불복을 허용한다고 하여 상급심에 과도한 부담을 줄 가능성은 별로 없다고 할 것이어서, 불복금지조항은 형사보상청구권 및 재판청구권을 침해한다(헌법재판소 2010. 10. 28. 선고 2008헌마514,2010헌마220(병합) 전원재판부).

형사보상청구권이란 **형사피의자** 또는 **형사피고인**으로 구금되었다가 법률이 정하는 **불기소처분**을 받거나 또는 **무죄판결**을 받은 경우에 그 **정신적·물질적 손실**을 보상해 주도록 국가에 대하여 청구할 수 있는 권리를 말한다(제28조).

형상보상청구권의 발생요건은 형사피의자 또는 형사피고인으로서 구금되었어야 한다, 다만 **기소유예**[12]나 **기소정치처분**을 받은 자는 예외다. 불기소처분 또는 무죄판결이 확정되어야 한다. 면소나 공소기각의 재판을 받은 자는 무죄판결을 받을 만한 현저한 사유가 있을 때에 한하여 청구할 수 있다(형사보상법 제25조).

12) 기소유예란 저지른 죄는 인정되지만 피의자(경찰이나 검사 등의 수사기관으로부터 범죄의 의심을 받아 수사를 받는 자)의 연령이나 환경, 성행(성질과 품행), 피해자와의 관계, 범행의 동기나 수단, 범행 후의 정황 등을 참고하여 기소(검사가 특정한 형사사건에 대하여 법원의 심판을 구하는 행위)를 하여 전과자를 만드는 것보다는 다시 한번 성실한 삶의 기회를 주기 위해 검사가 기소를 하지 않고 용서해주는 것을 의미한다.

4. 국가배상청구권

사례연구

[국가배상청구권]

헌병대 영창에서 탈주한 군인들이 민가에 침입하여 저지른 범죄행위에 대하여 국가가 손해배상책임을 지는가?

군행형법과 군행형법시행령이 군교도소나 미결수용실에 대한 경계 감호를 위하여 관련 공무원에게 각종 직무상의 의무를 부과하고 있는 것은 일차적으로는 그 수용자들을 격리보호하고 교정교화함으로써 공공 일반의 이익을 도모하고 교도소 등의 내부 질서를 유지하기 위한 것이라 할 것이지만, 부수적으로는 그 수용자들이 탈주한 경우에 그 도주과정에서 일어날 수 있는 2차적 범죄행위로부터 일반 국민의 인명과 재화를 보호하고자 하는 목적도 있다고 할 것이므로, 공무원들이 직무상의 의무를 위반한 결과 수용자들이 탈주함으로써 일반 국민에게 손해를 입히는 사건이 발생하였다면, 국가는 이로 인하여 피해자들이 입은 손해를 배상할 책임이 있다(대법원 2003. 2. 14. 선고 2002다62678 판결).

국가배상청구권이란 공무원의 직무상의 불법행위로 손해를 받은 국민이 국가 또는 지방자치단체에 대하여 손해의 배상을 청구할 수 있는 권리를 말한다(헌법 제29조).

5. 범죄피해자 구조청구권

범죄피해자 구조청구권이란 타인의 불법행위로 인하여 생명·신체의 피해를 입은 경우에는 국가에 대하여 경제적 구조를 청구할 수 있는 권리를 말한다(제30조). 타인의 범죄행위로 인한 사망, 중상의 경우에 가해자의 불명, 무자력인 경우에 범죄피해구조의 실질화를 위해 마련된 제도다. 이를 구체화시키는 범죄피해자구조법이 있다.

범죄피해자구조법은 생명·신체에 대한 행위로 사망한 자의 유족이나 중상해를 당한 자를 구조하는 것으로 적용범위, 범죄피해구조심의회, 보상금의 지급과 그 예외, 환수 등이 규정되어 있다.

Ⅴ. 참정권

1. 선거권

사례연구

[재외국민 공직 선거권 제한]

공직선거법상 재외국민의 공직 선거권을 제한하는 것이 재외국민의 선거권을 침해하고 있는가?

단지 주민등록이 되어 있는지 여부에 따라 선거인명부에 오를 자격을 결정하여 그에 따라 선거권 행사 여부가 결정되도록 함으로써 엄연히 대한민국의 국민임에도 불구하고 주민등록법상 주민등록을 할 수 없는 재외국민의 선거권 행사를 전면적으로 부정하고 있는 공직선거법 제37조 제1항은 어떠한 정당한 목적도 찾기 어려우므로 헌법 제37조 제2항에 위반하여 재외국민의 선거권과 평등권을 침해하고 보통선거 원칙에도 위반된다(헌법재판소 2007. 6. 28. 선고 2004헌마644,2005헌마360 전원재판부). 현재는 공직선거법을 개정하여 재외국민도 대통령선거나 국회의원 선거에 참정권을 행사할 수 있다.

선거권은 국민이 공무원을 선거하는 권리를 말한다. 모든 국민은 법률이 정하는 바에 의하여 선거권을 가진다(헌법 제24조). 만 19세부터 선거권이 있다(공직선거법 제15조). 대통령선거권, 국회의원 선거권, 지방의회의원 및 단체장 선거권 등이 있다. 공무원선거권이 국민의 참정권 중에서 가장 중요하다.

2. 공무담임권

사례연구

[공무담임권]

국가유공자와 그 유족 등 취업보호 대상자가 국가기관이 실시하는 채용시험에 응시하는 경우에 10%의 가점을 주도록 한 경우, 공무담임권을 침해하는가?

헌법의 기본원리나 특정조항에 비추어 능력주의 원칙에 대한 예외를 인정할 수 있는 경우가 있고, 이러한 헌법적 요청이 있는 경우에는 합리적 범위 안에서 능력주의가 제한될 수 있다.

가산점제도에 의한 공직 취임권의 제한은 헌법적 근거를 두고 있는 능력주의의 예외로서, 비례의 원칙 내지 과잉금지의 원칙에 위반된 것으로도 볼 수 없으므로, 가산점제도는 청구인의 공무담임권을 침해하지 아니한다(헌법재판소 2001. 2. 22. 선고 2000헌마25 전원재판부).

공무담임권은 입법부, 사법부, 행정부와 기타 일체의 직무를 담당할 수 있는 권리를 말한다. 모든 국민은 법률이 정하는 바에 의하여 공무담임권을 가진다(제25조). 2000년도 서울특별시 공립중등학교교사 임용후보자 선정경쟁시험 시행계획 공고상의 사범계대학 졸업자에 대한 가산점 규정에 대하여 헌법소원심판을 청구하였으나 그 시험에 응시하지 아니하였다면 가산점 규정에 대하여 자기관련성을 인정할 수 없으므로, 가산점 규정에 대한 심판청구는 부적법하다.[13]

3. 국민투표권

국민투표권은 국민이 국가의사의 형성 내지 결정에 직접 참여하는 권리를 말한다. 국민투표제도는 **직접민주주의** 한 형태로 **간접민주주의**를 보완하기 위한 것이다. 헌법에서는 일반적인 법안에 대한 **국민발안제**[14]나 국민투표제를 인정하지 아니하고 대통령이 회부한 안건과 헌법개정에 대한 국민투표만을 인정하고 있다. 직접참정권에는 이 밖에도 **국민소환제도**[15]와 일반적 신임투표제도가 있으나 이는 인정되지 않는다.

13) 헌법재판소 2001. 8. 30. 선고 2000헌마259 전원재판부.

14) 직접민주주의의 한 형태로서, 정수의 선거권자들이 연대 서명을 통해 중요 법률이나 조례의 제·개정안이나, 헌법 개정안, 헌장 수정안 등을 행정부나 입법부에 요구할 수 있는 제도를 말한다. 적용 범위에 따라 국민발안제와 주민발안제로 부르기도 한다.

15) 국민소환제(Recall)는 선거를 통해 선출된 대표를 선거권자들이 투표로 파직할 수 있도록 하는 제도를 말한다. 지방정부의 대표에 적용하는 경우 주민소환제라고 부른다.

제 4 장

권리의 행사와 그 제한

제 4 장 권리의 행사와 그 제한

Ⅰ. 권리주체의 권리행사

1. 일반적 권리

권리란 일정한 이익의 향수를 가능하게 하는 법상의 힘이다. 권리는 법에 의하여 주어진 힘으로서 법이 사람의 이익 보호의 수단으로 법의 존재를 전제로 하는 것이다. 특정인에게 법상의 힘을 인정하는 것은 타인을 구속하고 타인에 대하여 특정의 작위·부작위를 강제하는 것을 전제로 한다. 권리의 내용은 이익이다. 법에 의하여 보호되는 이익, 즉 일반적으로 '법익'이라 한다. 법익은 재산적 이익과 비재산적 이익(생명·신체·자유·명예 등)도 포함된다. 이러한 권리와 구별되는 것은 권한·권능·권력·반사적 이익 등이 있다.

부작위는 '어떤 행위를 해야 할 의무가 있는 사람이 이를 하지 않는 것'을 의미한다. 일부 법령에서는 '어떤 행위를 해야 할 의무'를 **작위의무**라고 부르는데, 이런 의무를 가진 사람이 이를 행하지 않으면 위법이 된다. 반대로 어떤 행위를 하지 않아야 할 의무, 즉 부작위의무를 지는 자가 해당 행위를 하는 경우도 위법하다.

형법에서 부작위범은 위험의 발생을 방지할 의무가 있거나 자기의 행위로 인하여 위험발생의 원인을 야기한 자가 그 위험발생을 방지하지 아니한 때에는 그 발생된 결과에 의하여 처벌한다(형법 제18조). **행정소송법**에서 부작위라 함은 행정청이 당사자의 신청에 대하여 상당한 기간 내에 일정한 처분을 하여야 할 법률상 의무가 있음에도 불구하고 이를 하지 아니하는 것을 말한다(행정소송법 제2조 1항 2호).

권한은 타인을 위하여 일정한 사람에 대하여 일정한 법률효과를 발생케 하는 행위를 향수할 수 있는 법률상의 자격을 말한다. 가령, 대리인의 대리권,

법인의 대표권, 국가의 기관의 권한 등이다. **권능**은 권리 속에 포함되어 있는 하나하나의 작용을 말한다. 가령, 소유권은 사용·수익·처분 권능으로 구성되어 있고, 때로는 사용권·수익권·처분권이라 쓰기도 한다. **권력**은 일정한 개인이나 집단이 공익을 달성하기 위하여 다른 사람들을 강제 내지 지배할 수 있는 법에 의한 힘을 말한다. 가령, 국가권력 등이다. **반사적 이익**이란 일정한 사회적 공동이익을 보호하기 위한 법의 규정으로 인하여 저절로 개인이 누리게 되는 이익을 말한다. 가령, 시민들에게 자유롭게 출입할 수 있도록 한 공원의 출입은 출입할 수 있는 권리가 있어서가 아니라 반사적 이익에 의하여 출입할 수 있는 것이다.

권리행사란 권리의 내용을 구체적으로 실현하는 것을 말한다. 권리의 행사방법은 권리의 내용에 따라 달라진다. 가령, **소유권**은 지배권의 일종이므로 목적물을 직접 사용·수익·처분함으로써 행사되고, **청구권**은 상대방에 대하여 일정한 행위를 요구함으로써 행사된다. 또한 취소권과 같은 **형성권**의 행사는 권리자가 일방적 의사표시를 함으로써, **항변권**의 행사는 이행청구를 거절함으로써 이루어진다.

2. 재산상 권리

재산권이란 재산적 가치를 목적으로 하는 사권으로 물권·채권·지적재산권 등이 있다. **물권**은 특정의 물건을 직접 지배하는 배타적 권리이다. 물권에는 점유권·소유권·지상권·전세권·지역권·유치권·질권·저당권 등이 있다. **채권**은 채권자가 채무자의 일정한 행위를 청구할 수 있는 권리이다. 물권과 채권의 근본적인 차이는 전자는 **물권법정주의**(제185조)에 따라 물권은 법률 또는 관습법에 의하고 임의로 창설되지 못하나, 채권은 **채권자평등주의**에 따라 채권은 **사적 자치의 원칙**(계약자유의 원칙)이 지배하게 된다. 채무자가 채무를 이행하지 아니하는 때에는 채권자는 강제이행을 구하거나 손해배상을 청구할 수 있다.

채권은 계약(증여·매매·교환·소비대차·사용대차·임대차·고용·도급·여행계약·현상광고·위임·임치·조합·종신정기금·화해)이나 사무관리, 부당이익, 불법행위에 의하여 발생한다. **지적재산권**은 유체물에 대한 것이 아니나 비유체적인 지배권이다. 가령, 저작권·특허권·실용신안권·의장권·상표권 등이다.

친족권이란 부모와 자·부와 처·세대주와 가족 등과 같이 신분상 특정의 지위에 있는 자가 가지는 권리이다. 부모의 친권·부의 부권 등이 있다. 부양청구권·재산관리권 등과 같이 재산적인 것도 있다. 친족권은 의무적인 색체가 강하여 그 부당한 행사는 **권리남용**(친권남용에 의한 친권 박탈을 들 수 있다)이 될 수 있다. **상속권**이란 사람이 사망한 경우에 그 사자(피상속인)에 속하였던 모든 재산상의 권리의무를 포괄적으로 승계하는 것을 말한다. 민법상 상속에는 재산상속만을 의미한다. **인격권**이란 권리자의 인격에서 분리할 수 없는 이익을 말한다. 가령, 신체·자유·명예·생명·정조·신용·성명·초상 등을 목적으로 하는 권리이다.

지배권이란 권리의 객체를 직접적으로 지배하는 권리이다. 물권·지적재산권 등이다. 이를 침해하는 경우에는 손해배상청구권과 방해제거청구권이 생긴다. **청구권**이란 타인의 작위·부작위를 요구하는 권리이다. 채권이 주이나 물권적 청구권·혼인 외의 출생자의 인지청구권·부부 동거청구권 등이 있다. **형성권**이란 권리자의 일방적 의사표시에 의하여 법률관계의 변동(발생·변경·소멸)을 발생케 하는 권리이다. 이는 취소권·추인권·해제권·해지권 등이 있다. 또한 채권자취소권·이혼청구권·인지청구권·혼인취소권 등에는 권리자의 일방적인 의사표시 외에 법원의 판결이 있어야 법률관계가 변동된다.

인지(認知)는 민법에서 생부 또는 생모가 자를 자신의 친생자로 인정하는 것을 말한다. 혼인 외의 출생자와 그 부의 부자관계는 오로지 인지에 의해서만 생기는 반면, 모와의 친자관계는 출생에 의해 당연히 생긴다. 스스로 인지하는 경우와 재판으로 인지하는 경우가 있으며, 재판으로 하는 경우는 친자검사가 유용하게 쓰인다.

임의인지는 부나 모가 자신의 의사로 하는 인지를 말하며 부 또는 모만이 할 수 있다. 또한 사망자나 태아에 대해서도 인지할 수 있으며, 유언으로도 인지할 수 있다. 인지가 법률적 효과를 얻기 위해서는 가족관계의 등록 등에 관한 법률에 따라 신고를 하여야 한다. 인지의 신고가 되었더라도, 인지의 의사가 없거나 생리적인 친생자 관계가 없을 때에는 인지는 당연히 무효이며, 사기 또는 강박에 의해 인지한 때에는 사기를 안 날 또는 강박을 면한 날로부터 6개월 이내에 인지의 취소를 청구할 수 있다. 자나 그 밖의 이해관계인도 인지에 관해 이의가 있으면 그 신고가 있음을 안 날로부터 1년 이내에 이의 심판을 청구할 수 있다.

강제인지는 부나 모의 의사와 관계없이 재판에 의해 강제로 하는 인지를 말한다. 부가 임의인지를 하지 않는 때에는 자는 부의 의사와는 관계없이 재판에 의해 인지를 강제할 수 있다. 혼인 외의 출생자와 그 직계비속 또는 그 법정대리인이 부 또는 모를 상대로 청구하면 되며(제863조), 만약 부 또는 모가 사망했다면 그 사망을 안 날로부터 2년 이내에 검사를 상대로 인지를 청구할 수 있다. 인지를 신고하면 부 또는 모와 혼인 외의 출생자 사이에는 친자관계가 발생하고, 그 효과는 출생한 때로 소급한다(제860조 전단). 따라서 상속이 개시된 후에 인지를 받은 자는 상속인으로서 상속 재산의 분할을 청구할 수 있다(제1014조). 다만 소급된 인지의 효과는 제3자의 권리를 해하지 못한다(제860조 후단).

채권자취소권(사해행위취소권)이란 채무자가 채권자를 해함을 알면서 자기의 일반재신을 감소시키는 행위를 한 경우에 채권자가 소송으로 그 법률행위를 취소하고 재산을 원상으로 회복하는 권리를 말한다.[1] 이처럼 채권자취소권은 형성권(사해행위취소)과 청구권(일탈 재산의 원상회복)이 결합된 것이다. 원상회복청구를 하기 위하여는 반드시 먼저 사해행위를 취소하여야 한다.[2]

항변권이란 상대방의 청구 존재를 인정하나 청구의 목적인 이행(급부)을 거절할 수 있는 권리이다. 가령, 민법 제563조 **동시이행항변권**(쌍무계약에서 당사자 일방이 동시이행에 있는 상대방의 채무이행이 없음을 이유로 자신의 채무이행을 거절할 수 있는 권능)[3]·민법 제437조 **최고의 항변권**(채권자가 보증인에게 채무이행을 요구할 때, 주채무자에게서 채무이행을 하도록 요구할 수 있는 권리)[4]·**검색의**

1) 대법원 2005. 8. 25. 선고 2005다14595 판결.

2) 대법원 1962. 2. 28. 선고 4294민상722판결.

3) 가령, 주택을 매수하고 대금을 지급하기로 계약한 경우에 매수인과 매도인 사이에 특별한 약정이 없다면 매도인의 주택양도와 매수인의 대금 지급은 동시에 해야 한다. 만약 매도인이 이전등기에 필요한 서류제공 등에 협조하지 않으면, 매수인은 그 서류를 제공받을 때까지 잔금지급을 거절할 수 있다.

항변권(채권자가 보증인에게 채무의 이행을 요구한 경우에 보증인은 주채무자에게 돈을 갚을 능력이 있기 때문에 먼저 주채무자에게 청구권을 집행하라고 요구하며 채권자의 청구권을 거절할 수 있는 권리) 등이 있다.

II. 권리능력 · 의사능력 · 행위능력

1. 권리능력

사례연구

[태아의 권리능력]

甲의 처 乙은 임신 8개월이다. 그런데 불행하게도 甲이 교통사고로 사망하였다. 甲의 子인 태아도 가해자에게 손해배상을 청구할 수 있는가? 그리고 甲의 유산에 대한 상속을 받을 수 있는가?

乙녀가 임신한 태아는 아직 출산하지 않았더라도 가해자에게 손해배상을 청구할 수 있다(민법 제762조). 甲의 유산에 대하여 상속을 받을 수 있다(제1000조). 그러나 그 시기가 언제이냐에 대하여 학설의 대립이 있다. 판례의 정지조건설[5]에 따라 태아가 살아서 출생한 때에 사건 발생일로 소급하여 손해배상청구가 가능하고 상속도 받을 수 있다(대법원 1976. 9. 14. 선고 76다1365 판결).

사람은 생존하는 동안에만 권리와 의무의 주체가 된다(민법 제3조). **권리능력**이란 권리와 의무의 주체가 될 수 있는 법적 지위 혹은 자격을 말한다. 권리능력은 생존하는 동안 가질 수 있으므로 출생에 의하여 취득하고 사망으로 인하여 상실한다. 언제 출생한 것으로 보느냐에 관하여는 논쟁이 있으나, 민

4) 가령, A가 B의 채무보증을 섰는데 B에게 돈을 빌려준 C은행은 A에게 채무이행을 요구하자 A는 최고검색의 항변권 사용할 수 있다. 먼저 B에게 채무이행을 요구할 수 있게 된다.

5) 정지조건설이란 태아인 동안에는 권리능력을 취득하지 못하고, 살아서 출생한 경우에 문제된 사건의 시기로 소급하여 출생한 것으로 본다. 이 설에 따르면 태아인 동안에는 법정대리인이 있을 수 없고, 상속이 개시되면 후에 상속회복을 청구할 수 있을 뿐이다. 상대방이나 제3자 보호에 중점을 두는 것으로 판례와 소수설이다.

이와 달리 해제조건설은 태아인 동안에는 권리능력을 취득하고, 사산(사망)한 경우에 문제된 사건의 시기로 소급하여 권리능력을 잃는다는 견해로 태아의 보호에 중점을 두는 제도로 다수설적 견해이다.

법은 **태아**가 모체로부터 전부 노출된 때에 출생한 것으로 본다(전부노출설). 그러나 형법은 분만 직전에 태아를 살해하는 것을 방지하기 위하여 분만이 개시된 때로부터 사람으로 취급한다. 태아가 출생하지 못하고 사망한 경우에는 권리능력을 취득하지 못한다. 그러나 태아가 모체로부터 완전히 노출된 후 곧바로 사망한 경우에도 권리능력을 취득한다. 이 경우에도 피상속인으로 하는 상속관계가 발생한다.

권리능력의 소멸하는 시기는 호흡과 심장의 고동이 영구적으로 정지한 때라고 한다(맥박종지설). 그렇지만 사체를 확인할 수 없어서 사망한 것을 증명할 수 없는 경우에는 법적으로 사망한 것으로 처리함으로써 그 사람의 재산관계와 가족관계가 정리될 수 있도록 한다. 법적으로 사망한 것으로 처리하는 제도는 **실종선고**와 **인정사망**이 있다.

인정사망이란 가족관계의 등록 등에 관한 법률에 따라 수해, 화재나 그 밖의 재난으로 사망한 사람이 있는 경우 이를 조사한 관공서는 지체없이 사망지의 시·읍·면의 장에게 통보해야 한다(법 제87조), 이 보고에 따라 등록부에 사망의 기재를 하게 된다(제16조). 관공서의 보고에 따라 시체의 확인도 없이 사망한 것으로 다루어진다. '수해, 화재나 그 밖의 재난'이라 함은 사망의 증명은 없으나 사망의 확률이 대단히 높고 생존을 예측할 수 없는 사고를 말하며, 수해·화재를 비롯하여 전쟁·해난·탄광폭발·홍수·사태 등을 가리킨다.

실종선고란 부재자의 생사불명의 상태가 일정기간 계속되어 사망했을 것이라는 추측이 강한 경우 이해관계인(상속인·배우자·채권자·법정대리인·재산관리인 등)이나 검사의 청구에 의하여 가정법원이 행하는 선고이다(제27조). 부재자의 생사불명의 기간이 보통실종의 경우에는 5년, 전쟁실종·선박실종·항공기실종·위난실종 등 특별실종에 대해서는 1년을 경과해야 선고할 수 있다(제27조). 이 기간의 기산점은 보통실종의 경우에는 최후의 소식이 있었을 때, 특별실종의 경우에는 전쟁이 끝난 날·선박이 침몰했을 때·항공기가 추락했을 때, 그 밖의 경우에는 위난이 사라진 때이다. 실종선고가 있으면 실종자는 실종기간이 만료한 때에 사망한 것으로 본다(제28조). 따라서 비록 살아 있다고 하는 반증이 있더라도 선고가 취소되지 않는 이상에는 사망한 것으로 취급된다. 사망한 것이라고 인정되는 결과, 그자와 혼인하고 있는 자는 미망인이나 홀아비가 되어 재혼할 수 있게 되며 상속이 개시되고 실종자의 생명보험금도 지급된다.

선고 후 실종자가 살아 있거나 실종기간 만료시와 다른 때에 사망한 것이 증명되었을 때에는 본인이나 이해관계인 또는 검사의 청구에 의하여 법원은 선고를 취소하여야 한다(가사소송법 제2조 1항·가사소송규칙 제53조~제59조·민법 제29조 1항). 취소가 있으면 법률관계는 소급적으로 무효가 된다. 재혼은 중혼으로 되어 취소되며 상속은 무효가 되고, 보험금은 반환하여야 한다. 다만 행위의 당사자가 선의(선고가 사실에 반하는 것을 알지 못한 것)로 행한 행위, 가령, 재혼이라든가 실종자의 재산의 매각 등은 모두 그 효력에 영향이 없으며(제29조 1항 단), 또 선고로 인하여 재산을 얻은 자, 가령 상속인이나 보험금을 취득한 자 등은 그 재산이 감소했더라도 현재에 잔존하는 한도에서 반환하면 된다(제29조 2항). 악의인 때에는 그 받은 이익에 이자를 붙여서 반환하고, 손해가 있으면 이를 배상하여야 한다(제29조 2항).

2. 의사능력

사례연구

[심신장애자의 범행]

심신장애자의 범행은 처벌할 수 있는가?

자신의 충동을 억제하지 못하여 범죄를 저지르게 되는 현상은 정상인에게서도 얼마든지 찾아볼 수 있는 일로서, 특단의 사정이 없는 한 성격적 결함을 가진 자에 대하여 자신의 충동을 억제하고 법을 준수하도록 요구하는 것이 기대할 수 없는 행위를 요구하는 것이라고는 할 수 없으므로, 원칙적으로 충동조절장애[6]와 같은 성격적 결함은 형의 감면사유인 심신장애에 해당하지 아니한다. 그 이상으로 사물을 변별할 수 있는 능력에 장애를 가져오는 원래의 의미의 정신병이 도벽의 원인이라거나 혹은 도벽의 원인이 충동조절장애와 같은 성격적 결함이라 할지라도 그것이 매우 심각하여 원래의 의미의 정신병을 가진 사람과 동등하다고 평가할 수 있는 경우에는 그로 인한 절도 범행은 심신장애로 인한 범행으로 보아야 한다(대법원 1999. 4. 27. 선고 99도693, 99감도17 판결).

6) 충동조절장애(Impulse control disorder, ICD)는 병적으로 도박에 몰두하는 것과 같이 본능

의사능력이란 자신의 행위의 의미나 결과를 정상적인 인식력과 예기력을 바탕으로 합리적으로 판단할 수 있는 **정신적 판단능력** 내지는 지능을 말하는 것으로서, 의사능력의 유무는 구체적인 법률행위와 관련하여 개별적으로 판단되어야 한다.7)

의사능력은 자신의 행위의 의미를 이해하고 그에 따라 자신의 의사를 결정할 수 있는 정신적 능력을 말한다. 사리를 판별할 수 없는 정신병자나 어린아이와 같이 의사능력이 없는 자가 한 법률행위는 무효가 된다. 의사능력의 경우에는 인정기준이 정해진 것이 없다. 각각의 법률행위를 함에 있어서 의사능력이 있었는지 여부를 판단하여 그 법률행위가 유효인지 아니면 무효인지를 결정하게 된다. 가령, 9세인 어린아이가 망부로부터 상속받은 골동품을 엿장수에게 판 경우, 9세인 아이는 골동품의 가치를 판단할 능력이 없으므로 무효인 법률행위가 된다.

계약일 당시 지능지수는 70정도이고, 사회연령은 6세 정도에 불과하며, 읽기, 쓰기, 계산 능력을 제대로 갖추지 못한 상태였다고 볼 여지가 있는 경우에, 계약 당시 5,000만원이라는 금액을 대출받고 이에 대하여 자기 소유의 부동산을 담보로 제공함으로써 만약 대출금을 변제하지 못할 때에는 근저당권의 실행으로 인하여 그 소유권을 상실할 수 있다는 법률적인 의미와 효과를 이해할 수 있는 의사능력을 갖추고 있었다고는 볼 수 없는 의사능력을 흠결한 상태에서 체결된 것으로서 무효라고 보아야 한다.8)

심신장애로 인하여 사물을 변식할 능력이 없거나 의사를 결정할 능력이 없는 자의 행위는 벌하지 않으며, 심신장애로 인하여 사물을 변식할 능력이나 의사를 결정할 능력이 미약한 자는 형을 감경한다(형법 제10조). 다만 위험의 발생을 예견하고 자의로 심신장애를 야기한 자의 행위(원인에 있어서 자유로운 행위)는 처벌한다.

원인에 있어서 자유로운 행위란 행위자가 고의 또는 과실로 스스로를 심

적 욕구가 지나치게 강하거나 자기방어 기능이 약해져서 스스로 충동을 조절하지 못하는 정신 장애이다. 다른 말로는 충동조절장애 증후군이라고 부른다.

7) 대법원 2002. 10. 11. 선고 2001다10113 판결.

8) 대법원 2002. 10. 11. 선고 2001다10113 판결.

신상실이나 미약의 상태에 빠지게 한 후 범죄를 실행하는 것을 말한다. 이 경우 행위자는 책임이 감경 또는 조각되지 않아야 한다. 형법의 기본 정신은 행위와 책임이 동시에 존재(즉, 범죄시에 정신이 멀쩡할 것)해야만 형벌을 내릴 수 있기에 기본적인 이론만으로는 원인에 있어서 자유로운 행위를 처벌할 수 없게 된다. 따라서 이러한 모순을 제거하기 위해 원인에 있어서 자유로운 행위의 처벌 근거를 찾게 된다.

원인에 있어서 자유로운 행위를 예를 드는 판례는 조형기의 음주운전 및 뺑소니 사건(통칭 킬러조 사건)이다. 이 사건이 대법원이 이와 관련하여 입장을 천명한 최초의 판례이기 때문이다. 2심에서 조형기는 일명 뺑소니로 기소되었고 법원에서 이에 원인에 있어서 자유로운 행위 이론을 적용하여 심신미약을 인정하지 않음으로써 징역 5년을 선고받은 상태였다. 하지만 조형기 측은 대법원에서 유형론(술에 취하면 상대에게 심하게 상해를 가하는 버릇이 있음을 알고 있음에도 불구하고 술을 진탕 마셔서 만취하였고, 만취하여서 상대방에게 상해를 가했다)을 주장하면서 자신의 행위는 과실에 의한 원인에 있어서의 자유로운 행위이므로 과실책임을 져야 한다고 주장했다. 뺑소니 범죄에는 과실범을 처벌하는 규정이 없기 때문에. 과실범이 인정될 경우 형이 매우 낮은 업무상과실치사를 적용받을 수 있는 상황이었다.

결론적으로 조형기는 고의범으로 인정받았다. 대법원은 형법 제10조 3항이 적용되어 심신미약 상태였다고 해도 고의범인 뺑소니로 처벌될 수 있다고 보았다. 다만, 법리와는 무관하게 해당 법률이 얼마 전 헌법재판소에서 위헌결정을 받았기 때문에 업무상 과실치사죄로 처벌되었다. 업무상 과실치사밖에 처벌할 법률이 없어져서 그렇게 된 것이지 과실범이라는 주장이 받아들여진 것이 아니다.

의사능력은 자신의 행위의 의미나 결과를 정상적인 인식력과 예기력을 바탕으로 합리적으로 판단할 수 있는 정신적 능력 내지는 지능을 말하는 것으로서, 의사능력의 유무는 구체적인 법률행위와 관련하여 개별적으로 판단되어야 할 것이다.[9)]

어떤 법률행위가 그 일상적인 의미만을 이해하여서는 알기 어려운 특별

9) 대법원 2002. 10. 11. 선고 2001다10113 판결.

한 법률적인 의미나 효과가 부여되어 있는 경우 의사능력이 인정되기 위하여는 그 행위의 일상적인 의미뿐만 아니라 법률적인 의미나 효과에 대하여도 이해할 수 있을 것을 요한다.10)

3. 행위능력

행위능력이란 단독으로 확정적인 유효한 법률행위를 할 수 있는 능력을 말한다. 스스로 법률행위를 할 수 없는 자를 제한능력자(구 무능력자)라고 하며 민법은 미성년자, 피한정후견인(구 한정치산자), 피성년후견인(구 금치산자)를 무능력자로 규정하고 있다. 미성년자와 한정치산자는 법정대리인의 동의가 있으면 법률행위를 스스로 할 수 있으나 금치산자는 혼자서 법률행위를 할 수 없다.

협의의 제한능력자는 법률행위를 스스로 완전하게 할 수 없는 사람이다. 민법에서 규정된 제한능력자는 미성년자, 피한정후견인(구 한정치산자), 피성년후견인(구 금치산자) 그리고 피특정후견인이 있다. 의사능력이 없는 사람이 한 법률행위는 그 사람을 보호하고자 당연히 무효이지만 각 구체까지 포함한 실제 본보기에서 당사자가 상대방의 의사능력 유무를 판단하기가 어렵고 본인으로서도 행위 당시 의사능력이 없었다는 사실을 증명하기 곤란한 때가 잦을 뿐만 아니라 이것이 증명되면 의사능력이 있다고 생각해 거래한 상대방이 뜻하지 않은 손해를 입게 되므로 민법은 연령과 정신 장애 정도를 기준으로 해 의사능력 유무를 획일로 묻지 않고 범위를 정해 이 사람들이 법정대리인에게 동의를 얻지 않고서 단독으로 한 일정한 행위는 후에 취소 가능하다고 규정하며 이 사람들의 재산을 보호하고자 법정대리인으로 하여금 재산관리를 위시해 기타 대리행위를 하게 하는 방법을 취한다(제920조·제949조).

의사능력이 없는 자가 한 행위에 법률적 효력을 부여하지 않는다는 것은 의사무능력자를 보호하는 것이 된다. 자기가 어느 행위를 한 시점에서 의사무능력 상태였음을 증명하는 것은 실제로는 곤란하다. 또 그자가 의사능력을 가지고 있는 경우에도 복잡한 거래행위를 하기에는 반드시 충분한 정신적 능력

---

10) 대법원 2009. 1. 15. 선고 2008다58367 판결; 대법원 2006. 9. 22. 선고 2006다29358 판결.

을 가지고 있다고 말할 수 없는 경우도 있다. 가령, 어린 아기가 과자를 사는 데는 충분한 의사능력을 가지고 있어도 부동산매매 기타 경제활동을 하는 데에 필요한 정신적 능력을 가지고 있는 것은 아니다.

Ⅲ. 미성년자

사례연구

[미성년자의 행위]

미성년자인 甲은 지나친 스마트폰 사용으로 100만원의 요금이 나오자 이를 내기 위해 그의 아버지 소유의 200만원 상당의 카메라를 들고 중고 카메라상인 乙에게 팔려고 하였다. 이때 乙은 "당신은 미성년자가 아닙니까?"라고 묻자 "아닙니다"라고 대답하였다. 이에 乙은 甲의 말을 믿고 그 카메라를 150만원에 매수하였다.

甲은 카메라 매매대금 중 100만원은 스마트폰 요금으로 내고 30만원은 유흥비로 사용하여 현재 20만원을 가지고 있다. 이 경우 甲측에서 매매계약을 취소하고 乙에 대하여 카메라의 반환을 청구할 수 있는가?

제한능력자인 미성년자의 법률행위는 원칙적으로 취소가 가능하다. 다만 미성년자가 속임수를 쓴 경우에는 그 취소권이 배제된다. 미성년자 甲이 미성년자냐고 물음에 아니라고 한 것이 속임수에 해당하는지에 대하여 따져봐야 한다. 적극적인 기망수단을 요한다는 판례에 따르면 甲의 행위는 속임수에 해당하지 않는다. 그러므로 甲과 그 법정대리인은 甲의 행위를 취소할 수 있다. 취소하는 이 경우에 甲은 乙에게 이익이 현존하는 한도에서 반환하면 족하다. 즉 스마트폰요금을 변제한 100만원과 소비하고 남은 20만원의 합계, 120만원을 반환하고 카메라를 찾아올 수 있다. 그러나 속임수는 소극적인 기망수단으로 족하다는 소수설의 견해에 의하면, 甲의 행위는 속임수에 해당하여 甲과 그의 법정대리인은 甲의 매매행위를 취소할 수 없게 된다.

사람은 만 19세로 성년이 된다(제4조). 성년에 달하지 않는 자를 미성년자라 한다. 연령은 출생일로부터 기산하여 역(달력)에 따라 계산한다. 기간의 기산점에 관한 민법 제157조의 규정은 초일불산입을 원칙으로 하지만, 연령계산은 초일을 산입한다(제158조). 가령, 2010. 10. 10.생은 2019. 10. 10에 만 19세가 된다.

혼인적령은 만 18세가 되면 혼인할 수가 있다(제807조). 미성년자가 혼인을 한 때에는 성년자로 본다(제826조의2). 이는 혼인생활의 독립성을 존중하고 외부로부터 간섭을 받는 것을 방지하며, 혼인 후에도 친권에 복종하게 되면 복잡한 법률관계가 생길 우려가 크므로 이를 회피하기 위한 이유 등에 의한 것이다.

혼인에 의한 **성년의제**는 통설에 따르면 법률혼에 한하고 사실혼에는 적용되지 않는다. 문제가 되는 것은 성년의제를 받은 자가 아직 미성년인 동안에 혼인의 취소나 이혼 등으로 혼인이 해소된 경우에 다시 미성년자가 되느냐이다. 이에 관해 거래안전·자녀의 친권문제 등을 고려하여 성년의제의 효과가 소멸하지 않는다고 보는 것이 통설의 입장이다. 그러나 혼인무효의 경우에는 성년의제의 효과가 소멸된다. 성년의제는 사법상의 효과에만 인정되므로 선거법·청소년보호법 등 공법에는 적용이 없다.

형사미성년자[11]는 만14세 미만이어서 범죄를 저지른 경우에도 책임이 조각되어, 그 어떠한 범법 행위를 저지른다고 하더라도 형법상 범죄가 성립하지 않는 자를 말한다. 형사미성년자인지의 여부는 '행위시'를 기준으로 판단한다. 다만, '소년법상 소년인지의 여부'는 사실심 판결시를 기준으로 판단한다. 단, 형사미성년자일지라도 만 10세 이상이라면 소년법상 촉법소년으로 보호처분을 받을 수 있으며, 다만 보호처분은 최대 처분은 2년 이하의 소년원 송치이고, 보안처분이기 때문에 전과는 남지 않는다. 실제 나이와 가족관계등록부상 나이가 다른 경우 여러 정황을 고려해 실제나이를 기준으로 형사미성년자 규정을 적용하여야 한다.

사례연구

[형사미성년자]

甲의 실제나이는 16세이나 부모가 출생신고를 늦게 하여 가족관계등록부에는 13세로 되어있다. 甲은 동급생 乙을 짝사랑하였고, 마침내 데이트 신청을 하였으나 乙이 이를 거절하자 강제로 납치하고 결혼까지 요구하였다. 이 경우에 甲은 처벌받는가?

형법은 14세 미만의 자를 형사미성년자라고 하여 책임능력이 없는 자로 보아 그의 범죄행위를 처벌하지 않는다(형법 제9조). 14세 미만이라 함은 13세 11개월 29일까지, 즉 만 14세

---

11) 형법 제9조(형사미성년자) 14세되지 아니한 자의 행위를 벌하지 아니한다.

생일 전까지를 말한다. 민법상의 성년은 만 19세이지만 형법에서는 19세 미만의 미성년자에 대해서 소년법에서 특별히 취급한다. 원칙적으로 형벌이 아닌 보호처분을 하며, 형벌을 과해지는 경우에도 정기형이 아니라 단기형과 장기형이 부과는 상대적 부정기형을 선고하여 교정과 교화를 시도한다. 다만 14세 미만인지의 여부는 등록부를 기준으로 하지 않고, 실제나이를 기준으로 한다. 따라서 실제나이가 16세인 甲은 감금죄로 처벌받는다.

IV. 성년후견제도

1. 제도의 의의

질병·장애·노령 등의 사유로 인해 정신적 제약을 가진 사람들이 존엄한 인격체로서 주체적으로 후견제도를 이용하고 자신의 삶을 영위해 나갈 수 있도록, 개정 민법은 금치산·한정치산제도를 폐지하고 성년후견제도를 도입하였다. 종래의 금치산·한정치산제도는 재산관리에 중점을 두었고, '본인의 의사와 잔존능력'에 대한 고려 없이 행위능력을 획일적으로 제한하였다. 반면, 2013년 7월 1일부터 시행된 성년후견제도는 '본인의 의사와 잔존능력의 존중'을 기본이념으로 하여 후견 범위를 개별적으로 정할 수 있도록 하였고, 재산 관련 분야뿐만 아니라 치료, 요양 등 신상에 관한 분야에도 폭넓은 도움을 줄 수 있다. 또한 현재 정신적 제약이 없는 사람이라도 미래를 대비하여 성년후견제도(임의후견)를 이용할 수 있다.

2. 성년후견제도의 종류

성년후견제도의 후견은 법정후견과 임의후견으로 나눌 수 있고, 법정후견에는 성년후견, 한정후견, 특정후견이 있다.

내 용	성년후견	한정후견	특정후견	임의후견
개시사유	정신적 제약으로 사무처리능력의 지속적 결여	정신적 제약으로 사무처리능력의 부족	정신적 제약으로 일시적 후원 또는 특정사무 후원의 필요	정신적 제약으로 사무처리능력의 부족
후견개시 청구권자	본인, 배우자, 4촌 이내의 친족, 미성년후견인, 미성년후견감독인, 한정후견인, 한정후견감독인, 특정후견인, 특정후견감독인, 검사 또는 지방자치단체의 장	본인, 배우자, 4촌 이내의 친족, 미성년후견인, 미성년후견감독인, 성년후견인, 성년후견감독인, 특정후견인, 특정후견감독인, 검사 또는 지방자치단체의 장	본인, 배우자, 4촌 이내의 친족, 미성년후견인, 미성년후견감독인, 검사 또는 지방자치단체의 장	본인, 배우자, 4촌 이내의 친족, 임의후견인, 검사 또는 지방자치단체의 장 (※ 임의후견 개시 요건인 임의후견감독인 선임 청구권자)
본인의 행위능력	원칙적 행위능력상실자	원칙적 행위능력자	행위능력자	행위능력자
후견인의 권한	원칙적으로 포괄적인 대리권, 취소권	법원이 정한 범위 내에서 대리권, 동의권, 취소권	법원이 정한 범위 내에서 대리권	각 계약에서 정한 바에 따름

3. 사 례

해외에 살고 있는 자녀, 고령으로 인한 정신적 제약으로 자신의 재산관리 및 신상 문제를 제대로 해결하기 어려운 아버지 등이 있다. 자녀는 아버지를 위하여 법원에 성년후견 등 법정후견 개시 청구를 함으로써, 성년후견인 등이 아버지를 후견할 수 있도록 할 수 있다. 아버지는 이러한 때에 대비하여 미리 신뢰할 만한 사람과 재산관리 및 신상보호에 관한 사무를 맡기는 내용의 계약을 공정증서로 체결하고 이를 등기함으로써, 정신적 제약이 발생한 때를 스스로 준비할 수 있는 것이 임의후견제도다.

4. 청구 방법

후견에 관한 사건은 피후견인(후견을 받는 사람) 주소지의 가정법원 및 가정법원지원이 관할한다. 가정법원이 설치되지 아니한 지역에서는 해당 지역의 지방법원 및 지방법원지원이 관할한다. 가사비송사건 청구를 위한 일반적인 비용(인지대, 송달료 등)과 감정비용 등이 든다. 법원은 절차에 드는 비용을 지출할 자금능력이 없거나 그 비용을 지출하면 생활에 현저한 지장이 있는 사람에 대해서 그 사람의 신청에 따라 또는 직권으로, 절차에 드는 비용 중 일부를 지원할 수 있다(가사소송법 제37조의2).

5. 재판 진행

성년후견, 한정후견의 개시 여부를 판단하기 위해서 법원은 본인의 정신상태에 관하여 의사의 감정을 받도록 하는 것을 원칙으로 한다. 특정후견, 임의후견의 경우에는 감정 대신 의사나 그 밖에 전문지식이 있는 사람의 의견을 듣는 것을 원칙으로 한다. 또한 법원은 본인의 상태를 확인하고 의사를 존중하기 위하여 당사자 본인을 심문하여 그 진술을 듣는 것을 원칙으로 한다. 이와 같은 절차를 거쳐 법원은 본인이 잔존능력을 최대한 활용할 수 있도록 후견 개시, 후견인 선임, 법정대리권의 범위 결정 등의 심판을 하게 된다. 그 외에도 후견인 변경, 후견 종료 등 다양한 심판사항이 법에 규정되어 있다.

6. 후견인

법원은 우선 본인의 의사를 존중하되, 본인의 건강, 생활관계, 재산상황 등 여러 사정을 고려하여 적합한 자를 후견인으로 선임하게 되는데, 가족·친척·친구 등은 물론 변호사·법무사·세무사·사회복지사 등의 전문가도 후견인으로 선임될 수 있고, 여러 명이 선임될 수도 있다.

7. 후견인의 역할

후견인은 선량한 관리자의 주의로써 피후견인의 복리를 위해 후견사무를 처리하여야 하고, 피후견인의 의사를 존중하여야 한다. 후견의 종류와 심판 내용에 따라 후견인의 구체적인 권한 및 사무가 다른데, 후견인의 주요 사무를 살펴보면 다음과 같다.

재산관리는 후견인은 피후견인의 재산을 관리하고 법률행위의 대리권·동의권 등을 행사할 수 있는데, 이는 후견의 종류에 따라 법원의 심판에서 구체적으로 정해진다. **신상보호**는 의료, 개호, 재활, 교육, 주거의 확보 등 신상에 관한 사항에 관하여는 피후견인이 단독으로 결정하는 것이 원칙이나, 피후견인이 스스로 결정하기 어려운 경우라면 후견인이 법원으로부터 권한을 부여받아 신상에 관한 결정을 할 수도 있다. **후견인에 대한 보수**는 피후견인의 재산에서 지급한다(제955조). 다만, 친족후견인처럼 보수를 지급받을 의사가 없는 경우에는 보수 지급에 대한 부담이 없게 된다.

8. 후견인에 대한 감독

후견감독인이 선임된 경우, 후견감독인은 언제든지 후견인에게 그의 임무수행에 관한 보고와 재산목록의 제출을 요구할 수 있고 피후견인의 재산상황을 조사할 수 있는데, 후견인의 임무수행에 문제가 있다고 판단한다면, 법원에 후견인 변경을 청구할 수도 있다. 법원은 직권으로 또는 청구권자의 청구에 의하여 피후견인의 재산상황을 조사하고, 후견인에게 재산관리 등 후견임무 수행에 관하여 필요한 처분을 명할 수 있다. 후견인은 법원의 후견사무 감독에 응하여야 하고, 이에 불응하거나 후견사무를 불성실하게 수행한 경우, 법원은 직권으로 후견인을 변경할 수도 있다.

9. 후견등기제도

후견등기제도는 성년후견, 한정후견, 특정후견 및 임의후견에 관한 사항을 등기의 방법으로 공시하는 제도이다. 각 후견등기사항에 관하여 등기사항증명서를 발급하고, 등기사항이 없으면 등기사항부존재증명서를 발급한다. 후견인 등이 피후견인을 대리하여 재산의 매매계약이나 간호서비스 제공계약을 체결할 경우 거래 상대방에게 자신의 대리권을 증명하기 위하여 등기사항증명서를 제시할 수 있다. 또한 거래 시점 현재 성년후견, 한정후견, 특정후견, 임의후견 등을 받고 있지 않다는 사실을 증명하기 위하여는 등기사항부존재증명서를 제시할 수 있다. 등기사항부존재증명서는 현재 효력이 있는 성년후견, 한정후견, 특정후견, 임의후견, 사전처분에 관한 후견등기사항이 부존재함을 나타내는 증명서이다. 피후견인, 배우자 및 4촌 이내의 친족과 후견인, 후견감독인 및 각 직에서 퇴임한 자, 그 밖에 법령상 규정된 사람이 발급받을 수 있다. 자신이 거래 상대방이라는 사유만으로는 발급받을 수 없다.

Ⅴ. 제한능력자

1. 피성년후견인

사례연구

[피성년후견인]

甲은 어렸을 때 받았던 심한 충격으로 인하여 자기가 행한 행동이나 결과를 판단할 수 없을 정도의 정신능력이 결여된 자이다. 이 경우에 법적으로 甲을 보호할 수 있는 방안은 없는 것인가?

피성년후견인은 2가지 요건을 갖추어야 한다. 첫째 실질적 요건으로, 피성년후견선고를 받으려는 자가 질병, 장애, 노령, 그 밖의 사유로 인한 정신적 제약으로 사무를 처리할 능력이 지속적으로 결여된 상태에 있어야 한다. 이는 가끔 정상의 정신상태로 돌아오는 경우가 있더라도 자기 행위의 성질을 판단할 능력이 없는 것을 말한다. 둘째 형식적 요건으로, 본인, 배우자, 4촌 이내 친족, 미성년후견인, 미성년후견감독인, 한정후견인, 한경후견감독인, 특정후견인, 특정후견감독인, 검사 또는 지방자치단체의 장이 가정법원에 성년후견개시의 심판을 청구하여야 한다(민법 제9조 1항). 따라서 甲에 대해서는 가정법원에 피성년후견선고를 받도록 보호해 주는 방법이 있다. 그리고 피성년후견인의 재산상의 법률행위는 법정대리인의 동의여부와 관계없이 언제나 취소할 수 있다. 또한 정신능력에 고도의 결함이 있기 때문에 요양 혹은 감호도 할 수 있다.

피성년후견인이란 질병·장애·노령 그 밖의 사유로 인한 정신적 제약으로 사무를 처리할 능력이 지속적으로 결여된 사람으로서 일정한 자의 청구에 의하여 가정법원으로부터 성년후견개시의 심판을 받은 자를 말한다(제9조). 성년후견개시의 심판절차는 가사소송법과 가사소송규칙의 규정에 따르며, 실질적·형식적 요건이 갖춰지면 가정법원은 반드시 성년후견개시의 심판을 하여야 하고, 지체없이 가족관계등록사무 및 후견등기사무처리 담당자로 하여금 가족관계등록부에 기록할 것과 후견등기부에 등기하여야 한다.

피성년후견인의 법률행위는 법정대리인(성년후견인)의 동의 유무에 관계없이 언제나 취소할 수 있다.[12] 다음의 경우에는 피성년후견인은 단독으로 유효한 법률행위를 할 수 있다. ① 가정법원이 취소할 수 없는 피성년후견인의 법률행위의 범위를 정한 경우이다. 가정법원은 일정한 자의 청구에 의하여 그 범위를 변경할 수도 있다. ② 일용품의 구입 등 일상생활에 필요하고 그 대가가 과도하지 아니한 법률행위는 성년후견인이 취소할 수 없다. ③ 피성년후견인의 신상에 관해서는 그의 상태가 허용되는 범위에서 피성년후견인이 단독으로 결정할 수 있다. 이는 피성년후견인의 복리·치료행위·주거의 자유 등에 관한 신상보호제도를 도입한 것으로서 피성년후견인의 신상에 관한 결정권은 자신에게 있다는 원칙을 반영한 것이다. 만 17세 이상의 자로서 의사능력이 회복된 경우, 유언은 단독으로 할 수 있을 뿐만 아니라 피성년후견인은 약혼·혼인·협의이혼·인지·입양·협의파양 등의 순수 신분행위는 성년후견인의 동의를 얻어 단독으로 유효하게 할 수 있다.

피성년후견인의 법정대리인에는 **성년후견인**이 있다. 성년후견인은 성년후견개시의 심판을 할 때 가정법원의 직권으로 선임한다. 성년후견인의 수는 복수이어도 되고 법인도 될 수 있다. 가정법원은 성년후견인의 법정대리권의 범위와 피성년후견인의 신싱에 관하여 걸정할 수 있는 권한의 범위를 제한할 수 있다. 성년후견인은 피성년후견인의 재산행위에 대한 동의권을 원칙적으로 갖지 못한다. 성년후견인은 피성년후견인의 재산을 관리하고 그 재산에 관한 법률행위에 대한 대리권을 갖는다. 일정한 행위에 대한 대리권 행사의 경우, 후견감독인이 있는 경우에는 사전에 그의 동의를 받아야 한다(제940조의6 제3항).

가정법원은 필요하다고 인정하면 직권으로 또는 피성년후견인의 친족·성년후견인·검사·지방자치단체의 장의 청구에 의하여 성년후견감독인을 선임할 수 있으며, 이로 인하여 성년후견감독인은 폐지된 친족회에 부여되었던 권한을 행사하게 된다. 성년후견개시의 원인이 소멸한 경우, 가정법원은 본인·배우자·4촌 이내의 친족·성년후견인·검사·지방자치단체의 장의 청구에 의하여 성년후견종료의 심판을 하여야 한다(제11조). 성년후견심판의 효력은 소급

12) 피성년후견인은 정신적 제약 등으로 인하여 사무처리 능력이 지속적으로 결여된 자이기 때문에 언제나 취소할 수 있도록 함으로써 본인을 보호하려는 취지이다. 취소권자는 피성년후견인 본인 또는 성년후견인이다(제140조).

효가 없고 심판확정시부터 장래에 향하여 완전한 능력자로 인정된다.

2. 피한정후견인

사례연구

[피한정후견인]

甲과 그 가족은 평범한 삶을 살아가던 중 甲이 지나치게 기부를 하기 시작하면서의 가족의 화목은 깨지기 시작했다. 처음에는 소액의 기부를 하더니 점점 병적으로 재산을 기부하기에 이르렀고 마침내 가족이 함께 살고 있는 마지막 주택마저 자선활동이란 명목하에 처분하려고 하는데, 甲의 가족은 어떻게 하는 것이 좋은가?

피한정후견인은 질병, 장애, 노령, 그 밖의 사유로 인한 정신적 제약으로 사무를 처리할 능력이 부족한 사람에 대하여 일정한자(제12조)의 청구에 의하여 피한정후견인의 선고를 받으면 미성년자의 권리능력과 동일하게 제한을 받는다. 가장인 甲의 행위는 그 밖의 사유로 인하여 가족의 화목을 깨지게 하는 자이므로 피한정후견인으로 선고받도록 하는 것이 좋을 듯하다.

피한정후견인이란 질병·장애·노령·그 밖의 사유로 인한 정신적 제약으로 사무를 처리할 능력이 부족한 사람으로서 일정한 자의 청구에 의하여 가정법원으로부터 한정후견개시의 심판을 받은 자를 말한다(제12조 제1항). 본인의 정신적 제약으로 인하여 사무를 처리할 능력이 부족한 자야 하지만, 사무처리의 능력부족 여부는 의사의 감정을 토대로 하지만 판단은 가정법원이 한다. 요건이 갖추어지면 가정법원은 반드시 한정후견개시의 심판을 하여야 하고 가족관계등록부에 기록할 것과 후견등기부에 등기할 것을 사무처리 담당자에게 촉탁하여야 한다.

피한정후견인의 재산행위능력은 원칙적으로 제한되지 않지만, 예외로 ① 한정후견인의 동의를 받아야 하는 피한정후견인의 행위의 범위를 가정법원이 정한 경우에는 그 범위 내에서 피한정후견인의 행위능력은 제한된다. ② 한정후견인의 동의유보는 어떻게 정하여야 하는지는, 피한정후견인의 사무처리 능력을 참작하여 그의 이익에 부합된다고 판단되는 범위에서 가정법원이 직권으로 결정하게 되며, 가정법원은 일정한 자의 청구에 의하여 그 동의유보의 범위를 변경할 수 있다. ③ 일용품의 구입 등 일상생활에 필요하고 그 대가가 과도하지 않은 법률행위는 한정후견인의 동의 없이 한 경우에도 취소대상이 아니다.

피한정후견인은 가족법상의 법률행위의 경우 완전한 능력자인지 여부가 문제가 된다. 약혼·혼인·협의이혼·입양·협의파양 등의 경우, 미성년자와 피성년후견인에 대한 특별규정만 두고 있을 뿐, 피한정후견인에 대한 규정은 없다. 피한정후견인은 순수 신분행위에 관한 한 단독으로 유효하게 법률행위를 할 수 있다.

피한정후견인으로 법정대리인으로 가정법원은 한정후견개시의 심판을 할 때 직권으로 한정후견인을 선임하여야 한다. 한정후견인의 당연히 피한정후견인의 법정대리인의 되는 것은 아니며, 한정후견인의 가정법원으로부터 그 범위를 정한 대리권수여의 심판을 받은 경우에 한하여 그 범위 내에서 법정대리권을 행사하게 된다. 한정후견인은 가정법원이 정한 동의권 유보의 경우가 아닌 한, 피한정후견인의 법률행위에 대한 동의권·취소권을 행사하지 못한다. 가정법원은 필요하다고 인정하면 직권으로 또는 일정한 자의 청구에 의하여 한정후견감독인을 선임할 수 있고, 그에 대하여는 성년후견감독인에 관한 기술내용이 준용된다(제959조의5). 한정후건개시의 원인이 소멸한 경우, 가정법원은 본인·배우자·4촌 이내의 친족·한정후견인·한정후견감독인·검사 또는 지방자치단체의 장의 청구에 의하여 한정후견종료의 심판을 하여야 한다. 한정후견종료의 심판의 효력은 소급효가 없으며, 심판확정시부터 장래에 대한 완전한 능력자로 인정된다.

3. 피특정후견인

피특정후견인이란 질병·장애·노령·그 밖의 사유로 인한 정신적 제약으로 일시적 후원 또는 특정한 사무에 관한 후원이 필요한 사람으로서 일정한 자의 청구에 의하여 가정법원으로부터 특정후견의 심판을 받은 자를 말한다(제14조의2 제1항). 실질적 요건을 갖추기 위해서는 사건 본인에게 질병·장애·노령·그 밖의 사유로 인한 정신적 제약이 있어야 한다.[13)]

13) 특정후견제도는 영국의 정신능력법(Mental Capacity Act, 2005)을 도입한 것으로 피성년후

가정법원은 특정후견인의 심판을 할 때 본인의 의사에 반하여 할 수 없으며(제14조의2 제2항), 가정법원이 특정후견인의 심판을 하는 경우에는 그 기간 또는 사무의 범위를 정하여야 한다(제14조의2 제3항).[14] 가정법원은 피특정후견인의 후원을 위하여 필요한 처분을 명할 수 있는데, 그 처분은 피특정후견인의 재산관리·신상보호 등을 들 수 있으나, 그 구체적인 내용은 가정법원의 심판으로 정해진다. 특정후견인은 가정법원에 의하여 정해진 특정후견사무의 기간과 범위 내에서만 피특정후견인의 법정대리인이 된다(제959조의11 제1항). 특정후견인은 피특정후견인을 보좌하고 후원하는 임무를 수행하며, 그의 복리를 배려하고 의사를 존중할 의무를 진다. 피특정후견인의 행위를 목적으로 하는 채무를 부담하는 법률행위를 대리하는 경우에는 본인의 동의를 얻어야 한다.

특정후견인의 선임된 경우에도 가정법원은 필요하다고 인정하는 경우, 직권으로 또는 일정한 자의 청구에 의하여 특정후견감독인을 선임할 수 있으며, 그의 선임과 권한은 성년후견감독인에 준한다. 특정후견의 기간의 도래 또는 사무처리의 종결로 특정후견은 당연히 종료되지만, 가정법원이 피특정후견인에 대하여 성년후견개시 또는 한정후견개시의 심판을 할 때도 종전의 특정후견의 종료심판을 하여야 한다. 그러나 특정후견종료심판의 효력은 소급효가 없다.

VI. 권리행사의 제한

1. 권리행사 자유의 원칙과 그 제한

권리행사란 권리자가 법이 보호하는 권리의 내용을 실현하는 행위를 말한다. 가령 소유권이 있다는 것은 소유권자가 실제로 소유물로부터 이익을 향

견인·피한정후견인의 경우와는 달리, 행위능력의 제약(사무처리 능력의 결여 또는 부족)과 관계없이 보호를 받을 수 있다는 점에 그 특징이 있다. 그 보호는 피성년후견인·피한정후견인의 경우처럼 지속적·포괄적 보호가 아니라 일시적·특정적인 보호이다. 그렇기 때문에 그 청구권자에 성년후견인·한정후견인의 포함되어 있지 않다(제14조의2 제1항).

14) 특정후견인의 개시와 종료는 특정후견으로 처리되어야 할 사무의 성질에 의하여 정해짐을 반영한 것이다.

유하기 위해서는 소유권 행사라는 소유물의 사용·수익·처분할 권능이 필요하다.

권리행사 자유의 원칙이란 개인주의·자유주의를 기초로 하여 권리본위로 구성된 근대사법에서는 권리의 행사가 권리자의 자유의사에 맡겨져 있는 것을 말한다. 그 결과 권리의 행사로 타인에게 손해를 입히더라도 원칙적으로 그 손해를 배상할 필요가 없다. 이는 “자기의 권리를 행사하는 자는 그 누구에게도 불법을 행하는 것이 아니다”, “자기의 권리를 행사하는 자는 누구를 해하는 것이 아니다”라는 격언에서 알 수 있다.

2. 공정의 원칙

권리행사자유의 원칙의 수정으로 처음 나타난 것이 이른바 ‘시카네 금지의 원칙’[15]이다. 시카네라는 것은 타인을 해할 목적으로 권리를 행사하는 것을 말한다. 이 원칙은 주관적 요건만이 강조된다. 그 후 19세기 말부터 20세기 초에 걸쳐 자본주의의 모순을 시정하는 과정에서 권리의 사회성·공공성이 주장되면서 권리자유는 원칙적으로 부정되고 권리의 남용이 아니라 권리 그 자체에 객관적인 한계가 있게 되었다.

3. 신의성실의 원칙

사례연구

[신의성실의 원칙]

A는 B에게 자기소유의 토지를 3천만원에 팔기로 하여 매매계약을 체결하였다. 그 후 매수인 B는 형편이 갑자기 어려워져 대금지급약정 일을 넘기게 되어 A의 이행최고를 받았다. B는 A에게 그 지정기일 내에 매매대금을 지급하였으나 결과적으로 매매대금

15) 시카네(Schikane)금지의 원칙이란 권리자가 자기에게는 아무런 이익이 없는 데도 오로지 타인을 해칠 목적으로 권리를 행사하는 것을 말한다. 로마법 이래 시카네는 금지되었고, 현재도 독일 민법은 이것을 금지하고 있다. 권리남용의 선구를 이루는 것이었고 그 가장 전형적인 것이지만, 권리남용은 시카네보다도 넓은 개념이다. 따라서 현재는 시카네가 권리남용법리의 내용에 포함되어 있다.

중 20만원이 미지급되었다. A는 이러한 미지급을 이유로 계약해제를 주장하고 있다. A의 주장은 정당한 것인가?

채무자에게 책임 있는 사유로 이행지체가 있을 때 채권자는 상당한 기간을 정하여 이행을 최고하게 된다. 이 최고기간 안에도 채무자의 책임 있는 사유로 이행하지 않는 경우 채권자는 계약해제권을 갖는다. B는 이행약정 일을 도과하여 A로부터 최고를 받고 그 지정기일에도 완전한 이행을 하지 못하여 지급부족액이 발생하였다. 지급부족액에 대하여 B가 불가항력, 동시이행항변 기타 면책사유를 입증하지 않는 한, 그의 책임 있는 사유에 기한 채무불이행으로 A는 당연히 해제권을 행사할 수 있다. 하지만 부동산 매매대금 3천만원 중 미지급액이 불과 20만원에 불과한 이행지체를 이유로 매매계약을 해제한다는 것은 정의관념에 맞지 않는다.

채권자가 특별한 손해를 받지 않는데도 불구하고 채무자측의 경미한 하자 또는 단순한 지체만을 이유로 해제권 기타 권리행사를 한다는 것은 신의칙에 비추어 부당하다고 할 것이다. 그러므로 채권자 A의 계약해제권은 신의칙에 비추어 부인되어야 한다. 따라서 A는 매매의 목적인 토지소유권을 B에게 이전하여야 할 의무를 가지며 이것은 B의 잔대금 지급과 동시에 이행되어야 한다.

신의성실의 원칙이란 모든 사람은 상대방의 신뢰를 헛되이 하지 않도록 성의를 가져서 권리를 행사하고 의무를 이행해야 한다는 사람의 법적 행동의 일반원칙을 말한다. 통설적 견해는 민법 제2조의 **신의칙**이 가지는 의미를 두 가지 관점에서 설명하는 것이 보통이다. 그 하나는 현대 민법은 공공복리를 최고원리로 하므로, 그 **행동원리** 또는 **실천원리**로서 신의칙이다. 그 다른 하나는 권리의 행사에 일반적인 한계가 있고, 그 기준으로 신의칙을 들고, 권리의무의 발생원인은 결국 계약과 법률의 둘로 모아지므로, 신의칙은 계약과 법률을 기준으로서의 지위도 차지한다.

민법상의 신의성실의 원칙은 법률관계 당사자는 상대방의 이익을 배려하여 형평에 어긋나거나 신뢰를 배반하는 내용 또는 방법으로 권리를 행사하거나 의무를 이행하여서는 안 된다는 추상적 규범을 말한다.[16] 신의성실의 원칙은 법률관계에서는 당사자에 대한 **행위준칙**이며, 동시에 법원에 대한 **판단준칙**이다. 신의성실의 원칙은 모든 법영역에 적용되어야 한다. 민법 제2조 신의성실의 원칙은 일반적 법원칙으로 선언하고 그 결과 신의칙은 **채권관계**뿐만

16) 대법원 2002. 3. 15. 선고 2000다13856 판결; 대법원 1991. 12. 10. 선고 91다3802 판결.

아니라 **물권관계**나 가족관계에도 적용된다. 민법 제2조 제1항은 채권법 영역에서 제2항은 물권법의 영역에서 특히 중요한 의미를 갖는다.

권리행사가 신의칙에 위반하는 때에는 권리의 남용이 되는 것이 보통이다. 일반적으로 권리행사로서의 효과가 생기지 않는다. 계약이 신의칙에 반하는 경우에는 계약의 전부가 무효로 되는 경우보다는 불공정한 부분만이 **일부무효**로 되는 것이 일반적이다. 신의칙에 반하는 것 또는 권리남용은 강행규정에 위반되는 것이므로, 당사자의 주장이 없더라도 법원은 직권으로 이를 판단할 수 있다.[17)]

권리행사가 신의칙에 어긋나는 경우에는 권리남용에 해당하여 두 원칙이 중복적으로 적용될 수 있다(통설·판례). 신의칙은 권리남용인가의 가치판단을 하기 위하여 종종 원용된다. 그 적용 효과가 단지 권리의 행사를 부분적·일시적으로 저지하는 경우에는 권리남용금지의 원칙이 적용되는 반면, 권리를 박탈하거나 그 존재 의의 자체를 부정할 정도로 중대한 효과를 가져오는 경우에는 신의칙을 적용하는 것이 적절하다. 가령, 토지가 학교의 교사부지로 사용되는 사정을 알면서 양수한 후 20년 가까이 인도청구를 하지 않은 경우에, **부당이득반환청구**는 몰라도 토지 자체의 인도청구는 신의성실의 원칙상 허용할 수 없다.[18)]

신의성실의 원칙의 위반을 이유로 권리행사가 부정되기 위한 요건은, 상대방에게 신의를 주었다거나 객관적으로 보아 상대방이 신의를 가짐이 정당한 상태에 이르러야 하고, 이와 같은 상대방의 신의에 반하여 권리를 행사하는 것이 정의관념에 비추어 용인될 수 없는 정도에 이르렀어야 한다.[19)] 신의칙은 **계약관계**에 한하지 않고 모든 법률관계를 규제·지배하는 원리이기 때문에 신의칙에 어긋나는 **소권**행사도 허용될 수 없다.[20)] 신의칙에 반하는 것 또는 권리남용은 **강행규정**에 위배되는 것이므로 당사자의 주장이 없더라도 법원은 직권으로 신의칙에 위반되는지 여부를 판단하여야 한다.[21)] **불법행위**에 있

17) 대법원 1995. 12. 22. 선고 94다42129 판결.
18) 대법원 1992. 11. 10. 선고 92다20170 판결.
19) 대법원 2001. 3. 13. 선고 2000다48517·48531 판결.
20) 대법원 1983. 5. 24. 선고 82다카1919 판결.
21) 대법원 1995. 12. 22. 선고 94다42129 판결.

어서 **부진정연대채무자**에게 **구상권**을 행사하는 경우에는 신의칙상 상당범위 내에서만 행사하도록 제한할 수 있다. 가령, 어느 일방이 **교섭단체**에서 계약을 체결할 것과 같은 확실한 신뢰를 부여하여 상대방이 그에 따라 행동하였음에도 일방이 상당한 이유 없이, 계약체결을 거부하여 상대방이 손해를 입은 경우, 그것은 신의칙상 계약자유의 한계를 넘는 위법한 행위로서 불법행위를 구성한다. 해고된 근로자가 퇴직금 등을 수령하면서 어떠한 **이의**의 **유보**나 **조건**을 제시하지 않았고, 그로부터 오랜 기간 경과 후에 **해고무효확인의 소**를 제기하는 것은 신의칙(금반언의 원칙)에 위배한다.

변호사가 소송에서 이길 경우에 일정한 금전이나 이익을 받기로 하는 **성공보수약정**의 효력에 대하여 대법원은 성공보수 약정은 원칙적으로 유효하고, 다만 그 액수가 부당하거나 과다한 경우에는 상당한 보수금을 **초과하는 부분**은 신의칙 위반으로 무효로 본다. 이와 반면 독일 판례는 변호사의 공공적인 직무 성격에 비춰 볼 때 성공보수의 약정은 선량한 풍속 위반으로서 무효로 한다.

4. 사정변경의 원칙

법률행위의 성립에 있어서 그 기초가 된 사정이 후에 당사자가 예견하지 못한 중대한 변경을 받게 되어 당초의 행위의 효과를 그대로 유지·강제하면 부당한 결과가 생기는 경우에 당사자는 신의칙에 맞도록 상대방에게 청구하거나, 계약을 해제·해지할 수 있다.

사정변경의 원칙에 의거한 규정이 아래와 같이 많이 있으나, 직접 규정한 일반규정은 없다. **판례**도 아직 인정하지 않고 있으며 특히 사정변경의 원칙에 의한 해제권의 발생은 현행 민법 해석상 용인되지 않는다. 그러나 계속적 계약관계, 구체적으로 보증계약에서는 이 원칙을 적용하고 있다.[22)]

---

22) **[사정변경의 개별적 규정]** ⅰ) 민법상 사정변경의 규정은, 수도 등 시설의 변경청구권(제218조 제2항), 지료증감청구권(제286조), 전세금증감청구권(제312조의2), 증여자의 재산상태변경과 증여계약의 해제(제557조), 파산과 소비대차의 실효(제599조), 임대목적물의 일부멸실 등과 감액청구(제627조), 차임증감청구권(제628조), 부득이한 사유와 고용계약의 해지권(제661조), 기간의 약정이 있는 임치계약의 해지(제698조), 부득이한 사유와 조합원의 탈퇴(제716조 제1항), 부득이한 사유와 해산청구(제720조) 등이 있다. ⅱ) 주택임대차보호법상 차임 등의 증감청구권(제7조), 상가건물임대차보호법상 차임 등의 증감청구권(제

대법원은 이 원칙에 입각하여 개별적 규정의 경우를 제외하고는 사정변경의 원칙 이유로 한 '계약의 해제·해지'나 '계약의 개정'을 인정하는데 소극적이다. 다만, 계속적 계약의 경우에는 이 원칙을 적용하여 계약의 해지를 인정하는 사례가 있다. 가령, 회사 이사의 지위에서 부득이 계속적 보증을 한 자가 퇴사한 경우, **퇴사**라는 사정변경을 이유로 그 보증계약을 해지할 수 있다.[23] 다만, 어떤 형태로든 그 해지의 의사표시가 채권자에게 행해지지 않으면 안 된다. 그러나 회사의 이사가 채무액과 변제기가 특정되어 있는 회사의 확정채무를 부담한 경우에는 비록 이사직을 그만 두었어도, 이사직 사임이라는 사정변경을 이유로 그 보증계약을 해지하지 못한다.[24] **차임**을 증액하지 않기로 하는 특약이 있는 임대차계약의 경우, 나중에 그 특약을 유지할 수 없는 현저한 사정의 변경이 있는 경우에는, 임대차의 **차임증액청구권**을 행사할 수 있다.[25] 민법개정안에서는 사정변경을 이유로 한 계약의 해제·해지를 인정하려고 하고 있다.[26]

5. 실효의 원칙

권리자가 그의 권리를 오랫동안 행사하지 않았기 때문에 상대방이 이제는 그 권리를 행사하지 않을 것으로 믿을 만한 정당한 사유가 있게 된 경우에 새삼스럽게 그 권리를 행사하는 것이 신의칙에 반한다고 인정되는 때에는 그 행사는 권리남용으로서 허용되지 않는다. 이러한 권리행사에 대하여 상대방은 **실효의 항변**으로서 대항할 수 있다. 독일의 학설·판례는 실효의 원칙을 일반원칙으로 승인하고 있지만, 우리 법원 판례는 기존에는 이 원칙을 고려하지 않았으나 최근에는 권리의 실효를 인정하고 있다.

11조) 등이 있다.

23) 대법원 1990. 2. 27. 선고 89다카 1381 판결.

24) 대법원 2002. 5. 31. 선고 2002다1673 판결; 대법원 2000. 3. 10. 선고 99다61750 판결.

25) 대법원 1996. 11. 12. 선고 96다34061 판결.

26) **민법개정안 제544조의4(사정변경과 해제·해지)** 당사자가 계약 당시 예견할 수 없었던 현저한 사정변경으로 인하여 계약을 유지한 것이 명백히 부당한 때에는 그 당사자는 변경된 사정에 따른 계약의 수정을 요구할 수 있고, 상당한 기간 내에 계약의 수정에 관한 합의가 이루어지지 아니한 때에는 계약을 해제 또는 해지할 수 있다.

실효의 원칙을 적용하기 위한 요건에 대하여 대법원은, 의무자인 상대방이 더 이상 권리자가 그 권리를 행사하지 아니할 것으로 믿을 만한 **정당한 사유**가 있어야 한다.[27] 그리고 실효기간(권리를 행사하지 아니한 기간)의 길이와 의무자인 상대방이 권리가 행사되지 아니하리라고 신뢰할 만한 정당한 사유가 있었는지 여부는 일률적으로 판단할 수 있은 것은 아니다. 구체적인 경우마다 권리를 행사하지 아니한 기간의 장단과 함께 권리자측과 의무자측 쌍방의 사정 및 객관적으로 존재한 사정 등을 모두 고려하여 사회통념에 따라 합리적으로 판단해야 한다.[28] 일신전속권인 **인지청구권행사**의 경우에는 실효의 법리가 적용되지 않지만,[29] 항소권과 같은 소송법상 권리 행사의 경우에는 실효의 원칙은 적용될 수 있다.[30]

6. 모순행위금지의 원칙

실효의 원칙과 같은 취지의 영미법상의 **금반언**(estoppel)의 원리로, 자신의 선행행위에 모순되는 행위는 허용되지 않는다는 원칙이다. 민법 제452조 제1항에서 명문으로 인정하고 있고 제125조도 이 원칙에서도, 판례도 이 원칙을 광범위하게 인정하고 있다. 게르만법의 **불상사로 인한 권리상실의 제도**도 같은 취지이다.[31]

피고가 원고의 장기간 **무단결근**을 이유로 해고한 후 퇴직금을 공탁하였는데, 원고가 그 공탁금을 조건 없이 수령한 후 8개월이 지나서 해고무효의 확인을 구하는 것은 금반언의 원칙에 위배되어 위법하다.[32] 농지의 **명의수탁자**가 적극적으로 **농가이거나 자경의사**가 있는 것처럼 하여 소재지 관서의 증

---

27) 대법원 2002. 1. 8. 선고 2001다60019 판결.

28) 대법원 1992. 11. 27. 선고 92다23285 판결.

29) 대법원 1982. 3. 9. 선고 81므10 판결.

30) 대법원 1996. 7. 30. 선고 94다51840 판결.

31) **민법 제452조(양도통지와 금반언)** ① 양도인이 채무자에게 채권양도를 통지한 때에는 아직 양도하지 아니하였거나 그 양도가 무효인 경우에도 선의인 채무자는 양수인에게 대항할 수 있는 사유로 양도인에게 대항할 수 있다. 민법 제125조(대리권수여 표시에 의한 표현대리) 제3자에 대하여 타인에게 대리권을 수여함을 표시한 자는 그 대리권의 범위 내에서 행한 그 타인과 그 제3자간의 법률행위에 대하여 책임이 있다.

32) 대법원 1989. 9. 29. 선고 88다카19804 판결.

명을 받아 그 소유권이전등기를 마치고 그 농지에 관한 소유자로 행사하면서, 한편으로 **증여세** 등의 부과를 면하기 위하여 농가도 아니고 자경의사도 없음을 들어 농지개혁법에 저촉되기 때문에 그 등기가 **무효**라고 주장함은 신의성실의 원칙이나 금반언의 원칙에 위배되어 법률상 용납될 수 없다.[33)]

근저당권자가 담보로 제공된 건물에 담보가치를 조사할 당시 **대항력**을 갖춘 임차인이 그 임대차 사실을 부인하고 **임차보증금**에 대한 권리주장을 않겠다는 내용의 확인서를 작성해 준 경우, 그 후 건물에 대한 **경매절차**에서 이를 번복하여 대항력 있는 임대차의 존재를 주장함과 아울러 임차보증금의 **배당요구**를 하는 것은 금반언 및 신의칙에 위반되어 허용될 수 없다.[34)]

7. 권리남용 금지의 원칙

사례연구

[권리남용 금지의 원칙]

A는 25,000평 땅에 P중학교의 학교부지로 사용하면서 그 위에 48학급을 수용하는 교사와 부대시설을 갖추고 나머지 부분은 운동장으로 이용해 오고 있다. 한편 B는 위 중학교와 인접하여 수십만 평의 토지를 소유하여 유실수를 심어 관리해 왔는데 우연히 측량해 보니 A가 자기의 토지를 약 150평가량 침입하여 그 지상에 교사 1동을 세워두고 있음을 발견하였다. B는 A에 대하여 침입부분의 교사를 철거할 것과 토지의 인도를 청구하였다. 이 경우에 A는 B의 요구에 들어 주어야 하는가?

A는 적법한 법률관계에 의하지 아니하고 B의 토지를 불법으로 점거하여 교사로 사용하고 있으므로 B는 A에 대하여 방해제거, 즉 교사의 철거 및 토지의 인도를 청구할 수 있을 것이다. 그러나 B의 교사의 철거 및 토지인도청구권을 인정하게 되면 그로 인하여 P중학교는 교육장을 잃게 되어 교육에 지장을 초래할 수 있다. 그리해서 B의 주장을 어디까지 인정해야 할 것인가 문제가 된다. 따라서 A 소유의 토지와 B 소유의 토지가 갖는 사회적·공공적 이해의 정도 및 양자의 이익에 대한 양적 비교, B 소유의 토지에 대한 침해배제 가능성여부 또는 그 장해의 정도와 보상가능성 등의 객관적 요건과 A·B 양자의 선·악의 및 권리행사의 의도 등의 주관적 요건을 판단의 기초로 삼아야 하다.

A 소유의 토지는 제2세 교육을 위한 학교부지로 이용되고 있는 데 반하여 B 소유의 토

33) 대법원 1990. 7. 24. 선고 98누8224 판결.

34) 대법원 1997. 6. 27. 선고 97다12211 판결.

지는 단순히 개인의 수익사업에 이용되고 있으며, 그 침해부분은 수십만 평 중의 불과 150평에 불과하므로 그 침해부분이 없더라도 B의 수익사업에 큰 지장을 초래하지 않는다.

따라서 A·B 사이에 침해된 토지에 대한 적법한 법률관계로의 전환도 가능하다. 즉 A가 사용하는 B 소유의 토지를 A 명의로 소유권이전하든지 지상권·임차권 등의 사용권을 취득하는 방법도 가능하다. 이러한 제반사정을 감안하여 볼 때 B의 교사의 철거와 토지의 인도청구는 권리남용으로 되어 허용될 수 없다고 보는 것이 타당하다.

외형상 권리의 행사처럼 보이나 구체적인 경우에 이를 실질적으로는 권리가 가지고 있는 본래의 사회적 목적을 위반하여 정당한 권리행사로 인정될 수 없는 신의칙에 반하는 권리의 행사를 **권리남용**이라 하고, 이러한 권리의 행사는 허용되지 않는다는 것을 권리남용금지의 원칙이라 한다(민법 제2조 제2항). 이 원칙은 로마법에서 신의칙의 구체적인 형태로서 나타나기 시작했는데 당시의 권리남용금지는 **가해의 악의**를 요건으로 하였으며, 이것은 시카네(Schikane)금지의 원칙으로서 독일민법에 명문화되었다(독일민법 제226조). 신의칙은 권리남용금지의 원칙에 있어서 권리의 한계를 정하는 기능을 한다.[35)]

권리남용이 성립되기 위해서는, 권리행사가 존재하여야 한다. 여기서 권리는 원래의 의미의 권리뿐만 아니라 법적 지위를 포함한다.[36)] 권리행사로 볼 수 있는 행위가 있어야 한다. 다만 **친권의 불행사**와 같은 경우에는 권리남용이 성립될 수 있다. 권리행사자의 이익과 그로 인하여 침해되는 상대방의 이

35) **[권리남용 금지의 원칙의 연혁]** 이 원칙은 신의성실의 원칙에 위배되는 권리행사는 허용되지 않는다는 의미로서, 로마법의 '악의의 항변'에 있다. 다만, 로마법에서는 「자기의 권리를 행사하는 자는 어느 누구도 해하는 것이 아니다」 또는 「자기의 권리를 행사하는 자는 누구에게 대하여도 불법을 행하는 것이 아니다」라는 권리행사자유의 원칙이 널리 승인되고 있었으므로 권리남용 금지의 원칙은 소유권의 특수한 행사에 대하여 개별적으로 인정되고 있었을 뿐이다. 권리남용 금지의 원칙이 확립된 것은 근대시대 이후(19세기 중엽)부터 이다. 프랑스는 권리행사 자유의 원칙의 수정원칙으로 권리남용 금지의 원칙이 판례에 의하여 인정되었으나, 민법전에 규정되지는 않았다. 그러나 독일민법은 타인을 해할 목적으로 하는 권리행사를 금지하는 시카네(schikane) 금지를 명문으로 규정하였다. 시카네 금지의 원칙의 전형적인 예로는 이웃의 물을 고갈시키기 위하여 자기에게는 물이 많은데도 불구하고 다시 이웃의 수맥에 우물을 파는 「우물파기」와 이웃의 일광과 공기를 차단하기 위하여 벽을 쌓는 「질투건축」을 들 수 있다.

36) 대법원 1988. 11. 22. 선고 87다카1671 판결.

익 사이에 비교하여 불균형이 있어야 한다(객관적 요건). 이 경우에 양자의 이익을 단순히 산술적으로 비교함에 그칠 것이 아니라 개개의 **권익의 보호이익**과 구체적인 사건에서 여러 사정들을 종합하여 비교 교량해야 한다.

권리행사가 권리자가 자기에게 정당한 이익이 없음에도 오직 상대방을 해하거나 고통을 가할 목적으로 권리를 행사하여야 하는가에 대하여 판례는 그러한 요건이 필요하다고 한다.[37] 그러나 학설은 판례의 태도에 반대한다.[38][39] **권리행사가 남용**으로 인정되는 경우에 권리의 정상적인 행사로서의 법률효과가 발생하지 않음은 물론이나, 권리가 **청구권**이면 법은 이를 도와주지 않고, **형성권**이면 본래 발생하여야 할 효과가 발생하지 않으며, 남용의 결과 타인에게 **손해**를 입힌 경우에는 배상의 책임을 지게 된다. **친권**이 남용되는 경우에

---

37) 대법원 1998. 6. 26. 선고 97다42823 판결; 대법원 1993. 5. 14. 선고 93다4366 판결.

38) **[권리남용을 인정하는 사례]** i) 주식양도인이 양수인에게 주권을 교부할 의무를 이행하지 않고 그 후 임시주주총회결의의 부존재확인청구를 하는 것.
ii) 자신의 토지 위에 설치된 수로의 폐쇄를 구하는 방법으로 소유권을 행사하는 것.
iii) 법정지상권을 취득할 건물양수인에 대하여 대지소유자가 건물철거를 구하는 것.
iv) 임대인이 전차인에 대하여 점포명도청구소송을 제기하여 6년 3개월 뒤에 임차인에게 명도하면서 바로 임차인의 휴점금지 및 입주시기에 관한 약정위반을 이유로 임대차계약을 해지한 것.
v) 명의신탁해지 및 대위에 의하여 토지소유 명의의 이전청구권을 가진 자에 대하여 등기부상의 소유자임을 내세워 토지인도 등을 청구하는 것.
vi) 10층 아파트 건물 중 12.9평방미터에 대하여 소유권에 기하여 철거 및 인도를 청구하는 것.

39) **[권리남용을 부정하는 사례]** i) 조합의 조합장이 조합소유의 토지를 매도하고 대금을 수령하였고, 또 부적법한 조합총회에서 조합원의 다수가 추인하였는데, 위 매매계약이 부적법한 경우 조합의 소유권이전등기말소등기를 청구하는 경우.
ii) 임차인이 건물을 임차하여 임대인이 생산하는 물품판매사업을 한 지 10년이 경과하였는데 임대인이 임차인과 별도로 경쟁업체를 설립하고 판매권을 겸하기 위하여 임차계약의 해지를 통고하고 건물명도청구를 하는 경우.
iii) 건물 중 경계를 침범해 건축된 부분의 폭이 1.9미터일 때 그 부분의 철거를 구하는 경우.
iv) 매매계약을 체결한 후 부동산의 시가가 등귀하였고 매수인이 잔대금 지급기일을 경과한 지금까지 매매대금 중 상당한 금액을 지급하지 아니한 채 소유권이전등기청구의 소를 제기한 경우.
v) 작가 전속계약기간 동안 계약종료 후까지 계속하여 작품을 제공하였고, 또 전속계약이 종료한 후 작가의 작품제공이 계속되는 데도 사업자가 이에 이의를 제기하지 않다가 작품제공이 중단되자 1년 6개월이 경과한 시점에서 한 사업자의 권리행사.

는 친권이 박탈된다.

결과를 초래하는 것은 권리남용에 해당한다.[40] 권리남용으로 인정되는 표준은 구체적인 사안에 따라 개별적으로 판단할 수밖에 없다. 권리행사가 **사회생활상 인용**할 수 없거나 사회적 한계(**수인한도**)를 초과하는 경우, 권리행사가 **정당한 이익**이 없는 경우, 권리행사가 단지 **부당한 이득**을 얻기 위한 방편에 지나지 않는 경우,[41] 상당한 기간이 경과한 후에 권리를 행사하는 경우,[42] **인륜**에 반하는 권리의 행사의 경우,[43] 실체적 권리관계에 배치되는 확정판결 집행의 경우,[44] 법률상 인용될 수 없음이 명백함에도 같은 내용의 **재심청구**를 거듭하는 경우 등이 있다.[45]

권리남용의 성립요건에 대하여, 권리행사가 주관적으로 오직 상대방에게 고통을 주고 손해를 입히려는데 있을 뿐 이를 행사하는 사람에게는 아무런 이익이 없고, 객관적으로 사회질서에 위반된다고 볼 수 있으면 권리남용이 된다.[46] 법인격 남용의 경우, 회사는 물론 그 배후자인 타인에 대하여도 회사의 방해에 대한 책임을 물을 수 있다.[47] 수인한도를 넘어서는 건축행위는 일조방해로 인한 불법행위가 성립한다. 친권남용의 경우에는 어떠한 법률효과가 생기지 않는다.[48] 확정판결의 집행이 권리남용이 되는 경우, 집행채무자는 청구이의의 소를 제기하여 그 집행의 배제를 구할 수 있다.[49]

---

40) 대법원 1961. 10. 19. 선고 4293민상203 판결.
41) 대법원 1964. 11. 10. 선고 64다720 판결.
42) 대법원 1993. 8. 24. 선고 92므907 판결.
43) 대법원 1998. 6. 12. 선고 96다52670 판결.
44) 대법원 2001. 11. 13. 선고 99다32899 판결.
45) 대법원 1999. 5. 28. 선고 98다275 판결.
46) 대법원 1998. 6. 26. 선고 97다42823 판결.
47) 대법원 2001. 1. 19. 선고 97다21064 판결.
48) 대법원 1981. 10. 13. 선고 81다649 판결.
49) 대법원 2001. 11. 13. 선고 99다32899 판결.

제 5 장

법률행위

제 5 장 법률행위

Ⅰ. 법률행위의 성립요건 및 효력요건

1. 법률행위의 성립요건

당사자의 의사에 의한 법률관계가 성립하기 위해서는 법률관계 성립을 위한 요건이 갖추어져야 한다. 그 요건으로는 권리의 **주체**(당사자), 권리의 **객체**(목적), **의사표시**가 있어야 한다.

첫째, **권리의 주체**는 권리를 행사하는 사람을 의미한다. 현행법이 인정하는 권리의 주체는 자연인과 법인이 있다. 권리의 주체가 법률관계에 관하여서는 이를 당사자라고 부른다. 둘째, **권리의 객체**는 권리행사의 대상이 되는 것을 의미한다. 물건 또는 당사자의 행위 등이 이에 해당한다. 여기서 **물건**이라 함은 유체물(부동산·동산) 및 전기 기타 관리가능한 자연력을 말한다. 유체물은 고체·액체·기체 등의 형태를 가진 물질을 말하는데, 보통 실무에서는 부동산과 동산 등을 말한다. 기타 **관리가능한 자연력**이란 전기뿐만 아니라 열·빛·에너지 등 사람이 관리·지배할 수 있는 물질을 말한다. 당사자의 행위란 채무자 등의 급부이행 행위를 말한다.

의사표시는 일정한 법률효과를 원하는 내심의 의사를 외부에 나타내 보이는 것을 말한다. 가령 A가 자전거를 사겠다는 의사를 B에게 표시한 경우에 B가 동의하면 그에 따른 효과로서 자전거의 매매(매도인은 자전거를 이전해 주어야 할 의무와 매수인은 대금을 지급할 의무가 존재한다)에 관한 법률행위가 성립하게 된다는 의미이다. 그러나 모든 의사표시에 법률행위에 따른 효과를 부여할 수는 없다. 법률행위가 성립하는 과정에서 문제가 있거나 그 내용에 문제가 있을 수 있기 때문이다. 실제 생활에서는 법률행위의 성립요건을 조금 더 구체적으로 파악하여 그 요건에 맞는 경우에만 법률행위에 따른 효력을 부여하고 있다. 그 밖에 법인의 성립을 위한 설립등기(제33조), 혼인에 있어서의 신고(제812조) 등은 일정한 방식을 요구하는 특별성립요건이다.

2. 법률행위의 효력요건

성립요건을 갖춘 법률행위가 그 내용대로의 효력을 발행하기 위하여 필요한 요건이 효력요건이다. 첫째, 당사자는 **능력자**이어야 한다. 따라서 권리능력·의사능력·행위능력이 존재해야 한다. 권리의 주체는 스스로 유효한 법률행위를 할 수 있는 행위능력을 가지고 있어야 한다. 여기서 **행위능력**이란 단독으로 유효한 법률행위를 할 수 있는 능력을 말한다. 따라서 혼자서 유효한 법률행위를 할 수 있는 능력이 없는 사람의 행위는 취소할 수 있다. 가령 미성년자(제4조, 만 19세 미만)가 법률행위를 함에는 법정대리인의 동의를 얻어야 한다(제5조 1항). 다만, 미성년자 스스로 한 법률행위는 미성년자 본인 또는 법정대리인이 취소할 수 있다(제5조 2항).

둘째, 법률행위에 의하여 달성하고자 하는 목적은 **확정**할 수 있고, **실현가능**해야 하며, **적법**하고, **사회적 타당성**을 가져야 한다. 법률행위의 목적을 확정할 수 없거나 불가능하거나, 불법적인 것이거나, 사회적으로 인정될 수 없는 것이라면 그 행위는 무효이다.

셋째, 의사표시에 관하여는 의사와 표시가 **일치**해야 한다. 의사표시에 하자가 없어야 한다. 자신의 의사와 다른 의사표시를 하거나 의사표시를 하는 과정에서 제3자의 불법적인 개입이 있다면 그 의사표시에 따른 효력을 인정하지 않을 수도 있다. 그 밖에 대리행위에 있어서 대리권의 존재, 조건부·기한부 법률행위에 있어서 조건의 성취·기한의 도래, 유언에 있어서 유언자의 사망 등은 특별효력요건이다.

II. 법률행위의 목적

1. 목적의 확정

사례연구

[계약체결상의 과실책임]

甲은 내 집 마련의 꿈을 이루기 위하여 어렵게 저축을 한 결과, 乙과 A주택에 대한 매매계약을 체결하였다. 그러나 乙의 A주택은 계약 3시간 전에 불에 타버렸다. 甲과 乙의 매매계약은 어떻게 되는가?

乙의 주택은 甲과 乙이 계약을 하기 전에 이미 A주택은 타버렸다. 이는 원시적 불능의 상태다. 원시적 불능을 목적으로 하는 법률행위는 무효이다. 그러므로 甲과 乙의 계약은 무효이다. 다만 甲은 계약을 유효한 것으로 믿음으로 인한 손해배상청구를 할 수 있다. 甲은 계약을 유효한 것으로 믿음으로써 받은 손해에 대해 손해배상을 청구할 수 있다(신뢰이익).[1] 乙에 대한 계약체결상의 과실책임을 물을 수 있다(민법 제535조).

법률행위의 목적은 당사자가 달성하고자 하는 효과이다. 목적의 확정이란 당사자가 가지고 있는 표시행위의 내용을 명백하게 하는 것이다. 이는 법률행위 해석의 문제와 관련된다. 목적의 확정은 첫째, 당사자가 표시한 목적 자체를 따른다. 둘째, 확정되지 않은 부분에 대하여 거래사회의 관습을 따른다(제106조). 당사자가 관습에 따른다는 의사를 표시할 필요는 없다. 관습은 강행법규에 반하는 것이어서는 안 된다. 셋째, 의사표시의 내용이 부족한 때에는 임의법규에 의해 보충하고 단순히 불명료한 경우에는 임의법규에 따라 명백하게 한다(제105조).

강행법규란 당사자의 의사 여하에 불문하고 적용되는 법을 말한다. 강행법규위반의 법률행위는 공공의 질서에 반하여 무효이다. 강행규정을 판단하는

1) 이행이익과 신뢰이익의 관계: **이행이익**은 유효한 법률행위의 존재를 전제로 하는 것이고, **신뢰이익**은 법률행위가 무효임을 전제로 하는 것이다. 신뢰이익은 이행이익의 한도 내에서만 배상받을 수 있으며(제535조), 양자를 함께 청구한 경우, 판례는 손해액의 산정에 있어 이행이익은 중복배상을 방지하기 위하여 비용지출액을 공제한 순이익에 한정한다.

기준은 특별히 정해 놓은 것은 없고 각 규정의 입법목적과 성질 등을 고려하여 정한다(대법원 판단). ① 사회의 기본적 윤리관을 반영하는 규정(제103조), ② 가족관계의 질서유지에 관한 규정(친족·상속편), ③ 법질서 기본구조에 관한 규정(민법의 '능력'에 관한 규정), ④ 제3자, 나아가 사회일반에 중요한 영향을 미치는 사항에 관한 규정(물권편), ⑤ 거래안전에 관한 규정, ⑥ 경제적 약자의 보호를 위한 사회정책적 규정(주택임대차보호법 및 상가건물 임대차보호법)이 여기에 속한다. 임의법규란 당사자 의사에 따라 적용되는 법규를 임의법규라 말한다. 민법의 개념으로 당사자의 자치가 허용되는 법규로 사회질서와 관련이 없는 규정이다(제105조). 가령 채무의 이행장소를 정하지 않은 경우에는 채권자의 주소에서 이행해야 하는 '지참채무'인 것이 원칙이다(제467조 2항). 강행법규와 대비되는 개념이다.

특별한 사정이 없는 한 부실기업 인수를 위한 주식 매매계약의 체결시 '주식 및 경영권 양도 가계약서'와 '주식매매계약서'에 인수 회사의 대표이사가 각 서명날인한 행위는 주식 매수의 의사표시(청약)이고, 부실기업의 대표이사가 이들에 각 서명날인한 행위는 주식 매도의 의사표시(승낙)로서 두 개의 의사표시가 합치됨으로써 그 주식 매매계약은 성립한다. 이 경우 매매 목적물과 대금은 반드시 그 계약체결 당시에 구체적으로 확정하여야 하는 것은 아니고 이를 사후에라도 구체적으로 확정할 수 있는 방법과 기준이 정하여져 있으면 족하다.[2]

2. 목적의 가능

법률행위의 목적은 실현가능성이 있어야 한다. 실현 불가능한 내용을 가지는 법률행위는 무효이다. 불능인가 가능인가의 판단은 **사회통념**에 따라 결정된다. 여기서 사회통념이란 '사회일반에 널리 퍼져 있는 공통된 사고방식' 또는 '같은 시대를 살아가는 일반인들이 흔쾌히 받아들일 수 있는 관념' 정도이다.

법률행위가 불능인가 가능인가의 기준시점은 법률행위 당시이다. 법률행

2) 대법원 1996. 4. 26. 선고 94다34432 판결.

위 시에 불능인 것을 원시적 불능이라 하고 법률행위성립 후 그 이행 전에 불능인 것을 후발적 불능이라 한다. 가령 건물의 매매계약을 체결하기 전에 이미 그 건물이 멸실한 경우가 원시적 불능에 해당하고, 계약 체결한 후 이행일 이전에 건물이 멸실한 경우가 후발적 불능이다.

원시적 불능인 경우 그 법률행위는 무효이다. 다만 불능인 것에 관계가 있는 당사자는 선의·무과실인 상대방에 대하여 '계약체결상의 과실책임'[3)]을 부담하여 '신뢰이익'을 배상할 의무가 있다(제535조). **후발적 불능**의 경우에 법률행위는 유효하게 성립하고, 불능에 관하여 채무자에게 귀책사유가 있으면 채무불이행의 책임을 진다(제390조). 그 결과 손해배상(제393조) 및 계약해제(제546조)가 문제가 된다. 채무자에게 귀책사유가 없는 경우에는 '위험부담의 문제'[4)]로 처리된다(제537조).

3. 목적의 적법

강행법규에 위반한 법률행위는 무효이다. 민법상 선량한 풍속 기타 사회질서에 관한 규정은 강행규정이고 그렇지 않은 규정은 임의규정이다. **강행규정**은 당사자의 의사로 그 적용을 배제할 수 없는 것이고 **임의규정**은 당사의

---

3) 계약체결상의 과실책임은 계약이 원시적 불능으로 인하여 성립되지 않는 경우, 계약체결에 있어서 그 불능의 사실을 과실로 인하여 알지 못했던 당사자 일방은 선의·무과실의 상대방에 대하여 신뢰이익, 즉 그 계약을 유효하다고 믿음으로써 입은 손해를 배상할 의무를 지게 된다. 가령 토지를 매매하기로 당사자간 약속하고 1주일 뒤 유효하게 계약서를 작성하였다. 그러나 매수자는 토지가 계약서 작성 며칠 전에 수용되었었다는 것을 계약 후에 알게 되었고, 매도자는 이미 그 사실을 계약 전에 알고 있었지만 계약서를 작성했다. 이 경우 목적 달성이 불능하게 된 매수자는 계약을 무효로 하고, 계약체결상의 과실책임을 물어 신의성실의 원칙에 따라 신뢰의 이익 범위 내에서 손해배상을 청구할 수 있다.

4) 쌍무계약에 있어서 일방의 채무가 채무자·채권자 쌍방의 책임 없는 사유로 이행불능이 되어 소멸한 경우에, 그것과 대가관계에 있는 상대방의 채무도 소멸하느냐 않느냐의 문제이다. 가령 선박 매매계약을 체결한 뒤에 그 선박이 태풍으로 침몰하여 매도인의 선박 인도 채무가 소멸한 경우에, 매수인의 대금지급 채무가 소멸하는지 여부의 문제이다. 이러한 경우 매수인의 채무도 소멸한다면 그 손실은 선박 인도 채무자인 매도인이 지게 되므로, 이를 채무자주의라고 한다. 반대로 매수인이 대금을 지급하여야 한다면 그 손실은 채권자인 매수인이 지게 되므로, 이를 채권자주의라고 한다.

의사로 그 적용을 배제할 수 있는 규정이다. 따라서 강행규정에 반하는 법률행위는 무효다. 강행규정은 법률행위의 당사자 쌍방에 적용되는 것이 일반적이다. 그런데 경우에 따라서는 법률행위 일방 당사자에게 불리한 경우에만 이를 무효로 하는 법규가 있는데 이를 '**편면적 강행규정**'이라 한다(제289조·제652조, 주택임대차보호법 제10조·상가건물 임대차보호법 제9조).

강행규정에 있어서 효력규정과 단속규정이 있다. **효력규정**은 규정에 위반하는 행위의 사법상의 효과가 부정되는 것이다. **단속규정**은 규정에 위반하더라도 벌칙의 적용이 있을 뿐이고 행위 자체의 사법상의 효과에는 영향이 없다. 가령 무허가음식점의 음식 판매행위, 무허가숙박업행위, 검사에 불합격한 농산물판매행위 등이 있다. '상호신용금고가 차입을 할 때에는 건별로 총사원의 3분의 2 이상의 동의 또는 이사회의 결의를 거쳐 재무제표 및 장부에 계상하여야 한다(상호신용금고법 제17조)는 규정은 상호신용금고의 금융업무의 건실한 경영을 확보하고 계원 및 부금자 등의 이익보호를 도모하기 위한 내부적인 제약규정으로 **단속규정**이라 할 것이다」고 판시함으로써 A상호신용금고의 대표이사 甲이 위 동의 또는 결의를 거치지 않고 乙의 채무를 보증하기 위해 어음에 배서를 한 행위라도 상호신용금고법상 단속규정의 위반으로 무효가 아니다.[5)]

공인중개사법 관련 법령에서 정한 한도를 초과하는 부동산 중개수수료 약정은 그 한도를 초과하는 범위 내에서 무효라고 할 것이다.[6)] 매매당사자들이 유치원부지에 대하여 유치원을 다른 곳으로 이전하거나 폐원함으로써 매매목적 토지상에 유치원이 존재하지 아니할 것을 조건으로 매매계약을 체결한 경우, 그 유치원의 이전이나 폐원이 불가능하지 않다면 **사립학교법** 제28조 제2항, 시행령 제12조 제1항의 규정들에 불구하고 그 매매계약은 유효하게 되고,[7)] 이는 담보제공 약정의 경우에 있어서도 마찬가지라고 할 것이다.[8)] 의료인이나 의료법인 등이 아닌 자가 의료기관을 개설하여 운영하는 경우에 초래

---

5) 대법원 1985. 11. 26. 선고 85다카122 전원합의체 판결.

6) 대법원 2007. 12. 20. 선고 2005다32159 전원합의체 판결; 대법원 2002. 9. 4. 선고 2000다54406, 54413 판결.

7) 대법원 1997. 5. 28. 선고 97다10857 판결; 대법원 2002. 9. 27. 선고 2002다29152 판결.

8) 대법원 2007. 9. 7. 선고 2005다50690 판결.

될 국민 보건위생상의 중대한 위험을 방지하기 위하여 제정된 이른바 강행법규에 속하는 것으로서 이에 위반하여 이루어진 약정은 무효이다.[9]

4. 탈법행위

강행규정 위반의 모습은 그 규정 자체를 정면으로 위반하는 경우가 보통이나 강행규정의 조문에서 직접 정면으로 위반하지 않는 형식을 갖추었으나 실질적으로는 그 법규가 금지하고 있는 내용을 실현하는 행위를 **탈법행위**라 한다. 공무원의 연금을 받는 권리는 법률상 금융기관 이외에는 담보로 제공하는 것이 금지되어 있다(공무원연금법 제32조). 이 규정을 직접 위반하는 것을 피하기 위하여 채권자에게 연금증서를 교부하면서 연금추심의 대리권을 주고 이를 채권의 변제에 충당하기로 약정한다면 그것은 결국 담보로 제공되는 것과 같은 결과가 되는 것이다. 이와 같은 탈법행위는 법률이 인정하지 않는 결과의 발생을 목적으로 하기 때문에 무효이다.

가령, 전기통신금융사기의 법인이 자기 범행을 통한 편취금을 자신이 아닌 **타인 금융계좌**로 송금받는 이유는 범죄수익을 은닉하고 법인의 신원을 은폐하기 위한 것으로, 타인 실명의 금융거래를 범죄의 수단으로 악용하는 전형적인 경우이므로 탈법행위를 목적으로 한 타인 실명 금융거래에 해당한다.[10] **국유재산**에 관한 사무에 종사하는 직원이 타인의 명의로 국유재산을 취득하는 행위는 강행법규인 적용을 피하기 위한 탈법행위로서 무효이고, 그 무효는 원칙적으로 누구에 대해서나 주장할 수 있다고 할 것이므로, 그 규정들에 위반하여 취득한 국유재산을 제3자가 전득하는 행위 또한 당연히 무효이다.[11]

---

9) 대법원 2003. 4. 22. 선고 2003다2390·2406 판결.

10) 대법원 2005. 4. 29. 선고 2003도6056 판결.

11) 대법원 1997. 6. 27. 선고 97다9529 판결; 대법원 1994. 10. 21. 선고 94도2048 판결; 대법원 1996. 4. 26. 선고 94다43207 판결.

Ⅲ. 목적의 사회적 타당성

1. 반사회적 법률행위

사례연구

[반사회적 법률행위]

甲은 처와 자녀가 있는 중년 남성이다. 그런데 甲은 乙녀와 동거하는 조건으로 아파트 한 채를 사주기로 하였다. 이러한 甲·乙간의 계약은 유효한가? 만약 甲과 乙이 무조건 동거하다가 각자의 자리로 돌아가기로 하였다고 하는 경우에, 甲이 乙에게 그간의 정과 헤어지는 대가로 아파트를 사주겠다고 한 계약은 유효한가?

甲과 乙의 행위는 일부일처제의 혼인 질서에 반하는 것으로서 반사회적 법률행위가 되어 무효이다. 따라서 甲은 乙에게 아파트를 사주지 않아도 乙은 그 이행을 청구할 수 없다. 만약 사주었다면 불법원인급여가 되어 반환을 청구하지 못한다(민법 제746조). 그러나 불륜관계를 해소하기로 하고 또는 해소와 관련하여 행하는 종된 법률행위는 유효하다. 따라서 乙과의 불륜관계를 해소하면서 아파트를 사주겠다고 한 계약은 유효하다. 반사회적 법률행위는 무효이지만 그것을 해소하는 과정에서의 법률행위는 유효하다(대법은 1980. 6. 24. 선고 80다458 판결).

민법 제103조는 "선량한 풍속 기타 사회질서에 위반한 사항을 내용으로 하는 법률행위는 무효로 한다"고 규정한다. 따라서 법률행위의 내용을 직접적으로 규제할 강행법규가 없더라도 그 내용이 사회질서에 위반하는 경우에는 민법 제103조에 의하여 무효가 된다.

선량한 풍속이란 모든 국민에게 지킬 것이 요구되는 최소한도의 도덕률을 말하고, **사회질서**란 국가·사회의 공공적 질서 내지 일반적 이익을 말한다. 법률행위 목적인 권리의무의 내용이 선량한 풍속 기타 사회질서에 위반되는 경우뿐만 아니라 그 내용 자체는 반사회적인 것이 아니라 하여도 법적으로 이를 강제하거나 법률행위에 사회질서의 근간에 반하는 조건 또는 금전적인 대가가 결부됨으로써 그 법률행위가 반사회질서의 성질을 띠게 되는 경우 및 표시되거나 상대방에게 알려진 법률행위의 동기가 반사회질서의 경우를 포함한다.[12)]

12) 대법원 2009. 9. 10. 선고 2009다37251 판결.

사례연구

[선량한 풍속 기타 사회질서]

독자인 A는 결혼생활 15년 동안 딸만 다섯을 낳았다. 그러던 중 어떤 과부인 B여인을 알게 되어 동거하였다. 아내도 이에 대해 별 항의도 없었다. A는 B여인에게 아들을 낳으면 집 한 채를 사주기로 약속하였는데, B여인은 1년 후에 아들을 낳았다. 그러나 A는 언제 그런 약속을 했느냐면서 잡아떼었다. B여인은 A를 고소하려고 하는데, A를 처벌할 수 있는가?

민법 제103조는 '선량한 풍속 기타 사회질서에 위반한 사항을 내용으로 하는 법률행위는 무효로 한다'고 규정하고 있다. 일부일처제를 보호하는 민법은 사회질서에 반하는 법률행위들은 무효의 법률행위로 본다. 가령 범죄행위에 가담하는 계약(밀수자금의 대여), 담합행위, 인륜에 반하는 행위, 개인의 자유를 극도로 제한하는 행위(평생 결혼하지 않겠다는 계약), 생존의 기초가 되는 재산의 처분행위 등은 무효이다. 아들을 낳아주면 보상을 하겠다는 계약은 물론 무효이다. 따라서 민사법적으로 B여인이 A를 상대로 손해배상을 청구할 수는 없다.

그러나 형법적으로 혼인빙자간음죄로 고소할 수 있는 방법을 찾아볼 수 있다. 하지만 A가 동거해주고 아들을 낳아주면 혼인해 주겠다는 약속을 하지 않은 이상 그것도 불가능해 보인다. 사회생활을 하다 보면 반사회적 법률행위를 하는 사람일수록 법의 생리와 맹점을 더 잘 알고 악용하려는 사람이 많기 때문에 건전한 사회윤리적 판단으로 위험하다고 생각되는 법률행위는 기피하는 것이 현명하다.

2. 정의 관념에 반하는 행위

사례연구

[제3자가 명의수탁자의 명의신탁자에 대한 배임행위에 적극 가담한 경우]

명의수탁자로부터 신탁재산을 매수한 제3자가 명의수탁자의 명의신탁자에 대한 배임행위에 적극 가담한 경우에 그 매매계약의 효력은 어떠한가?

종중 등의 명의신탁에 있어서 명의수탁자는 신탁재산을 유효하게 제3자에게 처분할 수 있고 제3자가 명의신탁 사실을 알았다 하여도 그의 소유권취득에 영향이 없는 것이기는 하지만, 명의수탁자로부터 신탁재산을 매수한 제3자가 명의수탁자의 명의신탁자에 대한 배임행위에 적극 가담한 경우에는 명의수탁자와 제3자 사이의 계약은 반사회적인 법률행위로서 무효이다(대법원 2008. 3. 27. 선고 2007다82875 판결).

부동산의 매수인이 매도인의 배임행위에 적극 가담하여 그 매매계약이 반사회적 법률행

> 위에 해당하는 경우에는 매매계약은 절대적으로 무효이므로, 당해 부동산을 매수인으로부터 다시 취득한 제3자는 설령 매수인이 당해 부동산의 소유권을 유효하게 취득한 것으로 믿었다고 하더라도 매매계약이 유효하다고 주장할 수 없다(대법원 1984. 6. 12. 선고 82다카672 판결; 대법원 1996. 10. 25. 선고 96다29151 판결).

범죄 기타의 부정행위를 권하거나 또는 이에 가담하는 계약은 무효이다. 그러므로 밀수입의 자금으로 사용하기 위한 대차 또는 그를 목적으로 한 출자는 공서양속에 위반한 사항을 목적으로 한 법률행위로서 무효이다.[13] **이중매매**에 관하여 판례는 이중매매라는 것만으로는 채권이 배타성이 없으므로 정의에 반한다고 보기 어려우나, 제2매수인이 매도인의 배임행위에 적극 가담하여 이루어진 이중매매는 반사회적 법률행위로서 무효라고 한다.[14]

부동산의 이중매매라 함은 매도인과 제1매수인 사이에서 부동산을 매매하기로 계약을 체결하였지민(계약체결은 중도금 납입 이후로 본다), 메메계약은 아직 이행하지 않고 있는 상태에서 모종의 이유로 인하여 다른 사람(이를 제2매수인이라 한다)에게 팔아버리는(중도금 납입 이후로 본다) 일련의 행위를 가리켜 부동산 이중매매라 한다.

부동산의 이중매매행위는 계약체결, 중도금 납부, 잔금지급, 소유권이전등기 등으로 계약의 성립과 이행의 완료까지 시간이 걸리는 편이다. 부동산의 시세도 그사이에 유동적인 경우가 대부분이다. 부동산의 이중매매가 자주 문제가 된다.

이런 문제가 생기는 근본적인 원인은 손해배상법에서도 그 이유를 찾을 수 있겠지만, 더 근본적인 이유는 우리 민법상 이중매매행위 자체는 불법이 아니고, 이중매매 계약당사자의 계약은 모두 다 유효한 것으로 보기 때문이다. 그리고 채권자들 사이에서는 원칙적으로 우열관계가 없기 때문에, 원칙적으로는 A는 누구와 먼저 계약을 했든 상관없이 B나 C 중 아무에게나 이행해도 상관없는 것이 원칙이다.

계약금만 주고 받은 경우에는 계약금의 수령자는 받은 계약금의 2배를

---

13) 대법원 1973. 5. 22. 선고 72다2249 판결.

14) 대법원 1994. 3. 11. 선고 93다55289 판결.

반환하고 계약금의 교부자는 이를 포기하면 계약을 해제할 수 있다는 민법 제565조를 적용할 수 있지 않느냐 하는 의견도 있지만 대개의 이중매매 사례는 민법 제565조가 적용되지는 않는다. 왜냐하면 매수인은 보통 계약금은 물론 중도금까지 지급한 경우라서 중도금을 내기 전까지만 적용되는 이 규정으로는 해결이 안되기 때문이다.

이와 같은 민법의 기본원리를 관철하게 되면, 제1매수인(B)을 어떻게 보호하느냐의 문제가 있다. 토지 시가 변동이 무척이나 잦고, 부동산에 관한 분쟁도 많은 우리나라에서 당연히 실제 사례로도 많이 다투어진 실제 사례이다. 그런데 그 해석에 관해서는 엄청난 논란이 생기게 되는 것이다.

이 사례에서 A의 이중매매 자체는 불법이 아니지만, 제2매수인 C가 매도인 A의 배임행위에 적극 가담한 경우 그것은 반사회질서 법률행위(제103조)로 보아 무효로 함으로써 해결한다. 즉, 사례에서 C의 계약은 원칙적으로는 무효가 아니지만, B와 A간의 계약이 있음을 C가 다 알면서도 A를 적극적으로 꼬여서 B의 계약을 저버리라고 가담시킨 사정이 있다면 예외적으로 C와 A의 계약의 효력을 부정하겠다는 것이다.

결국 대법원이 말하는 예외적인 사유가 있다면, C와 A의 계약은 애초에 없는 무효로 하고 그러면 A가 부동산을 넘겨줘야 할 의무가 있는 자는 B밖에 안 남는다. B는 법적으로 유효하게 부동산 내놓으라고 할 권리가 생긴다는 것이다. 이때 부동산의 등기상 소유자는 이미 C로 넘어가 있지만, 이상의 전세가 모두 충족됐다고 보면 C는 가짜 소유권자가 된다. 원칙대로면 B는 A에게만 청구권이 있지 C에게 있는 것이 아니므로 C에게 청구를 하기 어려워 보이지만, 일단 원소유자 A에게 소유권을 돌려놓고, A에게 다시 청구하는 과정을 거치면 되기 때문에, B는 A의 원소유자로서의 지위를 대신(대위)해 C의 등기를 말소할 것을 우선 청구하고, 이어서 A에게 소유권이 돌아오면 원래 계약을 기초로 소유권을 이전해달라고 청구하면 문제가 최종적으로 해결될 것이다.

그렇다면 판례가 말하는 적극가담이란 제2매수인이 매도인과 제1매수인 사이의 매매계약 사실을 알고 있어야 하고, 제2매수인이 수차례의 매매 권유 혹은 감언이설 등으로 매도인을 배임행위에 나서도록 적극적으로 권유를 하여야 한다. 단순히 제2매수인이 알고 있어서만은 안 되고, 알면서 적극적으로 매도인에게 본인에게 팔라고 권유하여야 한다.

3. 인륜에 반하는 행위

일부일처제나 친자 사이의 윤리, 성도덕 질서에 위반하는 것을 목적으로 하는 법률행위는 무효이다. 가령, 법률상 처가 있는 남자가 다른 여자와 혼인을 거행하고 장래 혼인 신고하기로 하여 혼인 예약을 맺는다는 것은 일부일처제에 비추어 공서양속에 위반하는 무효의 계약이다.[15] **자녀**가 부모에 대하여 불법행위에 의한 손해배상을 청구하는 행위는 무효이다.[16] **혼인** 없이 성관계 유지를 위한 증여는 무효이다.

그러나 종래의 **부첩**관계를 청산하고 그 사이에 출생한 자녀의 부양료를 지급할 것을 내용으로 하는 계약은 부첩관계를 유지하기 위한 부양료 지급을 내용으로 한 것이 아니므로 공서양속에 위반되는 무효의 계약이라 할 수 없다.[17] 부첩관계를 맺으면서 처의 사망 또는 이혼이 있을 경우에 첩과 혼인신고를 하여 입적하게 한다는 부수적 약정도 공서양속에 위반하여 무효이다.[18]

4. 개인의 자유를 극도로 제한하는 행위

사례연구

[퇴직금 청구권을 사전에 포기하는 경우]

퇴직금 청구권을 사전에 포기한 계약의 효력은 어떻게 되는가?

퇴직금 지급 청구권은 퇴직이라는 근로관계의 종료를 요건으로 하여 비로소 발생하는 것으로 근로계약이 존속하는 한 퇴직금 지급 의무는 발생할 여지가 없으므로, 매월의 월급이나 매일의 일당 속에 퇴직금을 포함시켜 지급받기로 하는 약정은 최종 퇴직시 발생하는 퇴직금 청구권을 사전에 포기하는 것으로서 강행법규인 근로기준법 제34조에 위반되어 무효이

15) 대법원 1995. 10. 13. 선고 4288민상245 판결.
16) 대법원 1977. 6. 7. 선고 76므34 판결.
17) 대법원 1980. 6. 24. 선고 80다458 판결.
18) 대법원 1995. 7. 14. 선고 4288민상156 판결.

다(대법원 2007. 8. 23. 선고 2007도4171 판결; 대법원 2002. 7. 12. 선고 2002도2211 판결; 2002. 7. 26. 선고 2000다27671 판결).

인신매매·성매매, 평생 혼인을 하지 않는다는 계약은 무효이다. 어떠한 일이 있어도 이혼하지 아니하겠다는 각서를 써 주었다 하더라도 그와 같은 의사표시는 신분행위의 의사결정을 구속하는 것으로서 공서양속에 위배하여 무효이다.[19] 귀국 후 일정한 기간 근무하지 않으면 해외 파견 소요경비를 배상한다는 사규나 약정은 근로계약 기간이 아니라 경비반환채무의 면제기간을 정한 것이므로 공서양속에 위반하는 무효의 계약이라 할 수 없다.[20]

5. 생존의 기초가 되는 재산의 처분행위

사례연구

[사찰 존립을 위태롭게 하는 증여]

사찰의 중요 재산을 학교법인에 증여한 경우의 효력은 어떻게 되는가?

사찰의 가장 중요한 재산인 임야를 학교법인에 증여한 행위가 그 사찰의 목적수행을 불가능케 하고 그 존립 자체를 위태롭게 하는 정도의 것인 경우에는 설사 그 증여에 대한 관할청인 교육부장관의 허가를 얻었다 하더라도 그 증여는 당연 무효이다(대법원 1976. 4. 13. 선고 75다2234 판결).

사찰목적이 수행을 불가능하게 하거나 사찰 자체의 존립을 위태롭게 할 우려가 있는 경우라면, 비록 그 재산이 제3자에게 명의신탁되어 있다고 하더라도 명의수탁자인 제3자의 재산처분행위는 이를 무효라고 하여야 할 것이다(대법원 1987. 1. 20. 선고 85다카2536 판결).

자기가 취득할 **모든 재산**을 양도한다는 계약은 생존을 불가능하게 하는 것으로서 무효이다. **사찰**의 존립과 존재의의를 상실케 하는 증여행위는 공서양속에 위반되는 무효의 행위이다.[21] **학교법인**의 학원운영권 양도계약은 허용된다.[22]

---

19) 대법원 1969. 8. 19. 선고 69므18 판결.
20) 대법원 1980. 6. 24. 선고 80다458 판결.
21) 대법원 1970. 3. 31. 선고 69다2293 판결.
22) 대법원 1979. 8. 14. 선고 79다1058 판결.

6. 지나치게 사행적인 행위

사례연구

[도박채무의 변제약정]

도박채무변제를 위한 부동산처분의 효력은 어떠한가?

도박채무를 변제하기 위하여 채무자로부터 부동산처분을 위임받은 채권자가 그 부동산을 매도한 경우에 도박채무의 변제약정이 무효라 하더라도 부동산처분에 관한 대리권을 수여한 행위 부분까지 무효라고 볼 수는 없다.

위와 같은 사정을 알지 못하는 거래 상대방이 도박채무자로부터 처분 권한을 수여받은 대리인인 도박채권자를 통하여 위 부동산을 매수한 행위는 유효하다(대법원 1995. 7. 14. 선고 94다40147 판결; 대법원 1987. 4. 28. 선고 86다카1802 판결).

도박자금을 대부하는 행위 또는 도박으로 인한 채무의 변제방법으로서 토지를 양도하는 계약은 무효이다.[23] 법률이 특수한 입장에서 이를 허용하는 **복권**(복권 및 복권기금법 제23조)과 **마권**(한국마사회법 제6조)과 같은 경우에는 유효이다.

IV. 불공정한 법률행위

1. 반사회질서와 관계

민법 제103조 반사회질서의 법률행위와 민법 제104조 불공정한 법률행위를 규정하고 있다. 민법 제104조는 민법 제103조와 독립된 것이 아니고 반사회질서의 법률행위의 하나의 예시에 불과하다는 것이 통설과 판례의 태도다. 불공정한 법률행위에 대해서는 우선 민법 제104조가 적용된다. 하지만 그 요건에 해당되지 않더라도 그것이 반사회질서에 해당하는 경우에는 민법 제103조에 의해 무효가 될 수 있다.

23) 대법원 1966. 2. 22. 선고 65다2567 판결.

2. 불공정한 법률행위의 요건

사례연구

[불공정한 법률행위]

불법 구금과 급박한 곤궁 상태 여부는 어떻게 판단하는가?

일반인이 수사기관에서 법관의 영장에 의하지 않고 30시간 이상 불법구금된 상태에서 구속을 면하고자 하는 상황에 처해 있었다면, 특별한 사정이 없는 한 정신적 또는 심리적 원인에 기인한 급박한 곤궁의 상태에 있었다고 봄이 상당하다.

금 514,010,000원에 경락받은 토지 지분을 편취한 데에 따른 손해배상으로 그 지분을 반환하는 외에 금 240,000,000원이라는 거액을 추가로 지급하기로 한 것은 불법행위로 인하여 상대방이 입게 된 정신적 고통 등의 손해를 감안하더라도 지나치게 과도한 것이라고 보지 않을 수 없으므로 특별한 사정이 없는 한 급부와 반대급부 사이에 현저한 불균형이 있다고 보아야 한다(대법원 1996. 6. 14. 선고 94다46374 판결).

불공정한 법률행위 요건은 객관적 요건과 주관적인 요건으로 나뉜다. **객관적 요건**은 당사자 간의 급부와 반대급부 사이에 현저한 불균형이 있어야 한다. 당사자 일방이 상대방에게 일방적 급부를 하는 법률행위에는 적용이 없다.[24] 가령 현저한 균형이란 대물변제의 목적물인 부동산의 가격이 채권액의 3 내지 4배가 되는 대물변제계약,[25] 인체 사고로 인한 손해배상금으로 사고 후 1일주일밖에 되지 않는 때에는 그 받을 수 있는 금액의 8분의 1도 안되는 금액을 합의금으로 정하여 민·형사상 더 이상 문제 삼지 않기로 하는 내용의 합의를 한 경우[26] 등이다. 급부의 현저한 불균형을 판단하는 시점은 '법률행위 시'를 기분으로 하여야 한다.

어떠한 법률행위가 불공정한 법률행위에 해당하는지는 법률행위 시를 기준으로 판단하여야 한다.[27] 따라서 계약체결 당시를 기준으로 전체적인 계약 내용에 따른 권리의무관계를 종합적으로 고려한 결과 불공정한 것이 아니라

---

24) 대법은 1993. 3. 23. 선고 92다52238 판결.

25) 대법원 1962. 2. 8. 선고 4294민상773 판결.

26) 대법원 1979. 4. 10. 선고 2011다53683·53690 전원합의체판결.

27) 대법원 2000. 12. 8. 선고 2000다30905 판결.

면, 사후에 외부적 환경의 급격한 변화에 따라 계약당사자 일방에게 큰 손실이 발생하고 상대방에게는 그에 상응하는 큰 이익이 발생할 수 있는 구조라고 하여 그 계약이 당연히 불공정한 계약에 해당한다고 말할 수 없다.[28]

민법 제104조가 규정하는 현저히 공정을 잃은 법률행위라 함은 자기의 급부에 비하여 현저하게 균형을 잃은 반대급부를 하게 하여 부당한 재산적 이익을 얻는 행위를 의미하는 것이므로, 증여계약과 같이 아무런 대가관계 없이 당사자 일방이 상대방에게 일방적인 급부를 하는 법률행위는 그 공정성 여부를 논의할 수 있는 성질의 법률행위가 아닌 것인바,[29] 그러나 민법 제103조에 의하여 무효로 되는 반사회질서 행위는 법률행위의 목적인 권리의무의 내용이 선량한 풍속 기타 사회질서에 위반되는 경우뿐만 아니라, 그 내용 자체는 반사회질서적인 것이 아니라고 하여도 법률적으로 이를 강제하거나 법률행위에 반사회질서적인 조건 또는 금전적인 대가가 결부됨으로써 반사회질서적 성질을 띠게 되는 경우 및 표시되거나 상대방에게 알려진 법률행위의 동기가 반사회질서적인 경우를 포함한다.[30]

주관적 요건은 상대방의 궁박이나 경솔 또는 무경험에 편승하거나 이를 이용할 것이 요구된다. 그러나 피해자가 궁박·경솔 또는 무경험의 상태에 있었다고 하더라도 그 상대방에게 이를 이용하려는 의사, 즉 폭리행위의 악의가 없었다면 불공정법률행위는 성립하지 않는다.[31]

궁박이란 벗어날 길이 없는 어려운 상태를 말한다. 궁박은 '급박한 곤궁'을 의미하는 것으로서 경제적 원인에 기인할 수도 있고, 정신적 또는 심리적 원인에 기인할 수도 있다. 궁박이 있었느냐의 여부는 당사자의 신분과 재산상태 및 당사자가 처한 상황의 절박 정도 등 제반 사항을 고려하여 종합적으로 판단하여야 한다.[32] 당사자가 궁박의 상태에 있었는지 여부는 그의 신분과 재산상태 및 그가 처한 상황의 절박성의 정도 등 제반 상황을 종합하여 구체적

28) 대법원 2013. 9. 26. 선고 2011다53683·53690 전원합의체 판결.

29) 대법원 1993. 3. 23. 선고 92다52238 판결; 대법원 1993. 7. 16. 선고 92다41528, 92다41535 판결; 대법원 1993. 10. 26. 선고 93다6409 판결; 대법원 1997. 3. 11. 선고 96다49650 판결.

30) 대법원 2000. 2. 11. 선고 99다56833 판결.

31) 대법원 2002. 9. 4. 선고 2000다54406·54413 판결.

32) 대법원 1981. 2. 8. 선고 80다2683 판결.

으로 판단하여야 한다.[33] 가령 계와 관련된 고소에 따라 삼청교육대에 갈지도 모른다는 급박한 정신적 압박을 받고 있었다면 이는 궁박에 해당한다.[34]

경솔이란 의사를 결정할 때에 그 행위의 결과나 장래에 관하여 보통인이 가지는 고려를 하지 않는 경우를 말한다. 공무원들이 재산 가격조서를 작성할 때에 사유재산심의회의 결의에 의하여 사정 확정된 토지의 평당 단가 금 2,100원으로 기재하여야 할 것이나 그 10배인 21,000원으로 오기한 것은 경솔로 인한 것이다.[35]

무경험이란 일반적인 생활경험이 불충분한 것을 말한다. 무학문맹의 67세의 노파가 다른 생활 대책도 강구함이 없이 유일한 생활 근거인 가옥을 매도한 계약은 그 당시의 시기와 매매계약 사이에 현저한 차이가 있다면 무경험이 인정된다.[36] 궁박·경솔·무경험은 모두 갖추어야 하는 것이 아니다. 이 중에 어느 하나만 해당하면 된다.[37] 궁박·경솔·무경험 등의 입증책임은 이러한 사정이 있음을 이유로 법률행위의 무효를 주장하는 자에게 있다(대법원 1970. 11. 24. 선고 70다2065 판결).

사례연구

[무경험]

甲남과 乙녀는 농촌에서 농사를 짓는 부부이다. 얼마 전에 甲은 불행하게도 교통사고로 사망하였다. 그 후 일주일이 지나서 가해자 丙이 甲의 처 乙을 찾아와 합의해 줄 것을 강력히 요구해서 어쩔 수 없이 甲의 처 乙은 합의금 150만원(乙이 받을 수 있는 금액의 8분의 1에 해당)을 받고 민·형사상 더 이상 문제 삼지 않기로 합의하였다. 乙·丙 간의 합의는 정당한가?

농촌에서 농사만을 짓고 있던 乙이 졸지에 교통사고를 당하여 경제적으로나 정신적으로 궁박하고 무경험한 상태에 놓였다고 할 수 있다. 또한 사고 후 1주일밖에 되지 않는 때에 乙이 받을 수 있는 금액의 8분의 1도 안되는 금액으로 합의한 것은 현저하게 공정을 잃은 불공정한 계약이다. 따라서 乙은 자기가 받은 돈 150만원을 제외한 8분의 7을 청구할 수

33) 대법원 1992. 4. 14. 선고 91다23660 판결.
34) 대법원 1992. 4. 14. 선고 91다23660 판결.
35) 대법원 1997. 5. 10. 선고 76다2953 판결.
36) 대법원 1979. 4. 10. 선고 79다275 판결.
37) 대법원 1993. 10. 12. 선고 93다19924 판결.

있다(대법원 1993. 10. 29. 선고 93다19924 판결).

3. 동기의 불법

법률행위 자체는 사회질서에 위배되지 않으나 당사자가 그 의사표시를 하게 된 동기에 반사회성이 있은 경우를 동기의 불법이라 한다. 가령 甲이 **도박**을 하다가 도박자금을 모두 잃어 乙로부터 도박자금을 빌린 경우, 甲과 乙은 금전소비대차계약(돈을 빌려주는 계약)을 체결한 것이지만 그 동기가 도박을 위한 것이다. 문제는 이 경우에 법률행위 자체의 효력이 어떻게 되는가 하는 점이다.

다수설은 甲이 乙에게 도박자금이라는 것을 표시하고 빌렸다면 그 계약은 무효라 한다. 소수설은 甲이 비록 도박자금이라는 것을 표시하지 않았더라도 甲이 돈을 빌려 도박하려고 한다는 사실을 乙이 이미 알고 있었거나 충분히 알 수 있었던 경우에는 무효라고 한다. 판례는 불법 동기가 상대방에게 표시되거나 알려진 경우에 무효로 본다.[38] 동기의 표시 유무를 불문하고 민법 제103조는 반사회적 행위의 저지를 목적으로 하므로 불법 시도를 실현하기 위한 행위는 당연히 공서양속에 반하다고 볼 수 있다. 다만 불법 동기를 모르는 경우에는 상대방의 이익을 보호할 필요가 있으므로 법률행위의 효력에 영향을 미치지 않는다고 보아야 한다.

4. 반사회적 법률행위의 효과

사례연구

[불법원인급여]

임의로 지급한 무효이자에 대한 반환청구는 가능하는가?

선량한 풍속 기타 사회질서에 위반하여 무효인 부분의 이자 약정을 원인으로 차주가 대주에게 임의로 이자를 지급하는 것은 통상 불법의 원인으로 인한 재산 급여라고 볼 수 있을

38) 대법원 1994. 3. 11. 선고 93다40522 판결.

것이나, 불법원인급여에 있어서도 그 불법원인이 수익자에게만 있는 경우이거나 수익자의 불법성이 급여자의 그것보다 현저히 커서 급여자의 반환청구를 허용하지 않는 것이 오히려 공평과 신의칙에 반하게 되는 경우에는 급여자의 반환청구가 허용된다.

대주가 사회통념상 허용되는 한도를 초과하는 이율의 이자를 약정하여 지급받은 것은 그의 우월한 지위를 이용하여 부당한 이득을 얻고 차주에게는 과도한 반대급부 또는 기타의 부당한 부담을 지우는 것으로서 그 불법의 원인이 수익자인 대주에게만 있거나 또는 적어도 대주의 불법성이 차주의 불법성에 비하여 현저히 크다고 할 것이어서 차주는 그 이자의 반환을 청구할 수 있다(대법원 2007. 2. 15. 선고 2004다50426 전원합의체 판결).

불공정한 법률행위는 무효이다(제104조). 법률행위에 기한 채무는 소멸하므로 아직 이행하지 않은 채무는 이행할 필요가 없고 이미 이행한 채무는 부당이득반환을 청구할 수 있다. 법률행위가 사회질서에 위반되어 무효인 경우, 아직 그 이행이 안 된 상태에서는 그 이행을 할 필요가 없다. 상대방도 그 이행을 청구할 수 없다(제103조). 가령 甲이 乙에게 도박에 패하여 100만원의 도박채무가 있는 경우 甲은 乙에게 변제하지 않아도 된다.

반사회질서 법률행위에 기해 이미 이행이 된 경우에는 무효의 일반원칙에 따라 그 반환을 청구할 수 있다. 민법 제746조는 "불법의 원인으로 인하여 재산을 급여하거나 노무를 제공한 때에는 그 이익의 반환을 청구하지 못한다. 그러나 불법원인이 수익자에게만 있는 때에는 그러하지 아니한다"고 규정하여 이른바 **불법원인급여**에 있어서는 반환청구를 금지하고 있다. 따라서 이미 이행된 것은 수익자에게 확정적으로 귀속된다. 다만 민법 제103조에 위반한다고 하여 모두 불법원인급여가 되는 것도 아니다. 가령 甲이 밀수자금으로 1천만원이 필요하다고 하여 乙이 이를 빌려 준 경우 그 금전의 소유권은 甲에게 귀속된다(제746조 전문). 다만 수익자에게만 불법원인이 있는 경우에는 피해자는 이행한 것의 반환을 청구할 수 있다(제746조 단서).

불법원인급여는 불법의 원인으로 재산을 급여하거나 노무를 제공하는 것을 말한다. 도박이나 인신매매와 같은 계약은 법의 보호를 받지 못한다. 즉 선량한 풍속 기타 사회질서에 반하는 법률행위는 무효가 된다. 이러한 행위에 기해서 급부한 자도 법의 보호를 받지 못한다. 이러한 취지에서 민법은 불법의 원인으로 말미암아 급부한 자에게는 부당이득 반환청구권을 인정하지 아니한다.

불법원인급여 후 급부를 이행받은 자가 별도의 약정으로 급부 그 자체 또는 그에 갈음한 대가물을 반환하기로 하는 특약을 한 경우에 그 효력이 인정된다.[39] 반사회적 행위에 의하여 조성된 재산인 이른바 비자금을 소극적으로 은닉하기 위하여 임치한 것이 사회질서에 반하는 법률행위로 볼 수 없으므로 불법원인급여가 아니다.[40]

Ⅴ. 의사와 표시의 불일치

1. 의사주의와 표시주의

의사표시는 일정한 법률효과의 발생을 목적으로 하는 의사의 표시행위를 말한다. 의사표시는 법률행위에 불가결한, 그리고 본질적인 구성요소이다. 의사표시는 단독으로 또는 다른 의사표시 기타의 **법률사실**과 결합하여 법률행위를 형성한다. 이렇게 의사표시를 요소로 하여 성립한 **법률행위**는 하나의 **법률요건**으로서 법률효과를 발생하게 하는데, 그 효과는 의사표시의 내용에 따른 것이다.

의사주의나 **표시주의**는 의사표시의 본질을 파악하기 위하여 의사와 표시가 불일치하는 경우, 즉 비정상적인 경우를 모델로 하여 의사표시를 의사와 표시로 나눈다. 또 의사를 다시 세분한 뒤, 이들 가운데 어떤 것들이 의사표시를 구성하는 요소인가에 관하여 논하고 있다. 의사표시의 구성요소로서는 행위의사, 표시의사, 효과의사, 표시행위를 들 수 있다. 행위의사, 표시의사, 효과의사는 의사적 요소이고 표시행위는 표시적 요소이다.

행위의사라 함은 외부적인 용태, 즉 행위를 한다는 의식이다. 소리를 지르거나 실내를 돌아다니거나 침묵하는 것과 같이 의식적으로 행위하는 자는 모두 이러한 행위의사를 가지고 있다. 그러나 만취한 상태에서 소리를 지르거나 몽유병에 걸린 자가 수면중에 집안을 돌아다니는 것은 단순히 반사적으로

39) 대법원 2010. 5. 27. 선고 2009다12580 판결.
40) 대법원 2001. 4. 10. 선고 2000다49343 판결.

행동하는 것에 불과하기 때문에 행위의사가 없다. 따라서 의사표시에 의한 법률효과가 발생할 여지가 없다.

표시의사는 법적으로 의미 있는 표시행위를 한다는 의식이다. 표시의식은 표의자가 그의 용태가 법적으로 의미있는 표시로서 파악될 수 있음을 의식하는 경우에 존재한다. 표의자가 단순히 법적으로 의미가 없는 어떤 것을 표시한다고 믿는 경우에는 표시의식은 없다. 표시의식은 단순히 행위를 한다는 의식인 행위의사, 그리고 구체적인 법률효과에 향하여진 의사인 효과의사와 구별된다. 가령, 대학교발전기금납부신청서와 등산참가신청서가 회람되고 있는 모임에서 후자인 줄 알고 전자에 기명날인하는 경우 표시의사는 없다.

효과의사는 어떤 구체적인 법률효과의 발생에 향하여진 의사이다. 효과의사는 구체적인 법률효과를 내용으로 하는 점에서 추상적인 법률효과 의식인 표시의식과 구별된다.

표시행위는 효과의사를 외부에서 인식할 수 있도록 표명하는 행위이다. 표시행위는 여러 가지 방식으로 행하여질 수 있다. 언어적 표시행위인 말이나 글, 비언어적 표시행위인 손짓이나 몸짓, 심지어 침묵도 표시행위로 될 수 있다. **침묵**은 원칙적으로 표시행위로 될 수 없다. 그러나 침묵을 효과의사의 표현이라고 인식시키는 특별한 사정이 존재하는 경우는 다르다. 가령, 사단법인 총회에서 의장이 결의에 반대하는 사원은 손을 들어보라고 하는 경우가 있다. 이렇게 당사자의 약정이나 거래 관행 또는 신의칙 등에 의하여 적극적으로 표시하였어야 하는 경우에는 침묵은 표시행위로 인정될 수 있으며 그것을 침묵에 의한 표시라고 한다. 침묵이 의사표시로 되려면 침묵자가 자신의 침묵이 표시의 의미를 가진다는 것을 의식해야 하는가? 즉 표시의사가 있어야 하는가? 여기에 대하여 침묵자가 침묵을 의사표시로 되게 하는 정황이 있다는 것을 인식하여야만 침묵은 의사표시로 되고 이러한 인식이 존재하지 않는 경우에는 그것은 단순한 사실이고 의사표시로 될 수 없다는 견해가 있다. 침묵이 의사표시가 되는 경우에 그것이 동의의 의사표시인가 거절의 의사표시인가가 문제가 된다. 이는 개별적인 경우의 사정에 따라 결정되어야 한다. 그런데 침묵이 의사표시로 인정되는 경우는 원칙적으로 동의를 의미한다고 보아야 한다. 개별적인 경우에 침묵이 거절 또는 반대의 의미를 지닐 수 있지만 이러한 경우 결의과정에서 찬성하는 사람은 손을 들라고 하는 등의 특별한 표시를 요구할 것이다.

의사주의는 의사표시가 의사와 표시의 두 요소로 구성되어 있다는 전제에, 그 가운데 의사가 결정적인 요소라고 하는 견해이다. 의사주의는 의사를 의사표시의 결정적 요소, 그리하여 효력근거로 보기 때문에 표시에 대응하는 의사가 없는 경우에는 논리적으로 의사표시는 당연히 무효라는 결론에 도달한다. 그러나 의사주의는 비진의표시에 대하여는 무효 도그마의 예외를 인정하였다.

표시주의는 의사표시가 의사와 표시라는 두 요소로 구성되어 있다는 전제에, 그 가운에 표시가 의사표시의 결정적 요소라고 하는 견해이다. 즉 의사표시의 효력 근거를 표시에서 찾는 이론이다. 표시주의에 의하면 표시행위가 존재하는 한 그에 대응하는 의사가 없는 경우에도 표시행위로부터 추단되는 의사가 존재하는 것으로 하여 표시행위대로의 효력이 발생하게 된다.

효력주의는 의사표시는 효력표시이고 의사와 표시로 나누어지지 않으며 일체로서 파악되어야 한다고 주장한다. 즉 의사표시는 내적인 의사의 단순한 통지가 아니고 의사의 실현이며, 의사는 그것이 실현되는 표시와 불가분적으로 결합되어 있다고 한다. 이렇게 의사가 표시에서 실현되고 또 표시에 의하여 의도적으로 표시된 것에 효력을 부여하기 때문에, 법률효과의 근거는 의사와 표시에 공통적으로 존재한다고 한다. 효력주의에 의하면 착오로 인한 의사표시의 경우에도 의도적인 효력 부여가 존재하고, 따라서 일단 유효한 법적 형성이 있으며, 그것은 단지 그 밖의 행위에 의하여서만 다시 배제될 수 있다고 한다. 그리하여 의사와 표시의 이원론이 극복된다고 한다.

신의사주의는 의사표시의 성질을 효력표시로 이해하고, 또 의사표시를 의사와 표시로 구분하지 않고 일체로 파악한다는 점에서 효력주의에 찬성한다. 그러나 효력주의가 의사주의와 대립되는 것으로 생각하는 것은 옳지 않으며, 그것은 새롭게 이해된 의사주의라고 한다. 의사표시의 본질은 '자기결정에서 법률관계를 창조적으로 형성'에 있다고 한다. 그리고 자기결정에는 자기책임도 포함되어 있어서 의사 흠결의 경우에도 의사표시가 당연히 무효인 것은 아니며, 표시의 효력이 인정될 수 있다고 한다. 그런데 의사 흠결의 경우에 어떤 범위에서 자기결정의 상관개념인 자기책임에 기하여 책임을 부담하여야 하는가, 그리하여 표시행위를 효력 있게 할 것인가는 실정법이 정할 문제라고 한다.

2. 의사표시의 구성요소

의사표시는 **법률효과**의 발생을 바라는 의사표시로 **법률행위의 불가결의 요소**가 되는 **법률사실**이다. 가령, A가 자기가 소유하는 전원에 주택을 지으려고 생각하고(**동기**) 자금을 마련하기 위해 그의 토지를 매도하려는 의사(**효과의사**)를 결정한 후, 이 토지를 팔기 위하여 공인중개사사무소에 매도의뢰하려는 의사(**표시의사**)로서 효과의사를 표시하였다(**표시행위**). 이와 같은 과정 중에서 동기를 제외한 나머지 부분이 의사표시의 구성요소가 된다. 동기는 원칙적으로 법률상 어떠한 의미를 가지지 않지만 그것이 표시되었거나 상대방이 알았거나 알 수 있었던 경우에는 법률행위의 효력에 영향을 미친다(**동기의 착오**).

당사자의 진정한 의사에 따라 정확한 표시가 이루어진 경우에는 그에 따라 일정한 효과를 인정하면 된다. 의사와 표시가 일치하지 않는 경우와 표의자의 의사형성에 하자가 있는 경우다. 전자는 진의 아닌 의사표시(제107조)와 통정한 허위의 의사표시(제108조), 착오로 인한 의사표시(제109조)이고, 후자는 사기 또는 강박에 의한 의사표시(제110조)이다.

3. 진의 아닌 의사표시

사례연구

[진의 아닌 의사표시]

甲은 乙을 놀려주기 위하여 자기의 금반지를 乙에게 주겠다고 하였다. 그런데 乙은 그 사정도 모르고 좋다고 대답하였다. 甲의 내심은 금반지를 주지 않겠다는 것인데, 이 경우에 주어야 하는가 아니면 주지 않아도 되는가?

甲이 乙에게 금반지를 주겠다고 한 의사표시는 진의 아닌 의사표시다. 이러한 심리유보라도 상대방이 진의 아님을 몰랐다면 그대로 효력이 발생한다. 따라서 甲은 乙에게 금반지를 주어야 한다.

진의 아닌 의사표시란 표시행위가 표의자의 진의와 다른 의미로 이해되는 것을 알면서 하는 의사표시다. 이를 **심리유보**라고도 한다. **진의**란 특정한 내용의 의사표시를 하고자 하는 표의자의 생각을 말하는 것이지 표의자가 마음 속에 진정으로 바라는 것을 뜻하는 것은 아니다.41) 심리유보는 그 의사표시의 효과에 영향을 미치지 않는다(제107조 1항 본문). 표의자가 내심의 유보를 원용하는 것은 신의에 반하고 상대방에게 불측의 손해를 주기 때문에 표시된 대로 효력이 생기게 된다. 가령, 甲이 금시계를 사줄 생각도 없으면서 乙에게 금시계를 사주겠다고 말한 경우, 甲은 乙에게 금시계를 사주어야 할 채무를 부담한다. 그러나 상대방이 표의자의 진의 아님을 알았거나 알 수 있었을 때에는 그 의사표시는 무효다(제107조 1항 단서). 위 사례에서 乙은 甲이 실제로 금시계를 사줄 의향이 없음을 알고 있었다면 乙을 甲에게 금시계를 사달라고 청구할 수 없다.

진의 아닌 의사표시가 **대리인**에 의하여 이루어지고 그 대리인의 진의가 본인의 이익이나 의사에 반하여 자기 또는 제3자의 이익을 위한 **배임적**인 것임을 그 상대방이 알았거나 알 수 있었을 경우에도 민법 제107조 제1항 단서의 유추해석상 그 대리인의 행위에 대하여 본인은 아무런 책임을 지지 않는다.42)

심리유보가 예외로서 무효가 된 경우에 그 무효로써 **선의의 제3자**에게 대항하지 못한다(제107조 2항). 가령 甲이 사실은 줄 생각도 없이 乙에게 노트북을 주었는데 乙도 그것을 甲이 **증여의 의사**가 없었다는 것을 알고 있었다. 이런 사실을 모르는 丙이 乙로부터 그것을 50만원에 매수한 경우에 乙과 丙 사이의 매매계약은 유효하므로 丙은 노트북의 **소유권을 취득**한다. 상대방의 **악의**나 **과실**의 **증명책임**을 무효를 주장하는 표의자가 진다.

채권자와 채무자 간에 제3자를 형식적인 채무자로 내세우고 채권자도 이를 양해한 경우에 제3자 명의로 되어 있는 대출 약정은 통정허위표시에 해당하는 무효인 법률행위이다.43)

---

41) 대법원 1993. 7. 16. 선고 92다41528 판결.
42) 대법원 1999. 1. 15. 선고 98다39602 판결.
43) 대법원 2005. 5. 12. 선고 2004다68366 판결.

4. 허위표시

사례연구

[통정허위표시]

甲은 결혼하기 위하여 친구인 乙에게 부탁하여 허위로 乙 소유의 아파트를 매수하여 甲명의로 등기를 마쳤다. 그런데 甲은 그 아파트를 丙은행에 담보로 하여 결혼 비용 3천만원을 차용하였다. 이 경우에 甲·乙·丙 사이의 법률관계는 어떻게 되는가?

甲과 그의 친구 乙이 통모하여 甲명의로 이전등기를 마쳤다고 하여도 당사자 사이에는 무효이다. 乙은 甲에게 아파트의 반환과 등기의 말소를 청구할 수 있다. 그러나 丙이 甲·乙 사이에 가장매매인줄을 모르고 甲의 아파트라고 믿고 이것은 저당물로 하여 3천만원을 빌려준 것은 유효하다. 따라서 乙은 丙은행에 대하여 甲의 소유가 아니라는 것을 이유로 하여 저당권설정계약의 무효를 주장하지 못한다.

허위표시란 상대방과 통정하여 진의가 아닌 것을 **알면서** 한 의사표시를 말한다. 이는 **통정허위표시**라 한다. 가령 채권자로부터 압류를 면하기 위해 매매의사 없이 매매를 **가장**하여 자기 소유물건의 명의를 이전하는 경우다. 이 경우에 형법상 **강제집행면탈죄**(형법 제327조)가 성립할 수 있다.

당사자는 법률효과의 발생을 원하지 않으므로 당사자 사이에는 무효이다(제108조 1항). 단지 허위표시가 **불법원인급여**(제746조)는 아니므로 물건의 반환청구는 가능하다. 허위표시의 무효는 선의의 제3자에게 대항하지 못한다(제108조 2항). 제3자란 허위표시의 당사자 및 **포괄승계인** 이외의 자로서 허위표시에 의하여 형성된 외형상의 법률관계를 토대로 새로운 이해관계를 갖게 된 자를 의미한다.[44] **선의**란 의사표시가 허위표시임을 제3자가 알지 못한 것이다. **대리인**이 있는 경우에 제3자의 선의 여부는 대리인을 기준으로 판단한다(제116조 1항). 선의의 제3자로부터 권리를 전득한 자는 전득 시에 **악의**일지라도 그 권리를 유효하게 취득한다. 허위표시가 채무자의 책임재산을 감소시켜 **채권자취소권**(제406조)의 요건이 갖추어진 경우에는 취소권을 행사할 수 있다.[45] 허위표시에 의하여 이루어진 법률행위를 **가장행위**라 한다. 가장행위 속에 숨겨진

44) 대법원 1996. 4. 26. 선고 94다12074 판결.
45) 대법원 1998. 2. 27. 선고 97다50985 판결.

행위를 **은닉행위**라 한다. 가령 증여를 숨기기 위해 하는 매매는 가장행위로서 무효이나 은닉행위인 증여는 당사자 사이에 진정한 의사가 있으므로 유효다.

5. 착 오

사례연구

[보험모집 종사자의 설명의무]

보험회사 또는 보험모집 종사자가 설명의무를 위반하여 고객이 보험계약의 중요사항에 관하여 제대로 이해하지 못한 채 착오에 빠져 보험계약을 체결한 경우에 취소할 수 있는가?

착오가 동기의 착오에 불과하다고 하더라도 그러한 착오를 일으키지 않았더라면 보험계약을 체결하지 않았거나 아니면 적어도 동일한 내용으로 보험계약을 체결하지 않았을 것이 명백하다면, 위 착오는 보험계약의 내용의 중요부분에 관한 것에 해당하므로 이를 이유로 보험계약을 취소할 수 있다(대법원 2018. 4. 12. 선고 2017다229536 판결).

착오란 표시된 내용과 내심의 의사의 불일치를 표의자 자신이 알지 못하는 것을 말한다. 표시상의 착오는 표시행위 자체에 관한 착오가 생긴 경우다. 오기·오답 등이 그 예이다. 100,000원으로 적어야 할 것을 1,000,000원으로 적시한 경우다. 내용상의 착오는 표시행위의 의의에 관한 착오다. 달러와 파운드의 가치가 같다고 오인하고 100달러라고 적시하여야 할 것을 100파운드라고 적은 경우이다. 동기의 착오는 의사결정 전의 심리적 과정인 동기에 착오가 생긴 경우다. 甲이 초등학교가 들어서 지가가 상승될 것으로 오신하고 乙 소유의 토지를 시가보다 비싸게 사는 경우이다.

착오를 이유로 의사표시를 취소하는 자는 법률행위의 내용에 착오가 있었다는 사실과 함께 그 착오가 의사표시에 결정적인 영향을 미쳤다는 점, 즉 만약 그 착오가 없었더라면 의사표시를 하지 않았을 것이라는 점을 증명하여야 한다. 착오를 이유로 계약을 취소하기 위해서는 당사자가 특히 그 동기를 계약내용으로 하는 의사표시를 한 경우라야만 한다.[46] 부동산의 양도가 있은

46) 대법원 2008. 1. 17. 선고 2007다74188 판결.

경우에 그에 대하여 부과될 양도소득세 등의 세액에 관한 착오가 미필적인 장래의 불확실한 사실에 관한 것이라도 민법 제109조 소정의 착오에서 제외되는 것은 아니다.[47]

의사표시는 법률행위의 내용이 중요부분에 착오가 있는 때에는 취소할 수 있다. 그러나 그 착오가 표의자의 중대한 과실로 인한 때에는 취소하지 못한다(제109조 1항). 이 규정에 의하여 착오를 이유로 한 취소가 인정되려면 법률행위의 내용에 착오가 있어야 하고, 그 착오가 법률행위의 내용 중에서도 중요부분에 관한 것이어야 하며, 표의자에게 중대한 과실이 없어야 한다. **법률행위의 내용의 착오**는 법률행위의 구성요소인 의사표시의 착오라 할 수 있다. 효과의사에만 착오를 이유로 취소할 수 있다고 보는 것이 다수설이다. 이는 표시상의 착오와 내용상의 착오가 이에 해당한다.

동기의 착오도 민법 제109조가 규정하는 착오에 해당하여 그 의사표시를 취소할 수 있는가. 동기가 표시되어 법률행위의 내용이 된 경우에만 착오를 이유로 취소할 수 있다고 보는 것이 다수설이다. 판례는 당사자 사이에 그 동기를 계약의 내용으로 삼은 때에 한하여 착오를 이유로 취소할 수 있다고 한다.[48] 가령 귀속재산이 아닌데도 공무원이 귀속재산이라고 하여 토지소유자가 토지를 국가에 증여한 경우[49]나 매매대상에 포함되었다는 공무원의 말을 믿고 매매계약을 체결한 경우에 그 증여나 매매계약의 취소를 인정한다.

착오가 법률행위내용의 **중요부분**에 관한 것일 때에 한하여 취소할 수 있다 중요부분이라고 하기 위해서는 착오의 주관적·객관적 현저성이 있어야 한다.[50] 즉 착오가 없었더라면 표의자가 그러한 의사표시를 하지 않았으리라고 인정되는 것이어야 하고(주관적 현저성), 일반인도 그러한 의사표시를 하지 않을 것이라고 인정되어야 한다(객관적 현저성). 중요부분의 착오의 예로서 매매계약에서 그 목적 토지의 현황·경계에 관하여 착오가 있는 경우,[51] 매수인이 경작할 수 있는 농지로 알고 매수했는데 대부분이 하천부지인

47) 대법원 1994. 6. 10. 선고 93다24810 판결.
48) 대법원 1999. 4. 23. 선고 98다45546 판결.
49) 대법원 1978. 7. 11. 선고 78다719 판결.
50) 대법원 1999. 4. 23. 선고 98다45546 판결.
51) 대법원 1968. 3. 26. 선고 67다2160 판결.

경우,[52] 귀속재산이 아닌 토지를 귀속재산인 줄 알고 국가에 증여한 경우[53]가 있다.

사례연구

[착 오]

甲은 골동품 애호가로서 고려자기인 줄 알고 乙로부터 도자기 한 점을 샀다. 甲이 후에 감정을 받아보니 가짜임이 판명되었다. 甲은 그 자기를 乙에게 돌려주고 대금을 받으려 하는데, 그것이 가능한가?

甲이 고려자기인줄 알고서 샀으나 감정하여 보니 보통의 자기였다면, 甲이 중요부분에 착오가 있다고 할 것인가가 문제가 된다. 물건의 동일성에 관한 착오도 중요부분의 착오가 된다. 따라서 甲은 착오를 이유로 그 계약을 취소할 수 있다. 그러나 甲의 착오가 일방적이거나 甲의 중대한 과실이 있다면 그 착오를 취소할 수 없다(제108조 1항 단서).

착오가 **법률행위내용의 중요부분**에 관한 것이라 하여도 표의자에게 중대한 과실이 있으면 취소하지 못한다. **중대한 과실**이란 표의자의 직업·행위의 종류·행위의 목적 등에 비추어 보통 기울여야 할 주의를 현저하게 결여한 것을 말한다.[54] 가령 甲이 공장을 설립할 목적으로 乙의 토지를 매수하였으나 공장건축이 불가능한 경우 甲은 매수 전에 이 토지상에 공장의 건축 여부를 관할관청에 알아보아야 할 주의의무가 있고 또 알아보았더라면 공자의 건축이 불가능함을 쉽게 알 수 있었다면 중대한 과실이 인정된다.[55] 다만 상대방이 표의자의 착오를 알면서 이를 이용한 경우에는 표의자에게 중대한 과실이 있다고 하더라도 표의자는 그 의사표시를 취소할 수 있다. 표의자 착오를 이용한 상대방이 중과실을 원용하여 표의자의 취소권을 배제하는 것은 신의칙에 반하기 때문이다. 중과실의 입증책임은 표의자의 상대방에게 있다.

착오로 인한 의사표시는 표의자가 취소할 수 있다. 그 의사표시는 표의자가 취소하기까지는 여전히 유효한 것이나 취소하면 처음부터 무효가 된다(제

52) 대법원 1974. 4. 23. 선고 74다54 판결.
53) 대법원 1978. 7. 11. 선고 78다719 판결.
54) 대법원 2000. 5. 12. 선고 2000다12259 판결.
55) 대법원 1993. 6. 29. 선고 92다38881 판결.

109조 1항). 착오에 의한 의사표시의 취소는 선의의 제3자에게 대항하지 못한다(제109조 2항). 선의란 표의자의 의사표시가 착오에 의한 것임을 모른다는 의미이다. 제3자는 그러한 의사표시에 의하여 형성된 법률관계에 기초하여 새로운 이해관계를 가지게 된 자를 말한다.

6. 사기·강박에 의한 의사표시

사례연구

[사기에 의한 법률행위]

乙은 순록의 뿔을 진짜 녹용이라고 속이고 甲에게 비싼 값으로 팔았다. 건강이 나빴던 甲은 그것을 복용한 후 건강도 좋아지고 활력도 얻게 되었다. 그러나 나중에 甲이 알고 보니 자기가 산 것이 가짜 녹용이라는 것을 알게 되었다. 甲이 가짜 녹용을 진짜 녹용으로 알고 산 계약은 어떻게 되는가?

乙이 수입한 순록의 뿔을 진짜 녹용이라고 속였기 때문에 甲이 이것을 비싼 값에 샀다면, 甲은 사기에 의한 의사표시로서 이것을 취소할 수 있다. 건강이 좋아지고 활력이 생겼다고 하더라도 그 계약의 취소에는 영향을 미치지 않는다. 甲이 이 계약을 취소하면 甲과 乙은 각자 받은 것을 반환해야 한다. 부당이득이 되기 때문이다(민법 제741조).

사기란 기망행위에 의해 타인을 착오에 빠뜨려 의사표시를 하게 하는 행위이다. **사기에 의한 의사표시**의 경우에는 표시상의 효과의사에 대응하는 내심의 의사는 존재하지만 그 의사의 형성과정에 하자가 있는 경우이다. **강박**이란 해악을 알려 상대방에게 공포심을 일으키는 행위로서 그 행위의 종류나 방법에는 제한이 없다. **강박에 의한 의사표시**란 타인이 위법한 해악을 고지한 경우에 표의자가 공포심을 일으켜 해악에서 벗어나기 위해서 한 의사표시를 말한다.

타인을 기망하여 착오에 빠뜨리려는 고의와 이 착오에 의해 의사표시를 시키고자 하는 고의의 **2단계의 고의**가 있을 것을 요한다. 제1단계의 고의가 있어도 제2단계의 고의가 없으면 사기가 되지 않는다. 가령 甲이 乙을 기망하기 위해 X토지가 개발예정지로 되어 있다는 허위 내용의 서류를 작성하였으나 乙에게 보여주지 않고 있는 동안에 우연히 乙이 허위 서류를 보고 甲에게

X토지의 매수의사표시를 하여 매매계약이 성립한 경우 甲에게는 제2단계의 고의가 없으므로 사기에 의한 의사표시가 성립하지 않는다.

사례연구

[강박에 의한 법률행위]

甲은 돈 많은 사업가이다. 乙은 甲의 탈세 사실을 알고 자기에게 아파트 한 채를 사주지 않으면 고발하겠다고 협박을 하였다. 이에 못 견디게 되어 甲은 할 수 없이 乙에게 아파트 한 채를 주었고, 乙은 이것을 丙에게 팔았다. 甲은 아파트를 도로 찾을 수 없는가?

강박에 의한 의사표시는 사기에 의한 의사표시와 같이 취소할 수 있다. 乙은 탈세 사실을 고발하겠다고 위협을 하였고, 甲은 그에 따라 공포심을 일으켜서 아파트를 乙에게 사주었다. 여기서 乙은 甲의 탈세 사실을 단순히 고발한다든 것만은 아니라 부당한 이익(아파트)을 취득하기 위한 것이므로 민법 제110조의 강박에 의한 의사표시가 된다. 따라서 甲은 그 아파트의 증여계약을 취소할 수 있다. 그러나 이 아파트를 산 丙이 선의이냐 악의이냐에 따라 아파트를 찾을 수 있는 여부가 결정될 것이다(제110조 3항).

기망행위란 진실이 아닌 사실을 진실로서 표시하는 행위로서 적극적으로 허위사실을 진술하는 것과 소극적으로 진실한 사실을 은폐하는 것을 포함한다. 침묵이 기망행위가 되기 위해서는 신의칙 및 거래관념에 비추어 어떤 사항을 고지할 법률상의 의무가 존재하여 한다. 가옥이 반복하여 침수되는 것, 무허가건물이라는 것을 침묵하는 것,[56] 피용자에게 손해배상책임이 발생한 사실을 숨기고 신원보증계약의 기간을 갱신하는 계약을 체결하는 것도[57] 사기가 된다.

기망행위의 결과로써 표의자가 착오에 빠질 것을 요한다. 이미 착오에 빠져 있으나 기망행위에 의해 특히 착오의 정도가 높게 되는 경우에도 여기에 포함된다. 착오와 의사표시 사이에 인과관계가 있어야 한다. 피의자진술조서의 진술은 강박에 의한 것이라도 의사표시가 아니므로 취소할 수 없다.[58] 사

56) 대법원 1971. 5. 24. 선고 70다2878 판결.
57) 대법원 1967. 12. 5. 선고 67다1875 판결.
58) 대법원 1973. 3. 13. 선고 72다963 판결.

기·강박에 의한 의사표시는 취소할 수 있다(제110조 1항). 취소권은 추인할 수 있는 날로부터 3년 내에 또는 법률행위를 한 날로부터 10년 내에 행사하여야 한다(제146조). 의사표시가 취소될 때까지는 유효하고 취소되면 처음부터 무효인 것이다(제141조).

상대방이 있는 의사표시에 관하여 제3자가 사기·강박을 한 경우에는 상대방이 그 사실을 알았거나 알 수 있었을 경우에 한하여 그 의사표시를 취소할 수 있다(제110조 2항). 가령, 丙이 甲으로부터 돈을 빌리기 위해 乙에게 보증을 서 주도록 하면서 다른 연대채무자가 있다고 乙을 기망하여 甲·乙 사이에 보증계약이 체결되었다. 이때 乙이 이 보증계약을 丙은 甲·乙 사이의 보증계약의 제3자이고, 丙이 乙을 기망한 사실을 甲이 알았거나 알 수 있었을 경우에 한하여 乙이 보증계약을 취소할 수 있다.

제 6 장

결혼과 법률

제 6 장 결혼과 법률

Ⅰ. 약 혼

1. 약혼의 성립

약혼은 1남과 1녀가 장차 혼인하기로 하는 합의이다. 약혼은 장차 혼인을 하려는 당사자 사이의 합의가 있으면 성립한다. 혼인에 있어서의 신고와 같은 특별한 방식이 요구되지 않는다. 성년자는 의사능력이 있으면 자유로이 약혼할 수 있다(제809조). 그러나 미성년자가 약혼을 하려면 남녀 모두 만 18세가 되어야 하고, 부모 또는 후견인의 동의를 얻어야 한다(제801조). 피성년후견인은 부모 또는 후견인의 동의를 얻어 약혼할 수 있다(제802조). 그러나 피한정후견인은 후견인의 동의 없이 약혼할 수 있다.

2. 약혼의 효과

약혼이 성립하면 당사자는 성실하게 교제하고 가까운 장래에 혼인을 할 의무를 부담한다. 그러나 혼인의 의사가 없는 자에게 혼인을 강제하는 것은 혼인의 본질에 반하므로 혼인을 하지 않더라도 혼인 의무의 강제이행은 청구하지 못한다(제803조). 혼인 의무의 이행이 없을 경우 약혼당사자는 손해배상을 청구할 수 있을 뿐이다.

3. 약혼의 해제

사례연구

[약혼의 해제]

S재벌의 아들 甲남과 용모가 뛰어난 K대학 영문과 출신의 乙녀는 중매인을 통하여 선을 보고 약혼을 하였다. 약혼 후 약 3개월간에 걸친 교제를 하면서 여러 차례 육체관계를 맺었다. 4개월째로 접어들면서부터 남자의 애정에 변화가 일더니 마침내 일방적인 파혼을 통고해 오기에 이르렀다. 파혼의 사유인즉, 첫째 중매할 때 듣던 바와는 달리 가정환경이 빈약하다는 것과 둘째 잠자리를 같이하여보니 처녀가 아니더라는 것이었다. 이에 乙녀는 크게 반발하여 甲남자를 상대로 서울가정법원에 혼인예약불이행으로 인한 위자료 청구소송을 제기하였고, 甲남자는 이를 맞받아서 약혼예물을 반환하라는 청구를 제기하였다. 甲남과 乙녀는 어떤 책임을 져야 하는가?

단순히 乙녀의 가정이 빈약하다는 파혼사유는 정당하지 않다. 설사 乙녀 집안이 가난하다든가 그녀가 서출이라든가 하는 따위의 사실은 그것이 약혼 전에 듣던 것과 다르다고 하더라도 헌법이 보장하는 혼인의 순결성에 비추어 혼인의 성립요건과는 아무런 관련이 없다. 그리고 乙녀가 처녀가 아니라는 점을 들고 그 점을 주장하고 있으나 乙녀가 당시에 처녀가 아니였다는 확증이 없을 뿐더러 지금까지 여러 번 걸쳐 계속적인 육체적인 관계를 유지해 왔던 점으로 보아 이제 와서 새삼스럽게 처녀성이 없다는 주장을 하고 나서는 것은 경험측상 도저히 용인할 수 없는 주장이다. 그러므로 甲남은 약혼의 부당파기자로서 乙녀가 받은 정신적 고통에 대한 손해배상(위자료)책임을 진다.

한편, 乙녀는 甲남과 자기는 약혼한 사이였기 때문에 육체적 관계를 가졌던 것이며, 그로 인하여 처녀성을 상실하게 된 것이므로 甲남은 乙녀에게 처녀성 상실의 대가까지 포함하여 위자료를 지급하여야 한다고 주장한다. 원래 순수한 약혼관계에서는 부부의 성생활이 동반될 수 없는 것이므로 순수한 약혼당사자 사이의 성행위도 각자의 의사에 의하여 각자의 위험부담 아래 스스로 일정한 한계선을 넘어서 함부로 저지른 결과에 불과한 것이다.

따라서 乙녀는 자신의 행동에 의한 자신의 위험결과를 상대방에게 귀책시킬 수 없는 것이므로 파혼 위자료 가운데서 위와 같은 정조 상실의 대가를 포함시킬 수는 없다는 것이 판례의 태도이다. 약혼예물의 반환청구는 약혼예물로서 甲남이 乙녀에게 거액의 귀금속 세트를 선물하였고, 교제기간 중에 액세서리·가방·구두·의류 등을 증여한 사실이 인정되지만, 위 사례는 약혼해제가 적법하게 이루어진 것이 아니고 甲남측의 유책사유로 인한 부당파기이므로 甲남은 약혼예물의 반환을 청구할 권리가 없는 것이며, 반대로 乙녀는 甲남에게 자기가 준 약혼예물의 반환을 청구할 수 있다고 할 것이다.

당사자 일방에게 다음과 같은 사유가 있을 때에는 상대방이 일방적으로 정당하게 약혼을 해제할 수 있다(제804조). ① 약혼 후 자격정지 이상의 형의 선고를 받은 때, ② 약혼 후 피성년후견인 또는 피한정후견인의 선고를 받은 때, ③ 성병, 불치의 정신병 기타 불치의 악질이 있는 때, ④ 약혼 후 타인과 약혼 또는 혼인을 한 때, ⑤ 약혼 후 타인과 간음을 한 때, ⑥ 약혼 후 1년 이상 그 생사가 불분명한 때, ⑦ 정당한 이유 없이 혼인을 거절하거나 그 시기를 지연하는 때, ⑧ 기타 중대한 사유가 있는 때 등이다.

약혼의 해제는 상대방에 대한 의사표시로 한다(제805조 본문). 그러나 상대방에 대하여 의사표시를 할 수 없는 때에는 그 해제의 원인 있음을 안 때에 해제된 것으로 본다(제805조 단서). 약혼의 해제가 있으면 약혼은 처음부터 없었던 것으로 된다. 약혼을 해제한 때에는 당사자 일방은 과실있는 상대방에 대하여 이로 인한 손해배상을 청구할 수 있다(제806조 1항). 그 손해에는 재산상의 손해(약혼실 비용, 중매 사례금, 혼인준비 비용) 외에 정신상 고통에 대한 것도 포함된다(제806조 2항). 그리고 정신상 고통에 대한 배상청구권, 즉 위자료청구권은 양도 또는 승계되지 않는다(제806조 3항 본문). 그러나 당사 사이에 이미 그 배상에 관한 계약이 성립되거나 소를 제기한 후에는 승계된다(제806조 3항 단서).

약혼을 하는 경우 당사자가 보통 반지와 같은 예물 등을 교환하게 되는데, 약혼이 해제되는 때에 이를 반환하는지가 문제가 된다. 판례는 약혼예물의 수수를 혼인의 불성립을 해제조건으로 하는 증여와 유사하다고 보고, 약혼이 해제되면 예물은 부당이득반환의 법리에 따라 반환되어야 하나, 과실이 있는 당사자는 자신이 제공한 예물의 반환청구권이 없다고 한다.[1)]

II. 혼 인

1. 혼인의 성립

혼인은 1남 1녀가 평생 부부로서의 생활공동체를 형성하기로 하는 가족

1) 대법원 1976. 12. 28. 선고 76므41·42 판결.

법상의 합의이다. 혼인은 넓은 의미의 계약에 해당한다. 그런데 가족법상의 계약이어서 채권계약과는 다른 특수성이 있다. 그리고 약혼은 「가족관계의 등록 등에 관한 법률」에 의하여 일정한 방식으로 신고하여야 성립하는 요식행위이다(제812조). 혼인은 계약에 해당하므로, 그것이 성립하기 위해서는 당사자의 의사표시의 합치가 필요하다. 그리고 혼인 신고도 하여야 한다(제812조).

혼인이 성립하려면, 당사자 사이에 혼인의 의사표시의 합의가 있어야 한다. 그 합의를 하는 당사자는 1남 1녀이어야 하며, 같은 남자나 같은 여자의 의사표시는 여기의 합의로 인정되지 않는다. 그리고 성전환자는 법적으로 전환된 성으로 인정되는 때에는 다른 성의 사람과 혼인을 할 수 있다.

혼인의 성립시키는 합의는 외형적인 의사표시의 일치로서 충분하다고 하여야 한다. 그리고 그러한 의사표시와 그것들의 일치인 합의는 혼인 신고가 있을 때 그것에 포함되어서 행하여지게 된다. 따라서 혼인이 성립하기 위하여 합의가 따로 행하여질 필요는 없다. 그 결과 실제로 혼인을 할 의사가 없어도 혼인 신고를 하였으면 혼인이 성립하기 위한 합의가 인정되어 혼인은 성립하게 되며, 단지 그 혼인의 무효로 될 뿐이다(제815조 1호). 실질적인 의사의 일치는 혼인 성립의 눈제가 아니고, 그다음 단계인 혼인의 유효·무효의 문제가 된다.

2. 혼인 신고

혼인이 성립하려면 「가족관계의 등록 등에 관한 법률」에 정한 바에 의하여 신고하여야 한다(제812조 1항). 민법은 법률혼주의로 신고로 혼인성립주의를 채택하고 있다. 따라서 혼인 신고는 혼인의 효력발생요건이 아니고 성립요건이다. 민법은 혼인 신고를 당사자 쌍방과 성년자인 증인 2인의 연서한 서면으로 하여야 한다(제812조 2항). 「가족관계의 등록 등에 관한 법률」에 의하면 구두로도 할 수 있다(동법 제23조 1항 참조).

혼인 신고는 가족관계 등록사무를 담당하는 공무원이 그 신고서를 수리함으로써 효력이 발생하며, 가족관계등록부에 기록하는 그 효력요건이 아니다. 수리된 혼인 신고가 가족관계등록부에 기록되지 않거나 허위로 기록된 경우에도 혼인이 성립하게 된다. 혼인신고서가 접수되면 담당공무원은 신고한 혼인이 제807조 내지 제810조 및 제812조 2항 기타 법령에 위반함이 있는지를 심사하여야 하며, 그에 위반함이 없으면 신고를 수리하여야 한다(제813조). 혼인신고가 일단 수리되면 설령 그것이 법령에 위반되는 것이라도 효력이 발생하며, 오로지 혼인의 무효·취소가 문제될 뿐이다.

사례연구

[혼인의 취소]

미스코리아 진(眞)이면서 가수로 데뷔하여 인기를 얻고 있는 甲양은 TV브라운관을 통하여 甲양의 쭉 뻗은 모습에 완전히 반해 버린 시골총각 乙로부터 불타는 팬레터를 여러 통 받았다. 한 번은 이 시골총각 乙이 甲을 직접 만나기 위하여 야간열차를 타고 상경하여 KBS·MBC 등 각 방송사와 그녀의 집 앞에서까지 찾아다녔으나 끝내 만날 수가 없었다. 그러자 점점 여비도 떨어지고 다급해진 乙남은 기왕 올라온 김에 호적상(그 당시)으로나마 甲양을 자기의 색시로 삼아보아야겠다는 큰 뜻을 먹고는 서울 구청에 가서 호적등본 2통을 떼고 도장을 새긴 다음 그 길로 자기의 시골 고향의 면사무소에서 甲양과의 혼인 신고를 해 버렸다.

이러한 사실을 까마득하게 모르고 있던 甲양의 아버지가 우연히 호적등본을 떼어 보았더니 부모의 허락도 없이 딸자식이 시집을 가버린 것에 부모도 당황하였고, 당사자인 甲양으로서는 여간 큰 충격이 아닐 수 없었다. 이와 같은 甲과 乙은 어떻게 해결하는 것이 좋은 것인가?

이 경우에는 甲양은 혼인의사는 물론 혼인 신고 의사도 전혀 없었다. 결혼의 실체조차 전혀 없었으므로 당연히 무효인 결혼이다. 제멋대로 혼인신고서류를 위조하고 그것을 제출하여 위법한 혼인 신고를 한 乙남은 형법상 공정증서원본부실기재죄(형법 제228조 1항), 동 행사죄(형법 제228조 2항), 사문서 위조죄(형법 제231조), 동 행사죄(형법 제234조) 등으로 처벌받게 될 것이다.

아울러 甲양의 재산상 손해와 정신상 고통에 대한 위자료를 배상해 주어야 한다. 함부로 혼인 신고가 되어 있는 甲양이 정정하는 절차 혼인무효확인소송은 가사소송법에 따라 조정 없이 판결한다(가사소송법 제2조 1항 가류 1호). 무효임이 명백한 때에는 이해관계인의 이의가 없는 한 신고인 또는 본인이 가정법원의 허가를 얻어 정정을 신청할 수 있다. 혼인이 무효가 확정되면, 그 판결 확정일로부터 1개월 이내에 그 판결의 등본 및 확정증명서를 첨부하여 당해 구청과 면사무소에 정정신청을 함으로써 甲양은 비로소 친가에 복적되게 된다.

3. 혼인의 장애사유

민법 제807조 내지 제810조에는 혼인의 장애 사유가 규정되어 있다. 그러한 사유가 있을 때에는 가족관계 등록사무 담당 공무원은 혼인 신고를 수리하지 않는다(제813조). 그러나 그러한 사유가 있더라도 신고가 수리되면 혼인은 성립하게 되고, 혼인의 무효 또는 취소의 문제가 생길 뿐이다(제815조·제816조). 남녀 모두 만 18세가 되어야 혼인을 할 수 있다(제807조). 이 **연령에 미달한 자**의 혼인 신고는 수리되지 않으나(제813조), 신고가 수리되었으면 혼인은 성립하되 그 취소를 청구할 수 있다(제816조 1호·제817조).

미성년자와 피성년후견인이 혼인을 할 경우에는 혼인적령에 달하였더라도 부모의 동의를 얻어야 하며, 부모 중 일방이 동의권을 행사할 수 없는 때에는 다른 일방의 동의를 얻어야 하고, 부모가 모두 동의권을 행사할 수 없는 때에는 후견인의 동의를 얻어야 한다(제808조 1항 및 2항). 만약 부모 또는 후견인이 없거나 동의할 수 없는 때에는 친족회의 동의를 얻어야 한다(제808조 3항). 그러나 피한정후견인은 단독으로 자유로이 혼인할 수 있다. 부모 등의 동의가 필요한 경우에 동의가 없으면 혼인 신고가 수리되지 않는다(제813조). 그러나 만일 수리가 되면 혼인은 성립하고 취소할 수 있을 뿐이다(제816조 1호, 제817조).

다음과 같은 일정한 범위의 근친자 사이의 혼인은 금지된다. ① 8촌 이내의 혈족 사이의 혼인(제809조 1항). 여기의 혈족에는 자연혈족·법정혈족(양부모계 혈족), 부계혈족·모계혈족, 직계혈족·방계혈족이 모두 포함된다. ② 친양자의 입양 전에 8촌 이내의 혈족이었던 자 사이의 혼인(제809조 1항). ③ 일정 범위의 인척이거나 인척이었던 자 사이의 혼인, 6촌 이내의 혈족 이내의 혈족의 배우자, 배우자의 6촌 이내의 혈족, 배우자의 4촌 이내의 혈족의 배우자인 인척이거나 이러한 인척이었던 자 사이에는 혼인하지 못한다(제809조 2항). ④ 6촌 이내의 양부모계의 혈족이었던 자와 4촌 이내의 양부모계의 인척이었던 자 사이의 혼인(제809조 3항). 이는 입양관계가 종료된 후에도 일정범위에서 혼인을 금지하는 것이다. 위의 ①~④의 경우에 혼인 신고는 수리되지 않은 것이 원칙이나(제813조), 일단 수리가 되면 혼인은 성립하게 되고 경우에 따라 혼인의 무효로 되거나(제815조 2호 내지 4호), 취소할 수 있는 것으로 된다(제816조 1호·제818조).

배우자가 있는 자는 다시 혼인하지 못한다(제810조). 즉 **중혼**은 금지된다. 그런데 금지되는 혼인은 법률혼만이며, 사실혼은 포함되지 않는다. 이미 혼인 신고를 한 자가 다시 혼인 신고를 하면 그 신고의 수리가 거부되는 것이 원칙이나(제813조), 만일 혼인 신고가 수리가 되면 혼인이 성립하고 취소할 수 있을 것으로 될 뿐이다(제816조 1호·제818조).

사례연구

[혼인의 무효]

甲은 얼마 전 교통사고로 아내를 잃고 어린 자식들과 살아가 있다. 그러던 중에 아이들을 돌보기 위하여 시골에서 미혼인 처제 乙이 서울에 올라와서 아이들의 뒷바라지를 하고 있다. 그런데 아이들도 처제 乙을 잘 따르고 甲도 처제 乙이 죽은 아내와 똑 닮아서 좋아하고 있다. 과연 형부인 甲과 처제인 乙은 혼인할 수 있는가?

민법 제809조 2항은 "6촌 이내의 양부모계의 혈족이었던 자와 4촌 이내 양부모계의 인척이었던 자 사이에서는 혼인하지 못한다"라고 규정한다. 8촌 이내의 인척이란 ① 혈족의 배우자(며느리, 형수, 외숙모, 고모부, 사위, 형부 등), ② 배우자의 혈족(시부모, 시숙, 시동생, 장인, 장모, 처남, 처제 등), ③ 배우자의 혈족의 배우자(동서, 처남의 처, 남편의 재매의 배우자 등)을 말한다. 민법 제769조와 제777조 2호에 따라 형부와 처제는 2촌이므로 혼인할 수 없다.

4. 혼인의 효력

혼인이 성립하면, 부부는 서로 배우자로서 **친족**이 된다(제77조 3항). 상대방의 4촌 이내의 혈족, 상대방의 4촌 이내의 혈족의 배우자와 인척이 된다(제777조 2호, 제769조). 부부는 혼인 후에도 각자 본래의 자기의 **성**을 그대로 가진다. **부부**는 동거하며 서로 부양하고 협조하여야 한다(제826조 1항 본문). 부부는 서로 **정조**를 지킬 의무가 있다(제840조 1호). 부부의 일방이 정조의무를 위반한 경우에는 상대방은 부정행위를 이유로 이혼을 청구할 수 있으며(제840조 1호), 손해배상도 청구할 수 있다. 미성년자가 혼인을 할 때에는 **성년자**로 본다(제826조의2).

부부 사이에 체결된 계약은 혼인 중에 언제든지 부부의 일방이 이를 취소할 수 있다(제828조 본문). 부부 사이의 계약은 일시적인 감정이나 애정 또는 일방 당사자의 강제에 의하여 억압적으로 체결될 가능성이 많으므로, 특별한 취소사유가 없더라도 혼인 중 일방은 언제든지 취소할 수 있도록 한 것이다. 가령, 부부 사이의 계약이 취소되면, 취소된 계약은 소급해서 무효로 된다(제141조 본문). 그러나 제3자의 권리를 해하지 못한다(제826조 단서). 가령 처인 A가 남편 B로부터 받은 부동산을 제3자 C에게 판 경우에 B는 그 부동산을 C로부터 되찾아올 수 없다.

혼인을 한 당사자가 혼인 당시에 재산을 가지고 있거나 혼인 후에 새로이 재산을 취득하는 경우, 그 재산의 귀속·관리가 문제 된다. 여기에 관한 민법은 우선 그들의 합의에 의하여 재산관계를 정하도록 하고(제829조), 그러한 합의가 없는 경우에는 민법이 규정하는 부부재산제 혹은 별산제를 따르도록 하고 있다(제830조). 부부로 될 자는 혼인이 성립하기 전에 그 재산에 관하여 자유롭게 계약을 체결할 수 있다(제829조 1항). 그 계약을 부부재산계약이라고 한다.

부부재산계약이 체결되지 않거나 그것이 효력을 잃은 때에는 민법이 정하는 바에 따른다. 민법은 부부재산의 귀속에 관하여 **별산제**를 채용하고 있다. 즉 부부의 일방이 혼인 전에부터 가지고 있는 고유재산과 혼인 중에 자기의 명의로 취득한 재산은 그의 **특유재산**으로 한다(제830조 1항). 가령 처가 상속 또는 증여받은 재산, 그로부터 생긴 수익, 의복이나 장신구는 그 처 자신의 특유재산으로 본다는 것이다. 이러한 특유재산은 부부가 각자 관리·사용·수익한다(제831조). 그리고 부부 중 누구에게 속한 것인지 분명하지 않는 재산은 부부의 공유로 추정한다(제830조 2항).

사례연구

[부부별산제]

1) 甲과 乙은 부부이다. 乙녀는 친정아버지가 사망하여 건물 1동을 상속받아서 남편 甲명의로 등기하여 놓았다. 이것은 누구의 것인가?

2) 그런데 甲은 사업을 하면서 빚을 지게 되었다. 甲의 채권자들이 乙녀의 그 건물에 대하여 강제집행을 하려고 하는데, 어떤 방법이 없는 것인가?
3) 甲은 자기가 버는 돈을 저축하는 등 일체 가정생활에 내놓지 않는다. 乙녀는 계속 눈치만 보아야 하는가?

1) 乙녀가 부로부터 상속받아 甲명의로 등기하여 놓은 건물은 乙녀의 것이다. 乙녀의 명의로 취득한 특유재산이다(제830조 1항).
2) 乙녀는 남편 甲과 혼인 중에 체결한 명의신탁계약을 취소해야 강제집행할 수 있다(제828조). 乙녀는 남편 甲의 사업상의 채무까지 연대책임을 진다고 해석할 수 없다.
3) 부부가 혼인생활을 하는데 필요한 비용은 부부 사이에 특별한 약정이 없으면 부부가 공동으로 부담한다(제833조). 따라서 乙녀는 남편 甲에게 혼인 생활비용을 내놓도록 요구할 수 있다.

부부 공동생활에 필요한 비용, 가령 가족의 의·식·주 비용, 자녀의 출산·교육·양육에 필요한 비용은 당사 사이에 특별한 약정이 없으면 부부가 **공동**으로 부담한다(제833조). 부부는 일상의 가사에 관하여 서로 대리권이 있으며(제827조 1항), 부부의 일방이 일상의 가사에 관하여 제3자와 법률행위를 한 때에는 다른 일방은 이로 인한 채무에 대하여 연대책임이 있다(제832조 본문).

일상의 가사란 부부의 공동생활에서 필요한 통상의 사무를 가리키며, 그 구체적인 범위는 부부공동체의 사회적 지위·직업·재산·수입능력 등 현실적 생활상태뿐만 아니라 그 부부의 생활 장소인 지역사회의 관습 등에 의하여 정하여진다. 이처럼 일상의 가사인지 아닌지는 개별적인 각각의 부부에 따라 차이가 있으나, 일반적으로 식료품·연료·의복의 구입·주택의 임차, 집세·방세의 지급과 수령, 가재도구의 구입, 전기·수도·가스의 공급계약 체결 및 비용 지급, 자녀의 양육비·교육비 등의 지급 등은 일상가사의 범위에 속한다. 금전 차용행위는 부부의 공동생활에 필수적인 비용으로 사용하기 위한 것이라면 일상가사의 범위에 속하나, 그렇지 않으면 **일상가사대리권**의 범위에 속하지 않는다.

사례연구

[일상가사 대리]

甲은 처 乙과 가구상 丙으로부터 명품 장롱을 1천만원에 매수하고 대금의 일부인 400만원을 지불하면서 장롱을 인도받았으나, 잔대금 600만원을 지불하지 않고 있던 중 甲과 처 乙은 이혼하였다. 이 경우에 甲·乙·丙 등 3자간의 법률관계는 어떻게 되는가?

부부의 일방이 일상가사에 관하여 제3자와 법률행위를 한 때에는 다른 일방도 연대책임이 있다(제832조). 甲은 민법 제832조에 의하여 처 乙과 이혼한 상태에 있는 甲에게도 잔대금의 지급의무가 있는가 하는 점이다. 부부간의 일상가사 채무는 이혼 후에도 존속한다. 다만 부부의 일상가사 대리행위로 인한 채무의 경우에 인정되는 민법 제832조의 연대책임은 이혼에 의하여 민법 제413조 이하에서 규정하는 보통의 연대책임이다.

따라서 甲과 乙은 특약 또는 연대채무를 부담하기에 이른 법률행위로 인하여 받은 이익 비율에 의하여 부담부분을 정하고, 그래도 부담부분을 정할 수 없을 때에는 균등한 것으로 추정된다(제424조). 丙은 甲 또는 乙에게 잔대금의 지급을 최고할 수 있다. 최고기간의 경과 후에도 잔대금을 지급하지 않는 경우에는 계약해제권을 행사할 수 있다. 일상가사에 관한 법률행위로부터 생긴 가구에 대한 소유권은 배우자 일방의 통상적으로 사용되는 물건인 경우를 제외하고는 공유로 추정된다. 따라서 이혼 후에 공유관계가 유지되는 동안 가구점에 대하여 잔대금을 지급한 자는 상대방의 부담부분을 잔대금의 2분의 1을 구상할 수 있다.

5. 혼인의 무효·취소

사례연구

[혼인의 무효와 취소]

甲은 2005. 5.부터 乙과 부부로서 동거해오던 중 2008. 7. 5. 아들 丙을 출산하게 되자 아들의 장래를 생각하는 마음에서 乙녀에게 혼인 신고를 하는 동시에 아들의 출생신고를 하고자 하였으나 乙양으로부터 거절당하였다. 이에 甲이 보관하고 있던 乙양의 인장을 무단으로 사용하여 乙양과의 혼인신고서를 작성·접수하고, 수일이 지난 후 아들 丙의 출생신고마저 하였다. 그 후 甲과 乙양은 그 혼인에 만족하고 그대로 부부생활을 계속해 왔다. 이 경우 甲과 乙양의 혼인은 유효한가?

혼인 신고가 유효하기 위해서는 혼인 의사가 그 신고서를 작성할 때와 신고가 수리될 때에도 모두 존재하여야 한다. 따라서 혼인신고서가 관련 공무원에 의하여 수리되었더라도 당

> 사자 사이에 혼인할 의사가 없으면 그 혼인 신고는 무효이다(제815조 1호). 甲은 乙양의 거절에도 불구하고 乙양의 인장을 무단으로 사용하여 乙양과의 혼인 신고를 작성한 것이므로, 乙양과 甲이 비록 사실혼관계가 있었다고는 하나 그들 사이에 혼인 의사가 있었다고 보기는 어렵다.
>
> 따라서 일응 그 혼인 신고는 무효로 될 수밖에 없다. 그런데 그 혼인 신고가 있는 후에도 乙양과 甲은 그 혼인에 만족하고 그대로 부부생활을 계속해 온 것은 무효인 혼인 신고를 추인한 것으로 볼 수 있다(제139조). 따라서 乙양과 甲 사이의 혼인은 유하다고 볼 수밖에 없다.

혼인의 무효·취소는 혼인에 일정한 하자가 있을 때 그 혼인관계를 종료시키는 제도이다. 그런데 혼인이 무효 또는 취소되는 경우에는 재산상의 법률행위와는 달리 가령 자녀가 출생하는 때는 원상회복이 불가능하기 때문에 민법은 혼인에 하자가 있을지라도 극히 제한된 범위에서만 혼인의 무효로 하고 나머지는 취소할 수 있는 것으로 하였으며, 혼인 취소에 대하여도 소급효를 인정하지 않는다. ① 당사자 사이에 혼인의 합의가 없을 때(제815조 1호), ② 당사자 사이에 8촌 이내의 혈족(친양자의 입양 전의 혈족을 포함)관계가 있는 때(제815조 2항, 제809조 1항), ③ 당사자 사이에 직계인척(배우자의 직계혈족과 직계혈족의 배우자)관계가 있거나 있었던 때(제815조 3호), ④ 당사자 사이에 양부모계의 직계혈족관계가 있었던 때(제815조 4호) 등이다.

혼인무효의 소는 당사자·법정대리인 또는 4촌 이내의 친족이 언제든지 이를 제기할 수 있다(가사소송법 제23조). 혼인무효판결이 확정되면, 당사자 사이에 처음부터 혼인이 없었던 것과 같이 된다. 그리하여 혼인에 기한 상속 등 권리변동은 무효로 되고, 출생한 자녀는 혼인 외의 자(子)로 된다(제855조 2문). 그리고 혼인이 무효로 된 경우 당사자 일방은 과실있는 상대방에 대하여 이로 인한 손해배상(정신적 손해 포함)을 청구할 수 있다(제825조, 제806조). 혼인적령(남녀 모두 만 18세 미만)에 달하지 않는 자의 혼인은 당사자 또는 그 법정대리인이 그 취소를 청구할 수 있다(제816조 1호, 제807조, 제817조 전단). 미성년자 또는 피성년후견인이 부모 또는 후견인의 동의를 얻지 못하고 혼인한 경우에는 당사자 또는 그 법정대리인이 혼인의 취소를 청구할 수 있다(제816조 1호, 제808조, 제817조 전단). 그러나 혼인의 당사자가 18세에 달한 후 또는 피성년후견인선고의 취소가 있고 난 뒤 3개월이 경과하거나 혼인 중 임신한 때에는 취소를 청구하지 못한다(제819조).

근친혼 가운데 무효로 되지 않는 혼인은 당사자·직계존속 또는 4촌 이내의 방계혈족이 그 취소를 청구할 수 있다(제816조 1호, 제817조 후단). 그러나 그 당사자 사이에 혼인 중 임신한 때에는 취소를 청구하지 못한다(제820조). **배우자 있는 자**가 다시 행한 혼인은 당사자 및 그 배우자·4촌 이내의 방계혈족 또는 검사가 그 취소를 청구할 수 있다(제816조 1호, 제810조, 제818조). 혼인 당시 당사자 일방에 부부생활을 계속할 수 없는 악질 기타 중대한 사유가 있음을 알지 못한 때에는 그 사유가 있음을 안 날로부터 6개월 이내에 그 취소를 청구할 수 있다(제816조 2호, 제822조). 사기 또는 강박에 의한 혼인의 의사표시를 한 때에는 사기를 안 날 또는 강박을 면한 날로부터 3개월 이내에 혼인의 취소를 청구할 수 있다(제816조 3호, 제823조). 취소원인이 있는 혼인도 법원의 판결에 의하여 취소될 때까지는 유효한 혼인으로 다루어진다. 혼인취소의 효력은 취소판결이 확정된 때에 발생한다. 혼인취소의 효력은 소급하지 않는다(제824조). 따라서 그 혼인에서 출생한 자녀는 혼인 중의 자로 된다.

Ⅲ. 사실혼

1. 사실혼의 성립

사례연구

[사실혼 관계]

甲과 乙은 혼인하여 부부로서 같이 사는 것이 5년이 지났지만 혼인 신고가 되지 않았다. 乙녀는 혼인 신고를 재촉하지만, 甲은 "걱정하지 말라"고만 할 뿐이다. 乙녀는 어떻게 해야 하는가?

혼인 신고를 미루거나 거부하는 때에 사실혼관계에 있는 배우자가 혼인 신고를 할 수 있는 방법으로 사실상 혼인관계존재확인의 소송을 제기할 수 있다. 이 소송은 법원의 조정을 먼저 거쳐야 한다. 조정이 성립되면 1월 내 단독으로 혼인 신고를 할 수 있고, 조정이 되지 않아서 소송을 하여 승소판결을 얻은 경우에는 1개월 내에 판결문과 확정증명서를 가지고 단독으로 혼인 신고를 할 수 있다(가사소송법 제1조 1항).

사실혼이란 실질적으로 부부로서 혼인 생활을 하고 있으나 혼인 신고를 하지 않아서 법률상의 혼인으로 인정되지 않는 남녀의 결합관계이다. 사실혼은 법률혼과 동일하게 다루어질 수 없다. 그것은 법률혼주의의 취지에 반하기 때문이다. 그러나 당사자를 보호하여야 한다는 점에서는 결코 사실혼이 법률혼에 뒤지지 않는다. 여기서 학설은 사실혼을 준혼관계(법률혼에 준하는 관계)로 이해하여 혼인의 효과 가운데 혼인 신고와 불가분적으로 결합되어 있는 것을 제외하고는 모두 인정하려는 경향을 보인다.

사실혼이 성립하기 위해서는 당사자 사이에 주관적으로 혼인의사의 합치가 있고, 객관적으로 부부공동생활이라고 인정할 만한 혼인생활의 실제가 존재하여야 한다는 것이 판례의 태도이다. 또한 혼인의 장애사유(제807조 내지 제810조)도 없어야 하는가에 관하여 논란이 있으나, 법률혼의 장애사유는 모두 사실혼에도 장애가 된다고 하여야 할 것이다.

2. 사실혼의 효과

사실혼이 성립하여도 사실혼의 배우자 및 그 혈족과의 사이에 친족관계가 생기지 않는다. 그리고 사실혼의 배우자는 서로 후견인이 될 권리·의무가 없다. 또한 미성년자는 사실혼관계에 있더라도 **성년의제**(제826조의2)가 되지 않는다. 그 밖에 배우자로서의 상속권도 인정되지 않는다. 부부로서의 동거·부양·협조의무는 사실혼의 경우에도 동일하게 인정되어야 한다. 정조의무 역시 마찬가지로 해석된다. 사실혼의 부부 사이의 자녀는 혼인 외의 출생자이다. 따라서 부가 인지하지 않는 한 그 자녀는 모의 성과 본을 따르며(제781조 3항), 모가 친권자가 된다(제909조 1항). 혼인의 재산적 효과는 사실혼의 경우에도 적용된다. 민법에는 사실혼에 관한 규정이 두어 있지 않는다. 그런데 많은 특별법령에서 사실혼의 배우자를 법률상의 배우자와 동일하게 다루고 있다.

특히 각종 연금법에서 그렇다. 그리고 주택임대차보호법에서는 임차인이 사망한 경우에 그와 사실상의 혼인관계에 있는 생존배우자의 주거를 보장해주고 있다(동법 제9조 1항, 2항). 사실혼관계가 성립되었다고 할 수 있는 경우에, 당사자 일방이 혼인 신고에 협력하지 않을 때에는 상대방은 사실상혼인관계존부확인을 청구하여 법률혼으로 만들 수 있다(가소법 제2조 1항 나류사건 1호).

3. 혼인의 해소

혼인의 해소란 완전히 유효하게 성립한 혼인이 그 후의 사유로 말미암아 소멸하는 것을 말한다. 혼인해소의 원인에는 배우자의 사망과 이혼이 있다. 부부의 일방이 사망하면 혼인은 당연히 소멸한다. 그리하여 혼인의 효과가 해소된다. 다른 일방은 자유롭게 재혼할 수 있게 된다. 그리고 잔존배우자는 상속을 하게 된다. 한편 부부의 일방이 사망한 경우 생존배우자와의 인척관계는 당연히 소멸하지는 않으며, 생존배우자가 재혼할 때에만 소멸한다(제775조 2항). 부부의 일방이 실종선고를 받은 경우(제28조)와 인정사망의 경우(가족관계의 등록에 관한 법률 제87조)에도 사망한 것과 마찬가지로 혼인이 해소된다. 이혼이란 완전·유효하게 성립한 혼인을 당사자 쌍방 또는 일방의 의사에 의하여 해소하는 제도이다. 우리 법상 이혼에는 협의이혼과 재판상 이혼이 있다.

IV. 이 혼

1. 협의이혼

배우자 일방이 사망하면 혼인은 당연히 해소되며, 그에 따른 혼인의 효과(동거·부양·협조의무·성적충실의무·혼인생활 비용부담·부부재산재·일상가사대리권이 소멸)가 소멸(소멸의 효과는 소급하지 않으므로 이미 발생한 일상가사로 인한 채무에 따른 책임은 존속)하게 된다. 그러나 배우자가 사망하더라도 생존배우자의 인척관계(시가 또는 처가 혈족과의 친족관계)가 당연히 소멸하지는 않고 생존배우자가 재혼한 경우에만 소멸하게 된다. 한쪽 배우자가 실종선고를 받았거나 또는 인정사망의 경우에는 사망한 때처럼 혼인이 해소된다.

완전 유효하게 성립한 혼인이라 할지라도 당사자 쌍방 또는 일방의 의사를 토대로 하여 해소하는 협의이혼 또는 재판상 이혼에 대해서도 혼인은 해소된다. 따라서 이혼의 경우에는 인척관계마저 소멸하므로 상속권·부양의무 등이 당연히 소멸된다. 그 원인을 묻지 않고 서로의 협의에 의하여 부부가 이혼할 수 있는 것을 협의이혼이라고 한다. 따라서 이혼하기로 하는 자유로운 의사의 협의가 있어야 한다.[2)] 따라서 그 이혼의사는 부부관계를 영구적으로 끝내는 것을 내용으로 하는 의사를 말하므로 이러한 이혼의사가 없는 협의이혼은 무효가 된다. 이혼의사를 어떻게 이해할 것인가에 대해서는 이혼의사를 사회통념상 혼인의 실체를 해소하려는 의사로 이해함으로써, 혼인의 실체를 해소할 의사가 없으면서 단지 당사자가 이혼신고의 의사만으로 신고하였다면 그 이혼은 무효가 된다.

사례연구

[협의상 이혼의사]

甲과 乙은 부부 싸움 중 홧김에 이혼하자고 하여 甲과 乙은 이혼합의서에 도장을 찍었다. 이것으로 甲과 乙은 이혼이 되는가?

민법은 이혼의 자유를 인정하고 있다. 협의이혼을 하려면 자유로운 이혼의사의 합치가 있어야 한다. 甲과 乙은 부부싸움 끝에 홧김에 이혼합의서에 도장을 찍었다고 하더라도 가정법원으로부터 이혼의사의 확인을 받아야만 이혼이 성립한다. 따라서 이혼합의서에 도장을 찍은 것만으로는 협의이혼이 되지 않는다.

협의상 이혼을 하려는 자는 가정법원이 제공하는 이혼에 관한 안내를 받아야 하고, 가정법원은 필요한 경우에 당사자에게 상담에 관하여 전문적인 지식과 경험을 갖춘 전문상담인의 상담을 받을 것을 권고할 수 있다. 그리고 가정법원에 이혼의사의 확인을 신청한 당사자는 이 안내를 받은 날로부터 **이혼숙려기간**이 지난 후에 이혼의사의 확인을 받을 수 있다. 그 기간은 양육하여야 할 자(포태 중인 자를 포함한다)가 있는 경우에는 3개월이고, 그 밖의 경우에는 1개월이다. 다만 가정법원은 폭력으로 인하여 당사자 일방에게 참을 수 없

2) 민법은 제836조에서 협의이혼의 성립요건으로 이혼신고만을 규정하고 있으나, 협의이혼도 일종의 계약이라는 점에서 그것이 성립하기 위해서는 당사자 사이의 이혼의사의 협의를 필요로 한다.

는 고통이 예상되는 등 이혼을 하여야 할 급박한 사정이 있는 경우에는 이혼숙려기간을 단축 또는 면제할 수 있다. 한편 양육하여야 할 자가 있는 경우, 당사자는 민법 제837조에 따른 자의 양육과 제909조 제4항에 따른 자의 친권자결정에 관한 협의서, 제837조 및 제909조 제4항에 따른 가정법원의 심판정본을 제출하여야 한다. 그리고 가정법원은 당사자가 협의한 양육비부담에 관한 내용을 확인하여 양육비부담조서를 작성하여야 하며, 그 경우에 양육비부담조서의 효력에 대하여는 가사소송법 제41조를 준용한다.

가정법원은 부부 양쪽이 제출한 이혼에 관한 안내를 받은 날부터 이혼숙려기간이 지난 후에 양쪽을 출석시켜 그 진술을 듣고 이혼의사의 유무 및 부부 사이에 미성년 자녀가 있는지 여부와 미성년 자녀가 있는 경우, 그 자녀에 대한 양육과 친권자결정에 관한 합의서 또는 가정법원의 심판정보 및 확정증명서를 확인하여야 한다(가족관계의 등록에 관한 규칙 제74조 제1항). 가정법원은 부부 양쪽의 이혼의사 등을 확인하면 그 확인서를 작성하여야 하고, 법원사무관 등은 동 규칙의 확인서가 작성된 경우에는 지체없이 확인서등본과 미성년자녀가 있는 경우, 협의서 등본 및 양육비부담조서정본 또는 심판정보 및 확정증명서를 부부 양쪽에게 교부하거나 송달하어야 한다. 이혼의 신고는 확인서등본을 교부 또는 송달받은 날부터 3개월 이내에 그 등본을 첨부하여야 하며(가족관계의 등록에 관한 법률 제75조 제4항), 신고 없이 3개월이 경과하면 가정법원의 그 확인은 효력을 상실한다. 이혼신고서의 제출은 부부 중 한쪽이 할 수 있다.

가사소송법은 이혼무효의 소에 관한 규정을 두고 있으며 이는 협의이혼만을 의미한다. 따라서 당사자 사이에 이혼의사의 합의가 없는 경우, 그 협의이혼은 무효라고 본다. 또한 당사자 사이에 합의가 없으므로 그 이혼은 무효라고 주장하는 소가 이혼무효의 소이며, 따라서 합의가 없는 협의이혼은 당연무효라고 할 것이어서 이혼무효의 소는 확인무효의 소가 된다. 이혼무효의 소는 당사자·법정대리인·4촌 이내의 친족이 제소기간에 제한이 없이 언제든지 제기할 수 있으며, 소의 상대방은 혼인무효의 경우와 같으며, 이혼무효의 판결이 확정되면 처음부터 이혼이 없었던 것으로 되어 그 판결의 효력은 제3자에게 미친다. 외국이민을 떠났다가 3년 후에 다시 귀국하여 혼인 신고를 하여 주겠다고 하여 이를 믿고 이혼 신고를 하였다면 별다른 사정이 없는 한 당사자 간에 일시적이나마 법률상의 부부관계를 해소할 의사가 있었다고 할 것이니 그 이혼 신고는 유효하다.[3]

협의상 이혼이 가장 이혼으로서 무효로 인정되려면 누구나 납득할 만한 특별한 사정이 인정되어야 한다.[4] 사실상의 이혼의 경우에도 친족관계는 그대로 유지가 된다, 따라서 부부 일방의 재혼은 중혼이 되며 사실상의 이혼 상태에서 일방이 사망한 경우에는 생존 배우자에게는 상속권이 있다. 그러나 사실상의 이혼을 한 뒤 300일 이후에 출생한 자는 사실상의 이혼 후에 포태된 것으로 추정되기에, 그자의 경우 친생부의 소에 의하지 않고 친자관계 부존재 확인의 소에 의해서만 친자관계를 부정할 수 있다.

이혼은 혼인의 해소를 가져오므로 부부사이의 배우자 관계가 소멸됨은 물론 혼인으로 비롯된 동거·부양·협조의무·부부재산계약 등이 모두 소멸이 된다. 그리고 혼인에 의하여 배우자의 혈족과의 사이에 생겼던 인척관계 또한 소멸이 된다. 이혼한 부부는 재혼할 수 있으나 종래의 인척 사이의 혼인장애 요인은 그대로 남아서 전배우자의 혈족 등과는 재혼하지 못한다. 그러나 부모가 이혼한 경우에도 그 부모와 혼인중의 출생자 사이의 혈족관계(부자관계·모자관계)에는 아무런 변화가 없다.

2. 재판상 이혼

사례연구

[재판상 이혼]

甲은 술만 마시면 처 乙을 구타하는 등의 술버릇이 심하다. 그러나 乙은 아이들을 생각하여 열심히 살아가고 있다. 그런데 甲은 술만 먹는 것이 하니라 요즘에는 丙녀와 불륜관계를 맺는 등 사랑놀음에 빠져 가정을 돌보지 않는 등의 행패가 더욱 심하다. 참다못한 乙녀는 이혼을 요구하였다. 이혼사유는 어떠한 것을 들 수 있는가?

甲이 처 乙을 구타하는 등 가정폭력은 상대방에게 심히 부당한 대우를 하는 것이다(제840

---

3) 대법원 1981. 7. 28. 선고 80므77 판결.

4) 대법원 1997. 1. 24. 선고 95도448 판결.

> 조 3호). 甲은 丙녀와 불륜관계를 맺는 것은 부정행위로 이혼 사유가 된다(제840조 1호). 가정까지도 돌보지 않는 것은 악의의 유기로서(동조 3호), 부부의 동거·부양·협조의무를 다하지 않는 등의 이혼사유가 존재한다.

법률에 규정된 이혼원인이 있을 경우 당사자 일방의 청구에 의해 가정법원의 판결을 통하여 부부관계가 해소되는 것을 재판상 이혼이라고 한다. **재판상 이혼**은 법률에 규정된 이혼 원인이 존재하기는 하나 가정법원에 의한 **조정이혼**이 성립하지 않는 경우에 가정법원의 엄정한 판단으로서 혼인을 해소할 수 있는 최후의 방안이다.

재판상 이혼은 가사소송법이 규정하는 **조정전치주의**가 적용되므로, 이혼 심판 전에 가정법원에 조정을 신청하여야 한다. 따라서 조정절차를 밟지 않고 소를 제기하거나 심판을 청구한 경우 가정법원은 특별한 사정이 없는 한 그 사건을 조정에 회부하여야 한다. 또한 조정절차 당사자 사이에 이혼의 협의가 성립하여 이를 조정조서에 기재하면 조정이 성립하게 되고 혼인은 해소된다. 조정이 성립되면 조정을 신청한 사람은 조정 성립일로부터 1개월 이내에 이혼 신고를 하여야 한다.

조정을 하지 않기로 하는 결정·조정불성립결정 또는 조정에 갈음하는 화해권고 결정에 대하여 이의 신청이 있는 경우에는 당초 조정 신청을 한 때에 소가 제기된 것으로 본다. **재판**절차를 통하여 판결이 확정되면 이혼신고가 없더라도 혼인은 해소가 되며, 판결의 효력은 제3자에게도 미친다고 할 것이며, 소를 제기한 자는 판결이 확정된 날로부터 1개월 이내에 이혼신고를 하여야 하나 이것은 보고적 신고이다.

부부가 크고 작은 문제로 자주 다투며 서로 폭행하고 부부간 문제를 서로 감정적 차원에서 대응하여 도리어 갈등을 증폭시키고 한 차례 이혼소송 파동을 겪은 후에도 서로 애정과 신뢰를 쌓을 노력을 등한시 한 채, 불화가 계속되어 별거에 이르게 되고 상대방에 대한 이해부족과 불신을 그대로 유지한 채 부부간의 갈등을 일시적으로 참고 있는 상태라면 혼인을 계속하기 어려운 중대한 사유가 있다고 볼 여지가 있다.[5]

5) 대법원 2004. 8. 20. 선고 2004므955 판결.

혼인생활 중 부부가 일시 이혼에 합의하고 위자료 명목의 금전을 지급하거나 재산분배를 하였다고 하더라도 그것으로 인하여 부부관계가 돌이킬 수 없을 정도로 파탄되어 부부 쌍방이 이혼의 의사로 사실상 부부관계의 실체를 해소한 채 생활하여 왔다는 등의 특별한 사정이 없다면 그러한 이혼합의 사실의 존재만으로 재판상 이혼사유인 혼인을 계속할 수 없는 중대한 사유에 해당한다고 할 수 없다.[6]

3. 유책배우자의 이혼청구

사례연구

[배우자의 부정행위]

어느 무더운 여름밤 자정이 넘도록 남편 甲을 기다리다가 피곤에 지친 乙녀는 아파트 문을 잠그지도 않은 채 쓰러져 잠이 들었다. 그런데 마침 이웃집 남자 丙남이 그날 저녁 회식자리에서 술이 만취되어 귀가하다가 그만 옆집을 자기네 집으로 잘못 알고 아파트 문을 열고 들어와 어둠 속에서 겉옷만 대충 벗고 乙녀의 옆에 누워 잠이 들었다. 친구네 집들이에 갔다가 고스톱으로 밤을 새우다 새벽녘에야 집으로 돌아온 남편 甲남은 안방의 전등을 켜자마자 펼쳐져 있는 놀라운 광경에 그저 어안이 벙벙할 따름이었다. 잠에서 깨어난 丙남과 B녀 역시 깜짝 놀라서 어쩔 줄을 몰라하였고, 백배사죄하며 丙남이 전후사정을 설명하였음에도 불구하고 甲남의 얼굴에는 차갑고 침착한 미소만이 감돌 뿐 이미 오해가 굳을 대로 굳어져 있는 상태였다. 그리하여 날이 밝기가 무섭게 법원에 달려간 甲남은 지기 이네가 부정행위를 저질렀다는 것을 이유로 이혼심판청구를 제기하였는데 법원은 이를 받아들여야 하는가?

재판상 이혼의 원인 중 부정한 행위라고 하는 것은 객관적으로 그것이 부정한 행위에 해당한다고 볼 만한 사실이 있어야 하고, 그것이 내심의 자유로운 의사에 의하여 행하여졌다는 두 가지의 요소가 있어야 한다. 그런데 술기운에 아파트 호수를 착각하여 집을 잘못 찾아든 옆집 丙남과 피곤해서 잠들어 있는 乙녀가 함께 누워 있었다는 사실정도만으로 내심의 자유로운 의사에 기하여 행하여진 부정한 행위라고 말할 수 없으므로 법원은 甲의 이혼청구를 각하하는 것이 타당하다.

부부 중 일방이 혼인관계의 파탄에 전적으로 또는 주로 책임이 있는 경우

6) 대법원 1996. 4. 26. 선고 96므226 판결.

에 그를 유책배우자라고 한다. 혼인관계가 회복할 수 없을 정도로 파탄되어 있기만 하면 비록 유책배우자의 이혼청구라 하더라도 이를 인용할 것인가의 문제를 유책배우자의 이혼청구 문제라고 한다. 민법에 규정한 사유를 **파탄주의**에 입각하여 유책배우자의 이혼청구는 당연히 허용이 되나, 유책주의로 파악할 경우에는 유책배우자의 이혼청구는 할 수 없다. 명문의 규정이 없는 민법의 경우 유책배우자가 이혼을 청구한 경우에 이를 허용해야 할 것인지에 관하여는 부정설과 긍정설, 제한긍정설이 있다.

유책배우자의 이혼청구를 인용하는 것은 도의관념에 반하고 **축출이혼**을 허용하는 결과가 되어 이를 받아들일 수 없다. 내용 없는 혼인생활의 강요는 혼인의 본질에 반하고 사실상의 이혼만 증가시키게 되므로 이를 인용하면서 무책배우자에 대한 부양책을 강구하는 것이 합리적이라는 것이다. 유책배우자의 이혼청구는 원칙적으로 허용하지 않으면서 특별한 사정이 있는 경우, 즉 제한된 범위 내에서 ① 상대배우자에게도 이혼의사가 있는 경우, ② 혼인 파탄의 책임이 부부쌍방에게 있는 경우, ③ 기타의 경우 등에는 예외적으로 이혼을 허용해야 한다는 설이다.

오로지 또는 주로 책임이 있는 일방당사자가 하는 이혼청구는 원칙적으로 허용되지 않는다.[7] 청구인과 피청구인과의 혼인의 장기간의 별거와 청구인과 청구외 甲녀와 동거로 이제는 파탄에 이르렀다고 하더라도 그 원인의 청구인이 피청구인을 버려둔 채 현재까지 甲녀와 동거함으로 인한 것이라면 그 책임은 전적으로 청구인에게 있다 할 것이니, 피청구인이 청구인으로부터 아무런 경제적 도움을 얻지 못하므로 인한 극심한 생활고를 해결하기 위하여 부득이 乙남과 일시적으로 동거하면서 그사이에 자식을 출산한 것이 파탄의 원인으로 경합되었더라도 그 책임 역시 피청구인을 버려둔 채 甲녀와 계속 동거한 청구인에게 있다고 할 것이므로 청구인은 혼인파탄의 유책배우자로서 이를 이유로 이혼을 청구할 수 없다.[8]

혼인생활의 파탄에 대하여 주된 책임이 있는 배우자는 원칙적으로 그 파탄을 사유로 하여 이혼을 청구할 수 없다. 다만 상대방도 그 파탄 이후 혼인을

7) 대법원 1989. 6. 27. 선고 86므740 판결.
8) 대법원 1990. 3. 27 선고 89므235 판결.

계속할 의사가 없음이 객관적으로 명백함에도 오기나 보복적 감정에서 이혼에 응하지 아니하고 있을 뿐이라는 등의 특별한 사정이 있는 경우에만 예외적으로 유책배우자의 이혼청구권이 인정된다.[9]

민법 제840조 6호의 '**기타 혼인을 계속하기 어려운 중대한 사유**'란 부부에 따라서 다르다. 같은 사유의 것이더라도 어떤 부부에게는 혼인을 계속하기 어려운 중대한 사유가 될 수 있는가 하면 다른 부부에게는 그렇게 중대한 사유가 되지 않을 수 있기 때문이다. 부부관계의 파탄에 대하여 주로 책임이 있는 배우자가 도리어 이혼을 청구하는 경우에는 그 이혼은 허락되지 않는다. 만약 그러한 이혼 청구를 받아준다면 사실상 '**축출이혼**'까지도 합법화시켜 주는 결과가 되고 말기 때문이다.

법원의 판례가 '**혼인을 계속하기 어려운 중대한 사유**'라고 인한 사례는 **경제적 파탄의 원인**으로 남편의 방탕, 가계를 돌보지 않고 계를 하는 등 아내의 문란한 행위, 허영에 의한 지나친 낭비, 불성실 또는 지나친 사치, 가정주부의 거액의 도박 등이다. **정신적 파탄의 원인**으로 불치의 정신병, 부부간의 애정상실, 성격 장애, 마약중독, 범죄행위 및 실형선고, 신앙의 차이로 인한 극심한 반목, 광신, 악의의 유기, 어린아이에 대한 정신적·육체적 모욕 또는 가해행위 등이다. **육체적 파탄 원인**으로 이유 없는 성교거부, 성적 불능, 변태성욕, 동성연애, 성병감염, 부당한 피임, 가사를 돌보지 않는 춤바람 등이다.

사례연구

[악의의 유기]

甲녀의 대학강사인 남편 乙남은 시간강사의 처량한 보따리장사는 이제 신물이 났다고 말하면서 장래를 위해서라도 박사학위를 취득하러 해외유학을 다녀오겠으니 아내인 甲녀에게 시부모가 계신 시골에 내려가서 3년 동안 기다리라고 하였다. 신혼의 단꿈에 젖어 있던 甲녀는 울며불며 만류하였지만 乙남은 결연한 자세로 이를 떨쳐버렸고 한국을 떠나고 말았다. 자존심이 상한 甲녀는 남자가 자기를 버렸다는 생각에 '악의의 유기'를 이유로 이혼소송을 제기하기에 이르렀다. 정당한 이혼의 사유가 되는가?

악의의 유기란 가정을 깰 의도에서 고의적으로 아내를 버리고 떠난 경우를 말하는 것이지 남편이 일정한 기간을 정해 놓고 유학을 다녀오겠다고 하는 경우에는 설령 아내의 반대를

9) 대법원 2013. 11. 18. 선고 2010므4095 판결.

> 무릅쓰고 떠나간 것이라 하더라도 유기에 해당하지 않는다고 보는 것이 타당하다. 甲의 이혼청구는 정당한 사유가 되지 아니하므로 甲녀는 잘 참고 견뎌서 乙남이 박사학위를 받고 한국 땅으로 올 때까지 기다려야 할 것으로 보인다.

법원의 판례가 '**혼인을 계속하기 어려운 중대한 사유**'라고 인정하지 않는 사례는 부부간 또는 시부모와 사이에 **단순한 감정의 갈등·균열 내지는 대립**이 생겼다는 사실만으로는 이혼을 허락할 수 없다.[10] 부부간에 평소 사소한 일로 자주 부부싸움을 하고, 이전에도 이혼조정신청을 한 번 제기하였다가 서로 화해한 뒤 취하했다는 사실 등 사소한 불화만으로 이혼할 만큼 중대한 사유라고 볼 수 없다.[11] 혼인은 부부공동생활을 목적으로 하는 1남 1녀의 도덕상·풍속상의 정당한 결합을 말하는 것이고, 자손번식을 그 결과에 불과한 것이므로 여자가 임신불능이라고 하여 이혼할 수는 없다.[12]

부부가 이혼하기로 합의하고 일방 배우자가 위자료 조의 금전을 수령하였는데도 순순히 협의이혼에 응하지 않으므로 상대방이 이혼소송을 제기한 경우에, 그 외 같은 사실만으로는 재판상 이혼의 사유가 될 수 없다.[13] 신앙생활과 가정생활이 양립할 수 없는 상황이 아님에도 불구하고 남편이 부당하게 아내에게 양자택일을 강요하였기 때문에 부득이 신앙생활을 택하였다면 이들 부부의 혼인이 파탄나게 된 주된 책임은 양자택일을 강요한 그 남편에게 있다고 할 것이므로 남편으로 이혼청구는 허용할 수 없다.[14]

종교가 다르다는 것 자체만으로는 이혼할 수 없다. 헌법상 종교적 자유가 있기 때문에 부부간에도 자기의 종교를 상대방에게 권유는 할 수 있으되 강요할 수는 없는 것이다. 다만 상대방이 특정 종교로 인하여 가사를 돌보지 않고 가산을 탕진하고 돌아다닌다면 그것은 이혼사유에 해당될 수 있다.

부부간의 불화의 근원이 시부모·시동생 등 대가족과 함께 생활함으로써

10) 대법원 1965. 9. 25. 선고 65므16 판결.
11) 대법원 1966. 10. 21. 선고 66므24 판결.
12) 대법원 1960. 8. 18. 선고 4292민상995 판결.
13) 대법원 1980. 6. 24. 선고 80므4 판결; 대법원 1975. 4. 8. 선고 74므28 판결.
14) 대법원 1981. 7. 14. 선고 81므26 판결.

그에 수반하여 생긴 것이고 그들 사이에 자녀가 셋이나 되는 부부의 경우라면 서로 상대방의 입장을 끈기 있게 이해하고자 노력하고 좀 더 인내와 애정으로써 서로를 대하려고만 한다면 불화도 해소되고 건전한 부부생활을 회복할 가망성이 역력하므로 그 남편이 제기한 이혼심판청구는 허용할 수 없다.[15)]

혼수가 빈약하거나 지참금이 없다는 이유로는 이혼할 수 없다. 혼담이 오갈 때 장차 결혼하면 아파트를 사주겠다느니 개업을 시켜주겠다느니 하는 언질이 있었으나 그 후 약속을 이행하지 않는다고 하여 이혼을 요구할 수는 없다. 과거의 연인을 못 잊어 하며, 첫사랑의 사진과 연애편지들을 보관하고 있다고 해서 이혼할 수는 없다. 남편이 실직을 하였다거나 무능하여 돈벌이가 시원치 않다는 이유만으로는 이혼할 수 없다.

질투심이나 시기심이 강하다고 하여 그것 때문에 가정이 파탄될 수밖에 없는 사건이 발생하지 않는 한 이혼할 수는 없다. 이내가 불가피한 상황하에서 강간을 당한 경우에 그 강간을 이유로 이혼을 요구할 수 없다. 강간을 당할 때에 여자가 흥분하여도 마찬가지다. 고부간의 단순한 불화 또는 시누이의 올케에 대한 부당한 대우 등은 이혼사유가 되지 않는다. 아내의 불임원인(난관폐색증)으로 별거에 합의하고 남편이 다른 여가와 동거함으로써 부부간의 불화가 생긴 경우에 축첩을 한 남편을 애정의 냉각을 이유로 재판상 이혼을 청구할 수 없다.[16)] 남편이 아내를 떠남으로써 부부 사이에 이미 20년간의 별거상태가 계속되고 그동안 아내가 다른 남자와 사실상 혼인했다가 사별하고 남편은 다른 여자와 사실혼관계를 계속하고 있더라도 남편이 혼인생활파탄의 원인을 전적으로 제공하였으므로, 유책자의 이혼청구는 허용될 수 없다.[17)]

민법 제840조 1호 내지 5호의 유책주의적 이혼원인 이외의 파탄주의에 따른 이혼원인으로 기타 혼인을 계속하기 어려운 중대한 사유를 규정하고 있는 터이고, 이 남녀가 다시 부부로 돌아가는 것이 불가능하고 부부관계의 파탄에 남편과 아내 모두에게 책임이 있으므로 유책배우자의 이혼청구라도 인용해야 한다(남편이 결혼식 직후 일본에 강제징용되자 그 후 각각 다른 자와 사실혼

15) 대법원 1978. 12. 26. 선고 78므27 판결.
16) 대법원 1965. 9. 21. 선고 65므29 판결.
17) 대법원 1974. 6. 11. 선고 7므29 판결.

관계를 맺어 자녀를 출생한 경우).[18]

유책배우자의 이혼청구에 대하여 상대방이 이혼의 반소를 제기하거나 오기나 보복적 감정에 기인한 표면적 이혼불응과 달리 혼인계속과 양립할 수 없는 행위를 하는 등 이혼의 의사가 객관적으로 명백한 경우에는 유책배우자의 이혼청구라도 인정해야 한다(아내가 남편을 간통죄로 고소하여 복역하고 의사자격을 박탈당하게 한 후 냉대한 경우).[19]

상대 배우자의 허영, 냉대, 혼인 생활 거부 등의 귀책사유로 인하여 파경에 이른 뒤 유책배우자가 다른 여자와 부정한 관계를 맺는 등 쌍방의 책임으로 파경이 심화되어 부부관계를 정상으로 되돌릴 수 없을 만큼 중대한 상태가 야기되었을 뿐만 아니라 상대 배우자가 내심으로 유책배우자와의 혼인을 계속할 의사가 없으면서도 표면상으로만 이혼에 불응하고 있다면 비록 유책배우자에게 다른 여자와 부정한 관계를 맺은 잘못이 있다 하더라도 이미 파탄된 혼인의 해소를 바라는 유책배우자의 이혼청구를 인용하였다.[20]

혼인을 계속하기 어려운 중대한 사유라 함은 혼인의 본질에 상응하는 부부공동생활관계가 회복할 수 없을 정도로 파탄되고 그 혼인생활의 계속을 강제하는 것이 일반 배우자에게 참을 수 없는 고통이 되는 경우를 말한다. 이를 판단함에는 혼인계속의사의 유무, 파탄의 원인에 관한 당사자의 책임유무, 혼인생활의 기간, 자녀의 유무, 당사자의 연령, 이혼 후의 생활보장 기타 혼인관계의 제반 사정을 두루 고려하여야 한다. 부부의 혼인관계가 돌이킬 수 없을 정도로 파탄된 경우, 그 파탄의 원인이 이혼청구인에게 전적으로 또는 주된 책임을 들어야 할 사유로 조성되었거나 청구인의 책임이 피청구인의 책임보다 더 무겁다고 인정되지 않는 한 청구인의 이혼청구는 인용되어야 한다.[21]

혼인생활의 파탄에 대하여 주된 책임이 있는 배우자는 그 파탄을 사유로 하여 이혼을 청구할 수 없는 것이 원칙이다. 다만 상대방도 그 파탄 이후 혼인을 계속할 의사가 없음이 객관적으로 명백하고, 다만 오기나 보복적 감정에서 이혼에 응하지 않고 있을 뿐이라는 등 특별한 사정이 있는 경우에만 예외적으

18) 대법원 1986. 3. 25. 선고 85므85 판결.
19) 대법원 1987. 4. 14. 86므28 판결.
20) 대법원 1987. 9. 22. 선고 86므87 판결.
21) 대법원 1991. 7. 9. 선고 90므1067 판결.

로 유책배우자가 이혼청구권이 인정된다. 혼인관계가 파탄에 이르렀음이 인정되는 경우에는 원고의 책임이 피고의 책임보다 더 무겁다고 인정되지 아니하는 한 원고의 이혼청구는 인용되어야 하는 것이므로 원심이 원고와 피고의 책임의 유무 및 경중을 가려보지도 아니한 채 피고에게 책임있는 사유로 인하여 혼인관계가 돌이킬 수 없는 파탄에 이르렀다고 보기 어렵다고 한 것은 민법 제840조 16호의 적용에 관한 법리를 오해하였거나 이유를 제대로 명시하지 아니한 위법이 있다.[22]

V. 재산분할청구권

1. 인정이유

사례연구

[이혼 후 양육과 면접교섭]

甲과 乙은 이혼하기로 합의하였다.

1) 甲과 乙 사이에 자녀는 누가 돌보아야 하는가?
2) 부인 甲이 양육하면서 친권을 행사하기로 하였다면 乙녀는 자식을 만나 볼 수 있는가?
3) 이혼하기 전까지 甲과 乙은 근검절약하여 아파트도 사고 재산도 늘였다. 乙녀는 이것을 청구할 수 있는가?

1) 甲과 乙은 누가 자녀들을 양육하는 것인가를 협의에 의하여 정하여야 한다. 그러나 협의가 되지 않은 경우에는 당사자인 甲·乙의 청구에 의하여 법원이 양육할 자를 정한다(제837조).
2) 만일 부, 甲 또는 모, 乙의 양육한다고 할 때, 양육권자가 아닌 모 또는 부는 자식과 함께 왕래하거나 숙박·서신교환을 할 수 있는 면접교섭권이 있다.
3) 甲과 乙이 상호 협력하여 이룩한 재산에 대해서는 재산분할청구권을 행사하여 乙녀는 甲남에게 재산을 분할하여 달라고 청구할 수 있다.

이혼하는 부부의 일방이 다른 일방에 대하여 다른 일방의 명의로 되어 있

22) 대법원 1994. 5. 27. 선고 94므130 판결.

는 혼인 중에 취득한 재산의 분할을 청구할 수 있는 것을 재산분할청구권이라 한다. 이 제도는 협의이혼과 재판상 이혼의 경우에 적용 또는 준용되며, 혼인 취소의 경우에도 마찬가지이다. 그러나 사실혼 관계의 경우에 준용 또는 유추 적용 되지만 중혼적 사실혼관계 해소의 경우에는 적용되지 않는다.

민법 제830조 소정의 부부별산제의 원칙에 따를 경우, 혼인생활 중 취득한 남편 명의의 재산이라 하더라도 아내의 가사노동·가계운영의 공헌과 같은 그 재산형성·유지에 대한 아내의 기여도에 대한 경제적 평가가 반영되지 않음으로써 아내는 무일푼의 상태로 갈라서는 경우가 있을 수 있다. 재산분할청구권은 부부일방, 특히 여성에게 이혼의 자유를 보장하고 헌법상의 양성평등의 이념을 이혼법의 영역에서 실현하기 위한 제도이다. 재산분할청구권은 부부라는 신분관계의 해소를 기초로 법률의 규정에 의해 발생하는 일종의 법정채권이다. 다만 이 제도의 인정 근거와 관련하여 공유이론이나 명의신탁이 주장될 수도 있다.

협의상 이혼하려는 일방은 다른 일방에 대하여 재산분할을 청구할 수 있다. 이는 재판상 이혼의 경우에도 적용 또는 준용되고, 혼인취소의 경우에도 같다. 부부의 생활공동체라는 실질에 비추어 인정되는 것이므로, 사실혼관계에도 준용 또는 유추 적용할 수 있지만[23] 중혼적 사실혼 해소의 경우에는 적용되지 않는다.[24]

재산분할청구권은 부부 일방에게 이혼의 자유를 보장하고 헌법상 양성평등의 이념을 이혼법의 영역에서 실현하기 위한 제도이다.[25] 한편 재산분할청

23) 대법원 2002. 8. 28.자 2002스36 결정; 대법원 1995. 3. 28. 선고 94므1584 판결: 청산의 의미를 갖는 재산분할에 관한 규정은 부부의 생활공동체라는 실질에 비추어 인정되는 것이므로, 사실혼관계에도 준용 또는 유추적용할 수 있다.

24) 대법원 1996. 9. 20. 선고 96므530 판결; 대법원 1995. 7. 3.자 94스30 결정: 법률상의 혼인을 한 부부의 어느 한쪽이 집을 나가 장기간 돌아오지 아니하고 있는 상태에서 부부의 다른 한쪽이 제3자와 혼인의 의사로 실질적인 혼인생활을 하고 있다고 하더라도, 특별한 사정이 없는 한 이를 사실혼으로 인정하여 법률혼에 준하는 보호를 허여할 수는 없다.

25) 대법원 2013. 6. 20. 선고 2010므4071,4088 전원합의체 판결: 소극재산의 총액이 적극재산의 총액을 초과하여 재산분할을 한 결과가 결국 채무의 분담을 정하는 것이 되는 경우에도 법원은 채무의 성질, 채권자와의 관계, 물적 담보의 존부 등 일체의 사정을 참작하여 이를 분담하게 하는 것이 적합하다고 인정되면 구체적인 분담의 방법 등을 정하여 재산분할 청구를 받아들일 수 있다 할 것이다.

구권은 부부라는 신분관계의 해소를 기초로 법률의 규정에 의해 발생하는 채권이지만, 이 제도의 인정근거와 관련하여 공유관계나 명의신탁을 주장될 수 있음을 유의할 필요가 있다.

재산분할청구권의 의미 및 인정근거가 무엇인지에 따라, 혼인 중의 부부재산의 청산 내지 잠재적 지분의 반환적 성질을 갖는다는 청산설과 부부공동재산의 청산을 중심적 요소로 하고 보충적으로 전배우자의 부양적 요소를 포함한다고 새기는 청산 및 부양설(동설)로 나뉘며, 재산분할청구권의 성립시기를 어디에 둘 것이냐에 따라 재산분할청구권은 구체적으로 그 분할에 관한 합의의 성립 또는 심판의 확정에 의하여 비로소 이루어진다는 형성설과 이혼이라는 사실과 혼인 중 재산의 청산 및 이혼 후 부양의 요건을 충족시키는 사실의 존재에 의하여 재산분할청구권은 당연히 발생하고 협의·심판은 그 내용을 확인하는 절차에 지나지 않는다는 확인설, 추상적 재산분할청구권은 이혼의 성립만으로 당연히 발생하지만 구체적 재산분할청구권은 재산분할에 관한 그 협의·심판에 의하여 비로소 형성된다는 절충설로 나뉜다. 그 인정근거에 관하여 판례는 청산 및 부양설을 취하고 있으나, 청산설을 취하는 경우도 있어 일정하지 않다.

사견으로서는 재산분할청구권은 부부별산제하에서 혼인 중에 부부 일방의 명의로 되어 있는 재산의 형성·유지에 대한 상대방 배우자의 기여도를 인정함으로써 이혼 당사자 쌍방의 이해관계의 공평을 꾀하기 위한 제도이다. 그렇다면 재산분할청구권은 혼인 중에 형성된 그 재산을 청산·분배하는 것으로 새겨야 한다. 부부 사이의 부양의무는 혼인 중에만 인정될 뿐 이혼 후까지 지속되는 것이 아니므로, 청산·분배의 결과로서 부양적 요소라는 부수적인 효과가 기대될 수 있을 뿐이다. 이러한 점에서 청산설이 타당하다고 생각한다. 재산분할청구권의 발생시기와 관련해서는 재산분할청구권은 이혼 당사자 쌍방의 협의가 없는 한 법원의 심판에 의해 구체적으로 발생한다고 새기는 절충설이 타당하다. 이렇게 해석하는 것이 가사비송사건인 재산분할청구사건에 부합하는 해석이 되기 때문이다.

2. 청구권자

사례연구

[재산분할]

乙남 처 甲녀는 20년 동안 가정살림을 충실히 꾸리면서 내조를 한 결과, 무일푼으로 시작한 乙남은 이제 번듯한 집도 장만하고 상당한 재산을 소유하게 되었다. 그러나 남편 乙은 얼마 전부터 丙녀와 돌아다니더니 더 이상 처 甲녀와는 살 수 없다면서 이혼을 요구해 와 처 甲은 부득이 이에 응해 주었다. 처 甲은 위자료도 전혀 받지 못한 상태인데, 전 남편 乙남의 재산의 일부를 받을 수 있는가?

처 甲은 이혼과 동시에 재산분할청구권을 행사할 수 있다. 재산분할청구는 위자료와는 별도로 청구할 수 있다. 재산분할청구는 부동산 등의 재산을 돈으로 환산하여 일정금액의 현금으로 지급청구를 할 수도 있고, 부동산에 대한 지분이전등기를 구하는 방법으로도 할 수 있으며, 재산분할청구권의 소멸시효는 2년이다.

민법 제839조의2·제843조의 규정상 재산분할청구권은 이혼책임에 대한 유책성 여부에 관계없이 이혼당사자 일방이 혼인 중에 취득한 실질적인 공동재산에 대한 재산분할청구권을 갖는다. 그러나 부부가 협의이혼을 전제로 재산분할 약정을 하였으나, 그 후 혼인관계가 존속하거나 재판상 이혼이 이루어진 경우에는 재산분할 협의의 효력은 발생하지 않는다. 혼인이 해소되기 전에 미리 재산분할청구권을 포기하는 것은 성질상 허용되지 않는다.

3. 재산분할 대상인 재산

재판상 이혼을 전제로 한 재산분할에서 분할이 대상이 되는 **재산과 그 액수**는 이혼소송의 **사실심변론종결일**을 기준으로 하여 정하여야 하는데 원칙적으로 혼인 중 부부 쌍방의 협력으로 이룩한 재산은 모두 청산의 대상이 된다. 또한 부부의 일방이 별거 후에 취득한 재산이라 하더라도 그것이 별거 전에 쌍방의 협력에 의해 형성된 유형·무형의 자원에 기한 것이라면 분할이 대상이 된다. 그리고 제3자의 명의의 재산이라 하더라도 부부 쌍방이 협력 등이 인정되는 경우도 그 대상이 된다.

재산분할 재판에서 분할대상인지 여부가 전혀 심리된 바 없는 재산이 재판확정 후 추가로 발견된 경우에는 이에 대하여 추가로 재산분할청구를 할 수 있으며, 혼인 전부터 갖고 있었던 **특유재산**으로부터 출자하여 취득한 재산, 혼인 중에 상속이나 증여를 받은 재산과 그 수익 등은 분할대상이 아니다. 다만 특유재산이라 하더라도 다른 일방이 적극적으로 특유재산의 유지에 협력하여 감소를 방지하였거나 증식에 협력하였다고 인정되는 경우에는 분할대상이 되며, 이러한 예외적인 경우 협력에 대한 기여도 등에 대한 증명책임은 재산분할청구권자가 부담한다고 하여야 한다.

부부의 일방이 별거 후에 취득한 재산이라 하더라도 그것이 별거 전에 쌍방의 협력에 의해 형성된 유형·무형의 자원에 기한 것이라면 분할의 대상이 되고,[26] 제3자 명의의 재산이라 하더라도 부부 쌍방의 협력 등이 인정되는 경우에는 재산분할 대상이 된다.[27] 부부의 일방이 혼인 전부터 갖고 있었던 특유재산으로부터 출자하여 취득한 재산이나 혼인 중에 상속이나 증여를 받은 재산과 그 수익 등은 분할대상이 아니지만 특유재산이라 하더라도 다른 일방이 적극적으로 특유재산의 유지에 협력하여 감소를 방지하였거나 증식에 협력하였다고 인정되는 경우에는 분할 대상이 되며,[28] 부부 중 일방이 **상속받은 재산**[29]이나 제3자로부터 증여받은 재산이라도 이를 취득하고 유지함에 상대방의 가사노동 등이 직·간접으로 기여한 것이라면 상속분할 대상 재산이 된

26) 대법원 2000. 8. 18. 선고 99므1855 판결: 부부 사이에 13년 남짓 동안 법률혼과 사실혼이 3회에 걸쳐 계속 이어지다가 파탄되었고 그 각 협의이혼에 따른 별거기간이 6개월과 2개월 남짓에 불과한 경우에 마지막 사실혼의 해소에 따른 재산분할을 함에 있어서는 … 그 각 혼인 중에 쌍방의 협력에 의하여 이룩한 재산은 모두 청산의 대상이 될 수 있다고 보는 것이 상당하다.

27) 대법원 2009. 6. 9.자 2008스111 결정; 대법원 1998. 4. 10. 선고 96므1434 판결: 제3자 명의의 재산이더라도 그것이 부부 중 일방에 의하여 명의신탁된 재산 또는 부부의 일방이 실질적으로 지배하고 있는 재산으로서 부부 쌍방의 협력에 의하여 형성된 것이거나 부부 쌍방의 협력에 의하여 형성된 유형, 무형의 자원에 기한 것이라면 재산분할의 대상이 된다.

28) 대법원 2002. 8. 28.자 2002스36 결정; 대법원 1993. 5. 25. 선고 92므501 판결: 특유재산일지라도 다른 일방이 적극적으로 그 특유재산의 유지에 협력하여 그 감소를 방지하였거나 그 증식에 협력하였다고 인정되는 경우에는 분할의 대상이 될 수 있다.

29) 대법원 2009. 6. 9.자 2008스111 결정: 부부 중 일방이 상속받은 재산이거나 이미 처분한 상속재산을 기초로 형성된 부동산이더라도 이를 취득하고 유지함에 있어 상대방의 가사노동 등이 직·간접으로 기여한 것이라면 재산분할의 대상이 된다.

다.[30] 이러한 예외적인 경우, 그 협력·기여도 등에 대한 증명책임은 재산분할 청구권자가 부담한다고 새겨야 한다.

부부가 이혼할 때 쌍방의 **소극재산** 총액이 **적극재산** 총액을 초과하여 재산분할을 한 결과가 결국 채무의 분담을 정하는 것이 되는 경우에도 재산분할 청구를 받아들여야 하고, 채무부담의 경위·용처·채무의 내용과 금액·혼인생활의 과정·당사자의 경제적 활동능력과 장래의 전망 등 제반사정을 종합적으로 고려하여 채무를 분담하게 할지 여부 및 분담의 방법 등을 정하여야 한다. 다만 적극재산을 분할할 때처럼 재산형성에 대한 기여도 등을 중심으로 일률적으로 비율을 정하여 당연히 분할·귀속하게 하여야 한다는 취지는 아니다. 채무의 분담을 정하는 경우에도 법원은 채무의 성질, 채권자와의 관계, 물적 담보의 존부 등 일체의 사정을 참작하여 이를 분담하게 하는 것이 적합하다고 인정되면 구체적인 분담의 방법 등을 정하여 재산분할청구를 인정하여야 한다. 이처럼 하여야만 부부가 혼인 중 형성한 재산관계를 이혼에 즈음하여 청산하는 것을 본질적으로 하는 재산분할제도의 취지에 맞고 당사자 사이의 실질적 공평에도 부합하기 때문이다.

이혼 당시 이미 받은 **퇴직금**은 청신대상이 되며, 공무원 퇴직연금수급권도 재산분할청구권의 대상 재산이 되나 연금수급권자인 배우자의 여명을 알 수 없어 가액을 특정할 수 없는 등의 특성상 전체 재산에 대한 하나의 분할비율을 정한 것이 형평에 부합하지 않는 경우에는 공무원퇴직연금수급권과 다른 일반재산을 구별하여 개별적으로 분할비율을 정하는 것이 타당하고, 그 결과 실제로 분할비율이 달리 정하여지더라도 이는 분할비율을 달리 정할 수 있는 합리적 근거가 있어야 한다. **장래의 퇴직급여채권**도 재산분할이 대상이 되는데, 구체적으로는 이혼소송의 사실심변론종결시를 기준으로 그 시점에서 퇴직할 경우 수령할 수 있을 것으로 예상되는 퇴직급여 상당액의 채권이 그 대상이 된다.

---

30) 대법원 2010. 4. 15. 선고 2009므4297 판결: 부부 중 일방이 제3자로부터 증여받은 재산도 상속분할대상 재산이 된다.

4. 재산분할의 과세와 분할방법

사례연구

[상속재산 분할]

乙의 아버지 甲이 얼마 전에 사망하였는데 상속재산으로 부동산, 주식, 그리고 은행예금이 있다. 상속인으로는 큰 아들 乙, 어머니 丙, 남동생 丁, 여동생 戊가 있는데 상속재산의 분할은 어떻게 하는가?

재산상속은 피상속인의 사망으로 개시되며 재산상속인이 수인인 때에는 상속재산은 그 공동상속인의 공유로 된다(제997조, 제1006조). 상속재산의 분할이란 상속개시로 인하여 생긴 공동상속인 간에 상속재산의 공유관계를 종료시키고, 각 상속인에게 그의 상속분을 확정 배분시키는 일종의 청산행위이다. 상속재산을 분할하는 방법에는 세 가지가 있다. 첫째는 유언에 의한 분할이다. 피상속인은 유언으로 상속재산의 분할방법을 정하거나 이를 정할 것을 제3자에게 위탁할 수 있고 상속개시의 날로부터 5년을 초과하지 아니하는 기간 내의 그 분할을 금지할 수 있다(제1012조). 둘째는 협의에 의한 분할이다. 공동상속인은 유언에 의한 분할방법의 지정이나 분할금지가 없으면 언제든지 그 협의에 의하여 상속재산을 분할할 수 있다(제1013조 1항). 협의는 공동상속인 전원의 동의가 있어야 하고 그 분할되는 몫은 반드시 작자의 법정상속분에 따르지 않아도 된다. 그러나 상속인 중에 미성년자와 그 친권자가 있는 경우에는 친권자가 그 미성년자의 주소지를 관할하는 가정법원에 특별대리인 선임신청을 하여 그 선임된 특별대리인과 분할의 협의를 하여야 한다(제921조). 셋째는 법원에 의한 분할이다. 공동상속인 사이에서 상속재산분할의 협의가 성립되지 아니할 때에는 각 공동상속인은 가정법원에 분할을 청구할 수 있다(제1013조 2항). 각 공동상속인은 먼저 가정법원에 조정을 신청하여야 하며, 조정이 성립되지 않으면 심판을 청구할 수 있다. 심판에 의한 분할방법은 현물분할을 원칙으로 하며, 가정법원은 현물로 분할 수 없거나 분할로 인하여 현저히 그 가액이 감소될 염려가 있는 때에는 물건의 경매를 명하기도 한다.

재산분할로 취득한 재산에 대하여는 증여세를 부과하지 못하며,[31] 재산분할에 의한 자산의 이전에 양도소득세를 부과할 수도 없다.[32] 재산분할에 대하여 구체적으로 법으로 정하여진 기준은 없으나 재산분할 여부, 그 방법 및 액수나 비율 등은 원칙적으로 당사자의 협의나 조정에 의해 정해지게 된다. 또한 그 협의가 없거나 불가능한 경우, 당사자의 청구에 의하여 가정법원의

31) 대법원 1997. 11. 28. 선고 96누4725 판결.

32) 대법원 2003. 11. 14. 선고 2002두6422 판결.

당사자 쌍방의 협력에 의하여 이룩한 재산의 액수와 기타 사정을 참작하여 그 액수와 방법을 정하게 되며, 이 경우에 법원은 재산분할액 산정의 기초가 되는 재산의 가액을 객관성과 합리성이 있는 자료에 의하여 평가하여야 한다.

재산분할 비율은 개별재산에 대한 기여도를 일컫는 것이 아니라 기여도 기타 모든 사정을 고려하여 전체로서의 형성된 재산에 대하여 상대방 배우자로부터 받을 수 있는 비율을 말하는데, 법원이 재산분할을 함에 있어 방법·비율 또는 액수는 당사자 쌍방의 협력으로 이룩한 재산의 액수 기타의 사정을 참작하여 정하면 되고, 기타의 사정 중 중요한 것은 명시하여야만 하지만 그 모두를 개별적·구체적으로 특정하여 설시할 필요는 없다. 법원이 명하는 구체적인 재산분할의 방법으로는 재산의 전부 또는 일부에 대한 현물분할의 방법, 금전에 대한 일시불 또는 정기금 지급방법 등이 있다

5. 위자료청구권 등과의 관계

재산분할청구권의 목적은 부부 공동재산의 청산·분배에 있으며, **위자료청구권**의 목적은 이혼에 따른 손해배상청구에 있다. 그러므로 재산분할청구는 유책배우자도 청구가 가능하나 위자료청구는 유책배우자는 불가능하다. 그리고 권리행사기간에 있어서도 전자는 이혼 시부터 2년의 제척기간에 걸리나 후자는 민법 제766조 소정의 3년 또는 10년의 소멸시효에 걸린다. 가정법원의 전속관할이나 조정전치주의 적용대상은 동일하다. 다만 사건의 성격에서 전자는 가사비송사건으로 처리하지만 후자는 가사소송사건으로 처리한다. 이혼소송 계속 중 소제기자의 사망시에 소송종료 여부에 대하여 전자는 종료가 되나 후자는 상속인이 승계하게 되는 점에서 구별되는 별개의 독립한 권리이다. 그러므로 유책배우자는 재산분할청구 외에 별도로 위자료청구권도 행사할 수 있게 된다.

재산분할청구권은 권리의 성질상 이혼당사자의 의사를 존중하여야 하므로 원칙적으로 대위권의 대상이 되지 못한다. 다만 당사자의 협의·심판에 의하여 구체적인 금전채권 또는 급부청구권으로 확정된 때에는 **채권자대위권**의 대상이 된다 할 것이다.[33)] 부부의 일방이 다른 일방의 재산분할청구권 행사를

33) 대법원 1999. 4. 15. 선고 998다58016 판결.

해함을 알면서도 재산권을 목적으로 하는 법률행위를 한 경우, 다른 일방은 제406조 제1항을 준용하여 그 취소 및 원상회복을 가정법원에 청구할 수 있다. 이 경우 **사해행위취소의 소**는 제406조 제2항의 기간 내에 제기하여야 한다.

제3자 명의의 재산도 그것이 부부 중 일방에 의하여 명의신탁된 재산 또는 부부의 일방이 실질적으로 지배하고 있는 재산으로서 부부 쌍방의 협력에 의하여 형성된 유형·무형의 자원에 기한 것이라면 그와 같은 사정도 참작하여야 한다는 의미에서 재산분할의 대상이 된다.[34] 혼인생활 중 쌍방의 협력으로 취득한 부동산에 관하여 부부의 일방이 부담하는 임대차보증금반환채무는 특별한 사정이 없는 한 혼인 중 재산의 형성에 수반한 채무로서 재산분할의 대상이 된다.[35]

이혼으로 인한 재산분할청구권은 이혼을 한 당사자의 일방이 다른 일방에 대하여 재산분할을 청구할 수 있는 권리로서 이혼이 성립한 때에 그 법적 효과로서 비로소 발생하는 것일 뿐만 아니라, 협의 또는 심판에 의하여 구체적 내용이 형성되기까지는 그 범위 및 내용이 불명확·불확정하기 때문에 구체적으로 권리가 발생하였다고 할 수 없으므로 협의 또는 심판에 의하여 구체화되지 않은 **재산분할청구권**은 채무자의 책임재산에 해당하지 아니하고, 이를 포기하는 행위 또한 채권자취소권의 대상이 될 수 없다.[36] 이혼으로 인한 재산분할청구권은 협의 또는 심판에 의하여 그 구체적 내용이 형성되기까지는 그 범위 및 내용이 불명확·불확정하기 때문에 구체적으로 권리가 발생하였다고 할 수 없으므로 이를 보전하기 위하여 **재권자내위권**[37]을 행사할 수 없다.[38]

---

34) 대법원 2013. 7. 12. 선고 2011므1116 판결.

35) 대법원 2011. 3. 10. 선고 1010므4699 판결.

36) 대법원 2013. 10. 11. 선고 2013다7939 판결.

37) **민법 제404조(채권자대위권)** ① 채권자는 자기의 채권을 보전하기 위하여 채무자의 권리를 행사할 수 있다. 그러나 일신에 전속한 권리는 그러하지 아니하다.
② 채권자는 그 채권의 기한이 도래하기 전에는 법원의 허가 없이 전항의 권리를 행사하지 못한다. 그러나 보전행위는 그러하지 아니하다.
민법 제405조(채권자대위권행사의 통지) ① 채권자가 전조 제1항의 규정에 의하여 보전행위 이외의 권리를 행사한 때에는 채무자에게 통지하여야 한다.
② 채무자가 전항의 통지를 받은 후에는 그 권리를 처분하여도 이로써 채권자에게 대항하지 못한다.

38) 대법원 1999. 4. 9. 선고 98다58016 판결.

제 7 장

재산상속과 법률

제 7 장 재산상속과 법률

Ⅰ. 상 속

사례연구

[재산의 상속]

甲은 사업을 하던 아버지 乙이 사망하자 아버지의 집을 팔아 아버지가 진 은행의 빚을 갚았다. 그 후 아버지의 채권자들이 몰려와서 자기들의 빚도 갚으라고 야단이다. 甲은 이들의 빚을 벗어날 방법이 없는가?

민법은 법정단순승인으로 상속인이 상속재산에 대한 처분행위를 한 때(제1026조 1호)에 단순승인한 것으로 인정된다. 그러므로 甲은 단순승인한 것으로 간주되어 상속채무를 면할 방법이 없다. 민법은 상속인이 일정한 행위를 하면 단순승인한 것으로 보게 되는데, 그 사유 중 甲(상속인)이 그의 부 乙의 유산(상속재산)을 처분하였기 때문이다.

1. 상속인

사례연구

[재산상속 순위]

甲은 태평양으로 고기잡이를 나갔다가 2000년 7월 20일에 태풍으로 사망하였다. 甲의 가족은 그 소식을 2000년 7월 25일에 들었다. 甲이 모아 놓은 재산과 甲이 가지고 있는 물건은 언제 어디서 상속이 되는가?

甲이 풍랑으로 2000년 7월 20일에 사망하였으면, 甲의 가족은 甲의 사망을 알건 모르건 상관없이 甲이 사망한 동년 7월 20일에 상속을 받게 된다. 따라서 甲의 재산 등은 동년 7월 20일에 甲의 주소지에서 그의 상속인에게 상속순위에 따라 상속이 개시된다.

상속인의 범위는 피상속인의 **8촌 이내의 방계혈족**이었으나 상속인의 범위는 대체로 직계비속·직계존속·배우자·형제자매 등으로 한다.

제1순위는 피상속인의 **직계비속**이다(제1000조 1항 1호). 직계비속이 수인인 때에는 최근친을 선순위로 하고, 동친 등이 수인인 때에는 공동상속인이 된다. 가령, 직계비속인 자 중에서 1인이 상속개시 전에 사망하였는데 그에게 자가 있을 때에는 그 자가 대습상속을 하게 되지만, 피상속인의 자가 전원 사망하였거나 결격자가 된 경우에는 손이 대습상속을 하는 것이 아니라 본위상속을 하게 된다. **직계비속**이란 자연혈족이든 법정혈족이든, 친생자이든 양자이든, 혼인중의 자이건 혼인외의 자이건, 그 상속순위는 아무런 차별이 없다. 그 직계비속의 존재가 분명하다면 생사불명이라고 해서 제1순위에서 제외되지 않는다.[1] 그리고 **태아**는 상속순위에 있어서는 출생한 것으로 본다.

제2순위는 피상속인의 직계존속이다(제1000조 1항 2호). 피상속인의 직계비속이 있는 경우에는 피상속인의 배우자와 그 직계비속이 공동상속을 받지만, 직계비속이 없는 경우에는 단독 상속인이 되지 못하고, 피상속인의 **직계존속**과 동순위로 공동상속인이 된다. 직계존속이 수인인 경우에 그 직계존속이 촌수가 같으면 동순위이며, 촌수가 다르면 최근친이 먼저 상속인이 된다. 가령, 부모와 조부모가 있으면 부모가 먼저 선순위가 된다. 친부모와 양부모가 있을 때에는 동순위로 상속인이 된다.

제3순위는 형제자매이다(제1000조 1항 3호). 피상속인의 직계비속·배우자·직계존속 등이 없는 경우에는 피상속인의 **형제자매**가 상속인이 된다. **형제자매**란 피상속인의 부계의 방계혈족을 의미한다. 형제자매는 남녀의 성별·동복 및 이복의 차별을 묻지 않는다.[2]

제4순위는 피상속인의 4촌 이내의 방계혈족이다(제1000조 1항, 4호). 피상속인의 형제자매 또는 형제자매의 대습상속인인 직계비속도 없는 경우에는 피상속인의 **4촌 이내의 방계혈족**이 되고, 촌수가 같으면 공동상속인이 된다. 가령, 3촌이 되는 방계혈족으로는 종형제자매·고종형제·외종형제자매 등이 공동상속인이 된다.

제5순위는 피상속인의 재산상속인이 없는 경우에는 재산상속인의 부존재

1) 대법원 1982. 12. 28. 선고 81다452·453 판결.

2) 대법원 1997. 11. 28. 선고 96다5421 판결.

상태가 된다. **특별연고자**는 가정법원에 상속재산의 전부 또는 일부에 대한 분여를 청구할 수 있다. 특별연고자의 분여청구가 없거나 분여하고 남은 재산이 있는 때에는 그 재산은 **국가**에 귀속한다.

배우자는 그 직계비속과 동순위로 공동상속인이 되고, 직계비속이 없는 경우에는 피상속인의 직계존속과 동순위로 공동상속인이 되며, 피상속인의 직계비속도 없는 경우에는 단독 상속인이 된다. **배우자**란 혼인 신고를 한 법률상의 부나 처를 말하며, 소위 사실혼의 배우자의 상속권은 특별법상 인정되는 경우에 한한다.

사례연구

[상속순위]

甲은 열심히 사업을 하여 많은 유산을 남기고 사망하였다. 甲에게는 노부모·처·아들·시집간 딸·형제와 조카가 있다. 甲이 남겨놓은 유산은 이들 중 누가 상속인이 되는가?

甲에게 상속인이 될 수 있는 자는 노부모·처·자녀·형제와 조카가 있다. 그러나 이들 중에서 甲의 상속인이 되어 유산을 상속받을 자는 제1순위는 직계비속(아들과 시집간 딸)과 처가 **공동**으로 상속하게 된다(제1000조 1항 1호, 제1003조).

2. 대습상속

사례연구

[대습상속]

甲은 처 乙 사이에 아들 3남매를 두었다. 이혼하여 아들 丁까지 둔 큰 아들 丙이 교통사고로 인하여 사망하였다. 그 여파로 甲의 처 乙도 사망하였다. 甲이 사망하면 아들이 유산을 차지하려고 할 때에, 丁은 할아버지 甲의 유산을 상속받을 수 있는가?

상속은 피상속인의 사망시에 생존에 있는 상속인에게만 인정된다. 그러나 피상속인의 사망 당시 상속인이 사망하였거나 상속결격이 된 경우에는 그 직계비속이나 배우자가 있으면 대습상속이 된다. 따라서 丁(손자)은 아버지 丙에 갈음하여 할아버지 甲의 유산을 대습상속을 받을 수 있다(제1001조).

상속이 개시되기 전에 상속인이 사망하거나 결격사유가 있을 때에는 그 **자에 갈음**하여 그자의 직계비속이 상속받게 되는데 이를 **대습상속**이라고 한다. 가령, 대습상속은 피상속인의 직계비속인 추정상속인이 피상속인의 사망 전에 사망하거나 결격된 때에는 그 추정상속인의 직계비속인 사망 또는 결격된 추정상속인에 갈음하여 상속한다. 피상속인의 형제자매가 상속인이 되는 경우에 상속개시 전에 그자가 사망 또는 결격된 때에는 그 직계비속이 대습상속한다. 직계비속에 의한 대습상속이 인정되는 경우의 피대습자의 배우자는 직계비속과 함께 동순위로 공동상속인이 되며, 그 상속인이 없을 때에는 단독상속인이 된다.

가령, 피상속인(甲)에게 아들(A)과 딸(B)이 있고, 아들 A에게 자녀(X·Y) 둘이 있는 경우, 아들 A가 피상속인 甲보다 먼저 사망하였다면, 甲이 사망하였을 때 X·Y는 고모인 B와 동순위의 상속인이 된다.

3. 태아의 상속권

태아의 권리를 보호하기 위하여 상속에 있어서 태아는 '**이미 출생한 것으로 본다**'고 하는 규정의 의미에 관해서, 태아는 태아로서 상속능력이 없고 살아서 출생하였을 때에 상속개시까지 소급하여 상속권을 취득한다는 **정지조건설**과 태아는 태아로서 상속능력을 가지며 상속이 개시될 때 상속인이 되고 죽어서 태어났을 때에는 상속개시 시까지 소급하여 상속능력을 잃는다는 **해제조건설**이 대립하고 있다. **판례**는 정지조건설을 취하고 **학설**은 해제조건설이 다수설이다.

4. 상속인의 결격사유

상속인은 상속능력이 있는 경우에도 고의로 직계존속·피상속인·피상속인의 배우자·상속의 선순위자 혹은 동순위를 살해하거나 살해하려고 한 자, 고의로 직계존속·피상속인·피상속인의 배우자에게 상해를 가하여 사망에 이르게 한 자, 사기 또는 강박으로 피상속인의 양자 기타 상속에 관한 유언 또는 유언의 철회를 방해한 자, 사기 또는 강박으로 피상속인의 양자 기타 상속에 관한 유언을 하게 한 자, 피상속인의 양자 기타 상속에 관한 유언서를 위조·변조·파기 또는 은닉한 자 등은 상속자격은 박탈된다.

5. 상속분

사례연구

[법정상속분]

甲은 처(乙)·아들(丙과 丁)·딸(戊)을 두고 사망하였다. 甲의 유산은 9천만원이다. 이때 乙·丙·丁·戊의 상속분은 각각 얼마인가?

상속인 처乙·장남丙·차남丁·딸戊의 상속분은 각각 1.5:1:1:1이다.

甲의 처 乙의 법정상속분은 아들과 딸의 상속분의 5할이 가산된다. 따라서 처의 상속분은 9,000만원×1.5/4.5=3,000만원이다. 아들 丙·丁과 딸 戊의 법정상속분은 9,000만원×1/4.5=2,000만원이다.

상속분은 피상속인의 유언에 따라 지정되는 것이 우선으로 이를 **지정상속분**이라고 하고, 법률의 규정에 의하여 이루어지는데 이를 **법정상속분**이라고 한다.

지정상속분[3]은 피상속인이 **유언**으로 공동상속인의 상속분을 지정할 수 있을 뿐만 아니라 제3자에게 상속분의 지정을 위탁할 수도 있다. 피상속인 또는 제3자가 상속분을 지정하는 경우에 유류분에 반하는 지정은 하지 못한다.

법정상속분은 동순위의 상속인이 여러 사람인 경우에는 그 상속분은 균등하다. 그러나 분묘에 속한 1정보 이내의 금양임야와 600평 이내의 **묘토인 농지**,

3) 공동상속에서 각 공동상속인이 가지는 상속재산의 지분을 상속분이라 한다. 지정상속분이란 피상속인이 유언으로 공동상속인의 지분을 지정하는 것을 말한다. 현행 민법에서는 피상속인이 유언으로 상속재산의 분할방법을 정하거나 제3자에게 분할방법을 정하도록 위탁할 수 있고, 상속이 개시된 날로부터 5년 이내에는 분할을 금지할 수 있다고 규정함으로써 지정상속분을 인정한다(민법 제1012조). 그러나 지정상속분에도 제한은 있다. 피상속인은 유언이나 증여에 의하여 상속재산을 자유로이 처분할 수 있지만, 유류분을 침해해서는 안 된다. 유류분이란 일정한 범위의 유족에게 상속재산의 일정액을 유보하도록 법으로 정한 것이다. 유류분의 권리자는 피상속인이 유류분에 반하는 지정을 했을 때에는 유류분에 부족한 한도에서 그 재산의 반환을 청구할 수 있다(민법 제1115조).

족보와 **제구의 소유권**은 제사를 주제하는 자가 이를 승계하도록 하고 있다.

배우자의 상속분은 피상속인의 배우자의 상속분은 직계비속과 공동으로 상속하는 때에는 직계비속의 상속분의 5할을 가산하고, 직계존속과 공동으로 상속하는 때에도 직계존속의 상속분의 5할을 가산한다.

대습상속분은 대습상속에 관한 규정에 의하여 사망 또는 자격이 없는 자에 갈음하여 상속인이 된 자의 상속분은 사망 또는 결격된 자의 상속분에 의한다. 피상속인의 직계비속이 수인인 때에는 그 상속분은 피대습상속인의 상속분의 한도에서 법정상속에 한하여 결정된다.

6. 상속분의 산정

사례연구

[특별수익자의 상속분]

甲은 처(乙)·자(丙)·딸(丁)을 두고 사망하였다. 유산은 1,200만원이다. 그런데 甲은 딸(丁)을 출산시킬 때 200만원을 주었다. 이경우에 각자의 상속재산분배액은 얼마인가?

甲은 생전에 딸 丁에게 200만원을 증여하였다. 따라서 유산 1,200만원과 특별수익금 200만원을 합한 것을 상속재산으로 보고 이를 산정한다.

처(乙)은 (1,200+200)×1.5/3.5=600만원

장남(丙)은 (1,200+200)×1/3.5=400만원

딸(丁)은 (1,200+200)×1/3.5=400만원-200만원=200만원이다.

공동상속인 중에 피상속인의 재산유지 또는 증가에 있어서 특별히 기여한 자가 있을 때에는 당시의 피상속인의 재산가액에서 공동상속인의 협의로 정한 그자의 **기여분**을 공제한 것을 재산 상속재산으로 한다. 따라서 그 기여분에 법정상속분 또는 대습상속분에 의하여 산정한 상속분을 가산한 것이 그 자의 상속분이 된다. 상속재산 가운데 기여분이 있음을 주장할 수 있는 자는, 상속재산의 유지 및 증가에 있어서 특별히 기여한 자와, 피상속인을 특별히 부양한 자이다. 공동상속인의 자격이 없는 사람은 아무리 기여하였더라도 기여분이 권리자가 되지 못한다.

기여란 단순히 '상속재산의 유지와 증가에 특별히 기여한 자' 또는 '피상속인을 특별히 부양한 자'라고만 하고 있어 이에 대한 내용은 판례나 학설을 통해 알 수밖에 없다. 가령, 자식이 월급을 받지 않고 아버지가 경영하는 점포나 공장 또는 사업에 동참하여 아버지의 재산을 증가시킨 경우, 아버지가 경영하는 사업에 자식이 자본을 대거나 아버지가 사업상 진 빚을 대신 갚아주어 경영권이 넘어가지 않게 한 경우, 아내가 남편과 함께 점포를 공동으로 운영하여 높은 이익을 올리거나 남편 명의의 재산을 크게 증가시킨 경우, 장기간 요양을 한 부모를 옆에서 헌신적으로 간호하여 직업적인 간호인에게 지출할 비용을 지출하지 않게 한 경우 등을 들 수 있다.

II. 상속의 포기와 한정승인

1. 상속의 포기

사례연구

[상속의 포기]

甲은 대학을 졸업하고 고등학교 교사가 되었다. 그런데 사업을 하던 아버지가 빚을 많이 지고 사망하였다. 아버지의 빚쟁이들이 학교로 와서 야단이다. 아버지의 유산과 교사인 甲의 봉급으로는 도무지 갚을 길이 없다. 이런 경우에 甲은 아버지의 빚으로부터 자유롭게 될 수 있는가?

민법은 상속인에게 상속포기의 자유를 인정하고 있다. 따라서 甲은 상속을 포기하고서 아버지의 빚에서 벗어날 수 있다. 상속을 포기하려면 甲은 상속개시가 있는 것을 안 날로부터 3개월 이내에 법원에 상속포기의 신고를 하여야 한다. 상속포기에는 조건이나 기한을 붙일 수 없다. 상속포기는 고려기간이라도 이를 취소하지 못한다. 甲은 아버지의 유산에 한하여 한정승인도 할 수 있다.

민법은 상속인이 피상속인의 권리·의무를 포괄승계하는 것이 원칙이다(제1005조 본문). 상속의 단순승인·한정승인·포기 중에서 단순승인을 원칙으로 한다. 상속인은 상속개시 있음을 안 날부터 3개월 이내에 단순승인·한정승인 또는 포기를 할 수 있다(제1019조 1항 본문). 이 기간 내에 상속인이 승인·포기를 하지 않은 경우, 단순승인으로 보게 된다(제1026조 2호). 다만 일정한 경우에는 상속인은 그 기간이 경과 후에도 한정승인을 할 수 있는 예외가 있다(제1019조 3항). 원칙적으로 그 기산점은 상속인이 상속개시 있음을 안 날부터이다. 상속개시의 원인이 되는 사실의 발생을 알고 또 이로써 자기가 상속인이 되었음을 안 날을 의미하고,[4)] 상속재산이 있음을 안 날, 상속재산의 유무를 안 날, 상속재산 또는 상속채무의 존재를 안 날 등을 말하는 것이 아니다.

상속포기를 인정하는 이유는 피상속인의 사망으로 상속이 개시되면 피상속인의 재산에 관한 포괄적인 권리·의무가 상속인에게 승계되는 것이 원칙이므로 상속재산에 채무가 많은 경우에 상속은 오히려 상속인에게 큰 부담을 줄 수 있다. 상속포기는 조건이나 기한을 붙일 수 없고 상속의 일부 포기나 조건부 포기도 인정되지 않는다.[5)]

상속순위에 해당하는 상속인만이 포기권자이며, 그 포기권은 일신전속권이다. 제한능력자는 의사능력이 있더라도 단독으로 포기할 수 없고, 법정대리인이 포기신고를 대리하여야 한다. 상소인은 상속개시 있음을 안 날부터 3개월 이내에 상속을 포기할 수 있는데 이때 상속개시 있음을 안 날이라 함은 상속개시의 원인이 되는 사실의 발생을 알고 이로써 지기가 상속인이 되었음을 안 날을 말한다.[6)]) 상속인이 상속을 포기할 때는 상속이 개시된 것을 알 날로부터 3개월 내에 가정법원에 포기의 신고를 하여야 한다(제1041조, 제1019조, 가사소송법 제44조, 6호, 제2조 1항 라류사건 제32호).

상속인이 수인인 경우에 어느 상속인이 상속을 포기할 때에는 그 상속분은 다른 상속인의 상속분의 비율로 그 상속인에게 귀속된다(제1043조). 단독상속인이나 공동상속인 전원이 상속을 포기한 때에는 법정 순위에 따라 본위 상속인이 결정된다.[7)] 선순위 상속인으로서 피상속인의 처와 직계비속(제1순위 공동상속인)이 상속을 포기하면, 제2순위상속인(직계존속)이 상속하게 되고, 아들도 포기하면 제3순위의 상속인(망인의 형제자매)이 본위 상속하게 된다. 가령 아버지가 7억원의 유산을 남겨놓고 유언 없이 사망한 경우에 공동상속인의

4) 대법원 2006. 7. 22. 선고 2003다43681 판결.
5) 대법원 1996. 11. 14. 선고 95다27554 판결.
6) 대법원 1974. 11. 26. 선고 74다163 판결.
7) 대법원 1995. 9. 26. 선고 95다27769 판결.

처, 장남, 그리고 차남의 법정상속분은 처가 3억원(7억×3/7=3억원), 장남과 차남의 몫은 각 2억원(7억×2/7=2억원)이 된다. 이들 중에서 차남이 상속을 포기했다면 그는 처음부터 상속인이 아니였던 것이 된다. 따라서 처가 4억2천만원(7억×3/5=4억2천만원), 장남은 2억8천만원(7억×2/5=2억8천만원)을 상속받게 된다.

2. 한정승인

사례연구

[상속포기와 한정승인]

甲은 사업을 하던 중 과로로 사망하였다. 甲이 남겨놓은 재산도 있지만 사실상 진 빚도 많았다. 그래서 甲의 아들 乙은 부의 재산으로 빚을 정리하려고 한다. 어떠한 방법이 있는 것인가?

甲이 사업을 하다가 사망한 경우에 아들 乙은 상속을 포기할 수도 있겠으나 상속을 한정승인함으로써 상속인에 의하여 얻은 이익의 범위 내에서 채무를 변제하는 것이 유익하다. 한정승인은 피상속인의 적극재산의 한도에서 상속채무를 갚는 것으로 상속인을 보호하는 제도이다. 따라서 乙은 甲이 사망한 날로부터 3개월 이내에 법원에 한정승인신고를 하고 신고가 승인되면 상속으로 얻은 재산의 한도 내에서 채무를 변제하는 것이 좋다.

상속재산의 한정승인은 상속재산의 한도에서 피상속인의 채무·유증을 변제하겠다는 조건으로 상속을 승인하는 상속인의 의사표시를 한정승인이라 한다(제1028조). 이는 당연상속의(제1005조 본문)의 예외로서 단순승인과 구별된다. 그런데 한정승인도 승인의 일종이므로, 피상속인의 채무는 상속인에게 그대로 승계된다. 다만 피상속인의 채무에 대한 책임을 상속재산의 한도에서 제한하겠다는 것이 한정승인이다. 한정승인을 한 상속인은 채무와 책임이 분리된다. 따라서 물적 유한책임만 부담하게 된다. 가령 아버지 Y가 6천만원의 재산과 1억원의 채무를 남기고 사망한 경우, 상속인 X가 한정승인을 하였다면 상속인 X는 피상속인 Y의 채무는 승계되지만 상속재산인 6천만원의 한도에서만 변제책임이 강제집행이 된다.

상속인은 상속채무가 상속재산을 초과하는 사실을 중대한 과실 없이 민법 제1019조 1항의 기간 내에 알지 못하고 단순승인을 하였거나 민법 제1026조 1호(상속재산의 처분행위) 또는 제1026조 2호(고려기간 내에 그 승인·포기를 하지 않는 때)에 의한 법정단순승인의 경우에는 그 사실을 안 날부터 3개월 내에 한정승인을 할 수 있다(제1019조 3항). 따라서 상속인들이 상속재산 협의분할을 통해 이미 상속재산을 처분하였다 하더라도 상속인들은 한정승인을 할 수 있다.[8)]

사례연구

[한정승인]

甲의 부친 乙은 사업을 하다가 실패하여 많은 채무를 지고 이를 갚지 못하여 번민하다가 얼마 6개월 전에 사망하였다. 부친 乙은 많은 채무만 남겨 놓았고 甲의 능력으로는 부친 乙이 남긴 채무를 갚을 길이 없다. 그런데 甲은 사망한 부모 乙의 빚을 물려받지 않기 위한 방법은 없는 것인가?

부모가 돌아가시면 그 순간에 상속인인 자식들은 부모의 재산뿐만 아니라 채무도 모두 상속받게 된다. 토지나 주택 등 부동산이나 은행예금과 같은 적극적인 재산뿐만 아니라 부모가 다른 사람한데 부담하고 있는 차용금채무, 보증채무 등 소극적 재산도 모두 포괄적으로 상속받게 된다. 그런데 부모의 상속재산 중에서 적극적인 재산보다 소극적인 재산이 더 많은 경우, 즉 빚이 더 많은 경우에는 상속을 받고 싶지 않을 경우에 상속을 받지 않으려면 부모가 사망한 날로부터 3개월 이내의 법원에 상속포기신고를 하면 된다.

상속포기를 하면 피상속인의 사망으로 일단 발생한 상속의 효력, 즉 권리의무의 승계를 부인하고 처음부터 상속인이 되지 않은 것과 같이 된다. 그 외의 방법으로는 남겨놓은 적극적 재산의 한도 내에서 부모의 채무를 변제하는 것을 조건으로 상속을 승인하는 한정승인을 할 수도 있다. 이 한정승인 역시 3개월 이내의 법원에 신고하여야 효력이 생긴다. 만약 이 기간 내에 상속포기 등 아무런 조치도 취하지 아니하고 그 기간을 넘기면 부모의 권리·의무는 그대로 상속받게 되어 부모가 지고 있던 빚도 상속인인 자식이 모두 갚아야 한다.

중대한 과실이란 상속인이 조금만 주의를 기울였다면 상속채무가 상속재산을 초과한다는 사실을 알 수 있었음에도 이를 게을리함으로써 그러한 사실을 알지 못한 것을 의미한다. 상속인이 상속채무가 상속재산을 초과하는 사실

8) 대법원 2006. 1. 26. 선고 2003다29562 판결.

을 중대한 과실 없이 제1019조 1항의 기간 내에 알지 못하였다는 점에 대한 증명책임은 상속인이 부담한다.[9] 이 경우 먼저 행한 착오에 기한 단순승인·법정단순승인의 효력은 민법 제109조 3항의 문언의 해석으로 볼 때 특별한정승인에 의하여 그 선행행위의 효력은 무효라고 하여야 한다.

Ⅲ. 유 언

1. 유언자의 능력

사례연구

[유 언]

甲은 임종의 자리에서 막내아들 丁에게 유산의 절반을 주고 나머지는 乙·丙 두 아들이 공평하게 나누어 갖도록 하라고 유언을 남겼다. 그러나 乙과 丙은 그렇게 할 수 없다고 한다. 甲의 유언의 효력은 어떻게 되는가?

甲은 임종의 자리에서 많은 내용의 유언을 하였으나 그 모든 유언들이 법률상의 효력이 부여되는 것도 아니다. 유언은 5가지의 방식(자필증서에 의한 유언·녹음에 의한 유언·공정증서에 의한 유언·비밀증서에 의한 유언·구수증서에 의한 유언)에 의하지 않으면 효력이 없는 요식행위이기 때문이다. 甲은 법률이 정한 방식에 의하여 유언을 한 것이 아니므로 그 효력이 생기지 않는다. 따라서 乙·丙이 유언의 효력을 부인하더라도 다른 방도는 없는 것이다.

무능력자라 할지라도 의사능력, 즉 자기가 한 유언이 어떤 결과를 초래하는가에 대한 판단능력만 있으면 된다. 다만 미성년자에 대해서는 **만 17세**를 능력의 표준으로 하여 그 이하의 유언은 무효로 하고 있으며, 피한정후견자에 대해서는 의사가 심신회복상태임을 유언서에 부기하고 서명·날인하여야 한다.

자필증서에 의한 유언의 경우를 제외한 그 밖의 방식에 의한 유언에 있어서는 1인 또는 2인 이상의 증인이 참여한다. 이 유언에 참석하는 증인은 유언의 내용을 알게 되고, 유언자의 구술을 필기하기도 하고, 유언의 진실함을 증

9) 대법원 2010. 6. 10. 선고 2020다7904 판결.

명하는 자이다. 민법은 일정한 자의 증인자격을 부인하고 있다. 즉 미성년자, 피한정후견인, 피성년후견인, 유언에 의하여 이익을 얻는 자 및 그 배우자와 직계혈족, 공정증서에 의한 경우에는 공증인법이 정하는 결격자 등이다.

2. 유언의 방식

사례연구

[유언장]

甲은 욕심 많고 돈 많고 문제아인 장남 乙과 마음씨 착하고 나이 어린 차남 丙 등 2명의 아들을 두고 있다. 평소 乙과 丙은 사이가 좋지 않았다. 甲은 자기가 죽고 난 후 乙과 丙을 내쫓거나 구박할 것을 염려하여 "나의 모든 재산은 乙에게 1/3, 丙에게 2/3씩 상속한다"는 취지의 각서를 작성하여 보관하고 있었다. 그런데 乙이 이 각서를 보고 "모든 재산은 집안의 대를 이을 乙에게 상속한다"고 고쳤다. 이 각서는 甲이 사망한 후 발각되었다. 이 경우에 각서 등의 효력은 어떻게 되는가?

민법은 유언의 존재여부 및 위조·변조를 방지할 목적으로 자필증서·녹음·공정증서·비밀증서·구수증서 등 일정한 형식을 갖추도록 하고 있다. 사례는 자필증서에 의한 유언의 효력문제이다. 이 경우에는 유언의 내용이 되는 내용의 전문과 연·월·일, 주소, 성명 등을 자신이 작성하고 날인한 유언서를 말한다(제1066조). 따라서 甲의 각서는 자필증서에 의한 유언의 요건을 충족하지 못하기 때문에 무효이다. 다만 甲이 요건을 충족하여 유언장을 작성하여 공증하였는데 乙이 이를 위조하였다면, 상속결격 사유에 해당하여 효력이 없다(제1004조).

자필증서에 의한 유언은 유언자가 유언서의 전문과 연월일, 주소, 성명을 자서하고 날인함으로서 성립한다. 자필증서에 문자의 삽입, 삭제 또는 변경함에는 유언자가 이를 자서하고 날인하여야 한다. 이 자필증서에 의한 유언은 가장 간단하면서도 비밀로 할 수 있는 방식이지만, 분실·은닉·파기 등의 위험이 따른다. 이 방식에 따른 유언의 전문은 자필로 표시한 의사가 정확하게 나타나 있으면 어떤 표현에 의하여도 상관없다. 작성 연월일은 유언능력이 유무나 유언의 전후 등을 확정하는 것이 되므로 이 연월일이 없는 유언서는 무효이다.

녹음에 의한 유언은 유언자가 유언의 취지, 그 성명과 연월일을 구술하고 이에 참여한 증인의 유언의 정확함과 그 성명을 구술·녹음함으로써 성립하는 유언이다. 자필증서에 의한 유언보다 간편하여 필기가 곤란한 유언자에게 유용하다. 이 녹음방식에 테이프나 음반 등 어느 것을 사용해도 좋다.

공정증서에 의한 유언은 유언자가 증인 2인이 참여한 공증인의 앞에서 유언의 취지를 구속하고 공증인의 이를 필기한 후 낭독하면 유언자의 증인이 그 정확함을 승인한 후 각자 서명 또는 기명날인함으로써 이루어진다. 이렇게 한 다음에 공증인이 소정의 기재를 하고 서명날인한다. 이는 분실·멸실·변조 등의 위험이 없는 반면에 비밀을 보장하기 어렵다.

비밀증서에 의한 유언은 유언자가 필자의 성명을 기입한 증서를 엄봉(단단히 봉함)날인하고 이를 2인 이상의 증인의 면전에 제출하여 자기의 유서임을 표시한 후 그 봉서의 표면에 제출 연월일을 기재하고 유언자와 증인이 각자 서명 또는 기명날인한다. 이 방식에 의한 유언봉서는 그 표면에 기재된 날로부터 5일 이내에 공증인 또는 법원서기에게 제출하여 그 봉인상에 확정일자인을 받아야 한다.

구수증서에 의한 유언은 유언자가 질병 기타 급박한 사유로 인하여 상술한 4종의 방식에 의할 수밖에 없을 때에 할 수 있는 유언 방식이다. 이 경우에는 유언자가 2인 이상의 증인의 참여한 가운데서 그중 1인에게 유언의 취지를 구수하고 구수를 받은 자가 이를 필기 낭독하여 유언자와 증인의 정확함을 승인한 후 각지 서명 또는 기명날인한다. 이 구수증서에 의한 유언은 그 작성에 참여한 증인이나 이해관계인이 급박한 사유가 종료한 날로부터 7일 이내의 법원에 그 검인을 신청하여야 한다.

3. 유언의 무효·취소·철회

유언의 능력이 없는 자의 유언이나 법정방식을 갖추지 아니한 유언은 당연히 **무효**가 된다. 사회질서 위반의 유언은 무효이나, 착오·사기·강박에 의한 유언은 **취소**할 수 있다. 유언은 상대방 없는 단독행위이므로 비진의표시는 언제나 유효하며, 통정허위표시라는 것은 있을 수 없다. 유언의 무효나 취소는 유언자의 사망 이후가 문제된다. 유언자의 생전에는 유언을 실효케 하려면 철회하면 되고, 무효나 취소의 사유가 있으면 변경 또는 새로운 유언을 하면 된다. 유언의 무효나 취소의 소는 상속인·법정대리인·유언집행자·수증자 기타 이해관계인이 제기할 수 있다.

유언자는 생존 중에 언제든지 철회의 유언 또는 유언에 저촉되는 생전행위에 의하여 그 유언의 일부 또는 전부를 철회할 수 있다. 이러한 철회의 자유를 확보하기 위하여 유언자는 유언의 철회권을 포기하지 못하는 것으로 하고 있다. 그리고 유언자가 고의로 유언증서 또는 유증의 목적물을 파손한 때에는 그 파손된 부분에 관한 유언은 이를 철회한 것으로 본다.

Ⅳ. 기여분

1. 기여분의 의의

사례연구

[상속인의 기여분]

장남 丙은 직장생활을 하며 모든 돈 600만원을 부(甲)의 사업자금으로 들였다. 그 결과 甲의 사업이 번창하여 甲은 2,000만원의 유산을 남기고 사망하였다. 甲의 처(乙)·장남(丙)·차남(丁)이 상속분을 정하려고 한다. 이들의 상속재산 분배액은 각각 얼마인가?

丙은 부의 재산을 유지·증가시키는데 기여를 한 자이다. 丙의 기여분이 협의에 의하여 정하여지지 않으면, 가정법원이 이를 정하게 된다. 유산 2,000만원 중 기여분 600만원을 공제한 1,400만원을 상속재산으로 볼 때 아래와 같이 정하면 된다.

처(乙)의 상속분은 (2,000만원-600만원)×1.5/3.5=600만원

장남(丙)의 상속분은 (2,000만원-600만원)×1/3.5+600만원=1,000만원

차남(丁)의 상속분은 (2,000만원-600만원)×1/3.5=400만원

공동상속인 중에서 피상속인의 재산의 유지 또는 증가에 관하여 특별히 기여하거나 또는 피상속인을 부양한 상속인이 재산상속 중에서 받게 되는 몫을 **기여분**이라고 한다. 기여분은 상속개시 당시의 피상속인의 재산 가액에서

기여자의 기여분을 공제한 잔액을 상속재산으로 하고, 그 액수에다 각자의 상속분을 곱하여 공동상속인 각자의 상속분을 산정한다. 다만 기여자의 총상속분은 그 산정된 공동상속인의 상속분에 기여분을 가산한 액이 된다.

2. 기여행위의 요건

사례연구

[특별연고자]

甲은 乙과는 아무런 혈연관계가 없다. 다만 고아 乙을 데려다가 자식처럼 생각하며 살아왔다. 만약 甲이 사망하였다면 乙은 甲의 재산을 상속받을 수 있는가?

민법은 상속인 수색의 공고 기간 1년 이내에 상속권을 주장하는 자가 없는 때에는 가정법원은 피상속인과 생계를 같이 하고 있던 자, 피상속인의 요양간호를 한 자, 기타 피상속인과 특별한 연고가 있던 자의 청구에 의하여 상속재산의 전부 또는 일부를 분여할 수 있다(제1057조의2)

乙은 甲의 자녀도 아니고 친족도 아니므로 甲의 상속인이 아니다. 甲의 상속인이 없으면 乙은 甲의 사실상의 양자로서 특별연고자의 지위에서 상속재산의 분여를 가정법원에 청구할 수 있을 뿐이다. 따라서 상속을 받을 수는 없다.

상속재산의 분할에 참가할 수 있는 자격이 있는 1인 또는 수인의 공동상속인에 한정된다. 또한 상속결격자·상속포기자·사실혼배우자·포괄적 수유자 등은 기여자라고 볼 수 없다. 대습상속인은 자기 자신이 기여한 경우는 물론 피대습자가 기여한 경우에도 기여자라고 보아야 하며, 대습상속인이 상속재산 분할 당시에 상속인 자격을 취득하였다면, 기여의 시기가 대습상속 원인의 발생 전후인가는 묻지 않는다.

민법은 기여의 행위의 요건으로서 특별한 것이어야 하고, 기여행위에 의하여 피상속인의 재산의 유지 또는 증가가 있어야 한다. **기여행위**란 그 부양 또는 기여가 상속인과 피상속인 사이의 가족관계 내지 친족관계에서 일반적으로 기대되는 공헌의 정도를 넘는 기여로서 상속재산을 분할함에 있어서 이를 무시할 경우 공동상속인 사이의 형평에 반하는 결과를 초래하게 되는 것을 말한다.

피상속인에 대한 특별한 부양(상당한 기간 동거·부양 기타의 방법으로 피상속인을 특별히 부양한 경우)이 있어야 하고, **특별부양**은 친족 상호간의 부양의무의 정도를 넘는 것이어야 한다.[10] 특별부양으로 인정될 경우, 그 부양이 피상속인의 재산의 유지나 증가에 기여했음을 필요로 하는가에 대하여 이를 부정하는 다수설과 특별한 부양이 결과적으로 피상속인의 재산의 유지에 기여하여야 특별기여에 해당한다는 소수설로 나뉜다. 그러나 피상속인에 대한 간호·요양이 친족 상호간의 일반적인 정도를 넘는 것이라면, 기여자의 특별부양이 피상속인의 재산의 유지·증가에 기여하는 결과를 가져왔다고 보아야 하기 때문에 소수설이 타당하다고 생각한다. 피상속인의 사업에 대한 노무의 제공 또는 재산의 제공으로 피상속인의 재산의 유지·증가에 기여하였어야 한다. 물론 기여자의 기여행위와 상속재산의 유지·증가 사이에 인과관계가 있어야 한다. 그 인과관계의 존재에 대한 증명책임은 당연히 특별기여를 주장하는 자가 부담한다.

3. 기여분의 결정

기여분의 결정은 우선 모든 공동상속인의 **협의**로 정하고, 기여분의 산정은 기여자는 물론 공동상속인 누구든지 발의할 수 있다. 당사자 사이에 협의가 되지 않거나 협의를 할 수 없는 경우에는 기여자의 청구에 의하여 **가정법원의 심판**으로 결정한다. 또한 기여분결정의 심판청구는 상속재산분할청구나 그 조정 신청이 있는 경우에 한하여 허용된다. 상속재산이 분할이 행해진 후에도 피인지자나 재판의 확정으로 공동상속인이 된 자의 상속분에 상당한 가액의 지급청구가 있는 경우에는 예외적으로 기여분결정의 심판청구를 할 수 있다. 그렇다면 유류분의 반환청구만 있는 경우에는 기여분결정의 심판청구는 허용되지 않는다.

10) 대법원 1996. 7. 10. 선고 95스30·31 결정: 교통사고를 당한 남편을 간병한 아내의 경우, 이는 부부간의 부양의무의 이행일 뿐 기여자는 아니라고 한다.

4. 기여분의 산정

기여분은 상속이 개시된 때의 피상속인의 재산 가액에서 유증의 가액을 공제한 잔액을 넘지 못한다. 상속채무의 고려 없이 기여분을 정할 경우, 기여자 아닌 다른 공동상속인은 상속으로 취득하는 적극재산보다 소극재산(채무)이 많아질 수 있다. 따라서 상속채무는 기여분을 산정함에 있어서 제1008조의2 제2항 소정의 기타의 사정의 하나로 참작하는 것이 합리적이다.

공동상속인 중에 기여자와 특별수익자가 있는 경우 상속재산의 가액을 산정함에 있어서 기여분의 공제와 특별수익의 가산 중 우선순위가 무엇인지가 의문이다. 학설은 두 규정의 동시적용설과 우선 공제설 등 다툼이 있으나, 어느 견해에 의하든 그 결과는 같다는 점에서 그 다툼은 실익이 없다.

5. 기여분의 상속·양도·포기

공동상속인 사이의 협의 또는 가정법원의 심판으로 기여분이 결정된 후 기여분의 양도와 상속이 가능하다. 기여분의 결정되기 전에는 양도는 가능하나 상속은 불가하다는 다수설과 상속개시 후에는 상속과 양도가 모두 가능하다는 소수설로 나뉜다. 기여분은 재산권이 일종이므로 상속이 개시된 후에는 상속·양도의 대상이 된다.

상속이 개시된 후에는 기여분의 포기도 가능하다. 다만 그 포기의 의사표시는 상속재산분할 종료 시까지 언제든지 할 수 있으나, 공동상속인 전원에게 하여야 하는 것으로 보아야 하며, 이는 상속재산분할의 명확성을 기하기 위해서이다.

기여분을 인정하기 위해서는 공동상속인 간의 공평을 위하여 상속분을 조정하여야 할 필요가 있을 만큼 피상속인을 특별히 부양하였거나 피상속인의 상속재산 유지 또는 증가에 특별히 기여하였다는 사실이 인정되어야 한다.[11] 상속재산분할의 청구가 없음에도 단지 유류분반환청구가 있다는 사유만으로는 기여분결정청구가 허용된다고 볼 것은 아니다.[12] 공동상속인 중 피

11) 대법원 2014. 11. 25.자 2012스156 결정.

12) 대법원 1999. 8. 24.자 99스28 결정.

상속인의 재산의 유지 또는 증가에 관하여 특별히 기여하였거나 피상속인을 특별히 부양한 자가 있는 경우 그 기여분의 산정은 공동상속인들의 협의에 의하여 정하도록 되어 있고, 협의가 되지 않거나 협의할 수 없는 때에는 기여자의 신청에 의하여 가정법원이 심판으로 이를 정하도록 되어 있으므로 기여분이 결정되기 전에는 유류분반환청구소송에서 피고가 된 기여 상속인은 상속재산 중 자신의 기여분을 공제할 것을 항변으로 주장할 수 없다.[13)]

Ⅴ. 유류분

1. 유류분의 의미

재산상속은 가족 중에 사망자가 생기면 그 사망자(피상속인)의 배우자와 그 자녀 등이 그 재산을 일정한 상속순위[14)]와 그 비율[15)]에 따라 상속을 받게 되는 것이 보통이다. 그렇지만 피상속인이 생전에 특정한 자에게 상속재산을 증여하거나 혹은 유언으로 증여하여 그 피상속인의 적극재산이 다른 상속권자의 상속권이 침해되는 경우가 문제가 된다. 즉 피상속인의 사망과 함께 상속이 개시되면 다른 상속인의 상속권이 침해될 때 유류분의 문제가 발생한다.

따라서 **유류분**은 피상속인이 사망하여 상속이 개시되면, 일정 범위의 상속인은 피상속인의 상속재산을 일정비율로 취득할 수 있는 법적 지위를 말한다. 피상속인의 유증이나 증여에 따라 상속인이 갖는 유류분이 부족할 때 유류분의 한도액에 이르기까지 그 부족분의 반환을 그 수증자(증여받은 자 혹은 유증을 받은 자)에게 청구할 수 있는 유류분 반환청구권이 발생한다.

첫 번째 사례는 피상속인이 자녀 3명을 두고 사망하였으나, 큰아들에게 생전에 일정한 금액을 지급하였고, 내연녀에게도 일정한 금액을 지급한 경우에 나머지 자녀들이 법정상속분의 부족액에 대하여 유류분권을 가지는 범위

---

13) 대법원 1994. 10. 14. 선고 94다8334 판결.

14) 1순위 직계비속, 2순위 형제/자매, 3순위 직계존속, 4순위 4촌 이내의 친족, 배우자는 1순위와 공동으로 상속한다.

15) 배우자와 직계비속은 1.5:1의 비율이며, 직계비속 사이에는 남녀 혹은 출가 여부와 관계없이 1:1의 비율로 동등하다.

를 정하는 경우이다.

사례연구

[사전 증여와 유류분]

X에게는 상속인으로서 자(子) A·B·C가 있는데, 자기의 재산 3억원 중 A에게 상속개신 4년 전에 1억5천만원을 주고, 상속개시 2년 전 내연의 처 Y에게 9천만원을 주었다. X는 B와 C에게는 그 후 증가할 재산을 주려고 하다가 사망하였다. 현재 남은 재산은 6천만원뿐이다. 이 경우 B와 C는 A 또는 Y에게 유류분에 기여한 반환을 청구할 수 있는가?

본 사례에서는 X가 행한 증여가 유류분권자인 B·C의 유류분을 침해한 것인가를 검토해야 한다. 직계비속(자녀 B·C)의 유류분권은 자기의 법정상속의 2분의 1이다(제1112조 제1호). 따라서 직계비속이 다수일 때 법정상속분의 규정에 따라 배분되므로, B·C는 각각 6분의 1(1/2×1/3)의 유류분권을 갖는다. 그런데 유류분액의 산정을 위해서는 B·C의 상속분 6분의 1이 피상속인의 어느 시점의 어느 범위의 재산을 대상으로 할 것인가를 확정해야 한다. 유류분은 피상속인의 상속개시에 있어서 가진 재산의 가액에 증여재산의 가액을 가산하고, 채무의 전액을 공제하여 이를 산정한다(제1113조 제1항). 그리고 포함되는 증여는 상속개시 1년간의 행한 것에 한정한다. 다만 증여당사자 쌍방이 유류분권자에게 손해 끼칠 것을 알고 증여한 때에는 1년 전에 한 것도 기초재산에 포함되며(제1114조), 또한 공동상속인이 상속재산 중에서 이미 증여받은 것, 즉 특별수익분에 대해서는 1년 전에 증여받은 것이라도 모두 산입의 대상이 된다(제1118조).

그러므로 위 사례에서 A가 받은 증여분은 유류분 산정의 기초재산에 포함된다. 그러나 X의 Y에 대한 증여는 B·C가 X·Y 사이에 **악의**가 존재한다는 사실을 증명하지 못하는 한, 유류분 산정의 기초재산에 포함될 수 없다고 보는 것이 합리적이다.

결국 B·C는 각각 2억1천만원(기초재산액) X1/6(1/2×1/3: 유류분의 비율)-3천만원(B·C의 순상속액)=5백만원을 각각 A에게 청구할 수 있다. 따라서 A는 1천만원을 반환하여야 한다. 반환청구권은 유류분 권리자가 상속개시와 반환하여야 할 증여 또는 유증을 한 사실을 안 날로부터 1년, 상속이 개시된 날로부터 10년을 지나면 시효에 의하여 소멸한다.

2. 유류분의 범위와 산정

유류분의 범위는 유류분이 있는 피상속인의 직계비속·배우자·직계존속·형제자매이다(제1112조). **대습상속자**[16](제1118조)나 **태아**(제1000조)도 유류분권

16) 가령 아버지가 사망한 후에 할아버지가 사망하면 그 할아버지의 재산을 그 손자가 대신하

을 갖는다. 유류분 비율은 피상속인의 직계비속과 배우자는 그 **법정상속분의 2분의** 1로, 피상속인의 **직계존속·형제자매**는 그 법정상속분의 3분의1이다.

두 번째 사례는 아들 중에서 특별한 기여자가 있는 경우에 나머지 상속인인 배우자나 자녀들이 법정상속분의 침해에 대한 유류분권을 청구한 경우이다.

사례연구

[기여자가 있는 경우의 유류분권]

남편(甲)이 2억원의 재산을 남기고 유언 없이 사망하였다. 아내(乙)와 딸(丙)과 아들(丁)이 있는데, 아들(J)이 10년 넘게 아버지를 부양도하고, 아버지가 운영하는 원예사업도 함께 도와 사업을 성장시켰다. 상속인 3인의 합의로 아들(J)의 기여분을 6천만원으로 정하였다. 그렇다면 아내(乙)와 딸(丙), 그리고 아들(丁)의 3인의 상속분은 어떻게 정하는 것이 타당한가?

본 사례에서 아버지(甲)의 유산은 2억원에서 아들(J)의 기여분 6천만원을 뺀 1억4천만원을 상속재산으로 보아야 하고, 3인의 상속분을 계산하면 다음과 같다.

1. 아내 乙의 상속재산은 1억4천만원×3/7=6천만원
2. 딸(丙)의 상속재산은 1억4천만원×2/7=4천만원
3. 아들(丁)의 상속재산은 1억4천만원×2/7=4천만원+6천만원=1억원

다만, 기여자인 아들의 상속분은 상속분(4천만원)에서 기여분(6천만원)이 더해진 1억원이 된다.

유류분액을 구체적으로 산정하기 위해서는 우선 그 산정의 기초가 되는 피상속인의 재산액을 확정하여야 한다. 그 재산은 피상속인의 상속개시시에 가진 재산의 가액에 증여재산의 가액을 가산하고, 채무의 전액(소극재산)을 공제하여 산정한다.[17]

상속개시 전의 1년간에 행한 증여의 경우 그 가액이 가산된다. 증여는 민법상의 증여에 한하지 않고 무상행위·무상처분을 포함한다. 다만 일상 생활상의 의례적인 증여는 포함되지 않는다. 또한 1년이라는 기간은 증여계약상의 채무의 이행시기가 아니라 계약체결시를 기준으로 하게 된다. 증여계약의 당

여 상속을 받을 수 있다.

17) 대법원 2000. 7. 23. 선고 2006다28126 판결.

사자 쌍방이 유류분권자에게 **손해를 끼친다는 사실을 알면서**(악의) 증여계약을 체결한 경우에는 1년 전에 행한 것도 그 가액이 가산된다.

공동상속인 중에 **특별수익자**가 있는 경우, 상속개시 전의 1년간에 행해졌는가에 관계없이 그 가액을 가산하여야 한다. 채무전액이 공제되는 채무는 피상속인의 채무이다. 피상속인의 채무이기만 하면 사법상의 채무·공법상의 채무가 모두 공제 대상이 된다. 상속재산에 관한 비용(상속세·관리비용·소송비용 등)·유언집행에 관한 비용(유언의 검인 신청 비용·재산목록작성 비용 등) 등도 포함된다고 해석하여야 한다. 유류분액은 유류분 산정의 기초가 되는 재산의 가액에 유류분권자의 유류분을 곱(×)한 것이다.

3. 유류분반환청구권

유류분의 침해액(부족분)은 유류분액에서 당해 상속인의 특별수익액(증여·유증의 이익액)과 순상속액을 공제(−)한 금액이다. 순상속분액은 상속받은 적극재산에서 상속채무 분담액을 공제(−)한 금액이다. 유류분 침해액을 계산하는 식은 다음과 같다.

① 순상속분액＝상속받은 적극 재산액−상속받은 소극재산(상속채무)분담액

② 유류분침해액＝유류분액−특별수익액−순상속분액

4. 유류분반환청구권의 행사

유류분권자와 그의 승계인이다. 승계인은 포괄승계인(상속인·포괄적 수증자·상속분의 양수인이든 특정승계인) 피상속인의 개별 처분행위에 대한 개별 반환청구권의 양수인이든 가리지 않는다. 판례는 유류분반환청구권은 행사상의 일신전속권이므로, 원칙적으로 채권자대위권의 목적이 될 수 없다고 한다.[18] 권리의 행사는 재판상 또는 재판외에서 상대방에 대한 의사표시로 하면 된다.

피상속인의 처분행위로 유류분이 부족한 한도에서만 반환청구권을 행사하여야 한다. 그 청구의 대상이 되는 증여와 유증이 병존하는 경우에 그 순서

18) 대법원 2010. 5. 27. 선고 2009다93992 판결.

를 보면, 먼저 **유증**에 대하여 반환을 청구하고, 유류분이 보존되지 않을 때에 한하여 증여의 반환을 청구할 수 있다. 이경우 **사인증여**는 유증과 같은 것으로 보아야 한다. 유류분권자가 수인일 경우 각자의 권리는 독립한 것이므로 각자가 별도로 행사하여야 하며, 어느 1인의 행사는 다른 자의 권리에 영향을 미치지 않는다.

5. 반환청구권 행사의 효과

반환의 대상은 원칙적으로 피상속인이 처분한 증여 또는 유증의 목적물 자체이므로, 그 의무자는 원물반환의무를 부담하는 것으로 새겨야 한다. ① 원물반환이 불가능할 경우 그 가액 상당액의 반환청구를 할 수 있다. 이경우 가액은 **사실심변론종결시**를 기준으로 산정하여야 한다. ② 그 반환의무를 부담하는 수증자가 목적물을 제3자에게 처분한 경우에, 원물반환이 불가능한 경우로 볼 수 있기 때문에 수증자에게 가액의 반환을 청구할 수 있는 것으로 보아야 한다.

공동상속인의 경우 1인 또는 수인의 상속인에게 과다하게 증여 또는 유증을 받음으로서 다른 공동상속인의 유류분을 침해하는 결과가 생길 수 있다. 이 경우에도 유류분반환청구의 문제가 생긴다.

6. 반환청구권의 소멸시효

유류분권자가 상속의 개시와 반환하여야 할 증여 또는 유증을 한 사실을 안 때부터 1년 이내에 행사하지 않으면 시효에 의하여 소멸한다(제1117조). 그 시효기간은 반환권리자가 상속의 개시와 증여·유증의 사실뿐만 아니라 이것이 반환하여야 할 것임을 안 때부터 진행한다고 해석하여야 한다.[19)]

반환청구권은 상속이 개시된 때부터 **10년**이 경과하여도 소멸한다. 이 경우 10년이 기한은 소멸시효 기간이며, 이러한 법리는 상속재산의 증여에 따른 소유권이전 등기가 이루어지지 아니한 경우에도 특별한 사정이 없는 한 그대

19) 대법원 2006. 11. 10. 선고 2006다46346 판결.

로 적용된다.[20] 그러나 그 반환청구의 의사표시를 한 경우 1년 또는 10년의 소멸시효는 중단이 된다.[21]

반환의무자는 그 의무에 대한 이행청구를 받은 때에 비로소 이행 지체 책임을 진다.[22] 유류분 반환청구권의 행사에 의하여 반환되어야 할 유증 또는 증여의 목적이 된 재산이 타인에게 양도된 경우 그 양수인이 양도 당시 유류분권자를 해함을 안 때에는 양수인에 대하여도 그 재산의 반환을 청구할 수 있다고 보아야 한다.[23]

20) 대법원 2008. 7. 10. 선고 2007다9719 판결.
21) 대법원 2002. 4. 26. 선고 2000다8878 판결.
22) 대법원 2013. 3. 14. 선고 2010다42624·42631 판결.
23) 대법원 2002. 4. 26. 선고 2000다8878 판결.

제 8 장

부동산과 법률

제 8 장 부동산과 법률

Ⅰ. 부동산

1. 부동산의 의미

부동산란 위치가 고정되어 장소적 이동이 어렵고 현금화하기 쉽지 않은 재산으로서 '**토지 및 그 정착물**'을 말한다. 부동산 이외의 물건은 **동산**이다. **토지**란 정당한 이익이 있는 범위 내에서 공중공간과 지하공간을 포함하는 입체공간을 말한다. **정착물**이란 계속적으로 토지에 부착하여 그 상태에서 사용됨이 사회통념상 인정되는 **물건**을 말한다. 토지의 정착물이란 토지에 고정적으로 부착되어 거래의 성질상 용이하게 이동할 수 없는 물건을 말한다. 토지의 정착물은 토지의 일부로 취급하는 경우와 토지와는 별개로 독립된 부동산으로 취급되는 경우가 있다. 교량·돌담·도로의 포장 등이 전자의 예이고 건물이 후자의 예이다. 가령, 甲이 주택과 우물이 있는 대지를 乙에게 매도하는 계약을 체결한 경우, 甲은 주택을 팔지 않았다고 주장할 수 있으나 우물을 팔지 않았다고 수장할 수 없다. 수택은 건눌로써 토지와 별개의 부동산이지만 우물은 토지의 정착물로써 독립성이 없어 대지의 일부에 지나지 않기 때문이다.

부동산(real estate)은 기본적으로 자연적 측면에서의 realty와 법률적 측면에서의 property가 혼재된 개념이다. 원시적으로는 물리적 토지개념(Real Estate)을 나타낸다. 법률적 개념의 부동산(Real Property)으로 권리나 이익의 향유대상으로 파악된다.

현대적 부동산의 범위는 협의의 부동산, 즉 토지 및 건물을 말한다. 좁은 뜻의 부동산은 민법상의 부동산(민법 제99조 1항), 즉 '토지 및 그 정착물'을 말한다. 따라서 토지와 그 지상부가물을 말한다. 넓은 뜻의 부동산은 좁은 뜻의 부동산과 준부동산(의제부동산)을 합친 개념이다.

준부동산(의제부동산)

사회통념상 부동산과 같이 규율할 필요가 있는 특정의 동산 또는 동산과 일체로 된 동산의 집단을 준부동산 또는 의제부동산이라 한다. 등기·등록의 공시방법을 갖추어야 한다. 내구적 성질이 있어야 한다. 경제적 가치가 커야 한다. 소재가 확실해야 한다. 독점적 성격이 있어야 한다. **공장재단**은 공장에 속하는 토지, 공작물, 기계, 지상권, 전세권, 공업소유권(특허권 등) 등의 기업용 재산을 하나의 집합물로 보아 「공장저당법」에 의해 보존등기를 하게 되면 1개의 부동산으로 취급되어 소유권과 저당권의 객체가 된다. **광업재단**은 광업권 및 광물을 채굴, 취득하기 위한 여러 설비와 이에 부속하는 사업의 설비로 구성되는 일단의 기업재단에 대하여 「광업재단저당법」에 의해 보존등기를 하였을 때는 공장재단과 마찬가지로 1개의 부동산으로 취급되어 소유권과 저당권의 객체가 된다.

입목은 수목 중 「입목에 관한 법률」에 의하여 보존등기를 마친 입목의 집단은 토지와 별개로 소유권과 저당권의 객체가 된다. **어업권**은 「수산업법」에 의해 면허 또는 허가를 받아 공유수면에서 수산 동·식물을 독점적·배타적으로 채취·포획 및 양식할 수 있는 권리로 부동산으로 간주하여 다루어진다. 20톤 이상의 **선박**은 「선박등기법」에 의해 등기를 하게 되면 부동산에 준하기 때문에 소유권과 임차권 및 저당권의 객체가 된다. **자동차·항공기·건설기계**는 등기·등록 등의 공시방법을 갖추면 부동산에 준한다. 부동산에서 특히 토지는 그 특성 때문에 사산가치면에서 아주 중요하므로, 등기하여야만 물권변동의 효력이 생긴다. 다만, 상속·공용징수·판결·경매 기타 법률규정에 의한 취득시의 물권의 변동은 등기를 요하지 않으나 등기를 하지 않으면 처분할 수 없다.

2. 토 지

토지란 인위적으로 구분된 일정한 범위의 지면과 정당한 이익이 있는 범위 내에서 그 지면의 상하를 포함한다(민법 제212조). 지중의 암석이나 토지·지하수 등은 토지의 구성부분이고 독립된 부동산은 아니다. 지하수 중 **온천**은 온천권을 인정하지 않고 토지의 구성부분으로 보는 것이 판례의 태도다.[1] 지하에 매장되어 있는 **미채굴의 광물**에는 토지소유권이 미치지 않는다. 미채굴의 광물을 국유에 속한 독립된 부동산으로 보는 견해와 채굴취득허가권의 객체로 보는 견해가 있다. 미채굴의 광물은 토지의 구성부분이지만 광업권의 객

1) 대법원 1970. 5. 20. 선고 69다1239 판결.

체가 되고 있다(광업법 제2조). 후자의 견해에 타당하다. 바다와 토지와의 경계는 **만조수위선**이다(공유수면관리법 제2조).

토지는 사람의 주민등록번호와 같이 각 지번(필지에 부여하여 지적공부에 등록한 번호)이 있고 각 필지(하나의 지번을 부여받는 지적공부등록의 기본단위)마다 고유한 번지가 부여되어 있다. 1개의 필지에는 1개의 지번과 지목(토지의 주된 용도에 따라 토지의 종류를 구분하여 지적공부에 등록한 것)[2)]이 부여된다. 토지의 면적은 ㎡로 표기한다. 1개의 필지는 2개로 분필할 수 있고, 2개의 필지는 1개의 필지로 합필할 수도 있다.

「공간정보구축 및 관리 등에 관한 법률」 제58조에 의한 지목의 구분을 보면 다음과 같다.

1. **밭(전)**: 물을 상시적으로 이용하지 않고 곡물 원예작물(과수류는 제외), 약초·뽕나무·닥나무·묘목·관상수 등의 식물을 주로 재배하는 토지와 식용으로 죽순을 재배하는 토지

2. **논(답)**: 물을 상시적으로 직접 이용하여 벼·연·미나리·왕골 등의 식물을 주로 재배하는 토지

3. **과수원(과)**: 사과·배·밤·호두·귤나무 등 과수류를 집단적으로 재배하는 토지와 이에 접속된 저장고 등 부속시설물의 부지. 다만, 주거용 건축물의 부지는 '대'로 한다.

4. **목장용지(목)**: i) 축산업 및 낙농업을 하기 위하여 초지를 조성한 토지, (ii) 「축산법」에 따른 가축을 사육하는 축사 등의 부지, (iii) (i), (ii)의 토지와 접속된 부속시설물의 부지다음의 토지이다. 다만, 주거용 건축물의 부지는 '대'로 한다.

5. **임야(임)**: 산림 및 원야를 이루고 있는 수림지·죽림지·암석지·자갈땅·모래땅·습지·황무지 등의 토지

6. **광천지(광)**: 지하에서 온수·약수·석유류 등이 용출되는 용출구와 그 유지에 사용되는 부지. 다만, 온수·약수·석유류 등을 일정한 장소로 운송하는 송수관·송유관 및 저장시설의 부지는 제외한다.

7. **염전(염)**: 바닷물을 끌어들여 소금을 채취하기 위하여 조성된 토지와

---

2) 「공간정보구축 및 관리 등에 관한 법률」 제2조 제24호 지목은 28개가 있다.

이에 접속된 제염장 등 부속시설물의 부지. 다만, 천일제염방식으로 하지 아니하고 동력으로 바닷물을 끌어들여 소금을 제조하는 공장시설물의 부지는 제외한다.

8. **대지**(대): (i) 영구적 건축물 중 주거·사무실·점포와 박물관·극장·미술관 등 문화시설과 이에 접속된 정원 및 부속시설물의 부지, (ii) 「국토의 계획 및 이용에 관한 법률」 등 관계 법령에 따른 택지조성공사가 준공된 토지

9. **공장용지**(장): (i) 제조업을 하고 있는 공장시설물의 부지, (ii) 「산업집적활성화 및 공장설립에 관한 법률」 등 관계 법령에 따른 공장부지 조성공사가 준공된 토지, (iii) (i), (ii)의 토지와 같은 구역에 있는 의료시설 등 부속시설물의 부지

10. **학교용지**(학): 학교의 교사와 이에 접속된 체육장 등 부속시설물의 부지

11. **주차장**(차): 자동차 등의 주차에 필요한 독립적인 시설을 갖춘 부지와 주차전용 건축물 및 이에 접속된 부속시설물의 부지. 다만, 다음 각 목의 어느 하나에 해당하는 시설의 부지는 제외한다. (i) 「주차장법」에 따른 노상주차장 및 부설주차장(「주차장법」에 따라 시설물의 부지 인근에 설치된 부설주차장은 제외), (ii) 자동차 등의 판매 목적으로 설치된 물류장 및 야외전시장

12. **주유소용지**(주): (i) 석유·석유제품 또는 액화석유가스 등의 판매를 위하여 일정한 설비를 갖춘 시설물의 부지, (ii) 저유소 및 원유저장소의 부지와 이에 접속된 부속시설물의 부지다음 각 목의 토지. 다만, 자동차·선박·기차 등의 제작 또는 정비공장 안에 설치된 급유·송유시설 등의 부지는 제외한다.

13. **창고용지**(창): 물건 등을 보관하거나 저장하기 위하여 독립적으로 설치된 보관 시설물의 부지와 이에 접속된 부속시설물의 부지

14. **도로**(도): (i) 일반 공중의 교통 운수를 위하여 보행이나 차량운행에 필요한 일정한 설비 또는 형태를 갖추어 이용되는 토지, (ii) 「도로법」 등 관계 법령에 따라 도로로 개설된 토지, (iii) 고속도로의 휴게소 부지, (iv) 2필지 이상에 진입하는 통로로 이용되는 토지. 다만, 아파트 공장 등 단일 용도의 일정한 단지 안에 설치된 통로 등은 제외한다.

15. **철도용지**(철): 교통 운수를 위하여 일정한 궤도 등의 설비와 형태를 갖추어 이용되는 토지와 이에 접속된 역사·차고·발전시설 및 공작창 등 부속시

설물의 부지

16. **제방**(제): 조수·자연유수·모래 바람 등을 막기 위하여 설치된 방조제·방수제·방사제·방파제 등의 부지

17. **하천**(천): 자연의 유수가 있거나 있을 것으로 예상되는 토지

18. **구거**(구): 용수 또는 배수를 위하여 일정한 형태를 갖춘 인공적인 수로·둑 및 그 부속시설물의 부지와 자연의 유수가 있거나 있을 것으로 예상되는 소규모 수로부지

19. **유지**(유): 물이 고이거나 상시적으로 물을 저장하고 있는 댐 저수지 소류지(소유지)·호수·연못 등의 토지와 연·왕골 등이 자생하는 배수가 잘 되지 아니하는 토지

20. **양어장**(양): 육상에 인공으로 조성된 수산생물의 번식 또는 양식을 위한 시설을 갖춘 부지와 이에 접속된 부속시설물의 부지

21. **수도용지**(수): 물을 정수하여 공급하기 위한 취수·저수·도수·정수·송수 및 배수 시설의 부지 및 이에 접속된 부속시설물의 부지

22. **공원**(공): 일반 공중의 보건·휴양 및 정서생활에 이용하기 위한 시설을 갖춘 토지로서 「국토의 계획 및 이용에 관한 법률」에 따라 공원 또는 녹지로 결정·고시된 토지

23. **체육용지**(체): 국민의 건강증진 등을 위한 체육활동에 적합한 시설과 형태를 갖춘 종합운동장·실내체육관·야구장·골프장·스키장·승마장·경륜장 등 체육시설의 토지와 이에 접속된 부속시설물의 부지. 다만, 체육시설로서의 영속성과 독립성이 미흡한 정구장·골프연습장·실내수영장 및 체육도장, 유수)를 이용한 요트장 및 카누장, 산림 안의 야영장 등의 토지는 제외한다.

24. **유원지**(원): 일반 공중의 위락·휴양 등에 적합한 시설물을 종합적으로 갖춘 수영장·유선장·낚시터·어린이놀이터·동물원·식물원·민속촌·경마장 등의 토지와 이에 접속된 부속시설물의 부지. 다만, 이들 시설과의 거리 등으로 보아 독립적인 것으로 인정되는 숙식시설 및 유기장의 부지와 하천·구거 또는 유지(공유인 것으로 한정한다)로 분류되는 것은 제외한다.

25. **종교용지**(종): 일반 공중의 종교의식을 위하여 예배·법요 ·설교·제사 등을 하기 위한 교회·사찰·향교 등 건축물의 부지와 이에 접속된 부속시설물

의 부지

26. **사적지(사)**: 문화재로 지정된 역사적인 유적·고적·기념물 등을 보존하기 위하여 구획된 토지. 다만, 학교용지·공원·종교용지 등 다른 지목으로 된 토지에 있는 유적·고적·기념물 등을 보호하기 위하여 구획된 토지는 제외한다.

27. **묘지(묘)**: 사람의 시체나 유골이 매장된 토지, 「도시공원 및 녹지 등에 관한 법률」에 따른 묘지공원으로 결정 고시된 토지 및 「장사 등에 관한 법률」에 따른 봉안시설과 이에 접속된 부속시설물의 부지. 다만, 묘지의 관리를 위한 건축물의 부지는 '대'로 한다.

28. **잡종지(잡)**: (i) 갈대밭, 실외에 물건을 쌓아두는 곳, 돌을 캐내는 곳, 흙을 파내는 곳, 야외시장, 비행장, 공동우물, (ii) 영구적 건축물 중 변전소, 송신소, 수신소, 송유시설, 도축장, 자동차운전학원, 쓰레기 및 오물처리장 등의 부지, (iii) 다른 지목에 속하지 않는 토지. 다만, 원상회복을 조건으로 돌을 캐내는 곳 또는 흙을 파내는 곳으로 허가된 토지는 제외한다.

2. 건 물

건물은 토지와 별개 독립된 물건으로 취급되어 토지(임야)대장과는 별도로 **건축물관리대장**이 있고 등기부도 토지등기부와는 별개로 **건물등기부**가 있다(부동산등기법 제14조 1항). 건축 중인 건물이 언제부터 독립한 부동산이 되는가는 철거하고 있는 건물이 언제부터 부동산이 아닌 것으로 되는가에 따라 사회통념에 따라 결정한다. 건축 중인 건물이 부동산으로 취급되기 위해서는 기둥과 지붕, 그리고 주벽만이라도 갖추어야 한다.[3] 1동의 건물의 일부는 독립하여 소유권의 객체가 될 수 있는 **공동주택**이 있다. 이를 **구분소유권**이라 한다(민법 215조). 1동의 건물의 일부에 대해서도 양도 등의 처분을 하기 위해서는 먼저 구분 또는 분필등기를 하여야 한다. 전세권의 경우에는 건물의 일부에도 전세권을 설정할 수 있다.

건물은 주택과 상가, 기타 건물로 나누어 볼 수 있고, 주택은 단독주택과

3) 대법원 1997. 4. 26. 선고 76다1677 판결.

공동주택으로 나눠 볼 수 있다. 정착물 중 **건물**은 항상 독립된 부동산이고, 기타 **수목** 등은 특별법에 의해서 부동산으로 취급할 수 있다. 건물은 **단독주택**, **공동주택**(아파트, 연립, 다세대), 빌딩, 상가 등을 의미하고, 건물이냐 아니냐는 **사회통념**에 따라서 정한다. 신축 건물이 경락대금 납부 당시 이미 지하 1층부터 지하 3층까지 기둥, 주벽 및 천장 슬라브 공사가 완료된 상태이었을 뿐만 아니라 지하 1층의 일부 점포가 일반에 분양되기까지 하였다면, 비록 토지가 경락될 당시 신축 건물의 시상층 부분이 골조공사만 이루어진 채 벽이나 지붕 등이 설치된 바가 없다 하더라도, 지하층 부분만으로도 구분소유권의 대상이 될 수 있는 구조라는 점에서 신축 건물은 경락 당시 미완성 상태이기는 하지만 독립된 건물로서의 요건을 갖추었다.[4)]

단독주택은 1세대가 거주하는 주택으로 단독세대를 포함한 **다가구주택**(3층 이하 연면적이 660㎡ 이하인 주택으로 2세대 이상에서 19세대 이하로 지을 수 있고 가구별 분양이 불가능한 주택으로 1층이 주차장이면 4층까지 건축 가능), 공관 등을 말한다. **공동주택**이란 **다세대주택**(4층 이하이며 연면적이 660㎡ 이하인 주택을 말하며 2세대 이상의 주택으로 분양이 가능), **연립주택**(전체 층이 4층 이하이면서 연면적이 660㎡를 초과하는 주택으로 분양이 가능), **아파트**(주거 부분이 5층 이상의 모든 주거용 건축물) 등을 말한다.

3. 수 목

수목은 토지의 정착물이며 독립된 부동산이 되지 못하는 것이 원칙이다. 그러나 수목은 토지 위에 자라고 있는 채로 토지와 분리하여 거래할 필요가 적지 않다. 첫째, **입목법에 의해 등기된 입목**은 입목에 관한 법률에 따라 등기된 수목의 집단(입목)은 독립된 부동산이 된다(동법 제3조 1항). 소유권과 저당권의 객체가 된다. 둘째 **명인방법을 갖춘 입목**은 등기하지 않는 수목의 집단도 관습법상의 명인방법이라는 공시방법을 갖추면 토지와 분리된 독립부동산이 된다. 소유권의 객체가 될 수 있을 뿐이다. '**명인방법**'이란 수목의 집단에 대하여 그것이 누구의 소유인가 하는 것을 제3자가 명확하게 인식할 수 있도록 일

4) 대법원 2003. 5. 30. 선고 2002다21592·21608 판결.

정한 표지를 하는 것을 말한다. 가령 수목에 푯말을 붙여 놓거나 수목에 띠를 둘러 소유자를 표시한 경우 등이다.

가령, 수목에 일정한 표지나 팻말을 세워 외부에 알리는 경우에는 명인방법으로 충분하나 주민들에게 구두로 소유권을 취득하였다고 알리거나 제3자에게 통지한 경우에는 명인방법으로서 충분하지 못하다.[5] 임야지반과 분리하여 입목을 매수하여 그 소유권양도를 받은 사람이 임야의 수개소에 '입산금지 소유자 아무'라는 표기를 써서 붙였다면 입목 소유권 취득의 명인방법으로 부족하다 할 수 없다.[6] 토지의 주위에 울타리를 치고 그 안에 수목을 정원수로 심어 가꾸어 온 사실만으로는 명인방법을 갖추었다고 보기는 어렵다.[7]

4. 미분리과실

미분리과실(과수의 열매)은 수목의 일부이지만 명인방법을 갖추면 독립한 물건이다. 이를 동산으로 다루는 것이 타당하다는 견해가 있으나 미분리과실이 토지에 정착하고 있으므로 부동산으로 다루어지는 것이 타당하다.

입도선매(立稻先賣)란 벼를 논에서 거두지 않은 채로 팔아 버리는 것을 말한다. 수확기 전에 자라고 있는 벼를 판다는 말로, 본래 자금이 없거나 부채에 쪼들린 농민이 현금을 구하기 위해 논에서 자라고 있는 벼를 파는 것을 가리켰다. 그러나 오늘날에는 뜻이 확대되어 농산물은 물론, 공산품도 완제품이 생산되기 전에 미리 생산량을 예측하고 판매하는 행위를 가리키는 말로 쓰인다. 대개는 중간상인이나 고리대금업자가 장래의 수요 공급을 예측하고 현금이 필요한 영세농민 또는 생산업자의 약점을 이용하여 매점매석함으로써 이

5) 대법원 1976. 4. 27. 선고 76다72 판결.

6) 대법원 1967. 12. 18. 선고 66다2382·2383 판결.

7) 대법원 1991. 4. 12. 선고 90다20220 판결: 이 사건 토지의 주위에 울타리를 치고 그 안에 이 사건 수목을 정원수로 심어 가꾸어 온 사실만으로는 명인방법을 갖추었다고 보기는 어렵다고 하겠으나, 한편 원심이 적법하게 확정한 바와 같이 이 사건 대지는 원고와 형인 위 소외 박성규의 공동소유인데 위 소외인이 위 대지상에 있는 그의 소유인 이 사건 가옥을 원고에게 매도하고 원고 명의로 소유권이전등기를 경료하여 줄 때 이 사건 대지 중 그의 지분에 대한 사용권을 원고에게 설정하여 준 것이라면, 원고는 이 사건 정원수를 그 대지사용권에 의하여 식재한 것으로서 그 대지 지분권과 상관없이 그 정원수의 소유권을 취득하였다고 보아야 할 것이다.

익의 극대화를 노리는 형태로 이루어진다. 완제품의 가격에 훨씬 못 미치는 가격으로 팔리거나 고리대금업자에 의해 강제로 매수되기 때문에 큰 사회문제를 일으킨다. 조선시대 후기부터 양반 지주들에 의한 입도선매의 폐해가 두드러졌고, 일제강점기에는 총독부의 비호를 받은 일본상인과 지주들이 한국농민을 상대로 입도선매를 강요하여 농촌의 황폐화를 촉진하였다.

5. 농작물

농작물은 토지의 일부이지만 임차권 등 정당한 권원에 의거하여 타인의 토지에서 경작·재배하면 그 농작물은 토지에 부합하지 않고 토지로부터 독립한 별개의 부동산으로 취급된다(민법 제256조 단서). 아무런 권원 없이 타인의 토지에서 농작물을 경작·재배한 경우에도 명인방법을 갖출 필요 없이 그 농작물의 소유권을 경작자에게 있다.[8] 물권변동에 있어서 형식주의를 채택하고 있는 현행 민법하에서는 소유권을 이전한다는 의사 외에 부동산에 있어서는 등기를, 동산에 있어서는 인도를 필요로 함과 마찬가지로 쪽파와 같은 수확되지 아니한 농작물에 있어서는 명인방법을 실시함으로써 그 소유권을 취득한다.[9]

포전 거래(圃田去來)란 흔히 밭에서 재배하는 작물을 밭에 있는 채로 몽땅 사고파는 것을 말하는 밭떼기 농산물 거래를 말한다. 농작물을 파종 직후 또는 파종 후 수확기에 이르기 전이나 수확기 직전에 밭에 심어진 채로 그 밭 전체의 농산물을 밭떼기로 파는 것을 말한다. 농산물 포전매매 표준계약서에 따르도록 농산물 포전매매 서면계약 의무화 법률이 필요하다. 그동안 수삼은 다단계 구조로 되어 있는 데다 포전 거래가 많아 인삼 시장의 공정 경쟁을 저해하는 요인으로 지적돼 왔다. 농가가 산지 유통인에게 포전 거래를 하는 이유는 값 폭락에 대비해 위험을 회피할 수 있고 안정적인 소득을 기대할 수 있고 농촌 고령화 현상으로 수확기에 인력 확보가 어렵기 때문이다.

---

8) 대법원 1978. 3. 14. 선고 77다2396 판결.

9) 대법원 1996. 2. 23. 선고 95도2754 판결: 쪽파의 매수인이 명인방법을 갖추지 않은 경우, 쪽파에 대한 소유권을 취득하였다고 볼 수 없어 그 소유권은 여전히 매도인에게 있고 매도인과 제3자 사이에 일정 기간 후 임의처분의 약정이 있었다면 그 기간 후에 제3자가 쪽파를 손괴하였더라도 재물손괴죄가 성립하지 않는다.

[참고] 포전매매계약

포전매매계약은 농작물의 씨앗을 뿌린 후 일정한 생육기간이 지난 이후에 수확하기 전에 농작물 소유자와 유통업자 간의 매매계약을 말한다. 포전매매의 총매매대금은 당사자가 정한 금액이 원칙이다. 하지만 **잔금지급**은 포전매매의 특성을 감안하여 해당 농작물의 평균적 **생육기간의** 2/3가 경과하기 전까지 이루어지는 것이 양당사자에게 공평하다. 잔금지급기일은 양당사자가 정한 기재일이다. 단 매도인과 매수인이 협의하여 중도금을 약정할 수 있다. 하지만 잔금지급기일 이전에 해당 농작물을 반출하고자 할 경우에 잔금을 지급하고 반출해 한다. 이 계약에서 정한 매매단위별 단가로서 당사자가 별도로 약정한 경우에는 그 방법을 따른다. 그 구체적인 경우를 보면 아래와 같다.

계약금은 포전매매거래의 성격으로서 총매매대금의 30% 이상 지급되어야 계약당사자 쌍방에게 형평에 맞으며 계약금은 계약서에 정한 금액으로 한다. 계약금이 지급된 후에 계약을 해약하고자 할 경우에는 이행에 착수하기 전까지 받은 매도인은 계약금의 배액을 상환하고, 계약금을 지급한 상대방은 계약금을 포기함으로써 해약할 수 있으며, 계약금은 총매매대금에 포함하여야 한다.

목적물의 확인을 위해 포전매매 목적물의 현황 확인을 매수인이 목적물 표시상 소재지의 지적도 및 토지대장 제출을 요청할 경우, 매도인은 이에 응하여야 한다. 공부(토지대장, 토지등기부 등)상의 명의인과 다를 경우에 그 사유를 매수인에게 소명하여야 한다. 매수인은 직접 목적물에 대한 생육상태를 확인하고 계약하여야 하며, 미확인으로 인해 발생한 손해에 대해 매도인은 책임을 지지 아니한다. 다만 매도인은 본인이 알고 있는 목적물에 대한 중요한 정보(농작물의 종자에 대한 정보, 위해 조수 출몰, 농지가 맹지여서 화물차의 진입이 불가능한 여부, 연작피해를 방지하기 위한 연작여부 등)를 계약 전에 알리지 아니한 경우에는 매도인이 책임을 진다. 그리고 계약면적은 공부상 면적을 기준으로 하되, 실면적과 차이가 있을 경우 위성위치추적시스템(GPS) 측량기를 이용해서 재배면적을 측량할 수 있다.

목적물의 인도 및 거래표지판 설치는 매매대금의 잔금 수령과 동시에 매수인에게 목적물을 포전상태로 인도하기로 한다. 매도인의 인도로 목적물의 소유권은 매수인에게 이전되며, 목적물이 매수인에게 인도되었음을 외부에 알리고, 재해 등이 발생한 경우의 손실부담에 대한 법률관계를 분명히 하기 위하여 팻말을 부착하는 등의 거래내용표지판을 설치하며, 그 실행은 매도인과 매수인이 협의하여야 한다. 거래표지판에는 계약당사자의 성명, 품목, 계약면적, 계약체결일 및 반출예정일 등을 기재한다.

목적물의 관리는 매도인은 약정 반출일까지 선량한 관리자의 주의로 목적물을 관리하여야 하며, 그 비용은 매도인이 부담한다. 매도인이 목적물을 관리하는 내용은 용수, 시비, 방제, 제초 등으로 통상적으로 해당 목적물에 대해 시행하는 정도의 관리를 그 범위로 한다. 매도인이 실시하는 통상적인 관리범위를 넘어서 실시하도록 매수인이 요청한 경우에 그 비용은 매수인의 부담으로 하며, 이로 인해 발생된 결과에 대해서 매수인이 받아들여야 한다.

목적물의 반출은 예상하지 못한 기상변화 등으로 인하여 목적물 성장이 늦어진 경우에 매수인의 목적물반출은 후작의 경작에 지장이 없는 범위에서 당사자의 협의하에 반출일 연장을 허용할 수 있다. 목적물의 수확·반출비용은 매수인이 부담한다. 목적물반출일 이전에 매수인이 반출 지연 사유와 반출 연장일을 서면으로 통지한 경우에 매도인은 1회당 10일의 범위 내에서 최대 2회까지 허용하기로 한다. 다만 서면으로 통지하는 것에 갈음하여 2회가량의 통지방법을 사용할 수 있다. 반출일 연장으로 인하여 매도인에게 관리비용이 추가된 경우에는 매수인이 변상하여야 한다. 연장된 반출일이 지나도록 목적물을 수거하지 않을 경우에 남아있는 목적물은 매도인이 임의로 처리할 수 있다.

위험부담은 천재지변, 예기치 못한 기상재해 그 밖에 불가항력적인 사유로 인하여 목적물이 멸실, 훼손된 경우에 그 목적물의 손실은 매도인이 잔금을 수령한 후에는 매수인의 부담으로 하며, 그 이전에는 매도인의 부담으로 한다. 병충해 등으로 인한 목적물의 손상에 대해서는 통상의 관리를 크게 넘는 정도의 병충해 침습의 경우, 관리상의 잘못이 아닌, 종자 등의 결함으로 인하여 목적물에 중대한 결점이 발생한 경우, 당사자 쌍방에게 책임 없는 사유로 발생한 조수 등 위해 동식물로 인해 발생한 목적물에 대한 손실의 경우에 그 목적물의 손실은 매도인의 잔금 수령 후에는 매수인의 부담으로 하며, 그 이전에는 매도인의 부담으로 한다. 위해조수에 의한 피해가 사전 미고지로 조수피해예방조치를 강구할 수 있는 기회를 가지지 못하여 발생한 경우에는 매도인에게 책임이 있다. 목적물의 가격 폭락 및 폭등은 포전매매계약의 특성상 대금감액 또는 증액의 사유가 되지 아니한다.

담보책임은 계약체결 후 계약의 양당사자에게 책임이 없는 사유로 인하여 목적물의 품질, 수량, 계약면적 등에 하자가 발생한 경우에 계약해제, 대금감액, 손해배상 등의 담보책임을 지지 않기로 한다.

계약해제는 당사자 쌍방에게 책임 있는 사유로 계약을 해제하는 경우에는 이행의 최고(독촉)를 하지 않고서 계약 해제할 수 있다. 단 매수인에게 유책사유 없이 매수인이 대금지급을 불이행한 경우에 매도인은 매수인에게 상당한 기간을 정하여 최고한 후 계약을 해제할 수 있다. 매도인에게 책임 있는 계약해제 사유는 이행거절로 볼 수 있는 행위를 한 때(이중매매 등), 매도인이 통상적인 관리행위를 하지 않음이 명백한 경우, 긴급을 요하는 사유가 발생하여 매수인에게 통지하여 매수인의 판단이 필요할 때 이를 게을리 하여 매수인에게 큰 손해를 야기케 한 경우로 한다. 그러나 매수인에게 책임 있는 계약해제 사유로는 메매대금지급기일을 위반하였을 경우이다. 계약해제로 인한 계약관계 해소 후 매도인에 의한 목적물의 처분은 부당이득반환, 원상회복과 연계되지 않고 독자적으로 할 수 있다.

농수산물유통 및 가격안정에 관한 법률 제53조에 따른 특약사항은 농수산물유통 및 가격안정에 관한 법률 제53조 제2항에서 정하고 있는 약정반출일로부터 10일 이내 반출하지 아니할 때 그 기간 즉 반출약정일 후 10일이 지난날에 계약이 해제된 것으로 본다는 뜻은 법률규정에 의하여 계약해제가 이루어졌음을 의미하며 그 밖의 위약금, 손해배상 등에 관하여는 기존의 약정에 따르기로 한다. 농수산물유통 및 가격안정에 관한 법률 제53조 제2항의 단서에 의하여 매수인이 반출 지연사유와 반출예정일을 서면으로 통지한 경우에도 그 반출연장기간은 최초에 정한 반출약정일로부터 20일을 경과할 수 없으며, 반출기간연장도 2회에 한정한다. 다만 서면으로 통지하는 것에 갈음하여 제11조(통지방법)의 통지방법을 사용할 수 있다. 반출지연에 따른 손해는 별도의 위약금약정으로 정한다.

통지방법은 목적물의 관리 과정에 긴급히 처리하여야 할 문제가 발생하여 상호연락이 필요한 경우를 대비하여 연락처를 지정하여야 한다. 이 연락처에 2일(48시간) 내에 3회(1일 2회 이내) 이상 연락하였음에도 연락되지 아니할 경우에 계약당사자 쌍방은 특별한 경우가 아니면 이의를 제기하지 않기로 한다. 연락에 대한 수단으로서 서면으로 하는 것을 원칙으로 하지만 당사자가 휴대폰 문자, 이메일 또는 팩스를 이용하기로 약정할 수 있다. 통지와 관련되어 발생한 손해는 이 계약내용을 준수하는 한 책임지지 않기로 한다.

위약금은 계약해제로 인하여 발생한 손해에 대한 위약금은 총매매대금으로 한다. 농수산물유통 및 가격안정에 관한 법률 제53조에 따른 특약사항에서 규정한 손해발생의 경우에도 그 위약금은 총매매대금으로 한다. 당사자가 위반한 경우의 위약금은 계약금 상당액을 기준으로 하며, 계약당사자가 별도의 약정을 할 수 있고, 그 내용은 이 계약서 전면 개별약정 기재사항에 기재하기로 한다.

관할법원은 이 계약에 관한 소송의 관할법원은 목적물의 표시상 소재지를 관할하는 법원으로 한다. 이 계약을 증명하기 위해서 계약서 2통을 작성하여 갑과 을이 서명날인한 후 각 1통씩 보관한다.

농산물 포전매매 표준계약서

아래 목적물을 포전매매 함에 있어 매도인(이하 "갑"이라고 한다)과 매수인(이하 "을"이라고 한다)은 다음과 같이 계약을 체결하고 신의성실의 원칙에 따라 이를 이행하여야 한다.

매도인(갑) 성명 : (서명) 생년월일 :
주소 :

매수인(을) 성명 : (서명) 생년월일 :
주소 :

소재지 :

품목 : **품종** : **계약면적** : ㎡(평)

파종일(또는 정식일) : 20 . . .

총 매매대금 : 원

계약일 :

계약금 : 원 계약금지급일:

(중도금) : 원 (중도금지급일):

잔금 : 원 잔금지급일:

반출일 :

갑의 연락처(전화, 휴대폰, 팩스, 이메일) :
*긴급연락처 :

을의 연락처(전화, 휴대폰, 팩스, 이메일) :
*긴급연락처 :

특약사항

〈주의사항〉 농수산물유통 및 가격안정에 관한 법률 제90조 제1항 제2호에 따라 이 표준계약서와 다른 계약서를 사용하면서 '표준계약서'로 거짓 표시하거나, '농림축산식품부' 및 '농림축산식품부표식'을 사용하는 매수인에게는 1천만원 이하의 과태료가 부과된다.

제1조(매매대금) ① 총 매매대금은 위 금액이며, 잔금지급은 포전매매의 특성을 감안하여 해당 농작물의 평균적 생육기간의 2/3가 경과하기 전까지 이루어지는 것이 양당사자에게 공평하다. 잔금지급기일은 위 기재일이다. 단 매도인과 매수인이 협의하여 중도금을 약정할 수 있다.
② 을이 위 조항에서 규정한 잔금지급기일 이전에 해당농작물을 반출하고자 할 경우에 잔금을 지급하고 반출하여야 한다.
③ 이 계약에서 정한 매매단위별 단가로서 당사자가 별도로 약정한 경우에는 그 방법을 따른다.
제2조(계약금) ① 포전매매는 선도거래의 성격으로서 계약금이 총 매매대금의 30% 이상 지급되어야 계약당사자 쌍방에게 형평에 맞으며 이 건 계약금은 위 기재 금액으로 한다.

② 계약금이 지급된 이 건 계약을 해약하고자 할 때 이행에 착수하기 전까지 갑은 받은 계약금의 배액을 상환하고, 을은 계약금을 포기함으로써 해약할 수 있으며, 계약금은 총 매매대금에 포함하기로 한다.

제3조(목적물의 확인) ① 을이 포전매매목적물의 현황확인을 위하여 갑에게 위 목적물 표시상 소재지의 지적도 및 토지대장 제출을 요청할 경우, 갑은 이에 응하여야 한다.

② 공부(토지대장, 토지등기부 등)상의 명의인과 갑이 다를 경우에 그 사유를 을에게 소명하여야 한다.

③ 을은 직접 목적물에 대한 생육상태를 확인하고 계약하여야 하며, 을의 미확인으로 인해 발생한 손해에 대해 갑은 책임을 지지 아니한다. 다만 갑은 본인이 알고 있는 목적물에 대한 중요한 정보(농작물의 종자에 대한 정보, 위해조수출몰, 농지가 맹지여서 화물차의 진입이 불가능한 여부, 연작피해를 방지하기 위한 연작여부 등)를 계약 전에 알리지 아니한 경우에는 그러하지 아니하다.

④ 계약면적은 공부상 면적을 기준으로 하되 실면적과 차이가 있을 경우 위성위치추적시스템(GPS) 측량기를 이용해서 재배면적을 측량할 수 있다.

제4조(목적물의 인도, 거래표지판 설치) ① 갑은 매매대금의 잔금수령과 동시에 을에게 목적물을 포전상태로 인도하기로 한다.

② 갑의 인도로 목적물의 소유권은 을에게 이전되며, 목적물이 을에게 인도되었음을 외부에 알리고, 재해 등이 발생한 경우의 손실부담에 대한 법률관계를 분명히 하기 위하여 팻말을 부착하는 등의 거래내용표지판을 설치하며, 그 실행은 갑과 을이 협의하여 하기로 한다.

③ 거래표지판에는 계약당사자의 성명, 품목, 계약면적, 계약체결일 및 반출예정일 등을 기재한다.

제5조(목적물의 관리) ① 갑은 약정 반출일까지 선량한 관리자의 주의로 목적물을 관리하여야 하며 그 비용은 갑이 부담한다.

② 갑이 목적물을 관리하는 내용은 용수, 시비, 방제, 제초 등으로 통상적으로 해당 목적물에 대해 시행하는 정도의 관리를 그 범위로 한다.

③ 갑이 실시하는 통상적인 관리범위를 넘어서 실시하도록 을이 요청한 경우에 그 비용은 을의 부담으로 하며, 이로 인해 발생된 결과에 대해서 을이 받아들이기로 한다.

제6조 (목적물의 반출) ① 예상하지 못한 기상변화 등으로 인하여 목적물성장이 늦어진 경우에 을의 목적물반출은 후작의 경작에 지장이 없는 범위에서 당사자의 협의하에 반출일 연장을 허용할 수 있다.

② 목적물의 수확·반출비용은 을이 부담한다.

③ 목적물반출일 이전에 을이 반출지연사유와 반출연장일을 서면으로 통지한 경우에 갑은 1회당 10일의 범위 내에서 최대 2회까지 허용하기로 한다. 다만 서면으로 통지하는 것에 갈음하여 제11조(통지방법)의 통지방법을 사용할 수 있다.
④ 반출일 연장으로 인하여 갑에게 관리비용이 추가된 경우에는 을이 변상하여야 한다.
⑤ 연장된 반출일이 지나도록 목적물을 수거하지 않을 경우에 남아있는 목적물은 갑이 임의로 처리한다.
제7조(위험부담) ① 천재지변, 예기치 못한 기상재해 그 밖에 불가항력적인 사유로 인하여 목적물이 멸실, 훼손된 경우에 그 목적물의 손실은 갑이 잔금을 수령한 후에는 을의 부담으로 하며, 그 이전에는 갑의 부담으로 한다.
② 병충해 등으로 인한 목적물의 손상에 대해서는 통상의 관리를 크게 넘는 정도의 병충해침습의 경우, 관리상의 잘못이 아닌, 종자 등의 결함으로 인하여 목적물에 중대한 결점이 발생한 경우, 당사자 쌍방에게 책임 없는 사유로 발생한 조수 등 위해 동식물로 인해 발생한 목적물에 대한 손실의 경우에 그 목적물의 손실은 갑의 잔금 수령 후에는 을의 부담으로 하며, 그 이전에는 갑의 부담으로 한다.
③ 위 제2항의 경우에 위해조수에 의한 피해가 사전 미고지로 조수피해예방조치를 강구할 수 있는 기회를 가지지 못하여 발생한 경우에는 갑에게 책임이 있다.
④ 목적물의 가격 폭락 및 폭등은 포전매매계약의 특성상 대금감액 또는 증액의 사유가 되지 아니 한다.
제8조(담보책임) 계약체결 후 계약의 양당사자에게 책임이 없는 사유로 인하여 목적물의 품질, 수량, 계약면적 등에 하자가 발생한 경우에 계약해제, 대금감액, 손해배상 등의 담보책임을 지지 않기로 한다.
제9조(계약해제) ① 당사자 쌍방에게 책임 있는 사유로 계약을 해제하는 경우에는 이행의 최고(독촉)를 하지 않고서 계약해제할 수 있다. 단 매수인에게 유책사유 없이 매수인이 대금지급을 불이행한 경우에 매도인은 매수인에게 상당한 기간을 정하여 최고한 후 계약해제할 수 있다.
② 갑에게 책임 있는 계약해제 사유는 다음 각호로 한다.

1. 이행거절로 볼 수 있는 행위를 한 때(이중매매 등)
2. 갑이 통상적인 관리행위를 하지 않음이 명백한 경우
3. 긴급을 요하는 사유가 발생하여 을에게 통지하여 을의 판단이 필요할 때 이를 게을리 하여 을에게 큰 손해를 야기케 한 경우

③ 을에게 책임 있는 계약해제 사유는 다음 각 호로 한다.

1. 매매대금지급기일을 위반하였을 경우

④ 계약해제로 인한 계약관계해소 후 갑에 의한 목적물의 처분은 부당이득반환, 원상회복과 연계되지 않고 독자적으로 할 수 있기로 한다.

제10조(농수산물유통 및 가격안정에 관한 법률 제53조에 따른 특약사항) ① 농수산물유통 및 가격안정에 관한 법률 제53조 제2항에서 정하고 있는 약정반출일로부터 10일 이내 반출하지 아니할 때 그 기간, 즉 반출약정일 후 10일이 지난날에 계약이 해제된 것으로 본다는 뜻은 법률규정에 의하여 계약해제가 이루어졌음을 의미하며 그 밖의 위약금, 손해배상 등에 관하여는 기존의 약정에 따르기로 한다.

② 농수산물유통 및 가격안정에 관한 법률 제53조 제2항의 단서에 의하여 을이 반출 지연사유와 반출예정일을 서면으로 통지한 경우에도 그 반출연장기간은 최초에 정한 반출약정일로부터 20일을 경과할 수 없으며 반출기간연장도 2회에 한정하기로 한다. 다만 서면으로 통지하는 것에 갈음하여 제11조(통지방법)의 통지방법을 사용할 수 있다.

③ 반출지연에 따른 손해는 별도의 위약금약정으로 정하기로 한다.

※ 농수산물유통 및 가격안정에 관한 법률 제53조 ② 제1항에 따른 농산물의 포전매매의 계약은 특약이 없으면 매수인이 그 농산물을 계약서에 적힌 반출 약정일부터 10일 이내에 반출하지 아니한 경우에는 그 기간이 지난 날에 계약이 해제된 것으로 본다. 다만, 매수인이 반출 약정일이 지나기 전에 반출 지연 사유와 반출 예정일을 서면으로 통지한 경우에는 그러하지 아니하다.

제11조(통지방법) ① 목적물의 관리 과정에 긴급히 처리하여야 할 문제가 발생하여 상호연락이 필요한 경우를 대비하여 연락처를 지정하여야 한다.

② 이 연락처에 2일(48시간) 내에 3회(1일 2회 이내) 이상 연락하였음에도 연락되지 아니할 경우에 계약당사자 쌍방은 특별한 경우가 아니면 이의를 제기하지 않기로 한다.

③ 전항의 연락에 대한 수단으로서 서면으로 하는 것을 원칙으로 하지만 당사자가 휴대폰 문자, 이메일 또는 팩스를 이용하기로 약정할 수 있다.

④ 통지와 관련되어 발생한 손해는 이 계약내용을 준수하는 한 책임지지 않기로 한다.

제12조(위약금) ① 제9조(계약해제)에서 규정한 계약해제로 인하여 발생한 손해에 대한 위약금은 총매매대금으로 한다. 제10조(농수산물유통 및 가격안정에 관한 법률 제53조에 따른 특약사항)에서 규정한 손해발생의 경우에도 그 위약금은 총매매대금으로 한다.

② 제3조 제3항, 제6조 제4항, 제7조 제3항, 제10조 제3항을 위반한 경우의 위약금은 계약금 상당액을 기준으로 하며, 계약당사자가 별도의 약정을 할 수 있고, 그 내용은 이 계약

서 전면 개별약정 기재사항에 기재하기로 한다.
제13조(관할법원) 이 계약에 관한 소송의 관할법원은 목적물의 표시상 소재지를 관할하는 법원으로 한다.

이 계약을 증명하기 위해서 계약서 2통을 작성하여 갑과 을이 서명날인한 후 각 1통씩 보관한다.

II. 동 산

1. 동 산

동산이란 부동산 이외의 물건은 모두 동산이다(민법 제99조 2항). 정착물이 아닌 토지에 부착한 물건(공중전화박스·자동판매기 등), 전기 기타 관리할 수 있는 자연력은 동산이다. 선박(20톤 이상)·자동차·항공기·건설기계도 동산이지만 등기·등록에 의해 그 권리관계를 공시하는 점에서 법률상 부동산과 마찬가지로 취급된다. 상품권·승차권 등 무기명채권은 동산이 아니다.

2. 금 전

금전은 법적 지불수단으로써 강제통용력을 가지는 특수한 동산이다. 금전은 일정액의 가치를 나타내는 것으로써 개성이 없으므로 동산에 관한 규정 중 물권적 청구권이나 간접점유 등은 적용되지 않는다. 금전에서는 점유와 소유권이 일치하기 때문이다. 금전을 도난당한 경우에 그 금전 자체의 반환을 청구할 수 있는 것으로 볼 것이 아니라 그 금전 상당액을 부당이득이나 손해배상으로 청구할 수 있는 것을 새겨야 한다. 그러나 시계나 카메라를 도난당한 경우에는 카메라의 반환을 청구할 수 있다.

금전채무의 불이행에 관한 특칙

민법 제397조 제1항 금전채무불이행의 손해배상액은 법정이율에 의한다. 그러나 법령의 제한에 위반하지 아니한 약정이율이 있으면 그 이율에 의한다. 제2항 전항의 손해배상에 관하여는 채권자는 손해의 증명을 요하지 아니하고 채무자는 과실 없음을 항변하지 못한다.

이행불능의 여부: 금전채권은 가치채권이므로 이행불능은 있을 수 없고 이행지체만이 생긴다. 다만 민법은 금전채무의 이행지체와 관련하여 통상의 이행지체와는 다른 특칙을 규정하고 있다.

무과실 항변의 금지: 통상 채권자가 채무자에게 채무불이행 책임을 묻기 위해서는 채무자의 고의, 과실이 필요하고, 채무자는 자기에게 귀책사유가 없음을 입증함으로써 그 책임을 면할 수 있는 것이나 금전채권의 채무자는 과실 없음을 항변하지 못한다. 즉, 채무자는 **무과실책임**을 진다.

손해의 증명 불요: 일반적인 채무불이행 책임의 경우 손해배상을 청구하려면 채권자는 손해의 발생 및 손해액의 입증을 해야 한다. 그러나 금전채무의 이행 자체에 있어서는 손해의 발생 및 손해액의 증명이 필요 없다.

금전채무 불이행의 경우 주장책임과 증명책임의 불일치: 금전채무 불이행에 관한 특칙을 규정한 민법 제397조는 그 이행지체가 있으면 지연이자 부분만큼의 손해가 있는 것으로 의제하려는 데에 그 취지가 있는 것이므로, 지연이자를 청구하는 채권자는 그만큼의 손해가 있었다는 것을 증명할 필요가 없는 것이나, 그렇다고 해도 채권자가 금전채무의 불이행을 원인으로 손해배상을 구할 때에 지연이자 상당의 손해가 발생하였다는 취지의 주장은 해야 하는 것이지 주장조차 하지 아니하여 그 손해를 청구하고 있다고 볼 수 없는 경우까지 지연이자부분만큼의 손해를 인용해 줄 수 없다. 손해의 발생 및 손해액에 대한 증명책임은 지지 않으나, 그에 대한 주장책임까지 면제되는 것은 아니다.

법정이율에 의한 손해배상액(손해배상의 범위): 실제의 손해가 얼마인지를 묻지 않고 그 손해배상액은 법정이율에 의한다. 다만, 법령의 제한에 위반하지 아니한 약정이율이 있으면 그 이율에 의한다. 즉, 실제의 손해를 불문하고 법정이율 또는 약정이율에 의해 산정되므로, 채무자는 실제의 손해가 그보다 작거나 없다는 것을 입증하여도 책임을 면하지 못하며, 채권자는 실제의 손해가 그보다 크다는 것을 입증하여도 초과손해의 배상을 구하지 못한다.

금전소비대차에서 지연손해금의 산정: 약정지연손해금(손해배상액의 예정)은 변제기 이외에 변제기를 어길 경우의 연 연체율은 연 7%라고 별도로 약정한 경우가 이에 해당한다. 금전채무에 관하여 이행지체에 대비한 지연손해금 비율을 약정한 경우, 이는 일종의 손해배상액을 예정한 것으로 본다. 따라서 실손해가 예정액보다 크다는 것을 증명하더라도 별도의 손해배상청구는 할 수 없다. 다만, 법원은 민법 제398조 제2항, 이자제한법 제6조에 따라 그 예정액이 부당히 과다한 경우에는 이를 적당히 감액할 수 있다.

법정이율은 약정이율이 없는 경우, 민법에 있어서 법정이율은 **연** 5%으로 정하고 있으나(민법 제379조), 상법에서는 상행위로 인한 채무의 법정이율을 연 6%으로 정하고 있다(상법 제54조). 이는 통상적으로 민사거래보다 상사거래에 있어서 금전의 수요가 많고 원본의 이용에 의한 수익이 많다는 데 근거하는 것이다. 이 법정이자율을 적용하지 않는 경우라도 이자제한법의 최고이자율을 초과하지 못한다(이자제한법 제2조).

Ⅲ. 부동산과 동산의 구별

공시방법에서 부동산은 **등기**이다(민법 제186조). 그러나 동산은 **인도**이다(민법 제188조 1항). 부동산은 **공신의 원칙**이 적용되지 않으므로 **선의취득**이 인정되지 않지만 동산은 공신의 원칙이 인정되므로 선의취득이 인정된다(민법 제249조). **무주**(주인이 없는)의 부동산은 **국유**가 된다(민법 제252조 2항). 그러나 동산은 **무주물선점**이 인정된다(민법 제252조 1항). 부동산의 소유자는 그 부동산에 부한 물건의 소유권을 취득한다. 그러나 타인의 권원에 의하여 부속된 것은 그러하지 아니한다(민법 제256조).

동산과 동산이 **부합**하여 훼손하지 아니하면 분리할 수 없거나 그 분리에 과다한 비용을 요할 경우에는 그 합성물의 소유권은 주된 동산의 소유자에게 속한다. 부합한 동산의 주종을 구별할 수 없는 때에는 동산의 소유자는 부합 당시의 가액의 비율로 합성물을 공유한다(민법 제257조). 용익물권(지상권·지역권·전세권)을 설정할 수 있는 것은 부동산뿐이고(민법 제279조·제291조·제303조), 저당권이 설정될 수 있는 것도 원칙적으로 부동산이다(민법 제356조).

부동산에 관하여 법원은 **재산명시**를 신청한 채권자의 신청에 따라 개인의 재산 및 신용에 관한 전산망을 관리하는 공공기관·금융기관·단체 등에 **채무자명의의 재산**에 관하여 조회할 수 있다(민사집행법 제74조). 법원이 조회할 경우에는 해당 기관·단체의 장에게 채무자의 재산 및 신용에 관하여 그 기관·단체가 보유하고 있는 자료를 한꺼번에 모아 제출하도록 요구할 수 있다(민사집행법 제75조). 누구든지 재산조회의 결과를 강제집행 외의 목적으로 사용하여서는 아니 된다(민사집행법 제76조). **동산**에 대한 강제집행은 **압류**에 의하여 개시한다. 압류는 집행력 있는 정본에 적은 청구금액의 변제와 집행비용의 변상에 필요한 한도 안에서 하여야 한다. 압류물을 현금화하여도 집행비용 외에 남을 것이 없는 경우에는 집행하지 못한다(민사집행법 제188조).

환매기간은 부동산은 5년, 동산은 3년을 넘지 못한다. 약정기간이 이를 넘는 때에는 부동산은 5년, 동산은 3년으로 단축한다. 환매기간을 정한 때에는 다시 이를 연장하지 못한다. 환매기간을 정하지 아니한 때에는 그 기간은 부동산은 5년, 동산은 3년으로 한다(민법 제591조).

IV. 증여계약

증여는 당사자 한쪽(증여자)이 무상으로 재산을 상대방(수증자)에게 수여하는 의사를 표시하고, 상대방이 이를 승낙함으로써 성립하는 계약이다(민법 제554조). 무상으로 재산을 수여하는 의미는 증여자의 재산이 감소하고 수증자의 재산을 증가케 하는 모든 행위를 말한다. 증여자는 계약에 의하여 부담하는 의무를 그 내용에 맞게 이행하여야 한다. 재산권의 이전이 증여의 목적이라면 인도·등기 등을 통하여 그 재산권을 이전하여야 한다. 증여의 목적이 타인의 재산이라면 그것을 취득하여 이전하여야 한다.

증여자는 증여의 목적인 물건 또는 권리의 하자나 흠결에 대하여 책임을 지지 않는다. 증여자가 그 하자나 흠결을 알고 증여받은 수증자에게 알리지 않은 경우에는 담보책임을 진다(민법 제559조 1항). 증여의 의사가 **서면**으로 표시되어 있지 않은 경우에는 각 당사자는 증여계약을 해제할 수 있다(민법 제555조). 이는 증여자가 경솔하게 증여하는 것을 방지하고 증여의 의사를 명확하게 하여 분쟁을 예방하기 위한 것이다.

사례연구

[증여계약]

甲은 가난하지만 총명하고 매사에 다른 사람의 모범이 되는 대학생인 조카 乙이 훌륭하게 성장하리라는 기대에서 그에게 토지 1,000㎡를 아무런 대가 없이 주기로 구두로 약속하였다. 그런데 그 약속이 있는 후부터 乙은 예전 같지 않고 딴 사람으로 번하였으며, 학업도 게을리하고 있다. 甲은 乙에게 토지를 주겠다고 약속을 하지 않았더라면 乙이 훌륭하게 성장할 것인데 하는 후회가 들었다. 법적으로 甲은 약속을 없었던 것으로 할 수는 없는 것인가?

일반적으로 계약은 구두로 얼마든지 성립될 수 있으므로 甲과 乙 사이의 약속은 법적으로 증여계약이다. 甲은 약속한 대로 토지 1,000㎡를 乙에게 주어야 할 의무가 있다(법 제554조). 그렇지만 서면으로 표시되지 아니한 증여계약은 각 당사자가 이를 해제할 수 있다(민법 제555조). 그러므로 甲은 乙과 구두로만 증여계약을 체결한 것이므로 甲은 乙과의 증여계약을 해제할 수 있다. 해제한 경우에는 토지 1.000㎡에 대한 소유권을 乙에게 이전할 의무가 면제된다.

증여받은 사람이 증여자 또는 그의 배우자나 직계혈족에 대하여 범죄행위를 하거나 증여자를 부양할 의무가 있는데도 의무를 이행하지 않은 경우, 증여자는 증여계약을 해제할 수 있다(민법 제556 1항). 이러한 증여자의 해제권은 증여자가 해제의 원인이 있음을 안 날로부터 6개월이 지나거자 수증자의 **망은행위**에 기하여 증여자가 증여계약을 해제하더라도 이미 이행한 부분에 대해서는 영향을 미치지 않는다(민법 제558조).

사례연구

[증여계약의 해제]

甲은 2017. 2. 2. 자신의 부동산을 乙에게 증여하기로 하였는데 그 당시 증여의 서면을 작성하지는 않았다. 그 후 2017. 7. 7. 甲은 부동산을 乙에게 증여하였음을 확인한다는 내용의 확인서를 작성하여 乙에게 교부하였다. 2018. 8. 30. 乙이 증여를 원인으로 甲에게 대해 부동산의 소유권이전등기를 청구하자 甲은 증여 당시에 증여의 의사가 서면으로 작성되지 않았음을 이유로 乙과의 증여계약을 해제하였다. 甲의 해제는 정당한가?

증여의 의사가 서면으로 표시되지 아니한 경우에는 각 당사자는 이를 해제할 수 있다(민법 제555조). 그런데 증여의 의사가 표시된 서면의 작성시기에 대하여는 법률상 아무런 제한이 없다. 증여계약이 성립한 당시에는 서면이 작성되지 않았더라도 그 후 계약이 존속하는 동안 서면을 작성한 때에는 그때부터는 서면에 의한 증여로서 당사자가 임의로 이를 해제할 수 없다. 따라서 甲의 증여계약은 해제는 정당하지 않다(대법원 1992. 9. 14. 선고 92다4192 판결).

증여계약 후 증여자의 재산상태가 현저하게 변경되고 증여의 이행으로 인하여 생계에 중대한 영향을 미칠 경우에는 증여자는 증여를 해제할 수 있다(민법 제557조). 그러나 증여자의 재산상태의 악화를 이유로 증여계약을 해제한 경우에도 이미 이행한 부분에 대해서는 영향을 미치지 않는다(민법 제558조).

Ⅴ. 매매계약

1. 의 의

매매계약은 당사자 한쪽(매도인)이 재산권을 상대방에게 이전하기로 약정하고 상대방(매수인)이 그 대금을 지급하기로 약정함으로써 성립하는 계약을 말한다(민법 제563조). 매매는 재화와 금전의 교환이므로 재화와 재화의 교환은 매매가 아니다. 매매계약은 청약과 승낙에 의한 의사표시에 의하여 성립한다. 매매목적물과 매매대금은 매매계약의 본질적 요소이다. 타인의 권리도 매매의 목적으로 할 수 있다(민법 제569조). 매매목적물은 반드시 매도인의 소유에 속하는 것일 필요가 없고 만약 매도인이 타인의 소유물을 매도한 경우에는 이행기가 될 때까지 그 물건을 취득하여 매수인에게 이전하면 된다.

2. 계약금

계약금은 매매·임대차·도급 등 많은 계약에서 교부된다. 매매의 경우 계약금은 보통 매수인이 매도인에게 교부하는데 일반적으로 매매가의 10% 정도다. 계약금 계약은 요물계약(금전이나 그 밖의 유가물의 교부가 요건)으로 매매나 그 밖의 계약에 부수하여 행해지는 종된 계약이다.[10] 따라서 주계약이 무효이거나 취소되면 계약금계약도 효력이 소멸한다.

계약이 성립하면 당사자 한쪽이 마음대로 해제할 수 없는 것이 원칙이다. 하지만 당사자는 임의로 계약을 해제할 수 있다. 다만 그에 대한 대가로 교부자는 계약금을 포기해야 하고 수령자는 그 두 배의 금액을 주어야 한다(민법 제565조). 그러나 당사자 한쪽이 자신의 계약상 채무에 대해 이행에 착수한 후(중도금 지급 후)에는 당사자 양쪽은 더 이상 해제할 수 없다. 당사자가 해제권을 배제하기로 합의한 경우에는 더 이상 그 해제권을 행사할 수 없다.[11]

사례연구

[계약해제]

甲은 乙로부터 부동산을 매수하고 계약금 2천만원을 지급하였다. 甲은 乙이 중도금과 잔금의 수령을 거절하자 중도금 1억원, 잔금 8천만원을 변제공탁하였다. 그 후 乙은 계약의 배액을 제공하여 계약을 해제하려고 하였고, 甲이 이를 거절하자 4천만원을 공탁하였다. 甲은 부동산에 대한 소유권이전을 청구하는데, 乙은 계약해제를 이유로 이를 거절할 수 있는가?

당사자 일방이 이행에 착수할 때까지 지급한 자는 이를 포기하고 받은 자는 두 배의 가액을 상환하여 매매계약을 해제할 수 있다(민법 제565조 1항). 그런데 매수인 甲이 중도금과 잔금을 적법하게 변제공탁한 경우, 계약금 배액상환을 원인으로 한 매도인 乙의 해제 의사표시는 이미 상대방이 이행에 착수한 이후에 이루어진 것으로서 그 효력이 없다. 따라서 乙은 계약해제를 이유로 甲의 소유권이전등기청구를 거절할 수 없다.

3. 매도인의 담보책임

매매의 목적이 된 **권리의 전부가 타인**에게 속하는 경우이다(민법 제569조). 가령 타인의 목적물을 매도한 경우에 매도인이 그 목적물을 취득하여 이전하여 줄 수 없는 경우, 매수인은 그의 선의·악의를 묻지 않고[12] 계약을 해제할

10) 대법원 2008. 3. 13. 선고 2007다73611 판결.

11) 대법원 2009. 4. 23. 선고 2008다50615 판결.

12) 여기서 **선의**란 어떤 사정을 알지 못하는 것을 의미하고, **악의**란 어떤 사정을 알고 있는 것을 의미한다.

수 있고, 매수인이 선의인 때에는 계약해제 및 손해배상을 청구할 수 있다(민법 제570조).

사례연구

[타인의 권리를 매매한 경우]

甲은 乙이 살고 있는 주택을 매수하는 계약을 체결하면서 계약금을 지불하였다. 계약 당시 주택에 대한 등기명의가 당연히 乙로 되어 있는 줄 믿고 등기부를 확인하지 않고 계약을 하였는데, 나중에 알고 보니 그 주택은 丙명의로 되어 있다. 그 이유는 乙의 아버지가 사망하기 전에 그 주택을 丙에게 매도하고 소유권이전등기를 해주었는데, 그 사실을 乙이 모르고 甲에게 매도하기로 한 것이기 때문이다. 이 경우 법적으로 甲은 어떠한 주장을 할 수 있는 것인가?

타인의 권리도 매매의 대상이 될 수 있다(민법 제569조). 만일 매도인이 권리를 취득하여 매수인에게 이전할 수 없을 때에는 매수인은 그 계약을 해제할 수 있으며, 매도인에 대하여 계약이 이행되지 못함으로 인하여 발생한 손해배상을 청구할 수 있다(민법 제570조) 따라서 乙이 丙으로부터 주택에 대한 소유권을 취득하여 甲에게 이전하여 주면 계약이 원래의 목적을 달성하게 되어 아무런 문제가 되지 않는다. 하지만 실제로 이러한 과정에서 丙이 협조하지 않는 경우가 대부분일 것이므로 甲은 乙과의 매매계약을 해제하고 乙에 대하여 손해배상을 청구하여 문제를 해결할 수 있다.

권리의 **일부가 타인에게 속한** 경우가 문제가 된다. 가령 甲이 乙에게 토지 2,000㎡를 3억원에 매도하였는데, 그중 300㎡가 丙의 소유에 속하는 경우 또는 B는 A 소유의 토지를 매수하기로 하는 매매계약을 체결하고 계약금 및 중도금을 지급하였는데, 계약체결 이전에 이미 도시계획에 의하여 토지의 일부가 도로부지로 수용 결정된 경우와 같이 매매의 목적인 권리의 일부가 타인에게 속하기 때문에, 매도인이 그 부분의 권리를 매수인에게 이전할 수 없는 매도인은 담보책임을 부담한다(민법 제572조). 매수인은 그의 선의·악의를 묻지 않고 그 부분의 비율에 따른 대금감액을 청구할 수 있다(민법 제572조 1항). 선의의 매수인은 잔존한 부분만을 매수하지 아니하였을 때에는 계약 전부를 해제할 수 있고, 대금감액청구·계약해제 이외에 손해배상도 청구할 수 있다(법 제572조 2항). 이때 손해배상액은 이행이익 상당액이다.[13)]

목적물의 **수량이 부족**하거나 **일부멸실**된 경우이다. 가령 甲이 乙 소유의 토지를 3,000㎡로 알고 1㎡당 5만원으로 계약하여 1억5천만원에 매수하였는데, 실측 결과 2,700㎡인 경우, 창고가 있는 A 소유의 건물을 B가 매수하였는데, 계약체결 전에 창고가 멸실된 경우와 같이 매매의 목적물이 부족하거나 일부가 계약 당시에 이미 멸실되어 매도인이 그 부분을 이전할 수 없게 된 경우, 매도인은 담보책임은 진다(민법 제574조). 악의의 매수인에 대해서는 담보책임이 발생하지 않는다. 부동산매매에서 실제면적이 계약면적에 미달하고 그 매매가 수량지정매매에 해당하는 경우, 민법 제574조 및 제572조에 의한 대금감액청구권 행사와 별도로 부당이득반환청구 또는 계약체결상의 과실책임은 인정되지 않는다.[14)]

권리가 타인의 제한물권에 의해 제한을 받고 있는 경우이다. 가령 乙이 甲 소유의 부동산을 매수하였는데 甲이 그 부동산에 대해 지상권이나 전세권을 가지고 있어서 乙이 그 부동산을 사용하지 못하는 경우와 같이 매매의 목적물 위에 지상권·전세권 등 제3자의 용익물권이 설정되어 있거나 대항력을 갖춘 임대차에서는 매수인이 목적물을 사용·수익할 수 없게 된 경우에, 매도인은 담보책임을 부담한다(동법 제575조). 제한물권으로 인하여 선의의 매수인이 계약의 목적을 달성할 수 없는 경우에 매매계약 해세와 손해배상을 청구할 수 있다(민법 제575조 1항).

사례연구

[매도인의 담보책임]

1억원을 피담보채권으로 하는 저당권이 설정된 부동산의 매수인 乙이 매도인 甲과 피담보채권 중 2천만원을 매매대금의 지급에 갈음하기로 약정하고, 매수 후 이전등기까지 마쳤다. 그런데 甲은 피담보채무 중 8천만원을 변제했으나 乙이 2천만원을 변제하지 않아 저당권이 실행되어 乙이 부동산에 대한 소유권을 잃게 되었다. 이경우 乙은 甲에 대해 담보책임을 물을 수 있는가?

매매의 목적이 된 부동산에 설정된 저당권의 행사로 인하여 매수인이 취득한 소유권을 잃은 때에는 매수인은 민법 제576조 1항에 의하여 매매계약을 해제할 수 있으나 매수인이 매매목적물에 관한 저당권의 피담보채무를 인수하는 것이므로 매매대금의 지급에 갈음하기로

13) 대법원 1993. 1. 19. 선고 92다37727 판결.
14) 대법원 2002. 4. 9. 선고 99다47396 판결.

약정한 경우에는 특별한 사정이 없는 한, 매수인이 매도인에 대하여 제576조 1항의 담보책임을 면제하여 주었거나 이를 포기한 것으로 볼 수 있다.

따라서 매수인 乙이 매매목적물에 관한 근저당권의 피담보채무 중 일부만을 인수한 경우, 매도인 甲은 자신이 부담하는 피담보채무를 모두 이행한 이상 매수인이 인수한 부분을 이행하지 않으므로 근저당권이 실행되어 매수인이 취득한 소유권을 잃게 되더라도 민법 제576조의 담보책임을 부담하지 않아 乙은 甲에 대해 담보책임을 주장할 수 없다.[15)]

저당권 또는 전세권의 행사로 인하여 소유권을 취득할 수 없거나 상실한 경우이다. 가령 저당권이 설정된 甲의 부동산을 乙이 매수하였는데 그 후 저당권의 실행으로 제3자에게 매각되고 이에 따라 甲이 부동산에 대한 소유권을 상실한 경우와 같이 저당권이나 전세권이 실행되어 제3자가 소유권을 취득하게 된다면 매매계약에 이한 매수인은 소유권을 취득할 수 없고 이미 마쳐진 소유권이전등기로 상실하게 되는 경우에 매도인은 담보책임을 부담한다(민법 제576조 1항). 매수인은 선의·악의를 묻지 않고 계약해제와 더불어 손해배상도 청구할 수 있다(민법 제576조 3항).

매수인은 목적물의 하자로 인해 계약의 목적을 달성할 수 없는 때에 계약해제와 손해배상을 청구할 수 있다(민법 제580조 1항). 목적물의 하자가 제거할 수 없을 정도이거나 쉽게 제거할 수 없는 경우이어야 한다. 그러나 계약의 목적을 달성할 수 없을 정도로 중대한 것이 아닌 때에는 손해배상만을 청구할 수 있다(민법 제580조 1항). 매매 목적물의 하자로 매수인의 매도인에게 계약해제권·손해배상청구권은 매수인이 목적물에 하자가 있다는 사실을 안 날로부터 6개월 내에 행사해야 한다(민법 제582조)

매매의 목적물을 종류로 지정한 경우, 매도인이 이행한 목적물에 하자가 존재하고 이로 인해 매매계약의 목적을 달성할 수 없는 때에는 매수인은 계약을 해제하고 손해배상을 청구할 수 있다. 반면 하자가 계약의 목적을 달성할 수 없을 정도로 중대한 것이 아닌 때에는 손해배상만을 청구할 수 있다(민법 제581조 1항). 매수인은 계약해제 또는 손해배상을 청구하지 않고 그에 갈음하여 하자 없는 물건을 청구할 수 있다(민법 제581조 2항). 매매목적물의 하자가 경미하여 수선 등의 방법으로도 계약의 목적을 달성하는 데 별다른 지장이 없는 반면 매도인에게 하자 없는 물건의 급부의무를 지우면 다른 구제방법에 비하여 지나치게 큰 불이익이 매도인에게 발생되는 경우와 같이 하자담보의무

15) 대법원 2002. 9. 4. 선고 2002다11151 판결.

의 이행이 오히려 공평의 원칙에 반하는 경우에는, 완전물급부청구권의 행사를 제한함이 타당하다.[16)]

사례연구

[매매목적물의 하자책임]

乙은 1년 전 甲회사로부터 태양열온수기를 구입하였는데, 그 태양열온수기의 온수가 사용할 수 없을 정도로 혼탁하여 甲회사에 수리를 요청하여 수차례에 걸쳐 수리를 하였다. 그러나 근본적인 결함을 제거하지 못하였으므로 구매 후 5개월쯤 지난 시점에서 내용증명우편으로 위 매매계약의 해제와 손해배상을 요구하였지만, 전혀 甲 회사의 반응이 없어 소송을 제기하고자 하는데, 그 기간의 제한이 있는가?

민법 제580조 1항은 매매의 목적물에 하자가 있는 때에는 제575조 1항의 규정을 준용하도록 규정하고 있으므로, 매수인이 매매목적물의 하자 있음을 알지 못한 때에는 그로 인하여 계약의 목적을 달성할 수 없는 경우에 한하여 계약을 해제할 수 있고, 그 밖의 경우에는 손해배상만을 청구할 수 있다.

乙이 매수한 태양열온수기가 수차에 걸쳐 수리를 하였는데 근본적인 결함이 제거되지 못하였다면, 乙은 위와 같은 매도인의 하자담보책임을 물어 계약을 해제할 수 있다. 그런데 매도인의 하자담보책임을 물을 권리는 매수인이 그 사실을 안 날로부터 6개월 내에 행사하여야 한다(민법 제582조).

乙이 태양열온수기의 하자 수리를 구두로 요청하여 甲회사에서 수차례 걸쳐 수리를 해준 사실이 있을 뿐만 아니라, 6개월이 지나기 이전에 내용증명우편으로 하자담보책임을 물어 매매계약의 해제와 손해배상을 청구하였다. 따라서 乙이 甲에 대해 6개월 내에 하자담보책임을 주장하였으므로, 乙이 소송을 제기하는 데 아무런 영향을 받지 않는다.

경매목적물의 하자로부터 매수인을 보호하기 위하여 민법 제578조와 제580조 2항을 두고 있다. 강제집행 또는 담보권의 실행으로 행하여지는 경매의 경우, 매수인은 권리의 하자에 관하여 담보책임을 물을 수 있으나(민법 제578조 1항), 물건의 하자에 관해서는 이를 묻지 못한다(민법 제580조 2항). 집행 당시인 경매목적물에 대한 권리가 경매개시 당시부터 채무자 또는 물상보증인의 소유에 속하지 않았던 경우에는 경매절차는 무효이고, 이 경우 매수인은 담보책임에 의하여 보호될 수 없고 부당이득의 법리에 따라 반환을 청구할 수

16) 대법원 2014. 5. 16. 선고 2012다72582 판결.

있다.[17] 경락인은 경매에서의 권리 하자에 대하여, 채무자에게 민법 제570조 내지 제577조에 의하여 계약을 해제하거나 대금감액을 청구할 수 있고, 채무자가 무자력인 때에는 2차적으로 채권자가 배당받은 금액의 한도 내에서 대금의 전부나 일부의 반환을 청구할 수 있다(민법 제578조). 경리의 경우에는 권리의 하자가 있더라도 손해배상책임은 원칙적으로 생기지 않는다.

4. 등기의무와 부동산거래신고

부동산거래는 부동산중개업소를 통하는 것이 일반적이다. 이 경우 공인중개사가 일정한 사항을 서류로 작성하여 교부한다. 매수인은 매매목적물의 현황과 권리관계를 확인할 필요가 있고 계약체결 전에 확인해야 할 사항으로 매도인의 처분권한, 가령 소유자 본인 여부 또는 대리권 있는 대리인 여부, 등기부등본, 토지대장·임야대장 및 건축물대장, 도시계획확인원, 부동산의 현황, 토지의 경우에 도시계획이나 거래제한 등 각종 사항을 검토해야 한다.

계약을 체결하는 과정에서 매매계약서를 꼼꼼히 읽어보고 당사자 사이에 특약을 한 경우에는 반드시 그 내용을 기재하여야 한다. 계약은 소유자 본인과 직접 거래하는 것이 합리적이다. 대리인에 의해서 계약을 체결한 경우에는 대리인의 대리권을 확인하여야 한다. 그 경우에도 전화 등으로 본인의 의사여부를 반드시 확인하여야 한다. 계약금을 지급한 경우에는 반드시 그에 대한 영수로 계약서에 서명을 받아 두어야 한다. 중도금이나 잔금을 지급한 경우에는 반드시 영수증을 받아 두어야 한다.

계약체결 이전에 등기부를 확인하여야 한다. 중도금이나 잔금을 지급할 때 등기부를 다시 확인하여 그동안 목적물의 권리관계에 변동이 생겼는지를 확인할 필요가 있다. 나아가 잔금을 지급함과 동시에 매도인으로부터 등기권리증, 인감증명서 등 이전등기에 필요한 서류를 받아 60일 이내에 관할등기소에 이전등기절차를 마쳐야 한다. 이 기간 내에 등기신청을 하지 않았을 때에는 과태료가 부과된다.

부동산 매매당사자는 계약을 체결한 경우 그 실제 거래가격 등을 거래계

---

17) 대법원 2004. 6. 24. 선고 2003다59259 판결.

약의 체결일부터 30일 이내에 그 권리의 대상인 부동산의 소재지를 관할하는 신고관청에 공동으로 신고해야 한다(부동산거래신고 등에 관한 법률 제3조 1항). 다만 계약당사자 중 한쪽이 신고를 거부하는 경우에는 다른 한쪽이 단독으로 신고할 수 있다(동법 제3조 2항). 개업공인중개사가 매매계약서를 작성·교부한 경우에는 해당 개업공인중개사가 신고를 해야 한다(동법 제5조 3항).

신고관청은 신고 내용을 확인한 후 신고인에게 신고필증을 지체없이 발급해야 한다. 신고필증을 받은 때에는 부동산등기특별조치법 제3조 1항에 따른 검인을 받은 것으로 본다(동법 제3조 5항, 6항). 부동산매매당사자는 매매계약을 신고한 후 계약이 해제, 무효 또는 취소된 경우, 해제 등이 확정된 날부터 30일 이내에 해당 신고관청에 공동으로 신고해야 한다. 다만 당사자 중 한쪽이 신고를 거부하는 경우에는 다른 한쪽이 단독으로 신고할 수 있다(동법 제3조의2, 1항). 개업공인중개사가 부동산거래 신고한 경우에는 그가 신고를 할 수 있다(동법 제3조의2 2항).

VI. 소비대차계약

1. 금전소비대차

소비대차는 당사자 한쪽(대여자)이 금전이나 그 밖의 대체물의 소유권을 상대방(차용인)에게 이전하기로 약정하고 상대방은 그와 같은 종류·품질·수량으로 반환하기로 약정함으로써 성립한다(제598조). 가령 甲이 乙에게 500만원이나 쌀(10kg) 3가마를 빌려주는 경우와 같다. 차용인(빌린 사람)은 목적물에 대한 소유권을 취득하고 동종·동질·동량의 물권을 반환하면 되지만 사용대차나 임대차에서 차용인이나 임차인은 목적물의 소유권을 취득하지 못하고 그 자체를 반환하여야 한다는 점에서 구별된다.

차용인은 약정시기에 대여자로부터 인도받은 물건과 동일한 종류·품질·수량의 물건으로 반환하여야 한다(제598조, 제603조 1항). 금전소비대차에서는 강제통용력이 있는 금전으로 동액을 반환해야 한다. 이자부 소비대차에서는 이자를 지급하여야 한다. 이자는 일정한 이율에 의해 산정되는데 이율은 법률이 규정한 법정이율과 당사자 사이의 약정으로 정한 약정이율이 있다. 당사자는 이율을 원칙으로 자유롭게 정할 수 있다. 다만 금전소비대차를 원본채권으로 한 경우에는 이자제한법에 의한 최고이자율(연 20%)의 제한을 받는다(이자제한법 제2조 1항). 약정이율이 없으면 법정이율에 의한다. 민사에서는 연 5%(제379조), 상사에서는 연 6%(상법 제54조)이다. 금전채무의 전부 또는 일부의 이행을 명하는 판결을 선고할 경우, 금전채무 불이행으로 인한 손해배상액 산정의 기준이 되는 법정이율은 그 금전채무의 이행을 구하는 소송 또는 이에 준하는 서면에 채무자에게 송달된 날의 다음 날부터 연 12%이다(소송촉진 등에 관한 특례법 제3조 1항).

사례연구

[지연이자]

甲은 乙에게 3천만원을 빌려주면서 이자는 월 1%로 하고 원금은 6개월 후에 받기로 하였다. 그런데 乙은 약속한 대로 매월 이자를 지불하였지만, 원금 3천만원은 약속한 변제일을 5개월이 지난 후에 갚았다. 甲이 乙에게 변제가 늦은 동안의 이자도 달라고 하니까 이자는 빌린 6개월 동안만 지급하기로 하였으니 그 이후에는 이자를 줄 수 없다고 한다. 甲은 乙에게 변제기 이후의 이자를 받을 수 있는 것인가?

乙은 甲에게 월 1%의 이자를 지불하기로 하였으므로, 甲과 乙 사이의 계약은 이자부 소비대차이며, 甲과 乙 사이에 이자는 6개월만 지불하고 그 이후에는 이자를 지불해야 한다. 따라서 甲은 乙에 대하여 월 1%의 이자를 변제기 이후에도 원금을 변제받을 때까지 청구할 수 있다.

2. 이자의 제한

이자제한법은 금전의 소비대차에서 약정이자에 대해서 적용된다. 금전이외의 소비물을 목적으로 하는 소비대차에는 적용되지 않는다(이자제한법 제2조 1항). 대차원금이 10만원 미만인 경우(동법 제2조 5항)와 대부업에는 적용되지 않는다(대부업 등의 등록 및 금융이용자 보호에 관한 법률 제7조).

금전소비대차에 관한 계약상의 최고이자율은 연 25%를 초과하지 아니하는 범위 내에서 대통령령으로 정한다(이자제한법 제2조 1항). 현재 금전소비대차에 관한 계약상의 최고이자율은 연 20%이다. 금전의 대차와 관련하여 채권자가 받는 것은 할인금·수수료·공제금 그 밖의 명칭에도 불구하고 이를 이자로 본다(동법 제4조).

소비대차를 하면서 미리 공제된 선이자를 사전 공제한 경우, 그 공제액이 채무자가 실제 수령한 금액을 원본으로 하여 최고이자율에 따라 계산한 금액을 초과하는 때에는 그 초과부분은 원본에 충당한 것으로 본다(동법 제3조).

사례연구

[금전소비대차]

甲이 乙에게 1천만원을 연 30%의 이율로 1년간 빌려주면서 이자 300만원을 선이자로 이미 공제하고 700만원을 준 경우에 변제기에 乙이 甲에게 얼마를 변제하면 되는가?

乙이 실제로 받은 700만원에 대하여 제한이율 연 20%에 따라 이자를 계산하면, 이자는 140만원이다. 따라서 300만원 중 140만원을 초과한 160만원은 원본에 충당된 것으로 본다. 그러므로 乙이 甲에게 원본 840만원만 변제하면 된다.

금전대차에서 계약상의 최고이자율이 연 20%를 넘는 경우에는 그 부분은 무효이다(이자제한법 제2조 3항). 이자에 대하여 다시 이자를 기급하기로 하는 복리약정은 최고이자율을 초과하는 부분에 해당하는 금액에 대하여는 무효이다(동법 제5조). 채무자가 최고이자율을 초과하는 이자를 임의로 지급한 경우에는 초과 지급된 이자 상당금액은 원본에 충당되고, 원본이 소멸한 때에는 그 반환을 청구할 수 있다(동법 제2조 1항).

사례연구

[제한이자 초과]

甲이 乙에게 1천만원을 월 4%의 이율로 1년간 빌려주면서, 이자는 1년 후에 한꺼번에 지급하기로 한 경우에 변제기 乙은 甲에게 변제하여야 하는가?

이자는 480만원이다. 이자 480만원은 제한이율 연 20%에 따라 산정된 이자 200만원을 초과한다. 초과한 이자 280만원은 무효이다. 따라서 乙이 480만원을 이자로 지급하였으면 초과이자 280만원은 원본 1천만원에 충당되며, 즉 1천만원 중에서 280만원을 갚은 것으로 보므로 720만원만 변제하면 된다. 반면에 1천만원도 변제한 경우에는 乙은 甲에게 초과이자 280만원의 반환을 청구할 수 있다.

대부업자가 개인이나 종소기업기본법 제2조 2항에 따른 소기업에 해당하는 법인에 대부를 하는 경우, 그 이자율은 연 100분의 27.9% 이하의 범위에서 대통령령으로 정하는 율을 초과할 수 없다(대부업법 제8조 1항). 현재 계약상의 최고이자율은 연 20%이다(시행령 제5조 2항). 이를 위반한 경우의 효과는 이자제한법과 동일하다(대부업법 제8조 3항, 4항).

3. 금전거래에서 주의할 것들

가까운 친척이나 친구 사이에도 불명확한 **금전거래**로 인하여 사이가 나빠지는 경우가 많다. 돈거래는 **명확히** 해야 분쟁을 미연에 예방할 수 있는 것이다. 금전거래를 명확히 하는 가장 좋은 방안으로 계약서나 영수증 등 **문서**를 작성하여 교환하는 것이 무엇보다 중요하다. 모르는 사이끼리 돈거래가 이루어질 때 상대방의 직업, 주소, 성명 등을 주민등록증이나 운전면허증 등으로 확인하여야 한다. 상대방의 **재력**과 **신용**은 스스로 확인해야 한다. 은행에 거래상황을 조회해 보는 것도 한 방법이 될 수 있으나 지능적인 사기범은 이를 이용하기도 하므로 주의할 필요가 있다.

미성년자에게 돈을 빌려줄 때에는 보호자의 동의가 있어야 한다. 동의가 없으면 미성년자의 보호자가 계약을 취소할 수 있으므로 손해를 볼 경우가 생긴다. 회사 등과 거래할 경우에는 상대방이 그 회사를 대표하는 정당한 권한이 있는지를 확인하여야 하며, 단지 그 회사의 임직원과 개인적으로 돈 거래하는 형식의 계약서를 만들면 손해를 보는 경우가 생긴다.

돈을 빌려줄 때는 상대방의 재력과 신용을 확인하는 것이 중요하다. 무엇보다 확실한 방법은 담보를 취득해 두는 것이다. 담보에는 인적 담보와 물적 담보가 있다. **인적 담보**는 제3자로 하여금 보증이나 연대보증을 서도록 하는 것이다. 보증인이 재력도 확인할 필요가 있다. **물적 담보**는 부동산에 근저당권이나 가등기를 설정하는 방법이다. 소유권이전등기를 받는 방법 등이 있을 수 있다. 동산이나 유가증권을 담보로 받아 두는 경우도 있다.

전세금 혹은 임대보증금을 담보로 하는 경우에는 반드시 전세보증 혹은 임대보증금 반환채권의 양도계약을 체결하고 임대인을 만나 승낙을 얻거나 채무자로 하여금 임대인에게 내용증명우편으로 통지를 하도록 조치해야만 한다. 단지 채무자의 임대차계약서를 받아 놓은 것만으로는 아무런 효력이 없음을 유의할 필요가 있다. **가정주부**에게 돈을 빌려줄 때에는 그 돈이 자녀들의 학비나 식비 등 **일상가사비용**을 사용된다면 그 남편에게도 변제책임이 있으나 일상가사와 관계없이 주부가 계를 한다든지 사치나 유흥비로 쓴다든지 하는 경우는 남편이 별도로 보증을 서지 않는 한 단지 그러한 사실을 알고 있었다는 사실만으로 남편에게 변제의 책임을 물을 수 없는 **일상가사대리권**의 여부가 문제됨을 주의하여야 한다.

일반적으로 돈을 빌리는 사람은 다급하기 때문에 이자나 담보관계 등에 있어서 채권자의 요구에 따라 가혹한 조건을 강요당하는 경우가 많으므로 계약서의 내용을 상세히 파악하여야 한다. 원금이나 이자를 갚으면 반드시 영수증을 받아야 하고 원리금을 완전히 변제한 경우는 미리 교부해 주었던 차용증서 등을 회수하지 않으면 나쁜 채권자에게 이중으로 변제하는 위험성이 있다.

악덕 사채업자 중에는 담보물을 헐값에 취득할 목적으로 **변제기일**에 일부러 만나주지 않거나 변제기일을 연기해 주겠다고 속여 안심시킨 후 변제기일을 넘겨 담보물을 처분하는 경우가 있다. 이 때에는 바로 공탁절차를 밟아야 한다. 공탁이란 법령의 규정에서 따른 원인에 의하여 금전·유가증권·물품을 법원의 공탁소에 임치하여 법령에서 정한 일정한 목적을 달성하는 제도다. 변제공탁이 대표적이다. **변제공탁**은 채권자가 변제를 받지 않거나 받을 수 없는 경우에 변제자가 채권자를 위하여 변제의 목적물을 공탁소에 임치함으로써 채무를 면하는 제도이다.

채무자가 **사망**한 경우 채무도 상속되므로 채권자는 그 상속인에게 변제를 청구할 수 있다. 상속인이 채무를 면하려면 **상속포기**하거나 상속의 **한정승인**을 하여야 한다. 채무자가 약속대로 변제를 하지 않으면, 채권자는 결국 법적 절차에 따라 재판과 강제집행의 방법으로 변제를 받을 수밖에 없다. 그러한 경우에 충분한 변제확보 방안을 강구해 놓지 못한 채권자는 손해를 볼 가능성이 많다. 실제로 불성실한 채무자가 **재산도피**의 방법으로 강제집행을 면탈하는 경우에도 증거가 부족하여 채무자의 **형사처벌**이 불가능한 때가 대부분이다. 그러나 그렇다고 하여 합법적 수단을 포기하고 속칭 **해결사**를 동원하다든지 하는 폭력수단으로 돈을 받아내려고 시도한 것은 그 자체가 더 큰 범죄라는 사실을 명심하여야 할 것이다.

사례연구

[물권적 청구권]

甲은 자기가 소유하는 토지를 乙에게 매도하면서, 물권적 청구권은 매도인 甲자신에게 유보하는 특약을 하였다. 제3자 丙이 이 토지를 불법으로 점유하고 있는 경우, 甲은 丙을 상대로 소유권에 기한 소유물반환청구를 할 수 있는가?

물권법정주의상 물권적 청구권을 甲에게 유보하기로 하는 특약은 무효이다. 물권적 청구권 역시 乙에게 귀속하므로 甲은 丙에게 물권적 청구권을 행사할 수 없다. 왜냐하면 甲은 더 이상 소유자가 아니기 때문이다.

Ⅶ. 부동산거래와 물권변동

1. 물권법정주의

물권법정주의란 물권의 **종류**와 **내용**을 법률로 정하는 것에 한정한다는 원칙을 말한다. 물권의 종류와 내용은 민법 기타 **법률**이나 **관습법**으로 정하여야 하고 당사자가 자유로이 창설하지 못한다(제185조). 민법 제185조에서의 법률은 국회에서 제정한 형식적 의미의 법률만을 의미하고, 명령·규칙 등을 포함하지 않는다. 관습법에 의한 물권의 성립을 인정하는 것은 경제사회의 발전에 따른 새로운 물권에 대한 거래계의 수요에 부응하기 위한 것으로 물권법정주의의 결함을 보충하고 있다.

민법에서는 점유권·소유권·지상권·지역권·전세권·유치권·질권·저당권이 규정되어 있다. 물권법에 있어서는 계약자유의 원칙이 제한된다. 관습법상 물권은 관습법상의 법정지상권, 분묘기지권, 명인방법 등이다. 온천권[18)]이나

18) 대법원 1998. 2. 13. 선고 97누15142 판결.

사도통행권[19]은 관습법상의 물권에 해당하지 않는다. 물권법정주의 위반의 효과를 보면, 법률 또는 관습법이 인정하지 않는 새로운 종류의 물권을 만들지 못한다. 종류강제에 위반하는 경우에는 법률행위 전체가 무효이고 내용강제의 경우에는 일부무효가 원칙이다.

2. 점유권

사례연구

[점유권]

乙은 甲의 미등기의 과수원과 가옥을 관리하여 오던 중 자금이 필요하여 자기 것이라 속이고 2019. 3. 1. 이것을 丙에게 매각하였다. 丙은 과수원에서 사과를 수확하였다. 그런데 태풍으로 지붕이 날아가 버려 丙은 이를 수리함과 동시에 재래식 부엌을 신식으로 개조하였다. 그런데 어느 날 丙이 창고에서 작업을 하던 중 실수로 창고가 불타 버렸다. 뒤늦게 이러한 사실을 안 甲은 2022. 3. 3. 丙을 상대로 소유권에 기한 반환청구소송을 제기하였고 2023. 5. 10. 甲이 승소판결을 받았다. 이 경우 甲·丙 사이의 법률관계는 어떻게 되는가?

점유자 丙은 회복자 甲에게 과수원과 가옥을 반환할 때 2019년부터 2022년 시이에 수취한 사과는 선의의 점유자로서 과실수취권이 있다. 이를 반환하지 않아도 된다. 그러나 2022년도에 수확한 사과는 반환하여야 한다. 乙이 패소했으므로 2022. 3. 3일부터 악의의 점유자로 보기 때문이다(제197조 2항). 그러나 소비하였거나 과실로 인하여 수취하지 못한 경우에는 그 사과의 대가를 보상하여야 한다(제201조 1항).

멸실된 창고에 대해서는 丙이 소유의 의사를 가진 선의의 점유자로서 현재의 상태 그대로 반환하면 된다(제202조 전단). 만약 丙이 재래식 부엌을 신식으로 개조했기 때문에 가옥의 가격이 상승한 경우, 丙은 甲에게 개조한 비용을 유익비로써 그 상환을 청구할 수 있다. 이때 甲은 丙이 부엌을 개조하는데 들인 비용 또는 새로운 부엌이 되므로 인해 증가된 가옥의 가액 중 선택하여 지급할 수 있다(제203조).

점유란 물건에 대한 사실상의 지배를 말한다. 점유는 소유권 및 제한물권(지상권·지역권·전세권 등과 같이 물건에 제한을 두는 물권)과 상응되는 측면이 있다. 소유자가 물건을 점유하는 것을 **자주점유**라 하고, 제한물권자가 물건을 점

19) 대법원 2002. 2. 26. 선고 2001다64165 판결.

유하는 것을 **타주점유**라 한다. **점유권**은 물건의 사실상 지배관계가 권리로서 법률상 보호되는 것을 말한다. 사실상 지배가 있다고 하기 위해서는 반드시 물건을 물리적·공간적 관계와 본권관계, 타인의 지배의 가능성 등을 고려하여 사회통념에 따라 합목적적으로 판단해야 한다.[20] 사실상 점유는 외부로부터 인식할 수 있어야 하므로, 분묘를 점유했다고 할 수 없다.[21] 옆 사람의 필기구를 잠시 빌려서 쓰고 있는 경우나 등산객이 사유지를 통로로 이용하는 경우 등은 점유가 인정되지 않는다.[22]

일정한 경우에 물건을 사실상 지배하고 있지만 점유자가 되지 못하는 자를 **점유보조자**라 한다. 가사상·영업상 기타 유사한 관계에 의하여 타인의 지시를 받아 물건에 대한 사실상의 지배를 하는 때에는 타인만을 점유자로 한다(제195조). 점유보조자는 점유권이 인정되지 않아 **점유보호청구권**은 인정되지 않고 점유주를 위한 **자력구제권**만 인정된다는 것이 통설이다. 점유자와 물건 사이에 점유자와 일정한 관계에 있는 타인이 매개하여 그 타인의 점유에 의해 매개되는 점유를 간접점유라 한다. 가령 甲이 乙에게 주택을 임대한 경우에 甲이 간접점유자, 乙이 직접점유자이다.

점유로 인한 부동산 소유권의 **취득시효**는 **20년간** 소유의 의사로 평온, 공연하게 부동산을 점유하는 자는 등기함으로써 그 소유권을 취득한다. 등기로 인한 부동산 소유권의 취득시효는 부동산의 소유자로 등기한 자가 **10년간** 소유의 의사로 평온, 공연하게 선의이며 과실 없이 그 부동산을 점유한 때에는 소유권을 취득한다(제245조). 동산의 점유취득시효는 **10년간** 소유의 의사로 평온, 공연하게 동산을 점유한 자는 그 소유권을 취득한다. 동산의 점유가 선의이며 과실 없이 개시된 경우에는 **5년**을 경과함으로써 그 소유권을 취득한다(제246조).

3. 소유권

소유권은 소유자가 법률의 범위 내에서 자유로이 물건을 사용·수익·처

20) 대법원 1992. 11. 10. 선고 92다37710 판결.
21) 대법원 1962. 11. 13. 선고 4294민상804 판결.
22) 대법원 1974. 4. 7. 선고 73다923 판결.

분할 수 있는 권리이다(민법 제211조). **사용**이란 책을 읽는다든가, 양복을 입는 것처럼 목적물을 통상의 용법에 따라 사용한 것을 말한다. **수익**이란 목적물을 통상의 용법에 따라 사용하는 것을 말한다. 수익은 목적물로부터 생긴 과실을 취득하는 것을 말한다. **처분**이란 물건의 교환가치를 실현하는 것으로 목적물을 소비하거나 변형·개조·파괴하는 물리적 처분과 목적물을 양도하거나 목적물에 용익물권이나 담보물권을 설정하는 법률적 처분을 말한다.

사례연구

[조망권]

甲은 아파트를 신축하기 위하여 관할부처에서 요구하고 있는 법적 요건을 갖추어 공사에 착수하였다. 아파트가 완공된 후 乙을 비롯한 인근의 주민들은 일조방해를 이유로 손해배상을 요구하고 있다. 이에 대해서 甲측에서는 이미 공법상 요건을 모두 구비하여 공사를 하였기 때문에 문제될 것이 없다고 주장하는 경우에 甲측의 주장은 타당한가? 또한 乙측에서 조망이익을 주장하는 경우에는 어떠한가?

일조방해의 정도나 조망이익의 침해정도가 현저하게 커 사회통념상 수인한도를 넘은 경우에는 위법행위로 평가될 수 있다. 이러한 경우라면 乙측은 손해배상을 청구할 수 있다. 그리고 건축법 등 관계법령에 일조방해에 관한 직접적인 단속법규는 일조권보호를 위한 최소한도의 기준으로 봄이 상당하다. 따라서 甲측의 주장은 인근주민들의 수인한도 내에 있다고 판단되지 않으므로 乙측의 조망이익의 주장은 타당하다.

토지의 소유권은 정당한 이익 있는 범위 내에서 토지의 상하에 미친다(제212조). 암석을 채취하는 권리는 토지소유권에 속한다. 지하의 **미채굴의 광물**에 대해서는 토지소유권의 효력이 미치지 않고, 광업권이라는 별개의 배타적 권리의 목적이 된다(광업법 제3조). 온천수는 토지의 일부로 토지소유권의 대상이 되며 독립한 권리가 되지 못한다.[23)]

토지소유권의 내용은 법률의 범위 내에서만 인정된다(민법 제211조). 가령 A토지와 B토지가 서로 인접하고 있을 때 A토지를 충분히 이용하려면 B토지를 통과해야 한다던가, B토지상의 건물을 수리하기 위하여 A토지 안에 들어가는 하는 등의 인접한 토지의 상호이용을 조절할 필요에서 생긴 **상린관계**는

23) 대법원 1970. 5. 26. 선고 69다1239 판결.

인접한 토지상호 사이의 이용관계를 조절하기 위해 규정된 법률관계를 말한다(제215조 이하). 상린관계에 있어서 건물의 구분소유에 관한 것(제215조), 통행에 관한 것, 배수·유수에 관한 것, 경계에 관한 것, 경계를 넘는 수목에 관한 것, 인지사용에 관한 것 등이다. 특히 차마시설의무(제225조)·지하시설 등의 제한(제244조)·주위토지통행권(제219조, 제220조), 건축법상의 건축물 유지보전의무, 도로법상 손해예방의무 등이 있다. 상린관계에 의한 도시계획법상 개발행위의 제한 등이 있다.

사례연구

[인지사용청구권의 행사]

甲은 乙의 집 옆 토지를 사서 집을 지으려고 한다. 집을 짓고 담을 축조하려 하니 부득이 乙의 토지를 왕래하지 않으면 안될 형편이다. 그래서 甲은 乙에게 토지를 출입하겠다고 허락을 요청하였다. 그런데 乙은 정원이 망가진다고 허락해 주지 않는다. 甲은 乙의 토지를 사용할 수 없는가?

인접토지의 편의를 위하여 토지사용을 허락하여 건물을 축조하려고 한다. 그런데 甲의 옆 토지에는 乙의 주거지인 집이 있다. 사용하고자 하는 토지는 주거가 아니라면 법원의 판결을 받아 사용할 수 있지만, 乙의 주거인 이상 乙의 승낙이 절대적으로 필요하다. 따라서 사용승낙을 얻지 못하면 甲은 그 토지를 사용할 수 없다. 토지 상호간의 이용을 적절히 조절하여 그 효용을 극대화하고자 하는 취지에 한계가 있다.

사례연구

[주위토지통행권]

甲의 주택은 사방이 둘러싸여 있고 오직 앞쪽에 공터가 있어서 그 곳을 통해 큰 길로 통행하며 살아왔다. 그런데 최근 위 공터를 매수한 乙이라는 사람이 찾아와 그곳에 집을 짓기로 하였으니 통로를 내줄 수 없다고 한다. 甲의 가족은 그곳을 통과하지 아니하면 큰 도로로 나갈 수 있는 방법이 없다. 과연 이 경우에 甲은 乙에 대하여 어떠한 권리를 행사할 수 있는 것인가?

민법 제219조는 “어느 토지와 공로 사이에 그 토지의 용도에 필요한 통로가 없는 경우에 그 토지소유자는 주위의 토지를 통행 또는 통로하지 아니하면 공로에 출입할 수 없거나 과다한 비용을 요하는 때에는 그 주위의 토지를 통행할 수 있고, 필요한 경우에는 통로를 개설할 수 있다. 그러나 이로 인한 손해가 가장 적은 장소와 방법을 선택하여야 하다”고 규정하고, 2항에서 "전항의 통행권자는 통행지소유자의 손해를 보상하여야 한다"고 규정하고 있다.

따라서 甲은 乙에게 주위토지통행권을 요구할 수 있다. 그런데 乙이 이에 대하여 거절하는 경우에는 법원에 통행방해배제를 구하는 소송을 제기할 수 있다. 다만 이로 인하여 乙이 입게 되는 손해를 가장 적은 장소와 방법의 선택하고 손해가 있으면 그 손해를 배상해야 한다.

생활방해 또는 임밋시온(Immission)의 금지는 매연·열기체·액체·음향·진동·기타 이와 유사한 것이 다른 토지로부터 발산·유입하여 토지의 사용을 방해하거나 거주자의 생활에 고통을 주는 것을 말한다.

사례연구

[생활방해]

甲은 위층 아파트에서 들려오는 밤중의 피아노 소리에 도저히 참을 수가 없어서 위층에 살고 있는 피아니스트 乙에게 항의를 하였다. 제발 밤에는 피아노를 치지 말라는 것이었다. 그러나 乙은 방음장치도 했고 또한 시간이 없어서 밤에 밖에 연습시간이 없다고 한다. 甲은 乙의 피아노 언습을 중시해 달라고 법원에 청구해야 하는가 아니면 참는 수밖에 없는 것인가?

이러한 문제는 우리의 주위에서 많이 발생한다. 공동주택 상호간의 수인의 한도를 넘는 행위를 해서는 안된다. 乙의 피아노 소리로 甲의 생활에 고통을 주어서는 안된다. 乙의 적당한 조치를 해줄 의무가 있다. 그러나 방음장치도 하였고 甲 이외의 다른 이웃 사람들의 경우에는 아무런 민원도 제기되지 않고 있고 그 정도의 소리는 수인할 수 있다고 하면 甲도 인용해야 한다. 그러나 만약 다른 이웃도 생활에 고통을 받는다면 통상의 용도에 적당한 것이 아니므로 乙의 피아노 연습은 중지해야 한다. 그로 인한 손해가 있으면 손해를 배상해야 한다.

4. 지상권

사례연구

[지상권]

1) 乙은 甲의 기존 1층 건물 옥상 위에 건물소유를 목적으로 하는 지상권을 설정하였다. 이러한 지상권설정계약은 유효하다고 볼 수 있는 것인가?
2) 乙은 甲 소유의 대지 위에 건물소유를 목적으로 하는 지상권설정계약을 체결하였고 지상권설정등기를 하였다. 그러나 乙의 지상권설정등기가 경료되기 전에 이 대지 위에 아무런 권원이 없는 丙이 건물을 축조하여 건물에 대한 소유권취득등기를 하였다. 甲과 乙 사이의 지상권설정계약은 유효한가?

1) 지상권은 토지를 사용하는 권리이므로 甲과 乙 사이의 지상권설정이 단지 1층 건물에 대한 권리에 해당하여 무효인지가 문제가 된다. 甲과 乙 사이의 계약의 취지는 甲 소유의 기존 1층 건물 위에 乙이 건물을 소유하기 위하여 그 대지에 지상권을 설정하기 위하여 계약으로 봄이 상당하므로, 그러한 지상권설정계약은 유효하다.
2) 지상권은 배타성을 가지며 직접 토지를 지배할 것을 내용으로 하는 물권이므로 건물에 대한 등기자에 불과한 丙은 토지에 대한 물권자인 乙에게 대항하지 못한다. 결국 甲과 乙 사이의 지상권설정계약은 丙의 불법건축물의 철거를 전제로 하는 것으로 유효하다.

지상권이란 **타인**이 토지에 **건물** 기타의 **공작물**이나 **수목**을 **소유**하기 위하여 그 토지를 사용하는 용익물권이다(제279조). 공작물이란 지상 및 지하에 인공적으로 설치된 모든 시설물을 말한다. 가령 건물, 교량·연못·광고탑·전주 등 **지상공작물**뿐만 아니라 지하철·터널·우물 등 **지하공작물**을 포함한다. **수목**이란 식림의 대상이 되는 식물을 말한다. 가령 벼·보리·과수·뽕 등의 식물은 포함되지 않는 것이 다수설이다.

근저당권 등 담보권 설정의 당사자 등이 그 목적 된 토지 위에 차후 용익권이 설정되거나 건물 또는 공작물이 축조·설치되는 등으로써 그 목적물의 담보가치가 저감되는 것을 막는 것을 주요목적으로 하여 채권자 앞으로 지상권을 설정하였다면, 그 피담보채권이 변제 등으로 만족을 얻어 소멸한 경우는 물론 시효소멸한 경우에도 그 지상권이 피담보 채권에 부종하여 소멸한다.[24)]

24) 대법원 2011. 4. 14. 선고 2011다6342 판결.

지상권의 존속기간은 당사자가 임의로 정할 수 있다. 그러나 그 기간은 최소한 다음 연한보다 단축하지 못한다(제280조 1항). ① 석조(돌)·석화조(석회)·연와조(벽돌) 또는 이와 유사한 견고한 건물이다. 수목의 소유를 목적으로 하는 때에는 30년, ② 위 이외의 건물의 소유를 목적으로 하는 때에는 15년, ③ 건물 이외의 공작물의 소유를 목적으로 하는 때에는 5년으로 한다. 이는 강행규정이다.

5. 법정지상권

사례연구

[법정지상권]

A 소유의 토지와 건물 중 1971. 2. 9. 건물만이 B에게 양도됨으로써 토지와 건물의 소유자가 달라진 이래 각기 다른 사람에게 순차로 전전 양도되어 현재 토지는 X의 소유로, 건물은 Y의 소유로 되었다. Y는 토지에 대한 법정지상권을 취득할 수 있는가? X는 Y에게 건물 철거 및 대지의 인도를 구할 수 있는가?

B가 이 사건 건물을 양수할 때에 B는 이 사건 토지에 대한 법정지상권도 함께 취득하였다고 할 것이다. 지상권은 그 후 건물의 양도와 함께 묵시적으로 건물양수인에게 순차로 전전 양도되어 현재는 Y가 위 건물의 최후의 소유자로서 이 사건 토지에 대한 권능도 양수하고 있다. 비록 Y가 지상권등기를 경료하지 아니하여 지상권을 취득하지 못했다 하더라도 지상권의 설정등기 및 이전등기절차이행을 구할 수 있는 지위에 있다.

그러므로 Y에게 지상권의 부담을 용인하고 그 설정등기절차를 이행할 의무 있는 X가 Y를 상대로 건물철거 및 대지의 인도를 구하는 것은 신의성실의 원칙에 위배되어 허용될 수 없다.

민법 제366조의 법정지상권 민법 제366조의 저당권 실행으로 인한 법정지상권은 저당물의 경매로 인해 토지와 그 지상건물이 다른 소유자에게 속하게 되어 소유자가 달라진 경우에 토지소유자가 건물소유자에 대하여 가지는 지상권을 말한다.

민법 제366조의 법정지상권은 저당권설정 당시 동일인의 소유에 속하던 토지와 건물이 경매로 인하여 양자의 소유자가 다르게 된 때에 건물의 소유자를 위하여 발생한다. 토지에 관하여 저당권이 설정될 당시 토지소유자에 의하여 그 지상에 건물을 건축 중이었던 경우, 그것이 사회관념상 독립된 건물로 볼 수 있는 정도에 이르지 않았다 하더라도 건물의 규모·종류가 외형상 예상할 수 있는 정도까지 건축이 진행되어 있었고, 그 후 경매절차에서 매수인이 매각대금을 다 낸 때까지 최소한의 기둥과 지붕, 그리고 주벽이 이루어지는 등 독립된 부동산으로서 건물의 요건을 갖추면 법정지상권이 성립한다. 이때 건물이 미등기라 하더라도 법정지상권의 성립에는 아무런 지장이 없는 것이다.[25)]

민법 제305조의 법정지상권 건물에 전세권을 설정할 당시에는 건물과 대지가 동일인에게 속하였으나, 그 후 대지만 타인에게 특별승계된 경우에 그 전세권설정자가 대지의 양수인으로부터 취득하는 법정지상권이다(제305조).

관습법상 법정지상권 토지와 건물이 동일인에게 속하였다가 그중 어느 하나가 매매 기타의 원인으로 각각 소유자를 달리하게 된 때, 그 건물을 철거한다는 특약이 없는 경우에 건물소유자가 당연히 취득하게 되는 법정지상권을 말한다. 민법 제366조에 의한 법정지상권은 경매에 의한 경우지만 관습법상 법정지상권은 **판례**에서 이를 인정한다.

분묘기지권 토지소유자의 승낙을 얻어 분묘가 설치된 경우 분묘소유자는 분묘기지권을 취득하고 분묘기지권의 존속기간에 관하여 당사자 사이에 약정이 있는 등 특별한 사정이 있으며 그에 따를 것이다. 그러한 사정이 없는 경우에는 권리자가 분묘의 수호 및 봉사를 계속하며 그 분묘가 존속하고 있는 동안 존속한다고 해석된다.

타인의 토지에 분묘를 설치한 경우에 20년간 평온·공연하게 분묘의 기지를 점유하면 지상권과 유사한 관습상의 물권의 분묘기지권을 취득한다는 점은 오랜 세월 동안 지속되어 온 관습 또는 관행으로 법적 규범으로 승인되어 왔다. 이러한 법적 규범이 장사 등에 관한 법률(장사법) 시행일인 2001. 1. 13. 이전에 설치된 분묘에 관하여 현재까지 유지되고 있다고 보아야 한다. 따라서 장사법 시행일 이전에 분묘에 대해 취득시효가 완성되었다면 분묘기지권은 취득한다. 그러나 장사법 시행일 이후인 2001. 1. 13. 당시 아직 20년의 시효기

25) 대법원 2004. 6. 11. 선고 2004다13533 판결.

간이 경과하지 아니한다.[26)]

입목법에 의한 법정지상권 입목은 토지와 분리하여 처분할 수 있다(입목법 제3조 2항). 경매 등으로 인하여 토지소유자와 입목소유자가 달라졌을 때 입목소유자를 위한 토지이용권의 문제가 발생한다. 이 문제를 해결하기 위해 입목법은 법정지상권을 인정하고 있다(법 제6조).

6. 지역권

사례연구

[지역권]

A 소유의 X대지를 B가 1966. 12.경부터 통로로 사용하였다. 그 후 1987. 10. 5경 甲이 B로부터 인접 토지인 Y대지를 매수하여 甲도 그 무렵부터 X대지를 통로로 이용해 왔다. 그런데 甲은 그 지역권을 등기하지 않았다. 한편 X대지는 乙이 A로부터 매수하여 1988. 3. 30. 소유권이전등기까지 마쳤다. 甲은 지역권을 취득할 수 있는가?

여기서 B는 적어도 1986. 12경 자기가 소유하던 Y대지의 통로로 사용하기 위하여 X대지상에 통행지역권을 시효취득함으로써 통행지역권을 완성하였다고 할 수 있다. 그러나 민법 제294조에 의하여 지역권은 계속되고 표현된 것에 한하여 같은 법 제245조의 규정을 준용하게 되어 있으므로 지역권을 시효취득한 자는 등기함으로써 그 지역권을 취득하는 것이라 보아야 할 것인데, 甲은 그 지역권을 등기한바 없고 X대지는 乙이 매수하여 1988. 3. 20. 소유권이전등기까지 마쳤으므로 甲이 지역권을 승계취득하였다고 하더라도 甲은 乙에 대하여 이를 주장할 수 없다.

지역권이란 일정한 목적을 위하여 타인의 토지(승역지)를 자기의 토지(요약지)의 편익을 위하여 이용하는 물권이다(제291조). 이는 통행지역권·인수지역권·관망지역권·전선로부설지역권 등이 있다. 지역권의 존족기간은 당사자가 약정할 수 있으나 연구적으로 가능하다.

---

26) 대법원 2017. 1. 19. 선고 2013다17292 판결.

7. 전세권

사례연구

[전세권]

甲은 乙을 위하여 자기의 건물에 대해 전세권을 설정하여 주었다.

1) 乙은 자신의 전세권에 관하여 丙을 위하여 저당권을 설정하여 주었다. 전세권이 기간만료로 소멸되면 甲은 乙과 丙 가운데 누구에 대하여 전세금반환의무를 부담하는가?
2) 甲이 전세권의 목적이 된 그 건물을 丁에게 양도한 경우 전세금반환의무자는 누구인가?

1) 전세권을 목적물로 하는 저당권의 설정은 甲의 의사와는 상관없이 乙의 동의만 있으면 가능한 것이고, 원래 전세권에 있어 甲이 부담하는 전세금반환의무는 전세금반환채권에 대한 제3자의 압류 등이 없는 한 乙에 대해 전세금을 지급함으로써 그 의무이행을 다할 뿐이라는 점에 비추어 볼 때 甲은 乙에 대해서만 전세금반환의무를 부담한다.
2) 민법이 전세권 관계로부터 생기는 상환청구, 소멸청구, 갱신청구, 전세금증감청구, 원상회복, 매수청구 등의 법률관계의 당사자로 규정하고 있는 전세권설정자 또는 소유자는 모두 丁이라고 해석된다. 전세권은 전세금이 존재하지 않으면 독립하여 존재할 수 없는 용익물권으로서 전세금은 전세권과 분리될 수 없는 요소이므로 전세금 채권관계만이 따로 분리되어 甲과 사이에 남아있다고 할 수는 없다. 그러므로 전세금반환의무자는 丁이다.

전세권은 전세금을 지급하고 타인의 부동산을 점유하여 그 부동산의 용도에 좇아 사용·수익하고, 전세권이 소멸할 때 그 부동산을 반환하고 그 부동산 전부에 대하여 후순위권리자 기타 채권자보다 전세금의 우선변제를 받을 것을 내용으로 하는 용익물권이다(제303조). 전세권자는 용익물권성의 **우선변제권**(제303조 1항)과 담보물권성의 **담보적 성격**도 가지고 있다. **전세금**의 지급은 전세권의 성립요소로서 금전에 한하며 전세금액은 이를 **등기**해야 한다(부동산등기법 제139조 1항). 전세금의 증액청구는 약정전세금의 20분의 1을 초과하지 못한다(민법 제312조의2, 주택임대차보호법 시행령 제2조 1항). 이 증감청구권은 형성권이다.

8. 유치권

사례연구

[유치권]

乙은 甲으로부터 임차 중인 승용차가 고장이 나자 丙에게 수리를 의뢰하였다.

1) 甲이 丙에게 와서 자기소유의 자동차의 반환을 요구한 경우에 丙은 甲의 반환청구에 응해야 하는가? 丙이 승용차의 주인을 乙로 믿은 경우와 제3자로 믿는 경우에 결론은 다른가?
2) 丙이 승용차의 수리대금을 받기 위한 수단은 무엇인가? 乙에게 승용차를 인도한 경우와 甲에게 승용차를 인도한 경우는 어떠한가?
3) 丙이 乙이 방치한 승용차를 乙의 의뢰 없이 수리하여 보관하고 있는 경우라면 甲·丙 사이의 법률관계는 어떠한가?

丙이 乙의 의뢰를 받아서 수리를 한 경우에 丙은 수리비채권을 가지고 승용차에 대해 유치권을 행사할 수 있다. 이 경우 유치권행사의 상대방을 乙뿐만 아니라 소유자인 甲도 된다. 이때 丙은 유치권의 효력으로서 채권을 변제받을 때까지 목적물을 점유할 수 있고, 경매권과 간이변제충당권(목적물의 가치가 적어서 직접 변제에 충당)이 인정되고, 채무자가 파산을 한 경우에는 별제권(다른 채권자보다 우선하여 변제받을 권리) 우선변제도 인정된다.

그러나 丙이 의뢰 없이 무단으로 승용차를 수리하여 보관하고 있는 경우라면 수리비채권에 대해 유치권은 성립하지 않는다. 이 경우는 고장 난 승용차의 수리로 소유자인 甲이 부당이득을 얻었으므로 부당이득반환청구권 문제만이 생긴 것이다. 또 丙은 사무관리(법률상 의무 없이 타인을 위하여 그 사무를 관리하는 행위)를 주장하여 甲에게 수리비용의 반환을 청구할 수 있다.

유치권이란 타인의 물건을 점유하고 있는 자가 그 물건에 관해서 생긴 채권을 가지는 경우에 그 변제를 받을 때까지 그 물건을 유치할 수 있는 법정담보물권이다(제320조). 가령 자동차를 수리한 카센타 주인은 수리비의 지불을 받을 때까지 자동차를 반환하지 않겠다고 항변할 수 있다. 자동차를 유치함으로써 채무자의 변제를 간접적으로 강제할 수 있기 때문이다. 유치권에 있어서 채권의 담보는 누구에게나 인도를 거절함으로써 간접적으로 실현되는 것이므로 **우선변제적 효력**이 없어 **물상대위성**도 없다.

기초공사·벽체공사, 옥상스라브 공사만이 완공된 건물에 전세금을 지급하고 입주한 후 소유자와 사이에 위 건물을 매수하기로 합의하여 자기 자금으로 미완성 부분을 완성한 자는 위 건물에 들인 금액 상당의 변제를 받을 때까지 위 건물의 제3취득자에 대하여 유치권을 행사할 수 있다.[27] 임대인과 임차인 사이에 건물명도 시에 권리금을 반환하기로 하는 약정이 있었다 하더라도, 그와 같은 권리금반환청구권은 건물에 관하여 생긴 채권이라 할 수 없으므로, 그와 같은 채권을 가지고 건물에 대한 유치권을 행사할 수 없다.[28] 건물의 임차인이 임대차 관계 종료 시에는 건물을 **원상**으로 복구하여 임대인에게 명도하기로 약정한 것은, 건물에 지출한 각종 **유익비** 또는 **필요비**의 상환청구권을 **미리 포기**하기로 한 취지의 **특약**이라고 볼 수 있어 임차인은 유치권을 주장할 수 없다.[29]

9. 저당권

사례연구

[저당권]

甲이 乙에 대한 3천만원의 채권에 관하여 X토지(시가 3천만원), Y토지(시가 2천만원), Z토지(시가 1천만원) 위에 공동저당권을 설정받았다. 그 후 A는 乙에 대한 1천500만원의 채권에 관하여 X토지 위에, B는 1천만원의 채권에 관하여 Y토지 위에, C는 500만원의 채권에 관하여 Z토지 위에 각각 2번 저당권을 설정받았다. 이 경우 甲이 X·Y·Z의 토지에 대해 저당권을 실행하여 동시에 배당할 경우의 법률관계는 어떠한가? 만약 甲이 X토지에 대해서만 경매를 신청하여 배당받았다면 그 법률관계는 어떠한가?

채권자 甲이 공동저당목적물의 경매를 동시에 실행했다면, 甲의 채권 3천만원만을 X·Y·Z의 토지에 각각 1천500만원, 1천만원, 500만원으로 배분한다. 그리고 X토지의 경락대금 잔액 1천500만원은 A에게, Y토지의 경락대금 잔액 1천만원은 B에게, Z토지의 경락대금 잔액 500만원은 C에게 배분한다. 다른 시기에 배당이 된 경우에는, 甲이 X토지로부터 3천만월을 전액변제 받았다면 X토지의 후순위저당권자 A는 甲이 다른 공동저당목적토지로부터 동시배당의 경우에 변제받을 금액의 한도에서 甲을 대위하여 그 저당권을 실행할 수 있다. 따라서 A는 Y토지에서 1천만원, Z토지에서 500만원의 한도에서 甲의 저당권을 대위할 수 있다.

---

27) 대법원 1967. 11. 28. 선고 66다2111 판결.
28) 대법원 1994. 10. 14. 선고 93다62119 판결.
29) 대법원 1975. 4. 22. 선고 74다2188 판결.

저당권은 채무자 또는 제3자가 점유를 이전하지 아니하고 채무의 담보로 제공한 부동산 기타 목적물에 대하여 우선변제를 받을 권리를 가지는 담보물권을 말한다(제356조). 저당권자는 피담보채권의 채권자에 한한다. 다만 채권자·채무자·제3자 사이에 합의가 있으면 유효하다.[30] 근저당은 계속적 거래관계로부터 생기는 다수의 불특정 채무를 장래의 결산기에 있어서 일정한 한도까지 담보하는 저당권이다(제357조). 가령 A 전자제품 대리점은 B 전자주식회사로부터 제품을 계속적으로 납품받아 판매하려고 할 때 제품대금은 매월말마다 일괄하여 지급하기로 하였다. 그리고 이러한 금전채무를 담보하기 위하여 대리점의 건물에 근저당권을 설정하기로 한 경우이다.

근저당권은 장래의 증감 변동하는 불특정의 채권을 담보하므로 피담보채권이 일시 소멸하더라도 근저당권을 소멸하지 않는다. 최근 부동산담보권 설정에서 주로 행하여진다. 토지임대인이 변제기를 경과한 최후 2년의 차임채권에 의하여 그 지상에 있는 임차인 소유의 건물을 압류한 때에는 저당권과 동일한 효력이 있다(제649조).

10. 명의신탁

사례연구

[명의신탁]

乙은 甲소유의 토지를 매수하기로 하였으나 세금을 회피하기 위하여 丙에게 부동산 매수에 대한 사무를 위임하고 부동산계약과 명의도 丙의 이름으로 하기로 하였다. 丙은 토지의 소유자인 甲과 매매계약체결을 한 후 자신의 명의로 등기를 경료하였다. 몇 년 후 乙이 丙에게 부동산소유권의 이전을 요구하였으나 丙은 이를 거부하고 丁에게 매도하였다. 이때 甲·乙·丙 사이의 법률관계는 어떻게 되는가?

부동산 실권리자 명의등기에 관한 법률의 시행으로 명의신탁계약은 무효이다. 그러나 계약명의신탁인 경우에는 동법 제4조 2항 단서에 따라 매도인의 甲이 명의신탁 사실을 알았는지 여부가 법률관계에 중대한 영향을 미치게 된다. 계약명의신탁에 해당하는바 매도인 甲의 선의·악의를 나누어 보아야 한다. 매도인 甲이 선의인 경우, 수탁자 丙과의 계약은 유효하고 수탁자 丙과 신탁자 乙과는 매매대금에 관한 부당이득반환청구만 문제되고 丙의

30) 대법원 1995. 9. 26. 선고 94다33583 판결.

丁에 대한 처분행위도 유효하게 된다. 매도인 甲이 악의인 경우, 수탁자 丙과의 계약은 무효이고 소유권은 甲이 가지고 있으며, 이에 따라 丙의 丁에 대한 처분행위는 불법행위를 구성하게 된다. 이 경우에도 수탁자 丙과 신탁자 乙 사이에는 부당이득반환문제가 발생한다.

명의신탁이란 대내적으로는 실권리자가 관리·수익·처분 등 소유권을 가지면서 등기명의를 명의수탁자 앞으로 해 두는 것을 말한다. **명의신탁약정**은 부동산에 관한 소유권 기타 물권을 보유한 자 또는 사실상 취득하거나 취득하려고 하는 자가 타인과의 사이에 대내적으로 실권리자가 부동산에 관한 물권을 보유하거나 보유하기로 하고 그에 관한 등기는 그 타인의 명의로 하기로 하는 약정을 말한다(부동산실권자 명의등기에 관한 법률 제2조 1호). 부동산실명법은 명의신탁약정을 **무효**라고 명시하고 있다(동법 제4조 1항). 그에 따라 행해진 부동산물권변동 **등기**도 무효다(법 제4조 2항 본문). 다만 명의신탁약정과 등기의 무효는 제3자에게 대항하지 못한다(법 제4조 3항). 그러나 **종중** 외의 자 명의로 등기한 경우나 **배우자** 명의로 등기한 경우에는 조세포탈·강제집행의 면탈·법령상 제한 회피를 목적으로 하지 않는 경우에 한하여 명의신탁약정과 그에 따른 등기의 효력·과징금·이행강제금·벌칙 기존 명의신탁의 실명등기 의무위반시 효력의 규정이 배제된다(법 제8조).

[제 9 장]

임대차와 법률

제 9 장 임대차와 법률

Ⅰ. 민법상 임대차

1. 임대차의 성질

임대차는 임대인이 임차인에게 목적물(건물이나 토지 등)을 사용·수익하게 할 것을 약정(약속)하고, 임차인이 이에 대하여 차임(임대료)을 지급할 것을 약정함으로써 성립하는 계약이다(제618조). 임차인은 임대인에게 사용·수익의 차임을 지급하는 유상계약이나 만일 무상으로 빌리는 것이라면 **사용대차**(제609조)이다.

> **임대차와 시설대여(리스계약)의 구별**
>
> 시설대여(리스)는 시설대여회사가 대여시설 이용자가 선정한 특정 물건을 새로이 취득하거나 대여받아 그 물건에 대한 직접적인 유지, 관리책임을 지지 아니하면서 대여시설 이용자에게 일정 기간 사용케 하고 그 기간에 걸쳐 일정 대가를 정기적으로 분할하여 지급받으며 그 기간 종료 후의 물건의 처분에 관하여는 당사자간의 약정으로 정하는 계약으로서, 형식에서는 임대차계약과 유사하나 그 실질은 물적 금융이고 임대차계약과는 여러 가지 다른 특질이 있기 때문에 시설대여(리스)계약은 무명계약(민법에 규정이 없는 계약)이고 이에 대하여는 민법의 임대차에 관한 규정이 바로 적용되지는 아니한다.[1)]

임대차는 채권계약이며, 계속적 계약관계이므로 당사자의 신뢰 관계나 계약관계에 중대한 영향을 끼친다. 사정변경이 고려되어야 할 경우가 많다. 임대차의 목적물은 물건이므로 권리나 영업허가 등을 임대하는 것은 전형(민법전)계약으로서의 임대차는 아니다.

1) 대법원 1986. 8. 19. 선고 84다카503·504 판결.

2. 부동산임차권의 강화

임대차 중에서도 **부동산임대차**는 사회에서 널리 이용되나 채권에 불과하므로 임차인은 지상권자(타인의 토지에다 건물을 짓거나 나무를 심기 위해 설정 권리자)나 전세권자와 같은 물권자에 비해 상대적으로 열악한 지위에 놓이게 된다. 부동산임차권의 대항력 강화(민법 제621조 1항, 주택임대차보호법 제3조, 상가건물 임대차보호법 제3조), 임차권의 침해에 대한 배제청구, 임차권의 처분 가능성(제629조), 임차권의 존속보장(주택임대차보호법 제4조, 상가건물 임대차보호법 제9조) 등이 주로 논의된다.

등기된 임차권에는 용익권적 권능 외에 임차보증금반환채권에 대한 담보권적 권능이 있고, 임대차 기간이 종료되면 용익권적 권능은 임차권등기의 말소등기 없이도 곧바로 소멸하나 담보권적 권능은 곧바로 소멸하지 않는다고 할 것이어서, 임차권자는 임대차 기간이 종료한 후에도 임차보증금을 반환받기까지는 임대인이나 그 승계인에 대하여 임차권등기의 말소를 거부할 수 있다고 할 것이고, 따라서 임차권등기가 원인 없이 말소된 때에는 그 방해를 배제하기 위한 청구를 할 수 있다.[2)]

3. 임대차의 존속기간

당사자가 임대차 기간을 약정한 경우, 그 존속기간은 원칙적으로 **최장 20년**을 넘지 못한다(제651조 1항). 당사자가 이를 초과하는 기간을 약정한 경우에는 20년으로 단축된다(동조 1항 후단). 견고한 건물 기타 공작물의 소유를 목적으로 하는 토지 임대차나 식목·채염을 목적으로 하는 토지 임대차의 경우에는 20년이라는 최장기간이 제한을 받지 아니한다(제651조 1항 전단).

임대차는 처분행위가 아니므로 처분의 능력이나 권한이 없는 자도 임대차계약을 체결할 수 있다. 처분의 권한이 없어도 관리할 권한은 있는 자로는 **부재자재산관리인**(제25조)·권한이 정하여 있지 않은 **대리인**(제118조)·후견인(제946조·제950조)·상속재산관리인(제1023조·제1047조) 등이 있다.

임대차 기간이 만료된 후 임차인이 사용·수익을 계속하는 경우에 임대인

---

2) 대법원 2002. 2. 26. 선고 99다67079 판결.

이 상당한 기간 내에 이의를 하지 아니한 때에는 전임대차와 동일한 조건으로 다시 임대차한 것으로 본다(묵시의 갱신). 다만 당사자는 기간의 정함이 없는 경우와 같이 해지의 통고를 할 수 있다(제639조 1항). 임대차 기간의 약정이 없는 때에는 당사자는 언제든지 계약해지의 통고를 할 수 있다(제635조 1항). 토지·건물 기타 공작물에 대하여는 임대인이 해지를 통고한 경우에는 6월, 임차인이 해지를 통고한 경우에는 1월, 동산에 대하여는 5일이 경과하는 때에 해지의 효과가 있다(제635조 2항).

4. 임차인의 권리

임차인의 권리로서 가장 중요한 것은 **목적물의 사용·수익권**이다. 다만 임차인은 계약 또는 그 목적물의 성질에 의하여 정하여진 용법으로 이를 사용·수익하여야 한다(제654조·제610조 1항). 임차인이 이에 위반하여 생긴 손해에 대해서는 임대인이 목적물의 반환을 받을 날로부터 6개월 이내에 그 배상청구를 하여야 한다(제654조·제617조).

부동산임차인은 당사자간에 반대약정이 없으면 임대인에 대하여 그 임대차등기절차에 **협력**할 것을 청구할 수 있다(제621조 1항). 부동산임대차를 **등기**한 때에는 그 때부터 제3자에게 대하여 효력이 생긴다(제621조 2항). 건물의 소유를 목적으로 한 토지 임대차는 이를 등기하지 아니한 경우에도 임차인이 그 **지상건물**을 등기한 때에는 제3자에 대하여 임대차의 효력이 생긴다(제622조 1항). 다만 그 건물이 임대차 기간 만료 전에 **멸실** 또는 **훼손**한 때에는 그 대항력을 잃는다(제622조 2항).

임차인이 임차물의 보존에 관한 **필요비**를 지출한 때에는 임대차의 종료를 기다리지 않고 곧 임대인에 대하여 그 상환을 청구할 수 있다(제626조 1항). 필요비의 범위는 단순히 목적물 자체의 원상을 유지하거나 회복하는데 한하지 않는다. 목적물을 통상의 용도에 적합한 상태로 보존하기 위하여 지출한 비용도 포함된다.

임차인이 **유익비**를 지출한 경우에는 임대차가 종료한 때에 그 가액의 증가가 현저한 경우에 한하여 임차인이 지출한 금액이나 또는 그 증가액 중의 하나를 상환하여야 한다(제626조 2항). 임차인은 **비용상환청구권**에 관하여 **유치권**을 갖는다(제302조). 비용상환청구권의 규정은 강행규정이 아니다(제652조 참조).

건물 기타 공작물의 임차인이 그 사용의 편익을 위하여 임대인의 동의를 얻어 이에 부속하거나 또는 임대인으로부터 매수한 부속물이 있는 때에는 임대차의 종료시에 임대인에 대하여 그 **부속물매수청구권**을 행사할 수 있다(제646조). 이는 **형성권**이다. 건물임차인의 **채무불이행**으로 임대차가 종료된 경우에는 부속물매수청구권은 인정되지 않는다.[3] 임차인의 필요비·유익비의 상환청구권은 임대인이 목적물을 반환받은 날로부터 6개월 내에 행사하여야 한다(제654조·제617조).

5. 임차인의 의무

임대인은 임대차기간 중 목적물을 사용·수익하는 데 필요한 상태를 **유지**해줄 의무를 부담한다(제623조). 임대인의 수선을 필요로 하는지 여부는 임차인이 목적물을 사용·수익할 수 없는 상태가 생길 정도에 따라 정한다. 목적물에 파손 또는 장해가 생긴 경우, 임차인이 별 비용을 들이지 않고도 손쉽게 고칠 수 있을 정도의 사소한 것이어서 임차인의 사용·수익을 방해할 정도가 아닌 때에는 임대인은 **수선의무**를 부담하지 않는다.[4]

수선의무는 임대인의 책임 있는 사유로 임대물이 훼손된 경우뿐만 아니라 임대인에게 책임 없는 사유로 훼손된 경우에도 인정된다.[5] 임대인의 수선의무는 **특약**을 면제될 수 있다. 다만 특약에 의한 수선의무의 면제는 그 범위를 명시하는 등의 특별한 사정이 없는 한 소규모의 수선에 국한된다. 가령 대파손에 대한 수리, 건물의 주요부분에 대한 대수선, 기본적 설비부분의 교체 등과 같은 대규모의 수선은 이에 포함되지 않고 여전히 임대인이 그 수선의무를 부담한다.[6]

3) 대법원 1990. 1. 23. 선고 88다카7245·7252 판결.
4) 대법원 2004. 6. 10. 선고 2004다2151·2168 판결.
5) 대법원 2010. 4. 29. 선고 2009다96984 판결.
6) 대법원 2000. 3. 23. 선고 98두18053 판결.

임대인이 수선의무를 이행하지 않으면 계약의 **해지**할 수 있고 차임지급을 거절할 수 있다. 임차인이 임차목적물을 전혀 사용할 수 없는 경우에는 차임 전부의 지급을 거절할 수 있다. 사용·수익이 부분적으로 지장을 받고 있는 경우에는 그 지장의 한도 내에서 차임의 지급을 거절할 수 있다.[7] 임대인이 임대물의 보존에 필요한 수선을 하려고 하는 때에는 임차인은 이를 **거절**하지 못한다(제624조). 임대인이 임차인의 의사에 반하여 보존행위를 하고 임차인이 이로 인하여 임차의 목적을 달성할 수 없는 때에는 임차인은 계약을 해지할 수 있다(제625조).

6. 보증금의 반환청구

보증금이란 부동산, 특히 건물의 임대차계약에 있어서 임차인의 채무를 담보하기 위하여 임차인 또는 제3자가 임대인에게 교부하는 금전이나 그 밖의 유가물을 말한다. 임차인의 청구원인은 임대차계약을 체결하고 보증금을 지급한 사실과 임대차가 종료한 사실이 있는 경우에 임대차 종료를 원인으로 한 임대보증금반환을 구하는 경우에는 기간만료 또는 해지 원인 등을 밝혀야 한다. 임차인의 부대청구로는 지연손해금을 구하는 경우에는 임대목적물을 인도한 사실을 입증하여야 한다.

기간만료로 종료되었다는 임차인의 주장에 대하여, 임대차가 종료 후에도 목적물을 계속 사용·수익하였고, 종료 후 상당한 기간 내에 이의를 제기하지 않았다는 묵시의 갱신 항변이 필요하다. 다만, 주택임대차에서는 임차인만이 묵시의 갱신을 주장할 수 있다는 견해가 다수설이므로 주택임대인은 위 항변을 하지 못한다.

임차인이 반환을 구할 수 있는 보증금액은 목적물을 반환할 때까지의 연체차임과 관리비, 차임 상당의 부당이득금, 목적물의 훼손 등으로 인한 손해배상채무액 등을 공제한 잔액이므로, 임대인은 차임·관리비 약정 사실과 목적물 훼손사실 및 손해액을 주장·입증하여 공제 항변을 할 수 있다.

대항력 있는 주택임차인 또는 상가 임차인이라는 점과 임대차 목적물을

---

7) 대법원 1997. 4. 25. 선고 96다44778·44785 판결.

타에 양도하여 새로운 소유자가 임대인 지위를 승계하였다는 항변도 가능하다(주택임대차보호법 제3조 2항, 상가건물 임대차보호법 제3조 2항). 임대인의 보증금 반환 의무는 임차인의 목적물 반환 의무와 **동시이행관계**에 있다.[8] 임대차가 종료하였지만 임대인이 보증금을 반환하지 않아서 임차인이 임차목적물을 점유하면서 사용·수익한 경우 그 점유는 **불법점유**라 할 수 없어 그로 인한 손해배상책임을 지지 않는다. 다만 사용·수익으로 인하여 실질적으로 얻은 이익이 있으면 부당이득으로서 반환하여야 한다.[9] 이때 **부당이득**은 차임 상당액이다.[10] 반면에 임차인이 임대차계약 종료 후 동시이행의 항변권을 행사하면서 임대차건물을 계속 점유하였으나 본래의 용도대로 사용·수익하지 않은 때에는 실질적 이득을 얻고 있다고 할 수 없으므로, 임차인의 부당이득반환의무는 성립하지 않는다.[11]

II. 주택임대차

1. 대항력

주택임대차보호법상 **주택임대차**는 그 **등기**가 없는 경우에도 임차인이 **주택인도**와 **주민등록**을 마친 때에는 그 다음 날부터 제3자에게 효력이 생긴다(동법 제3조 1항). 즉 다음날 오전 0시부터 대항력이 생긴다.[12] 가령, 甲이 乙 소유의 주택에 관한 임대차계약에 따라 주택의 현관 열쇠를 넘겨받고(주택의 인도) 해당 주소지로 전입신고를 마쳤는데(주민등록), 며칠 후 乙이 그 주택을 丙에게 팔고 소유권이전등기를 마쳐주었더라도 甲은 丙에 대하여 乙과의 임대차계약에 따른 권리를 주장할 수 있다. 즉 丙은 계약기간 동안 甲에 대해서 주택을 비워 달라(주택의 인도)고 주장할 수 없으며, 임대차가 종료되면 甲은 乙에 대하여 보증금의 반환을 요구할 수 있다.

---

8) 대법원 2002. 2. 26. 선고 2001다77697 판결.
9) 대법원 1998. 7. 10. 선고 98다15545 판결.
10) 대법원 2001. 6. 1. 선고 99다60535 판결.
11) 대법원 2008. 4. 10. 선고 2007다76986·76993 판결.
12) 대법원 1999. 5. 25. 선고 99다77225 판결.

임차인이 **가족**과 함께 살면서 그 가족의 주민등록을 남겨둔 채 임차인만 일시적으로 주민등록을 다른 곳으로 옮긴 경우에도 그것은 종국적으로 주민등록의 이탈이라고 할 수 없으므로 대항력은 그대로 유지된다. 주민등록이라는 대항요건은 임차인 본인뿐만 아니라 그 배우자나 자녀 등 가족의 주민등록을 포함한다.[13]

주택의 인도와 주민등록이란 대항요건은 대항력의 취득시에만 일시적으로 구비하면 충분한 것이 아니다. 대항력의 유지를 위하여 **계속** 존속하여야 한다.[14] 다만 임대차가 종료된 후 보증금을 반환받지 못한 임차인이 임차주택의 소재지를 관할하는 법원에 **임차권등기명령**을 신청하여, 임차권등기명령의 집행에 따른 임차권등기를 마친 경우에는 대항요건(동법 제3조 1항)을 상실한 때에도 대항력은 상실하지 않는다(동법 제3조의3), 임대차의 존속기간이 종료된 후에 임차권등기를 마치지 않는 상태에서 주민등록을 이전하면 그 즉시 대항력을 상실한다.

사례연구

[가족 중 일부가 주민등록을 옮긴 경우에 대항력]

甲은 주택임대차계약을 체결하고 그의 배우자, 자녀들과 함께 입주하였으나 甲의 주민등록은 사업상의 필요에 의하여 다른 곳에 둔 채 그의 배우자만 주민등록전입신고를 하고 甲과 나머지 가족은 3개월 후에 전입신고를 하였다. 그런데 그 사이에 위 주택에 근저당권이 설정되었고 지금 경매절차가 진행 중에 있다. 甲은 경매절차의 매수인에게 주택임대차보호법상 대항력을 갖게 되는가?

주택임대차보호법 제3조 1항의 주민등록이라는 대항요건은 임차인 본인뿐만 아니라 그 배우자나 자녀 등 가족의 주민등록을 포함한다. 따라서 甲은 임차한 주택에 실제로 입주를 하였고 그의 배우자가 주민등록을 마쳤으므로 근저당권의 실행으로 위 주택을 경매절차에서 매수한 사람에 대하여 甲은 대항력을 주장할 수 있다(대법원 1996. 1. 26. 선고 95다30338 판결).

주민등록은 임대차를 **공시**하는 것인 만큼 주택이 서 있는 올바른 토지의

13) 대법원 1996. 1. 26. 선고 95다30338 판결; 대법원 1989. 1. 17. 선고 86다카143 판결.
14) 대법원 1998. 12. 11. 선고 98다34584 판결.

지번에 전입신고를 하여야 한다. 가령 실제 지번이 '산 53의6'이나 등기부상의 지번인 '산53'과 일치하지 않는 '53의6'에 주민등록을 한 경우에는 주민등록이 유효한 공시방법이 아니다.[15] 주민등록은 **등기부**상의 주택의 표시와 일치하여야 한다. 가령 부동산등기부상 동·호수 표시는 101동 403호인데 현관문 표시된 대로 101동 503호로 주민등록이 된 경우에는 주민등록을 공시방법으로서 유효하지 않다.[16]

사례연구

[현관문 표시대로 기재한 경우에 대항력]

乙은 甲 소유 연립주택을 전세보증금 5,000만원에 임차하여 입주와 주민등록을 마쳤으나 주민등록 전입신고시 현관문에 표시된 대로 1층 202호로 기재하였다. 그런데 이것은 지하층을 고려하여 202호로 해두었던 것이고 연립주택 등기부상은 1층 102호로 등기되어 있다. 이 경우 을은 주택임대차보호법상의 대항력을 취득하는가?

신축 중인 연립주택 중 1층 소재 주택의 임차인이 주민등록 이전시 잘못된 현관문의 표시대로 1층 202호라고 전입신고를 마쳤는데, 준공 후 그 주택이 공부상 1층 102호로 등재된 경우, 주택임대차보호법상의 대항력이 없다. 따라서 乙의 주민등록은 그 임차주택에 관한 임대차의 유효한 공시방법을 갖추었다고 볼 수 없으므로 乙은 주택임대차보호법상의 대항력을 주장할 수 없다(대법원 1995. 8. 11. 선고 95다177 판결).

주택의 임차인이 주택의 인도와 주민등록을 마친 때에는 그 다음 날부터 제3자에 대하여 효력이 생긴다. 대항력이 생긴 이후에 이해관계를 맺은 사람이 인도를 요구하여도 임차인은 그것을 거절하고 임차주택을 계속 사용·수익할 수 있다. 가령 임차인이 주택의 인도와 주민등록을 갖춘 후 임차주택에 대한 소유권을 취득한 사람에게 임차권을 주장할 수 있다. 대항력이 생기기 전에 이해관계를 맺은 사람에 대하여는 대항하지 못한다. 즉 임차주택에 저당권 설정등기[17] 또는 가압류등기[18]가 행하여진 뒤에 그 주택을 임차한 사람은 저

15) 대법원 2000. 6. 9. 선고 2000다8069 판결.
16) 대법원 1999. 4. 3. 선고 99다4207 판결.
17) 대법원 2000. 2. 11. 선고 99다59306 판결.
18) 대법원 1983. 4. 26. 선고 83다카116 판결.

장권실행 또는 가압류사건의 본안판결의 집행으로 그 부동산을 취득한 매수인(경락인)에게 임대차의 효력을 주장할 수 없다.

임차인이 대항력을 가지는 경우, 임차주택이 양도된 때에는 임차주택의 양수인(매매·증여·상속·경매 등으로 주택의 소유권을 취득한 사람)은 임대인의 지위를 승계한 것으로 본다(동법 제3조 4항). 가령 주택의 임차인이 제3자에 대한 대항력을 갖춘 후 임차주택의 소유권이 양도되어 그 양수인이 임대인의 지위를 승계한 경우, 임대차보증금의 반환채무자도 부동산의 소유권과 함께 일체로서 양수인에게 이전되며, 그에 따라 양도인의 임대인으로서의 지위나 보증금반환채무는 소멸한다.[19] 주택의 양수인이 임차인에게 임대차보증금을 반환하였더라도 이는 자신의 채무를 변제한 것에 불과하므로 주택의 양도인에게 보증금 상당액의 반환을 청구할 수 없다.[20]

경매목적 부동산이 매각된 경우에는 선순위 저당권보다 뒤에 등기되었거나 대항력을 갖춘 임차권은 소멸한다(동법 제3조의5 본문). 경매절차에서 주택의 소유권을 취득한 매수인은 주택임대차보호법상 임차주택의 양수인에 포함되지 않으므로 그 매수인에 대하여 임차권의 효력을 주장할 수 없다.[21] 반면에 임차인이 甲이 주택에 대하여 대항력을 갖춘 후에, 乙 이 주택에 근저당권을 취득한 다음 甲이 그 주택에 전세권등기를 하였는데 乙의 경매신청으로 주택이 丙에게 매각되어 甲의 전세권이 경매로 인하여 소멸한 경우에도 甲의 주택임차권의 대항력은 그대로 존속한다(동법 제3조의5 단서).

주택의 임차인이 제3자에 대하여 대항력을 구비한 후에 임대주택의 소유권이 양도된 경우에는 그 양수인이 임대인의 지위를 승계하게 되므로, 임대인의 임차보증금반환채무도 양수인에게 이전되는 것이다. 양수인이 임차보증금반환채무를 부담하게 된 이후에 임차인이 주민등록을 다른 곳으로 옮겼다 하여 이미 발생한 임차보증금반환채무가 소멸하는 것은 아니다.[22]

대항력을 갖춘 주택임차인이 임대인의 동의를 얻어 적법하게 임차권을 양도하거나 전대한 경우, 양수인이나 전차인이 인차인의 주민등록퇴거일로부

19) 대법원 1996. 2. 27. 선고 95다35616 판결.
20) 대법원 1993. 7. 16. 선고 93다17324 판결.
21) 대법원 2000. 2. 11. 선고 99다59306 판결.
22) 대법원 1993. 12. 7. 선고 93다36615 판결.

터 주민등록법상의 전입신고기간 내에 전입신고를 마치고 주택을 인도받아 점유를 계속하고 있다면, 비록 임차권의 양도나 전대에 의하여 임차권의 공시 방법인 점유와 주민등록이 변경되었더라도 원래의 임차인이 갖는 임차권의 대항력은 소멸되지 않고 동일성을 유지한 채로 존속한다.23)

사례연구

[매수인이 보증금을 지급한 경우]

丙은 강제경매절차에서 甲 소유의 주택을 매수하였는데, 주택에 거주하고 있는 임차인 乙이 주택임대차보호법상의 대항력을 갖추고 있었으므로 임차보증금을 지급하고 주택을 인도받았다. 이 경우 丙은 원래의 임대인 甲을 상대로 임차보증금 상당의 금액을 구상할 수 있는가?

주택의 임차인이 제3자에 대한 대항력을 구비한 후 임차주택의 소유권이 양도된 경우, 그 양수인이 임대인의 지위를 승계한다(동법 제3조 4항). 따라서 임차보증금반환채무는 주택의 소유권과 함께 양수인에게 이전하므로 양수인이 임차인에게 임차보증금을 반환하였더라도 이는 자신의 채무를 변제한 것에 불과하다. 그 결과 경매절차에서 주택을 매각받은 丙은 대항력 있는 임차인 乙에게 지급한 주택임차보증금에 대하여 원래의 임대인 甲에게 그 반환을 청구할 수 없다.

2. 존속보장

임대차기간을 정하지 않거나 2년 미만으로 정한 임대차는 그 기간을 **2년**으로 본다(주택임대차보호법 제4조 1항 본문). 다만 임차인은 2년 미만으로 정한 기간이 유효함을 주장할 수 있다(동법 제4조 1항 단서).

임대인은 임차인이 임대차기간이 끝나기 6개월 전부터 2개월 전까지의 기간 이내에 계약갱신을 요구할 경우 정당한 사유 없이 **거절**하지 못한다(동법 제6조의3 1항 본문). 다만 ① 임차인이 2기의 차임액에 해당하는 금액에 이르도록 차임을 연체한 사실이 있는 경우, ② 임차인이 거짓이나 그 밖의 부정한 방법으로 임차한 경우, ③ 서로 합의하여 임대인이 임차인에게 상당한 보상을 제공한 경우, ④ 임차인이 임대인의 동의 없이 목적 주택의 전부 또는 일부를

23) 대법원 1988. 4. 25 선고 87다카250 판결.

전대한 경우, ⑤ 임차인이 임차한 주택의 전부 또는 일부를 고의나 중대한 과실로 파손한 경우, ⑥ 임차인이 임차한 주택의 전부 또는 일부가 멸실되어 임대차의 목적을 달성하지 못할 경우, ⑦ 임대인이 임대차계약 체결 당시 공사시기 및 소유기간 등을 포함한 철거 또는 재건축 계획을 임차인에게 구체적으로 고지하고 그 계획에 따르는 경우나 건물이 노후·훼손 또는 일부 멸실되는 등 안전사고의 우려가 있는 경우, 다른 법령에 따라 철거 또는 재건축이 이루어지는 경우 등의 사유로 목적 주택의 전부는 대부분을 철거하거나 재건축하기 위하여 목적 주택의 점유를 회복할 필요가 있는 경우, ⑧ 임대인(직계존속·직계비속 등)이 목적 주택에 실제 거주하려는 경우, ⑨ 그 밖에 임차인이 임차인으로서의 의무를 현저히 위반하거나 임대차를 계속하기 어려운 중대한 사유가 있는 경우에는 갱신거절을 할 수 있다(동법 제6조의3 1항 단서).

임차인은 **계약갱신요구권**을 1회에 한하여 행사할 수 있다. 이 경우 갱신되는 임대차의 존속기간은 2년으로 본다(동법 제6조의2 2항). 갱신요구에 따라 갱신된 임대차에 대하여 임차인은 언제든지 임대인에게 계약해지를 통지할 수 있고, 이 경우 임대차의 해지는 임대인이 그 통지를 받은 날로부터 3개월이 지나면 그 효력이 발생한다(동법 제6조의3 4항). 갱신되는 임대차는 전 임대차와 동일한 조건으로 다시 계약된 것으로 본다. 다만 차임과 보증금은 제7조의 범위에서 증감할 수 있다(동법 제6조의3 3항).

임대인이 목적 주택에 실제 거주를 사유로(동법 제6조의3 1항 8호) 임차인의 갱신요구를 거절하였는데, 갱신요구가 거절되지 않았더라면 갱신되었을 기간이 만료되기 전에 정당한 사유 없이 제3자에게 목적 주택을 임대한 경우, 임대인은 갱신거절로 인하여 임차인이 입은 손해를 배상하여야 한다(동법 제6조의3 5항). 임대인의 손해배상액은 거절 당시 당사자 간에 손해배상액의 예정에 관한 합의가 있는 때에는 그 예정액으로 한다. 갱신거절 당시 손해배상액의 예정에 관한 합의가 없는 때에는 갱신거절 당시 월차임(차임 외에 보증금이 있는 경우에는 그 보증금을 제7조의2 각호 중 낮은 비율에 따라 월 단위의 차임으로 전환한 금액을 포함한다)의 3개월분에 해당하는 금액, 임대인이 제3자에게 임대하여 얻은 환산월차임과 갱신거절 당시 환산월차임 간 차액의 2년분에 해당하는 금액, 갱신거절로 인하여 임차인이 입은 손해액 중 큰 금액으로 한다(법 제

6조의3 6항).

임대인이 임대차기간이 끝나기 6개월 전부터 2개월 전까지의 기간에 임차인에게 갱신거절의 통지를 하지 않거나 계약조건을 변경하지 않으면 갱신하지 않는다는 뜻의 통지를 하지 않는 경우에는 그 기간이 끝난 때에 전 임대차와 동일한 조건으로 다시 임대차한 것으로 본다(동법 제6조 1항 전문). 임차인이 임대차기간이 끝나기 2개월 전까지 통지하지 않은 경우에도 또한 같다(동법 제6조 1항 후문). 그러나 묵시적 갱신은 2기분의 차임액 이르도록 연체하거나 그 밖에 임차인으로서의 의무를 현저히 위반한 때에는 인정되지 않는다(동법 제6조 3항).

묵시의 경신의 경우, 임대차의 존속기간은 2년으로 본다(동법 제6조 2항). 다만 임차인은 언제든지 임대인에게 계약해지를 통지할 수 있고 임대인이 그 통지를 받은 날부터 3개월이 지나면 해지의 효력이 발생한다(동법 제6조의2). 대항력과 우선변제권을 갖춘 임대차계약이 갱신된 경우에도 종전 보증금의 범위 내에서는 최초 임대차계약에 의한 대항력과 우선변제권이 그대로 유지된다.[24)]

3. 차임·보증금의 증감청구권

당사자는 약정한 차임(임차료)이나 보증금이 임차주택에 관한 조세, 공과금, 그 밖의 부담의 증감이나 경제사정의 변동으로 인하여 적절하지 않게 된 때에는 장래에 대하여 그 증감을 청구할 수 있다. 이 경우 증액청구는 임대차계약 또는 약정한 차임이나 보증금의 증액이 있는 후 1년 이내에는 하지 못한다(주택임대차보호법 제7조 1항). 그러나 '증액'의 경우에는 일정한 제한이 있다. 즉 증액청구는 약정한 차임이나 보증금의 20분의 1의 금액을 초과하지 못한다. 다만 특별시·광역시·특별자치시·도 및 특별자치도는 관한 구역 내의 지역별 임대차 시장 여건 등을 고려하여 약정한 차임이나 보증금의 20분의 1의 범위에서 증액청구의 상한을 조례로 달리 정할 수 있다(동법 제7조 1항). 한편 임차인이 증액비율을 초과하여 차임 또는 보증금을 지급한 경우에는 초과 지

24) 대법원 2012. 7. 12. 선고 2010다42990 판결.

급된 차임 또는 보증금 상당금액의 반환을 청구할 수 있다(동법 제10조의2). 차임·보증금 증감에 관한 규정(제7조)은 임대차계약의 존속 중 당사자 한쪽이 약정한 임차료 등의 증감을 청구한 때에 한하여 적용되고, 임대차계약이 종료된 후 재계약을 하거나 또는 임대차계약 종료 전이라도 당사자의 합의로 차임 등이 증액된 경우에는 적용되지 않는다.[25]

보증금의 전부 또는 일부를 월단위의 차임으로 전환하는 경우에는 그 전환되는 금액이 은행법에 의한 금융기관에서 적용하는 대출금리 및 대통령령이 정하는 비율(연 1할)을 곱한 월차임의 범위를 초과할 수 없다(동법 제7조의2, 시행령 제9조).

사례연구

[월차임 전환]

甲이 乙의 주택에서 보증금 5천만원으로 임차하여 살다가 乙월 요구로 월세로 전환하는 경우에 월 얼마의 임대료를 지급하여야 하는가?

월차임 전환 시 산정률의 제한은 보증금의 전부 또는 일부를 월 단위의 차임으로 전환되는 경우에는 그 전환되는 금액에(법 제7조의2) 연 1할(동 시행령 제9조)을 곱하여 계산한다. 따라서 5,000만원×0.1%÷12개월=41만6천원이다.[26]

4. 보증금의 우선변제권

주택임차인이 대항력을 위한 요건(주택인도와 주민등록)을 갖추고 임대차계약증서에 '확정일자'를 받은 경우, 민사집행법에 따른 경매 또는 국세징수법에 따른 공매를 할 때에 임차주택의 환가대금에서 후순위권리자나 그 밖의 채권자보다 우선하여 보증금을 변제받을 권리가 있다(동법 제3조의2 2항). 이는 주택임차인에게 부동산 담보권에 유사한 권리를 인정한다는 취지다. 따라서 대항요건과 확정일자를 갖춘 임차인들 상호간에는 대항요건과 확정일자를 최

25) 대법원 2002. 6. 28. 선고 2002다23482 판결.

26) 주택임대차보호법 시행령 제9조(월차임 전환 시 산정률) ① 법 제7조의2 제1호에서 "대통령령으로 정하는 비율"이란 연 1할을 말한다.

종적으로 갖춘 순서대로 우선변제 받을 순위를 정하게 된다.[27] 확정일자는 주택소재지의 읍·면사무소, 동 주민센터, 지방법원 또는 그 지원 등이 부여한다(동법 제3조의6). 확정일자를 갖춘 임차인에게 우선변제적 효력이 생기는 정확한 시기는 확정일자를 주택의 인도와 주민등록을 마친 같은 날 또는 그 이전에 갖춘 경우에는 대항력과 마찬가지로 주택의 인도와 주민등록을 마친 다음 날부터이다.[28] 대항력의 요건이 구비된 뒤에 확정일자를 받은 경우에는 확정일자를 받은 즉시 발생한다.[29]

주택임차인이 대항력과 확정일자를 갖춘 후에 임대차계약이 갱신되더라도 대항력과 확정일자를 갖춘 때를 기준으로 종전 임대차 내용에 따른 우선변제권을 행사할 수 있다.[30] 은행 등의 기관이 대항요건(법 제3조 1항)과 확정일자, 임차권등기명령 또는 건물임대차등기를 통해 보증금의 우선변제권을 취득한 임차인의 보증금반환채권을 계약을 양수한 경우에는 양수한 금액의 범위에서 우선변제권을 승계한다(동법 제3조의2 7항). 다만 우선변제권을 승계한 금융기관 등은 임차인이 대항요건을 상실한 경우, 임차권등기명령의 집행에 따른 임차권등기가 말소된 경우 또는 임대차등기(민법 제621조)가 말소된 경우에는 우선변제권을 행사할 수 없다(동법 제3조의2 8항).

사례연구

[근저당권자와 주택임차인의 배당순위]

甲은 乙의 주택을 보증금 1억원에 임차하여 입주하면서 같은 날 주민등록전입신고를 하고 확정일자를 받았다. 그런데 乙은 그 다음 날 丙은행으로부터 1억원을 대출받으면서 주택과 대지에 근저당권을 설정하였다. 그 후 乙이 丙은행의 대출금을 변제하지 않아서 丙은행이 주택과 대지에 대해 경매를 신청하여 丁에게 매각되었다. 이 경우 근저당권자 丙과 주택임차인 甲이 배당순위는 어떻게 되는가?

주택임대차보호법 제3조의 임차인이 주택의 인도와 주민등록을 마친 때에는 그 다음 날부터 제3자에 대하여 효력이 생긴다는 것은 다음 날 오전 0시부터 대항력이 생긴다는 의미다.

27) 대법원 2007. 11. 15. 선고 2007다45562 판결.
28) 대법원 1999. 3. 23. 선고 98다46938 판결.
29) 대법원 1992. 10. 13. 선고 92다30597 판결.
30) 대법원 1999. 5. 25. 선고 99다9981 판결.

주택임차인의 입주, 주민등록, 확정일자보다 근저당권자의 근저당권설정등기가 하루 늦은 경우 주택임차인이 우선하여 배당받는다(대법원 1999. 5. 25. 선고 99다9981 판결). 임차인 甲의 배당순위는 제3조의 요건을 갖춘 다음 날 오전 0시부터 발생하고 근저당권자인 丙의 배당순위는 설정일이다. 즉 甲이 위 요건을 갖춘 다음 날이 되므로 근저당권자 丙보다 임차인 甲이 선순위의 배당권자가 된다.

5. 임차권등기명령

임대차가 종료되더라도 보증금을 반환받지 못하면 임차인은 대항력과 우선변제권을 잃을 염려 때문에 이사를 해야 할 사정이 있어도 하지 못하게 된다. 주택임대차보호법은 이러한 임차인을 보호하기 위하여 임차권등기명령 제도를 마련하고 있다.

임대차가 끝난 후 보증금이 반환되지 않은 경우, 임차인은 신청서에 일정 사항을 적어 임차주택의 소재지를 관할하는 법원에 임차권등기명령을 신청할 수 있다(법 제3조의 1항). 임차권등기명령이 집행되어 임차권등기가 있게 되면 임차인은 대항력과 우선변제권을 취득한다(동법 제3조의3 5항). 다만 임차인이 임차권등기 이전에 이미 대항력이나 우선변제권을 취득한 경우에는 그 대항력이나 우선변제권은 그대로 유지되며, 임차권등기 이후에는 대항요건(주택의 인도와 주민등록)을 상실하더라도 이미 취득한 대항력이나 우선변제권을 상실하지 않는다(동법 제3조의3 5항 단서).

임차권등기명령에 의하여 임차권등기가 첫 경매개시결정등기 전에 마쳐진 경우, 주택임차인은 '저당권·전세권, 그 밖의 우선변제청구권으로서 첫 경매개시결정 등기 전에 등기되었고 매각으로 소멸하는 것을 가진 채권자'에 준하여(민사집행법 제148조 4호), 별도로 배당요구를 하지 않아도 당연히 배당받을 수 있다.[31] 물론 임차권등기명령에 의한 임차권등기가 첫 경매개시결정등기 후에 마쳐진 경우에는 임차인이 배당요구를 하여야 배당을 받을 수 있다(민사집행법 제148조 2호, 제88조 1항). 한편 임대인의 임대차보증금 반환의무는 임차권등기명령에 의한 임차인의 임차권등기 말소의무보다 먼저 이행되어야

31) 대법원 2005. 9. 15. 선고 2005다33039 판결.

할 의무이다.[32)]

6. 보증금 중 일정액의 보호

주택에 대한 경매신청의 등기 전에 임차인이 주택을 인도받고 주민등록을 마친 때(동법 제3조 1항)에는 임대차계약증서에 확정일자를 받지 않은 경우에도 보증금 중 일정액을 다른 담보권자보다 우선하여 변제받을 권리가 있다(동법 제8조 1항). 이는 임차보증금이 소액이라 하더라도 임차인에게는 큰 재산이므로 사회보장적 고려에서 인정한 것이다. 다만 보증금 중 일정액의 범위와 기분은 주택가액(대지의 가액 포함)의 2분의 1을 넘지 못한다(동법 제8조 3항 단서).

우선변제를 받을 수 있는 보증금 중 일정액의 범위(동법 제8조 3항, 동법 시행령 제10조 및 제11조)는 ① 서울특별시에서는 1억6천500만원 이하인 경우에 5천500만원, ② 수도권정비계획법에 따른 과밀억제권역(서울특별시 제외)·세종특별자치시·용인시·화성시·김포시에서는 1억4천500만원 이하인 경우에 4천800만원, ③ 광역시(과밀억제권역에 포함된 지역과 군지역 제외)·안산시·광주시·파주시·이천시·평택시에서는 보증금 8천500만원 이하인 경우에 2천800만원, ④ 그 밖의 지역에서는 보증금 7천500만원 이하인 경우에 2천500만원까지 대항력(주택의 인도와 주민등록전입신고)을 갖춘 경우에는 우선변제를 받을 수 있다. 처음 임대차계약을 체결할 당시에는 보증금액이 많아 소액임차인에 해당하지 않았지만 그 후 새로운 임대차계약에 의하여 정당하게 보증금을 감액하여 소액임차인에 해당된 경우에, 그 임대차계약이 무효라는 등의 특별한 사정이 없는 한 그러한 임차인은 소액임차인으로 보호받을 수 있다.[33)]

하나의 주택에 임차인이 2명 이상이고 그 각 보증금 중 일정액을 모두 합산한 금액이 주택가액의 2분의 1을 초과하는 경우에는 그 2분의 1에 해당하는 금액을 기준으로 각 임차인의 보증금에 비례하여 분할한다(동법 시행령 10조 3항). 한편 임차등기명령의 집행에 따른 임차권등기가 끝난 주택 또는 임차권등기가 된 주택을 그 등기 이후에 임차한 임차인에게는 소액보증금에 대한 우

32) 대법원 2005. 6. 9. 선고 2005다4529 판결.

33) 대법원 2008. 5. 15. 선고 2007다23203 판결.

선변제권이 인정되지 않는다(동법 제3조의3 6항, 제3조의4 1항).

사례연구

[소액임차인의 보호]

乙은 서울 소재 주택을 보증금 1억원에 임차하여 주민등록을 마치고 입주하여 거주하고 있다. 최근 등기부등본을 확인해보니 乙이 입주하기 전에 임차인 甲이 임차권등기명령에 의한 임차권등기를 해놓고 이사한 것을 알게 되었다. 지금 주택은 근저당권자에 의한 경매절차가 진행 중인데, 이 경우 乙은 주택임대차보호법상의 소액임차인으로서 보호받을 수 있는가?

임차권등기명령의 집행에 의한 임차권등기가 마쳐진 주택을 그 이후에 임차한 임차인은 소액보증금에 대하여 우선변제를 받을 권리가 없다(동법 제3조의3 6항). 주택임차권등기명령에 의하여 주택임차권등기를 마친 임차인을 보호하기 위하여 주택임차권등기가 마쳐진 주택에 대하여는 소액임차인의 최우선변제권을 인정하지 않고 있다. 그러므로 乙은 임차권등기명령의 집행에 의한 임차권등기가 된 주택을 임차하였으므로 소액임차인으로서의 최우선변제권을 행사할 수는 없다. 다만 확정일자를 갖추고 있는 경우에는 그 순위에 따라서 우선변제권을 행사할 수 있다.

7. 주택임대차계약의 신고

주택임대차계약 당사자는 보증금이 6천만원을 초과하거나 월차임이 30만원을 초과하는 주택임대차계약을 체결한 경우, 그 보증금 또는 차임 등을 임대차계약의 체결일부터 30일 이내에 주택소재지를 관할하는 신고관청에 공동으로 신고해야 한다(부동산거래 신고 등에 관한 법률 제6조의2, 동 시행령 제4조의3 1항). 임대차계약 당사자 중 한쪽이 신고를 거부하는 경우에는 다른 한쪽이 단독으로 신고할 수 있다(동법 제6조의5 2항). 다만 임차인이 주민등록법에 따라 전입신고를 하는 경우, 제1항에 따른 주택임대차계약 신고를 한 것으로 본다(동법 제6조의5 1항).

임대차계약 당사자가 주택임대차계약 체결을 신고한 후 해당 주택임대차계약의 보증금, 차임 등 임대차 가격이 변경되거나 임대차계약이 해제된 때에는 변경 또는 해제가 확정된 날부터 30일 이내에 해당 신고관청에 공동으로 신고해야 한다(동법 제6조의3 1항). 만일 임대차계약 당사자 중 한쪽이 신고를 거부하는 경우에는 다른 한쪽이 단독으로 신고할 수 있다(동법 제6조의3 3항). 신고의 접수를 완료한 때에는 주택임대차보호법 제3조의6 1항에 따른 확정일자를 부여한 것으로 본다(동법 제6조의5 3항). 단, 임대차계약서가 제출된 경우로 한정한다.

사례연구

[확정일자를 받은 경우]

甲이 A은행으로부터 1천만원을 융자받으면서 그의 X주택에 1번 저당권을 설정했다. 그 후 乙이 X주택에 보증금 5천만원을 주고 임차함과 동시에 전입신고를 했다. 한 달 후에 甲이 B은행으로부터 5천만원을 융자받으면서 2번 저당권을 설정했다. 그런데 甲이 B은행에 융자금을 받지 못해 X주택이 6천만원에 경락되었다. 이 경우에 경락대금은 누구에게 배당되는가? 만약 乙이 전입신과와 동시에 임대차계약서에 확정일자를 받았다면 어떠한가?

A은행이 1천만원을 먼저 배당받고 나머지 5천만원은 B은행이 배당받는다. 이 경우에 乙은 대항력을 상실하게 되어 임차주택에서 퇴거해야 한다. 만약 乙이 전입신고와 더불어 확정일자를 받았다면 A가 배당을 받을 후에 B보다 먼저 5천만원을 배당받을 수 있다.

III. 상가건물 임대차

1. 상가건물 임대차의 적용 범위

상가건물 임대차보호법은 보증금액이 ① 서울시에는 9억원 이하, ② 수도권정비계획법에 따른 과밀억제권역 및 부산광역시는 6억9천만원 이하, ③ 광역시·세종특별자치시·파주시·화성시·안산시·용인시·김포시·광주시는 5억원4천만원 이하, ④ 그 밖의 지역은 3억7천만원 이하인 상가임대차에 적용된다(동법 2조 1항, 시행령 2조 1항).

보증금액을 산정하면서 보증금 이외에 월차임이 있는 경우에는 월차임에 100을 곱한 금액을 보증금에 합산한다(시행령 제2조, 2항, 3항). 다만 제3자에 대한 대항력(법 제3조), 계약갱신요구권(법 제10조 1항, 2항, 3항 본문), 권리금(법

제10조의3~제10조의5), 차임연체와 해지(법 제10조의8)에 관하여 규정은 위 보증금액을 초과하는 상가 임대차에도 적용된다(법 제2조 3항).

2. 대항력

사례연구

[상가 임대차의 대항력]

甲은 乙 소유의 상가건물을 보증금 1억원, 임대차기간 2년으로 정하여 임차하고, 보증금을 모두 지급한 후 상가건물을 인도받아 스낵코너를 운영하면서 2020. 1. 10. 임대차계약서에 확정일자를 받고 2020. 1. 15. 상호를 '찜질여행스낵', 사업의 종류 및 종목을 '잡화소매업'으로 하는 사업자등록까지 마쳤다. 乙은 丙은행으로부터 1억원을 대출받으면서 2020. 3. 10. 그 상가건물에 채권최고액 1억2천만원으로 하는 근저당권을 설정해 주었다. 한편 甲은 乙의 동의를 얻어 2020. 10. 30. 丁에게 상가건물을 전대, 인도해 주고 자신의 스낵코너 영업을 그만두었고 현재 丁이 사업자등록을 하지 않은 채 스낵코너를 운영하면서 甲에게 차임 월 100만원을 지급하고 있다. 그런데 乙이 丙에게 채무를 변재하지 않자 丙의 경매신청으로 상가건물이 戊에게 매각되었다. 이 경우 丁은 戊에게 상가임대차의 효력을 주장할 수 있는가?

상가건물 임차인이 임대차보증금 반환채권에 대하여 대항력과 우선변제권을 가지려면 임대차의 목적인 상가건물의 인도 및 부가가치세법 등에 의한 사업자등록을 구비하고 관할 세무서장으로부터 확정일자를 받아야 한다. 상가건물을 임차하고 사업자등록을 마친 사업자가 임차 건물의 전대차 등으로 해당 사업을 개시하지 않거나 사실상 폐업한 경우에는 그 사업자등록을 부가가치세법 및 상가건물임대차보호법이 상가임대차의 공시방법으로 요구하는 적법한 사업자등록이라고 볼 수 없다. 이 경우 임차인이 상가건물임대차보호법상의 대항력 및 우선변제권을 유지하기 위해서는 건물을 직접 점유하면서 사업을 운영하는 전차인이 그 명의로 사업자등록을 하여야 한다(대법원 2006. 1. 13. 선고 2005다64002 판결).

따라서 丁이 자신의 명의로 상가건물에 대하여 사업자등록을 하지 않았고 경매로 임차건물이 매각되면 임차권은 소멸하므로(법 제8조), 丁은 경매로 상가건물의 소유권을 취득한 戊에 대하여 임대차의 효력을 주장할 수 없다.

상가임대차는 그 등기가 없는 경우에도 임차인이 '건물의 인도'와 부가가치세법, 소득세법 또는 법인세법에 따른 '사업자등록을 신청'하면 그 다음 날부터 제3자에 대하여 효력이 생긴다(제3조 1항). 사업자등록은 거래의 안전을 위하여 임대차의 존재와 내용을 제3자가 명백히 인식할 수 있게 하는 공시방법으로 마련된 것이다. 사용자등록이 어떤 임대차를 공시하는 효력이 있는지는 일반 사회통념상 사업자등록을 통해 건물에 관한 임대차의 존재와 내용을 인식할 수 있는가에 따라 판단하여야 한다.[34] 임차건물의 양수인(증여·매매·상속·경매 등으로 상가건물의 소유권을 취득한 사람)은 임대인의 지위를 승계한 것으로 본다(동법 제3조 2항).

3. 보증금의 회수

상가임차인이 건물의 인도 및 사업자등록을 갖추고(동법 제3조 1항) 관할 세무서장으로부터 임대차계약서상의 확정일자를 받으면 임차인은 민사집행법에 따른 경매 또는 국세징수법에 따른 공매를 할 때 임차건물(임대인 소유의 대지 포함)의 환가대금에서 **후순위권리자**나 그 밖의 채권자보다 **우선**하여 보증금을 변제받을 권리가 있다(법 제5조 2항). 임차인이 임차건물을 양수인에게 인도하지 않으면 보증금을 받을 수 없다(법 제5조 3항).

4. 임차권등기명령

임대차가 종료된 후 보증금이 반환되지 아니한 경우, 임차인은 임차건물의 소재지를 관할하는 지방법원 등에 임차권등기명령을 신청할 수 있다(동법 제6조 1항). 임차권등기명령의 집행에 따른 임차권등기를 마치면 임차인은 **대항력**(법 제3조 1항)과 **우선변제권**(법 제5조 2항)을 취득한다. 다만 임차인이 임차권등기 이전에 이미 대항력 또는 우선변제권을 취득한 경우에는 그 대항력 또는 우선변제권이 그대로 **유지**된다. 임차권등기 이후에는 대항요건(건물의 인도와 사업자등록)을 상실하더라도 이미 취득한 대항력 또는 우선변제권을 상실하지 아니한다(법 제6조 1항).

임차권등기명령의 집행에 따른 임차권등기를 마친 건물(임대차의 목적이 건물의 일부분인 경우에는 해당 부분에 한한다) 또는 임차권등기(민법 제621조)가

34) 대법원 2016. 6. 9. 선고 2013다215676 판결.

된 건물을 그 등기 이후에 임차한 임차인은 보증금 중 일정액(제14조)을 다른 담보물권자보다 우선변제를 받을 권리가 없다(동법 제6조 6항, 제7조 1항).

5. 보증금 우선변제권의 승계

은행 등의 금융기관이 대항요건(법 제3조 1항)과 확정일자, 임차권등기명령 또는 건물임대차 등기를 통해 보증금의 우선변제권(법 제5조 2항, 제6조 5항, 제7조 1항) 취득한 임차인의 보증금반환채권을 계약으로 양수한 경우에는 양수한 금액의 범위에서 우선변제권을 승계한다(법 제5조 7항). 다만 우선변제권을 승계한 금융기관 등은 ① 임차인이 대항요건을 상실한 경우, ② 임차권등기명령의 집행에 따른 임차권등기가 말소된 경우, ③ 임차권등기(민법 제621조)가 말소된 경우에는 우선변제권을 행사할 수 없다(법 제5조 8항). 금융기관 등은 우선변제권을 행사하기 위해서는 임차인을 대리하거나 대위하여 임대차를 해지할 수 없다(법 제5조 9항).

6. 경매에 의한 임차권의 소멸 등

임차권은 임차건물에 대하여 민사집행법에 따른 경매가 실시된 경우에는 그 임차건물이 매각되면 소멸하지만 보증금이 전액 변제되지 아니한 대항력이 있는 임차권은 소멸하지 않는다(법 제8조).

7. 소액보증금 중 일정액의 우선변제권

임차인은 보증금 중 일정액을 다른 담보물권자보다 우선하여 변제받을 권리가 있다. 이 경우 임차인은 건물에 대한 '경매신청의 등기 전'에 상가를 인도받고 사업자등록을 하여야 한다(동법 제14조 1항).

우선변제를 받을 임차인 및 보증금 중 일정액의 범위는 임대건물가액(대지격 포함)의 2분의 1을 최고한도로 하여, 보증금액이 ① 서울시에서는 6천500만원 이하인 경우에 2천200만원까지, ② 수도권정비계획법에 따른 과밀억제권역은 5천500만원 이하인 경우에 1천900만원까지, ③ 광역시·안산시·용인시·

파주시·광주시는 3천800만원 이하인 경우에 1천300만원까지, ④ 그 밖의 지역은 3천만원 이하인 경우에 1천만원까지이다(법 제14조 3항, 시행령 6조, 제7조).

8. 임대차기간·계약갱신청구권 등

당사자가 임대차기간을 정하지 않거나 1년 미만으로 정한 경우에 그 기간을 1년으로 본다. 다만 임차인은 1년 미만으로 정한 기간이 유효함을 주장할 수 있다(동법 제9조 1항). 임대차가 종료한 경우에도 임차인이 보증금을 반환받을 때까지는 임대차관계는 존속하는 것으로 본다(동법 제9조 2항). 임차인의 차임연체액이 3기분의 차임액에 이른 때에는 임대인은 계약을 해지할 수 있다(법 제10조의8). 이는 보증액에 관계없이 모든 상가임대차에 적용된다(법 제2조 3항).

임대인은 임차인이 **임대차기간**이 만료되기 6개월 전부터 1개월 전까지 사이에 계약갱신을 요구할 경우 정당한 사유 없이 거절하지 못한다. 다만 ① 임차인이 3기의 차임액에 해당하는 금액에 이르도록 차임을 연체한 사실이 있는 경우, ② 임차인이 거짓이나 그 밖의 부정한 방법으로 임차한 경우, ③ 서로 합의하여 임대인이 임차인에게 상당한 보상을 제공한 경우, ④ 임차인이 임대인의 동의 없이 목적 건물의 전부 또는 일부를 전대한 경우, ⑤ 임차인이 임차한 건물의 전부 또는 일부를 고의나 중대한 과실로 파손한 경우, ⑥ 임차한 건물의 전부 또는 일부가 멸실되어 임대차의 목적을 달성하지 못할 경우, ⑦ 임대인이 임대차계약 체결 당시 공사 시기 및 소요 기간 등을 포함한 철거 또는 재건축 계획을 임차인에게 구체적으로 고지하고 그 계획에 따르는 경우나 건물이 노후·훼손 또는 일부 멸실 되는 등 안전사고의 우려가 있는 경우와 다른 법령에 따라 철거 또는 재건축이 이루어지는 경우의 사유로 목적 건물의 전부 또는 대부분을 철거하거나 재건축하기 위하여 목적 건물의 점유를 회복할 필요가 있는 경우, ⑧ 그 밖에 임차인이 임차인으로서의 의무를 현저히 위반하거나 임대차를 계속하기 어려운 중대한 사유가 있는 경우에는 계약갱신을 거절할 수 있다(동법 제10조 1항).

임차인의 **계약갱신요구권**은 최초의 임대차기간을 포함한 전체 임대차 기간이 10년을 초과하지 않는 범위 내에서만 행사할 수 있다(법 제10조 2항). 갱신되는 임대차는 전 임대차와 동일한 조건으로 다시 계약된 것으로 본다(**묵시의 갱신**). 다만 차임 또는 보증금의 증액청구는 차임 또는 보증금의 100분의 5의 금액을 초과하지 못한다(시행령 4조). 차임의 증액이 있은 후 1년 이내에서는 하지 못한다(법 제10조 3항). 계약갱신요구권은 법령이 정하는 보증금액을 초과하는 상가임대차에도 인정된다(동법 제2조 3항). 보증금액과 무관하게 전체 임대차기간이 10년을 초과하지 않는 범위 내에서 임차인의 계약갱신청구권이 인정된다(법 제10조 1항, 2항, 3항 본문).

임대인이 임대차 기간이 만료되기 6개월 전부터 1개월 전까지 사이에 임차인에게 갱신 거절의 통지 또는 조건 변경의 통지를 하지 않은 경우에는 그 기간이 만료된 때에 전 임대차와 동일한 조건으로 다시 임대차한 것으로 본다. 이 경우 임대차의 존속기간은 1년으로 본다(법 제10조 4항). 이것은 임대차 갱신제도와는 그 취지와 내용을 달리하므로 임차인의 갱신 요구권에 관하여 전체 임대차기간을 10년으로 제한하는 제10조 2항은 묵시적 갱신에 적용되지 않는다. 임차인은 언제든지 임대인에게 계약해지를 통지할 수 있고 임대인이 통지를 받은 날부터 3개월이 지나면 효력이 생긴다(법 제10조 5항).

9. 권리금

사례연구

[권리금]

甲은 乙에게 지하실을 3년 기한으로 얻어 카페를 차리며 시설비, 광고비 등으로 상당한 돈을 들였다. 甲은 열심히 경영하여 성업 중이었으나 건강이 나빠 도저히 이를 계속할 수 없게 되었다. 그래서 카페를 丙에게 넘기고 권리금 1억원까지 받았다. 기한이 되어 乙은 丙에게 지하실을 내놓으라고 한다. 丙은 권리금을 받을 수 있는가?

丙이 甲에게 지급한 권리금 1억원은 乙에게 반환 청구할 수 없다. 임대차관계가 종료된 경우에 임차인 乙은 물론 甲으로부터 임차권을 양수받은 丙은 甲에게 권리금의 반환을 청구할 수 없다.

권리금이란 임대차 목적물인 상가건물에 영업을 하는 사람 또는 영업을 하려는 사람이 영업시설·비품·거래처, 신용, 영업상의 노하우, 상가건물의 위치에 따른 영업상의 이점 등 유형·무형의 재산적 가치의 양도 또는 이용대가로서 임대인, 임차인에게 보증금과 차임 이외에 지급하는 금전 등의 대가를 말한다(동법 제10조의3 1항).

영업용 건물의 임대차에 수반되어 행하여지는 권리금의 지급은 임대차계약의 내용을 이루는 것은 아니다.[35] **권리금 계약**이란 신규임차인이 되려는 사람이 임차인에게 권리금을 지급하기로 하는 계약을 말한다(동법 제10조의3 2항). 권리금 계약은 임대차계약이나 임차권양도계약 등에 수반되어 체결되지만 임대차계약 등과는 별개의 계약이다.[36]

권리금은 임대차 목적물이 가지는 장소적 이익이나 특정 점포의 영업상의 명성등의 대가로서 지급되는 것이기 때문에 임대차가 종료된 때에 그 반환을 청구할 수 없다. 임차인이 권리금을 임대인에게 지급한 경우, 그 유형·무형의 재산적 가치의 양수 또는 약정기간 동안의 이용이 유효하게 이루어진 이상 임대인은 권리금의 반환의무를 지지 않으며, 임차인은 새로운 임차인으로부터 회수할 수 있을 뿐이다.[37] 다만 임대인이 임대차의 종료에 즈음에 그 재산적 가치를 다시 양수한다든지 권리금 수수 후 일정한 기간 이상 임대차를 존속시켜 그 가치를 이용하기로 약정하였는데, 임대인의 사정으로 중도 해지되어 약정기간 동안 그 재산적 가치를 이용케 해주지 못하였다는 등의 특별한 사정이 있을 경우에는 임대인은 권리금 전부 또는 일부의 반환의무를 진다.[38]

임대인은 임차인의 계약갱신 요구를 거절할 수 있는 사유(동법 제10조 1항)가 있는 경우를 제외하고는 임대차기간이 끝나기 6개월 전부터 임대차가 종료할 때까지 다음과 같은 행위를 함으로써 권리금 계약에 따라 임차인이 신규임차인이 되려는 사람으로부터 권리금을 지급받는 것을 방해하여서는 안된다. ① 임차인이 주선한 신규임차인이 되려는 사람에게 권리금을 요구하거나 임차인이 주선한 신규임차인이 되려는 사람으로부터 권리금을 받는 행위, ②

35) 대법원 2008. 4. 10. 선고 2007다76986·7693 판결.
36) 대법원 2013. 5. 9. 선고 2012다115120 판결.
37) 대법원 2002. 7. 26. 선고 2002다25013 판결.
38) 대법원 2008. 4. 10. 선고 2007다76986·76993 판결.

임차인이 주선한 신규임차인이 되려는 사람으로 하여금 임차인에게 권리금을 지급하지 못하게 하는 행위, ③ 임차인이 주선한 신규임차인이 되려는 사람에게 상가건물에 관한 조세, 공과금, 주변 상가건물의 차임 및 보증금, 그 밖의 부담에 따른 금액에 비추어 현저히 고액의 차임과 보증금을 요구하는 행위, ④ 그 밖에 정당한 사유 없이 임대인이 임차인이 주선한 신규임차인이 되려는 사람과 임대차계약의 체결을 거절하는 행위 등이다(동법 제10조의4 1항). 다만 ① 임차인이 주선한 신규임차인이 되려는 사람이 보증금 또는 차임을 지급할 자력이 없는 경우, ② 임차인이 주선한 신규임차인이 되려는 사람이 임차인의 의무를 위반할 우려가 있거나 그 밖에 임대차를 유지하기 어려운 상당한 사유가 있는 경우, ③ 임대차 목적물인 상가건물을 1년 6개월 이상 영리목적으로 사용하지 아니한 경우, ④ 임대인이 선택한 신규임차인이 임차인과 권리금 계약을 체결하고 그 권리금을 지급한 경우에는 임대인이 임차인이 주선한 신규임차인이 되려는 사람과 임대차계약의 체결을 거절할 수 있다(법 제10조의4 2항).

임대인이 권리금 회수기회 보호에 관한 규정을 위반하여 임차인에게 손해를 발생하게 한 때에는 그 손해를 배상할 책임이 있다. 이 경우 그 손해배상액은 신규임차인이 임차인에게 지급하기로 한 권리금과 임대차 종료 당시의 권리금 중 낮은 금액을 넘지 못한다(법 제10조의4 3항). 이러한 임차인의 임대인에 대한 손해배상청구권은 임대차가 종료한 날부터 3년 이내에 행사하지 않으면 시효의 완성으로 소멸한다(법 제10조의4 4항). 임차인은 임대인에게 자신이 주선한 신규임차인이 되려는 사람의 보증금 및 차임을 지급할 자력 또는 그 밖에 임차인의 의무를 이행할 의사 및 능력에 관하여 자신이 알고 있는 정보를 제공하여야 한다(법 제10조의4 5항).

10. 차임·보증금의 증감청구권

사례연구

[차임증액 청구]

甲은 자신의 상가건물을 임대차보증금 5천만원, 임대차기간 2015. 3. 1부터 2022.

2. 28까지, 월 차임 100만원으로 정하여 乙과 임대차계약을 체결하면서, 甲이 일방적으로 차임을 인상할 수 있고 乙은 이의를 할 수 없다고 약정하였다. 임대인 甲이 일방적으로 차임을 인상할 수 있다는 약정은 유효한 것인가?

상가건물임대계약에 있어서 임대차기간 중에 당사자의 한쪽이 차임을 변경하고자 할 때에는 상대방의 동의를 얻어야 하고 그 동의가 없는 경우에는 상가건물임대차보호법 제11조에 의하여 차임의 증감을 청구하여야 한다.

임대인이 일방적으로 차임을 인상할 수 있고 상대방은 이의를 할 수 없다고 약정하였다 하더라도 이는 편면적 강행규정인 법 제11조에 위반한 약정으로서 임차인에게 불리한 것이므로 효력이 없다(법 제15조).

약정한 차임 또는 보증금이 임차건물에 관한 조세공과금·그 밖의 부담의 증감이나 감염병의 예방 및 관리에 관한 법률에 따른 제1급 감염병 등에 의한 경제사정의 변동으로 인하여 상당하지 않게 된 경우에는 당사자는 장래의 차임 또는 보증금에 대하여 증감을 청구할 수 있다(법 제11조 1항 본문). 그러나 ① 차임 또는 보증금을 증액하는 경우, 청구 당시의 차임·보증금의 100분의 5의 금액을 초과하지 못한다(법 제11조 1항 단서, 시행령 제4조). ② 증액청구는 임대차계약 또는 약정한 차임 등의 증액이 있은 후 1년 이내에는 이를 하지 못한다(법 제11조 2항). 이를 초과하여 지급하기로 하는 차임 등에 관한 약정은 증액비율을 초과하는 범위 내에서 무효이고(법 제15조), 임차인은 초과 지급된 차임 등에 대해 부당이득으로 반환을 청구할 수 있다.[39)]

차임·보증금의 증감청구에 관한 규정(법 제11조)은 임대차계약의 존속 중 당사자 한쪽이 약정한 차임 등의 증감을 청구한 경우에 한하여 적용된다. 임대차계약이 종료한 후 재계약을 하거나 임대차계약 종료 전이라도 당사자의 합의로 차임 등을 증액하는 경우에는 적용되지 않는다.[40)]

---

39) 대법원 2014. 4. 30. 선고 2013다35115 판결.

40) 대법원 2014. 2. 13. 2013다80481 판결.

[제10장]

형사사건과 법률

제10장 형사사건과 법률

Ⅰ. 형사사건과 수사기관

1. 형사사건

사람은 사회생활을 하다가 보면 뜻하지 않은 일을 많이 당할 수 있다. 친구들끼리 술을 마시다가 옆자리에 있는 사람과 싸움이 생기는 경우 싸움에 가담하지도 않았는데도 집단폭행을 했다고 하여 입건되는가 하면, 혼인 잔치나 집들이에서 지루함을 달래기 위해 화투를 하다가 도박범으로 몰리는 경우도 있다. 그리고 말도 되지 않는 진정이나 투서로 수사기관의 내사를 받기도 한다. 억울하지만 일단 입건되고 수사가 진행되면 엄청난 곤경에 빠진다. 형이 확정될 때까지는 '**무죄추정의 원칙**'에 의하여 무죄가 추정되어야 함에도, 어떤 사건이 생기면 그 진위여부와 관계없이 무조건 죄인 취급하는 것이 오늘날 우리나라의 **수사 관행**이다. 기존 **언론**도 별반 다르지 않다. 단순히 입건된 정도에 불과한데도 마치 형이 확정된 것처럼 특종 혹은 단독보도라는 이름하에 보도된 것들이 사회적 문제로 대두된다.

사람이 공동생활을 하다가 사람들 사이에 다툼도 생기고 사고도 일어나게 된다. 그래서 이해관계가 얽혀 원만한 타협이 이루어지지 않게 되면 사람들은 재판을 걸어 시비를 가리게 되는데 이를 **민사사건**이라 하며, 모든 문제의 원칙적인 해결 방법이다. 그러나 가령, 살인사건처럼 어떤 종류의 문제는 너무나 중대하기 때문에 개인들끼리 해결을 하도록 놓아둘 수 없는 것들이 있다. 그러한 문제는 국가가 법률로 범죄라고 규정하여 강제로 형벌을 과하는데 이러한 것을 **형사사건**이라 한다. **수사**란 그러한 형사사건을 조사하는 절차를 말하는 것이다.

2. 수사기관

형사소송법 제195조(검사와 사법경찰관의 관계 등) ① 검사와 사법경찰관은 수사, 공소제기 및 공소유지에 관하여 서로 협력하여야 한다. ② 제1항에 따른 수사를 위하여 준수하여야 하는 일반적 수사준칙에 관한 사항은 대통령령으로 정한다.

수사기관이라 함은 법률상 범죄수사를 할 수 있는 권한이 부여되어 있는 국가기관이다. 현재는 검사와 사법경찰관이 있다. 형사소송법상 수사는 검사와 사법경찰관이 담당한다.

검사는 형사소송법상 사법경찰관에 대한 수사지휘권이 폐지되었음에도 검사와 사법경찰의 관계를 협력관계로 규정(형사소송법 제195조)에도 불구하고 모든 범위에서 수사지휘를 인정하고 수사지휘의 범위를 대통령령으로 위임하였다.

사법경찰은 1차 수사종결권이 부여되어 있으나 경찰의 수사결과 범죄혐의가 있는 경우에는 관련 사건을 검찰에 송치하여야 하고, 경찰의 수사결과 범죄혐의가 없다고 인정될 경우 사건을 스스로 종결할 수 있다. 하지만 검찰은 송치사건의 공소제기 여부 결정 또는 공소의 유지에 관하여 필요한 경우, 사법경찰관이 신청한 영장의 청구 여부 결정에 필요한 경우에 경찰에 보완 수사를 요구할 수 있으며, 경찰이 정당한 이유 없이 이를 따르지 아니할 경우 담당 경찰관의 직무배제 또는 징계를 요구할 수 있다(제197조의2). 또한 고소인 등이 경찰의 사건 불송치에 대하여 이의를 신청한 경우, 경찰은 검찰에 사건을 송치하여야 한다(제245조의7). 그리고 검찰은 경찰이 사건을 불송치한 것이 위법하거나 부당한 때에는 재수사 요청도 가능하다(제245조의8).

(경찰청) 범죄수사규칙 2022. 6. 20. 시행
제7조(사건의 관할) ① 사건의 수사는 범죄지, 피의자의 주소·거소 또는 현재지를 관할하는 경찰관서가 담당한다.

② 사건관할을 달리하는 수개의 사건이 관련된 때에는 1개의 사건에 관하여 관할이 있는 경찰관서는 다른 사건까지 병합하여 수사를 할 수 있다.
③ 그 밖에 관할에 대한 세부 사항은 「사건의 관할 및 관할사건수사에 관한 규칙」에 따른다.
제13조(수사 진행상황의 통지) ① 경찰관은 「경찰수사규칙」 제11조 제1항의 통지대상자가 사망 또는 의사능력이 없거나 미성년자인 경우에는 법정대리인·배우자·직계친족·형제자매 또는 가족(이하 "법정대리인등"이라 한다)에게 통지하여야 하며, 통지대상자가 미성년자인 경우에는 본인에게도 통지하여야 한다.
② 제1항에도 불구하고 미성년자인 피해자의 가해자 또는 피의자가 법정대리인 등인 경우에는 법정대리인등에게 통지하지 않는다. 다만, 필요한 경우 미성년자의 동의를 얻어 그와 신뢰 관계있는 사람에게 통지할 수 있다.
제16조(수사의 조직적 운영) 경찰관이 수사를 할 때에는 경찰관 상호 간의 긴밀한 협력과 적정한 통제를 도모하고, 수사담당부서 이외의 다른 수사부서나 그 밖에 관계있는 다른 경찰관서와 유기적으로 긴밀히 연락하여, 경찰의 조직적 기능을 최고도로 발휘할 수 있도록 유의하여야 한다.

II. 수사의 전개

1. 수사 활동의 개시

형사소송법 제196조(검사의 수사) ① 검사는 범죄의 혐의가 있다고 사료하는 때에는 범인, 범죄사실과 증거를 수사한다.
② 검사는 제197조의3 제6항, 제198조의2 제2항 및 제245조의7 제2항에 따라 사법경찰관으로부터 송치받은 사건에 관하여는 해당 사건과 동일성을 해치지 아니하는 범위 내에서 수사할 수 있다.
제197조(사법경찰관리) ① 경무관, 총경, 경정, 경감, 경위는 사법경찰관으로서 범죄의 혐의가 있다고 사료하는 때에는 범인, 범죄사실과 증거를 수사한다.
② 경사, 경장, 순경은 사법경찰리로서 수사의 보조를 하여야 한다.
제197조의2(보완수사요구) ① 검사는 다음 각호의 어느 하나에 해당하는 경우에 사법경찰관에게 보완수사를 요구할 수 있다.

1. 송치사건의 공소제기 여부 결정 또는 공소의 유지에 관하여 필요한 경우

2. 사법경찰관이 신청한 영장의 청구 여부 결정에 관하여 필요한 경우
② 사법경찰관은 제1항의 요구가 있는 때에는 정당한 이유가 없는 한 바로 이를 이행하고, 그 결과를 검사에게 통보하여야 한다.
③ 검찰총장 또는 각급 검찰청 검사장은 사법경찰관이 정당한 이유 없이 제1항의 요구에 따르지 아니하는 때에는 권한 있는 사람에게 해당 사법경찰관의 직무배제 또는 징계를 요구할 수 있고, 그 징계 절차는 「공무원 징계령」 또는 「경찰공무원 징계령」에 따른다.
제197조의3(시정조치요구 등) ① 검사는 사법경찰관리의 수사과정에서 법령위반, 인권침해 또는 현저한 수사권 남용이 의심되는 사실의 신고가 있거나 그러한 사실을 인식하게 된 경우에는 사법경찰관에게 사건기록 등본의 송부를 요구할 수 있다.
② 제1항의 송부 요구를 받은 사법경찰관은 바로 검사에게 사건기록 등본을 송부하여야 한다.
③ 제2항의 송부를 받은 검사는 필요하다고 인정되는 경우에는 사법경찰관에게 시정조치를 요구할 수 있다.
④ 사법경찰관은 제3항의 시정조치 요구가 있는 때에는 정당한 이유가 없으면 바로 이를 이행하고, 그 결과를 검사에게 통보하여야 한다.
⑤ 제4항의 통보를 받은 검사는 제3항에 따른 시정조치 요구가 정당한 이유 없이 이행되지 않았다고 인정되는 경우에는 사법경찰관에게 사건을 송치할 것을 요구할 수 있다.
⑥ 제5항의 송치 요구를 받은 사법경찰관은 검사에게 사건을 송치하여야 한다.
⑦ 검찰총장 또는 각급 검찰청 검사장은 사법경찰관리의 수사과정에서 법령위반, 인권침해 또는 현저한 수사권 남용이 있었던 때에는 권한 있는 사람에게 해당 사법경찰관리의 징계를 요구할 수 있고, 그 징계 절차는 「공무원 징계령」 또는 「경찰공무원 징계령」에 따른다.
⑧ 사법경찰관은 피의자를 신문하기 전에 수사과정에서 법령위반, 인권침해 또는 현저한 수사권 남용이 있는 경우 검사에게 구제를 신청할 수 있음을 피의자에게 알려주어야 한다.
제197조의4(수사의 경합) ① 검사는 사법경찰관과 동일한 범죄사실을 수사하게 된 때에는 사법경찰관에게 사건을 송치할 것을 요구할 수 있다.
② 제1항의 요구를 받은 사법경찰관은 지체없이 검사에게 사건을 송치하여야 한다. 다만, 검사가 영장을 청구하기 전에 동일한 범죄사실에 관하여 사법경찰관이 영장을 신청한 경우에는 해당 영장에 기재된 범죄사실을 계속 수사할 수 있다.
제245조의5(사법경찰관의 사건송치 등) 사법경찰관은 고소·고발 사건을 포함하여 범죄를 수사한 때에는 다음 각호의 구분에 따른다.
1. 범죄의 혐의가 있다고 인정되는 경우에는 지체없이 검사에게 사건을 송치하고, 관계

> 서류와 증거물을 검사에게 송부하여야 한다.
> 2. 그 밖의 경우에는 그 이유를 명시한 서면과 함께 관계 서류와 증거물을 바로 검사에게 송부하여야 한다. 이 경우 검사는 송부받은 날부터 90일 이내에 사법경찰관에게 반환하여야 한다.
>
> **제245조의8(재수사요청 등)** ① 검사는 제245조의5 제2호의 경우에 사법경찰관이 사건을 송치하지 아니한 것이 위법 또는 부당한 때에는 그 이유를 문서로 명시하여 사법경찰관에게 재수사를 요청할 수 있다.
> ② 사법경찰관은 제1항의 요청이 있는 때에는 사건을 재수사하여야 한다.

수사기관이 수사를 개시하는 단서에는 제한이 없다. **고소**나 **고발**[1]을 통하여 범죄 신고를 받거나, 풍문이나 신문기사를 보고, 또는 우연히 사건을 목격하는 경우와 같이 범죄사실을 알게 되는 것이 하나의 단서가 된다. 범죄가 발생하게 되면 수사기관은 범인을 찾고 증거를 수집하기 위한 수사 활동을 시작한다.

2. 입건(기소)

수사기관이 수사를 개시하여 형사사건으로 되는 것을 **입건**한다고 하며, 수사실무상 사건을 접수하여 범죄사건부에 등재한다. 이와 같이 입건이 되어 수사대상이 된 사람은 형사소송법상 **피의자**가 된다. 그런데 우리는 가끔 용의자라는 말과 내사라는 말을 듣게 된다. 아직 범죄의 혐의는 뚜렷하지 않아 정식으로 입건하기에는 부족하지만 진정이나 투서가 있든지, 또는 진정 등이 없더라도 조사를 해 볼 필요가 있는 경우에는 정식적인 입건을 하지 않고 내부적으로 조사를 할 때가 있다. 이를 흔히 **내사**라고 하는데 내사를 할 때에는 내사사건부에 기재함은 물론이다. 가령, 살인사건이 났다고 할 때 혹시 범인이 아닌가 하는 상당한 의심을 가는 자가 있으나 범인이라는 뚜렷한 혐의가 아직

1) **고소**는 범죄의 피해자 또는 그와 일정한 관계가 있는 고소권자가 수사기관(검찰 또는 경찰)에 범죄사실을 육하원칙하에 신고하여 범인을 처벌해 줄 것을 요구하는 의사표시이다. 반면 **고발**은 사건과 관계없는 제3자가 수사기관에 범죄사실을 신고하여 범인을 처벌할 것을 구하는 의사표시이다. 고소는 고소할 수 있는 사람이 정해져 있지만, 고발은 그렇지 않다.

발견되지 않은 경우, 흔히 그자를 **용의자**라고 부른다. 이에 대하여 조사가 더 진행되어 범죄의 혐의가 인정됨으로써 정식으로 입건(기소)되면 그때부터는 그자는 피의자의 신분으로 전환된다.

피의자는 범죄의 혐의를 받아 수사기관에 의하여 수사의 대상이 되어 있으나, 아직 검사가 법원에 **공소제기**를 당하지 않은 자를 말한다. 그러나 공소제기를 당한 후에는 **피고인**이라 불리게 된다. 피의자는 수사기관에 의한 조사를 받는 입장이나, 피의자가 인권 옹호나 장차 소송 주체로서 활동한다는 **준당사자적 지위**에서 여러 가지 권리를 가진다. 가령, **변호인 선임** 및 선임의뢰권(형사소송법 제30조 제1항·제87조 제1항·제209조), **진술거부권**(형사소송법 제244조의3), **증거보전청구권**(형사소송법 제184조), **구속적부심사청구권**(헌법 제12조, 형사소송법 제244조의3), **접견교통권** 등이 이에 해당한다.

형사소송법 제244조의3(진술거부권 등의 고지) ① 검사 또는 사법경찰관은 피의자를 신문하기 전에 다음 각호의 사항을 알려주어야 한다.

1. 일체의 진술을 하지 아니하거나 개개의 질문에 대하여 진술을 하지 아니할 수 있다는 것
2. 진술을 하지 아니하더라도 불이익을 받지 아니한다는 것
3. 진술을 거부할 권리를 포기하고 행한 진술은 법정에서 유죄의 증거로 사용될 수 있다는 것
4. 신문을 받을 때에는 변호인을 참여하게 하는 등 변호인의 조력을 받을 수 있다는 것

② 검사 또는 사법경찰관은 제1항에 따라 알려준 때에는 피의자가 진술을 거부할 권리와 변호인의 조력을 받을 권리를 행사할 것인지의 여부를 질문하고, 이에 대한 피의자의 답변을 조서에 기재하여야 한다. 이 경우 피의자의 답변은 피의자로 하여금 자필로 기재하게 하거나 검사 또는 사법경찰관이 피의자의 답변을 기재한 부분에 기명날인 또는 서명하게 하여야 한다.

헌법 제12조 ⑥ 누구든지 체포 또는 구속을 당한 때에는 적부의 심사를 법원에 청구할 권리를 가진다.

형사소송법 제214조의2(체포와 구속의 적부심사) ① 체포되거나 구속된 피의자 또는 그 변호인, 법정대리인, 배우자, 직계친족, 형제자매나 가족, 동거인 또는 고용주는 관할법원에 체포 또는 구속의 적부심사를 청구할 수 있다.

> ② 피의자를 체포하거나 구속한 검사 또는 사법경찰관은 체포되거나 구속된 피의자와 제1항에 규정된 사람 중에서 피의자가 지정하는 사람에게 제1항에 따른 적부심사를 청구할 수 있음을 알려야 한다.

기소는 검사가 수사결과에 대해 법원의 유·무죄 판단을 구하는 것으로 오로지 검사만 할 수 있다(**기소독점주의**). 실제 고소를 당하게 된다면 검찰청 또는 경찰서 출석에 응해야 하며, 검사의 기소여부에 따라 법관에 의한 재판까지 받을 수 있다. 2020년 형사소송법이 개정됨에 따라 원칙적으로 검사는 경찰을 수사 지휘할 수 없다. 검사와 경찰은 수사에 있어 협력관계가 되어야 한다. 그렇지만 검찰의 강력한 권한으로 시행령을 만들었고 지금까지는 사법경찰관을 수사지휘하고 있다고 새기는 것이 합리적이다.

검경 수사권 조정에 따라 개정된 법령이 2021년 1월 1일부터 시행되면서 검찰의 직접수사 조건을 만족하지 않는 사건의 경우, 경찰에 고소장을 내야 한다. 검찰이 아닌 경찰에 고소, 고발해야 하는 사건으로는 **5억원 미만 재산범죄, 살인·상해·폭행** 등 신체범죄, **명예훼손·모욕** 등이 있다. 만약 검찰청에 고소장을 제출해도 민원실에서 반려하거나, 검찰청에서 접수한 후 관할 경찰서로 이첩하게 된다.

고소는 **서면** 또는 **구두**로 검사 또는 사법경찰관에게 하여야 한다(형사소송법 제237조 1항). 검사 또는 사법경찰관이 구술에 의한 고소를 받은 때에는 조서를 작성하여야 한다(제237조 2항). 그러나, 보통은 서면으로 고소장을 내는 방식으로 고소하는 것이 일반적이다. 고소장 양식은 법령으로 서식이 정해져 있는 것은 아니나, 검찰에서 만든 표준서식이 있으므로 이를 활용하면 좋을 듯하다. 인터넷에서 고소장 표준서식으로 검색해 보면 어렵잖게 찾을 수도 있다. 법률구조공단 홈페이지에는 자주 발생하는 범죄유형에 대한 고소장 작성 예시를 게시해 두고 있다.

> **제237조(고소, 고발의 방식)** ① 고소 또는 고발은 서면 또는 구술로써 검사 또는 사법경찰관에게 하여야 한다.

> ② 검사 또는 사법경찰관이 구술에 의한 고소 또는 고발을 받은 때에는 조서를 작성하여야 한다.

고소 또는 그 취소는 **대리인**이 할 수 있다(제236조). 고소는 제1심 판결선고 전까지 취소할 수 있다(제232조 제1항). **친고죄의 공범** 중 그 1인 또는 수인에 대한 고소의 취소 역시 다른 공범자에 대하여도 효력이 있다(제233조). 고소취소에 관해서도 불가분의 원칙이 적용된다. 고소취소의 방식 역시 고소의 방식과 같다(제239조, 제237조). 즉, 절차의 진행 정도에 따라 수사기관이나 법원에 고소취소장(또는 고소취소 취지의 합의서)을 내거나 참고인 조사 때나 공판기일에 구두로 고소취소의 의사를 표시하면 된다.

3. 고소와 고발

고소는 범죄의 피해자 또는 그와 일정한 관계가 있는 고소권자가 수사기관(검찰 또는 경찰)에 범죄사실을 육하원칙하에 의하여 신고하여 범인을 처벌해 줄 것을 요구하는 의사표시이다. 고소할 수 있는 사람은 피해자 또는 법정대리인 등이다. 이를 고소권자라 한다. 즉, 고소는 피해자 등이 특정 형사소송사건에 대해 수사기관에 수사를 촉구하는 것이다. **고발**은 피해자의 사건과 관계없는 제3자가 수사기관에 범죄사실을 신고하여 범인을 처벌할 것을 구하는 의사표시이다. 고발권자는 일정한 제한이 없다.[2)]

고소와 **고발** 모두 수사기관에 범죄사실을 신고하여 범인에 대한 처벌을 요구하는 절차이지만, 고소는 범죄의 피해자 등 고소권을 가진 사람이 수사기관에 대하여 범죄사실을 신고하여 범인을 처벌해 달라고 요구하는 것인데 반하여, 고발은 범죄의 피해자나 고소권자가 아닌 제3자가 수사기관에 대하여 범죄사실을 신고하여 범인을 처벌해 달라는 의사표시를 말한다. 형사소송절차에서는 대체로 고소와 그 취급을 같이 한다.

2) 고소는 피해를 주장하는 사람 또는 사건과 직접적 관계가 있는 자가 해당 사실을 신고하는 것으로, 사건과 관련이 없는 자가 신고하는 경우는 고소가 아니라 고발이다. 사건과 무관한 제3자는 범죄사실을 고소할 권한(고소권)이 없다. 마찬가지로 친고죄는 고소권자가 직접 신고를 한 경우에만 처벌이 가능한 범죄류를 의미한다.

고소할 수 있는 사람은 모든 범죄의 피해자와 피해자가 무능력자인 경우의 법정대리인 그리고 피해자가 사망한 경우의 배우자, 직계친족, 형제자매이다. 다만 자기나 배우자의 직계존속, 즉 부모나 시부모, 장인, 장모 등은 원칙적으로 고소할 수 없으나 예외적으로 직계존속으로부터 성폭력을 당했을 때는 직계존속이라도 고소할 수 있다.

고소의사를 밝힌 뒤 고소를 안 하는 조건으로 금품을 요구하거나 특정 행동을 강요하면 공갈, 협박 범주에 들어가지만 이러한 **기획고소**마저도 고소권이 남용이 아닌 이상 처벌할 수가 없다. 따라서 그냥 고소하겠다고 의사를 밝힌 행위 자체는 **무고죄** 성립이 되지 않으며 **정당행위**로서 **위법성 조각**이 된다. 따라서 고소한다는 말을 듣고 '내가 심적인 부담을 느꼈으니 협박이다!'라고 주장하고 싶다면 민사소송을 통하여 다퉈볼 여지는 있으나 이마저도 위법성 자체가 조각되므로 민사소송도 기각되거나 각하될 확률이 매우 높다.

> **위법성 조작 사유**
>
> 범죄의 3대 구성요건인 구성요건해당성, 위법성, 책임능력 중에서 위법성을 면제하는 것으로. 범죄의 구성요건에 해당하는 경우라도 일정한 사유가 있는 경우 그 위법성을 배제하여 범죄를 성립하지 않도록 하는 일련의 사유들을 일컫는다. 형법상 정당행위, 정당방위, 긴급피난, 자구행위, 피해자의 승낙이 있다.
>
> **형법 제20조(정당행위)** 법령에 의한 행위 또는 업무로 인한 행위 기타 사회상규에 위배되지 아니하는 행위는 벌하지 아니한다.
>
> **형법 제21조(정당방위)** ① 현재의 부당한 침해로부터 자기 또는 타인의 법익을 방위하기 위하여 한 행위는 상당한 이유가 있는 경우에는 벌하지 아니한다.
>
> **형법 제22조(긴급피난)** ① 자기 또는 타인의 법익에 대한 현재의 위난을 피하기 위한 행위는 상당한 이유가 있는 때에는 벌하지 아니한다.
>
> **형법 제23조(자구행위)** ① 법률에서 정한 절차에 따라서는 청구권을 보전(保全)할 수 없는 경우에 그 청구권의 실행이 불가능해지거나 현저히 곤란해지는 상황을 피하기 위하여 한 행위는 상당한 이유가 있는 때에는 벌하지 아니한다.
>
> **형법 제24조(피해자의 승낙)** 처분할 수 있는 자의 승낙에 의하여 그 법익을 훼손한 행위는 법률에 특별한 규정이 없는 한 벌하지 아니한다.

고소 및 고발은 **우편 접수**도 가능하다. 경찰서에 접수하려면 이런저런 이유로 반려하려는 경우가 종종 있다. 그러면, 그냥 경찰청이든, 검찰청이든, 관할청 고소장 접수 담당자 앞으로 주소를 기재해서 우편으로 접수하는 것이 좋다. 우편접수하면, 무조건 접수 자체는 해야 하고 사건번호가 반드시 부여된다. 고소를 하는 방식은 제한이 없다. 직접 수사기관에 출석하여 구술로 고소할 수도 있고 고소장을 작성하여 제출할 수도 있다. 고소장은 일정한 양식이 없고 고소인과 피고소인의 인적사항, 그리고 피해를 입은 내용, 처벌을 원한다는 뜻만 들어 있으면 반드시 무슨 죄에 해당하는지 밝힐 필요는 없다. 다만 **피해사실** 등의 내용이 무엇인지 알 수 있을 정도로 가능한 한 명확하고 특정되어야 한다.

> **형법 제234조(고발)** ① 누구든지 범죄가 있다고 사료하는 때에는 고발할 수 있다.
> ② 공무원은 그 직무를 행함에 있어 범죄가 있다고 사료하는 때에는 고발하여야 한다.

가명이나 다른 사람의 명의를 도용하여 고소해서는 안된다. 그렇게 되면 피고소인만 수사기관에 불려 다니면서 근거 없이 조사를 받는 불이익을 입게 되므로 수사기관은 수사를 중단하고 사건을 종결할 수 있다.

비법조인이나 **비전공자**라도 **고소장**의 적절한 양식만 갖춘다면 고소를 할 수 있다. 범죄수사규칙의 예에서 고소장이 수리되지 않고 반려되는 경우는 고소장에 고소가 아닌 내용을 쓴 경우(범죄가 아닌 내용을 쓴 경우, 공소시효가 지난 내용을 쓴 경우, 같은 사안의 소장을 중복해서 제출한 경우, 이미 사망한 사람에 대해 쓴 경우 등)가 있는데, 이런 경우가 아니면 고소장의 양식만 적절하다면 고소 자체는 수리된다.

> **범죄수사규칙 제37조(수사서류의 작성)** ① 경찰관이 범죄수사에 사용하는 문서와 장부는 「경찰수사규칙」 별지 제1호서식부터 제126호서식까지와 이 규칙의 별표 3 및 별지 제1호서식부터 제209호서식까지에 따라 작성한다.
> ② 경찰관이 수사서류를 작성할 때에는 다음 각호의 사항에 주의하여야 한다.

1. 일상용어로 평이한 문구를 사용
2. 복잡한 사항은 항목을 나누어 적음
3. 사투리, 약어, 은어 등을 사용하는 경우에는 그대로 적은 다음에 괄호를 하고 적당한 설명을 붙임
4. 외국어 또는 학술용어에는 그다음에 괄호를 하고 간단한 설명을 붙임
5. 지명, 인명의 경우 읽기 어렵거나 특이한 칭호가 있을 때에는 그 사람 다음에 괄호를 하고 음을 적음

형식적 요건이 갖추어진 소장은 수리할 필요가 있다. 물론, 이후 내사 종결하든지 불기소 의견으로 결정하는 것은 수사기관의 몫이다. 고소가 경찰서에서 반려되는 경우가 종종 있으나, 이는 고소자가 정말로 범죄라고 할 수 없는 터무니없는 이야기를 적었거나, 아니면 법률적 지식을 갖추지 않은 채 고소장을 써서 위의 반려 기준에 들어갔기 때문이다.

형법 제237조(고소, 고발의 방식) ① 고소 또는 고발은 서면 또는 구술로써 검사 또는 사법경찰관에게 하여야 한다.
② 검사 또는 사법경찰관이 구술에 의한 고소 또는 고발을 받은 때에는 조서를 작성하여야 한다.

범죄의 피해자는 고소할 수 있다(제223조). 피해자가 아닌데도 고소할 수 있는 경우가 있는데, 피해자의 법정대리인은 독립하여 고소할 수 있다(제225조). 즉, 피해자가 제한능력자인 경우에, 피해자 본인이 처벌의사를 밝히지 않아도 또는 피해자 본인의 명시한 의사에 반해서도 법정대리인이 독립하여 고소할 수 있다. 피해자의 법정대리인이 피의자이거나 법정대리인의 친족이 피의자인 때에는 피해자의 친족은 독립하여 고소할 수 있다(제226조). 피해자의 법정대리인이 **가정폭력행위자와 공동**으로 가정폭력범죄를 범한 경우, 또는 **아동학대행위자와 공동**으로 아동학대범죄를 범한 경우에도 **피해자의 친족**이 고소할 수 있다(가정폭력범죄의 처벌 등에 관한 특례법 제6조 1항 후문, 아동학대범죄의 처벌 등에 관한 특례법 제10조의4 1항 후문). 피해자가 사망한 때에는 그 배우

자, 직계친족 또는 형제자매는 고소할 수 있다. 다만, 피해자의 명시한 의사에 반하여 고소하지 못한다(제225조 2항). 가령, 유언으로 처벌불원의사를 밝혔을 때에는 배우자 등이 고소할 수 없다. 죽은 사람의 명예를 훼손한 범죄에 대하여는 그 친족 또는 자손은 고소할 수 있다(제227조). 친고죄에 대하여 고소할 사람이 없는 경우 이해관계인의 신청이 있을 때에는 검찰관은 10일 이내에 고소할 수 있는 사람을 지정하여야 한다(제228조). 이는, 가정폭력범죄나 아동학대범죄에 관하여서도 마찬가지이다(가정폭력범죄의 처벌 등에 관한 특례법 제6조 제3항, 아동학대범죄의 처벌 등에 관한 특례법 제10조의4 제3항).

원칙적으로 자기 또는 배우자의 **직계존속**을 고소하지 못한다(제224조). 그러나 이에는 다음과 같은 중대한 예외가 있다. **성폭력범죄**에 대하여는 자기 또는 배우자의 직계존속을 고소할 수 있다(성폭력범죄의 처벌 등에 관한 특례법 제18조). 피해자는 가정폭력행위자가 자기 또는 배우자의 직계존속인 경우에도 고소할 수 있다. 법정대리인이 고소하는 경우에도 또한 같다(가정폭력범죄의 처벌 등에 관한 특례법 제6조 제2항). **피해아동**은 아동학대행위자가 자기 또는 배우자의 직계존속인 경우에도 고소할 수 있다. 법정대리인이 고소하는 경우에도 또한 같다(아동학대범죄의 처벌 등에 관한 특례법 제10조의4 제2항).

4. 친고죄

범죄 중에는 피해자의 명예나 입장을 고려하여 고소가 없으면 처벌할 수 없는 죄를 친고죄라 한다. 대표적인 것으로 **강간죄, 강제추행죄, 모욕죄** 등이 있다. **친고죄**에 대하여는 범인을 알게 된 날로부터 6개월을 경과하면 고소하지 못한다(제230조 제1항 본문). 다만 성폭력범죄의 처벌 및 피해자 보호 등에 관한 법률상의 **친고죄**(업무상 위력 등에 위한 추행, 공중밀집장소에서의 추행, 통신매체이용 음란행위)는 범인을 알게 된 날로부터 **1년**이 지나면 고소할 수 없다. 고소를 취소하려면 제1심판결 선고 전에 해야 하며, 일단 고소를 취소하면 다시 고소할 수 없다.

> **형사소송법 제230조(고소기간)** ① 친고죄에 대하여는 범인을 알게 된 날로부터 6월을 경과하면 고소하지 못한다. 단, 고소할 수 없는 불가항력의 사유가 있는 때에는 그 사유가 없어진 날로부터 기산한다.

고소할 수 없는 불가항력의 사유가 있는 때에는 그 사유가 없어진 날로부터 기산한다(제230조 제1항 단서). 고소할 수 있는 사람이 여러 명인 경우 1명이 고소기간을 지키지 못하더라도 다른 사람의 고소에 영향이 없다(제231조). 가령 甲, 乙, 丙 3명의 고소권자가 있을 때, 그중 甲의 고소기간이 지났더라도 乙과 丙은 여전히 고소할 수 있다. 친고죄의 공범 중 그 1인 또는 수인에 대한 고소는 다른 공범자에 대하여도 효력이 있다(제233조). 이를 '고소의 불가분'이라 한다. 가령, 甲과 乙이 공범일 때, 甲에 대해 고소를 취소한 경우 그 효력은 乙에도 미친다. 甲녀와 乙, 丙이 같이 술을 마셨는데 丙이 甲녀를 강간했고, 丙이 말하기를 乙은 丙을 위해 甲녀를 술자리에 부른 것이었다. 그리고 얼마 후 乙과 乙모의 설득으로 乙만 합의를 해줬는데 甲녀가 합의해 주지 않은 丙까지 합의한 것으로 처리되어 다시 고소할 수도 없다.

> **형사소송법 제231조(수인의 고소권자)** 고소할 수 있는 자가 수인인 경우에는 1인의 기간의 해태는 타인의 고소에 영향이 없다.

학설상 하나의 범죄에 대한 일부의 고소는 사건 전체에 효력이 발생하는 것으로 해석된다(**객관적 불가분의 원칙**). 고소취소의 경우에도 고소 불가분 원칙이 적용된다. 다만 고소취소와 비슷한 성질을 가진 **반의사불벌죄**에서의 처벌불원의사표시는 명시적 규정이 없고, 입법 취지가 다르므로 고소불가분이 준용되지 아니한다. 가령, 甲과 乙이 공모하여 丙을 모욕한 경우(모욕죄) 甲과 乙의 1심 재판 중 丙이 甲에 대해 고소를 취소하면 그 효력은 乙에게도 미친다(甲과 乙은 모두 형사소송법 제327조 제5호에 따른 공소기각판결을 받게 된다). 하지만 甲과 乙이 공모하여 丙의 명예를 훼손한 경우(명예훼손죄), 甲과 乙의 1심 재판 중 丙이 甲에 대해 처벌불원의 의사를 밝히면 그 효력은 乙에게 미치지 아니한다(甲은 형사소송법 제327조 제6호에 따른 공소기각판결, 乙은 실체재판을 받게 되어 무죄 아니면 유죄 판결이 나올 것이다).

형사합의를 이끌어낸 뒤 수사기관(경찰서)에 **고소취소장**을 제출하는 것이 일반적이나, 수사관이 고소보충조서 작성을 위한 출석을 요구할 때 '조서 작성 직후에 고소를 취소하겠다'라고 진술하면 고소보충조서 작성 면담 때 고소의 취소에 관한 사항을 수사관이 직접 물어본 뒤(수사관의 강압 또는 수사 과정에서의 비위사실에 의해서 고소를 취소하는 것은 아닌지? 고소를 취소하게 된 직접적인 경위는 무엇인지? 고소를 취소하면 같은 사건으로 다시 고소하지 못하는 것을 알고 있는지? 등등) 그 문답을 조서에 올려주고, 취하서를 수사관 면전에서 작성하게 한 뒤 고소보충조서에 첨부해 준다. 고소를 취소해도 검찰청에 사건 기록을 송치해야 하고, 이때 검찰에서 고소취소의 경위를 궁금해할 수 있기 때문이다. 사법경찰관이 고소 또는 고발을 받은 때에도 신속히 조사하여 관계서류와 증거물을 검사에게 송부하여야 한다(형사소송법 제239조, 제238조).

친고죄에서 고소가 취소되었다면, 검찰 단계에서는 공소권 없음 처분을 하게 되고, 재판 단계에서는 제1심판결 선고 전에 고소가 취소되었다면 법원이 공소기각 판결을 하게 된다. 비친고죄에서 고소가 취소되었거나, 친고죄라 하더라도 항소 제기 후에야 고소가 취소되었다면, 양형에만 참작될 뿐이다. 고소를 취소한 자는 다시 고소하지 못한다(제232조 제2항). 다만, 비친고죄라면, 고소취소에 불구하고 수사기관이 인지수사를 할 수 있으므로, 고소취소의 문제는 친고죄에서 특별히 의미를 갖는다.

고소를 하기 전에 **고소 포기 합의서**를 작성하더라도 그 합의서는 무효이므로 여전히 고소할 수 있는 권리를 가진다. 법정대리인 등 독립하여 고소를 할 수 있는 자가 한 고소는 피해자의 의사와 관계없이 처리되므로, 피해자가 취소할 수 없다. 피해자가 명시한 의사에 반하여 죄를 물을 수 없는 사건에서 처벌을 희망하는 의사표시의 철회에 관하여서도 고소취소의 경우와 대체로 같은 법리가 적용된다(제232조 제3항).

5. 무고죄

고소인은 있는 사실 그대로 신고하여야 한다. 허위의 사실을 신고하여 죄

없는 사람을 억울하게 처벌받게 하면 피해자에게 큰 고통을 줄 뿐만 아니라 국가 형벌권의 적정한 행사를 저해하게 되므로 무고죄라고 하여 엄하게 처벌한다. 무고죄의 예를 들면 다음과 같다.

A가 도박현장에서 B에게 도박자금으로 돈을 빌려주었는데 B가 이를 갚지 않자, 이로 인한 사실을 감추고 단순히 대여금인 것처럼 하여 B가 돈을 빌려간 후 변제하지 않고 있으니 처벌하여 달라는 취지로 고소한 경우나 B가 대출받는데 A가 보증을 서 주었음에도 B가 대출금을 갚지 않아 금융기관으로부터 대출금에 대한 보증책임 이행을 요구받게 되자, B가 A 몰래 서류를 위조하여 대출받은 것이라는 취지로 고소한 경우 등은 무고죄가 되는 좋은 사례이다.

Ⅲ. 수사의 진행

수사기관은 입건된 피의자나 참고인에게 출석하여 진술할 것을 요구할 수 있다. 피의자가 정당한 이유 없이 이에 응하지 않을 경우에는 강제로 체포할 수도 있고, 경우에 따라서는 구속을 할 수도 있다.

1. 피의자 신문과 참고인 조사

수사기관은 피의자를 출석하도록 하여 진술을 듣는 피의자 **신문**을 할 수 있다. 피의자는 출석이나 진술을 거부할 수 있지만, 정당한 이유 없이 응하지 않거나 그러한 우려가 있는 경우라면 수사기관은 영장을 발부받아 피의자를 체포할 수 있다.

피의자의 진술은 피의자 신문조서에 기재해야 하는데, 수사기관은 조서를 피의자에게 보여주거나 읽어주어 잘못 적은 부분이 없는지 확인하게 하고, 피의자가 수정을 요구하면 그에 따라 조서를 수정한 뒤 서명 또는 기명날인한다.

아울러 수사기관은 수사에 필요한 때에 참고인의 출석을 요구하여 진술을 들을 수 있다. 참고인의 진술 역시 참고인 진술조서에 기재해야 하는데, 참고인으로 하여금 진술서를 작성하게 할 수도 있다. 수사기관으로부터 출석을 요구받은 참고인은 법원에 의해 출석을 요구받은 증인과는 달리 강제로 출석이나 신문을 당하지 않는다. 하지만 참고인이 출석이나 진술을 거부하는 경우에는 검사가 법원에 대해 증인신문을 청구하여 판사에 의해 신문을 받도록 할 수 있다.

신문(訊問)과 심문(審問)의 차이

어떤 경우에는 '증인신문'이라고 적혀있기도 하고 어떤 경우에는 '증인심문'이라고 쓰여있기도 한다. 오타인지 아니면 같은 뜻으로 쓰이는 건지 헷갈리는 경우가 많다. 이번 시간에는 알아두면 쓸모있는 법률용어 '신문(訊問)'과 '심문(審問)'의 차이는 법정 드라마나 재판에서 증인이나 피고인에게 검사 또는 변호사가 질문을 하는 경우가 있다. 이런 경우에는 '신문'이 맞는 표현이다.

신문(訊問)은 한자어로 물을 신(訊)과 물을 문(問)을 쓰며, 알고 있는 사실을 캐어물음을 뜻하는 말이다. 법원이나 수사기관이 판결이나 수사를 위해 해당 사건과 관련된 사람들(가령, 당사자나 증인 등)에게 사실관계를 물어 조사를 하는 절차를 의미한다.

검찰이나 경찰이 범죄를 밝히기 위해 '피의자 신문'이나 '참고인 신문'을 하고, 법원이 재판에서 진실을 가리기 위해 '피고인 신문'이나 '증인신문'을 하는 것이다. 그러나 '심문(審問)'은 오로지 법원만이 할 수 있다. 즉, 판사만 심문이 가능하다는 것이다.

심문의 한자어는 살필 심(審)과 물을 문(問)을 쓰는데, 여기서 살핀다는 것은 일일이 따져 묻는다는 것을 뜻하며 판사가 당사자에게 진술 기회를 주고 심사한다는 뜻으로 이해하면 된다.

구속되기 전 영장실질심사에서는 판사가 구속이 타당한지 여부를 판단하기 위해 피의자에게 궁금한 것을 묻는 절차가 있는데, 이를 구속 전 피의자 심문이라고 한다. 또, 구속된 자가 구속이 타당한지 한번 더 판단해 달라고 신청하는 '구속적부심'에서도 판사가 심문을 통해 결정한다.

민사재판에서 가압류·가처분·파산 등을 결정하기 전 변론기일을 열지 않고, '심문 기일'을 열어 약식으로 궁금한 것을 묻기도 한다. 즉, 판사가 어떤 결정을 하기 전에 직권으로 궁금한 것을 물어보는 절차는 '심문이라고 보면 된다.

2. 체포할 수 있는 경우

죄를 저질렀다고 의심할 만한 충분한 이유가 있는 피의자가 정당한 이유 없이 출석요구에 응하지 않거나 응하지 않을 우려가 있을 때에는 피의자를 체포할 수 있다. 체포를 하려면 원칙적으로 판사가 발부한 체포영장이 필요하다. 사법경찰관이 먼저 검사에게 체포영장을 신청하면 검사는 판사에게 청구하여 체포영장을 발부받게 되는데, 명백히 체포의 필요가 인정되지 아니한 경우에는 검사나 판사는 체포영장을 **기각**할 수 있다.

> **인용, 기각, 각하**
>
> **인용**은 인정하여 받아들인다는 뜻이다. 법원이 당사자의 신청을 받아들여 주는 것, 즉 신청한 대로 재판을 해 주는 것을 의미한다. 원고 승소와 거의 같은 뜻이라고 생각하면 좋다. 민사소송에서 인용은 원고의 요청이 받아들여진다는 의미이고, 형사소송에서 인용은 피고인은 유죄가 되며, 범한 죄에 대한 적절한 형이 선고된다는 의미이다. 가령, 탄핵소추심판에서 피청구인은 공직에서 파면되고, 향후 5년간 공무원이 될수 없다는 의미이다(헌법재판소법 제54조 제2항). 다만 민형사상의 책임이 면제되지는 않는다(헌법 제65조 제4항, 헌법재판소법 제54조 제1항).
>
> **기각**은 법원에서 사건을 심리한 결과 신청의 내용을 종국적 재판에서 이유 없다고 배척하는 것을 말한다. 소송에서 원고의 소에 의한 청구나 상소인의 상소에 의한 불복신청을 이유가 없다고 하여 배척하는 판결 또는 결정 등이다. 각하와 비슷해 보이는 개념이고, 법령상에서 모두 각하라고 칭하기도 하는데 다소 다른 개념이다. 민사소송법이나 이를 준용하는 행정소송법 등에서의 기각은 본안판결로서, 소송에 필요한 형식적인 요소는 모두 갖추었으나 내용을 심사했더니 소를 제기할 이유가 없다고 판단한 것이다.
>
> **각하**는 민사소송법 제219조 소 또는 상소가 그 요건을 구비하지 못한 경우에 소 또는 상소를 부적법한 것으로 하여 소송을 종료시키는 것을 말한다. 형식적인 요소에서 결격사유가 있어서 본안심리도 하지 않고 거부해버리는 것이다.

한편, 범죄가 무겁고 긴급한 사정이 있어 체포영장을 발급받을 여유가 없는 경우, 수사기관은 그 사유를 알리고 영장 없이 피의자를 체포할 수 있는데 이를 **긴급체포**라 한다. 사법경찰관이 피의자를 긴급체포한 경우에는 즉시 검사의 승인을 얻어야 한다.

범죄의 실행 중이거나 막 실행을 끝낸 **현행범** 또는 범죄행위가 종료되었지만 시간적으로 그와 밀접한 관계가 있어 범인이라고 확정할 수 있는 사유가 있는 **준현행범**에 대해서는 누구든지 영장 없이 체포할 수 있다. 수사기관이 아닌 자가 현행범인을 체포한 때에는 즉시 수사기관에 인도하여야 한다.

수사기관에서 피의자를 체포할 때에는 체포의 이유와 변호인을 선임할 수 있음을 알려주고, 변명할 기회를 주어야 한다. 체포 후에는 변호인 또는 피의자가 지정한 사람에게 이 사실을 알려야 한다. 수사기관이 체포한 피의자를 구속하고자 할 때에는 체포한 때부터 48시간 이내에 판사에게 구속영장을 청구하여야 하고, 그 기간 이내에 구속영장을 청구하지 아니하거나 구속영장을 발부받지 못한 때(긴급체포의 경우)에는 피의자를 즉시 **석방**하여야 한다.

3. 구속할 수 있는 경우

수사기관은 수사를 한 결과 범죄가 무겁고 죄질이 나쁘며 일정한 주거가 없는 경우, 증거를 없앨 염려가 있는 경우, 도망하거나 도망할 염려가 있는 경우에는 피의자를 구속할 수 있다. 피의자를 **구속**하려면 증거가 있어야 함을 물론 반드시 판사가 발부한 **구속영장**이 있어야 한다. 피의자는 구속여부가 결정되기 전에 판사 앞에서 변명의 기회를 가질 수 있는데, 이를 구속 전 피의자 심문제도(**영장실질심사제도**)라고 한다. 구속할 만한 사유가 없는 경우에는 판사는 영장을 기각할 수 있다.

수사기관이 피의자를 구속할 수 있는 기간은 수사단계와 공소제기 후로 나누어 정해진다. **수사단계**에서 사법경찰관과 검사는 각각 피의자를 **10일씩** 구속할 수 있으며, 검사는 판사의 허가를 받아 10일 내에서 **1회 연장**할 수 있다(최장 30일 구속 가능). **공소제기 후**에는 피고인(피의자에서 피고인 신분으로 전환됨)을 **2개월** 동안 구속할 수 있는데, 구속상태를 지속할 필요가 있는 때에는 심급마다 2개월의 한도 내에서 **2회씩** 연장할 수 있다(최장 14개월 구속 가능).

구속 전 피의자 심문제도(영장실질심사제도)

신청할 수 있는 대상 ① 현행범이나, 체포영장 제시 후 체포, 긴급체포의 방식으로 수사기관에 체포된 피의자, ② 피의자의 변호인, 법정대리인, 배우자, 직계존속, 형제자매, 가족이나 동거인 또는 고용인

구속 전 피의자 심문제도의 예외 ① 판사가 피의자 심문 없이도 구속여부를 결정할 수 있다고 판단하는 경우, ② 체포되지 않은 피의자에 대해 구속영장이 청구된 경우에 판사가 피의자에게 심문 청구권을 부여하지 않고 판사의 직권으로 피의자에 대해 심문이 필요하다고 판단하는 사안에 한해 피의자를 심문하는 경우(구인영장을 발부하여 피의자를 법원에 출석하게 한 뒤 심문을 실시한다)

4. 피의자가 체포·구속이 적합하지 않다고 생각할 때

피의자는 일단 영장에 의하여 수사기관에 체포 또는 구속되었다고 하더라도, 적부심사절차에 따라 법원으로부터 체포 또는 구속의 적합성 여부에 대해 심사받을 수 있다. 체포 또는 구속적부심은 피의자 본인이나 변호인은 물론, 배우자, 직계친족, 형제자매, 가족, 동거인, 고용주도 청구할 수 있다.

이때 구속적부심을 청구한 피의자에 대해서는 출석을 보증할 만한 보증금을 낼 것을 조건으로 석방을 명하는 피의자보석제도가 인정된다. 체포 또는 구속적부심은 사건이 경찰에 있는가, 검찰에 있는가를 가리지 아니하고 검사가 법원에 기소를 하기 전이면 청구할 수 있다는 점에서 기소된 피고인에 대하여 인정되는 보석제도와는 다르다. 체포 또는 구속적부심을 청구받은 법원은 지체없이 구속된 피의자를 심문하고 증거를 조사하여 결정을 하여야 하는데, 청구권자 아닌 자가 청구하거나 동일한 영장에 대하여 재청구한 때, 수사방해의 목적이 분명한 때 등에는 청구를 기각할 수 있고, 청구의 정당한 사유가 있으면 석방을 명한다.

5. 압수·수색·검증 및 감정이 필요한 경우

수사기관은 증거물이나 몰수물의 수집과 보전을 목적으로 압수·수색·검증을 할 수 있다. 수사기관이 압수·수색·검증을 하는 경우에는 미리 판사로부터 영장을 발부받아야 하지만, 다음과 같은 경우에는 영장 없이도 할 수 있다. 즉, ① 체포·구속목적의 피의자 수색, ② 피의자 체포·구속 현장에서의 압수·수색·검증, ③ 피고인 구속 현장에서의 압수·수색·검증, ④ 범죄 현장에서의 긴급 압수·수색·검증, ⑤ 긴급체포 후 48시간 이내의 압수·수색·검증, ⑥ 임의 제출물에 대한 압수 등의 경우이다.

6. 송 치

종래에는 모든 형사사건은 사건의 크고 작음에 구별이 없이 검사만이 수사를 종결할 수 있었다. 하지만 **수사종결권**은 수사지휘권 다음으로 검경이 치열하게 다투는 수사권의 분과로 2020년 시행되는 수사권조정에서는 검찰이 직접 수사할 수 있는 범위 외의 경찰이 수사한 사건에 대해서는 1차적으로 경찰이 수사를 종결할 수 있게 되었다.

사법경찰관은 그가 수사한 모든 형사사건에 대하여 기록과 증거물을, 그리고 구속한 경우에는 피의자를 검찰청으로 보내야 하는데 이를 송치한다고 한다. 사법경찰관은 송치할 때 그동안 수사한 결과를 종합한 뒤 자신의 **의견**(기소, 불기소 또는 기소중지, 무혐의 등)을 붙여서 송치하는데 이를 송치의견이라고 한다. 이 의견은 검사가 수사를 종결하는데 참고가 되지만 그 의견에 기속되는 것은 아니다. 검사는 그 책임하에 사건에 대한 종국결정을 내린다.

Ⅳ. 수사의 종료

1. 공소의 제기

검사는 사법경찰관으로부터 송치받은 사건이나 직접 인지 등으로 수사한 사건에 대하여 피의자가 재판을 받는 것이 마땅하다고 판단되는 경우 법원에 회부하게 되는데 이를 **공소제기**, 즉 **기소**라고 한다. 그리고 검사에 의하여 기소된 사람을 **피고인**이라 한다. 한편, 검사가 피의자에 대하여 징역형이나 금고형에 처하는 것보다 벌금형에 처함이 상당하다고 판단하는 경우에는 기소와 동시에 법원에 대하여 벌금형을 내려 달라는 **약식명령**을 청구할 수 있는데 이를 **약식기소**라도 한다. 피의자가 구속된 상태에서 약식기소를 하는 경우에는 피의자를 석방해야 한다. 이 경우 판사는 약식절차에 의하는 것이 불가능 또는 부적당하다고 생각하는 경우에는 정식재판에 회부하여 **공판**을 열어 재판을 할 수도 있다. 피고인이나 검사는 판사의 약식명령에 대하여 불복이 있으면 7일 이내에 정식재판을 청구할 수도 있다.

2. 불기소처분을 하는 경우

검사가 사건을 수사한 결과 피의자를 재판에 회부할 필요가 없다고 판단한 경우에는 기소를 하지 않고 사건을 종결하는데 이를 **불기소처분**이라고 한다. 불기소처분 중에 가장 중요한 것은 기소유예와 무혐의 처분이다.

2.1 기소유예

기소유예란 범죄혐의가 인정되고 소송조건도 갖추어졌으나 피의자의 연령·성행·지능과 환경, 범행의 동기, 수단과 결과, 범행 후의 정황 등을 고려하여 기소를 하여 전과자를 만드는 것보다는 다시 한번 성실한 삶의 기회를 주기 위하여 검사가 기소를 하지 않는 것을 말한다. 민사상의 채무불이행에 해당되어 무혐의 처분을 한 경우에는 형사상 범죄가 성립되지 않는 것을 의미할 뿐이지 민사상의 채무까지 면해주는 것이 아님을 주의할 필요가 있다. 기소유예된 피의자는 같은 죄로 다시 기소되지 않는다. 그러나 기소유예 후에 다시 죄를 저지를 경우 등의 사정이 있으면 검사는 기소유예 처분한 범죄에 대해서도 기소할 수 있다.

2.2 무혐의 처분

무혐의 처분이란 검사가 수사한 결과 범죄를 인정할 만한 증거가 없거나, 기소하여 유죄판결을 받기에 증거가 부족한 경우에 내리는 결정을 말한다. 비록 무혐의 처분이 한번 내려진 경우라 하더라도 피의자를 기소하여 유죄를 받아낼 만한 증거가 새로이 발견된 경우에는 피의자를 기소할 수 있다. 무혐의 처분과 관련하여 특히 문제되는 것은 사기, 횡령, 배임 등 재산범죄 고소 사건에 대한 불기소처분이 높다는 점이다.

2.3 기소중지, 참고인 중지

피의자의 소재불명 등의 이유로 수사를 종결할 수 없을 경우에 검사는 피의자에 대한 기소를 중지하고, 피의자가 범행을 부인하며 주요 증인 등이 소재불명이어서 수사를 종결할 수 없을 경우에 참고인 중지처분을 한다. 이러한 경우에는 지명수배, 지명통보 및 출국금지 조치가 취해질 수도 있다.

3. 불기소처분에 이의를 제기하는 방법

3.1 항고·재항고

고소인 또는 고발인은 불기소처분 통지를 받은 날부터 **30일** 이내에 불기소처분을 내린 검사가 소속된 지방검찰청 또는 지청을 거쳐 서면으로 관할 고등검찰청의 장에게 **항고**할 수 있다. 고등검찰청 검사장이 항고를 기각하는 경우에는 항고기각결정 통지를 받은 날부터 30일 이내에 검찰총장에게 **재항고**할 수 있다.

3.2 재정신청

형법상 직권남용죄, 불법체포감금죄, 폭행가혹행위죄, 공직선거및선거부정방지법위반죄, 헌정질서파괴범죄에 대해서는 불기소처분의 통지를 받은 날부터 10일 이내에 고등법원에 재정신청을 할 수 있다. 재정신청서는 불기소처분을 한 검사가 소속된 지방검찰청의 검사장 또는 지청장에게 제출한다.

3.3 헌법소원

검찰항고 또는 재정신청에 대한 최종 결정을 받은 고소인은 30일 이내에 헌법재판소에 검사의 불기소처분에 대한 헌법소원을 청구할 수 있다. 헌법소원이라 함은 헌법위반의 법령이나 처분 또는 판결등 공권력에 의하여, 자신의 헌법상 보장된 기본권이 직접-현실적으로 침해당한 자가, 헌법재판기관에 당해 법령-처분-판결의 위헌심사를 청구하여, 침해된 기본권을 구제받을 수 있는 제도를 말한다.

4. 보석제도

검사에 의하여 구속기소된 피고인은 법원에 **보증금**을 납부할 것을 조건으로 석방하여 달라고 청구할 수 있는데 이를 보석이라고 한다. 보석 보증금을 현금 대신 보석 보증보험증권을 첨부한 보증서로 대신할 수 있다. **보석**은 피고인은 물론 변호인과 피고인의 법정대리인, 배우자, 직계친족, 형제자매도 청구할 수 있다. 법원은 특별한 사유가 없다고 인정되면 피고인의 재산정도와 범죄의 성질, 증거 등을 고려하여 적당한 보증금을 납부할 것과 주거를 제한하는 등의 조건을 붙여 보석을 허가할 수 있다. 또 피고인 등의 청구가 없더라도 법원의 직권으로 보석을 허가하는 경우도 있다.

그러나 피고인이 사형, 무기 또는 장기 10년 이상의 징역이나 금고에 해당하는 죄를 범하였거나, 피해자나 당해 사건의 재판에 필요한 사실을 알고 있다고 인정되는 자 또는 그 친족의 생명·신체나 재산에 해를 가하거나 가할 염려가 있다고 믿을 말한 충분한 이유가 있는 때에는 보석을 허가하지 않을 수 있다.

Ⅴ. 재 판

1. 재판의 절차

1.1 공판준비 절차

검사가 기소한 사건에 대하여 법원은 공판을 열어 재판을 하게 된다. **공판**은 보통 법원에 마련된 공판정에서 공개리에 진행되는데, 피고인은 자신의 억울함이나 정당함을 주장할 수 있고 변호인의 도움을 받을 수 있다. 변호인 출석은 공판의 요건이 아니지만, 필요적 변호사건에서는 변호인 없이 재판을 진행할 수 없다. 이러한 사건에서 변호인이 없는 경우, 법원은 국선변호인을 선임해 주게 된다. 그 밖에도 피고인이 빈곤하여 변호인을 선임할 수 없는 경우에 피고인이 청구하면 국선변호인을 선임해 주기도 한다. 검사와 피고인은 공판이 열릴 때 꼭 출석해야 하지만, 예외적으로 검사나 피고인 없이 재판이 진행되는 경우도 있다.

검사의 출석을 요하지 않는 경우는 검사가 재판일의 통지를 2회 이상 받고도 출석하지 않거나 판결만을 선고하는 때이다. **피고인의 출석을 요하지 않**

는 경우는 ① 100만원 이하인 벌금 또는 과료에 해당하는 사건일 때, ② 공소기각 도는 면소재판을 할 것이 분명한 사건일 때, ③ 약식명령에 대해 정식재판을 청구한 피고인이 공판기일에 2회 이상 출석하지 않은 때, ④ 피고인이 항소심 공판기일에 정당한 이유 없이 2회 이상 출석하지 않은 때, ⑤ 제1심 재판에서 피고인에 대한 소재를 확인할 수 없는 때(사형, 무기 또는 장기 10년 이상의 징역이나 금고에 해당하는 사건 제외), ⑥ 구속된 피고인이 정당한 이유 없이 출석을 거부하고 교도관리에 의한 인치가 불가능하거나 현저히 곤란하다고 인정되는 때, ⑦ 공판기일에 피고인이 재판장의 허가 없이 퇴정하거나 퇴정명령을 받고 퇴정한 때 등이다.

1.2 공판기일 절차

① 모두절차

모두절차는 형사재판 초기 단계에서 기소된 범죄사실의 내용과 이에 대한 검사와 피고인의 의견을 밝히는 절차이다. 인정신문, 검사의 모두 진술, 진술거부권 고지, 피고인의 모두진술의 순서로 진행된다.

② 사실심리 절차

피고인 신문, 증거조사, 검사의 의견진술, 변호인 최후변론, 피고인 최후진술의 순서로 진행된다. 증거조사 절차에서는 증인신문이 행해지는데, 법원으로부터 소환받은 증인은 출석의무, 선서의무 및 증언의무를 진다. 증인이 정당한 이유 없이 이러한 의무를 이행하지 않는 경우에는 50만원 이하의 과태료에 처할 수 있고, 특히 출석하지 않은 증인은 **구인장**을 발부하여 구인할 수 있다. 증인은 자신의 증언이 기재된 증인신문조서의 열람·등사를 청구할 수 있고, 소정의 여비, 일당, 숙박료도 청구할 수 있다. 정당한 이유가 있는 경우 증인은 **증언거부권**을 행사할 수 있고, 특정 강력범죄사건의 증인은 검사에게 신변안전을 위한 조치를 취해 줄 것을 청구할 수 있다.

③ 판결선고 절차

사건에 대한 심리가 끝나면 재판장은 재판서에 의해 판결을 선고한다. 선고의 형식은 주문을 읽어주고 판결이유의 요지를 설명하는 것이다. 형을 선고

할 때 재판장은 피고인이 재판결과를 받아들이지 않고 이의를 제기할 경우에 다시 재판할 수 있는 법원과 가능한 기간을 알려준다.

2. 재판의 종료

심리결과 피고인의 죄가 인정되면 판사는 **유죄판결**을 내리는데, 판사의 재판과정에 대한 판단에 따라 실형을 선고할 수도 있고 집행유예나 선고유예를 할 수도 있다. **집행유예**는 형을 선고하면서 일정기간 그 형의 집행을 미루어 두었다가 그 기간에 재범을 하지 않으면 형을 집행하지 않기로 하는 것이고, **선고유예**는 형의 선고 자체를 미루어 두었다가 일정기간이 무사히 경과하면 해당 사건에 대한 법원의 소송절차가 종결되어 소송이 소멸된 것으로 간주하는 것이다. 피고인을 유죄로 인정할만한 증거가 없는 경우에는 판사가 **무죄판결**을 선고한다.

3. 재판결과에 수긍할 수 없을 때

3.1 상소제도

피고인이 재판에 불복할 경우에는 상소제도를 통하여 상급법원에 다시 재판할 것을 청구할 수 있는데, 상소는 제1심판결에 대한 불복인 **항소**와 제2심판결에 대한 불복인 **상고**가 있다. 상소를 제기할 수 있는 사람은 검사와 피고인이고, 아울러 피고인의 법정대리인이나 변호인, 배우자, 직계친족, 형제자매도 피고인을 대신해서 상소할 수 있다.

원칙적으로 상소심에서는 원심판결보다 무거운 형을 선고하지 못한다. 이는 피고인이 중한 형으로 변경될 위험 때문에 상소제기를 단념하지 않도록 하여 피고인의 권리를 보장하려는 것이다. 그러나 검사가 피고인에게 부과된 형이 부당하다는 이유로 **부대항소**를 한 경우에는 항소심에서 원심보다 무거운 형이 선고될 수 있다. 상소는 판결을 받은 후 7일 이내에 해야 하지만, 상소권자 또는 그 대리인이 스스로에게 책임이 없는 이유로 인해 기간 내에 제기하지 못한 때에는 상소권회복을 청구할 수 있다. 주의해야 할 점은 지방법원 단독판사가 제1심재판부일 때에는 항소심 재판(2심재판)은 지방법원 항소부(합의부)에서 이루어진다는 점이다. 그리고 상소심 재판이 어디에서 이루어지든 간에 상고심재판(3심재판)은 대법원에서 이루어진다.

3.2 재심제도

재심이란 재판을 통해 이미 유죄가 확정되었으나 새로운 증거나 증인으로 인해 재판결과가 바뀔 가능성이 있는 경우 다시 재판을 하는 것을 말한다. 재심시기에는 제한이 없으므로 형의 집행을 받거나 형의 집행이 종료된 경우는 물론 유죄판결을 받은 사람이 사망한 후에도 할 수 있다. 재심청구를 받은 법원은 청구가 이유 있다고 인정되는 경우에 재심개시 결정을 하고 심급에 따라 다시 심판을 해야 하며, 재심에서 형을 선고하는 경우에는 원래의 판결보다 중한 형을 선고할 수 없다.

재심을 청구할 수 있는 경우

① 원판결의 증거가 위조·변조·허위임이 판명된 때
② 유죄판결을 받은 사람에게 유리하게 작용할 것이 분명한 새로운 증거가 발견되었을 때
③ 저작권·특허권·실용신안권·의장권·상표권을 침해한 죄에 있어 그 권리가 무효로 된 때
④ 해당 사건에 관여한 법관과 수사기관이 직무에 관한 죄를 범했음이 증명된 때

VI. 형의 집행

1. 형의 집행방법

형벌의 종류에는 사형, 징역, 금고, 구류, 벌금, 과료, 몰수 등이 있다. 법원의 판결로 선고된 형은 검사의 지휘에 따라 집행되는데, 징역이나 금고는 교도소에서 집행하게 된다. 벌금형을 받았으나 벌금을 납부하지 않은 경우에는 1일 이상 3년 이내의 범위에서 노역장에 유치된다. 이 경우 통상 1일 50,000원으로 환산하여 벌금을 제하며, 벌금액이 고액일 때는 1일 환산 금액을 조정한다.

- **징역과 금고**: 징역은 재소자에게 주어지는 작업의 의무(정역)가 있는 것이고 금고는 정역의 의무가 없는 것이다.
- **구류**: 1일 이상 30일 미만 동안 범죄자를 교도소에 구치하는 형벌이다.
- **벌금**: 50,000원 이상의 금액을 지불하도록 하는 형벌이다.
- **과료와 과태료의 구별**: 과료는 2,000원 이상 50,000원 미만의 금액을 지불하도록 하는 형벌의 종류이며, 과태료는 형벌이 아니라 행정법상의 제재방법이다.

2. 가석방과 집행정지

징역 또는 금고형의 집행 중에 있는 사람이 복역성적이 양호하고 잘못을 뉘우치고 있을 때에는 무기형은 10년, 유기형은 형기의 3분의 1을 경과한 후에 가석방을 받을 수 있다. 가석방 기간은 무기형은 10년, 유기형은 남은 형기로 하되 10년을 넘을 수 없다. 가석방이 되면 가석방 기간 동안 보호관찰을 받게 되는데, 가석방 기간 중 행실이 나쁘거나 다시 죄를 저지르면 가석방 취소 또는 효력 상실로 남은 형기를 마저 복역하게 된다. 또 복역 중인 사람이 형의 집행으로 인하여 생명을 보전할 수가 없거나 연령이 70세 이상인 때 기타 중대한 사유가 있는 경우에 검사는 형집행정지 및 석방을 할 수 있다.

보호관찰

범죄인을 교도소 등의 시설에 수용하지 않고 자유로이 사회생활을 하도록 하면서 일정한 준수사항을 지키도록 지도하며 범죄인을 개선, 갱생시키는 처분이다.

3. 형의 효력이 없어지는 경우(전과기록 말소)

한 번의 잘못으로 형을 받았다고 하더라도 일정한 기간 죄를 저지르지 않으면 전과를 말소하여 정상적인 사회복귀를 보장할 필요가 있다. 징역 또는 금고의 형을 마쳤거나 집행이 면제된 사람이 피해자의 손해를 보상했고, 자격정지 이상의 형을 받는 일 없이 **7년**이 경과한 때에는 본인의 신청에 의해 재판의 실효 처분을 받을 수 있다. 그러나 일반인들은 이 신청절차 등을 모르는 경우가 많기 때문에 '형의 실효 등에 관한 법률'에 따라 해당 조건을 충족하는 경우에 자동적으로 형이 실효되도록 하고 있다. 이 법에 다른 실효 기간은, 3년을 초과하는 징역 또는 금고는 **10년**, 3년 이하의 징역 또는 금고는 **5년**, 벌금은 **2년**이다.

4. 형의 집행을 받지 않으면(형의 시효)

형의 선고를 받은 사람이 집행을 받지 않은 채 일정한 기간이 지나면 형의 집행이 면제되는데, 이를 형의 시효라 한다. 형벌이 확정되었으나 형벌을 집행할 수 없기 때문에 형벌의 집행권이 없어지는 제도라는 점에서 형벌 자체가 확정되지 않은 상태에서 소의 소멸시효가 성립하여 공소권이 없어지는 공소시효와 구별된다. 형의 시효기간은 **사형**의 경우 30년, **무기징역** 또는 **금고**는 20년, 10년 이상의 징역 또는 금고는 15년, 3년 이상의 징역이나 금고 또는 10년 이상의 자격정지는 10년, 3년 미만의 징역이나 금고 또는 5년 이상의 자격정지는 5년, 5년 미만의 자격정지, 벌금, 몰수 또는 추징은 3년, 구류, 과료는 1년이다.

제11장

교통사고와 법률

제11장 교통사고와 법률

Ⅰ. 도로교통법의 주요 내용

1. 도 로

도로란 도로법상 도로와 유료도로,[1] 농어촌도로,[2] 현실적으로 불특정 다수의 사람 또는 차마가 통행할 수 있는 공개된 장소로서 안전하고 원활한 교통을 확보할 필요가 있는 장소를 말한다. 즉 '도로'는 차도, 보도, 자전거도로, 측도, 터널, 교량, 육교 등의 시설과 도로의 부속물을 포함된다. '도로의 부속물'은 도로관리청이 도로의 편리한 이용과 안전 및 원활한 도로교통의 확보, 그 밖에 도로의 관리를 위하여 설치하는 시설 또는 공작물이다. 가령, 주차장, 버스정류시설, 휴게시설, 시선유도표시, 중앙분리대, 과속방지시설, 통행료 징수시설, 도로관제시설, 도로관리사무소, 도로표지 및 교통량 측정시설, 낙석방지시설, 제설시설, 식수대 등이다. 이는 넓은 의미의 도로에 포함되어 도로교통법이 적용된다.

교회 주차장에서 사고 차량의 운행 중 상해를 입히고 구호조치 없이 도주한 행위

교회 주차장에서 사고차량 운전자가 사고차량의 운행 중 피해자에게 상해를 입히고도 구호조치 없이 도주한 행위에 대하여 특정범죄가중처벌 등에 관한 법률 제5조의3 제1항을 적용한 조치를 정당하다(대법원 2004. 8. 30. 선고 2004도3600 판결).

1) 「유료도로법」에 따른 유료도로
2) 「농어촌도로 정비법」에 따른 농어촌도로

2. 차 마

차마는 차와 우마를 말한다(제2조 17호). '차'란 자동차, 건설기계(굴삭기 등), 원동기장치자전거, 자전거, 사람 또는 가축의 힘이나 그 밖의 동력으로 도로에서 운전되는 것을 포함한다. 자동차는 철길이나 가설된 선을 이용하지 아니하고 원동기를 사용하여 운전되는 차이다. 견인되는 자동차는 자동차의 일부로 취급된다. 원동기장치자전거는 이륜자동차 가운데 배기량 125cc 이하의 이륜자동차와 배기량 50cc 미만의 원동기[3]를 단 차를 말한다. '우마'는 교통이나 운수에 사용되는 가축을 말한다.

3. 수신호 우선

도로가 정체되는 경우 도로소통의 원활을 위하여 경찰관이나 모범운전자가 수신호로 교통신호를 하는 경우에 도로를 통행하는 보행자와 차마의 운전자는 교통안전시설이 표시하는 신호 또는 지시와 교통정리를 하는 국가경찰공무원, 자치경찰공무원 및 이를 보조하는 사람으로서 경찰보조자의 지시에 따라야 한다. 따라서 신호등보다 교통정리를 하는 수신호를 우선 따라야 한다(법 제5조).

4. 사람 우선

도로교통법상 운전자는 보행자가 횡단보도를 통행하고 있을 때에는 보행자의 횡단을 방해하거나 위험을 주지 아니하도록 그 횡단보도 앞에서 일시정지하여야 한다(제27조 1항). 운전자는 교통정리를 하고 있지 아니하는 교차로 또는 그 부근의 도로를 횡단하는 보행자의 통행을 방해하여서는 아니 된다(동

3) 2012년 1월부터는 자동차관리법 개정으로 자동차로 분류되지 않던 50cc 미만이 경형이륜자동차로 분류되었고, 책임보험가입 및 사용신고가 의무화되었다. 2012년 6월까지 계도기간이 적용되며, 그 이후는 번호판이 없는 이륜차는 미신고 불법 차량으로 운행해선 안된다. 1종 보통 및 2종 보통 면허로 운행할 수 있으며, 최고정격출력 4kW 이하인 전기 원동기도 이 부류에 포함된다. 그래서 사실상 오토바이 이외의 것들도 많은데, 전기자전거, 모터보드, 세그웨이, 전동킥보드 등 일명 개인형 이동장치로 분류되는 작은 엔진이나 모터가 달린 잡다한 탈것을 의미한다.

조 제3항). 운전자는 보행자가 횡단보도가 설치되어 있지 아니한 도로를 횡단하고 있을 때에는 안전거리를 두고 일시정지하여 보행자가 안전하게 횡단할 수 있도록 하여야 한다(제5항). 어린이의 보호자는 교통이 빈번한 도로에서 어린이를 놀게 하여서는 아니 되며, 영유아(6세 미만)의 보호자는 교통이 빈번한 도로에서 영유아가 혼자 보행하게 하여서는 아니 된다(제11조 1항).

5. 자전거의 교통

자전거의 운전자는 자전거도로(제15조 1항)가 따로 있는 곳에서는 그 자전거도로로 통행하여야 한다(제13조의2 1항). 자전거도로가 설치된 지역에서 일반도로로 운행해서는 안된다. 자전거의 운전자는 자전거도로가 설치되지 아니한 곳에서는 도로 우측 가장자리에 붙어서 통행하여야 한다(동조 제2항). 인도를 통행하는 경우에 보행자의 통행에 방해될 때에는 서행하거나 일시정지하여야 한다(동조 제3항). 자전거 운전자가가 횡단보도를 이용하여 도로를 횡단할 때에는 자전거에서 내려서 자전거를 끌고 보행하여야 한다(동조 제6항).

6. 추 월

운전자는 앞차의 좌측에 다른 차가 앞차와 나란히 가고 있는 경우, 앞차가 다른 차를 앞지르고 있거나 앞지르려고 하는 경우 앞차를 앞지르지 못한다(제22조 3항).

7. 차량 등화

운전자는 밤(해가 진 후부터 해가 뜨기 전까지)에 도로에서 차를 운행하거나 고장이나 그 밖의 부득이한 사유로 도로에서 차를 정차 또는 주차하는 경우, 안개가 끼거나 눈이 올 때에 도로에서 차를 운행하거나 고장이나 그 밖의 부득이한 사유로 도로에서 차를 정차 또는 주차하는 경우, 터널 안을 운행하거나 고장 또는 그 밖의 부득이한 사유로 터널 안 도로에서 차를 정차 또는 주차하는 경우에는 전조등, 차폭등, 미등과 그 밖의 등화를 켜야 한다(제37조).

8. 보복운전(난폭) 금지

> **도로교통법 제46조의3(난폭운전 금지)** 자동차 등(개인형 이동장치는 제외한다)의 운전자는 다음 각호 중 둘 이상의 행위를 연달아 하거나, 하나의 행위를 지속 또는 반복하여 다른 사람에게 위협 또는 위해를 가하거나 교통상의 위험을 발생하게 하여서는 아니 된다.
>
> 1. 제5조에 따른 신호 또는 지시 위반
> 2. 제13조 제3항에 따른 중앙선 침범
> 3. 제17조 제3항에 따른 속도의 위반
> 4. 제18조 제1항에 따른 횡단·유턴·후진 금지 위반
> 5. 제19조에 따른 안전거리 미확보, 진로변경 금지 위반, 급제동 금지 위반
> 6. 제21조 제1항·제3항 및 제4항에 따른 앞지르기 방법 또는 앞지르기의 방해금지 위반
> 7. 제49조 제1항 제8호에 따른 정당한 사유 없는 소음 발생
> 8. 제60조 제2항에 따른 고속도로에서의 앞지르기 방법 위반
> 9. 제62조에 따른 고속도로등에서의 횡단·유턴·후진 금지 위반

난폭운전금지는 도로교통법 제46조의3에 규정한다. 자동차 운전자가 법 제46조의3 각호에 해당하는 행위를 2개 이상하는 경우에 난폭운전(보복운전)으로 다루어진다. 난폭운전으로 인한 운전면허취소(제93조), 보복운전의 방지와 처벌(제151조의2) 등은 2016년 2월 21일부터 시행되고 있다.

II. 교통사고

1. 교통사고가 있는 경우 조치

일반적으로 자동차를 운전하는 대부분의 사람들이 교통사고에 대한 경험이 없거나 사고 발생시 어떠한 조치를 취해야 하는지 모르고 당황하는 경우가 많다. 사고가 발생하면 대부분 법률적 의무사항인 신고의무와 부상자에 대한 응급 구호조치를 우선하되, 사고 현장에 대한 증거자료 확보도 필수적으로 해야 한다. 사고 당사자인 자신도 사고에 대한 자료를 확보해 두어야 억울하다고 생각되었을 때 그 자료를 토대로 교통사고의 원인 등을 전문적으로 밝히는

기관에 가서 사고 원인을 분석하여 잘못된 결론에 대해 바로 잡을 가능성이 있는 것이다.

사고 현장에서의 기본적 대처 사항으로는 다음과 같은 것들을 들 수 있다. ① 사고 발생시 운전자(동승자)는 상대방의 차와 자신의 차의 최종 정지 위치를 정확하게 표시하고 사진촬영을 해 둔다. ② 상대방의 차와 자신의 차의 손상(파손) 부위를 파악하고 사진촬영을 해 둔다. ③ 충돌로 인해 파손 잔존물이 도로에 떨어져 있을 경우 낙하 위치를 정확하게 파악한 뒤 사진촬영을 해 둔다(필요시 잔존물 낙하 위치의 거리 등을 알아두면 더욱 좋다). ④ 도로가 파인 자국 등 도로에 생긴 흔적들을 정확히 파악하고 사진촬영을 해 둔다(사고 지점에 이전에 먼저 생긴 자국 등이 많이 있을 수 있으므로 자기의 사고로 생긴 자국들을 정확히 파악한다). ⑤ 주변에 있던 다른 차량의 사람들이나 목격자 등을 찾아 인적사항을 기록해 두고, 현장 정리가 끝난 후 빠른 시간 내에 확인을 받아 두는 것이 좋다.

2. 교통사고가 있는 경우 의무

2.1 구호의무

도로상에서 자동차 사고가 발생한 경우 사고차량의 운전자나 동승자는 자기 또는 상대방에게 과실이 있든 없든 즉시 차를 세우고 사상자를 구호하는 등 필요한 조치를 취해야 한다. 만일 이러한 **구호조치**를 취하지 않으면 수사결과 교통사고 자체에는 아무런 잘못이 없다고 판단되더라도 처벌을 받을 수 있다. 또 교통사고 현장에서 도망해 버리면 잘못이 많은 것으로 판단되어 수사상 불리한 취급을 받을 수 있다.

2.2 신고의무

교통사고의 내용이 인적피해이건 물적피해이건 간에 사상자 구호조치가 끝난 다음 즉시 가까운 경찰관서 또는 112, 119에 신고해야 한다. 이러한 **신고의무**를 위반하면 처벌받게 된다. 다만, 자동차만 부서진 것이 명백하고, 사고 후 또 다른 사고가 나지 않게 함은 물론, 교통소통에도 장애가 없도록 하는 등의 조치를 한 때에는 신고의무가 면제된다.

2.3 구조의무 불이행

자동차를 운전하다가 사람을 죽거나 다치게 하거나, 물건을 망가뜨리는 교통사고를 낸 경우 운전자는 즉시 정차하여 필요한 조치를 취할 의무가 있다. 이러한 조치를 취하지 않고 도주한 자에게는 일반적으로 뺑소니 또는 도주차량이라고 이야기하는 **구조의무불이행죄**가 성립된다. 일단 뺑소니 혐의가 인정되면 비록 자동차 종합보험에 가입되어 있거나 피해자와 합의가 되더라도 특정범죄가중처벌 등에 관한 법률에 의하여 엄하게 처벌을 받게 된다. 뺑소니에 해당하지 않으려면 꼭 다음과 같은 조치를 취해야 한다. ① 교통사고 발생시 사고 장소에 즉시 정차, 사건 피해자의 상처 여부 확인, ② 운전자의 운전면허증 또는 명함 등을 주고받아 신분, 전화번호 등을 확인, ③ 본인도 다친 경우에는 일행이나 주변인의 도움을 받아 후송 조치, ④ 경찰서에 신고하고 보험회사에 연락하여 사고 접수, ⑤ 피해자가 괜찮다고 대답할 경우에도 연락처, 신분확인은 반드시 필요하다.

Ⅲ. 교통사고와 법률

1. 형 법

제268조(업무상과실·중과실 치사상) 업무상과실 또는 중대한 과실로 사람을 사망이나 상해에 이르게 한 자는 5년 이하의 금고 또는 2천만원 이하의 벌금에 처한다.

2. 교통사고처리특례법

제3조(처벌의 특례) ① 차의 운전자가 교통사고로 인하여 「형법」 제268조의 죄를 범한 경우에는 5년 이하의 금고 또는 2천만원 이하의 벌금에 처한다.

② 차의 교통으로 제1항의 죄 중 업무상과실치상죄 또는 중과실치상죄와 「도로교통법」 제

151조의 죄를 범한 운전자에 대하여는 피해자의 명시적인 의사에 반하여 공소를 제기할 수 없다. 다만, 차의 운전자가 제1항의 죄 중 업무상과실치상죄 또는 중과실치상죄를 범하고도 피해자를 구호하는 등 「도로교통법」 제54조 제1항에 따른 조치를 하지 아니하고 도주하거나 피해자를 사고 장소로부터 옮겨 유기하고 도주한 경우, 같은 죄를 범하고 「도로교통법」 제44조 제2항을 위반하여 음주측정 요구에 따르지 아니한 경우와 다음 각호의 어느 하나에 해당하는 행위로 인하여 같은 죄를 범한 경우에는 그러하지 아니하다.

1. 「도로교통법」 제5조에 따른 신호기가 표시하는 신호 또는 교통정리를 하는 경찰공무원등의 신호를 위반하거나 통행금지 또는 일시정지를 내용으로 하는 안전표지가 표시하는 지시를 위반하여 운전한 경우
2. 「도로교통법」 제13조 제3항을 위반하여 중앙선을 침범하거나 같은 법 제62조를 위반하여 횡단, 유턴 또는 후진한 경우
3. 「도로교통법」 제17조 제1항 또는 제2항에 따른 제한속도를 시속 20킬로미터 초과하여 운전한 경우
4. 「도로교통법」 제21조 제1항, 제22조, 제23조에 따른 앞지르기의 방법·금지시기·금지장소 또는 끼어들기의 금지를 위반하거나 같은 법 제60조 제2항에 따른 고속도로에서의 앞지르기 방법을 위반하여 운전한 경우
5. 「도로교통법」 제24조에 따른 철길건널목 통과방법을 위반하여 운전한 경우
6. 「도로교통법」 제27조 제1항에 따른 횡단보도에서의 보행자 보호의무를 위반하여 운전한 경우
7. 「도로교통법」 제43조, 「건설기계관리법」 제26조 또는 「도로교통법」 제96조를 위반하여 운전면허 또는 건설기계조종사면허를 받지 아니하거나 국제운전면허증을 소지하지 아니하고 운전한 경우. 이경우 운전면허 또는 건설기계조종사면허의 효력이 정지 중이거나 운전의 금지 중인 때에는 운전면허 또는 건설기계조종사면허를 받지 아니하거나 국제운전면허증을 소지하지 아니한 것으로 본다.
8. 「도로교통법」 제44조 제1항을 위반하여 술에 취한 상태에서 운전을 하거나 같은 법 제45조를 위반하여 약물의 영향으로 정상적으로 운전하지 못할 우려가 있는 상태에서 운전한 경우
9. 「도로교통법」 제13조 제1항을 위반하여 보도가 설치된 도로의 보도를 침범하거나 같은 법 제13조 제2항에 따른 보도 횡단방법을 위반하여 운전한 경우
10. 「도로교통법」 제39조 제3항에 따른 승객의 추락 방지의무를 위반하여 운전한 경우
11. 「도로교통법」 제12조 제3항에 따른 어린이 보호구역에서 같은 조 제1항에 따른 조치

를 준수하고 어린이의 안전에 유의하면서 운전하여야 할 의무를 위반하여 어린이의 신체를 상해(傷害)에 이르게 한 경우

12. 「도로교통법」 제39조 제4항을 위반하여 자동차의 화물이 떨어지지 아니하도록 필요한 조치를 하지 아니하고 운전한 경우

3. 특정범죄 가중처벌 등에 관한 법률

제5조의3(도주차량 운전자의 가중처벌) ① 「도로교통법」 제2조의 자동차, 원동기장치자전거 또는 「건설기계관리법」 제26조 제1항 단서에 따른 건설기계 외의 건설기계의 교통으로 인하여 「형법」 제268조의 죄를 범한 해당 자동차등의 운전자(이하 "사고운전자"라 한다)가 피해자를 구호하는 등 「도로교통법」 제54조 제1항에 따른 조치를 하지 아니하고 도주한 경우에는 다음 각호의 구분에 따라 가중처벌한다.

1. 피해자를 사망에 이르게 하고 도주하거나, 도주 후에 피해자가 사망한 경우에는 무기 또는 5년 이상의 징역에 처한다.
2. 피해자를 상해에 이르게 한 경우에는 1년 이상의 유기징역 또는 500만원 이상 3천만원 이하의 벌금에 처한다.

② 사고운전자가 피해자를 사고 장소로부터 옮겨 유기하고 도주한 경우에는 다음 각 호의 구분에 따라 가중처벌한다.

1. 피해자를 사망에 이르게 하고 도주하거나, 도주 후에 피해자가 사망한 경우에는 사형, 무기 또는 5년 이상의 징역에 처한다.
2. 피해자를 상해에 이르게 한 경우에는 3년 이상의 유기징역에 처한다.

4. 도로교통법

제148조의2(벌칙) ① 제44조 제1항 또는 제2항을 위반하여 벌금 이상의 형을 선고받고 그 형이 확정된 날부터 10년 내에 다시 같은 조 제1항 또는 제2항을 위반한 사람은 다음 각호의 구분에 따라 처벌한다.

1. 제44조 제2항을 위반한 사람은 1년 이상 6년 이하의 징역이나 500만원 이상 3천만원 이하의 벌금에 처한다.

2. 제44조 제1항을 위반한 사람 중 혈중알코올농도가 0.2퍼센트 이상인 사람은 2년 이상 6년 이하의 징역이나 1천만원 이상 3천만원 이하의 벌금에 처한다.
3. 제44조 제1항을 위반한 사람 중 혈중알코올농도가 0.03퍼센트 이상 0.2퍼센트 미만인 사람은 1년 이상 5년 이하의 징역이나 500만원 이상 2천만원 이하의 벌금에 처한다.

② 술에 취한 상태에 있다고 인정할 만한 상당한 이유가 있는 사람으로서 제44조 제2항에 따른 경찰공무원의 측정에 응하지 아니하는 사람은 1년 이상 5년 이하의 징역이나 500만원 이상 2천만원 이하의 벌금에 처한다.

③ 제44조 제1항을 위반하여 술에 취한 상태에서 자동차등 또는 노면전차를 운전한 사람은 다음 각호의 구분에 따라 처벌한다.

1. 혈중알코올농도가 0.2퍼센트 이상인 사람은 2년 이상 5년 이하의 징역이나 1천만원 이상 2천만원 이하의 벌금
2. 혈중알코올농도가 0.08퍼센트 이상 0.2퍼센트 미만인 사람은 1년 이상 2년 이하의 징역이나 500만원 이상 1천만원 이하의 벌금
3. 혈중알코올농도가 0.03퍼센트 이상 0.08퍼센트 미만인 사람은 1년 이하의 징역이나 500만원 이하의 벌금

④ 제45조를 위반하여 약물로 인하여 정상적으로 운전하지 못할 우려가 있는 상태에서 자동차등 또는 노면전차를 운전한 사람은 3년 이하의 징역이나 1천만원 이하의 벌금에 처한다.

Ⅳ. 교통사고의 처벌

1. 사망사고

피해자가 사망한 경우에는 자동차 종합보험이나 합의와 관계없이 교통사고처리특례법에 의거 형사입건되어 처벌을 받게 된다. 다만, 피해자 유족 측과 합의한 경우에는 구속·불구속의 결정, 선고형량 등에 정상 참작될 수 있다.

2. 부상·대물사고

사고 운전자가 종합보험(택시, 버스, 화물트럭 공제조합 포함)에 가입되어 있거나 피해자와 합의하였다면 형사처벌은 받지 않고, 사고발생의 원인행위에 따라 도로교통법에 의거하여 벌점 및 범칙금만 부과받게 된다. 그러나 부상사

고의 경우 교통사고처리특례법에 규정된 10대 중요위반사고의 경우에는 자동차종합보험 가입이나 합의와 관계없이 형사처벌을 받게 된다.

교통사고처리특례법상 10대 중요 위반사고 유형
① 교통신호기 또는 교통정리를 위한 경찰관 등의 신호나 통행의 금지 또는 일시정지를 내용으로 하는 안전표지가 표시하는 지시에 위반한 경우 ② 중앙선을 침범하거나 고속도로 또는 자동차 전용도로에서 횡단, 유턴 또는 후진한 경우 ③ 제한속도를 20킬로미터 초과하여 운전한 경우 ④ 앞지르기 방법 또는 금지 위반의 경우 ⑤ 철길 건널목 통과 방법 위반의 경우 ⑥ 횡단보도상에서의 보행자 보호의무 위반의 경우 ⑦ 무면허 운전 ⑧ 음주운전 또는 약물을 복용하고 운전한 경우 ⑨ 보도침범 또는 보도횡단 방법 위반의 경우 ⑩ 승객의 추락방지 의무위반의 경우(개문발차)

3. 뺑소니 사고

인명피해를 입힌 경우에는 특정범죄가중처벌 등에 관한 법률, 물적피해만 입힌 경우에는 도로교통법의 적용을 받아 종합보험 가입이나 합의에 관계없이 형사 입건되어 처벌을 받게 된다.

4. 음주운전 교통사고

도로교통법 제44조(술에 취한 상태에서의 운전 금지) ① 누구든지 술에 취한 상태에서 자동차등, 노면전차 또는 자전거를 운전하여서는 아니 된다.

② 경찰공무원은 교통의 안전과 위험방지를 위하여 필요하다고 인정하거나 제1항을 위반하여 술에 취한 상태에서 자동차등, 노면전차 또는 자전거를 운전하였다고 인정할 만한 상당한 이유가 있는 경우에는 운전자가 술에 취하였는지를 호흡조사로 측정할 수 있다. 이

경우 운전자는 경찰공무원의 측정에 응하여야 한다.
③ 제2항에 따른 측정 결과에 불복하는 운전자에 대하여는 그 운전자의 동의를 받아 혈액 채취 등의 방법으로 다시 측정할 수 있다.
④ 제1항에 따라 **운전이 금지**되는 술에 취한 상태의 기준은 운전자의 혈중알코올농도가 **0.03퍼센트 이상**인 경우로 한다.
⑤ 제2항 및 제3항에 따른 측정의 방법, 절차 등 필요한 사항은 행정안전부령으로 정한다.
도로교통법 제148조의2(벌칙) ① 제44조 제1항(**음주운전 금지**) 또는 제2항(**음주 측정 불응**)을 **2회 이상 위반한 사람은 2년 이상 5년 이하의 징역이나 1천만원 이상 2천만원 이하의 벌금**에 처한다.
② 술에 취한 상태에 있다고 인정할 만한 상당한 이유가 있는 사람으로서 제44조 제2항에 따른 **경찰공무원의 측정에 응하지 아니하는 사람은 1년 이상 5년 이하의 징역이나 500만원 이상 2천만원 이하의 벌금**에 처한다.
③ 제44조 제1항을 위반하여 술에 취한 상태에서 자동차등 또는 노면전차를 운전한 사람은 다음 각호의 구분에 따라 처벌한다.

1. 혈중알코올농도가 **0.2퍼센트 이상인 사람은 2년 이상 5년 이하의 징역이나 1천만원 이상 2천만원 이하의 벌금**
2. 혈중알코올농도가 **0.08퍼센트 이상 0.2퍼센트 미만인 사람은 1년 이상 2년 이하의 징역이나 500만원 이상 1천만원 이하의 벌금**
3. 혈중알코올농도가 **0.03퍼센트 이상 0.08퍼센트 미만인 사람은 1년 이하의 징역이나 500만원 이하의 벌금**

④ 제45조를 위반하여 약물로 인하여 정상적으로 운전하지 못할 우려가 있는 상태에서 자동차등 또는 노면전차를 운전한 사람은 3년 이하의 징역이나 1천만원 이하의 벌금에 처한다.

일반적으로 교통사고를 내지 않은 경우에도 음주운전을 하게 되면 처벌을 받게 된다. 이때 처벌은 형사입건이나 행정처벌(운전면허 처분)로 나눌 수 있는데, 그 기준은 혈중 알코올농도가 얼마가 되는가이다. 또 음주운전을 하다가 사고까지 내면 가중처벌을 받게 된다.

Ⅴ. 배상금 합의

가벼운 교통사고의 경우에는 보험에 가입되어 있다면 별도의 합의절차

없이 보험으로 처리하면 배상관계는 종결된다. 그러나 사망사고나 10대 중요위반사고로 인하여 중한 상해를 입힌 경우에는 가해자와 피해자 사이에 합의가 필요한 경우가 종종 발생한다. 이런 경우 교통사고 가해자와 피해자가 소송을 하기 전에 원만히 합의를 하는 것이 서로에게 유리하다. 즉, 피해자는 소송비용이 들지 않고 신속히 배상을 받게 되고, 가해자도 형사사건에서 유리한 처분을 받게 되며, 또 소송에 이르면 합의금보다 고액의 배상금을 물게 될 위험도 있다. 따라서 당사자는 다음과 같은 점에 유의하여 서로 웃는 낯으로 합의를 하는 것이 좋다. 먼저 가해자는 피해자에게 사과를 하고 문병을 하는 등의 성의를 보여야 한다. 또 서로 이성을 가지고 대화를 나누어 감정대립을 피해야 한다. 보통 피해자의 경우는 흥분하기 쉬우므로 가해자는 이 점을 이해해야 한다. 특히 사망사고의 경우에는 유족의 감정을 부드럽게 할 필요가 있다.

피해자에게 발생한 손해의 정도, 범위, 과실정도 등에 대하여 굳이 변호사가 아니라도 법률에 밝은 사람과 상의하여 정확한 자료를 서로 준비해야 한다. 그래야만 서로 합리적인 선에서 합의가 이루어질 수 있다. 합의를 보는 경우에 간혹 브로커가 개입하는 경우가 있는데, 상대방이 정당한 자격을 가지고 있는지를 확인해야 한다. 또 적절한 기회를 놓치지 말아야 한다. 계속 대화와 타협을 하면 서로 양보할 수 있는 선이 나타날 것이므로 그 기회를 잘 포착해야 한다. 그리고 합의를 하는 경우에 반드시 합의서를 작성해야 한다.

합의서를 작성할 때에는 우선 합의의 대상이 되는 사고 자체를 명확히 표시하고, 합의의 당사자 및 합의조건을 분명히 해야 한다. 특히 합의서에 “일체의 민·형사상 이의를 제기하지 않는다”는 문구를 넣을 때에는 신중해야 하고, 만일의 경우를 대비해서 “후유증 발생시는 이를 가해자 측이 책임지고 치료해 줌은 물론, 그로 인한 손해도 모두 배상해 준다”는 단서를 넣어 두는 것이 안전하다.

VI. 도로교통법상 신뢰의 원칙과 교통사고 관련 판례

1. 도로교통법상 신뢰의 원칙

신뢰의 원칙은 내가 교통법규를 준수하는 만큼, 다른 사람도 교통법규를 준수할 것이라고 신뢰하는 것으로, 다른 사람이 상식 밖의 행동이나, 비이성적인 행동으로 법규를 위반하여 행동하는 것까지 미리 예견하여 방어운전 및 조치할 의무는 없다는 형법상의 법리를 말한다. 운전자에게 주의의무를 부과하고 주의의무를 다하였다면 과실책임을 인정하지 않도록 하는 것이다. 즉 운전자가 주의의무를 다하여 운행하였지만 교통사고가 발생하는 경우에 운전자 등에게 과실책임을 부과하지 않게 된다는 것이다.

운행자가 교통규칙을 준수하여 운행하는 경우에 상대방 운전자(혹은 보행자)도 교통규칙을 준수하여 운행(횡단)할 것이라는 신뢰하면 족하고, 상대방 운전자(혹은 보행자)가 교통규칙을 위반하여 운전(보행)할 것까지 예상하여 방어조치를 취할 주의의무는 없다는 원칙이다. 하지만 스스로 교통법규를 위반하여 운전하거나 상대방이 이미 교통법규를 위반하는 상황을 인식한 경우이거나 교통법규의 위반이 충분히 예상되는 경우에는 신뢰의 원칙을 주장할 수 없다고 할 것이다.

2. 교통사고 관련 판례

2.1 뺑소니로 부정된 사례

사고 운전자가 피해자를 구호하는 등 조치를 취할 필요가 있었다고 인정되지 아니하는 경우, 특정범죄가중처벌 등에 관한 법률 위반죄로 처벌할 수 없다.

도주차량 운전자의 가중처벌에 관한 규정의 입법 취지와 그 보호법익 등에 비추어 볼 때, 사고의 경위와 내용, 피해자의 나이와 그 상해의 부위 및 정도, 사고 뒤의 정황 등을 종합적으로 고려하여 사고운전자가 실제로 피해자를 구호하는 등 도로교통법 제50조 제1항의 규정에 따른 조치를 취할 필요가 있었다고 인정되지 아니하는 때에는 사고운전자가 피해자를 구호하는 등의 조치를 취하지 아니하고 사고장소를 떠났다고 하더라도 특정범죄가중처벌 등에 관한 법률 제5조의3 제1항 위반죄가 되지 아니한다.[4)]

4) 대법원 2002. 10. 22. 선고 2002도4452 판결.

2.2 뺑소니로 인정된 사례

사고운전자가 피해자가 사상을 당한 사실을 인식하고도 구호조치를 취하지 않은 채 사고현장을 이탈하면서 피해자에게 자신의 신원을 확인할 수 있는 자료를 제공하여 준 경우, 혈중알코올농도 0.197%의 음주상태에서 차량을 운전하다가 교통사고를 일으켜 피해자에게 상해를 입힌 운전자가, 피해자 병원 이송과 경찰관 사고현장 도착 전에 견인차량 기사를 통해 피해자에게 신분증을 교부한 후 피해자의 동의 없이 일방적으로 현장을 이탈하였다가 약 20분 후 되돌아온 사안에서, 위 운전자의 행위가 구 특정범죄가중처벌 등에 관한 법률 제5조의3 제1항의 '피해자를 구호하는 등 조치를 취하지 아니하고 도주한 때'에 해당한다.[5)]

도로변에 자동차를 주차한 후 운전석 문을 열다가 후방에서 진행하여 오던 자전거의 핸들 부분을 충격하여 운전자에게 상해를 입히고도 아무런 구호조치 없이 현장에서 이탈한 경우, '도주차량 운전자'에 해당한다고 한다.[6)]

편도 3차선 도로 중 1, 2차선의 차량들이 모두 교통신호기상의 신호가 녹색신호임에도 의무전투경찰순경의 수신호에 따라 정지해 있는데도 교통신호기의 신호만을 보고 3차선을 따라 교차로에 진입하다가 수신호에 따라 교차로에 진입한 다른 차량과 충돌한 경우, 의무전투경찰순경에게 교통정리상의 과실이 없다.[7)]

도로교통법이 도로의 중앙선 내지 중앙의 우측 부분을 통행하도록 하고 중앙선을 침범하여 발생한 교통사고를 처벌 대상으로 한 것은, 각자의 진행방향 차로를 준수하여 서로 반대 방향으로 운행하는 차마의 안전한 운행과 원활한 교통을 확보하기 위한 것이므로, 황색 실선이나 황색 점선으로 된 중앙선이 설치된 도로의 어느 구역에서 좌회전이나 유턴이 허용되어 중앙선이 백색 점선으로 표시되어 있는 경우, 그 지점에서 좌회전이나 유턴이 허용되는 신호 상황 등 안전표지에 따라 좌회전이나 유턴을 하기 위하여 중앙선을 넘어 운행

---

5) 대법원 2011. 3. 10. 선고 2010도16027 판결.
6) 대법원 2010. 4. 29. 선고 2010도1920 판결.
7) 대법원 1998. 7. 24. 선고 98다18339 판결.

하다가 반대편 차로를 운행하는 차량과 충돌하는 교통사고를 내었더라도 이를 교통사고처리 특례법에서 규정한 중앙선 침범 사고라고 할 것은 아니다.[8)]

피고인이 자동차를 운전하다 횡단보도를 걷던 보행자 甲을 들이받아 그 충격으로 횡단보도 밖에서 甲과 동행하던 피해자 乙이 밀려 넘어져 상해를 입은 사안에서, 위 행위가 구 교통사고처리 특례법 제3조 제2항 단서 제6호의 사유에 해당한다.[9)]

모든 차의 운전자는 신호기의 지시에 따라 횡단보도를 횡단하는 보행자가 있을 때에는 횡단보도에의 진입 선후를 불문하고 일시정지하는 등의 조치를 취함으로써 보행자의 통행이 방해되지 아니하도록 하여야 한다. 다만 자동차가 횡단보도에 먼저 진입한 경우로서 그대로 진행하더라도 보행자의 횡단을 방해하거나 통행에 아무런 위험을 초래하지 아니할 상황이라면 그대로 진행할 수 있다.[10)]

타인의 팔을 잡아당겨 도로를 횡단하게 만든 자는 그 횡단중에 타인이 당한 교통사고에 대하여 과실치사상죄의 죄책을 진다.[11)]

보행등이 설치되어 있지 아니한 횡단보도를 진행하는 차량의 운전자가 인접한 교차로의 차량진행신호에 따라 진행하다 교통사고를 낸 경우, 횡단보도에서의 보행자 보호의무 위반의 책임을 지게 된다.[12)]

8) 대법원 2017. 1. 25. 선고 2016도18941 판결.
9) 대법원 2011. 4. 28. 선고 2009도12671 판결.
10) 대법원 2017. 3. 15. 선고 2016도17442 판결.
11) 대법원 2002. 8. 23. 선고 2002도2800 판결.
12) 대법원 2003. 10. 23. 선고 2003도3529 판결.

제12장

행정구제와 법률

제12장 행정구제와 법률

Ⅰ. 행정청의 행정행위

행정행위는 일반적으로는 **행정처분**의 의미로 행정주체가 구체적인 사실에 대하여 법을 집행하기 위해 공권력을 발동하는 행위로서 단독적 공법행위를 말한다. 행정행위는 강학상 개념으로 실정법에서나 실무상 사용되는 개념은 아니며, 처분이나 행정처분이라는 개념이 실무에서 널리 사용된다. 법적합성·예선적 효력·자기집행력·불가쟁력 및 불가변력 등의 특징을 갖는다. 행정처분에 관한 의미는 다음과 같이 각 법률에서 규정한다.

> **행정기본법 제2조(정의)** 4. "처분"이란 행정청이 구체적 사실에 관하여 행하는 법 집행으로서 공권력의 행사 또는 그 거부와 그 밖에 이에 준하는 행정작용을 말한다.
> **행정절차법 제2조(정의)** 2. "처분"이란 행정청이 행하는 구체적 사실에 관한 법 집행으로서의 공권력의 행사 또는 그 거부와 그 밖에 이에 준하는 행정작용을 말한다.
> **행정심판법 제2조(정의)** 1. "처분"이란 행정청이 행하는 구체적 사실에 관한 법집행으로서의 공권력의 행사 또는 그 거부, 그 밖에 이에 준하는 행정작용을 말한다.
> **행정소송법 제2조(정의)** 1. "처분등"이라 함은 행정청이 행하는 구체적 사실에 관한 법집행으로서의 공권력의 행사 또는 그 거부와 그 밖에 이에 준하는 행정작용 및 행정심판에 대한 재결을 말한다.

형성적 행정행위는 상대방에게 권리, 능력 또는 포괄적 법률관계 기타 법률상의 힘을 발생, 변경, 소멸시키는 행정행위를 말한다. 형성적 행정행위는 직접 상대방을 위해 권리 등을 설정하거나 변경, 박탈하는 행위, 제3자를 위해 그 행위의 효력을 보충 완성하거나 제3자를 대신하는 행위로 구분할 수 있다.

행정구제는 정당한 또는 잘못된 일체의 **행정행위**로 인하여 피해를 입었을 때 그 피해자를 돕는 것을 말하는데, 행정구제의 방법으로는 사전적인 것으로는 행정청에 그 피해의 긴박성을 알리는 진정, 청원, 민원 등이 있고, 일이 발생되고 난 후에는 그로 인한 피해액만큼을 금전(돈)으로 대신하여 받는 손실보상제도, 손해배상제도 등이 있다.

II. 행정처분의 사전적 구제

1. 청 원

> **헌법 제26조** ① 모든 국민은 법률이 정하는 바에 의하여 국가기관에 문서로 청원할 권리를 가진다.
> ② 국가는 청원에 대하여 심사할 의무를 진다.

청원이란 법률이 정하는 바에 따라 모든 국민이 국가기관에 자신의 의견이나 불만 등을 개진하거나 시정을 요구하는 것으로 헌법상 기본권이다. 청원은 아무런 이해관계가 없는 자도 청구 가능하고 공무원의 위법이나 부당한 행위에 대하여 시정요구를 할 수 있을 뿐만 아니라 구체적 권익침해가 존재하기 전에 그 문제되는 법률의 제정이나 개정, 폐지를 요구할 수 있는 사전적 구제수단이다.

2. 고충민원처리

고충민원처리란 국민권익위원회와 시민고충처리위원회 등의 관할 안에 행정기관 등의 위법하거나 부당하게 소극적인 처분으로 국민의 권리를 침해하거나 국민에게 불편 또는 부담을 주는 사항에 대해 조사하고, 조정, 시정권고, 공표 등을 하고 그에 관한 불합리한 행정제도를 개선하는 것으로 공공기관이 그 책무를 적정하게 수행하고 있는지 국민을 대신하여 감시하는 옴부즈맨(Ombudsman)의 기능을 담당한다.

> **옴부즈맨(Ombudsman)**
>
> 스웨덴어로 '대리자, 후견인, 대표자'란 뜻이다. 행정기관의 위법, 부당한 행위로 제기된 민원을 조사하고 해결해주는 사람을 말한다. 1809년 스웨덴 의회에서 최초로 도입되었다.
>
> 현대 행정국가에서 행정부의 권한이 강화되는 행정국가화 현상이 일어나자 국민권리의 보호와 행정통제를 위해 일반화되었다. 주로 의회에 의해 신분이 보장되며 행정, 사법부에 대한 감시기능을 한다. 의회에 의해 임명, 해임되지만 의회의 뜻에 기속되지 않고 독립된 직무를 수행한다. 옴부즈맨의 권한은 보통 시정 권고에 그친다. 수사기관이 독점적으로 보유하는 기소권은 가지지 못하는 것이 일반적이다.
>
> 옴부즈맨은 일반적으로 직무상 독립성이 보장된다. 신청에 의한 조사가 일반적이지만 직권조사가 가능하다. 국민 권익을 증진시키기 위한 기관이기 때문에 별도의 법적 근거가 없어도 옴부즈맨은 설치할 수 있다. 대법원은 옴부즈맨을 설치하는 데 있어 지방자치단체의 조례로 정하면 되는 것이지 헌법이나 법령상 설치 근거가 있어야 하는 것은 아니라고 판시하였다(대법원 1997. 4. 11. 선고 96추138 판결).

Ⅲ. 행정상 손해배상

> **헌법 제29조** ① 공무원의 직무상 불법행위로 손해를 받은 국민은 법률이 정하는 바에 의하여 국가 또는 공공단체에 정당한 배상을 청구할 수 있다. 이 경우 공무원 자신의 책임은 면제되지 아니한다.
>
> ② 군인·군무원·경찰공무원 기타 법률이 정하는 자가 전투·훈련등 직무집행과 관련하여 받은 손해에 대하여는 법률이 정하는 보상 외에 국가 또는 공공단체에 공무원의 직무상 불법행위로 인한 배상은 청구할 수 없다.
>
> **국가배상법 제2조(배상책임)** ① 국가나 지방자치단체는 공무원 또는 공무를 위탁받은 사인이 직무를 집행하면서 고의 또는 과실로 법령을 위반하여 타인에게 손해를 입히거나, 「자동차손해배상 보장법」에 따라 손해배상의 책임이 있을 때에는 이 법에 따라 그 손해를 배상하여야 한다. 다만, 군인·군무원·경찰공무원 또는 예비군대원이 전투·훈련 등 직무 집행과 관련하여 전사·순직하거나 공상을 입은 경우에 본인이나 그 유족이 다른 법령에 따라 재해보상금·유족연금·상이연금 등의 보상을 지급받을 수 있을 때에는 이 법 및 「민법」에 따른 손해배상을 청구할 수 없다.
>
> ② 제1항 본문의 경우에 공무원에게 고의 또는 중대한 과실이 있으면 국가나 지방자치단체

는 그 공무원에게 구상할 수 있다.

1. 행정상 손해배상의 의의

행정상 손해배상이란 개인이 국가 또는 지방자치단체 등의 위법한 활동에 의해 입은 손해를 물어주는 제도이다. 위법한 행위가 원인이라는 점에서 적법한 행위로 인한 손실을 보상하는 행정상 손실보상과는 차이가 나며, ① 공무원의 위법한 행위에 의한 손해, ② 공공의 영조물의 설치 또는 관리상 하자로 인한 손해가 발생한 경우 청구할 수 있다.

이와 달리 **민사상 손해배상**이란 위법한 행위에 의해 생긴 손해를 배상해 주는 것을 말한다. 민법상 손해배상책임은 민법 제390조의 채무불이행을 원인으로 한 손해배상책임, 민법 제535조의 계약체결상의 과실책임, 민법 제580조 등 매매나 도급계약 등에 있어서의 담보책임, 민법 제750조의 불법행위책임의 총 네 가지가 있다.

민법 제390조(채무불이행과 손해배상) 채무자가 채무의 내용에 좇은 이행을 하지 아니한 때에는 채권자는 손해배상을 청구할 수 있다. 그러나 채무자의 고의나 과실없이 이행할 수 없게 된 때에는 그러하지 아니하다.
민법 제750조(불법행위의 내용) 고의 또는 과실로 인한 위법행위로 타인에게 손해를 가한 자는 그 손해를 배상할 책임이 있다.

민법 제390조는 채무자의 채무불이행이 있으면 채권자는 채무자에 대하여 손해배상을 청구할 수 있다. 이러한 손해배상의 범위에 관하여 민법은 그 범위 및 방법·배상액의 예정·과실상계·배상자대위 등에 관하여 명문의 규정을 두고 있다. 또 민법 제750조는 불법행위책임을 규정하면서 그 배상 범위에 관하여 민법 제763조에서 채무불이행에 관한 손해배상의 규정을 준용하고 있다.

2. 공무원의 위법한 행위에 의한 손해

사례연구

[공무원의 위법상 직무행위로 인한 손해배상]

소방공무원이 유흥주점에 소방안전점검을 하고 이에 적절한 시정조치를 하지 않아 유흥주점에 감금된 채 윤락을 강요받으며 생활하던 여종업원들이 유흥주점에 화재가 났을 때 미처 피신하지 못하고 유독가스에 질식해 사망한 경우, 소방공무원의 책임을 물을 수 있는가?

유흥주점에 감금된 채 윤락을 강요받으며 생활하던 여종업원들이 유흥주점에 화재가 났을 때 미처 피신하지 못하고 유독가스에 질식해 사망한 사안에서, 소방공무원이 위 유흥주점에 대하여 화재 발생 전 실시한 소방점검 등에서 구 소방법상 방염 규정 위반에 대한 시정조치 및 화재 발생시 대피에 장애가 되는 잠금장치의 제거 등 시정조치를 명하지 않은 직무상 의무 위반은 현저히 불합리한 경우에 해당하여 위법하고, 이러한 직무상 의무 위반과 위 사망의 결과 사이에 상당인과관계가 존재한다고 판시하였다(대법원 2008. 4. 10. 선고 2005다48994 판결).

판례 경찰서 대용감방에 배치된 경찰관 등으로서는 감방 내의 상황을 잘 살펴 수감자들 사이에서 폭력행위 등이 일어나지 않도록 예방하고 나아가 폭력행위 등이 일어난 경우에는 이를 제지하여야 할 의무가 있음에도 불구하고 이러한 주의의무를 게을리 하였다면 국가는 감방 내의 폭력행위로 인한 손해를 배상할 책임이 있다(대법원 1993. 9. 28. 선고 93다17546 판결).

행정상 손해배상이 인정되기 위해서는 공무원의 행위여야 하고, 직무행위의 위법성이 인정되어야 하며, 그 결과 개인에게 손해가 발생하여야 한다.

첫째, 공무원의 행위가 있어야 한다. 공무원이란 국가공무원 및 지방공무원, 그리고 널리 공무를 위임받아 그에 종사하는 모든 사람을 말한다.

둘째, 직무행위의 위법성이 있어야 한다. 직무행위 및 외관상 직무행위로 인정되는 행위가 법령 또는 인권 존중, 권력남용 금지, 신의성실의 원칙 등 행정상의 기본원칙에 위반되어야 한다.

셋째, 손해가 발생하여야 한다. 직무상의 위법행위와 관계가 있는 물질적,

정신적 손해를 모두 의미한다.

3. 공공의 영조물 설치 또는 관리상 하자로 인한 손해

국가배상법 제5조(공공시설 등의 하자로 인한 책임) ① 도로·하천, 그 밖의 공공의 영조물의 설치나 관리에 하자가 있기 때문에 타인에게 손해를 발생하게 하였을 때에는 국가나 지방자치단체는 그 손해를 배상하여야 한다. 이 경우 제2조 제1항 단서, 제3조 및 제3조의 2를 준용한다.

② 제1항을 적용할 때 손해의 원인에 대하여 책임을 질 자가 따로 있으면 국가나 지방자치단체는 그 자에게 구상할 수 있다.

사례연구

[공공시설의 하자로 인한 국가배상]

태풍 나리가 한반도 남부지방을 강타하였다. 폭우와 강풍으로 인해 X시에 있는 다리는 무너졌다. 이 사고로 마침 다리를 걷고 있던 K씨는 급류에 휩쓸려 떠내려 가다가 의용소방대원에 의해 극적으로 구조되었으나 전치 8주의 부상을 입었다. 이 사고의 충격으로 정신불안증세까지 보였다. X시와 진문가의 합동조사결과 Y건설회사 부실공사로 밝혀졌다면, K씨는 X시를 상대로 손해배상을 청구할 수 있는가?

공공시설의 하자로 인한 국가배상청구권을 갖기 위해서는 국가배상법 제5조 제1항 전단 부분의 요건을 구비해야 한다. 위 사례에서 X시의 다리는 공공의 영조물이고 X시와 전문가의 합동조사결과 영조물 설치의 하자로 인한 사고가 분명하다. K씨는 다리가 무너져 급류에 떠내려가는 것이 원인이 되어 전치 8조의 중상을 입은 것이고 정신분열증세까지 보인 것이므로 K씨는 국가배상법 제2조 1항 전단이 정하는 요건을 구비하였으므로 X시를 상대로 행정상 손해배상을 청구할 수 있다. 그런데 X시는 Y건설사를 상대로 구상권을 청구할 수 있다.

판례 폭설로 차량 운전자 등이 고속도로에서 장시간 고립된 사안에서, 고속도로의 관리자가 고립구간의 교통정체를 충분히 예견할 수 있었음에도 교통제한 및 운행정지 등 필요한 조치를 충실히 이행하지 아니하였으므로 고속도로의 관리상 하자가 있다(대법원 2008. 3. 13. 선고 2007다29287·29294 판결).

공공의 영조물이란 국가나 지방자치단체의 공공 목적에 사용되는 물건을 말한다. 설치 또는 관리상의 하자가 있어야 한다. 공적으로 사용되는 물건에 일반적으로 갖추고 있어야 할 안전성이 없는 것을 의미한다.

IV. 행정상 손실보상

행정상 손실보상이란 공공필요에 의한 적법한 공권력 행사로 인하여 개인에게 과하여진 특별한 희생에 대하여 사유재산권의 보장과 전체적인 공평부담의 견지에서 행정주체가 행하는 조절적인 재산전보를 말한다.

헌법 제23조 ③ 공공필요에 의한 재산권의 수용·사용 또는 제한 및 그에 대한 보상은 법률로써 하되, **정당한 보상**을 지급하여야 한다.

사례연구

[정당한 보상]

목포시에 살고 있는 甲 등은 시의 도시계획에 따라 다른 지역으로 이주하게 되었다. 그런데 이주정착지에 대한 급수 및 배수시설 등을 甲 등 이주자에게 부담시키려 하자, 이는 부당하다고 주장하고 있는데 이는 정당한 주장인가?

공익사업법 제78조 제1항은 "사업시행자는 공익사업의 시행으로 인하여 주거용 건축물을 제공함에 따라 생활의 근거를 상실하게 되는 자를 위하여 이주대책을 수립·실시하거나 이주정착금을 지급하여야 한다"고 규정하고 있고, 동조 제4항은 "이주대책의 내용에는 이주정착지에 대한 도로·급수시설·배수시설 그 밖의 공공시설 등 당해 지역조건에 따른 생활기본시설이 포함되어야 하며, 이에 필요한 비용은 사업시행자의 부담으로 한다"고 규정하고 있다.

따라서 사업시행자가 이주정착지에 택지를 조성하거나 주택을 건설하여 공급하는 경우, 이주정착지에 대한 도로, 급수 및 배수시설 기타 공공시설 등 당해 지역조건에 따른 생활기본시설이 설치되어야 하며, 이를 이주자에게 전가할 수는 없다. 이주자는 택지의 용지비 및 조성비 등과 같은 택지조성에 원가와 건축원가만을 부담시키는 최소한에 그쳐야 할 것이다(대법원 2011. 2. 24. 선고 2010다43498 판결).

Ⅴ. 행정심판

1. 행정심판의 의의

행정심판은 행정법상의 분쟁에 관하여 행정기관이 스스로 해결하는 절차를 말한다. 행정심판절차를 규정하고 있는 법으로 **행정심판법**이 있다. 종전에는 행정소송을 제기하기에 앞서 반드시 행정심판절차를 거치도록 하고 있었으나(행정심판전치주의), 1998. 3. 1.부터는 행정소송법이 개정되어 행정심판을 거치지 않더라도 행정소송을 제기할 수 있게 되었다. 다만, 운전면허취소 등과 관련된 소송, 조세에 관한 소송, 토지수용에 관한 소송 등은 사전에 행정심판을 거쳐야 행정소송을 할 수 있는 **행정심판전치주의**가 적용된다.

사례연구

[행정심판전치주의]

Y시에 살고 있는 甲은 이웃 빈터에다가 乙이 Y시로부터 LPG 자동차충전소를 설치하려는 것을 알게 되었다. 甲은 Y시장의 허가처분으로 인하여 주민의 안전은 물론 법령위반이라고 주장하고 있어 Y시는 乙에게 허가를 해주려고 한다. 그렇다면 甲은 행정소송을 제기하여 허가를 막으려고 한다. 행정소송을 제기하기에 앞서 반드시 행정심판을 제기하여야 하는가?

행정소송법 제18조 제1항 전문에 따라 "취소소송은 법령의 규정에 의하여 당해 처분에 대한 행정심판을 제기할 수 있는 경우에도 이를 거치지 아니하고 제기할 수 있다"고 함으로써 원칙적으로 법령에 다른 규정이 있는 경우를 제외하고는 행정심판 제기 유·무 및 그 전·후에 관계없이 행정소송을 제기할 수 있다(1998. 3. 1 개정).

행정소송법 제18조(행정심판과의 관계) ① 취소소송은 법령의 규정에 의하여 당해 처분에 대한 행정심판을 제기할 수 있는 경우에도 이를 거치지 아니하고 제기할 수 있다. 다만, 다른 법률에 당해 처분에 대한 행정심판의 재결을 거치지 아니하면 취소소송을 제기할 수 없다는 규정이 있는 때에는 그러하지 아니하다.

2. 행정심판청구서 작성 및 제출

행정심판을 제기하려면 운전면허취소처분을 안 날로부터 90일 이내, 처분이 있은 날로부터 180일 이내에 각 지방경찰청에 행정심판청구서를 제출해야 한다. 이때 행정심판청구서와 함께 행정처분의 위법성 또는 부당성을 설명하는 자료를 모두 제출하여야 한다. 특히 다른 행정심판과는 달리 음주운전과 관련된 행정심판에는 경우에 따라 진정서, 탄원서를 포함한 여러 자료가 필요할 수 있다.

3. 사건의 처리

행정심판을 청구하면 행정심판위원회[1)]에서 이를 결정(행정심판법에서는 '재결'이라는 용어를 사용한다)하게 된다. 청구인은 **서면**으로 신청한 사항 외에도 사정이 있으면 **구술심리**(말을 주고받으면서 판단하는 절차)의 허가를 받아 직접 위원회의 회의에 출석하여 발언할 수 있다. 행정심판을 청구한 후 빠르면 60일 이내, 늦어도 90일 이내에 청구인에게 재결서가 우편으로 보내진다.

VI. 행정소송

1. 행정소송의 가능성

만약 행정심판의 결과에 만족할 수 없다면 법원에 의한 행정소송으로 진행해갈 수도 있다. 현재 행정소송은 행정청의 위법한 처분에 대해서만 제기할 수 있도록 되어 있고(행정소송법 제1조), 운전면허취소 등과 관련된 처분은 행

---

1) 중앙행정심판위원회는 중앙행정기관(각 부·처·청 등), 특별시·광역시·도, 중앙행정기관 소속 특별지방행정기관의 처분 또는 부작위에 대하여 제기되는 심판 청구사건을 심리·의결하기 위해 설립된 국민권익위원회 소속의 행정심판 전문기관으로 중앙행정심판위원장은 국민권익위원회 부위원장(차관급) 중 1인이 겸직하고 별정직인 상임위원 3인은 고위공무원 가급(1급 상당)으로 보한다. 세종특별자치시 도움5로 20(세종청사 7동)에 위치하고 있다. 지방행정심판위원회는 각 특별자치도·특별시·광역시·도, 지방행정기관의 처분 또는 부작위에 대하여 제기되는 심판 청구사건을 심리·의결하기 위해 설립된 자치단체행정심판위원회가 있다.

정심판을 거쳐야만 행정소송을 제기할 수 있도록 하고 있다(필수적 전치주의, 도로교통법 제101조의3).

도로교통법 제101조의3과 관련하여 행정심판 전치주의를 정당화하는 합리적인 이유는 교통관련 행정처분의 적법성 여부에 관하여 판단하는 경우, 전문성과 기술성이 요구되므로, 법원으로 하여금 행정기관의 전문성을 활용케 할 필요가 있으며, 도로교통법에 의한 운전면허취소처분은 대량적·반복적으로 행해지는 처분이라는 점에서도 행정심판에 의하여 행정의 통일성을 확보할 필요성이 인정된다.[2)]

음주운전

음주운전은 술을 마셔 취한 상태로 운전을 하는 행위를 말한다. 음주운전은 피해자가 없지만 교통사고가 발생하기 쉽다는 이유로 도로교통법에 의하여 교통의 안전과 위험방지를 위하여 필요하다고 인정하거나 술에 취한 상태에서 운전하였다고 인정할 만한 상당한 이유가 있는 경우에는 경찰공무원이 음주 측정을 할 수 있으며 이때 일정 비율 이상으로 적발될 때는 벌점 부과, 면허정지 면허나 형사처벌이 될 수도 있다.

혈중 알코올 농도가 **0.03% 이상일 경우** 벌점 100점과 면허정지 100일, **0.08% 이상일 경우**는 면허 취소의 행정처분이 이루어지며, 이와 별개로 형사 입건되어 법원에서 약식명령을 하거나 공판절차에서 재판을 진행하지만 경찰이 입건없이 즉결심판을 법원에 청구하여 20만원 이하의 벌금을 선고하게 하기도 한다. 음주 운전으로 인하여 상해나 사망사고가 발생했을 때는 특정 범죄 가중 처벌에 관한 법률이나 교통사고 처리 특례법을 적용한다.

2018년 12월 18일부터 시행한 특정범죄 가중처벌 등에 관한 법률 개정안(일명: 제1 윤창호법)은 음주 상태에서 운전을 하다 사람을 상해에 이르게 한 경우, 현행 10년 이하의 징역 또는 500만원 이상 3,000만원 이하의 벌금에서 **1년 이상 15년 이하의 징역 또는 1,000만원 이상 3,000만원 이하의 벌금으로 법정형**이 상향되었고, 음주운전을 하다 사람을 사망에 이르게 한 경우에는 현행 1년 이상의 유기징역에서 **무기징역 또는 3년 이상의 징역**으로 처벌이 대폭 강화되었다. 또, 면허정지 기준이 0.05% 이상에서 **0.03% 이상**으로, 면허 취소 기준이 0.1% 이상에서 **0.08% 이상**으로 더욱 강화되었다.

음주운전자에 대한 처벌이 관대한 기존 법 허점을 보완하기 위해 도로교통법 개정안(일명: 제2 윤창호법)은 음주단속 기준을 강화하고 음주운전으로 인한 면허 취소 결격 기간을 연장하

2) 헌법재판소 2002. 10. 31. 선고 2001헌바40 결정 전원재판부.

는 내용으로 2019년 6월 25일부터 시행되었다. 제1 윤창호법 적용 기준은 '운전자가 음주 영향으로 정상적인 운전이 곤란한지' 여부이며 "법원은 단순히 술을 마시고 운전한 것만으로는 제1 윤창호법을 적용할 수 없다"는 입장이다. 운전자가 사고 당시 혈중알코올농도 0.120%에 두 번이나 음주운전으로 벌금형을 받은 전과가 있었음에도 법원은 "'언행 부정확, 보행 비틀거림, 혈색 붉음'이라고 된 경찰 정황 보고서만으로 피고인의 주의 능력·반응속도·운동능력이 상당히 저하된 상태라고 단정하기 어렵다"고 판단하면서 "피고인에 대한 음주 측정 사진으로 보면 눈빛이 비교적 선명하다"며 "다음 날 이뤄진 조사에서도 사고 경위를 비교적 상세히 기억했다"며 무죄를 선고하였다. 제1 윤창호법 적용을 엄격하게 하다 보니 상해, 사망사고 모두 5년 이하의 금고 또는 2,000만원 이하의 벌금에 처하는 교통사고 처리 특례법을 적용한다. 다만, 법원 판결문 인터넷 열람에 의하면 적색 신호에 멈추지 않아서 횡단보도를 건너는 보행자를 사망에 이르게 하면 과실치사로 처벌하는 것과 비교된다. 판례는 운전면허행정처분기준이 그 규정의 성질과 내용을 볼 때 행정청 내부의 사무처리기준에 지나지 않으므로 대외적으로 법원이나 국민에 대해 강제적인 효력을 가지는 것은 아니라고 한다.[3)]

2. 행정소송 제기 방법

2.1 원고와 피고

행정소송도 민사소송과 마찬가지로 법원에 소장을 제출하면 된다. 행정소송을 제기하는 사람이 원고이고, 행정소송을 당하는 행정청이 피고이다. 원고가 될 수 있는 사람은 행정처분을 받을 상대방 또는 행정처분으로 인하여 권리가 침해되는 사람이다. 행정소송의 피고는 그 처분을 행한 행정청이 된다.

2.2 관할법원

원칙적으로 피고 행정청이 소재하는 행정법원이 관할법원이 되고, 행정안전부나 법무부 등 중앙행정기관이 피고인 경우에는 행정청이 서울에 있지 않더라도 서울행정법원이 관할법원이 된다. 다만, 행정법원이 설치된 곳은 서울뿐이므로 그 이외의 지역에서는 피고의 소재지를 관할하는 지방법원 본원이 제1심 관할법원이 된다.

3) 대법원 1998. 3. 27. 선고 97누20236 판결.

2.3 소 제기 기간

행정소송은 처분이 있음을 안 날로부터 90일 이내, 처분이 있은 날로부터 1년 이내에 제기해야 한다. 이 기간이 경과하면 행정소송을 제기하지 못한다.

3. 행정소송의 대상

행정소송으로 취소소송을 제기하려면 행정청의 처분을 대상으로 해야 한다. 처분이란 행정청이 행하는 영업허가취소처분, 조세부과처분, 면허취소처분과 같이 행정청의 공권력 행사로서 국민의 권리·의무에 직접적으로 효과를 발생케 하는 행위를 말한다. 행정청 내부행위라든지 단순한 사실의 통지행위 같은 것은 행정소송의 대상이 되는 처분이 아니다.

사례연구

[부작위위법확인소송]

甲은 자신이 살던 오래된 집을 개축하기 위하여 자기 집 앞 도로의 일부 구간을 공사기간 동안 사용하기 위하여 S시에 도로점용허가를 신청하였다. 그러나 3개월이 지나도록 도로점용허가신청에 대한 결정은 없다. 甲이 재차 S시에 문의해 본 결과 담당 주무관은 기다리라는 답변만을 하며 아무런 처분을 내리지 않고 있다. 이런 경우에 甲은 어떻게 하는 것이 좋은가?

甲의 도로점용허가신청에 대한 S시의 처분행위는 재량행위이다. 문제는 시청의 재량행위의 부작위에 대해서는 실체적 하자를 주장하기 상당히 어렵다. 하지만 이에 따른 요건들을 검토하여 무하자재량행사청구권을 행사할 수는 있다. 따라서 甲은 S시에 무하자재량행사청구권의 침해를 이유로 하는 의무이행심판 혹은 부작위위법확인소송을 제기할 수 있을 것이다.

4. 재판의 진행

행정소송사건은 일반 민사소송과는 달리 공공복리에 미치는 영향이 적지 아니하므로 법원은 당사자가 주장하지 아니하여도 직권으로 조사하고 판단해야 한다. 행정소송은 법원에서 사건을 집중하여 심리하는 경우가 있으므로 원고와 피고는 재판시작과 동시에 자신의 주장과 증거자료를 모두 제출하는 것이 바람직하다.

5. 판 결

사례연구

[위법한 행정처분의 사정판결]

국토교통부는 ○○댐 건설을 위하여 하천점용허가처분을 하였으나 동 처분은 관계법규에 위반되는 위법한 처분임이 뒤늦게 판명되었다. 위 국토교통부의 하천점용허가는 위법행위이므로 취소되는 것이 타당하는가?

국토교통부의 ○○댐 건설을 위한 하천점용허가처분이 비록 위법한 처분이었다 하더라도 이를 취소하여 원상회복시키는 것은 현저히 공공복리를 해치는 결과가 발생되는 것이다. 그러므로 동 허가처분을 그대로 유지시키는 것이 합리적이라 할 수 있다. 이처럼 원고의 청구가 비록 이유가 있다고 인정하는 경우라도(처분 등이 위법인 경우) 당해 처분 등을 취소·변경함이 현저하게 공공복리에 적합하지 아니하다고 인정하여 이유있는 원고의 청구를 기각하는 판결할 수 있다. 이를 사정판결이라 한다(행정소송법 제28조 제1항).

법원은 행정소송에서도 일반 소송절차와 마찬가지로 판결을 선고한다. 원고의 청구가 이유 있다고 인정하는 경우에는 행정처분을 취소하는 판결을 하고, 원고의 청구를 받아들이지 아니하는 경우에는 원고의 청구를 기각하는 판결을 하게 된다. 법원의 판결에 대하여 불복하는 경우에는 판결문을 송달받은 날로부터 2주일 내에 상소를 제기해야 한다.

6. 행정소송 시 주의사항

행정소송에서는 소를 제기할 수 있는 기간이 정해져 있으므로 반드시 그 기간을 확인해야 한다. 행정소송은 법률에 의하여 그 절차 및 대상이 정해져 있고, 대부분의 행정소송은 변호사가 대리하여 행하고 있으므로 행정소송절차에 관하여 잘 모르는 경우에는 미리 변호사와 상담하는 것이 좋다.

VII. 조세부과처분에 대한 불복

1. 조세의 의의

세금이라 부르는 조세는 국가나 지방자치단체가 법령에 의하여 강제로 거두어들이는 경제적 부담이다. 국가나 지방자치단체가 활동하는 데 필요한 돈은 직접 사업을 해서 벌기도 하지만 대부분 조세로 충당하게 된다. 조세의 특징은 조세를 징수하는 과세권자가 우월적인 입장에서 납세자에게 아무런 반대급부 없이 일방적으로 징수할 수 있고, 또 강제로 징수하여 이에 불응할 때는 처벌할 수도 있으며, 조세부과처분에 불복하려면 일반 소원절차가 아닌 국세기본법에 정해진 이의신청, 심사청구, 심판청구 등의 절차를 거쳐야 한다.

2. 조세의 종류

2.1 국세와 지방세

국가가 거두어들이는 세금이 국세이고 지방자치단체인 특별자치도 및 특별자치시, 도·시·군에서 징수하는 세금이 지방세이다.

2.2 내국세와 관세

외국과의 교역에 의하여 물품이 수입·수출되거나 국경을 통과할 때 부과하는 세금이 관세이고 외국과 관계없이 국내에서 징수하는 세금이 내국세이다.

2.3 직접세와 간접세

소득세와 같이 소득을 얻은 사람이 직접 내는 세금을 직접세라 한다. 간접세는 주세의 경우와 같이 실제로 주세를 내는 사람은 술값에 포함된 술을 사서 마시는 소비자이지만 이를 세무서에 납부하는 사람은 술을 제조·판매하는 주조회사로서 세금의 부담자와 납부자가 다른 세금이다. 직접세는 소득세·법인세·상속세 및 증여세·부당이득세·자산재평가세·토지초과이득세 등이 있고 간접세에는 부가가치세·특별소비세·주세·인지세·전화세 등이 있다.

2.4 보통세와 목적세

교육세·교통세·농어촌특별세처럼 세금이 쓰일 용도가 미리 정해져 있는 세금을 목적세라 하고 그렇지 않은 모든 세금을 보통세라고 한다.

3. 조세법률주의

과세권자(국가·지방자치단체)가 누구에게서나 마음대로 세금을 징수한다면 납세자는 안심하고 살수가 없다. 생업에 종사하는 국민의 입장에서는 언제 어떻게 얼마만큼의 세금을 물게 되는지 예측할 수 있어야 안심하고 경제활동을 할 수 있다. 조세의 부과요건을 미리 법률로 정해야 한다는 원칙은 왕의 부당한 조세징수에 시민들이 투쟁하여 쟁취한 것이다. 그러나 과세요건의 세부사항까지 모두 법률로 규정할 수 없으므로 기본적 과세요건 외의 세부사항은 하위법규인 대통령령(시행령)과 기획재정부령(시행규칙)에 위임되고 있다.

4. 조세부과의 기본원칙

4.1 공평부담의 원칙

국민이 세금을 부담할 수 있는 경제적 능력을 담세력이라 한다. 조세는 국민 각자의 담세력에 알맞도록 공평하게 부담시켜야 하는 것은 너무나 당연한 일이다. 조세가 국민의 담세력을 무시하고 불공평하거나 무리하게 부과될 때는 국민들이 저항감을 갖게 되는데 이를 조세저항이라고 한다. 공평부담의 원칙은 조세저항을 줄이기 위한 최선의 정책이라 할 수 있다.

4.2 수입확보의 원칙

세금 내기를 좋아하는 국민은 어느 나라에도 없다고 한다. 그러므로 국가나 지방자치단체에는 조세수입을 확보하기 위한 강력한 공권력이 인정되고 있다.

4.3 능률주의

조세는 수입의 확보가 제1의 목표이기 때문에 적은 경비로 신속하게 부과·징수하여야 한다. 자진신고납부제도·원천징수제도 등은 능률적으로 조세 수입을 올리기 위한 방법이다.

4.4 실질과세의 원칙

가령, 남의 이름을 사용해서 소득을 올린 사람이 있다면 명의자가 아니라 실제로 소득을 올린 사람에게 세금이 부과되어야 한다는 원칙이다.

4.5 근거과세의 원칙

조세는 장부나 영수증 등의 증빙자료에 의하여 부과되어야 하고 아무런 근거 없이 부과되어서는 아니 된다는 원칙이다. 그러나 증빙자료가 없거나 납세자가 제출하는 증빙자료가 도저히 믿기 어려울 때는 영업현황, 동업자 상황 등을 고려하여 과세를 하게 되는데 이것을 추계과세라 한다.

5. 신고와 납세

5.1 신고납부제도

납세자가 스스로 자기가 낼 세금을 신고하여 납부하는 것이 신고납부제도이다. 가장 민주적이고 능률적인 제도이기는 하나 국민의 올바른 납세정신이 뒷받침되어야만 실효성이 있다. 우리나라의 거의 모든 조세가 이 제도를 채용하고 있다.

5.2 부과과세제도

세무관청에서 납세액을 결정·부과하는 제도로서 상속세·증여세·자산재평가세·부당이득세가 이에 해당한다.

5.3 원천징수제도

봉급생활을 하는 근로소득자의 경우 봉급에 대한 세금은 기업에서 계산하여 봉급에서 떼어 납부하게 된다. 이러한 제도를 원천징수제도라고 한다. 예금이나 사채이자도 이자를 지불하는 쪽에서 원천징수하도록 되어 있다.

6. 권리구제제도

6.1 과세전적부심사제

국세청에서는 과세할 내용을 미리 납세자에게 알려주고 있다. 이를 세무조사결과통지서 또는 과세예고통지서라고 한다. 세금을 내야 하는 사람은 이 통지서를 보고 이해가 가지 않는 부분이 있는 경우에는 과세내용이 타당한지 심사해 줄 것을 청구할 수 있다. 이를 과세전적부심사제라고 한다. 심사결과 납세자의 주장이 타당하다면 실제 과세를 하기 전에 수정된다. 과세전적부심사를 청구하고자 할 때는 세무조사결과통지서 또는 과세예고통지서를 받은 날로부터 20일 이내에 통지서를 보낸 세무서장 또는 지방국세청장에게 청구서를 제출해야 한다. 그러면 세무서장 등은 이를 심사하여 30일 이내에 결정을 한 후 납세자에게 통지한다.

6.2 세금고충처리제도

세금고충처리제도란 저소득층 영세납세자의 세금과 관련된 고충이나 자체 시정이 가능한 세금에 관한 모든 불편사항을 처리해 주는 제도로, 전국의 모든 세무서민원봉사실에서 납세보호담당관을 찾으면 된다.

세금고충처리제도를 통해 해결할 수 있는 문제는 다음과 같다.

a. 세무행정으로 인한 불편·애로사항, 세무행정과 관련된 개선·건의사항
b. 세금구제절차를 미처 알지 못하여 불복청구기간이 지났거나, 입증자료를 내지 못하여 세금을 불게 된 경우
c. 직원이 대신 써 준 신고서에 도장만 찍었거나 각종 기준율에 따라 신고는 했으나 자신의 수입금액보다 많은 세금이 신고된 경우
d. 실제로 국내에 한 채의 집을 가지고 3년 이상 소유한 집을 팔았으나 여러 가지 사유로 공부상 기재내용과 같지 아니하여 1세대 1주택으로서 비과세혜택을 못 받은 경우, 서민층이 부동산취득자금을 서류 등으로 명백하게 입증하기 어려운 경우
e. 체납세액에 비하여 체납자의 재산을 너무 많이 압류하거나, 다른 재산이 있음에도 사업 활동에 지장을 주는 재산을 압류한 경우

6.3 국세기본법에 따른 절차에 의한 구제

a. 이의신청

위법 또는 부당하다고 생각되는 납세고지서 등에 대해 감면신청을 했는데 감면을 받지 못한 경우와 같이 필요한 처분을 받지 못한 경우, 국세청장에게 심사청구를 하기 전에 세무서장 또는 지방국세청장에게 청구하는 절차를 말한다. 이 절차는 본인의 의사에 따라 할 수도 있고 하지 않을 수도 있다. 신청방법은 납세고지서 등을 받은 날로부터 90일 이내에 이의신청서를 제출하면 된다.

b. 심사청구

심사청구는 위법 부당하다고 생각되는 납세고지서 등에 대해 감면신청을 했는데 감면을 받지 못한 경우와 같이 필요한 처분을 받지 못한 경우에 해당 세무서장을 거쳐 국세청장에게 청구하는 사후권리구제제도이다. 신청방법은 납세고지서 등을 받은 날(이의신청을 거친 경우에는 이의신청결정서를 받은 날)로부터 90일 이내에 납세고지서 등을 통지한 세무서장을 거쳐 국세청장에게 한다. 유의할 점은 이의신청은 반드시 거쳐야 하는 절차는 아니므로 생략할 수 있으나, 심사청구와 심판청구 중 하나는 반드시 거치고 나서 소송으로 가야 한다는 것이다.

c. 심판청구

심판청구란 부당하거나 억울한 세금을 내라고 하는 경우 국세심판원에 심판청구를 제기하여 잘못된 세금을 바로잡을 수 있는 제도이다. 이 제도는 이의신청이나 심사청구에 비해 실질적으로 납세자 권리구제를 보장하는 우월한 제도라고 할 수 있다. 심판청구는 해당 처분사실을 안 날로부터 90일 이내에 제기하며, 이의신청에 대한 결정을 통지받은 날로부터 90일 이내에 해야 한다. 다만, 이의신청 결정 기간인 30일 내에 결정의 통지를 받지 못한 경우에는 그 결정 기간이 경과한 날부터 심판청구를 할 수 있다. 심판청구는 그 처분을 하거나 했어야 할 세무서장을 거쳐 국세심판원장에게 하거나 세무서장을 거치지 않고 직접 국세심판원장에게 할 수 있으며(우편으로도 가능하다), 국세심판원장은 심판청구를 받은 날부터 90일 이내에 결정해야 한다.

6.4 감사원 심사청구

모든 국민은 행정기관 등의 위법 또는 부당한 행위에 의해 권리나 이익을 침해받았을 때에는 감사원에 심사청구를 제기할 수 있다. 심사청구를 제기하고자 할 때에는 그 원인이 되는 행위가 있음을 안 날로부터 90일 이내, 그 행위가 있은 날로부터 180일 이내에 심사청구서 양식에 청구취지와 청구이유를 기재하고 청구이유를 입증할 수 있는 증거서류를 첨부하여 관계기관(해당 처분이나 기타 행위를 행한 처분청)에 제출해야 한다. 이때, 청구인이 심사청구의 결정에 대해 이의가 있는 경우에는 결정통지를 받은 날로부터 90일 이내에 세무서를 당사자로 하여 법원에 행정소송을 제기할 수 있다. 또 청구인은 심사청구에 대한 결정이 있을 때까지 언제든지 감사원에 직접 심사청구에 대한 취하신청을 할 수 있다.

6.5 조세소송

조세소송이란 세무서 등과 세금문제에 관한 분쟁이 생겼을 때 이를 구제하기 위한 절차로서 행정소송, 민사소송 및 헌법소송 등 조세와 관련된 모든 소송을 말한다. 따라서 조세소송은 크게 조세행정소송과 조세민사소송, 조세헌법소송으로 분류할 수 있다. 이 중에서 가장 많이 이용되는 방법은 세금부과가 잘못되었는지를 가리는 부과처분 취소소송이다.

6.6 부괴치분 취소소송

국세에 관한 소송은 행정심판절차를 거친 후가 아니면 제기할 수 없도록 하고 있다(국세기본법 제56조 제2항, 감사원법 제46조의2). 따라서 국세청이나 감사원의 심사청구, 혹은 국세심판원의 심판청구에서 먼저 결정을 받아야 한다. 이는 국세에 관한 처분은 대량으로 발생할 뿐 아니라 전문성을 요하는 등의 특수성을 가지고 있기 때문이다. 위의 절차를 거친 이후에야 세금부과처분 취소소송을 제기할 수 있다.

부과처분 취소소송은 국세청이나 감사원의 심사청구에 대한 결정이나 국세심판원의 심판청구에 대한 결정의 통지를 받은 날로부터 90일 이내에 해야 한다. 소송이 제기된 경우라 하더라도 그 대상처분(즉 국세청의 세금부과)은 계속 효력이 유지되며, 원칙적으로 처분의 집행은 정지되지 않는다.

Ⅷ. 정보공개

1. 정보공개제도

정보공개제도란 공공기관이 보유하고 있는 다양한 정보에 자유롭게 접근할 수 있도록 하여 국민의 '알권리'를 보장하고 열린 정부에 의한 행정의 공정화·민주화를 실현하려는 제도이다. 물론 그 대상은 공공기관에 한정되기 때문에 일반 회사에 대해서 궁금한 점이 있을 때에는 정보공개를 청구할 수 없다.

모든 국민은 공공기관에 정보공개를 청구할 권리를 가지고 있고, 국내에 사무실을 두고 있는 법인이나 단체 또한 그 대표자의 이름으로 정보공개를 청구할 수 있다. 국내에 일정한 주소를 두고 비교적 장기간 동안 살거나 학술연구를 위해 일시적으로 머무르고 있는 외국인도 정보공개를 청구할 수 있다.

2. 정보공개 절차

정보를 공개하는 것이 공공기관의 의무이지만, 공공기관은 청구된 정보만을 공개할 수 있다. 따라서 처음이라 어떤 정보를 요구해야 할지 정확하게 알기 어려운 경우에는 먼저 해당 기관에 주요문서목록 또는 보존문서기록대장을 요구하여 정보공개를 청구할 수 있는 문서를 확인하는 것이 중요하다. 주요 문서목록에 잘 나와 있지 않다면 해당부서에 만들어진 모든 문서가 기록되어 있는 문서등록대장을 요구할 수도 있다. 이때 정보의 내용에 따라서 국가 안보상의 이유나 다른 사람(제3자)의 보호 등을 이유로 공개되지 않는 것도 있다.

비공개 대상 정보(공공기관의 정보공개에 관한 법률 제9조 제1항)

1. 다른 법률, 또는 법률이 위임한 명령에 의하여 비밀 또는 비공개 사항으로 규정된 정보
2. 국가안전보장, 국방, 통일, 외교관계 등에 관한 사항으로서, 공개될 경우 국가의 중대한 이익을 현저히 해칠 우려가 있다고 인정되는 정보

3. 공개될 경우 국민의 생명·신체 및 재산의 보호에 현저한 지장을 초래할 우려가 있다고 인정되는 정보
4. 진행 중인 재판에 관련된 정보와 범죄의 예방, 수사, 공소의 제기 및 유지, 형의 집행, 교정, 보안처분에 관한 사항으로서, 공개될 경우 그 직무수행을 현저히 곤란하게 하거나 형사피고인의 공정한 재판을 받을 권리를 침해한다고 인정할 만한 상당한 이유가 있는 정보
5. 감사, 감독, 검사, 시험, 규제, 입찰계약, 기술개발, 인사관리, 의사결정과정 또는 내부검토과정에 있는 사항 등으로서, 공개될 경우 업무의 공정한 수행이나 연구·개발에 현저한 지장을 초래한다고 인정할 만한 상당한 이유가 있는 정보
6. 해당 정보에 포함되어 있는 이름, 주민등록번호 등 개인에 관한 사항으로서, 공개될 경우 개인의 사생활의 비밀 또는 자유를 침해할 우려가 있다고 인정되는 정보
7. 법인·단체 또는 개인의 경영·영업상 비밀에 관한 사항으로서, 공개될 경우 법인 등의 정당한 이익을 현저히 해칠 우려가 있다고 인정되는 정보
8. 공개될 경우 부동산 투기, 매점매석 등으로 특정인에게 이익 또는 불이익을 줄 우려가 있다고 인정되는 정보

2.1 정보공개청구서의 작성

정보를 알기 위해서는 먼저 정보공개청구서를 작성하여야 한다. 여기에는 청구인의 이름, 주민등록번호, 주소, 연락처 등 기초정보를 적어야 하고, 다음으로 청구하는 정보의 내용 및 공개방법을 기재하여야 한다.

2.2 정보공개청구서의 제출

정보공개청구서는 해당 공공기관에 직접 제출해도 되지만, 우편이나 팩시밀리 또는 인터넷 홈페이지를 이용할 수도 있다. 정보공개청구서를 제출하면 당해기관에서는 접수증을 작성해 준다.

2.3 공개여부의 결정

정보공개청구서를 제출하면 접수한 기관에서는 이를 담당부서로 보내게 된다. 담당부서는 접수된 날로부터 10일 이내에 정보공개의 여부를 결정하여 청구인에게 지체없이 서면으로 알려주어야 한다. 부득이한 경우에는 10일 연장할 수 있다.

2.4 공개결정의 통지

정보를 공개하기로 결정한 경우, 공공기관은 공개일시와 장소 등을 명시하여 공개를 결정한 날로부터 15일 이내에 청구인에게 통지한다. 일반적으로 공개장소는 공개 청구한 정보를 취급하는 담당부서가 위치하는 곳이다.

공개된 정보를 얻을 때

- 청구인 본인이 공개장소에 갈 경우: 청구인의 주민등록증 또는 여권, 운전면허증 등 신분을 확인할 수 있는 증명서를 가지고 가야 한다.
- 대리인 자격으로 공개장소에 갈 경우: 청구인으로부터 정보공개위임장을 받고, 청구인 및 대리인 자신의 주민등록증 또는 여권 등 신분증명서를 가지고 가야 한다.

2.5 비공개 결정

정보를 공개하지 않기로 결정한 경우에 공공기관은 그 사실을 청구인에게 곧바로 서면으로 알려주어야 한다. 여기에는 비공개 사유, 불복방법 및 불복절차가 명확하게 표시되어야 한다.

3. 비공개 결정에 대한 불복

비공개 결정을 받아들일 수 없을 때에는 이의신청, 행정심판, 행정소송의 세 가지 방법 중에서 선택하여 불복할 수 있다. 이의신청 후에 행정심판으로 갈 수도 있고, 바로 행정심판을 제기할 수도 있으며, 처음부터 행정소송을 제기할 수도 있다.

3.1 이의신청

청구인은 비공개결정을 통지받은 날로부터 30일 이내에 서면으로 당해 기관에 이의신청을 할 수 있다. 공공기관은 신청을 받은 날로부터 7일 이내에 수용여부를 결정해서 그 결과를 청구인에게 통지해야 한다. 다만, 이의신청은 당해 공공기관이 심사하는 것이기 때문에 받아들여지지 않을 가능성이 많으므로, 이의신청을 거치지 않고 행정심판이나 행정소송을 이용할 수도 있다.

3.2 행정심판

비공개결정을 받은 청구인은 그 사실을 알게 된 날로부터 90일 이내, 또는 처분이 있은 날로부터 180일 이내에 행정심판을 제기할 수 있다. 행정심판은 재결청이나 당해 공공기관에 대해서 하는데, 당해 공공기관에 한 경우에는 재결청으로 이송된다. 재결청은 심판청구서가 접수된 날로부터 60일 이내에 재결해야 하는데, 부득이한 경우에는 30일의 범위 내에서 연장할 수 있다.

3.3 행정소송

청구인이 공공기관의 공개거부나 아무런 처분을 하지 아니하여 법률상 이익의 침해를 받은 때에는 행정소송법이 정하는 바에 따라 행정정보공개청구거부처분 취소소송이나 행정정보공개청구부작위 확인소송을 제기할 수 있다. 행정소송은 해당 처분이 있음을 안 날로부터 90일 이내, 처분이 있은 날로부터 1년 이내에 제기해야 한다. 특히 처분이 있은 날로부터 1년 이내라는 것은 행정심판의 경우(180일)와 다르다는 것을 유의해야 한다.

제13장

성범죄와 법률

제13장 성범죄와 법률

Ⅰ. 성범죄의 특성

성범죄(sex offense)는 성에 관계되는 범죄를 말하며, 타인의 자유의사와 관계없이 가해지는 강간이나 강제추행 등의 범죄를 말한다. 성범죄의 유형은 **강간과 추행의 죄**(개인의 **성적 자기결정의 자유**를 보호하기 위한 것이며, 성풍속에 관한 죄는 사회적 법익, 즉 사회 일반의 건전한 성도덕 내지 성풍속을 보호하기 위한 것이다. 그러나 넓게는 이러한 형법의 규정 외에도 여성 폭력범죄의 처벌 및 피해자보호 등에 관한 법률, 아동복지법, 풍속영업의 규제에 관한 법률, 윤락행위 등 방지법, 경범죄 처벌법 등 특별법상 규정된 성 관련 범죄 일체)와 **성풍속에 관한 죄**(음란성을 추방하여 성적 순결성을 보호하려는 사회적·국가적 이익을 우선적으로 고려하는 차원에서 이해는 성범죄)로 구분된다.

성범죄는 사회적으로는 성폭행, 성폭력 등의 용도로 사용되기도 하지만 법률적인 개념은 아니다. 성범죄의 피해는 피해자의 삶을 파괴하게 된다. 육체적으로는 임신, 상해, 성병감염이 결과가 있을 수 있으며, 정신적으로는 우울증, 무기력증, 자제력 상실이나 자살에 이르게 되기도 한다. 극단적으로는 피해자가 오히려 죄의식을 갖게 되는 경우가 있다. 특히 미성년피해자의 경우와 가족에 의하여 성범죄 피해를 당한 경우에는 그 피해자의 삶에 지속적 악영향을 미친다. 또한 피해자의 부부관계나 가족관계도 자포자기, 분노, 반항, 적대감으로 와해되는 경우가 많다.

성범죄에 대한 대책으로 우리 사회는 주로 성범죄에 대한 형량을 높이는 중형주의에 몰입하고 있는 흐름이다. 그리하여 많은 성범죄를 가중처벌하는 특별법을 양산하고 있다, 친고죄 폐지, 성충동약물치료, 위치추적 전자장치(전자발찌)에 대한 치료와 사후적 회복조치이지만 이는 복지재원의 투여가 필요한 것이므로 법률조문의 변경을 형을 높이는 것보다는 실현의 속도가 더디다. 아울러 건전한 성적 문화의 형성과 성적 욕구를 적절히 해소할 수 있는 문화, 제도적 장치를 마련하는 것이 성범죄의 증가에 대처하는 근본적이고 확실한 방법임을 정책결정기관이 적시하여야 한다.[1)]

II. 강간죄·유사강간죄

1. 강간죄

> **형법 제297조(강간)** 폭행 또는 협박으로 사람을 강간한 자는 3년 이상의 유기징역에 처한다.

강간은 성폭력의 일종으로 강간이란 폭행 및 협박에 의하여 상대방의 반항을 곤란하게 하고 강제로 사람과 성교하는 것을 말한다. 3대 강력범죄 중 하나로 여길 정도로 죄질이 무겁다. 피해자에게 평생 씻을 수 없는 상처를 주는 극악한 범죄다. 즉, 야동이나 19금 만화에서 나오는 '처음엔 싫어해도 하다 보면 좋아한다'나 '싫다고 말하지만 진심은 좋아하는' 같은 것은 없다. 상대가 원치 않는 스킨십은 하지 말아야 한다. 실제로 강간의 경우, 폭력이나 흉기에 의한 위협이 동반되며, 피해자는 공포에 질려 시체처럼 가만히 있는 경우가 많다. 사실상 정서적 교감이 없으니 불가능에 가깝다.

사례연구

[강간미수]

여성 甲이 내연관계인 乙남을 수면제를 먹인 뒤 성폭행을 시도한 경우에 甲을 강간미수죄로 처벌할 수 있는가?

여성으로서는 처음으로 강간죄를 적용받아 기소된 40대 여성이 국민참여재판에서 무죄를 선고받았다. 서울중앙지법 형사30부는 내연남 乙(51) 씨에게 수면제를 먹인 뒤 성폭행을 시도한 혐의(강간미수 등)로 구속기소된 甲여인(45) 씨에게 배심원 9명의 만장일치 무죄 평

1) 송희진, 범죄와 생활법률, 박영사, 2022, 330~331면.

결을 받아들여 무죄를 선고했다(서울중앙지법 2015고합184 판결).

강간죄는 폭행이나 협박을 사용하여 사람을 강제로 간음하는 범죄이다. 강간죄의 주체는 남성뿐만 아니라 여성도 가능하다. 여성도 남성을 단독으로 강간할 수 있으며, 다른 남성과 공동정범의 형태로 다른 여성을 강간할 수도 있기 때문이다.

강간죄의 객체는 사람으로서 남녀를 불문한다. 종전에는 범죄의 대상이 여성(부녀로 규정)으로 제한되었고, 이에 따라 남성에 대한 강제적 성관계는 강제추행죄로 규제하였으나, 성관념의 변화를 반영하여 형법개정을 통하여 남성도 범죄의 객체에 포함시켰다. 혼인여부, 성년 여부를 불문한다. 13세 미만의 사람에 대해서도 폭행, 협박에 의하여 강간하면 본죄가 성립한다. 사회적으로 관심의 대상이 되었던 사례는 남성에서 여성으로 성전환한 사람의 경우와 부부간의 강간죄 성립 여부이다.

사례연구

[강간죄]

甲은 어릴 때부터 여자 옷을 즐겨 입고 고무줄놀이를 하는 등 여성을 동경해오다가 1991년 일본 병원에서 두 차례 성전환 수술받아 여성으로 변신하여 생활하였다. 그런데 1995년 남성 乙·丙(27세)이 남산 인근 호텔에서 밤늦게 서성거리던 甲을 승용차로 납치해 차례로 성폭행하였다. 이 경우 乙·丙의 남성을 강간죄로 처벌할 수 있는가?

경찰은 '여자로 추정된다'는 의사의 진단에 따라 乙과 丙을 구속하였고 '예쁘게 생겼길래 여자인 줄 알았다'는 범인의 진술을 토대로 이러한 경우의 정조도 보호되어야 한다는 취지로 강간죄로 기소하고, 강제추행죄를 추가적으로 적용하였다. 제1심법원은 강제추행죄로 판결하고, 제2심법원은 강간치상죄는 무죄선고, 강제추행죄는 유죄로 적용하여 징역 2년 6월을 선고한 원심을 확정하였다. 이에 대법원의 판결은 피고인이 어릴 때부터 정신적으로 여성에 성귀속감을 느껴왔고, 성전환 수술로 인하여 남성으로서의 내·외부성기의 특징을 더 이상 보이지 않게 되었으며 남성으로서의 성격도 대부분 상실하여 외견상 여성으로서의 체형을 갖추고 성격도 여성화되어 개인적으로 여성으로서의 생활을 영위해 가고 있다고 할지라도, 기본적인 요소인 성염색체의 구성이나 본래의 내·외부성기의 구조, 정상적인 남자로서 생활한 기간, 성전환 수술을 한 경위, 시기 및 수술 후에도 여성으로서의 생식능력은 없는 점, 그리고 이에 대한 사회일반의 평가와 태도 등 여러 요소를 종합적으로 고려하여 보면 사회통념상 여자로 볼 수는 없다(대법원 1996. 6. 11. 선고 96도791 판결).

대법원 1996. 6. 11. 선고 96도791 판결 이후 성전환자를 강간죄의 객체인 '**부녀**'에 해당한다고 본 판례가 나타났으나 현재 강간죄의 객체는 '**사람**'으로 변경되었으므로 더 이상은 논란이 되지 않는다. 성전환자를 여성으로 인식하여 강간한 사안에서, 피해자가 성장기부터 남성에 대한 불일치감과 여성으로서의 성귀속감을 나타냈고, 성전환 수술로 인하여 여성으로서의 신체와 외관을 갖추었으며, 수술 후 30여 년간 개인적·사회적으로 여성으로서의 생활을 영위해 가고 있는 점 등을 고려할 때, 사회통념상 여성으로 평가되는 성전환자로서 강간죄의 객체인 '부녀'에 해당한다.[2)]

남성이 강간죄의 객체가 되는 경우가 있다. 가령, 2017년 여름 경남 한 초등학교 여교사(33)가 교실, 승용차 등 장소에서 초등학교 남학생과 9차례 성관계를 가졌고 이에 따라 미성년자 의제 강간·미성년자 의제강제추행 등의 혐의로 재판에 넘겨진 여교사에게 1심에서 징역 5년이 선고되었으나 피고인 여교사와 검사 양측이 항소를 했고 2심에서도 피고와 검사 양측 항소 기각하고 1심과 같은 징역 5년이 선고되었으며 피고인 여교사에게 성폭력 치료프로그램 80시간 이수, 10년간 신상공개를 명령하였다.

사례연구

[부부간에도 강간죄가 성립되는가?]

甲남과 乙녀는 부부 사이다. 그런데 두 부부 사이에 혼인관계가 실질적으로 유지되고 있더라도 남편 甲이 乙 아내에게 반항을 불가능하게 하거나 현저히 곤란하게 할 정도의 폭행이나 협박을 가하여 乙 아내를 간음한 경우 강간죄가 성립하는가?

헌법이 보장하는 혼인과 가족생활의 내용, 가정에서의 성폭력에 대한 인식의 변화, 형법의 체계와 그 개정 경과, 강간죄의 보호법익과 부부의 동거의무의 내용 등에 비추어 보면, 형법 제297조가 정한 강간죄의 객체인 '부녀'에는 법률상 처가 포함되고, 혼인관계가 파탄된

2) 대법원 2009. 9. 10. 선고 2009도3580 판결.

> 경우뿐만 아니라 혼인관계가 실질적으로 유지되고 있는 경우에도 남편이 반항을 불가능하게 하거나 현저히 곤란하게 할 정도의 폭행이나 협박을 가하여 아내를 간음한 경우에는 강간죄가 성립한다(대법원 2013. 5. 16. 선고 2012도14788 판결).

부부강간이 문제가 된다. 남편이 아내를 또는 반대로 아내가 남편을 강제로 성교한 경우, 기존 판례는 강간의 성립을 인정하지 않았다.[3] 부녀의 범위에서 법률상 처를 제외할 이유는 전혀 없었으나 법정에서 입증이 어렵고, 결정적으로 부부간 동거의무를 고전적 남녀관에 입각해 바라봤기 때문이다. 다만 이 경우도 강간 자체를 처벌하지 않은 것이지 그 과정에 대해 별도의 범죄를 구성하여 형사처벌하는 길은 있었고, 실제로 검찰도 이런 식으로 처리하는 게 일반적이었다. 시간이 흐르면서 점차 이런 분위기가 바뀌게 되는데, 2009년에는 처를 칼로 위협하며 간음한 남편에 대해 실형을 선고한 사례가 있다.[4] 대법원 사실상 부부관계가 파탄나 실질적인 부부관계가 인정될 수 없는 상태라면 법률상 부부라 해도 강간을 인정할 수 있다고 판시하였다.[5]

2013년 5월 16일 대법원은 부부 사이에도 남편이 강제로 아내와 성관계를 했다면 강간죄로 처벌해야 한다는 판결을 내렸다.[6] 부부강간을 인정한 대법원 첫 판결로, 이로써 부부간에는 강간죄가 성립할 수 없다는 대법원 1970. 3. 10. 선고 70도29 판결을 변경했다. 정상적인 부부 사이라도 개인의 **성적 자기결정권**을 보장해야 한다는 취지다. 부부라는 사적인 특성보다는 개인으로서 가지는 성적 자기결정권을 보장해야 하기 때문에 폭력이나 협박에 따른 원치 않는 성관계를 가질 의무가 없다는 결론을 내린 것이다. 사실 배우자에 대한 성폭력은 매우 사적이고 은밀한 성격을 띠고 있어 적절한 조치를 취하지 않으면 피해가 심각해질 수 있다. 배우자가 성적 욕구를 충족시키기 위한 존재도 아니고 사실 부부관계라도 어느 정도 동의가 필요한 것이다.

---

3) 대법원 1970. 3. 10. 선고 70도29 판결.
4) 부산지방법원 2009. 1. 16. 선고 2008고합808 판결.
5) 대법원 2009. 2. 1. 선고 2008도8601 판결.
6) 대법원 2013. 5. 16. 선고 2012도14788 전원합의체 판결.

2. 유사강간죄

형법 제297조의2(유사강간) 폭행 또는 협박으로 사람에 대하여 구강, 항문 등 신체(성기는 제외한다)의 내부에 성기를 넣거나 성기, 항문에 손가락 등 신체(성기는 제외한다)의 일부 또는 도구를 넣는 행위를 한 사람은 2년 이상의 유기징역에 처한다.
군형법 제92조의2(유사강간) 폭행이나 협박으로 제1조 제1항부터 제3항까지에 규정된 사람에 대하여 구강, 항문 등 신체(성기는 제외한다)의 내부에 성기를 넣거나 성기, 항문에 손가락 등 신체(성기는 제외한다)의 일부 또는 도구를 넣는 행위를 한 사람은 3년 이상의 유기징역에 처한다.
아동·청소년의 성보호에 관한 법률 제7조(아동·청소년에 대한 강간·강제추행 등)
② 아동·청소년에 대하여 폭행이나 협박으로 다음 각호의 어느 하나에 해당하는 행위를 한 자는 5년 이상의 유기징역에 처한다.
1. 구강·항문 등 신체(성기는 제외한다)의 내부에 성기를 넣는 행위
2. 성기·항문에 손가락 등 신체(성기는 제외한다)의 일부나 도구를 넣는 행위

유사강간은 강간과 유사하게 강제적으로 맺는 유사성행위를 말한다. 신체의 일부에 성기를 넣거나, 성기 또는 항문에 신체의 일부나 도구를 넣는 것을 말한다. 단, 성기에 성기를 넣는 것은 유사강간이 아닌 강간이므로 제외된다. 항문성교는 전자와 후자 모두 해당된다. 그동안 강간죄는 질내 삽입만을 대상으로 하면서 애널강간이나 오랄강간은 처벌되지 못하고 강제추행으로 처벌을 받았다. 이에 따라 동성 성폭행 등은 가볍게 처벌받는 문제가 제기되었다. 한국에서는 2006년 성폭력특별법에서 피해자가 아동청소년인 경우에 도입하였고 2013년 6월 19일 형법과 군형법에서도 도입되었다. 종래에는 유사강간죄의 기수에 이르지 않은 경우, 실행의 착수가 있은 경우(즉, 미수범)만 처벌 대상이었으나, 2020년 5월 19일부터는 유사강간죄를 범할 목적으로 예비 또는 음모한 사람도 3년 이하의 징역에 처한다(형법 제305조의3). 종전에는 강제추행죄로 처벌되었다. 남녀 사이에서뿐만이 아니라 동성 사이에서도 성립할 수 있다.

III. 강제추행죄

> **형법 제298조(강제추행)** 폭행 또는 협박으로 사람에 대하여 추행을 한 자는 10년 이하의 징역 또는 1천500만원 이하의 벌금에 처한다.

추행이란 상대방의 성적 자기결정권을 침해하는 행위로서, 성적 수치심이나 혐오감을 일으키는 모든 행위를 말한다. 신체의 어느 부위에 어느 정도의 접촉을 하여야 추행으로 인정할 것인가는 피해자의 성별, 연령, 행위자와 피해자의 관계, 구체적 행위의 모습과 주변정황, 성적 관념 등을 고려하여 판단된다. 행위자에게 주관적으로 성욕을 자극·흥분·만족시키려는 동기나 목적이 있어야 하는 것은 아니다. 손이나 무릎을 쓰다듬거나 어깨를 감싸 안는 정도로는 인정되지 않는다.

강제추행죄는 폭행 또는 협박으로 사람에 대하여 '지저분한 짓'이라는 사전적 의미가 있는 추행을 한 자를 처벌하는 형법에서 정하는 범죄이다. 강간죄의 구성요건보다 포괄적인 범죄형태이고, 법정형은 10년 이하의 징역 또는 1천500만원 이하의 벌금으로 규정(형법 제298조)되어 있으며, 미수범도 처벌된다.

사례연구

[강제추행죄]

甲은 알고 지내던 여성인 乙이 자신의 머리채를 잡아 폭행을 가하자 보복의 의미에서 乙의 입술, 귀, 유두, 가슴 등을 입으로 깨무는 등의 행위를 한 경우에 甲의 행위는 강제추행이 되는가?

비록 甲이 乙의 행위에 대하여 보복의 의미에서 乙의 입술, 귀, 유두, 가슴 등을 입으로 깨무는 등의 행위를 한 경우라 하더라도 객관적으로 여성인 乙의 입술, 귀, 유두, 가슴 등을 입으로 깨무는 행위는 일반적이고 평균적인 사람으로 하여금 성적 수치심이나 혐오감을 일으키게 하고, 선량한 성적 도덕관념에 반하는 행위로서 甲의 행위는 강제추행죄에 해당한다(대법원 2013. 9. 26. 선고 2013도5856 판결).

초등학교 기간제 **교사**가 다른 학생들이 지켜보는 가운데 건강검진을 받으러 온 학생의 옷 속으로 손을 넣어 배와 가슴 등의 신체 부위를 만진 행위는, 설사 성욕을 자극·흥분·만족시키려는 주관적 동기나 목적이 없었더라도 객관적으로 일반인에게 성적 수치심이나 혐오감을 불러일으키고 선량한 성적 도덕관념에 반하는 행위라고 평가할 수 있고 그로 인하여 피해 학생의 심리적 성장 및 성적 정체성의 형성에 부정적 영향을 미쳤다고 판단되므로, 성폭력범죄의 처벌 및 피해자 보호 등에 관한 법률 제8조의2 제5항에서 말하는 추행에 해당한다.[7)]

A는 처가 경영하는 식당의 지하실에서 **종업원**들인 피해자(유부녀, 35세) 甲과 다른 여성 乙과 노래를 부르며 놀던 중 乙이 노래를 부르는 동안 피해자 甲을 뒤에서 껴안고 브루스(bruce)를 추면서 피해자의 유방을 만진 행위가 순간적인 행위에 불과하더라도 피해자의 의사에 반하여 행하여진 유형력의 행사에 해당한다. 피해자의 성적 자유를 침해할 뿐만 아니라 일반인의 입장에서도 추행행위라고 평가될 수 있는 것으로서 폭행행위 자체가 추행행위라고 인정되어 강제추행에 해당한다.[8)]

강제추행죄는 상대방에 대하여 폭행 또는 협박을 가하여 항거를 곤란하게 한 뒤에 추행행위를 하는 경우뿐만 아니라 폭행행위 자체가 추행행위라고 인정되는 경우도 포함되며, 폭행은 반드시 상대방의 의사를 억압할 정도의 것일 필요는 없다. 추행은 객관적으로 일반인에게 성적 수치심이나 혐오감을 일으키게 하고 선량한 성적 도덕관념에 반하는 행위로서 피해자의 성적 자유를 침해하는 것을 말하며, 이에 해당하는지는 피해자의 의사, 성별, 연령, 행위자와 피해자의 이전부터의 관계, 행위에 이르게 되는 경위, 구체적 행위 태양, 주위의 객관적 상황과 그 시대의 성적 도덕관념 등을 종합적으로 고려하여 신중히 결정되어야 한다. 그리고 추행의 고의로 상대방의 의사에 반하는 유형력의 행사, 즉 폭행행위를 하여 실행행위에 착수하였으나 추행의 결과에 이르지 못한 때에는 강제추행미수죄가 성립하며, 이러한 법리는 폭행행위 자체가 추행행위라고 인정되는 이른반 '**기습추행**'의 경우에도 마찬가지다.[9)]

---

7) 대법원 2009. 9. 24. 선고 2009도2576 판결.
8) 대법원 2002. 4. 26. 선고 2001도2417 판결.
9) 대법원 2015. 9. 10. 선고 2015도6980 판결.

컨트리클럽 회장 甲은 골프를 친 후 컨트리클럽 내 식당에서 식사를 하면서 그곳에서 근무 중인 여종업원인 乙에게 함께 술을 마시기를 권유하다가 乙로부터 거절당하였음에도 불구하고 컨트리클럽 회장과의 친분관계를 내세워 乙에게 어떠한 신분상의 불이익을 가할 것처럼 협박하여 乙로 하여금 목뒤 쪽으로 팔을 감아 돌림으로써 얼굴이나 상체가 밀착되어 서로 포옹하는 것과 같은 신체접촉이 있게 되는 이른바 **'러브샷'**의 방법으로 술을 마시게 한 사실이 인정된다. 이는 甲과 乙과의 관계, 성별, 연령 및 러브샷에 이르게 된 경우나 그 과정에서 나타난 乙의 의사 등에 비추어 볼 때 강제추행죄의 구성요건인 강제추행에 해당한다.[10)]

의사 A는 대학병원 응급실에서 근무 중 새벽 2시에 교통사고로 가벼운 척추부상을 당해 입원한 두 20대 여성의 입원실에 들어가 이들을 차례로 깨운 뒤 진료를 명분으로 복부를 두 손으로 누르고 속옷 하의를 반쯤 내리는 등 성추행한 혐의를 인정하였다.

Ⅳ. 준강간죄·준강제추행죄

> **형법 제299조(준강간, 준강제추행)** 사람의 심신상실 또는 항거불능의 상태를 이용하여 간음 또는 추행을 한 자는 제297조, 제297조의2 및 제298조의 예에 의한다.

준강제추행은 사람의 심신상실이나 항거불능의 상태를 이용하여 추행을 하는 것을 말한다(가령, 이성 간의 술 먹고 취중 도둑 키스). 술에 만취하거나 잠을 자고 있는 상태를 이용한 경우에는 항거불능 상태에 있었다고 본다. 술에 취하여 깊은 잠에 들었거나 마취상태에 있는 자에게 강간죄나 강제추행죄에서 요구되는 폭행, 협박을 행사하지 않더라도 간음과 추행이 가능하므로 강간죄, 유사강간죄, 강제추행죄로 처벌한다. 범인이 직접 음료수에 수면제를 탄 후 몰래 마시게 하고 간음한 경우에는 준강간죄가 아니라 직접 강간죄가 성립한다.

---

10) 대법원 2008. 3. 13. 선고 2007다10050 판결.

사례연구

[강제추행죄]

피해자 甲(여)은 평소 건강에 별다른 이상이 없었던 사람이었다. 가해자 乙(남)은 甲에게 졸피뎀(Zolpidem) 성분의 수면제(성인 권장 용량의 1.5배 내지 2배 정도의 양)가 섞인 커피를 마신 다음 곧바로 정신을 잃고 깊이 잠에 들었다가 약 4시간 뒤에 깨어났다. 甲은 그때마다 잠이 든 이후의 상황에 대해서 제대로 기억하지 못하였다. 가끔 정신이 희미하게 든 때도 있었으나 자신의 의지대로 생각하거나 행동하지 못한 채 곧바로 기절하다시피 다시 깊은 잠에 빠졌다. 가해자 乙은 13회에 걸쳐 이처럼 甲을 항거불능 상태에 빠뜨린 후 甲을 강간하거나 강제추행하였다. 乙은 어떠한 처벌을 받아야 하는가?

甲이 의식을 회복한 다음 그때마다 특별한 치료를 받지 않았으나 乙의 반복된 약물 투약으로 정보나 경험을 기억하는 甲의 생리적 기능에는 일시적으로 장애가 발생하였다. 여기에 甲의 신체·정신상의 구체적 상태, 사용된 수면제의 종류와 용량, 투약 방법, 甲에게 발생한 의식장애나 기억상실의 정도 등을 종합적으로 볼 때, 피해자 甲은 약물 투약으로 항거가 불가능하거나 현저히 곤란해진 데에서 더 나아가 건강상태가 나쁘게 변경되고 생활기능에 장애가 초래되는 피해를 입었다고 할 것이다. 따라서 甲이 당시 자연적으로 의식을 회복하거나 특별한 치료를 받지 않았다고 하더라도 강간치상죄나 강제추행치상죄에 해당한다(대법원 2017. 6. 29. 선고 2017도3196 판결).

Ⅴ. 미성년자·심신미약자 간음·추행죄

형법 제302조(미성년자 등에 대한 간음) 미성년자 또는 심신미약자에 대하여 위계 또는 위력으로써 간음 또는 추행을 한 자는 5년 이하의 징역에 처한다.

본죄에서의 미성년자는 19세 미만자를 말한다. 다만 미성년자의제강간·강제추행죄와 관계상 13세 미만자는 제외된다. 미성년자나 심신미약자는 강간죄나 강제추행죄에서 필요한 폭행, 협박보다 약한 힘이 행사되어도 제압될 수 있으므로, 위계나 위력에 의해서도 강간이나 강제추행이 인정되는 것이다. 미성년자나 심신미약자에게 강간이나 강제추행에 해당되는 정도의 폭행, 협박을 행사하면 본죄가 아니라 강간죄, 강제추행죄가 성립한다.

Ⅵ. 미성년자의제강간 · 강제추행죄

형법 제305조(미성년자에 대한 간음, 추행) ① 13세 미만의 사람에 대하여 간음 또는 추행을 한 자는 제297조, 제297조의2, 제298조, 제301조 또는 제301조의2의 예에 의한다.
② 13세 이상 16세 미만의 사람에 대하여 간음 또는 추행을 한 19세 이상의 자는 제297조, 제297조의2, 제298조, 제301조 또는 제301조의2의 예에 의한다.

13세 미만의 미성년자에 대한 간음이나 추행의 경우에는 폭행, 협박, 위계나 위력이 없이도 본죄가 성립한다. 피해자의 동의가 있거나 피해자가 원하여 성관계를 가진 경우에도 성립할 수 있다. 13세 미만의 사람은 아직 성적인 측면에서 자기 결정권을 지니고 있지 않다고 보기 때문이다. 성관계의 상대방이 13세 미만자인지 여부의 판단은 구체적인 상황에 따라 결정된다. 초등학교 4학년 담임교사 남자 선생님이 교실에서 자신이 담당하는 반의 남학생의 성기를 만지는 행위는 미성년자의제강제추행죄에서 말하는 추행에 해당한다.[11)]

Ⅶ. 업무상 위력에 의한 간음죄, 피구금자간음죄

형법 제303조(업무상 위력 등에 의한 간음) ① 업무, 고용 기타 관계로 인하여 자기의 보호 또는 감독을 받는 사람에 대하여 위계 또는 위력으로써 간음한 자는 7년 이하의 징역 또는 3천만원 이하의 벌금에 처한다.
② 법률에 의하여 구금된 사람을 감호하는 자가 그 사람을 간음한 때에는 10년 이하의 징역에 처한다.

1. 업무상 위력 등에 의한 간음죄

업무, 고용이나 그 밖의 관계로 자기의 보호나 감독을 받는 사람을 위계, 위력으로 간음하는 범죄이다. 상하관계가 형성되는 경우로서 피해자가 간음에

11) 대법원 2006. 1. 13. 선고 2005도6791 판결.

대한 거부를 할 수 없는 상황을 이용하는 범죄라고 할 수 있다. 따라서 폭행, 협박이 아닌 위계나 위력으로도 범죄가 성립한다.

2. 피구금자간음죄

피의자, 피고인, 수형자 등과 같이 법률규정에 의하여 구금된 사람에 대해서 이를 감호하는 경찰관, 검찰관, 교정공무원 등이 간음하는 범죄이다. 폭행, 협박이 없어도 범죄가 성립한다. 구금되어 있다는 사실 자체로 구금된 자는 심리적으로 열악한 위치에 있으므로 간음에 대한 거부의 의사표시를 하기 힘든 상황을 고려한 것이다. 폭행, 협박에 의하여 간음하면 강간죄가 성립될 수 있다.[12)]

VIII. 성폭력처벌법상 성범죄

성폭력범죄의 처벌에 관한 특례법(약칭, '성폭력처벌법')은 성폭력범죄가 해마다 지속적으로 증가하고 있고 날로 흉포화되고 있으며, 다른 범죄에 비해 재범가능성이 높고 은밀하게 행해지므로 이를 근본적으로 예방하기 위해서 성범죄자에 대한 처벌 강화와 재범방지 등을 위한 제도를 보완하는 취지로 제정되었다. 성폭력처벌법은 형법에 없는 새로운 성범죄를 규정하고 있으며, 형법상 성범죄에 대한 가중처벌규정을 두고 있다. 친고죄로 인하여 성범죄에 대한 처벌이 합당하게 이루어지지 못하고 피해자에 대한 합의 종용으로 2차 피해가 야기되는 문제도 있다. 성범죄에 대한 처벌강화의 목적으로 종전의 친고죄 규정을 삭제하였다. 형사소송법상 자기 또는 배우자의 직계존속의 범죄에 대해서는 고소할 수 없으나 본법의 성범죄에 대해서는 예외가 인정된다.

1. 친족간 성범죄

> **성폭력범죄의 처벌에 관한 특례법 제5조(친족관계에 의한 강간 등)** ① 친족관계인 사람이

12) 송희진, 범죄와 생활법률, 박영사, 2022, 343~344면.

> 폭행 또는 협박으로 사람을 강간한 경우에는 7년 이상의 유기징역에 처한다.
> ② 친족관계인 사람이 폭행 또는 협박으로 사람을 강제추행한 경우에는 5년 이상의 유기징역에 처한다.
> ③ 친족관계인 사람이 사람에 대하여 「형법」 제299조(준강간, 준강제추행)의 죄를 범한 경우에는 제1항 또는 제2항의 예에 따라 처벌한다.
> ④ 제1항부터 제3항까지의 친족의 범위는 4촌 이내의 혈족·인척과 동거하는 친족으로 한다.
> ⑤ 제1항부터 제3항까지의 친족은 사실상의 관계에 의한 친족을 포함한다.

가족 내에서 일어나는 성범죄의 경우에는 피해자가 정신적으로 보다 더 큰 침해를 당할 뿐만 아니라 피해사실을 외부에 알리지 못하여 성범죄가 지속되는 경향이 있으므로 가중처벌하고 있다. 특히 의붓아버지가 재혼한 배우자의 자녀를 성범죄의 대상으로 하는 경우가 많다.[13)]

최근 친족 간 성범죄는 증가하고 있다. 딸, 며느리 등 친족을 대상으로 한 반인륜적 성범죄가 끊이지 않고 있다. 친족간 성범죄는 매년 꾸준히 증가하고 있지만 신고가 어렵고 증거 확보가 쉽지 않아 실효성 높은 법안이 마련돼야 한다는 목소리가 커지고 있다. 가족 내부에서 피해 사실을 외면해 장기간 범죄가 이어지는 경우가 많아 공소시효를 폐지해야 한다는 주장도 제기된다. 끊이지 않는 친족간 성범죄 최근 4년간 2,570건 달한다. 미성년자인 자신의 두 딸을 수년간 성폭행한 40대 친부 A씨가 징역 10년의 실형을 선고받았다. A씨는 지난 2016년 자택에서 당시 8세였던 큰딸 B양에게 자신의 신체를 만지도록 하고 유사성행위를 강요하는 등 강제 추행했다. 이러한 행동은 B양이 중학

13) 법무부 '친족관계에 의한 성폭력 범죄 현황'에 따르면 2016년부터 2018까지 친족관계에 의한 성폭력 범죄 접수 건수는 총 1,613건이다. 특히 2016년 500건이던 범죄는 2017년 535건 2018년 578건으로 꾸준히 증가했다. 문제는 친족 성폭력의 경우, 피해자가 어린 시절부터 지속해서 피해를 받는다는 점이다. 특히 미성년자일 때부터 친족으로부터 성폭력 피해를 당한 경우, 피해자들은 자신이 성폭력을 당했는지 인지하지 못하는 경우가 많다. 일부 피해자들은 성인이 돼서야 관련 기관에 겨우 피해 사실을 알린다. 친족 성폭력 피해자의 과반은 피해 발생일로부터 10년이 지나서야 관련 상담소를 찾는 것으로 나타났다. 한국성폭력상담소가 발표한 '2019년 한국성폭력상담소 상담통계 및 상담 동향분석'에 따르면, 친족 성폭력 상담 87건 중 친족 내 성폭력 피해를 상담소에 상담하기까지 걸린 시간이 10년 이상인 경우는 48건(55.2%)에 해당했다. 5년 이상 10년 미만인 경우도 12건(13.8%)인 것으로 조사됐다. 피해가 가장 많은 시기는 7세에서 13세인 어린이 시기(33.3%)였다.

교에 입학할 때까지 계속됐다. 또 A씨는 작은딸 C양이 7세였던 지난 2018년 강제로 성관계를 했고, 지난 1월에는 성관계 동영상을 보여준 뒤 "똑같이 해달라"고 요구하며 C양을 강간했다. 그의 범행은 B양이 경찰에 신고하면서 드러났다. 지적 장애가 있는 며느리를 성폭행한 70대 시아버지 D씨가 징역 5년을 선고받았다. 그는 며느리가 시집와 함께 생활한 지 3개월 만인 2019년 2월 자택 거실에서 며느리를 성폭행·추행했다. A씨는 장애가 있는 며느리가 자신의 말을 쉽게 거역하지 못하는 점을 이용해 범행했다. A씨는 발기부전 치료제까지 복용해가면서 성폭행을 저지른 것으로 파악됐다.

성폭력범죄의 처벌 및 피해자보호 등에 관한 법률 제7조 제1항은 친족관계에 있는 자가 형법 제297조(강간)의 죄를 범한 때에는 5년 이하의 유기징역에 처한다고 규정하고 있고, 같은 법 제4항은 제1항의 친족의 범위는 4촌 이내의 혈족과 2촌 이내의 인척으로 한다고 규정한다. 같은 법 제7조 제5항은 제1항은 친족은 사실상의 관계에 의한 친족을 포함한다고 규정하고 있는바, 법률이 정한 혼인의 실질관계는 모두 갖추었으나 법률이 정한 방식, 즉 혼인신고가 없기 때문에 법률상 혼인으로 인정되지 않는 이른바 사실혼으로 인하여 형성되는 인척도 같은 법 제7조 제5항이 규정한 사실상의 관계에 의한 친족에 해당한다.[14)]

2. 공중밀집 장소에서의 추행

> **성폭력범죄의 처벌에 관한 특례법 제11조(공중밀집 장소에서의 추행)** 대중교통수단, 공연·집회 장소, 그 밖에 공중이 밀집하는 장소에서 사람을 추행한 사람은 3년 이하의 징역 또는 3천만원 이하의 벌금에 처한다.

지하철, 버스, 공연장소 등 사람들이 많이 모여있는 장소에서의 추행을 처벌하기 위한 규정이다. 공중이 밀집한 장소에는 현실적으로 사람들이 빽빽이 들어서 있어 서로간의 신체적 접촉이 이루어지고 있는 곳만을 의미하는 것이 아니라 찜질방 등과 같이 공중의 이용에 상시적으로 제공·개방된 상태에

14) 대법원 2000. 2. 8. 선고 99도5395 판결.

놓여 있는 곳 일반을 의미한다. 그 장소의 성격과 이용현황, 가해자와 피해자 사이의 친분관계 등 구체적 사실관계에 비추어 공중밀집장소의 일반적 특성을 이용한 추행 행위라고 보기 어려운 특별한 사정이 있는 경우에 해당하지 않는 한, 그 행위 당시의 현실적인 밀접도 내지 혼잡도에 따라 그 규정의 적용 여부를 달리한다고 할 수는 없다.[15]

3. 성적 목적을 위한 다중이용장소 침입행위

성폭력범죄의 처벌에 관한 특례법 제12조(성적 목적을 위한 다중이용장소 침입행위) 자기의 성적 욕망을 만족시킬 목적으로 화장실, 목욕장·목욕실 또는 발한실(發汗室), 모유수유시설, 탈의실 등 불특정 다수가 이용하는 다중이용장소에 침입하거나 같은 장소에서 퇴거의 요구를 받고 응하지 아니하는 사람은 1년 이하의 징역 또는 1천만원 이하의 벌금에 처한다.

여성을 엿보거나 훔쳐보려는 성적 의도를 가지고 화장실에 들어가는 행위를 처벌한다. 종전에는 화장실을 제한하였는데 이에는 정부나 지방자치단체가 설치한 화장실, 개방화장실(공공기관의 시설물에 설치된 화장실), 이동화장실, 간이화장실, 유료화장실이다. 따라서 성적 목적으로 식당이나 주점 등 사적 소유건물의 화장실에 들어가더라도 처벌이 곤란한 경우가 발생하여 모든 화장실로 확대하였다.

4. 통신매체이용음란

성폭력범죄의 처벌에 관한 특례법 제13조(통신매체를 이용한 음란행위) 자기 또는 다른 사람의 성적 욕망을 유발하거나 만족시킬 목적으로 전화, 우편, 컴퓨터, 그 밖의 통신매체를 통하여 성적 수치심이나 혐오감을 일으키는 말, 음향, 글, 그림, 영상 또는 물건을 상대방에게 도달하게 한 사람은 2년 이하의 징역 또는 2천만원 이하의 벌금에 처한다.

15) 대법원 2009. 10. 29. 선고 2009도5704 판결.

성적 수치심이나 혐오감을 일으키는 말, 음향, 글, 그림, 영상 또는 물건(이하 '성적 수치심을 일으키는 그림 등'이라 함)을 상대방에게 도달하게 한다는 것은 상대방이 실제로 이를 인식할 수 있는 상태에 두는 것을 의미한다. 따라서 행위자의 의사와 그 내용, 웹페이지의 성격과 사용된 링크기술의 구체적인 방식 등 모든 사정을 종합하여 볼 때 상대방에게 성적 수치심을 일으키는 그림 등이 담겨 있는 웹페이지 등에 대한 인터넷 링크를 보내는 행위를 통해 그와 같은 그림 등이 상대방에 의하여 인식될 수 있는 상태에 놓이고 실질에 있어서 이를 직접 전달하는 것과 다를 바 없다고 평가된다. 이에 따라 상대방이 이러한 링크를 이용하여 별다른 제한 없이 성적 수치심을 일으키는 그림 등에 바로 접할 수 있는 상태가 실제로 조성되었다면, 그러한 행위는 전체로 보아 성적 수치심을 일으키는 그림 등을 상대방에게 도달하게 한다는 구성요건을 충족한다.

5. 카메라 등 이용촬영(이른바 '몰카')

사례연구

[몰 카]

피고인 A는 피해자 甲(여)과 인터넷 화상채팅 등을 하면서 카메라 기능이 내재되어 있는 피고인 A의 휴대전화를 이용하여 甲의 유방, 음부 등 신체 부위를 甲의 의사에 반하여 촬영한 경우에 성폭력범죄의 처벌 등에 관한 특례법 위반(카메라이용촬영)으로 기소할 수 있는가?

甲은 스스로 자신의 신체 부위를 화상카메라에 비추었고 카메라 렌즈를 통과한 상의 정보가 디지털화되어 피고인 A의 컴퓨터에 전송되었으며, 피고인 A는 수신된 정보가 영상으로 변환된 것을 휴대전화 내장 카메라를 통해 동영상 파일로 저장하였으므로 피고인 A가 촬영한 대상은 甲의 신체 이미지가 담긴 영상일 뿐 甲의 신체 그 자체는 아니라고 할 것이어서 법 제13조 제1항의 구성요건에 해당하지 않는다.

따라서 다른 사람의 신체 이미지가 담긴 영상도 다른 사람의 신체에 포함된다고 해석하는 것은 법률문언의 통상적인 의미를 벗어나는 것이므로 죄형법정주의 원칙상 허용될 수 없다는 이유로 피고인에게 무죄를 인정한 원심판단은 정당하다(대법원 2013. 6. 27. 선고 2013도4279 판결).

성폭력범죄의 처벌에 관한 특례법 제14조(카메라 등을 이용한 촬영) ① 카메라나 그 밖에 이와 유사한 기능을 갖춘 기계장치를 이용하여 성적 욕망 또는 수치심을 유발할 수 있는 사람의 신체를 촬영대상자의 의사에 반하여 촬영한 자는 7년 이하의 징역 또는 5천만원 이하의 벌금에 처한다.
② 제1항에 따른 촬영물 또는 복제물(복제물의 복제물을 포함한다. 이하 이 조에서 같다)을 반포·판매·임대·제공 또는 공공연하게 전시·상영한 자 또는 제1항의 촬영이 촬영 당시에는 촬영대상자의 의사에 반하지 아니한 경우(자신의 신체를 직접 촬영한 경우를 포함한다)에도 사후에 그 촬영물 또는 복제물을 촬영대상자의 의사에 반하여 반포등을 한 자는 7년 이하의 징역 또는 5천만원 이하의 벌금에 처한다.
③ 영리를 목적으로 촬영대상자의 의사에 반하여 「정보통신망 이용촉진 및 정보보호 등에 관한 법률」 제2조 제1항 제1호의 정보통신망(이하 "정보통신망"이라 한다)을 이용하여 제2항의 죄를 범한 자는 3년 이상의 유기징역에 처한다.
④ 제1항 또는 제2항의 촬영물 또는 복제물을 소지·구입·저장 또는 시청한 자는 3년 이하의 징역 또는 3천만원 이하의 벌금에 처한다.
⑤ 상습으로 제1항부터 제3항까지의 죄를 범한 때에는 그 죄에 정한 형의 2분의 1까지 가중한다.

최근 사회적으로 문제되는 이른바 '몰래카메라 촬영행위'에 대한 처벌규정이다. 촬영할 당시 상대방의 의사에 반하지 않은 경우에도 영상물을 상대방의 의사에 반하여 유포하게 되면 처벌하고 촬영된 영상물을 영리를 목적으로 정보통신망을 통하여 유포하는 경우도 처벌하고 있다.

촬영대상자의 의사에 반하여 성적 욕망 또는 수치심을 유발할 수 있는 모습이나 행동을 사진, 동영상 등으로 몰래 촬영하는 행위를 말한다. 공식 법률용어로는 성폭력범죄의 처벌 등에 관한 특례법위반(카메라등이용촬영죄)이라 한다. 범죄행위로 성립되려면 '촬영대상자의 의사에 반하여'라는 조건과 '성적 욕망 혹은 수치심 유발'이라는 조건을 모두 만족해야 성립된다. 불법촬영은 공공장소에서 몰래 타인의 신체 부위를 촬영하는 방식이 가장 흔하나, 다른 방식으로는 성관계 과정을 연인 몰래 촬영을 하는 방식이 있다. 언론에 자주 거론되었고 거론되고 있다 보니 2020년대 들어서는 불법촬영이라는 용어가 상당히 남용되고 있고, 선동 목적으로 해당 용어를 거론하는 이들이 적지 않은 실정이다. 가령, 몰래카메라 콘셉트의 인터넷 방송, 연예인의 일상을 조명하는 예능, 팬이 찍는 연예인들의 출퇴근 사진 등이 마음에 안 들거나 기분이 나쁠 때 불법촬영이라는 용어를 들먹이며 촬영자를 범죄자인 양 몰아가는 일이 온라인에서 종종 행해지고 있다.

[제14장]

여성과 법률

제14장 여성과 법률

Ⅰ. 여성주의(feminism)의 변천

1. 여성주의(feminism)

여성주의란 여성 억압의 원인과 상태를 기술하고 **여성해방**을 궁극적 목표로 하는 운동 또는 그 이론을 말한다. 19세기 중반에 시작된 여성 참정권 운동에서 비롯되어 그것을 설명하는 이론까지 포함하는 개념이다. **페미니즘**의 시초는 자유주의에 근원을 두고 있다. 자유주의적 페미니즘에 의하면 여성의 사회진출과 성공을 가로막는 관습적, 법적 제한이 여성의 남성에 대한 종속의 원인이다. 따라서 여성에게도 남성과 동등한 교육 기회와 시민권이 주어진다면 여성의 종속은 사라진다고 한다.

마르크스주의 페미니즘은 자유주의적 페미니즘을 비판하면서 사적 소유가 존재하는 한 참된 기회균등은 이루어질 수 없다고 한다. **F.엥겔스**는 여성 억압이 생산수단의 사적 소유로부터 시작되었으며 자본주의가 바로 여성 억압의 근원이라고 주장한다. 이에 대해 급진적 페미니즘은 가부장제에 기초한 법적·정치적 구조와 사회·문화적 제도가 여성 억압을 가능하게 하는 것 외에 생물학적인 성(性)이 여성의 정체감과 억압의 주된 원인이며, 여성해방은 출산·양육 등의 여성 역할에 대한 근본적인 변혁을 통해 이루어질 수 있다고 주장한다.

사회주의적 페미니즘은 마르크스주의 페미니즘이 성별 특성을 간과했다고 지적하고, 여성 억압은 노동자 억압과 마찬가지로 중요하며. 자본주의와 가부장제를 한 가지 개념을 사용하여 분석하여야 한다고 주장한다.

2. 페미니즘의 시초: 자유주의적 페미니즘

페미니즘의 시초는 자유주의에 근원을 두고 있는데, 이것은 유럽에서 산업자본주의가 태동, 생산의 중심축이 가정에서 공장으로 옮겨감에 따라 여성이 생산 활동에서 배제된 채 가사만을 전담하게 된 18세기에 싹트게 되었다. 1792년 여성운동가 **메리 월스톤 크라프트**(Mary Wollstonecraft)는 여권신장의 당위성을 프랑스대혁명의 민주주의 이념에서 찾은 최초의 페미니즘 저서 『여성 권리의 옹호(A indication of the Rights of Women)』를 발표, 여성해방 운동의 기치를 내걸었다. 그는 저작에서 "상냥한 말씨나 부드러운 마음씨 그런 것들은 남성들이 우리의 노예적 예속을 짐짓 미화하여 부르는 말일 뿐 무엇보다 우리가 추구해야 할 목표는 성별을 불문하고 인간으로서의 품성을 얻는 일"이라는 당시로서는 혁명적인 주장을 폈다.

자유주의적 페미니즘에 의하면 여성의 사회진출과 성공을 가로막는 여성을 비이성적이고 감성적인 존재로 보는 사회적, 문화적 관습과 편견, 법적 제한이 여성의 남성에 대한 종속의 원인이다. 따라서 여성에게도 남성과 동등한 교육 기회와 시민권이 주어진다면 여성의 종속은 사라진다고 한다. 이들이 여성을 억압하는 기제로서 주로 거론하는 것은 불평등한 법체계, 교육과 취업의 불평등, 억압적 성규범을 비롯한 성차별 제도, 여성을 구속하는 가사 노동의 전담 등이다. 이러한 맥락에서 자유주의 페미니스트들은 교육, 고용, 승진, 노동 등에서 발생하는 성차별의 철폐를 주장하거나 참정권 획득을 위해 법률과 제도적 개선하는 일을 주된 목표로 삼는다.

여성 문제를 해결하는 길은 우선 정치적 차원에서 이루어져야 한다고 주장한다. 사회변화란 기존의 정치, 경제 제도 속에서 먼저 이루어져야 하며, 이러한 사회 개혁은 개인적 능력과 노력으로 달성될 수 있다고 보는 것이다. 만약 한 사회의 제도가 불합리하거나 소극적이라면 평등은 이루어질 수 없을 것이지만, 여성은 본질적으로 진취적이며 이성적인 존재이기 때문에 결국 남녀평등이 이루어질 것이라 주장한다. 자유주의 페미니즘은 여성의 억압을 가장 먼저 포착하여 정점화하였을 뿐만 아니라 경험적 차원에서 법적, 제도적 불평등을 해결하려 했다는 점에서 역사적으로 공헌했다. 여성들의 전문적 직업상을 새롭게 설정하였다는 점 역시 매우 의미 있는 논리라고 할 수 있다. 그러나 이들은 가정과 사회에서 여성을 억압하는 원인이 무엇인지에 대한 구조적 분석을 시도하지 않았다는 취약점을 가지고 있다. 그리고 이들이 옹호하는 여성의 권익이 전체 여성이 아닌 일부 여성, 즉 백인 중산층 여성을 주요 대상으로 한다는 것 역시 자유주의 페미니즘의 한계점이다.

3. 마르크스주의적 페미니즘

페미니즘의 제2의 물결(1960년대 말~1970년대 초)이 일어나기 전까지 자유주의 페미니즘과 함께 양대 기둥을 이루었던 1930년대의 마르크스 페미니즘은 부와 권력이 소수에 귀착하는 계급사회 내에서 완전한 기회의 균등이 가능하다고 믿는 자유주의자들을 비판하면서 사적 소유가 존재하는 한 참된 기회균등은 이루어질 수 없다고 한다. 프리드리히 **엥겔스**(F. Engels)는 『가족, 사유재산, 그리고 국가의 기원』(1845)에서 사람들의 물적 상황의 변화가 어떻게 가족관계의 구조를 변화시키는가를 보여주었다. 여성의 압박은 인간사회가 이전에 누렸던 모든 평등을 제거시키는 제도인 사유재산제의 도입과 함께 도래한 것이며, 따라서 이를 자본주의와 연관된 구조의 산물로 이해해야만 한다고 주장한다. 여성해방의 선결 요건은 여성의 남성들로부터의 경제적 독립, 즉 "모든 여성의 공적 산업으로의 재투입"이며, 두 번째 조건은 가사와 육아의 사회화라 보았다.

마르크스주의자들은 여성노동자에 대한 성차별은 우연적인 것이 아니라 자본주의 존립의 필요조건임을 주장한다. 따라서 여성이 성차별주의에 대항하기 위해서는 자본주의에 대해 투쟁해야 한다는 것은 이 논리에서 당연한 결론이다. 여성은 산업노동력으로 편입되어야 하며 남성노동자와 함께 사유재산과 계급지배의 체제를 파괴하기 위한 투쟁에 나섬으로써 해방을 이룩할 수 있다는 것이 마르크스주의적 해결 방안의 중요한 핵심이다.

엥겔스보다 적극적으로 여성 억압 구조를 분석한 사람은 바벨이다. 바벨은 여성의 예속 원인을 다름 아닌 여성의 신체적 연약성과 생물학적 특성, 특히 모성적 기능에서 찾았다. 바벨은 무엇보다 사회 제도의 변혁이 진정한 여성해방을 가져올 것이라고 믿었고, 이 같은 논리는 급진적 페미니즘의 이론적 토대가 되었다. 마르크스주의 페미니스트들은 재산관계의 구조가 아니라 진실한 애정에 바탕을 둔 일부일처제를 이상적인 가족관계로 규정하였다. 그리고 가사노동의 사회화, 여성의 생산 노동 참여와 그 내부에서의 평등성 확보, 경제적 단위로서의 일부일처제 폐지를 지향한다. 그리고 이를 통해 궁극적으로 사적 소유와 계급 제도의 철폐를 추구한다. 이러한 입장에서 마르크스주의 페미니즘은 일부 여성의 해방이 아니라 여성이라는 계급 전체의 해방을 목표로 한다. 이처럼 마르크스주의의 페미니즘은 단편적이고 현상적인 문제제기의 수준을 넘어서서 여성 문제를 사회구조적인 관점에서 바라보는 틀을 마련했다는 점에서 의의를 지닌다.

그러나 마르크스주의 페미니즘은 여성의 출산 문제와 성문제(피임, 불임, 낙태, 포르노문학, 매춘, 성추행, 강간, 여성구타)와 직접적으로 관련된 문제들에는 별 관심을 보이지 않으며, 여성 억압을 이해하고 종식시키는 단 하나의 수단으로 여성의 일의 성질과 기능에 편향하여 고찰했다는 한계를 갖고 있다.

4. 실존주의 페미니즘

실존주의 페미니즘은 1940년대의 시몬느 드 보부아르(Simone de beauvoir)의 '**제2의 성**'을 통해 나타나 발전시킨 여성을 위한 실존주의를 지칭한다. 보부아르의 페미니즘은 그 후 등장한 페미니즘 이론가들에게 골고루 영향을 미쳤다. 보부아르는 남성들이 자신을 자아로, 여성을 주체이기보다는 대상화된 타자로 불렀다는 사실에서 출발한다. 이를 통해 본질적인 남성, 비본질적인 여성이라는 시각이 여성에게 내면화된다. 영원하고 본질적인 여성성은 존재하지 않음으로 여성은 자신의 여성성, 제2의 성을 만들어야 하고, 타자가 아니기 위해서는 그녀의 길을 가야 한다. 보부아르는 이를 위해 ① 여성도 사회적 노동에 참여하고, ② 스스로를 위한 변화의 전위, 지식인이 되고, ③ 사회주의적 변혁에 참여해야 한다는 세 가지 전략을 제시했다. 정신분석학적 페미니즘이 여성억압의 심리적인 측면에 치중함으로 여성 억압의 외적 조건을 도외시하였다는 비판을 받고 있다면, 실존주의 페미니즘은 너무 추상적이라는 비판을 받고 있다. 그러나 이 이론들은 그것이 제공하는 새로운 시각과 더불어 포스트모던 페미니즘의 형성에 이바지한다.

5. 복지 자유주의 페미니즘

1963년에 『**여성의 신비**』를 저술한 베티 프리단(B. Friedan) 역시 가정 밖의 일이 여성의 가정 내에서의 불완전성을 극복하는 데 도움이 된다고 보면서, 결혼과 어머니 노릇을 직업과 조화시키는 것에 관심을 두었다. 그러나 이후 그는 여성이 전통적인 역할의 밖에서만이 자신의 가치를 찾을 수 있다는 기존의 자유주의적 논의는 현실적으로 여성을 더욱 어렵게 할 것(슈퍼우먼이 될 것을 강요)이라는 비판을 받게 되고, 이후 그녀는 이 사실을 인정하고 여성에 대한 남녀동일의 제도와 역할과 기대는 여성들의 기존의 사회화과정을 무시한 비인도적인 처사이며, 남성과 여성이 양성적인 인간이 되는 그날까지 성 차이를 사회가 인정해야만 한다고 촉구하였다. 그러나 성의 평등은 기본적으로 고정된 성역할에서 자유로워지는 방향으로 이루어져야만 한다는 것에는 변함이 없다. 복지 자유주의 페미니스트들은 주로 특별고용과 역차별 정책들을 통한 실질적인 평등을 이룰 것을 주장한다. 또 일부 자유주의 페미니스트들은 양성적 인간 개념으로 성별에 따른 차별에 대응하고자 하기도 하며 또 다른 일부는 단일 양성이 아닌 다수 양성을 주장함으로써 여러 유형의 개성을 발전시킬 것을 옹호한다.

6. 급진주의, 사회주의적 페미니즘

사회주의 페미니즘과 함께 제2의 물결을 대표하는 1970년대의 **급진적 여성주의자**들은 남성이 하나의 계급으로서의 여성을 지배하고 억압하는 사회 구조에 관심을 둔다. 이들은 사회를 성적으로 계급화된 억압 구조라고 보고 성차별과 그 억압에 주목한다는 점, 남성의 성적 노예라는 점, 그리고 여성의 육체가 남성에 의해서 통제당한다는 점이다. 1970년 '성의 정치학'에서 여성 억압의 원인으로 가부장제를 정면 공격한 케이트 밀레트 그리고 슐라미르 파이어스톤(S. Firestone)의 『성의 변증법』은 성 계급 개념을 중심으로 마르크스와

엥겔스의 역사유물론을 페미니즘적으로 재구성하였다. 파이어스톤은 성적 불평등은 양성간의 생물학적 차이가 아니라, 양성간의 서로 다른 재생산 역할이 초래한 계급의 기원에 있는 최초의 분업에서 기인한다고 했다. 따라서 여성억압의 뿌리는 생물학적이므로 여성해방은 생물학적인 혁명을 필요로 한다. 급진적 여성주의에서 말하는 '페미니즘 혁명이란 곧 생물학적 혁명'이며, 그것은 기술 발전을 통해서 가능하다. 기술이 "인위적인" 재생산 방식을 완벽하게 할 수 있다면, 자녀출산에 초점을 둔 생물학적인 가족 개념이 사라지면 곧 경제 단위로서의 가족 개념도 사라질 것이라는 것이다. 이러한 변화는 궁극적으로 동성애와 이성애의 범주를 파기시키며, 남녀간의 규정된 성역할로 제도화된 성관계도 사라지게 될 것이라는 것이다. 그리고 과거에는 여성을 열등하게 만드는 것으로 규정화되었던 천성적인 차이가 오히려 여성들을 더 우월하게 만든다고 간주한다. 다소 과격하고 급진적인 주장에도 불구하고 급진적 페미니즘은 여성 문제를 연구하는 데 크게 기여하였다.

급진적 페미니즘은 법적인 제도나 노동보다는 출산, 성애(sexuality), 성별 등과 연관되는 사적인 세계나 여성의 육체에 관심을 두면서 이를 정치적 지배관계의 영역에 포함시켰으며, 여성 억압에 작용하는 심리적 기제를 규명하려 한 점에서도 의의가 있다. 또한 '가부장제'라는 용어를 일반화하면서 여성 대중의 광범위한 의식화를 이루려 했고, 이론적으로도 여성 억압 체계에 대한 분석을 자극하는 역할을 했다는 점도 높이 평가할 만하다. 그러나 급진적 페미니즘은 주로 분석의 초점이 지배계급과 백인 특권층에 한정되어 있고, 피지배 계급과 억압받는 인종들의 문제를 도외시하고 있다는 점과 그 이론 체계의 일관성이나 체계가 갖추어져 있지 못하다는 한계를 지닌다. 또한 남성과의 협력을 무조건 거부하려는 태도로 인해 오히려 여성을 주변적인 존재로 전락시킨다는 것도 문제점으로 나타난다. 이러한 문제점에도 불구하고 급진적인 3대 여성학자로 분류되는 프랑스의 줄리아 크리스테바, 엘렌 식수 등은 남성과 다른 '차이의 문화'를 주장하며 여성을 억압하는 사회, 경제적 구조 및 법률, 역사, 언어를 분석하는데 앞장서고 있다.

사회주의적 페미니즘은 성적인 문제를 도외시하고 노동자에 대한 억압에 비해 여성에 대한 억압의 문제를 소홀이 취급했던 마르크스주의 이론에 대한 페미니스트들의 불만에서 결과되었다. 사회주의 페미니즘은 '계급'뿐만 아니라 '성별'도 여성 억압을 설명하는 역할을 한다고 믿는 점에서 마르크스주의 페미니즘과 다르다. 사회주의 페미니스트들은 마르크스주의자들이 성 문제에 무관심했으며, 성적 편견을 가지고 있다는 점에서 그리고 급진적 페미니스트들은 지나치게 생물학적인 성에만 관심을 두고 '가부장제'를 심리적, 문화적 상부구조로만 보는 것을 비판하였다. 이들의 이와 같은 한계를 극복하기 위해 사회주의 여성주의자들은 자본주의, 남성 지배, 인종 차별, 제국주의 등을 분리할 수 없는 문제라고 파악하고 자본주의 체제와 남성 지배에 대한 총체적 이해를 위해서 이들 사이의 긴밀한 관계에 주목할 것을 요구한다.

사회주의 여성주의자들은 산업노동력으로서 여성의 노동에 관심을 두는 것과 마찬가지로 가정 내에서의 여성노동에도 관심을 기울인다. 즉 이들은 가정과 작업장 간의 이분법을 배격하며, 계급사회의 착취제도를 지탱하는데 있어 가사노동의 기능을 이해하는 일이 매우 중요하다고 본다. 특히 현행 가족이 갖는 기능에 대하여 가장 심오한 이론적 비평을 해온 이들이 사회주의적 여성주의자들이다. 이들에 따르면 가족은 경제 외부에 존재하는 '자연발생적' 제도가 아니며, 보다 광범위한 경제체계와 불가분의 관계를 갖는 것으로 이해된다. 또한 육아나 요리 등 여성의 가사노동은 어떤 사회에서나 필수불가결하기 때문에 통상적인 의미에서 생산적이라고 지적한다. 이러한 맥락에서 가정주부에게 임금을 주어야 한다는 사회주의적 여성주의자의 주장이 갖는 이론적 근거가 발견된다. 또한 이들은 권위와 경쟁의 가치를 강조하고 가족 구성원들 사이에 질투와 소유의식을 조장하는 가족의 이데올로기적 기능을 비판한다. 그러한 이유들로 인해 사회주의적 여성주의자들은 핵가족은 소멸되어야 한다고 확신한다.

사회주의적 여성주의자들은 대등한 성적 자유와 권리를 요구하기보다 성의 정체에 대한 재정의의 필요성을 강조한다. 이들이 내세우는 이상은 양성론이다. 즉 여성과 남성에게 부여된 전통적인 성역할을 넘어서 양성적이고 완전한 인간을 지향하며, 또한 상품화되고 타락하고 소외된 성의 여러 형태들을 초월해야 한다는 것이다. 사회주의 페미니즘의 한계는 한편으로는 사회주의적 변혁을 지향하여 기존의 계급 운동이나 사회운동과 연대하면서도 다른 한편으로는 모든 계급의 여성을 망라하는 여성들만의 독자적인 조직 또한 인정해야 하기 때문에, 이들은 과연 자본주의와 가부장제가 어떻게 결합되어 있으며, 그것이 여성 억압과 어떻게 연결되는가에 대한 구체적인 분석에서는 충분한 합의나 해명에 도달하지 못하고 있다. 그리고 기존 계급 운동과의 제휴가 느슨해지는 과정 속에서 비정치화되면서 큰 영향력을 행사하지 못하게 되었다. 이와 더불어 급진적 페미니즘이나 마르크스주의 페미니즘의 주장을 크게 벗어나지 못했으며, 성과 계급 사이의 상호 관계를 설정하거나 거기서 더 나아가 인종과 민족 문제를 포괄하여 그 우선성을 매기는 데에 실패했다는 한계점을 지닌다.

7. 포스트모던 페미니즘

포스트모던 페미니즘 내에는 철학적 전망, 정치적 감성 등에서 다양한 편차들이 존재한다. 따라서 포스트모던 페미니즘에 대한 섣부른 일반화는 위험할 수 있으나, 그럼에도 불구하고 이들의 글에서 발견되는 것은 해체주의, 정신분석학, 실존주의 등의 사상적 조류와의 관련성이다. 포스트모던 페미니즘은 실존주의적 입장에 선 보부아르의 '제2의 성'('타자') 개념을 받아들이면서도 '타자'라는 조건은 여성이 지배문화가 모든 사람에게 부과하는 규준, 가치, 관습을 비판하는 것을 가능하게 하는 긍정적 역할을 할 수 있으며 이 경우 '타자'라는 것은 억압, 열등감 이상을 의미하는 것이라고 본다.

또 다른 포스트모던 페미니즘은 해체주의가 근거하고 있는 구조, 언어, 체계, 그리고 특정한 사상 등에 대한 비판적인 태도를 공유한다. H. Cixous는 데리다의 difference 개념을 통해 여성의 글과 남성의 글을 비교하면서, 남성은 대립되는 쌍의 개념과 용어들 "그들 중 하나는 항상 다른 하나 위에 군림한다"를 연결하면서 불필요하게 실재를 분리해왔다고 주장한다(예를 들어, activity(활동성)/passivity(수동성), sun(태양)/moon(달), culture(문화)/nature(자연) 등). 이러한 모든 양극화는 남성/여성이라는 근본적인 양극화에서 그 영감을 발견한다. 남성은 일반적으로 긍정적이고 적극적인 것과 연관되고 여성은 일반적으로 수동적이고 소극적인 것과 연관된다. 나아가 남성은 자아(주체)이고 여성은 남성의 타자이다. 따라서 여성은 남성의 세계에서 남성의 언어로 존재한다. 이에, 엘렌은 생각할 수 없는, 생각되어진 적이 없는 말들을 씀으로써 남성들이 구축한 체계 밖에서 여성들인 자신들이 쓰고자 시도했다. 엘렌이 여성과 동일시한 글쓰기는 새기기, 갈겨쓰기, 메모하기, 긁기 등이다. 그녀에게 있어서 여성의 글쓰기는 단순한 새로운 문체일 뿐만 아니라, 변화의 유일한 가능성이며 파괴적인 사상을 위한 발판으로서, 사회 문화적 표준들의 변형을 위한 선구적인 운동으로서 기능할 수 있는 공간이기도 하다. L. Irigaray(이리가레이)는 엘렌의 여성적 글쓰기 전략에 동의하면서도, 정신분석학적인 측면에 관심을 가진다. 그녀에 따르면, 프로이트는 소녀를 단지 페니스가 없는 '작은 남자'로 부정적으로 보았다고 말하면서, 다음의 전략, 즉 언어에 있어서의 여성의 목소리가 적극적으로 나타나도록 할 것, 여성의 성의 자유화를 통한 독립적 경험 축적 등의 전략을 제의한다. J. 크리스테바(J. Kristeva)는 엘렌, 루스와는 달리 여성성과 남성성을 생물학적 성과 동일시하지 않는다. 만약 아이들에게 공평한 동일시의 기회를 준다면, 소년이 어머니와 소녀가 아버지와 동일시할 수도 있다는 것이다. 언어를 생물학적으로 몰아넣는 것은 남자와 여자를 가부장제의 굴레에 묶어두기 위한 것이다.

포스트모던 페미니즘이 가장 많이 받는 비판은 이들이 현실 세계와는 분리된 채 상아탑 속에서만 존재한다는 것이다. 그 외에도 여성의 가치를 남성 우위에 둠으로써 파시스트적인 가부장제 대신에 파시스트적 여가장제를 만들려는 시도가 아닌가라는 비판, 다양한 차이를 인정하면서도 특정 공동체(예컨대, 여성공동체)를 이루어나갈 수 있는지에 대한 철학적 비판 등에 직면하고 있다. 그러나 이러한 모든 비판들에도 불구하고, 포스트모던 페미니즘은 배제와 이로 인한 황폐화를 극복하기 위해 다양성이라는 개념을 부각시킨 측면을 인정받아야 한다. 그러나 물론 다양성 속의 통일성이라는 문제는 여전히 해결되지 않은 채 남아있는 것이 사실이다. 각각의 관점들은 여러 가지 결함들을 지니며, 이들 관점과 주장들이 포괄성과 타당성을 지닌 정당한 이론적 틀을 확립하는 데에는 많은 어려움이 있는 것으로 보이나, 각각의 주장들은 부분적으로는 여성에 대한 억압과 차별들을 정당하게 설명하고 그 해결책을 찾는데 나름대로 의미를 지니는 것으로 보여진다.

8. 에코 페미니즘

에코 페미니즘은 프랑소아즈 도본느(d'Eaubonne)에 의해 처음 쓰여졌다. 그녀는 저서『여성해방인가 아니면 죽음인가』(1974)에서 자연파괴와 여성 억압적 남성중심사회를 연결시켜 '우리의 삶에 직접적 위협을 가하는 두 가지'는 '인구과잉과 지구 자원의 파괴'로 이것은 남성 체계(the male system)로 인한 것이며 이를 해결하는 유일한 길은 여성이 남성 권력을 파괴하는 것으로 그렇게 된다면 "여성의 성속의 지구는 다시 푸르게 될 것이다"라고 하였다. 에코페미니즘(Ecofeminism)은 말 그대로 생태주의(Ecology)와 여성주의(Feminism)의 합성어로서 자연과 여성을 동일하게 보는 새로운 이론이다. 여기에는 자연과 여성, 자본주의 이 세 개의 개념관계가 이루어 낸 질서가 존재하는데, 넓게는 그 속에 가부장제도 포함한다. 이 에코 페미니즘이 탄생되는데 원동력이 된 것은 페미니즘이다.

페미니즘의 관점은 자연과 사회에서 권력과 의미를 구성하는 가부장적 범주를 넘어설 수 있는 것으로, 자본주의 가부장제가 생산적이라 규정한 것 중 많은 것에 내재한 파괴성을 폭로함으로써 '생산'에 대해 문제를 제기하고 창조활동의 인식과 경험을 위한 새로운 장을 마련한다. 여기서 새로운 환경 개선을 위한 이론, 즉 에코 페미니즘이 만들어질 수 있었던 것이다.

자연과 여성을 동일시하는 이 흥미로운 이론은 매우 설득력 있는 논리를 가지고 있다. 이들은 가부장제 속에 억압되어 있는 여성과 파괴되어지는 자연을 동일하게 봄으로써 여성해방을 환경 보호 차원으로 환원시키려 하고 있다. 그리고 주체로서의 여성을 환경문제 해결의 열쇠로 보고 또 확대하여 전 인류의 과제로 넓히고 있다.

II. 여성범죄의 특징 · 유형

여성의 범죄율은 남성의 범죄율에 비해 10~20% 수준에 불과하다. 그 원인은 첫째, 신체적으로 여성이 연약하다는 것이다. 둘째, 자녀양육에 기인하여 성격적으로 내향적이고 수동적인 경향이 강하다. 셋째, 여성의 취업 활동이 많지 않던 때에는 가정내 생활이 많고, 음주와 오락 등에 접촉하는 빈도가 남성에 비하여 적다. 넷째, 여성은 사회적으로 보호 받아온 사회의식이 있는 이른바 '기사도정신'에 따라 여성의 행위에 대해 범죄로 문제화하지 않는다. 최근 여성범죄는 증가하는 추세이다. 이는 여성의 사회적 지위의 상승으로 대인관계가 증가하고 직업 등 경제활동이 많아서 갈등원인과 접촉하는 경우가 많은 데서 기인한다.

여성범죄는 윤락행위, 낙태, 영아유기, 영아살해, 모욕, 명예훼손죄 등이 있다. 최근 들어 사기죄, 횡령죄 등의 비율이 점점 증가하고, 특히 여성범죄의 배후에는 남성이 원인제공이 되는 경우가 많고 살인 등 잔혹범죄나 방화 등 격정적인 행위가 많다. 여성의 신체적 변화에 따라 범죄를 유발하기도 한다. 월경 중 절도를 하거나 분만 중이거나 직후 영아살해나 영아유기, 폐경기의 우울증 등 정신적 공황으로 인한 절도, 폭력범죄가 발생한다. 생리의 경우 월경, 임신, 출산, 폐경 등 생리적 특성에 의하여 심신의 균형이 상실되는 시기에 범죄에 빠지는 경우가 있다. 특히 생리 기간 중 충동적으로 백화점 절도를 하는 경우가 있으나 병적 정신상태로 판명되지 않는 한 처벌된다.

Ⅲ. 성희롱

1. 개 념

사례연구

[성희롱]

피해자 乙은 MR기 담당 유급조교로서 정식 임용되기 전후 2, 3개월 동안, 가해자 甲이 기기의 조작 방법을 지도하는 과정에서 피해자 乙의 어깨, 등, 손 등을 가해자 甲의 손이나 팔로 무수히 접촉하였고, 복도 등에서 피해자 乙과 마주칠 때면 피해자 乙의 등에 손을 대거나 어깨를 잡았고, 실험실에서 "요즘 누가 시골 처녀처럼 이렇게 머리를 땋고 다니느냐"고 말하면서 피해자 乙의 머리를 만지기도 하였으며, 피해자 乙이 정식 임용된 후에는 단둘이서 입방식을 하자고 제의하기도 하고, 교수연구실에서 피해자 乙을 심부름 기타 명목으로 수시로 불러들여 위아래로 훑어보면서 몸매를 감상하는 듯한 태도를 취하여 피해자 乙이 불쾌하고 곤혹스러운 느낌을 가졌다면, 가해자 甲은 처벌할 수 있는가?

대학 화학 교수 겸 MR기의 총책임자로서 사실상 피해자에 대하여 지휘·감독관계에 있는 가해자의 위와 같은 언동은 분명한 성적인 동기와 의도를 가진 것으로 보여지고, 그러한 정적인 언동은 비록 일정 기간 동안에 한하는 것이지만 그 기간 동안만큼은 집요하고 계속적인 까닭에 사회통념상 일상생활에서 허용되는 단순한 농담 또는 호의적이고 권유적인 언동으로 볼 수 없고, 오히려 피해자로 하여금 성적 굴욕감이나 혐오감을 느끼게 하는 것으로서 피해자의 인격권을 침해한 것이다. 이러한 침해행위는 선량한 풍속 또는 사회질서에 위반하는 위법한 행위이고, 이로써 피해자가 정신적으로 고통을 입었음은 경험칙상 명백하다. 따라서 대학교수의 조교에 대한 성적인 언동의 불법행위를 구성한다.

성희롱이란 상대방의 의사에 반하여 성적인 언어, 행동을 함으로써 상대방에게 성적 수치심, 불쾌감과 굴욕적인 느낌을 주는 것을 의미한다. 원래 미국 직장에서의 성폭력을 방지하고 여성의 노동권을 보장하려는 취지에서 태동한 개념으로, 미연방고용평등위원회는 '직장이나 캠퍼스 등에서 직무 또는 고용관계에 있는 상시 또는 동료가 부하직원 등에게 장기적이고 반복적인 성적 불쾌감을 주는 행위'라고 정의했다. 우리나라에서 성희롱이 문제되었던 경우는 1994년 「서울대 우조교사건[1]」이시반 이것은 민사상 손해배상사건이다.

남녀고용평등과 일·가정 양립 지원에 관한 법률(약칭 '남녀고용평등법'이라 한다) 제2조 2호에서는 '직장 내 성희롱'을 '사업주·상급자 또는 근로자가 내의 지위를 이용하거나 업무와 관련하여 다른 근로자에게 성적 언동 등으로 성적 굴욕감 또는 혐오감을 느끼게 하거나 성적 언동 또는 그 밖의 요구 등에 따르지 아니하였다는 이유로 고용에서 불이익을 주는 것을 말한다'고 정의하고 있

1) 서울대학교 화학과 실험실에서 1년간 유급계약직으로 근무하던 우 조교는 관리책임자인 신 교수에게 업무상 불필요하거나 난처한 신체접촉이나 성적언동을 지속적으로 받아왔다. 이에 대해 조교가 거부의 의사를 밝히자 교수가 비우호적인 태도를 보였고 결국 당초 재임용 약속과 다르게 재임용 추천을 하지 않았다. 이러한 교수의 보복적인 행위에 대해 1993년 10월 18일 서울민사지법에 담당교수, 서울대 총장, 대한민국을 피고로 하여 5천만 원의 손해배상을 제기했다. 이후 4번의 판결이 있었는데 2심을 제외하고는 모두 지도교수의 성희롱을 인정했다. 다만 4번의 판결 모두 직장 내에서 발생한 성희롱 행위가 직무관련성 없이 은밀하고 개인적으로 이루어졌으므로 서울대총장과 국가의 책임은 인정하지 않았다. 대법원은 성희롱의 불법행위 성립 여부를 판단함에 있어 이를 고용관계에 한정하거나 조건적 성희롱과 환경형 성희롱으로 구분하는 논지는 채택하지 않았다.

다. 또 양성평등기본법 제3조에서는 성희롱을 업무, 고용, 그 밖의 관계에서 국가기관·지방자치단체 또는 대통령령으로 정하는 공공단체의 종사자, 사용자 또는 근로자가 ① 지위를 이용하거나 업무 등과 관련하여 성적 언동 또는 성적 요구 등으로 상대방에게 굴욕감이나 혐오감을 느끼게 하는 행위를 하거나, ② 상대방이 성적 언동 또는 요구에 대한 불응을 이유로 불이익을 주거나 그에 따르는 것을 조건으로 이익 공여의 의사표시를 하는 행위로 규정하고 있다.

성적 언행이나 행동에 대한 법적 규제는 첫째, 강간죄, 강제추행죄 등 성범죄로서 일반적으로 '성폭행'이라고 말하기도 한다. 성적 언행이 때로는 명예훼손죄나 모욕죄가 성립될 수도 있다. 둘째, '성희롱'이라고 것으로서 범죄가 아니라 행정법적으로 징계 대상이 되거나 고용관계에서 제재 대상 또는 민사상 손해배상의 청구대상이 된다.

2. 성희롱의 유형

어느 정도의 행위가 성희롱에 해당될 수 있는가에 대해서는 명확한 기준을 설정하기가 곤란하다. 첫째, **성적 관념**에 대한 우리의 의식과 관행이 매우 빠르게 변화하고 있기 때문일 수도 있다. 동일 시대에 사는 세대 간에 관념의 차이가 매우 크다. 일종의 세대간 문화충격이라고 할 수 있다. 둘째, **성적 언행**은 이것은 성범죄이고 저것은 문제가 되지 않는 일상적인 행위라고 이분법적으로 구분할 수가 없는 개념이다. 객관적 행위 내용뿐만 아니라 수변 상황, 상대방이 받아들이는 의식과 태도에 따라 평가가 달라질 수 있기 때문이다. 흑과 백 사이에 수많은 회색지대가 있는 것과 같다.

대학 교수의 학생에 대한 언동이 성희롱이 되는가에 대하여 대법원의 판단은 '성희롱이 성립하기 위해서는 행위자에게 반드시 성적 동기나 의도가 있어야 하는 것은 아니지만 당사자의 관계, 행위가 행해진 장소 및 상황, 행위에 대한 상대방의 명시적 또는 추상적인 반응의 내용, 행위의 내용 및 정도, 행위가 일회적 또는 단기간의 것인지 아니면 지속적인 것인지 등의 구체적인 사정을 참작해 볼 때, 객관적으로 상대방과 같은 처지에 있는 일반적이고도 평균적인 사람으로 하여금 성적 굴욕감이나 혐오감을 느낄 수 있게 하는 행위가 있고, 그로 인하여 행위의 상대방이 성적 굴욕감이나 혐오감을 느꼈음이 인정되어야 한다'고 판시하였다.[2)]

대학 교수의 학생에 대한 성희롱으로 징계처분된 행위를 보면, 첫째, 학생이 봉사활동을 위한 추천서를 받기 위해 친구들과 함께 가해자의 연구실을 방문했을 때에 뽀뽀해 주면 추천서를 만들어 주겠다고 하였다. 둘째, 수업 중 질문을 하면 학생을 뒤에서 안는 듯한 포즈로 지도하였다. 셋째, 학생이 연구실을 찾아가면 '남자친구와 왜 사귀냐, 나랑 사귀자', '나랑 손잡고 밥 먹으러 가고 데이트 가자', '엄마을 소개시켜 달라'고 하는 등 불쾌한 말을 하였다. 넷째, 수업시간에 학생을 뒤에서 안는 식으로 지도하고 불필요하게 학생과 한 의자에 앉아 가르쳐 주며 신체적 접촉을 많이 하였다. 다섯째, 복도에서 학생과 마주칠 때 얼굴에 손대기, 어깨동무, 허리에 손 두르기와 함께 손으로 엉덩이를 툭툭 치는 행위를 하였다. 여섯째, 학생과 단 둘이 있을 때 팔을 벌려 안았다. 일곱째, 학과 MT에서 아침에 자고 있던 학생의 볼에 뽀뽀하여 정신적 충격을 주었다. 여덟째 장애인 교육 신청서를 제출하러 간 학생에게 자신의 볼에 뽀뽀를 하면 신청서를 받아 주겠다고 하여 학생이 어쩔 수 없이 교수의 볼에 뽀뽀를 하였다.

초등학교 교사들의 회식 자리에서 교감이 여자 교사들에 대하여 교장에게 술을 따라 줄 것을 두 차례 권한 언행이 그 경위나 정황, 발언자의 의도 등에 비추어 객관적으로나 일반적으로 여자 교사들로 하여금 성적 굴욕감이나 혐오감을 느끼게 하는 성적 언동에 해당하지 않는다.[3)]

남녀고용평등과 일·가정 양립 지원에 관한 법률 시행규칙 [별표 1]

직장 내 성희롱을 판단하기 위한 기준의 예시(제2조 관련)

1. 성적인 언동의 예시
   가. 육체적 행위
      (1) 입맞춤, 포옹 또는 뒤에서 껴안는 등의 신체적 접촉행위

---

2) 대법원 2018. 4. 12. 선고 2017두74702 판결.
3) 대법원 2007. 6. 14. 선고 2005두6461 판결.

(2) 가슴·엉덩이 등 특정 신체부위를 만지는 행위
(3) 안마나 애무를 강요하는 행위

나. 언어적 행위
(1) 음란한 농담을 하거나 음탕하고 상스러운 이야기를 하는 행위(전화통화를 포함한다)
(2) 외모에 대한 성적인 비유나 평가를 하는 행위
(3) 성적인 사실관계를 묻거나 성적인 내용의 정보를 의도적으로 퍼뜨리는 행위
(4) 성적인 관계를 강요하거나 회유하는 행위
(5) 회식자리 등에서 무리하게 옆에 앉혀 술을 따르도록 강요하는 행위

다. 시각적 행위
(1) 음란한 사진·그림·낙서·출판물 등을 게시하거나 보여주는 행위(컴퓨터통신이나 팩시밀리 등을 이용하는 경우를 포함한다)
(2) 성과 관련된 자신의 특정 신체부위를 고의적으로 노출하거나 만지는 행위

라. 그 밖에 사회통념상 성적 굴욕감 또는 혐오감을 느끼게 하는 것으로 인정되는 언어나 행동

2. 고용에서 불이익을 주는 것의 예시
채용탈락, 감봉, 승진탈락, 전직, 정직, 휴직, 해고 등과 같이 채용 또는 근로조건을 일방적으로 불리하게 하는 것

비고: 성희롱 여부를 판단하는 때에는 **피해자의 주관적 사정**을 고려하되, 사회통념상 합리적인 사람이 피해자의 입장이라면 문제가 되는 행동에 대하여 어떻게 판단하고 대응하였을 것인가를 함께 고려하여야 하며, 결과적으로 위협적·적대적인 고용환경을 형성하여 업무능률을 떨어뜨리게 되는지를 검토하여야 한다.

3. 직장 내 성희롱의 금지 및 예방

남녀고용평등과 일·가정 양립 지원에 관한 법률(약칭: 남녀고용평등법)에서 규정한 직장 내 성희롱의 금지는 사업주, 상급자 또는 근로자는 직장 내 성희롱을 하여서는 아니 된다(법 제12조). 사업주는 직장 내 성희롱을 예방하고 근로자가 안전한 근로환경에서 일할 수 있는 여건을 조성하기 위하여 직장 내 성희롱의 예방을 위한 교육을 매년 실시하여야 한다(법 제13조 1항). 사업주 및 근로자는 성희롱 예방 교육을 받아야 한다(법 제13조 2항).

누구든지 직장 내 성희롱 발생 사실을 알게 된 경우 그 사실을 해당 사업주에게 신고할 수 있다(법 제14조 1항). 사업주는 제1항에 따른 신고를 받거나 직장 내 성희롱 발생 사실을 알게 된 경우에는 지체없이 그 사실 확인을 위한 조사를 하여야 한다. 이 경우 사업주는 직장 내 성희롱과 관련하여 피해를 입은 근로자 또는 피해를 입었다고 주장하는 근로자가 조사 과정에서 성적 수치심 등을 느끼지 아니하도록 하여야 한다(법 제14조 2항).

사업주는 고객 등 업무와 밀접한 관련이 있는 사람이 업무수행 과정에서 성적인 언동 등을 통하여 근로자에게 성적 굴욕감 또는 혐오감 등을 느끼게 하여 해당 근로자가 그로 인한 고충 해소를 요청할 경우 근무 장소 변경, 배치전환, 유급휴가의 명령 등 적절한 조치를 하여야 한다(법 제14조의2 1항). 사업주는 근로자가 피해를 주장하거나 고객 등으로부터의 성적 요구 등에 따르지 아니하였다는 것을 이유로 해고나 그 밖의 불이익한 조치를 하여서는 아니 된다(법 제14조의2 2항).

직장 내 성희롱은 업무능력과 밀접하게 관련이 있게 되는데, 특히 젊은 직원일수록 심리적·신체적 충격을 많이 받게 되고 업무실적이 현저히 낮아지며 업무만족도와 조직에 대한 충성도 역시 크게 약화된다고 한다. 먼저 성희롱이 피해자가 되지 않기 위해서는 자신의 의사표시를 분명히 해야 한다. 새로운 직장에 들어갈 경우에는 전임자에게 성희롱이 있었는지의 여부와 회사의 사규에 성희롱예방과 구제절차에 관한 규정이 있는지 알아보아야 한다. 회사 내에 성희롱이 받아들여질 수 없는 분위기를 조성하고 동료들 간의 음담패설에 참여하지 않아야 한다. 음란한 사진이나 그림을 붙이는 행위에 대하여 이의를 제기하고 성희롱을 당한 동료를 비난하지 않고 공동으로 대처해야 한다. 회사에 대하여 성희롱예방대책의 마련을 촉구해야 한다.

그럼에도 성희롱 피해를 받게 되면 그 행위자에게 이에 대한 명확한 거부의사를 표시해야 한다. 행위자에게 거부의사를 표시하기 어려운 경우 편지로 성희롱행위를 중단해 줄 것을 요청해야 한다. 성희롱에 대한 거부의사가 받아들여지지 않은 경우에는 그 날짜, 시간, 장소, 구체적인 내용, 목격자나 증인, 성적인 언어나 행동에 대한 느낌 등을 구체적으로 기록하여 이후 해결과정에서 사용될 수 있도록 증거자료를 남겨야 한다. 성희롱 행위자에 대하여 항의를 하여도 시정되지 않으면 상급자 또는 회사의 상담요원에게 상담을 요청하여 이를 중지시키도록 요구해야 한다. 성희롱행위 중단요청이 받아들여지지 않으면 사내의 성희롱 관련 고충처리기구와 절차를 이용하여 사업주에게 성희롱문제를 제기하여 해결한다. 회사에 상담하고 고충을 신고해도 해결이 되지 않는다면 민간단체에 설치되어 있는 고용평등상담실 등과 같은 전문상담기관에 상담하거나 지방노동관서에 진정서 등을 제출하여 법적 절차에 대한 도움을 받아야 한다.

의도하지 않게 성희롱의 가해자가 되지 않기 위해서는 음담패설을 삼가고 직장 내에 음란한 그림이나 사진은 붙이지 않아야 한다. 직원의 외모나 사생활에 지나치게 간섭하지 않고 타인과의 불필요한 신체접촉을 피하고, 상대방이 거부의사를 하였을 경우에는 즉각 중지하고 자신의 지위를 이용하여 사적인 만남을 강요하지 않아야 한다. 회식자리나 야유회에서 직원에게 술을 따르게 하거나 서비스를 강요하지 말아야 하고, 직원이 성희롱을 하는 경우에는 이의를 제기하고 성희롱예방프로그램에 적극 참여해야 한다.

일단 가해자의 입장이 되었을 경우에는 자신의 의도가 어떠하였든 상대방이 성희롱으로 불쾌감을 느꼈다면 이를 받아들이고 즉각 사과해야 한다. 분쟁의 조정을 받고 있다면 성실하게 내용을 받아들이고 피해자의 요구사항을 이행하며 다시는 그런 행동을 하지 않도록 노력해야 한다. 징계가 되었다면 자신의 행동의 정도와 지속성에 비추어 징계가 합당한지 여부를 확인하고 이를 수용해야 한다.

[제15장]

재산범죄와 법률

제15장 재산범죄와 법률

Ⅰ. 재산과 재산범죄

1. 재 산

재산(Property)란 재화와 자산을 이르는 말이다. 즉, 보석이나 귀금속 같은 가치 있는 물건과 자동차 등의 동산, 토지나 주택 등의 부동산을 통틀어 이르는 것이라고 할 수 있으며, 돈으로 바꿀 수 있는 것은 모두 재산이라고 할 수 있다. 반면 옷, 식재료, 책 등 가치는 있으나 그 가치가 현저히 작은 일반적인 소비재는 일반적으로 재산이라고 하지 않는다. 화폐경제하에서 재산은 돈과 서로 바꿀 수 있는 것이므로, 재산이라는 단어는 돈과 거의 동의어처럼 쓰인다. 보통 일상생활에서 '재산이 많은 사람'을 '돈이 많은 사람'으로 바꾸어 말해도 의미의 변화가 거의 생기지 않는다.

재산은 재산권의 객체 또는 재산권 그 자체를 의미한다. 민법이 직접 예정하는 것으로서는, 물건(소유권, 질권, 저당권 등 물권의 객체), 급부(타인의 행위 －채권의 객체)이며. 그 밖에 다른 법률들이 예정하는 것으로서는 주식, 지식재산(특허 등)이다. 법적인 의미에서의 재산권은 근대 이후 **사적자치의 원칙**과 **계약자유의 원칙** 등 근대사법의 원리가 확립된 시절부터 성립된 것으로 볼 수 있다. 재산권은 경제적 기본권으로서, 헌법 제23조는 재산권 보장과 한계에 관하여 규정하고 있다. 또한 민법은 재산관계에 관한 가장 기본적인 내용을 규율하는 법률이며, 기타 여러 법률이 재산권에 대하여 규율하고 있다. 책임재산은 강제집행 개시 당시에 채무자에게 속한 재산을 말한다.

2. 재산범죄

재산범죄는 개인의 재산을 보호법익으로 하는 범죄를 말한다. 형법이 규정하고 있는 절도와 강도의 죄, 사기와 공갈의 죄, 횡령과 배임의 죄, 장물에 관한 죄, 손괴의 죄 및 권리행사를 방해하는 죄가 여기에 해당한다. 재산에 대한 죄를 보호법익에 따라 나눌 때에는 소유권을 보호법익으로 하는 죄와 전체로서의 재산권을 보호법익으로 하는 죄로 나눌 수 있다. 절도죄·횡령죄·손괴죄와 장물죄는 소유권을 보호법익으로 하는 죄이며, 강도죄·사기죄·공갈죄·배임죄는 전체로서의 재산권을 보호하기 위한 죄이고, 권리행사방해죄는 소유권 이외의 물건 또는 채권을 보호법익으로 하는 죄이다.

절도와 강도의 죄가 상대방의 의사에 의하지 않고 재산을 취득함으로써 성립하는 범죄임에 반하여, 사기와 공갈의 죄는 상대방의 하자 있는 의사에 의하여 재물을 교부받거나 재산상의 이익을 취득함으로써 성립하는 범죄이고, 횡령과 배임의 죄는 신임관계에 위배하여 재물을 영득하거나 재산상의 이익을 취득함으로써 성립하는 범죄이며, 손괴의 죄는 재물의 효용을 해하는 것을 내용으로 하는 범죄이다.

재산죄에 대해서는 가해자와 피해자 사이에 친족관계가 있을 경우 **친족상도례**라 하여 형을 면제하거나 친고죄로 하는 규정을 적용하고 있다. 권리행사방해죄(단순권리행시방해만 해당)·절도죄·사기죄·공갈죄·횡령죄·배임죄·장물죄에는 친족상도례가 적용되지만 권리행사방해죄, 점유강취죄, 준점유강취죄, 강제집행면탈죄, 강도죄, **손괴죄**에는 친족상도례가 적용되지 않는다.

재산죄는 그 객체·영득의사 또는 침해방법에 따라 다음과 같이 분류할 수 있다. 재산죄의 객체를 기준으로 한 구별이다. **재물죄**란 재물을 객체로 하는 범죄이고, **이득죄**는 재산상의 이익을 객체로 하는 범죄를 말한다. 절도죄·횡령죄·장물죄·손괴죄는 재물죄이며 배임죄가 이득죄이다. 강도죄와 사기죄 및 공갈죄는 재물죄인 동시에 이득죄가 된다. 영득의 의사에 따른 구별이다. **영득죄**란 타인의 재물을 영득하는 것을 내용으로 하는 범죄로서 절도죄·강도죄·사기죄·공갈죄 및 횡령죄가 여기에 속한다. 이에 대하여 **손괴죄**는 타인의 재물의 효용가치를 해하는 것을 내용으로 하는 범죄로서 영득의 의사를 요건으로 하지 않는다. 영득죄를 침해방법에 따라 구별한 것이다. **탈취죄**란 타인의 의사에 의하지 않고 재물을 취하는 것이며 여기에는 절도죄·강도죄·장물죄 및 횡령죄가 포함된다. **편취죄**는 타인의 하자 있는 의사에 의하여 재물을 취득하는 것을 말하며 사기죄와 공갈죄가 여기에 해당한다.

II. 절도죄와 강도죄

> **형법 제329조(절도)** 타인의 재물을 절취한 자는 6년 이하의 징역 또는 1천만원 이하의 벌금에 처한다.
> **형법 제333조(강도)** 폭행 또는 협박으로 타인의 재물을 강취하거나 기타 재산상의 이익을 취득하거나 제삼자로 하여금 이를 취득하게 한 자는 3년 이상의 유기징역에 처한다.

1. 절도죄와 강도죄

절도죄(Larceny)는 타인의 재물을 절취하는 범죄이다. 절도죄는 사유재산의 보호를 핵심 가치로 하는 국가에서 물권을 인권에 준해 보호하는 만큼 직접적으로 사람을 해치는 살인죄나 강도죄와 함께 강력범죄로 규정된다. 대부분의 경우 절도 행위는 정당한 대가를 치르지 않고 부당이득을 취하기 위해 저지른다. 유흥비를 마련하기 위해 도둑질을 한다든지 하는 일이 많으며, 특별한 경우 생계형 절도나 심리적 억압에 의한 도벽도 있다. 심리학적으로 인간은 자신이 속한 집단에서 억압받거나 집단이 마음에 들지 않는 경우 무의식적으로 훔치고 싶은 충동이 들기도 하는데, 이를 **도벽**이라고 한다. 그래서 '바늘 도둑이 소도둑 된다'는 속담이 있듯이 절대로 해서는 안 되는 행동이다.

다른 사람의 물건을 잠시 사용하고 돌려줄 의도로 가져간 경우는 절도죄에 해당되지 않는다. 이는 '불법영득의사'가 없는(절도죄의 보호법익인 소유권을 침해하지 않음) **사용절도**이기 때문이다. 단, 예외적으로 형법 제331조 2항의 예와 같이 권리자의 동의도 없이 자동차, 오토바이, 자전거 등 타인의 교통수단을 일시적으로 사용한 경우, 즉 GTA(차량절도) 경우는 법적 처벌의 대상이 된다. 또한, 사용절도라 하더라도 물건이 지닌 경제적 가치를 상당 정도로 소모했거나(혹은 해당 물건으로 이득을 보았거나), 사용한 시간이 길어 일시적이라고 보기 어렵거나 물건을 원래 있던 장소가 아닌 다른 곳에 둔 경우라면 처벌받을 수 있다.

학교 교사가 학생의 물건을 압수하는 행위는 그 법률적 근거가 없지만 수업에 방해되거나 교육상 필요를 이유로 빼앗아서 보관하는 경우로 불법영득의사가 없어 성립되지 않는다. 다른 사람 건물의 **전선**에 몰래 연결하여 그 전기를 사용하는 경우도 역시 절도죄가 성립된다. 재물에는 관리할 수 있는 동력이나 에너지도 포함되기 때문이다. 또한 전기업자에게 불법적인 배선 연결을 부탁한 경우 절도죄가 아닌 특수절도죄로 처벌받을 수 있다.

죽은 사람의 물건이나 누군가가 떨어뜨린 물건을 무단으로 가져간 경우에는 **점유이탈물횡령죄**가 성립한다. 정확히는 절도죄와 점유이탈물횡령죄의 구분은 말 그대로 점유가 이탈되었는지 여부로 구분한다. 여기서 점유의 이탈 여부는 반드시 물리적 이탈에 한하지 않고 시간적, 장소적 이탈을 뜻하는 것으로, 가령 피해자가 길을 가다가 지갑을 떨어뜨려서 그것을 주우려 하는데 마침 근처에 있던 사람이 이를 재빨리 가져간다면 물리적으로 점유는 이탈되었지만 법리상 점유이탈로 볼 수 없어서 절도죄가 성립하지만 피해자가 지갑을 떨어뜨린 사실을 인지하지 못하고, 유실한 장소를 이탈 후 우연히 길가던 사람이 이를 발견하고 영득하였다면 점유이탈물 횡령죄이다. 단, 짐유이탈물 횡령죄의 경우도 불법영득의사가 있어야 성립하는바, 지갑 주인을 찾아줄 목적으로 경찰서에 갖다주기 위해 습득한 경우나, 지갑에 든 돈은 없으며 너무 낡아서 버린 것이라고 착각하고 습득한 경우 그러한 착각에 합리적 이유가 인정된다는 전제하에 당연 점유이탈물횡령죄도 성립하지 않는다. 만일 절도 피해자와 가해자의 관계가 친족관계일 경우 친족상도례를 적용받아서 처벌을 면제받거나 친고죄로 처리된다.

강도죄(Robbery)는 폭행 또는 협박으로 타인의 재물을 강취하거나 기타 재산상의 이익을 취득하거나 또는 제3자로 하여금 이를 취득하게 함으로써 성립하는 범죄이다. 강도는 폭행과 협박을 그 수단으로 하는데, 이때 폭행 또는 협박의 정도가 상대방이 반항을 억압하거나 불가능할 정도에 이르렀을 때이거나 상대방에게 무력을 사용하여 때려 눕히면 강도죄가 성립한다. 만약 상대방이 억압하거나 불가능에 이르지 않고 공포심을 일으킬 정도에 이르렀다면 공갈죄가 성립된다.

강도죄 자체만으로도 살인죄와 맞먹는 범죄에 해당한 경우가 대부분이었고, 처벌 역시 대부분 사형과 같은 중형으로 벌하였다. 미국에서는 특수강도강간 죄목으로 징역 21,250년이 선고된 적이 있었다. 특히 도적과 같은 조직적인 강도 행위의 경우에는 대부분 반역죄 수준으로 엄하게 처벌하였고, 아예 정규군을 동원해서 전시 수준의 유혈 토벌을 행한 사례도 매우 많았다. 조직적인 강도 행위는 국가 통치에 상당한 악영향을 주며, 더 심해지면 국가 체제를 무너뜨리는 큰 요인이 되기 때문이다.

현대에도 강력범죄라서 초범도 기소유예 없이 최소 집행유예다. 그마저도 징역 3년 이상이라 초범에 양형사유가 들어갔다고 하더라도 징역 3년에 집행유예 최대 기간인 5년을 받을 가능성이 매우 높다. 강도는 벌금형이 없는 범죄인데다 친족상도례도 적용되지 않는다. 당연히 반의사불벌죄나 친고죄도 아니다.

2. 절도죄와 강도죄의 구별

절도죄와 강도죄는 다른 사람이 소유하는 재물을 취득하는 범죄이지만, **절도죄**는 피해자가 의식하지 못하는 중에 재물을 가져가는 범죄임에 반하여 **강도죄**는 폭행, 협박으로 피해자를 위협하여 재물을 탈취하는 범죄이다. 또한 강도죄는 채무연기, 이자면제 등 재산상 이익도 그 대상이 되는 점에서 차이가 있다.[1)]

3. 형법상 재물의 개념

형법 제346조(동력) 본장의 죄에 있어서 관리할 수 있는 동력은 재물로 간주한다.

재물이란 일반적으로 물건을 말한다. 그러나 형법상 재산범죄의 대상이 되는 재물에는 전기, 열기, 냉기 등 관리할 수 있는 동력도 재물에 해당한다. 따라서 전기를 무단으로 끌어다 난방하는, 이른바 도전(전기 절도)은 절도죄가

1) 송희진, 앞의 책, 177면.

성립한다.

타인의 전화기를 무단사용하는 경우, 절도죄가 성립하는지 여부에 대해 대법원은 타인의 전화기를 무단으로 사용하여 전화를 하는 행위는 전기통신사업자가 그가 갖추고 있는 통신선로, 전화교환기 등 전기통신설비를 이용하고 전기의 성질을 과학적으로 응용한 기술을 사용하여 전화가입자에게 음향의 송수신이 가능하도록 하여 줌으로써 상대방과의 통신을 매개하여 주는 역무, 즉 전기통신사업자에 의하여 가능하게 된 전화기의 음향송수신기능을 부당하게 이용하는 것으로, 이러한 내용의 역무는 무형적인 이익에 불과하고 물리적 관리의 대상이 될 수 없어 재물이 아니라고 할 것이므로 절도죄의 객체가 되지 아니한다고 판시하였다.[2] 더불어 타인의 일반전화를 무단 이용하여 전화통화를 한 경우에도 사기죄는 성립하지 않는다.[3]

수박 서리가 절도죄가 되는가?

서리는 종래에는 떼를 지어 남의 과일, 곡식, 가축 따위를 훔쳐 먹는 장난이라 여겼다. 보통 본격적인 도둑질이라기보다는 철없는 어린 사람이 작은 규모로 한 절도를 서리라고 부르는 경우가 많았다. 하지만 이러한 농산물, 축산물을 몰래 훔치는 행위는 절도 행위가 된다. 수박 서리의 경우도 단순한 부모님의 배상만으로 끝나지 않을 수 있다. 왜냐하면 배상금이 닭서리보다 훨씬 더 높기 때문이다. 예를 들어 수박 1개를 서리해서 훔쳐먹었다 적발되었을 경우 부모님이 수박밭 주인에게 수박밭 전체 수박값을 다 물어내야 한다. 왜냐하면 수박은 덩굴 하나에 여러 개가 열리는데, 수박을 잘못 따 버리면 같은 덩굴에 열려 있는 수박들이 몽땅 다 죽어버릴 수 있기 때문이다. 그래서 수박 서리하다 걸렸을 경우에는 수박밭 전체 수박값을 다 물어내야 한다. 즉, 수박 하나 잘못 따면 그 해 수박 농사는 완전히 망치는 셈이라 수박밭 주인으로서는 좀 더 강경한 대처를 할 수 있는 것이다.

---

2) 대법원 1998. 6. 23. 선고 98도700 판결.

3) 대법원 1999. 6. 25. 선고 98도3891 판결.

4. 친족상도례(친족간의 절도)

> **형법 제328조(친족간의 범행과 고소)** ① 직계혈족, 배우자, 동거친족, 동거가족 또는 그 배우자간의 제323조의 죄는 그 형을 면제한다.
> ② 제1항 이외의 친족간에 제323조의 죄를 범한 때에는 고소가 있어야 공소를 제기할 수 있다.
> ③ 전2항의 신분관계가 없는 공범에 대하여는 전항을 적용하지 아니한다.

친족상도례란 친족 사이에 일어난 특정범죄에 대해 형벌을 감면하거나 친고죄로 하는 특례조항을 말한다. 형법에는 재산죄에 대하여 친족상도례의 적용을 규정하고 있다. 여기서 친족은 민법 777조에 규정하고 있는 ① 8촌 이내의 혈족, ② 4촌 이내의 인척, ③ 배우자를 의미한다. 피해자와 가해자의 관계가 먼 친족관계인 경우는 친고죄로 하고 가까운 친족관계인 경우는 아예 형 자체를 면제한다. 여기서 가까운 친족은 직계혈족·배우자·동거친족·동거가족 또는 그 배우자를 말한다. 이하의 죄에 대해서 친족상도례를 적용한다. 절도죄·사기죄·공갈죄·횡령죄·배임죄·장물죄 또는 그 미수범과 권리행사방해죄 등이다.

다만, 강도죄와 손괴죄, 점유강취죄, 준점유강취죄 등은 폭력성이 있는 범죄행위이므로 재산죄이지만 그 죄의 특성상 친족상도례를 적용할 수 없다. 따라서 이러한 죄는 친족을 상대로 저지르더라도 보통의 그 개별범죄에 따라 취급하게 된다.

친족상도례 사례

손자가 할아버지 소유 농업협동조합 예금통장을 절취하여 이를 현금자동지급기에 넣고 조작하는 방법으로 예금 잔고를 자신의 거래 은행 계좌로 이체한 사안에서, 위 농업협동조합이 컴퓨터 등 사용사기 범행 부분의 피해자라는 이유로 친족상도례를 적용할 수 없다.[4] 단지 절도범인과 피해물건의 소유자 간에만 친족관계가 있거나 절도범인과 피해물건의 점유자 간에만 친족관계가 있는 경우에는 그 적용이 없다고 보아야 한다.[5]

4) 대법원 2007. 3. 15. 선고 2006도2704 판결.
5) 대법원 2014. 9. 25. 선고 2014도8984 판결; 대법원 1980. 11. 11. 선고 80도131 판결.

아들이 아버지가 소파 밑에 감춰둔 현금 1억8천만원을 훔쳤다가 발각됐다. 절도죄가 명백하나, 친족간의 재산죄는 형을 면제한다는 형법상 규정 탓에 이 철없는 아들은 처벌을 피할 수 있게 됐다. 60대 A씨는 지난해 6월 자택 소파 밑에 5만원권 현금으로 2억5천만원을 숨겼다. 아내와 함께 운영하던 숙박업소를 팔아 생긴 돈으로, 필요할 때 조금씩 빼 쓰고 집을 구할 때 지급하려고 잠시 보관했다. 집에 거액을 둔 사실은 명절에 한자리에 모인 아들 3명 등 가족들에게만 지나가는 말로 했을 뿐 누구도 모르는 사실이었다. 그런데 소파 밑에 꽁꽁 감춰둔 현금 중 1억8천만원이 감쪽같이 사라졌다. A씨는 소파 밑을 살펴보다 7천만원만 남아있고, 1억8천만원에 달하는 현금이 없어진 사실을 알아챘다. A씨는 곧장 경찰에 신고해 "제발 돈을 훔쳐간 도둑을 잡아달라"고 호소했다. 그러나 범인은 A씨의 둘째 아들 B(35)씨였다. B씨는 아버지가 집 소파 밑에 숨겨둔 현금 2억5천만원 중 1억8천만원을 몰래 빼내 갔다. 도박으로 빚이 많고, 민사소송에 휘말려 급전이 필요했던 B씨는 아버지의 은퇴자금과 다름없는 현금을 훔쳐 빚 청산과 소송비용 등으로 써버렸다. 이후 B씨는 해외도박장 개장 혐의로 구속돼 구치소에 갇혔다. 이 과정에서 A씨는 변호사에게 "아버지 돈을 가져다 쓰면 죄가 되느냐"고 자문하기도 한 것으로 드러났다. A씨의 절도죄는 명백하지만, 처벌을 받지 않게 됐다. 형법 제328조와 제344조에는 친족간의 일은 국가권력이 간섭하지 않고 친족끼리 처리하는 것이 가족의 화평을 지키는 데 좋을 것이라는 취지로 강도죄 등을 제외한 재산죄는 형을 면제하거나 고소가 있어야 공소를 제기할 수 있는 특례(친족상도례)를 인정하고 있다.

Ⅲ. 자동차 등 불법사용죄

형법 제331조의2(자동차 등 불법사용) 권리자의 동의없이 타인의 자동차, 선박, 항공기 또는 원동기장치자전차를 일시 사용한 자는 3년 이하의 징역, 500만원 이하의 벌금, 구류 또는 과료에 처한다.

자동차 등 불법사용죄는 무단으로 자동차, 선박, 항공기 또는 원동기장치자전차를 일시 사용한 사람은 처벌된다. 절도는 물건을 가지고 본인의 점유로 하여 가져갈 의사가 있어야 성립하는 범죄다. 즉, 일시적으로 사용하고 돌려주려는 목적으로 사용했다면 절도죄가 성립하지 않는 것이다. 하지만 자동차 등은 준부동산이고, 일반적인 물건으로 보기에는 일시 사용할 경우 보험 문제나 사고로 인한 책임 소재 등의 문제가 많기 때문에 이를 일시적으로 무단 사용하는 자를 처벌하기 위한 조항이다. GTA(차량절도)와는 조금 다른데, 자동차를 그냥 훔치면 절도죄가 적용될 뿐이다. 사용절도에는 불법영득의사가 없어 절도죄가 성립되지 않기 때문에 이를 처벌하기 위해 신설한 것이다. 이처럼 본죄는 절도죄에 대해 보충관계에 있으므로, 본죄는 절도죄에 해당하지 않는 경우에만 인정된다.[6]

자동차에는 도로교통법상 승용자동차, 승합자동차, 화물자동차, 특수자동차, 이륜자동차가 자동차에 포함되고, 125cc 이하의 이륜자동차나 배기량 50시시 미만(전기를 동력으로 하는 경우에는 정격출력 0.59킬로와트 미만)의 원동기를 단 차는 원동기장치자전차에 포함된다. 전동킥보드의 경우 원동기 장치 자전차로 포함될 수도 있고 안될 수도 있다.[7]

정비소에 맡겨진 차량을 정비사가 무단으로 사용하여 처벌받은 사례가 있다. 가령, 차량을 반환할 의사로 피해자의 동의 없이 일시 사용한 경우이므로 특수절도죄가 아닌 자동차 등 불법사용죄를 적용해야 한다.[8] 그러나 소유자의 승낙 없이 오토바이를 타고 가서 다른 장소에 버린 경우, 자동차 등 불법사용죄가 아닌 절도죄가 성립한다.[9]

Ⅳ. 준강도죄

> **형법 제335조(준강도)** 절도가 재물의 탈환을 항거하거나 체포를 면탈하거나 죄적을 인멸할 목적으로 폭행 또는 협박을 가한 때에는 전2조의 예에 의한다.

준강도죄는 절도가 재물의 탈환을 항거하거나 체포를 면탈하거나 죄적을

6) 죄형법정주의 원칙상 자동차, 선박, 항공기, 원동기장치자전차만을 무단으로 사용하는 경우 처벌된다. 예를 들어 기차를 무단으로 사용한 경우에는 처벌받지 않는다. 철도안전법에도 기차의 일시사용에 관한 처벌규정은 없다. 하지만 철도차량운전면허를 소지하지 않고 운전을 하면 1년 이하의 징역 또는 1천만원 이하의 벌금에 처해진다.

7) 고교생이 재미삼아 무면허로 관광버스를 200km 운전한 경우, 공항 주차대행 서비스에서 고객 차를 무단으로 사용한 경우 등 처벌받은 사례가 있다.

8) 대법원 1998. 9. 4. 선고 98도2181 판결.

9) 대법원 2002. 9. 6. 선고 2002도3465 판결.

인멸할 목적으로 폭행 또는 협박할 때에 성립하는 범죄다. 즉 강도죄가 폭행, 협박을 가해 물건을 훔친 것이라면 준강도는 물건을 먼저 훔치고 폭행 또는 협박을 가하는 것이라 할 수 있다. 준강도란 이름은 강도에 준하여 처벌한다는 뜻이지, 강도죄보다 가벼운 그 무엇이 아니다.

준강도는 절도범인이 절도의 기회에 재물탈환·항거 등의 목적으로 폭행 또는 협박을 가함으로써 성립되는 것이므로 그 폭행 또는 협박은 절도의 실행에 착수하여 그 실행중이거나 그 실행 직후 또는 실행의 범의를 포기한 직후로서 사회통념상 범죄행위가 완료되지 아니하였다고 인정될 만한 단계에서 행하여짐을 요한다.[10)]

절도공범 중 1인의 체포면탈을 위한 경찰관 상해행위와 다른 공범에 관한 준강도상해죄의 성립여부에 대하여, 甲이 乙과 공모하여 타인의 재물을 절취하려다 미수에 그친 이상 乙이 체포를 면탈하려고 경찰관에게 상해를 가할때 甲이 비록 거기에는 가담하지 아니하였다고 하더라도 乙의 행위를 예견하지 못한 것으로 볼 수 없는 한 준강도상해의 죄책을 면할 수 없다.[11)]

Ⅴ. 특수절도죄·특수강도죄

형법 제331조(특수절도) ① 야간에 문이나 담 그 밖의 건조물의 일부를 손괴하고 제330조의 장소에 침입하여 타인의 재물을 절취한 자는 1년 이상 10년 이하의 징역에 처한다.
② 흉기를 휴대하거나 2명 이상이 합동하여 타인의 재물을 절취한 자도 제1항의 형에 처한다.
형법 제334조(특수강도) ① 야간에 사람의 주거, 관리하는 건조물, 선박이나 항공기 또는 점유하는 방실에 침입하여 제333조의 죄를 범한 자는 무기 또는 5년이상의 징역에 처한다.
② 흉기를 휴대하거나 2인 이상이 합동하여 전조의 죄를 범한 자도 전항의 형과 같다.

특수절도는 야간에 문이나 담 그 밖의 건조물의 일부를 손괴하고 침입하여 타인의 재물을 절취한 자를 처벌하는 범죄이다. 다음의 2가지 경우로 구분

10) 대법원 1984. 9. 11. 선고 84도1398 판결.
11) 대법원 1989. 3. 28. 선고 88도2291 판결.

된다. 흉기를 휴대해서 타인의 재물을 절취한 자와 2인 이상이 합동해서 타인의 재물을 절취한 자도 이 죄로 처벌받는다.

야간에 침입해서 타인의 재물을 절취한 자는 특수절도가 아니라 야간주거침입절도로 처벌된다. 건조물의 일부를 손괴하고 침입해서 절도를 저지르더라도 주간에 했다면 이 죄가 성립하지 않고, 야간에 침입해서 절도를 했더라도 건조물의 일부를 손괴하지 않았다면 이 죄로 처벌받지 않는다. 강학상 각각 야간손괴후주거침입절도죄, 흉기휴대절도죄, 합동절도죄라고 부른다.

야간주거침입죄와 강도죄의 결합범이다. 야간주거침입절도와 '야간주거침입'이라는 행위는 같지만 이후 행위가 단순 절도가 아닌 폭행, 협박이 추가된 절도, 즉 강도시에 성립한다. 또한 본죄의 착수시기는 원칙상 폭행·협박을 개시한 때이기에, 주거에 침입할 때가 착수시기인 야간주거침입절도죄와 구별된다.

특수강도죄는 강도의 범의로 야간에 흉기를 휴대하고 타인의 주거에 침입하여 집안의 동정을 살피다가 피해자를 발견하고 강간한 경우, 특수강도에 착수하기 전에 저지른 강간행위는 특수강도강간죄에 해당한다고 할 수 없다. **특수강도강간죄**는 주체가 강도의 신분을 가지고 있어야 하는 신분범인데, 특수강도에 실행의 착수시기는 주거침입시가 아니라 원칙상 폭행 또는 협박을 개시한 때이기 때문에 강간을 하는 시점에는 강도의 신분을 가지고 있지 않았기 때문이다.

특수강도죄는 야간이라는 특정 시간이 구성요건이 되기에 주간에 주거침입을 하여 강도를 하게 되면, 본 죄에 해당하지 않고 주거침입죄와 강도죄의 실체적 경합범이 된다. 흉기를 휴대하거나 2인 이상이 합동하여 강도죄를 범하는 경우이다.

VI. 인질강도죄

> **형법 제336조(인질강도)** 사람을 체포·감금·약취 또는 유인하여 이를 인질로 삼아 재물 또는 재산상의 이익을 취득하거나 제3자로 하여금 이를 취득하게 한 자는 3년 이상의 유기징역에 처한다.

인질강도죄는 사람을 체포·감금·약취 또는 유인하여 이를 인질로 삼아 재물 또는 재산상의 이익을 취득하거나 제3자로 하여금 이를 취득하게 함으로써 성립하는 범죄다. **체포감금죄** 또는 약취유인죄와 **공갈죄**의 **결합범**이다.

VII. 사기죄와 공갈죄

> **형법 제347조(사기)** ① 사람을 기망하여 재물의 교부를 받거나 재산상의 이익을 취득한 자는 10년 이하의 징역 또는 2천만원 이하의 벌금에 처한다.
> ② 전항의 방법으로 제3자로 하여금 재물의 교부를 받게 하거나 재산상의 이익을 취득하게 한 때에도 전항의 형과 같다.
> **형법 제350조(공갈)** ① 사람을 공갈하여 재물의 교부를 받거나 재산상의 이익을 취득한 자는 10년 이하의 징역 또는 2천만원 이하의 벌금에 처한다.
> ② 전항의 방법으로 제3자로 하여금 재물의 교부를 받게 하거나 재산상의 이익을 취득하게 한 때에도 전항의 형과 같다.
> **형법 제352조(미수범)** 제347조 내지 제348조의2, 제350조, 제350조의2와 제351조의 미수범은 처벌한다.
> **형법 제350조의2(특수공갈)** 단체 또는 다중의 위력을 보이거나 위험한 물건을 휴대하여 제350조의 죄를 범한 자는 1년 이상 15년 이하의 징역에 처한다.

1. 사기죄

사기죄(fraud)는 사람을 기망(속여)하여 상대방의 착오 있는 의사를 이용하여 재물의 교부를 받거나 기타 재산상의 이익을 취득하는 범죄이다. 사기와 공갈을 구별하기 어려울 수 있으나 사기는 거짓말을 해서 상대방이 스스로 나에게 재산상 이득을 주게 하는 것이고, 공갈은 사회적 지위, 계급, 힘 등으로 상대방을 협박해 스스로 나에게 재산상 이득을 주게 하는 것이다. 둘 다 상대방의 자의로 자신의 재산상 이득을 취하게 하는 범죄라는 점에서 강도죄와 구별된다. 사기죄의 미수범은 처벌되며, 사기 피해자와 가해자의 관계가 친족일 경우, 가까운 친족간이면 처벌이 면제되고 먼 친족간이면 친고죄로 되는 친족상도례를 적용하고 있다.

민법상 사기에 의한 의사표시는 취소할 수 있고, 불법행위로서 손해배상을 청구할 수도 있다(제110조). 형법상 죄형은 10년 이하의 징역 또는 2천만원 이하의 벌금형이며, 보험사기의 경우 보험사기방지 특별법이 우선 적용되어 가중 처벌된다. 절도죄보다 형량이 더욱 무거운데, 절도의 경우 타인의 재물을 절취한 자는 6년 이하의 징역 또는 1천만원 이하의 벌금에 처하는 반면, 사기는 형량이 최대 10년, 벌금액이 2,000만원 이하로 절도의 2배다. 즉 거짓말로 사람을 기망했다는 점에서 더욱 중범죄로 보는 것이다.

사기죄의 보호법익은 사람의 재산이다. 여기에서 말하는 사람은 재산을 가진 법인과 자연인을 모두 포함하며, 피해자가 법인의 경우에는 단체의 대표 등 최종 의사결정권자, 또는 내부 권한 위임에 따라 실질적으로 법인의 의사를 결정하고 처분할 권한이 있는 사람이 판단의 기준이 된다.

사기죄는 고의, 기망행위, 불법영득의 의사(재산 유용의 의사), 처분행위(손해)가 있으면 성립된다. 기망행위는 있었지만 재산상 이익을 보지 않은 경우에는 성립하지 않는다. 다만, 재산상의 이익을 취득하기 위하여 상대방을 착오에 빠뜨리려는 기망수단을 사용한 사실이 드러난다면 미수죄로 처벌될 수 있다.

기망의 사전적 정의는 '남을 속여 넘김'으로, 법적으로는 '신의칙에 반하는 착오를 야기하는 행위'를 말한다. 다수의 견해는 2단계 고의가 있어야 한다. 우선 표의자를 기망하여 착오에 빠지게 하려는 고의(**1단계 고의**)와 그 착오에 기하여 표의자로 하여금 의사표시를 하게 하려는 고의(**2단계 고의**)가 있어야 한다. 사기의 수단에는 제한이 없으며, 언어·문서에 의하든 적극적인 동작이나 소극적인 부작위에 의하든 이를 불문한다. **미필적 고의**도 인정되며, 부작위에 의한 사기죄도 성립한다. 가령, 진실한 사실을 숨기고 말하지 않는 것과 같이 이미 착오에 빠지고 있는 것을 알면서 진실을 알리지 않는 경우이다. 이 경우에 진실을 알릴 의무가 있다면 사기죄가 성립한다.

재물을 교부받거나 재산상의 이익을 취득하는 행위가 있어야 한다. 즉 불법영득의 의사를 가지고 재물이나 재산상의 이익을 취득하는 것이어야 한다. 재물은 타인이 소유한 재산으로서 동산과 부동산을 모두 포함하며, 재산상의 이익은 사법상 보호되는 경제적 이익만을 의미하지 않고, 넓은 범위의 재산을 모두 포함한다. 여기에는 노무의 제공이나 성행위의 제공도 포함된다.

2. 공갈죄

공갈죄는 사람에게 폭행 또는 협박을 수단으로 하여 재물의 교부를 받거나, 재산상의 이익을 얻거나, 또는 제3자로 하여금 재물의 교부를 받게 하거나 재산상의 이익을 얻게 하는 범죄이다. 재산상의 이익을 얻지 못했어도 해악을 일으킨 시점에서 미수범으로 처벌할 수 있다.

사람의 항거를 불가능하게 하는 정도의 것이 아니라는 점과 피해자의 처분행위를 필요로 한다는 점에서 강도죄와 구별된다. 즉 '돈 내놔 새끼야!'라고 하고 나서 피해자를 폭행하고 돈을 빼앗으면 강도죄, 피해자가 '드리겠습니다!' 하면서 돈을 내놓으면 공갈죄가 성립한다. 그리고 말없이 돈을 빼앗고 튀면 절도죄에 해당된다. '필요 없어!'까지는 공갈죄에 해당한다. 폭행 또는 협박이 사람으로 하여금 공포심을 현실적으로 유발할 정도여야 한다. 단순히 길흉화복이나 천재지변에 대한 예고는 지배가능성이 없다고 보아 협박에 해당하지 않는다.

2인 이상이 공모하여 공갈하였거나 공갈미수한 경우, 폭력행위 등 처벌에 관한 법률에 따라 가중처벌된다. 공소장 및 불기소장에 기재할 죄명에 관한 예규상 '폭력행위등 처벌에 관한 법률위반(공동공갈)'이 된다. 주된 보호법익은 재산권이고, 자유권(의사결정의 자유)은 부차적인 보호법익이 된다.

3. 사기죄와 공갈죄의 구별

사기죄와 공갈죄는 다른 사람의 하자 있는 의사표시에 의하여 재물 또는 재산상 이익의 교부를 받는다는 점에서 동일하다. 그러나 사기죄는 속인다는 기망행위에 의하여, 공갈죄는 폭행, 협박으로 다른 사람에게 두려움을 갖게 하는 공갈에 의하여 이루어진다는 점에서 구별된다.

공갈죄는 강도죄와 동일하게 폭행, 협박을 수단으로 하지만 폭행, 협박의 정도가 낮은 경우이다. 즉 피해자의 의사에 의한 재물의 교부나 이전으로 평가되면 공갈죄가 성립되지만, 피해자의 의사가 개입할 여지가 없이 재물이 이전된 경우에는 강도죄가 성립한다. 가령, 회사의 비위사실을 수사기관에 알리겠다거나 신문기사에 게재하겠다고 위협하여 돈을 받아낸 경우에는 공갈죄이지만 흉기로 위협하여 돈을 내놓으라고 한 경우에는 강도죄가 성립한다.

4. 보험사기죄

보험사기방지 특별법 제8조(보험사기죄) 보험사기행위로 보험금을 취득하거나 제3자에게 보험금을 취득하게 한 자는 10년 이하의 징역 또는 5천만원 이하의 벌금에 처한다.
제9조(상습범) 상습으로 제8조의 죄를 범한 자는 그 죄에 정한 형의 2분의 1까지 가중한다.
제10조(미수범) 제8조 및 제9조의 미수범은 처벌한다.
제11조(보험사기죄의 가중처벌) ① 제8조 및 제9조의 죄를 범한 사람은 그 범죄행위로 인하여 취득하거나 제3자로 하여금 취득하게 한 보험금의 가액(이하 이 조에서 '보험사기이득액'이라 한다)이 5억원 이상일 때에는 다음 각호의 구분에 따라 가중처벌한다.
1. 보험사기이득액이 50억원 이상일 때: 무기 또는 5년 이상의 징역
2. 보험사기이득액이 5억원 이상 50억원 미만일 때: 3년 이상의 유기징역

② 제1항의 경우 보험사기이득액 이하에 상당하는 벌금을 병과할 수 있다.

보험사기란 보험사고의 발생, 원인 또는 내용에 관하여 보험자를 기망하여 보험금을 청구하는 행위를 말한다(보험사기방지 특별법 제2조 제2호). 보험사기자의 처벌에 관하여는 다른 법률에 우선하여 보험사기방지 특별법을 적용한다(법 제3조 후단). 즉, 보험사기도 사기의 일종이기는 하지만, 2016년 9월 30일 이후의 보험사기에 관해서는, 일반 사기죄가 아니라 보험사기방지특별법위반죄가 성립한다.

또한 벌금형 이상의 판결이 나오면 벌금만 내고 끝이 아니라 부정지급된 보험금을 이자까지 쳐서 전액 환수해 간다. 가령, 보험사기죄로 부정수급한 보험금이 1,000만원이고 벌금형 500만원이 나왔다면 피고인은 최소 1,500만원(보험사에 민사로 1,000만원(이자 및 법률비용 별도), 국가에 형사로 500만원)을 뱉어내야 한다는 이야기다. 이자 및 법률비용 별도다. 민사와 형사는 재판 자체

가 완전히 다른 일이며 민사와 형사 간에는 일사부재리의 원칙이 적용되지 않는다.

박분례 보험 살인사건(1974~1975)

한국 최초의 연쇄살인범으로 친구를 통해 알게 된 보험금의 엄청난 양에 보험금을 노리고 친구, 언니 일가, 시동생을 연쇄살인한 사건. 그 외에도 본인의 시아버지 살해 의혹이 추가로 있으며 박분례의 범행은 제대한 언니의 아들(언니 일가 살해 범행 당시 군대에 있어 생존)이 이모를 의심하며 드러났고 체포된 박분례는 사형을 선고받아 1983년 사형되었다.

경기 포천 농약 살인사건(2011~2014)

보험금을 노리고 남편 2명과 두 번째 시어머니를 파라콰트 농약으로 연쇄살인하고 딸에게 영구한 상해를 입힌 사건이다. 노 여인은 범행을 들키지 않기 위해 첫 살인 이후 직접적으로 농약을 타는 법 대신 쌀 가루에 농약을 타 냄새를 없애고 조미료처럼 자연스럽게 사용하며 두 번째 시어머니와 남편을 살해했으며 받은 보험금으로 스키를 즐겨왔고 모든 범행이 드러난 후 노 여인은 구속되어 무기징역을 선고받았다.

경기 가평계곡 살인사건(2019)

이은해가 남편과 결혼한 후 가스라이팅을 저지르며 남편의 돈을 갈취한 뒤 용소계곡에서 남편에게 다이빙을 하게 유도해 수영을 못하는 남편을 죽인 후 8억의 보험금을 받으려 한 사건이다. 이은해와 조현수는 치밀하지 못해 이전의 살인 시도를 한 내용들을 남겨두는 등의 실책을 저질러 여러 가지 증거를 남겼고 결국 수사가 시작되자 도주했지만 도주한 지 4개월 만에 오피스텔에서 체포되어 구속되었고 이은해는 사이코패스 검사에서 40점을 받아 심각한 사이코패스 판정을 받았으며 재판 결과 가스라이팅 살인이 인정되진 않았지만 보험금을 노리고 계속해서 남편을 살해하려 한 점과 결국 남편을 정신적으로 몰아세워 다이빙하게 만들어 죽게 한 점이 인정되며 각각 이은해는 무기징역, 조현수는 30년을 선고 받았지만 이은해와 조현수는 이에 항소하며 2심이 진행되고 있다.

5. 기부금 사기죄

> **기부금품의 모집 및 사용에 관한 법률 제4조(기부금품의 모집등록)** ① 1천만원 이상의 금액으로서 대통령령으로 정하는 금액 이상의 기부금품을 모집하려는 자는 다음의 사항을 적은 모집·사용계획서를 작성하여 대통령령으로 정하는 바에 따라 행정안전부장관 또는 특별시장·광역시장·도지사·특별자치도지사에게 등록하여야 한다. 모집·사용계획서의 내용을 변경하려는 경우에도 또한 같다.

2022년 3월 31일에 여러 커뮤니티에서 경태희를 위해 모금된 상당한 액수의 금액이 실제로 강아지들을 위해 사용됐는지 의심스럽다는 글이 퍼지기 시작했다. 강아지 택배 무고 사건으로 유명해진 강아지 경태, 태희의 견주이자 경태희아부지로 유명한 택배기사 김모씨가 강아지 후원금을 횡령한 의혹을 받는 사건이다. 2023년 1월 6일, 검찰은 경태희아부지에게 징역 5년, 여자친구에게 징역 7년을 구형했다. 최종 조사 결과 이들에게 후원해준 팔로워는 12,808명이었고, 받아낸 후원금은 6억1,000만원에 달했다.

2023년 1월 27일, 서울동부지법은 경태희아부지에게 징역 2년, 여자친구에게 징역 7년을 선고했다. SNS를 직접 관리하며 상당한 후원금을 본인 명의의 계좌로 입금받은 사람은 여친이었기에 그녀의 죄가 더 무겁다고 봤다. 6억1,000만원 중 경태희아부지의 편취액은 1억3,000여 만원뿐인 등 여자친구가 대부분의 횡령을 주도했다.

또 여자친구는 구속상태였던 2022년 11월 임신을 했는데 낙태 수술을 받겠다며 구속집행정지 결정을 받아냈으나 정작 수술은 하지 않고 그대로 튀어버리는 추태를 부렸다. 한 달 만에 다시 검거됐지만 여자친구에게 유심칩과 계좌를 구해 전달하는 등 도피를 도운 지인 장씨와 최씨도 검거되었으며, 장씨는 징역 6개월에 집행유예 2년, 최씨는 벌금 300만원을 선고받았다. 경태희아부지는 2023년 2월 1일, 1심 판결에 불복해 항소장을 제출했으며 경태희아부지의 항소 이후 검찰도 항소장을 제출했다.

6. 구걸 사기

'정보의 바다' 온라인에서는 많은 사건사고가 발생한다. 이 중 사기는 교묘하고 치밀하며 수법이 다양하다. 잘못하면 꼼짝없이 당할 수밖에 없다. 동정심을 유발해 돈을 뜯는 수법도 계속해서 진화하고 있다. 별다른 직업 없이 백수 생활을 하던 A(26)는 동정심을 유발한 구걸 수법으로 불특정 다수에게 돈을 뜯어냈다. A는 인터넷 커뮤니티에서 알게 된 B에게 자신을 '말기 암 환자'라고 속였다. 그는 곧 죽을 것처럼 말하면서 본색을 드러냈다. '밥값을 빌려주면 반드시 갚겠다'며 돈을 요구했다. A가 진짜 말기 암 환자라고 믿은 B는 측은한 마음에 돈을 보내주기 시작했고 3개월간 16회에 걸쳐 약 217만원을 보냈다. '구걸 사기'가 통했다고 생각한 A는 이번에는 '고아'라고 속였다. 지난 1월 C씨에게 "고아로 자랐고, 돌봐줄 사람이 없어 고시원에서 생활한다"며 그럴듯하게 꾸몄다. 상대방이 동정심을 표시하면 그때부터 돈을 요구했다. "차비를 빌려주면 갚겠다"며 3개월간 16회에 걸쳐 214만원 정도를 뜯어냈다. A의 사기행각은 계속됐다. 이번에는 다시 '암 환자'라고 속였다. 온라인에서 알게 된 D씨에게 "암 투병 중인데 병원비가 없어 치료조차 받지 못한다. 거주지도 일정하지 않다"고 말했다. 그 다음에는 어김없이 "빌려주면 갚겠다"며 돈 얘기를 꺼냈다. 불쌍하게 여긴 D씨는 4개월간 22회 걸쳐 781만원을 A의 계좌로 보내줬다. A는 이렇게 '동정심 유발 수법'으로 3명에게 1천212만원을 뜯어냈다.

A의 사기행각은 여기서 그치지 않았다. 중고나라 사이트에서 "72만원을 주면 노트북을 보내주겠다"고 속이고 돈만 받고 물건은 보내지 않았다. 전형적인 온라인 사기 수법이다. 이런 방식으로 32회에 걸쳐 약 1천만원을 챙겼다. 사기 혐의로 기소됐고, 서울동부지법은 A에게 징역 1년 6개월을 선고했다. 재판부는 "각 범행은 피해자들 신뢰를 저버린 것으로서 그 죄질이 좋지 않은 점, 동종 누범기간 중 범행을 저지른 점, 피해자들이 다수고 피고인에 대해 엄벌을 탄원하는 점을 들어 실형을 선고한다"고 밝혔다.[12)]

12) https://www.bobaedream.co.kr/view?code=freeb&No=1436721

VIII. 컴퓨터 등 사용사기죄

> **형법 제347조의2(컴퓨터 등 사용사기)** 컴퓨터 등 정보처리장치에 허위의 정보 또는 부정한 명령을 입력하거나 권한 없이 정보를 입력·변경하여 정보처리를 하게 함으로써 재산상의 이익을 취득하거나 제3자로 하여금 취득하게 한 자는 10년 이하의 징역 또는 2천만원 이하의 벌금에 처한다.

컴퓨터 등 사용사기죄란 컴퓨터 등 정보처리장치에 허위의 정보 또는 부정한 명령을 입력하거나 권한 없이 정보를 입력·변경하여 정보처리를 하게 함으로써 재산상의 이익을 취득하는 것을 범죄로 하는 형법상 죄이다. 정보처리장치란 자동적으로 계산 또는 정보처리를 행하는 전자장치를 말한다. 범위는 재산적 이익의 득실·변경에 관련된 사무처리용 전자계산기에 한정된다.

컴퓨터 등 사용사기죄는 컴퓨터 등 정보처리장치에 허위의 정보 또는 부정한 명령을 입력하거나 권한 없이 정보를 입력·변경하여 정보처리를 하게 함으로써 재산상의 이익을 취득하거나 제3자로 하여금 취득하게 하는 행위를 말한다. 이는 재산변동에 관한 사무가 사람의 개입 없이 컴퓨터 등에 의하여 기계적·자동적으로 처리되는 경우가 증가함에 따라 이를 악용하여 불법적인 이익을 취하는 행위도 증가하였으나 이들 새로운 유형의 행위는 사람에 대한 기망행위나 상대방의 처분행위 등을 수반하지 않아 기존 사기죄로는 처벌할 수 없다는 점 등을 고려하여 신설한 규정이다. 여기서 '정보처리'는 사기죄에서 피해자의 처분행위에 상응하므로 입력된 허위의 정보 등에 의하여 계산이나 데이터의 처리가 이루어짐으로써 직접적으로 재산처분의 결과를 초래하여야 하고, 행위자나 제3자의 '재산상 이익 취득'은 사람의 처분행위가 개재됨이 없이 컴퓨터 등에 의한 정보처리 과정에서 이루어져야 한다.[13]

절취한 타인의 신용카드를 이용하여 현금지급기에서 계좌이체를 한 행위는 컴퓨터 등 사용사기죄에서 컴퓨터 등 정보처리장치에 권한 없이 정보를 입력하여 정보처리를 하게 한 행위에 해당함은 별론으로 하고 이를 절취행위라

13) 대법원 2014. 3. 13. 선고 2013도16099 판결.

고 볼 수는 없고, 한편 계좌이체 후 현금지급기에서 현금을 인출한 행위는 자신의 신용카드나 현금카드를 이용한 것이어서 이러한 현금인출이 현금지급기 관리자의 의사에 반한다고 볼 수 없어 절취행위에 해당하지 않으므로 절도죄를 구성하지 않는다.[14]

IX. 준사기죄

> **형법 제348조(준사기)** ① 미성년자의 지려천박 또는 사람의 심신장애를 이용하여 재물의 교부를 받거나 재산상의 이익을 취득한 자는 10년 이하의 징역 또는 2천만원 이하의 벌금에 처한다.
> ② 전항의 방법으로 제3자로 하여금 재물의 교부를 받게 하거나 재산상의 이익을 취득하게 한 때에도 전항의 형과 같다.

준사기죄는 미성년자의 지려천박 또는 사람의 심신장애를 이용하여 재물의 교부를 받거나 재산상의 이익을 취득하거나 또는 제3자로 하여금 재물의 교부를 받게 하거나 재산상의 이익을 취득하게 하는 죄이다. 10년 이하의 징역이나 2천만원 이하의 벌금에 처한다(제348조 1항·2항). '미성년자'는 민법상의 미성년자를 말하지만, 지려천박한 미성년자에 한하여 본죄의 객체가 될 수 있다. '심신장애'에는 심신미약뿐만 아니라 심신상실도 포함된다는 견해와, 심신상실자로부터 재물의 교부를 받은 경우에는 절도죄가 되므로 심신상실은 포함되지 않는다는 견해가 대립한다. 지려천박한 미성년자 또는 심신장애를 기망하였을 경우에는 단순히 사기죄가 성립하며 본죄가 적용될 여지가 없다. 본죄는 기망의 방법에 의하지 아니하고 그러한 자의 지려천박 또는 심신장애를 이용하였을 경우에 성립한다. 상습준사기(제351조)는 형을 가중하며, 미수범도 처벌한다(제352조).

14) 대법원 2008. 6. 12. 선고 2008도2440 판결.

X. 편익시설부정이용죄

> **형법 제348조의2(편의시설부정이용)** 부정한 방법으로 대가를 지급하지 아니하고 자동판매기, 공중전화 기타 유료자동설비를 이용하여 재물 또는 재산상의 이익을 취득한 자는 3년 이하의 징역, 500만원 이하의 벌금, 구류 또는 과료에 처한다.

편익시설부정이용죄는 유료로 재화나 서비스를 거래하는 자동·전자기기를 부정 조작하여 재산상 이득을 취하는 범죄를 말한다. 부정한 방법으로 대가를 지급하지 아니하고 자동판매기·공중전화 기타 유료자동설비를 이용하여 재물 기타 재산상의 이득을 취득함으로써 성립하는 범죄이다. 자동판매기, 공중전화 기타 유료자동설비기술의 발달에 따라 사람이 없어도 부정을 행하지 않는다는 사회적 신뢰를 유지하여 자동설비의 사회적 기능을 보호하기 위하여 마련한 규정이다.

공중전화의 경우와 같이 자동설비에 의하여 편익 또는 재산상의 이익을 취득하는 경우에는 재물이 아니기 때문에 절도죄가 성립하지 아니하고, 사람을 기망한 경우가 아니기 때문에 사기죄도 성립하지 아니한다. 이러한 경우에 본죄는 사기죄의 흠결을 보충하는 보충적 구성요건이다. 이에 반하여 자동판매기를 이용하여 재물을 취득하는 경우에는 절도죄에 의하여 처벌할 수 있었다. 다만 자동판매기를 이용하여 재물을 절취하는 경우에는 대부분 사안이 경미하기 때문에 통상의 절도죄의 형에 의하여 처벌하는 것이 부적절하다는 이유로 형법은 재물을 취득한 경우에도 본죄에 포함되게 한 것이다. 이러한 의미에서 본죄는 일면에 있어서 사기죄의 처벌범위를 확대하면서, 한편으로는 절도죄의 적용범위를 제한하는 기능을 가졌다고 할 수 있다. 본죄의 보호법익도 재산권이다.

자동설비를 이용하여 재물 또는 재산상의 이익을 취득하는 것이다. 즉 자동설비의 메커니즘을 비정상적으로 조종함으로써 재물 또는 재산상의 이익을 얻었을 것을 요한다. 자동설비의 작용을 필요로 하므로 자동판매기가 이미 고장이 나서 동전을 넣지 않아도 물건이 나오는 경우에 이를 가져가거나, 자동판매기를 손괴하고 그 안의 물품을 가져가는 경우에는 본죄에 해당하지 않는다.

본죄는 자동설비를 통해서 재물 또는 재산상의 이익을 취득하였을 때에 기수가 된다. 가령, 버스나 지하철 등 대중교통 무임승차, 돈을 넣지 않고 자판기에서 음료수 뽑아먹기, 하이패스에 돈 안내고 그냥 지나가는 경우, 유료입장(놀이동산, 박물관&미술관 등 전시관, 문화재 내부, 영화관 등 공연장 등등)인 장소에서 입장료를 지불하지 않고 시설 내부로 들어가기 등이 있다.

편의시설부정이용죄는 부정한 방법으로 대가를 지급하지 아니하고 자동판매기, 공중전화 기타 유료자동설비를 이용하여 재물 또는 재산상의 이익을 취득하는 행위를 범죄구성요건으로 하고 있는데, 타인의 전화카드(한국통신의 후불식 통신카드)를 절취하여 전화통화에 이용한 경우에는 통신카드서비스 이용계약을 한 피해자가 그 통신요금을 납부할 책임을 부담하게 되므로, 이러한 경우에는 피고인이 '대가를 지급하지 아니하고' 공중전화를 이용한 경우에 해당한다고 볼 수 없어 편의시설부정이용의 죄를 구성하지 않는다.[15)]

XI. 부당이득죄

형법 제349조(부당이득) ① 사람의 곤궁하고 절박한 상태를 이용하여 현저하게 부당한 이익을 취득한 자는 3년 이하의 징역 또는 1천만원 이하의 벌금에 처한다.
② 제1항의 방법으로 제3자로 하여금 부당한 이익을 취득하게 한 경우에도 제1항의 형에 처한다.[16)]

부당이득죄란 사람의 궁박한 상태를 이용하여 현저하게 부당한 이익을 취득하거나 제3자로 하여금 취득하게 함으로써 성립하는 범죄이다. 상대방의 절박한 상태를 경제적으로 이용하여 현저하게 부당한 이익을 취득하는 것을 금하는 데 있다. 사기죄는 아니지만 타인의 궁박한 상태를 이용하였다는 점에서 사기죄의 한 태양으로 처벌하는 것이다. 보호법익은 전체로서의 재산이며,

15) 대법원 2001. 9. 25. 선고 2001도3625 판결.
16) 형법 제349조 제2항에 관해서는 위헌소원이 제기된 바 있으나, 헌법재판소는 위 규정이 합헌이라고 보았다(헌재 2006. 7. 27. 2005헌바19).

피해자에게 손해가 발생하였음을 요하지 않고 재산상의 위험이 있으면 족하다는 점에서 위태범이다. 미수범은 처벌하지 않는다.[17)]

첫째, 상대방이 **궁박한 상태**에 있어야 한다. 궁박한 상태란 반드시 경제적 곤궁상태에 한하지 아니하며, 생명이나 명예에 대한 정신적·육체적 곤궁상태도 포함한다. 경제적 곤궁상태도 반드시 생존의 위험에 이를 단계, 즉 재산이 없게 될 정도에 이를 것을 요하지 않으며 현저한 재산의 감소나 그 위험이 있으면 족하다. 궁박한 상태에 이른 원인은 묻지 않는다. 무경험이나 판단능력의 결함에 관한 것이든 의사의 박약에 의한 것이든 관계없다.

피해자가 궁박한 상태에 있었는지 여부는 거래당사자의 신분과 상호간의 관계, 피해자가 처한 상황의 절박성의 정도 등 제반 상황을 종합하여 구체적으로 판단하여야 할 것이고, 특히 부동산의 매매와 관련하여 피고인이 취득한 이익이 현저하게 부당한지 여부는 우리 헌법이 규정하고 있는 자유시장경제질서와 여기에서 파생되는 계약자유의 원칙을 바탕으로 피고인이 당해 토지를 보유하게 된 경위 및 보유기간, 주변 부동산의 시가, 가격결정을 둘러싼 쌍방의 협상과정 및 거래를 통한 피해자의 이익 등을 종합하여 구체적으로 신중하게 판단하여야 한다.[18)]

둘째, 현저하게 **부당한 이익**을 취득하여야 한다. 재산상의 증가를 재산상의 이익이라 한다. 그리고 급부와 이익 사이에 상당성이 없을 때에 그것은 부당한 이익이 된다. 부당한 이익이 있느냐 없느냐는 행위자를 기준으로 판단해야 한다. 부당한 이익을 가져온 법률행위가 유효인가 무효인가도 묻지 않는다. 이익은 현저하게 부당해야 한다. 현저하게 부당한 이익인가의 여부도 추상적·일반적으로 결정할 것이 아니라 구체적 사정에 따라 객관적으로 결정해야 한다. 금전대차에 있어서는 금액·대부기간·담보물·피해자의 재산상태나 위험성 등의 모든 사정을 고려하여야 한다. 예를 들어 매도자가 주택 신축 사업이 있다는 것을 미리 알고서 기존에 했던 토지매매 약정을 깨고 다시 재매도하면서 2배 이상을 요구한 경우 현저히 많은 이득으로 보고 있다. 다만 과도한 이득을 취했더라도 피해자가 궁박하지 않으면 성립하지 않는다.

---

17) 외국의 입법례를 보면, 독일과 오스트리아는 비슷한 규정이 있으나, 일본은 없다고 한다.
18) 대법원 2005. 4. 15. 선고 2004도1246 판결.

아파트 건축사업이 추진되기 수년 전부터 사업부지 내 일부 부동산을 소유하여 온 피고인이 사업자의 매도 제안을 거부하다가 인근 토지 시가의 40배가 넘는 대금을 받고 매도한 사안에서, 부당이득죄의 성립을 부정하였다.[19]

셋째, 이익을 취득하기 위하여 상대방의 **궁박한 상태**를 **이용**하였을 것을 요한다. 상대방의 궁박상태를 이익을 취득하기 위하여 이용하였다는 점에 특색이 있다. 이러한 의미에서 상대방의 궁박상태를 이용하였다는 비동정성은 본죄의 구성요건요소가 된다고 할 수 있다.

피고인은 주택조합이 피고인 소유의 부동산에 아파트단지를 건축하려는 사정을 알고는 낙찰허가결정까지 이루어진 위 부동산을 공범들로부터 자금을 끌어들여 경매를 취소시킨 후 이를 조합에 되팔아 이익을 분배하기로 공모한 다음 조합에 거액을 요구하며 협상을 끌다가 결국 사업승인신청이 반려될 위기에 놓인 조합의 궁박한 상태를 이용하여 시가 14억7,000만원 상당의 부동산을 32억6,000만원에 매도함으로써 그 차액 상당의 현저하게 부당한 이익을 취득한 것이라고 보아 부당이득죄의 성립을 인정하였다.[20]

넷째, 주관적 구성요건으로 **고의**가 필요하다. **미필적 고의**로 족하다. 상대방이 궁박한 상태에 있다는 것과 현저하게 부당한 이익을 취득한다는 인식이 있어야 한다.

XII. 횡령죄와 배임죄

형법 제355조(횡령, 배임) ① 타인의 재물을 보관하는 자가 그 재물을 횡령하거나 그 반환을 거부한 때에는 5년 이하의 징역 또는 1천500만원 이하의 벌금에 처한다.
② 타인의 사무를 처리하는 자가 그 임무에 위배하는 행위로써 재산상의 이익을 취득하거나 제3자로 하여금 이를 취득하게 하여 본인에게 손해를 가한 때에도 전항의 형과 같다.

19) 대법원 2009. 1. 15. 선고 2008도8577 판결.
20) 서울중앙지방법원 2004. 2. 17. 선고 2004노412 판결.

1. 횡령죄

횡령(embezzlement)은 타인의 재물을 보관하는 자가 그 타인의 재물을 유용하거나 반환을 거부하는 행위이다.[21] 형법상 양형기준은 횡령액 50억원 이상 300억원 미만까지는 기본 징역 4~7년이며, 횡령액 300억원 이상일 경우 기본 5~8년 징역형을 받는다. 이 때문에 '크게 수백억원 횡령해 처벌받은 후 출소한 뒤 숨겨둔 돈으로 호화롭게 살면 되는 거 아니냐'는 계산도 나오며 가끔 그런 일이 벌어지기도 한다. 회사 종업원의 생활이 사업 자금에 달려있는 만큼 횡령이 발생하지 않도록 국회에서 형법을 개정하여 관련 형량을 크게 높여야 한다.

횡령은 그 **객체**를 '재물'로 한정하고 있고, 재물을 제외한 나머지 재산상 이익은 배임에 해당된다. 예를 들어 타인의 사무를 봐주면서 불법적인 이익을 획득하거나, 제3자에게 이익을 주는 경우는 횡령이 아닌 배임죄에 해당한다. 횡령죄와 배임죄는 서로 특별관계에 있다. 다시 말해 횡령이 적용되면 배임은 배제된다.

횡령의 **주체**는 '타인의 재물을 보관하는 자'이다. 이는 신뢰위탁에 의해 보관한게 된 경우를 뜻하며 사실상 지배하고 있거나 법률상 지배처분이 가능한 상태를 뜻한다. 구체적으로 등기부동산은 유효하게 처분할 수 있는 권능을 지닌 자, 미등기부동산은 사실상 관리 지배하는 자. 명의신탁받은 은행예금은 명의자, 유가증권의 소지인, 상하 주종간의 점유에서는 원칙적으로 상위자, 단 하위자가 독립처분권한 있다면 하위자, 임치봉함물은 형식적 위탁일 경우는 위탁자, 실질적 위탁의 경우는 수탁자 등이다.[22] 보관자는 위탁관계가 있어야

21) 기업 자금이나 사업 자금을 사장이나 경리, 자금담당자가 횡령하더라도 형법상으로 크게 처벌받지 않고 범죄수익을 환수하지 않아서 국민들의 횡령을 부추기고 있다.

22) 대표적인 사례가 기업의 대표이사 등이 기업의 자금을 자신의 재산인 양 불법으로 사용하는 경우다. 심지어 회사 주인인 사장이 회삿돈을 개인적으로 갖다 쓰는 것도 횡령죄에 속한다. 법인은 법적으로 실체가 없는 하나의 인격체로 취급해 법적인 권리(법인격)가 부여되므로 회사의 돈은 '타인'의 돈이 된다. 따라서 아무리 사장이어도 함부로 쓸 수 없는 것이다. 일정 규모의 회사를 설립하면 법인화시키는 과정은 거의 필수로 들어간다. 이런 경우, 예를 들어 특정 재단법인 소유지에 회사 자금으로 개인의 집을 산다면 횡령이다. 어떤 기업의 회장이 횡령죄로 구속되었다는 뉴스가 종종 보도되는데, 대부분이 여기에 해당된다.

한다. 그 위탁관계는 꼭 위임계약으로 인하여 성립될 필요는 없고, 준법률행위인 사무관리나 신의칙으로도 성립이 가능하다.[23]

불법원인급여에 관하여 횡령죄가 성립할 수 있는가라는 점에 대해서 학설의 대립이 있다. 긍정설의 경우 불법원인급여의 경우에도 형법에서 보호하고자 하는 소유권의 침탈이 있으므로 횡령죄가 성립한다는 견해를 보인다. 즉, 이 견해의 전제는 불법원인급여물에 대한 소유권은 원칙적으로 급여자에게 있다는 것이다. 또한 횡령의 성립과 관련해서는 민법상의 판단에 따를 것이 아니고, 형법의 독자적 판단을 따라야 한다고 한다. 반면 부정설에서는 불법원인급여의 경우 소유권은 수급자에게 남아있으며, 횡령죄 성립의 판단은 형법의 독자적 영역으로 둬서는 안 되고, 법질서 통일의 관점에서 부정되어야 한다고 본다. 왜냐하면 형법은 엄격히 보충성의 원칙에 따라 가장 최후의 수단으로 기능해야 함에도 불구하고, 형법이 이런 경우에도 개입하는 것은 지나치다는 것이다. 이런 견해는 원칙적으로는 법률적 경제적 재산 개념에 따른 판단으로써, 법률상으로 보호받지 못하는 불법원인급여물의 경우 애당초 보호할 여지가 없다는 논리의 귀결이다. 판례도 이 입장에서 횡령죄 성립을 부정하고 있다. 반면, 불법원인급여와 불법원인수탁을 구별해야 한다는 이른바 이분설의 관점도 있다. 불법원인급여물의 경우 급여자에게 소유권의 이전 의사가 있으므로, 그 소유권은 수급자에게 이전된 것이고, 형법상 보호할 가치가 없다는 부정설과 같은 결론이다.

2. 점유이탈물횡령죄

횡령죄의 특이한 형태인 점유이탈물횡령죄가 있다. 가령, 분실물(**유실물**)은 잃어버린 사람에게 실제적 소유권이 있으므로 분실물을 마음대로 가져가면 **점유이탈물횡령죄**가 성립한다. 점유이탈물횡령의 대표적인 사례는 명확한 관리자가 없는 곳(길바닥이나 대중교통 등)에서 유실물을 습득했는데 경찰에(파출소, 지구대 등) 넘기지 않는 경우와 관리자가 있는 곳(백화점, 상점 등)에서 유

23) 법원은 송금 착오로 우연히 자신의 예금계좌에 입금된 금전을 사용하였더라면 신의칙상 보관자의 위치에 있음으로 횡령이 된다고 판시한 적이 있다.

실물을 습득했는데 관리자에게 넘기지 않는 경우다. 길거리에 떨어진 지갑을 주워서 지갑 자체나 안에 든 금전이나 카드를 가져가면 점유이탈물횡령죄에 해당된다.

점유이탈물횡령죄와 절도죄의 구별하기 위해서는 일단 법적인 의미에서의 **소유**와 **점유**를 구분하여야 한다. 소유는 그 재물의 주된 권리를 의미하고, 점유는 재물을 사실상 지배할 수 있는 권리를 의미한다. 가령, A가 자신의 책을 B에게 빌려줘서 A의 책이 B의 집 책장에 꽂혀 있다면 이 책은 A 소유, B 점유의 재물이 된다. **절도죄**는 타인 소유, **타인 점유**의 재물을 불법영득의사로 취득하는 경우이나 **횡령죄**는 타인 소유, **자기 점유**의 재물을 불법영득의사로 횡령하거나 반환거부하는 경우이다. **점유이탈물횡령죄**는 타인 소유, **점유이탈**(무점유) 재물을 불법영득의사로 횡령하거나 반환거부하는 경우이다.[24]

사실상의 지배라는 것은 비교적 넓은 의미로써 소유자가 길거리 등 공공장소에 잠시 놓아둔 것이나 아니면 잠깐 깜빡 했지만 위치를 기억하고 있어서 언제든 다시 바로 찾아갈 수 있는 경우에도 점유가 인정된다. 이 경우 소유자의 점유가 인정되므로 점유이탈물횡령죄가 아니라 절도죄가 성립한다. 이외에도 식당, 당구장 등 대중 접객 업소에서 분실물이 발생한 경우, 소유자의 점유에서 이탈하는 즉시 분실물의 점유는 그 업소의 관리자에게 넘어가기 때문에 역시 절도죄가 성립한다. 따라서 이 경우 관리자가 이 재물을 취거 혹은 반환거부하면 횡령죄가 성립한다. 다만, 어디까지나 관리자의 점유로 인정되기 때문에 관리자가 아닌 종업원이 취거하면 절도죄가 된다. 버스 등의 경우는 운전자가 계속해서 운전해야 하므로 분실물을 확인할 수 없기 때문에 주행 중에는 운전자에게 점유가 인정되지 않으므로 대중교통에서 발생하는 분실물을 불법영득의사로 습득할 경우 절도죄가 아닌 점유이탈물횡령죄가 성립한다.

사실 길거리 은행나무의 은행을 털어간다든가, 국립공원 내의 나물 등을 채취하는 것 역시 절도에 속하는데, 토지에 부합되어 있는 수목의 과실채취권

24) 예를 들면, 절도죄는 A집에 있는 A 소유의 물건을 B가 집에 침입하여 사전 허가 없이 불법적으로 가져갔다(소유: A, 점유: A). 횡령죄는 B집에 있는 A 소유의 물건을 B가 A에게 말하지 않고 함부로 팔거나 남에게 주거나 자기가 가져버렸다. A는 이를 허가한 적이 없다(소유: A, 점유: B). 점유이탈물횡령죄는 길바닥에 떨어진 A 소유의 물건을 B가 어딘가에 맡기지 않고 그냥 자신이 가져갔다(소유: A, 점유: 없음).

은 토지 소유자 또는 정당한 권원을 가지고 수목을 식재한 사람만이 갖기 때문이다. 또한, 거스름돈을 잘못 받았는데 모른 척하고 그냥 받아간 경우에는 사기죄가 성립할 수도 있다. 단, 불법영득의사가 없으면 죄가 되지 아니한다. 가령, 지갑을 주워서 경찰서, 공공기관 관리소, 그 장소를 관리하는 곳(식당, PC방, 역)에 가져다주는 건 당연히 범죄가 되지 않는다. 다만 이 행위는 오해받을 만한 행동이 없어야 문제가 되지 않는다. 왜냐하면 불법영득의사는 상황을 고려해 판단하기 때문이다.

유실물을 습득하면 경찰 또는 해당 장소의 관리자에게 넘기는 것이 당연하다. 유실물을 습득해서 경찰에 넘긴 사람은 경찰을 통해 유실물이 원주인을 찾게 되면 유실물 주인으로부터 유실물 가치의 5~20%를 사례금으로 요구할 법적인 권리를 가지게 된다. 경찰에 넘긴 뒤 주인을 찾지 못한 채 6개월이 지나면 아예 습득자의 소유가 된다. 가령, 길바닥에서 현금 1억원이 들어 있는 1억원짜리 명품 가방을 주워 경찰에 넘겼고 보상금을 청구하면, 가방 주인은 현금과 가방의 가치 합계인 2억원의 5%~20%(1천만원~4천만원)을 반드시 줘야 한다.

고속버스 운전사는 고속버스의 관수자로서 차내에 있는 승객의 물건을 점유하는 것이 아니고 승객이 잊고 내린 유실물을 교부받을 권능을 가질 뿐이므로 유실물을 현실적으로 발견하지 않는 한 이에 대한 점유를 개시하였다고 할 수 없고, 그 사이에 다른 승객이 유실물을 발견하고 이를 가져갔다면 절도에 해당하지 아니하고 점유이탈물횡령에 해당한다.[25)]

승객이 놓고 내린 지하철의 전동차 바닥이나 선반 위에 있던 물건을 가지고 간 경우, 지하철의 승무원은 유실물법상 전동차의 관수자로서 승객이 잊고 내린 유실물을 교부받을 권능을 가질 뿐 전동차 안에 있는 승객의 물건을 점유한다고 할 수 없고, 그 유실물을 현실적으로 발견하지 않는 한 이에 대한 점유를 개시하였다고 할 수도 없으므로, 그 사이에 위와 같은 유실물을 발견하고 가져간 행위는 점유이탈물횡령죄에 해당함은 별론으로 하고 절도죄에 해당하지는 않는다.[26)]

---

25) 대법원 1993. 3. 16. 선고 92도3170 판결.

26) 대법원 1999. 11. 26. 선고 99도3963 판결.

어떤 물건을 잃어버린 장소가 당구장과 같이 타인의 관리 아래 있을 때에는 그 물건은 일응 그 관리자의 점유에 속한다 할 것이고, 이를 그 관리자 아닌 제3자가 취거하는 것은 유실물횡령이 아니라 절도죄에 해당한다.[27)]

3. 배임죄

배임죄(breach of trust)는 타인의 사무를 처리하는 사람이 신임 업무를 저버리고 불법행위를 하여 재산상의 이익을 취득하거나, 제3자로 하여금 이를 취득하게 하여 임무를 맡긴 사람에게 손해를 입힘으로써 성립하는 범죄다. 배임죄와 횡령죄는 타인의 신임관계를 배반한다는 점에서 같은 성질을 가진다. 그러나 횡령죄는 재물죄인 반면, 배임죄는 이득죄이다. 따라서 횡령죄는 배임죄에 대해 특별법의 관계에 있다.

단순배임죄는 타인의 사무를 처리하는 자가 그 임무에 위배하는 행위로써 재산상의 이익을 취득하거나 제삼자로 하여금 이를 취득하게 하여 본인에게 손해를 가하여 성립하는 배임죄이다(제355조 제2항). 형량은 5년 이하의 징역 또는 1천500만원 이하의 벌금에 처한다(제355조 제1항). 공소시효는 7년이다.

업무상배임죄는 업무상의 임무에 위배하여 단순배임죄를 범함으로써 성립하는 배임죄이다(제356조). 형량은 10년 이하의 징역 또는 3천만원 이하의 벌금에 처한다(제356조). 공소시효는 10년이다.

배임수증죄는 타인의 사무를 처리하는 자가 그 임무에 관하여 부정한 청탁을 받고 재물 또는 재산상의 이익을 취득하여 성립하는 배임죄이다(제357조 제1항). 형량은 5년 이하의 징역 또는 1천만원 이하의 벌금에 처하고 그렇게 해서 재물 또는 이익을 공여한 자는 2년 이하의 징역 또는 500만원 이하의 벌금에 처한다(제357조 제2항). 또한 범인이 취득한 업무상배임죄의 재물은 몰수하고 그 재물을 몰수하기 불능하거나 재산상의 이익을 취득한 때에는 그 가액을 추징한다(제357조 제3항). 공소시효는 전자는 7년이고 후자는 5년이다.

---

27) 대법원 1988. 4. 25. 선고 88도409 판결.

XIII. 장물죄

형법 제362조(장물의 취득, 알선 등) ① 장물을 취득, 양도, 운반 또는 보관한 자는 7년 이하의 징역 또는 1천500만원 이하의 벌금에 처한다.
② 전항의 행위를 알선한 자도 전항의 형과 같다.
형법 제363조(상습범) ① 상습으로 전조의 죄를 범한 자는 1년 이상 10년 이하의 징역에 처한다.
② 제1항의 경우에는 10년 이하의 자격정지 또는 1천500만원 이하의 벌금을 병과할 수 있다.
형법 제364조(업무상과실, 중과실) 업무상과실 또는 중대한 과실로 인하여 제362조의 죄를 범한 자는 1년 이하의 금고 또는 500만원 이하의 벌금에 처한다.
형법 제365조(친족간의 범행) ① 전3조의 죄를 범한 자와 피해자 간에 제328조 제1항, 제2항의 신분관계가 있는 때에는 동조의 규정을 준용한다.
② 전3조의 죄를 범한 자와 본범 간에 제328조 제1항의 신분관계가 있는 때에는 그 형을 감경 또는 면제한다. 단, 신분관계가 없는 공범에 대하여는 예외로 한다.

장물죄는 장물을 취득·양여·운반 또는 보관하거나 이들 행위를 알선하는 죄이다. 7년 이하의 징역 또는 1,500만원 이하의 벌금에 처한다. 장물죄는 다른 사람이 불법하게 획득한 재물의 처분에 관여하는 범죄이다. 재산죄 가운데 재물만을 목적으로 하는 재물죄다. 따라서 재물이 아닌 재산상의 이익은 장물이 될 수 없다. 배임의 정범이 배임행위로 취득한 채권을 제3자에게 이 사정을 알리며 양도하는 경우 제3자는 배임죄의 공범이나 종범이 될 수 있지만 장물취득이나 장물보관의 정범이 될 수 없다.

업무상과실에 의한 장물취득도 처벌하고 있다. 따라서 전당포, 금은방, 고물상, 고미술판매점, 미술품거래소 등을 운영하는 사람들은 물품을 매입할 때 꼼꼼한 장부 기재와 신분 확인이 필요하다. 이러한 의무를 해태하여 장물을 매입, 처분하는 경우 처벌받을 수 있다. 이는 독립된 재산죄이지만 재산범죄를 전제로 하여 불법영득한 재물에 사후적으로 관여함으로써 본범을 조장하는 일면을 갖고 있으며, 본법에 의해 저질러진 위법 점유상태를 은폐시키는 성질을 갖는다.

형량은 절도보다도 형이 무거운데, 이는 절도범들이 생계형보다는 훔친 물건을 팔아서 이득을 보려는 경우가 많기 때문에, 장물을 사주는 행위를 절도죄보다 무겁게 처벌하여 장물취급을 근절하고 나아가 절도를 근절하기 위해서다. 다만 강도나 특수절도 같은 범죄에 비하면 형이 비교적 가벼운 편이다. 보호법익은 피해자의 재산권이다. 보호의 정도에 대해서는 견해대립이 있고 미수처벌규정이 없는 점에 비추어 위험범으로 보는 견해가 다수 입장이다. 주체는 타인으로 본범의 정범, 공동정범, 합동범을 제외한 모든 자이다. 따라서 본범의 교사범, 종범 또는 범죄와 무관한 자가 주체가 될 수 있다. 본범의 성질은 재산범죄이다. 장물죄에 있어서의 장물이 되기 위하여는 본범은 재산죄임을 요하므로 절도, 강도, 사기, 공갈, 횡령 등 재산죄에 의하여 영득한 물건만 장물이 될 수 있고 비재산죄로 인하여 취득한 재물은 장물이 아니다. 그렇지만 장물이 아닌 것으로는 수뢰죄에 의해 수수한 뇌물, 도박 판돈(단 사기도박은 사기죄이므로 사기죄로 인하여 취득한 재물은 장물임), 통화위조죄에서 위조한 통화, 위조된 유가증권, 수렵업 및 수산업법에 위반하여 획득한 조수나 어획물, 임산물단속법에 위반하여 벌채한 임산물 등은 장물이 아니다.

XIV. 손괴죄

형법 제366조(재물손괴등) 타인의 재물, 문서 또는 전자기록등 특수매체기록을 손괴 또는 은닉 기타 방법으로 기 효용을 해한 자는 3년 이하의 징역 또는 700만원 이하의 벌금에 처한다.

형법 제367조(공익건조물파괴) 공익에 공하는 건조물을 파괴한 자는 10년 이하의 징역 또는 2천만원 이하의 벌금에 처한다.

형법 제368조(중손괴) ① 전2조의 죄를 범하여 사람의 생명 또는 신체에 대하여 위험을 발생하게 한 때에는 1년 이상 10년 이하의 징역에 처한다.

② 제366조 또는 제367조의 죄를 범하여 사람을 상해에 이르게 한 때에는 1년 이상의 유기징역에 처한다. 사망에 이르게 한 때에는 3년 이상의 유기징역에 처한다.

형법 제369조(특수손괴) ① 단체 또는 다중의 위력을 보이거나 위험한 물건을 휴대하여

제366조의 죄를 범한 때에는 5년 이하의 징역 또는 1천만원 이하의 벌금에 처한다.
② 제1항의 방법으로 제367조의 죄를 범한 때에는 1년 이상의 유기징역 또는 2천만원 이하의 벌금에 처한다.
형법 제370조(경계침범) 경계표를 손괴, 이동 또는 제거하거나 기타 방법으로 토지의 경계를 인식불능하게 한 자는 3년 이하의 징역 또는 500만원 이하의 벌금에 처한다.

손괴죄는 타인의 재물을 손괴하거나(부수거나) 은닉해서(숨겨서) 그 효용을 해하는 범죄이다. 소위 '기물파손죄'가 바로 이 손괴죄에 해당한다. **친족상도례**를 배제하는 두 가지(강도죄와 손괴죄) 재산범죄 중 하나이다. 그 이유는 재물 손괴는 그 피해를 회복하기 어렵거나 불가능할 수도 있고 심지어는 피해자가 정신적인 피해까지 입는 경우가 생길 수도 있기 때문이다. 가령, 자기 가족이 키우던 애완견을 고의로 죽여버렸다든가, 자기 집 가보로 물려 내려오던 도자기를 고의로 깨뜨렸다든가, 자기 집 정원수를 고의로 베어버렸다든가 등이 이에 해당한다. 또한 **친고죄**나 **반의사불벌죄**가 아니다. 따라서 제3자에 의한 고발로도 공소제기가 가능하고 피해자가 처벌을 원하지 않아도 양형 과정에서 참작 사유가 되지만 처벌을 면하지 못한다.

우리나라는 애완동물을 재산으로 간주해 손괴죄를 적용한다. 동물학대죄가 징역을 가할 수 있도록 개정되었다. 형법 제40조에 의해 상상적 경합이 적용되어 주인이 있는 동물의 경우 여전히 손괴죄로 처벌된다. 단, 동물을 살해한 경우에는 동물보호법상 법정 최고형이 3년이므로 동물보호법 위반으로 상상적 경합이 적용된다.

손괴죄의 **객체**는 타인의 재물, 문서 또는 전자기록 등 특수매체기록이다. 동산, 부동산을 불문하나 **사체**는 본죄의 객체가 아니고 형법 제161조[28]의 사체 등 손괴죄의 객체이다. 공익건조물도 파괴의 정도에 이르지 아니한 때는 객체가 된다. 공용물은 파괴의 경우에는 공용물파괴죄, 손괴의 경우에는 공용서류(물건) 무효죄가 성립하므로 객체가 아니다. 형법 제141조 제1항의 공용서류

28) **형법 제161조(시체 등의 유기 등)** ① 시체, 유골, 유발 또는 관 속에 넣어 둔 물건을 손괴, 유기, 은닉 또는 영득한 자는 7년 이하의 징역에 처한다.
② 분묘를 발굴하여 제1항의 죄를 지은 자는 10년 이하의 징역에 처한다.

에 해당하지 않는 모든 서류를 말하며 사문서·공문서를 불문하고, 편지·도화·유가증권을 포함한다. 손괴, 은닉 기타의 방법으로 그 효용을 해하는 것이다.

손괴죄는 재물 등에 직접적으로 유형력을 행사하여 그 본래의 효용을 감소시키는 일체의 행위를 말한다. 반드시 영구적임을 요하지 않고 일시적이라도 무방하다. 또 반드시 중요부분을 훼손할 필요는 없고 간단히 수리할 수 있는 경미한 정도도 포함된다. 재물 등의 소재를 불명하게 하여 그 발견을 곤란·불가능하게 함으로써 그 효용을 해하는 것을 말한다. 물체 자체의 상태변화를 가져오는 것이 아니라는 점에서 손괴와 구별되며, 본죄가 되느냐 절도죄가 되느냐는 불법영득의사의 유무에 의해 구별된다.

손괴죄에 해당하는 경우는 행위에 대해 고의성이 있어야 손괴죄가 성립한다. 가령, 남의 기계나 시계를 분해하여 쉽게 조립할 수 없게 한 경우, 남의 커피에 담뱃재를 털어버린 행위, 남의 벽에 광고를 붙인 경우, 남의 백색페인트로 도색하여 광고 문안을 지워버린 경우, 남의 문서에 첩부된 인지를 떼어 내는 것, 남의 금반지를 금니로 만드는 것, 남의 컴퓨터의 자료를 마음대로 삭제하는 것, 남의 자동차에 고의로 흠집을 내는 행위, 타이어를 펑크 내는 행위, 까나리 액젓 등을 이용하여 차량의 공조장치에서 이상한 냄새가 나도록 하는 행위 등, 남의 우물물을 오물로 더럽게 하는 경우(음용수에 관한 죄와의 상상적 경합), 식기에 방뇨하여 기분상 다시 사용할 수 없게 하는 경우, 그림에 '불길'이라고 낙서하여 감정상 걸어 둘 수 없게 한 경우, 남의 조각품에 낙서를 하거나 껌 따위를 붙여 놓아서 감정상 놓아둘 수 없게 한 경우, 남의 옷을 고의로 찢은 경우, 남의 옷에 욕설이나 성적인 문구·그림 따위로 낙서를 해 놓아서 피해자가 감정상 그 옷을 입을 수 없게 한 경우, 남의 새장문을 열어 새를 풀어준 경우나 양어장의 양어를 밖으로 유출시킨 경우, 상대방의 물품을 훼손하여 물품의 가치가 상실된 경우, 남의 허락 없이 CPU를 박살낸 경우, 수리기사가 손님의 태도에 화가 나 의도적으로 셧다운 등의 기능 저하를 설정해 놓은 경우, 지자체의 허가를 받지 않고 가로수에 달린 열매를 털어 가져가는 경우, 남의 열쇠 구멍을 순간접착제로 막는 경우 등이 그 사례이다.

그 외 손괴죄는 현관문에 낙서를 하거나, 고추장, 우유, 치약 등을 뿌려서 훼손한 경우, 자전거 안장을 흉기로 찢은 경우, 자동차 알루미늄 휠이나 자전거의 알루미늄 차체에 갈륨을 도포한 경우, 주차된 차에 장애물을 쌓아둬 차를 빼지 못하게 한 경우, 주차된 차량의 앞뒤에 제거하기 어려운 구조물 등을 붙여 놓는 행위, 현행범인체포 확인서를 받고 화나서 찢는 경우 등의 사례를 들 수 있다.

도로교통법상으로는 과실손괴죄를 처벌하고 있지만 형법상으로는 과실손괴에 대한 처벌규정이 없다. 교통사고로 인한 손괴는 처벌을 받지만 교통 대물사고 이외의 단순한 대물사고로 인한 손괴는 형사처벌을 받지 않는다. 이경우는 단지 가해자가 민사상 손해배상책임을 질 뿐이다.

형법상 과실에 의한 손괴는 실화의 경우만 처벌한다. 손괴죄에도 위법성이 조각되는 사유가 존재한다. 가령, 유리창을 깨는 행위 자체는 손괴죄가 성립하지만, 화재를 피하기 위해 유리창을 깨는 행위는 긴급피난으로 보고 손괴죄의 위법성은 조각된다.

XV. 권리행사방해죄

형법 제323조(권리행사방해) 타인의 점유 또는 권리의 목적이 된 자기의 물건 또는 전자기록등 특수매체기록을 취거, 은닉 또는 손괴하여 타인의 권리행사를 방해한 자는 5년 이하의 징역 또는 700만원 이하의 벌금에 처한다.

형법 제325조(점유강취, 준점유강취) ① 폭행 또는 협박으로 타인의 점유에 속하는 자기의 물건을 강취한 자는 7년 이하의 징역 또는 10년 이하의 자격정지에 처한다.

② 타인의 점유에 속하는 자기의 물건을 취거하는 과정에서 그 물건의 탈환에 항거하거나 체포를 면탈하거나 범죄의 흔적을 인멸할 목적으로 폭행 또는 협박한 때에도 제1항의 형에 처한다.

③ 제1항과 제2항의 미수범은 처벌한다.

형법 제326조(중권리행사방해) 제324조 또는 제325조의 죄를 범하여 사람의 생명에 대한 위험을 발생하게 한 자는 10년 이하의 징역에 처한다.

형법 제327조(강제집행면탈) 강제집행을 면할 목적으로 재산을 은닉, 손괴, 허위양도 또는 허위의 채무를 부담하여 채권자를 해한 자는 3년 이하의 징역 또는 1천만원 이하의 벌금에 처한다.

형법 제328조(친족간의 범행과 고소) ① 직계혈족, 배우자, 동거친족, 동거가족 또는 그 배우자간의 제323조의 죄는 그 형을 면제한다.
② 제1항 이외의 친족간에 제323조의 죄를 범한 때에는 고소가 있어야 공소를 제기할 수 있다.
③ 전2항의 신분관계가 없는 공범에 대하여는 전2항을 적용하지 아니한다.

권리행사방해죄는 타인의 점유 또는 권리의 목적이 된 자기소유 물건을 취거, 은닉 또는 손괴함으로써 성립한다. 객체는 자기의 물건 또는 전자기록 등 특수매체기록이다. 자기의 물건이란 자기소유의 물건을 말한다. 자기와 타인의 공유에 속하는 물건은 타인의 물건이므로 여기에 해당하지 않는다. 타인이란 자기 이외의 자를 말한다. 자연인은 물론 법인이나 법인격 없는 단체를 포함한다. 타인의 점유의 목적이 된 물건이면 족하므로 자기와 타인이 공동점유하는 물건도 당연히 여기에 해당한다. 타인의 제한물권 및 채권의 목적이 된 물권도 포함된다. 따라서 공장저당권이 설치된 기계를 이중담보로 제공하기 위해 다른 장소로 옮긴 경우에도 성립한다.

권리행사방해죄는 취거, 은닉 또는 손괴하여 타인의 권리행사를 방해하는 것이다. **취거**란 점유자의 의사에 반하여 그 점유물에 대한 점유자의 사실상의 지배를 제거하고 자기 또는 제3자의 사실상의 지배에 옮기는 것을 말하며, 절도죄에 있어서의 절취에 대응하는 것이다. **은닉**이란 물건의 소재의 발견을 불가능하게 하거나 또는 현저히 곤란한 상태에 두는 것을 말하고, 손괴는 물건의 전부 또는 일부에 대하여 그 용익적 또는 가치적 효용을 해하는 것을 말한다.

강제집행면탈죄는 현실적으로 민사집행법에 의한 강제집행 또는 가압류, 가처분의 집행을 받을 우려가 있는 객관적인 상태, 즉 채권자가 본안 또는 보전소송을 제기하거나 제기할 태세를 보이고 있는 상태에서 주관적으로 강제집행을 면탈하려는 목적으로 재산을 은닉, 손괴, 허위양도하거나 허위의 채무를 부담하여 채권자를 해칠 위험이 있으면 성립한다. 반드시 채권자를 해치는 결과가 야기되거나 행위자가 어떤 이득을 얻어야 범죄가 성립하는 것은 아니다.[29]

29) 대법원 2009. 5. 28. 선고 2009도875 판결.

허위의 채무를 부담하는 내용의 채무변제계약 공정증서를 작성하고 이에 터잡아 채권압류 및 추심명령을 받은 경우에는 강제집행면탈죄가 성립한다.30)

이혼을 요구하는 처로부터 재산분할청구권에 근거한 가압류 등 강제집행을 받을 우려가 있는 상태에서 남편이 이를 면탈할 목적으로 허위의 채무를 부담하고 소유권이전청구권보전가등기를 경료한 경우, 강제집행면탈죄가 성립한다.31)

30) 대법원 2018. 6. 15. 선고 2016도847 판결.

31) 대법원 2008. 6. 26. 선고 2008도3184 판결.

제16장

스토킹과 법률

제16장 스토킹과 법률

Ⅰ. 스토킹의 개념과 특징

스토킹(Stalking)이란 타인으로 하여금 공격을 당하거나 살해될 위험을 느끼게 할 정도로 다른 사람을 쫓아다니는 것을 의미한다. 이것은 직접적인 접촉이 없는 폭력행위의 하나로 볼 수 있다. 다른 사람을 쫓는 행위는 물리적으로 다른 사람을 따라가는 것뿐만 아니라 전화, 이메일, 편지 등을 보내 반복적이고 지속적으로 괴롭히는 것 등을 모두 포함한다.

스토킹 범죄의 처벌 등에 관한 법률에서 정의하는 **스토킹 행위**란 상대방의 의사에 반하여 정당한 이유 없이 상대방 또는 그의 동거인, 가족에 대하여 접근하거나 따라다니거나 진로를 막아서는 행위 등을 하여 상대방에게 불안감 또는 공포심을 일으키는 것을 말한다(동법 제2조).

애정의 감정으로 누군가를 따르는 것과 단순히 스토킹을 구별하는 것은 애매한 경우도 있다. 그런 점에서 겉으로의 행위 자체보다는 피해자가 어떻게 받아들이느냐에 따라 판단이 달라질 수 있다. 스토킹은 주로 남성에 의하여 이루어지는 것으로 알려졌지만 최근에는 여성에 의한 경우도 발생한다. 스토킹의 유형은 상대방을 뒤쫓기, 편지 혹은 이메일이나 전화하기, 일방적으로 선물하기, 직장이나 자택의 원하지 않는 방문이나 배회, 생활 동선에 대한 밀착감시, 더 나아가 폭행이나 협박, 상해, 최악의 경우 스토킹 가해자가 피해자를 살인하는 경우가 발생한다.

스토킹 범죄의 처벌 등에 관한 법률 제2조(정의)

1. "스토킹 행위"란 상대방의 의사에 반하여 정당한 이유 없이 상대방 또는 그의 동거인, 가족에 대하여 다음 각 목의 어느 하나에 해당하는 행위를 하여 상대방에게 불

안감 또는 공포심을 일으키는 것을 말한다.

가. 접근하거나 따라다니거나 진로를 막아서는 행위

나. 주거, 직장, 학교, 그 밖에 일상적으로 생활하는 장소(이하 "주거 등"이라 한다) 또는 그 부근에서 기다리거나 지켜보는 행위

다. 우편·전화·팩스 또는 「정보통신망 이용촉진 및 정보보호 등에 관한 법률」 제2조 제1항 제1호의 정보통신망을 이용하여 물건이나 글·말·부호·음향·그림·영상·화상을 도달하게 하는 행위

라. 직접 또는 제3자를 통하여 물건 등을 도달하게 하거나 주거 등 또는 그 부근에 물건등을 두는 행위

마. 주거등 또는 그 부근에 놓여져 있는 물건등을 훼손하는 행위

2. "스토킹 범죄"란 지속적 또는 반복적으로 스토킹 행위를 하는 것을 말한다.

스토킹 범죄의 처벌 등에 관한 법률 제18조(스토킹 범죄) ① 스토킹 범죄를 저지른 사람은 3년 이하의 징역 또는 3천만원 이하의 벌금에 처한다.

② 흉기 또는 그 밖의 위험한 물건을 휴대하거나 이용하여 스토킹 범죄를 저지른 사람은 5년 이하의 징역 또는 5천만원 이하의 벌금에 처한다.

③ 제1항의 죄는 피해자가 구체적으로 밝힌 의사에 반하여 공소를 제기할 수 없다.

스토킹에 의한 살인 사건

스토킹에 의한 사건을 보면, 경산 임산부 스토킹 살인사건,[1] 오케가와 스토커 살인사건, 대구 중년부부 살인사건, 노원 세 모녀 살인사건,[2] 서울 중구 오피스텔 살인사건, 전주 원룸 연하남 살인사건, 송파 전 여자친구 가족 살인사건, 천안 원룸 살인사건, 신당역 살인사건[3] 등이 있다.

---

1) 2001년 9월, 범인 김남국(1967년, 당시 34세)은 인터넷 채팅을 통해 정모씨(1979년생 여, 당시 22세)를 알게 되면서 교제해왔다. 4년 정도 사귀다 두 사람은 헤어졌고, 이후 정씨는 연락을 끊는다. 2006년경 정씨가 현재의 남편과 결혼을 하자 앙심을 품고 직장도 그만둔 다음, 범행 이전인 약 3년간 정씨의 집을 추적하여 "나와 사귄 사실을 남편에게 폭로하겠다"고 정씨를 위협하는 문자 메시지를 보내거나 심지어 가족들에게까지 협박을 가하고, 수회에 걸쳐 갖은 명목으로 민·형사 소송을 벌이며 정씨를 괴롭히기 시작했다. 정씨 가족은 김남국의 협박 등 증거를 수집해 2007년 부산지법에서 징역 1년에 집행유예 2년을 끌어내는 데 성공했다. 하지만 김남국은 포기하지 않았다. 민·형사 소송이 오가면서 정씨에 대한 악감정이 극에 달한 김남국은 정씨를 살해하기로 마음먹는다. 김남국은 정씨가 거주

하는 아파트 주변을 수차례 배회하면서 정씨가 매일 일정하게 어린이집에서 세살배기 딸을 찾아 혼자 귀가한다는 사실을 알아두었고, 미리 칼, 망치, 청테이프, 노끈, 수건 등 범행에 사용할 도구를 검은색 가방에 넣어 준비했다. 도주를 생각한 것인지 렌트카도 준비했다. 집행유예 기간이 끝나는 날인 2009년 5월 25일. 오후 2시 10분, 김남국은 정씨의 집 앞 복도에서, 여느 때처럼 정씨가 딸을 데리고 혼자 귀가하기를 기다리고 있다가 마침 정씨가 잠이 든 딸아이를 안고 엘리베이터에서 내리는 것을 보게 되었다. 이에 김은 곧장 정씨에게 달려들어 밀어 넘어뜨린 다음, 넘어진 정씨의 몸 위에 타고 앉아 주먹으로 얼굴에 수차례 가격하고, 미리 준비해 간 망치(총길이 40cm)의 정 부분으로 콧등과 뺨을 힘껏 내리치고, 그 힘을 못 이겨 망치 자루가 부러져 나가자 부러진 망치 자루 부분으로 다시 얼굴을 수차례 내리찍고, 이어 미리 준비해간 칼로 머리와 얼굴 부위, 가슴, 배와 옆구리, 팔과 어깨 등 온몸을 20차례에 걸쳐 닥치는 대로 찔렀다. 피해자는 당시 임신 2개월의 몸이었으며 피해자 품에 안겨 자고 있던 3살 난 딸은 그 광경을 모두 목격했으며 어머니의 피를 온몸에 흠뻑 뒤집어쓰는 등 치유하기 힘든 정신적 충격을 받게 되었다. 아파트에서 살려달라는 소리가 들린다는 접수를 받은 관리소 직원이 뛰어 올라갔고, 김은 넋을 놓은 채 현장에 주저앉아 있었다. 정씨는 병원으로 옮겨졌으나 곧 숨졌다. 사형이 구형되었지만 최종적으로 무기징역이 확정되었다. 실제로 김남국은 반성은커녕 피해자에게 책임을 전가하는 등의 행위를 하였다고 한다. 1심에서 무기징역이 선고되자 김은 "형이 무겁다"며 항소했고 검사도 "반성의 정도와 잔혹성, 높은 PCL-R(사이코패스)"을 고려해 사형을 선고해줄 것을 요구했지만 "현재 사형제도가 갖는 문제점을 감안해 목숨만은 부지하도록 한다"며 항소가 기각되었고, 무기징역이 확정되었다.

2) 2021년 3월 23일 서울특별시 노원구에서 아버지가 20년 전에 세상을 떠난 편모가정인 세 여성(어머니와 딸 자매)이 딸의 스토커에게 살해당한 사건이다. 피해자 가족의 주거지에서 발견되어 체포된 해당 사건의 범인 김태현은 피해자 자매 중 언니 쪽에 교제를 요구하면서 수개월간 스토킹하다 거부한 피해자에게 앙심을 품고 퀵서비스 기자를 사칭하여 피해자 가족의 주거지에 침입해 집에 있던 동생을 먼저 살해하고 대기하다가 뒤이어 나중에 귀가한 어머니와 언니를 순서대로 살해했다고 증언하였다. 첫 공판에서 김태현은 "피해자 여동생과 어머니 살해는 계획하지 않았다"고 주장했다. 김씨의 변호인은 "처음부터 첫 번째, 두 번째 피해자를 살해할 계획은 없었다고 한다"며 "첫 번째 피해자를 살해한 것은 우발적 살인"이라고 말했다. 그러나 이후 피해자 유족이 공개한 작은딸(첫 번째 피해자)의 휴대전화에서 작은딸을 살해한 후 피해자의 휴대전화를 이용하여 어머니(두 번째 피해자)에게 작은딸인 척 답장까지 보내고, 이에 작은딸을 찾아온 어머니를 피해자들의 집에서 대기하고 있다가 살해한 정황이 드러나면서 피고 및 변호인측 주장과는 달리 피해자 여동생과 어머니 살해 또한 계획범죄일 가능성이 높아졌다. 2021년 9월 13일 검찰은 김태현에게 사형을 구형하였다. 2021년 10월 12일 김태현에게 1심 무기징역이 선고되었다. 검찰의 모든 기소내용을 인정했음에도 무기징역을 선고한 것으로 이에 유족은 강하게 반발하였다. 법정에서의 진술을 보면 세 명을 죽인 죄도 크지만 피고인이 출소하게 되면 다시 보복살인을 할 수 있다는 두려움도 있기 때문이었다. 하지만 사법부는 사형은 대단히 예외적인 경우에만 선고해야 한다는 입장이고, 1심에서는 이 사건은 그 예외적인 경우가 아니라고 판단했다. 판결 직후 김태현과 검찰 모두 항소하였다. 사형을 선고하지 않은 이유를

두려움을 매개체로 하여 **스토커**들은 피해자들에게 조금씩 접근한다. 범죄 행위 확인 자체에는 가해자가 상대에게 호감이 있었는지, 질투를 했는지는 신경 쓰지 않는다. 범죄 수준 판단에는 사건의 결과와 정황 모두를 고려하여 가해자가 상대방을 괴롭히려는 의도가 있었느냐, 없었느냐를 참고사항으로 하여 피해사실을 눈에 보이는 결과로 살펴보고 결정한다. 질투심 많은 사람들은 범죄를 저지르게 되는데, 처벌은 질투라는 감정의 대가로 받아야 되는 것이 아니라 범죄를 저지른 것의 대가로 받아야 한다. 사람들의 오용과 달리 관심 표현, 소통은 분명히 스토킹은 아니다.

경범죄처벌법은 구애행위를 경범죄(벌금 10만원 정도)로 처벌할 수는 있지만 단순히 사람에게 접근하여 선물을 많이 주거나, 상대방을 모욕하거나 협박하는 내용이 없음에도 거의 매일 연락을 하여 상대가 부담느끼는 것은 사실상 무례함에 그친다. 이런 경우에는 그 사람이 어떠한 행동을 해서 자신이 기분이 상했는지를 정확히 밝힌 뒤에 다시는 그러한 행동을 하지 말거나 아예 자

납득하지 못하겠다는 반응이 많았다. 특히 그 이유 중 하나로 제시된 것이 김태현이 범행을 대체적으로 인정하고 있다. 2022년 1월 19일 2심에도 무기징역이 선고되었다. 2심은 사형을 선고하지 않는 이유를 1심과 다르게 제시하였다. 대한민국에서 사형은 사실상 형벌로서의 기능을 잃었기 때문에 사형을 선고하지 않았다고 한다. 또한 재판부는 김태현의 무기징역형은 가석방 없는 절대적 종신형으로 집행돼야 마땅하다는 의견을 밝히기도 했다. 사형을 선고할 이유가 상당하지만 사형 집행이 불가능하다면 선고하는 것의 의미가 없기 때문에 징역을 선고하되 대신 가석방을 막아서 말 그대로 정말 평생 무기징역으로 집행되어야 한다고 판결문에 적은 것이다. 2022년 4월 14일에 대법원에서 무기징역이 확정되어 교도소에서 복역하게 되었다

3) 2022년 9월 14일 21시경 서울 지하철 2호선 신당역 여자 화장실에서 31세 남성 전주환이 서울교통공사 입사 동기였던 28세 여성 역무원을 흉기로 살해한 사건이다. 2022년 9월 14일, 경찰은 사건의 용의자 전주환을 살인 혐의로 체포했다. 전주환은 신당역 여자 화장실을 순찰하던 피해자를 뒤쫓아가 화장실 칸 안에서 흉기를 휘둘러 살해했다. 전주환은 6호선 구산역에서 1회용 승차권으로 신당역까지 간 다음 1회용 위생모를 쓰고 1시간 10여분 동안 피해자가 나타나기를 기다렸으며, 미리 준비한 흉기를 휘두르는 등 계획적인 면모를 보였다. 피해자가 과거에 살았던 집 주변에서 배회하다가 인상착의가 비슷한 여성을 피해자로 착각하고 뒤를 밟은 것으로 의심되는 행동을 했던 정황도 드러났다. 거주지가 바뀌었음을 알자 근무지를 찾아서 살인하는 계획적인 모습이 드러났다. 2023년 1월 10일 결심공판이 열렸으며 검찰은 사형을 구형하고 30년간 전자발찌 착용을 청구했다. 2023년 2월 7일 서울중앙지법 형사25-1부(박정길, 박정제, 박사랑 부장판사)는 특정범죄 가중처벌 등에 관한 법률상 보복 살인 등의 혐의로 구속기소된 전주환에게 징역 40년을 선고하고 15년간 위치추적전자장치 부착을 명령했다.

신에게 접근하지 말라고 단언하는 것이 좋다. 이때 자신이 불쾌함이나 공포심을 느꼈다고 상대방에게 화를 낸다던가 상대방을 깎아내리며 무시하는 행동은 역효과를 발생시킬 수 있기 때문에 자제하는 것이 좋다. 애초에 상대방의 접근에 대하여 거부하지 않은 경우에는 스토킹 범죄가 성립되지 않을 수 있으며 상대방으로 하여금 피해자의 감정과 의사를 확인할 수 없어 그러한 행동을 더 하게 만드는 역효과를 발생시킬 수 있다.

이런 상대방 중에는 상대방의 비언어적 의사표현을 잘 읽어내지 못하는 경우나 인간관계에 서툴러 본의 아니게 무례한 행동을 한 경우도 충분히 있을 수 있기 때문에 무턱대고 상대방을 스토커로 오인한다던지 스토커라며 몰아세우는 일 또한 하지 않는 것이 좋다. 하지만 선물 중에 괴이한 것, 신음소리 녹음, 불법 약물이 껴있다면 그것은 범죄가 맞다. 동성끼리도 컨디션이 안 좋거나 새벽에 갑자기 연락을 받으면 상대에 따라 짜증을 낸 사례가 있지만, 이 경우 기분이 괜찮다면 시간 상관없이 연락을 주고받을 수 있는 것이다. 절친한 사이든 아니든 한밤중이나 새벽에 갑자기 연락을 하는 것은 대부분 비상식적인 행위로 여겨지긴 해도 생각 차이, 쾌·불쾌 등의 개인적 감정 차이를 볼 수 있다.

다만 범죄행위는 이런 경우를 제외하는데 개인이나 특정 다수의 주관적 쾌·불쾌를 넘는 사안이 인식의 바탕인 것은 물론, 피해가 생명, 재산, 신체에 해를 가하는 정도가 크냐를 모두 따져 범죄로 인식할 수 있는 것이다. 그러므로 단순히 지속적으로 접근하거나 접근해서 소통, 감정표현을 자주 하려든다고 해서 스토킹이라 볼 수는 없다. 지속적으로 따라다니는 것과 지속적 접근은 분명히 구분해야 한다.

스토킹에 대한 잘못된 인식 역시 개선될 필요가 있다. 스토킹처벌법이 최초 입법될 당시에도 상대의 의사나 감정에 따라 자의적인 해석과 법집행이 이뤄질 수 있다는 비판이 컸던데다 스토킹처벌법이 입법되고 스토킹범죄에 대한 공론화가 적극적으로 이뤄진 오늘날에도 정치인들 사이에서 스토킹 피해자가 스토커에게 빌미를 줬다던가 스토커가 피해자를 과도히 사랑해서 벌어진 일이라는 망언급의 발언이 나오고 있는 실정이다. 이상에서 본 것처럼 스토킹은 시작은 상대방에 대한 사랑일지 몰라도 행위 자체는 상대에 대한 애정

표현의 문제가 아닌 광적 집착에 불과하다. 자신을 사랑하는 상대에게 자신이 좋아한다는 이유만으로 미행을 한다던지 집에 침입한다던지 물건을 갖고 나온다던지, 사랑을 안 받아줬다고 폭행과 협박을 가하며 살인까지 하는 행동이 어떻게 사랑이 될 수 있겠는가. 따라서 이런 문제를 개선하기 위해서는 자신이 받길 원하지 않는 애정표현에 대해선 확실하되 상대방을 존중하여 거절하는 습관을 갖는 것과 동시에 자신을 싫어한다고 한 상대의 의사를 존중하고 접근하지 않으려는 노력이 필요하다. 자신을 싫어하는 상대의 의사에 개의치 않고 접근하는 것 역시 상대에 대한 무례와 폭력이다. 또 스토킹 전의 애정표현과 스토킹 범죄에 대해서 확실히 구분하여 이해하는 것도 중요하다. 무턱대고 단순한 애정과 관심표현마저 스토킹이라 생각하는 것과 스토킹이 애정과 관심표현에서 시작됐다는 것만을 생각하여 단순히 과도한 애정표현이라고 착각하는 것 모두 지양해야 스토킹범죄에 대한 적절한 법집행과 형사처벌을 기대할 수 있으며 만일 그렇지 않으면 제대로 된 법집행과 형사처벌이 이뤄지지 않음은 물론이고 성별간 오해나 기피심리, 혐오감정만 불러일으킬 수도 있다.

II. 스토킹의 문제점

1. 사생활 침해 여부

스토킹의 의미에 맞게 미행은 추적 행위로 사생활 침해로 민사 혹은 형사처분이 가능한 것이다. 도구를 사용하든, 몰래 따라가든 추적을 하면 이는 사생활 침해이므로 기본적으로 민사상 불법행위가 되거나 추적 방법과 과정을 고려하면(가령, 흥신소를 동원해 개인정보를 얻어낸다거나 등기부를 통해 거주지를 얻어낸다거나 추적 도중에 사람을 때린다거나 칼로 찔러 죽이려고 쫓아온다거나) 형법상 범죄행위까지 될 수 있다. 이로써 직접적인 추적 말고도 모든 범죄 행위가 한 사람을 대상으로 꾸준히 지속된다면 그 행위는 다 스토킹의 개념에 넣을 수 있다.

2. 위협 행위

스토킹은 신체나 생명에 위협을 가하는 행위이다. 추적은 신체의 자유에 속하는 사생활의 자유를 박탈하여 신체에 위협을 가하는 행위이다.

3. 상대방의 의사를 무시하는 집착

스토커의 스토킹이 문제가 있는 것은 그들이 대상에 대한 잘못된 망상, 광적인 집착, 또 그로 인한 폭행, 살인 등 범죄를 일으킨다는 것이다. 이 점이 단순히 호감이나 애정을 표시하는 것과 가장 다른 점이다. 정상인이라면 자신이 호감이나 애정을 보인데에 대해 상대가 싫어한다던지 거부한다고 해서 이런 집착이나 범죄를 저지르진 않는다.

스토킹 범죄자들은 상대방에 대해 병적인 소유욕과 집착을 보인다. 스토커들의 대부분은 상대방을 물건인 양 소유하고 싶어 하며 이러한 집착에 대해 명확하게 거부함에도 상대방에게 끊임없이 집착한다. 이 경우 양심의 가책을 느끼며 상대방에게 사과하고 상대방에게 집착하려는 마음을 버리는 것이 정상인데, 스토커들은 이 과정에서 상대방 의사나 감정은 고려하지 않으며, 감정 표출이나 집착 모두 일방적이고 공격적·강제적·맹목적인 양상을 띤다. 스토커들은 "내가 그 사람을 사랑해서 이러는 것이다"라고 주장한다. 하지만 진정으로 상대를 사랑한다면 상대를 인격체로 대하여 상대의 거부 의사도 인정하고 존중하며 상대에게 거부당했다면 왜 거부당했는지, 상대 및 제삼자에게는 나의 행동이 어떻게 비추어질지에 대해 반성하고 자신을 개선하려는 움직임을 보이게 마련이다. 스토커들은 자신이 자의적으로 정의한 '사랑'이라는 미명하에 상대의 인격권 및 재산권을 침해하는 민형사상의 죄를 저지르는 것이다. 누구나 남을 좋아하는 것도 자유이듯 내가 좋아하지 않는 사람의 구애를 거부할 권리도 충분히 존재한다. 내가 누군가를 좋아하고 구애한다고 하여 상대가 그걸 반드시 받아줘야 할 이유는 어디에도 존재하지 않을 뿐더러 만일 상대의 구애를 무조건 받아줘야 한다면 받아주는 사람입장에서 자신이 원하는 사람과 사랑하지 못할 것이다.

상대방의 감정 또는 상대방과 관련된 인물에 대해 허황된 생각을 갖고 이를 사실로 여겨 망상이 지배한다. 상대방이 침묵이나 거절 의사를 표하면 이를 긍정적 메시지로 곡해하며, 상대방이 오히려 자신의 집착을 원한다고 망상하며 착각한다. 때문에 전문가들은 스토커들을 조금이라도 이해하려 하거나 들어줘서는 안 된다고 조언한다.

Ⅲ. 스토킹 대처법

스토킹의 가장 확실한 해결책은 스토커가 스스로 스토킹을 중지하는 것이며 만약 스토킹 행위를 지속하는 사람이 이 문서를 본다면 스토킹을 하는 본인의 앞날을 위해서라도 스토킹 행위를 중지하기를 권고한다. 스토킹을 한다고 해서 원하는 것을 얻어낼 수는 없다. 스토킹 피해자는 스토킹 피해를 입고 있다는 것을 명확하게 공개한다. 스토커는 스토킹을 하는 피해자의 심리상태를 스토커 본인이 가해를 하면서 통제할 수 있거나 통제해야 한다고 망상하므로 이러한 스토킹 행위를 피해자가 거부 의사를 명확히 표현하지 않거나 주변에 알리지 않고 숨기려는 심리상태를 이용하여 피해자를 가해하려 한다. 이러한 스토킹에 절대로 굴복하지 말고 스토킹 피해 사실을 이용가능한 모든 수단을 이용해서 공개해야 한다. 스토킹 가해자는 대부분 가해자 본인의 스토킹 사실이 알려지면서 사회적 위치, 명예감정에 해를 입는 것을 두려워하므로 가해자가 가지는 인맥, 지위, 재력 등을 이용하여 피해자에 대한 나쁜 여론을 만들어내려 하거나, 법으로 자신을 어떻게 할 수 없을 것이라고 조롱하거나 피해자를 명예훼손 등으로 역고소하겠다는 적반하장적 태도, 심지어는 살해로까지 이어지는 물리적 폭력을 가하려 들 수 있으므로 피해자는 스토커의 극심한 스토킹을 겪고 있다면 절대로 스토킹에 위축되거나 굴복하지 말고 강경하게 대응할 수 있어야 한다.

어떠한 경우에도 스토커와 피해자가 서로 만나서는 안 된다. 스토커는 스토킹을 하는 상대에 대한 병적 망상을 하고 있으며 대화로 해결하려는 자체가 스토커에게 집착할 이유를 만들어 준다. 스토커가 직접 만나서 대화로 해결하자는 것은 절대 받아 주면 안 되며, 피해자가 직접 만나서 대화로 해결하려고 하면 안 된다. 스토커를 상대할 때 가장 중요한 원칙으로 스토커와 피해자가 절대 만나는 일이 없어야 한다. 제3자를 대동하거나 제3자를 대리인으로 내세우는 것도 마찬가지. 스토커가 피해자를 폭행하거나 흉기를 이용한 위협이나 납치, 살해시도를 할 수 있다.

스토킹 피해자나 그 주변인의 철저한 정보 보안 유지는 필수다. 스토커는 스토킹을 하는 상대에 대한 모든 정보를 알아내려 하기 때문에 스토커의 괴롭힘을 당하는 중이라면 SNS에 스토킹 피해자의 사진이나 전화번호, 학교, 직장, 집 주소와 같은 개인 신상이나 행적과 관련된 정보는 게시해서는 안 된다. 특히 최근의 SNS나 스트리밍 서비스에서 제공하는 실시간 스트리밍은 스토킹에 아주 취약해진다, 위치를 직접 알려주지 않더라도 랜드마크나 간판 등으로 위치를 추적할 수 있다. 물론 스토커가 피해자의 친구, 지인에게도 접근할 수 있으므로 주변에 자신이 스토킹을 당한다는 사실을 밝히고 공개적으로 대응해야 한다. 스토킹은 지능적으로 이루어지기 때문에 스토커의 피해자와의 사회적 관계(혼인관계, 전애인, 교사-학생, 직장관계)나 사회적 인상(착하게 생겼다, 순진하다, 효자다 등)이나 지위를 이용해 온갖 여러 가지 방법으로 정보를 물어본다. 스토킹 피해를 공개적으로 밝히는 것이 매우 중요한 것이 피해자에 대한 정보를 아는 제삼자가 피해자의 스토킹 피해를 모를 경우 정보를 스토커에게 제공해줄 수도 있기 때문이다. 심지어는 흥신소나 뇌물을 통한 비합법적 방법까지도 동원된다. 온라인 스토커의 경우, 다중 계정이나 가계정을 만들어 스토킹을 하는 것에 능숙하기 때문에 온라인상에서 모르는 사람이 접근한다면 의심해야 한다. 온라인 매체의 계정명을 모두 동일하게 작성했을 경우 가입한 모든 매체에서 스토커가 출몰할 가능성이 많다.

스토커 개인의 인성이나 피해자와의 과거 관계는 중요하지 않다. 스토킹 행위는 스토킹 피해자에게 지속적인 접근을 하면서 스토커 자신의 연애감정, 정서적 불안감, 박탈감, 피해의식 등을 보상받으려는 것이 목적이므로 가해자 개인의 행적이나 대외적 인품과는 관련이 없다. 대외적으로 얌전하다, 착하다라는 평을 받는 사람이 누군가를 폭행하고 괴롭히는 스토커일 수 있다. 사건이나 상황을 판단하는 것에 가해자의 사회적 위치나 평판으로 인해 올바른 판단을 하지 못하는 점에서 스토킹 범죄는 가정폭력이나 음주폭력과 비슷한 면이 있다. 고학력이나 고지능자 스토커 역시 자신의 판단이 틀릴 리가 없다 내 판단이 무조건 맞고 상대는 내 말에만 따르기만 한다는 고압적 태도를 보인다.

대중매체에 묘사된 스토커를 통해 스토커를 파악하지 말아야 한다. 대중매체는 캐릭터성을 위해 외형적이거나 성격적인 특정한 부분만을 강조하고 있으며 스토킹 범죄의 현실적 유형이나 대응과는 거리가 있다. 대중매체보다는 스토킹에 대한 전문 연구가의 논문이나 기고문 등을 보거나 언론에 보도되는 스토킹 범죄 등으로 파악하는 것이 도움이 된다.

휴대전화나 온라인 메신저, 인터넷 전화를 이용한 전화, 문자 스토킹의 경우이다. 피해자의 전화번호를 스토커가 아는 것도 심각한 피해를 입는데 스토커의 번호를 수신 차단한다 하더라도 스토커는 이용할 수 있는 다른 전화기, 즉 타인의 전화나 공중전화, 카카오톡, 라인 같은 메신저 앱의 인터넷 전화, 페이스북 메신저, 인스타그램 DM 등과 같은 이용 가능한 모든 문자, 음성 통신 수단으로 연락을 하려고 할 것이다. SNS야 하지 않으면 그만이라 하더라도 일상생활에 휴대전화가 필수적이기에 전화기를 꺼 놓을 수도 없어 피해자는 굉장한 정신적 피해를 입는다. 만에 하나 스토커의 전화를 받는다 하더라도 제대로 말을 하지 않고 바로 끊어 버리거나 스토커가 집착하는 내용만 읊는 짓을 할 것이다.

2021년 10월 21일부로 시행되는 스토킹 처벌법에서는 전화 스토킹도 명시하고 처벌하고 있지만 하루에도 수백 번도 전화를 거는 악질 스토커가 그런 법으로 겁을 먹고 스토킹을 중지하지는 않는다고 봐야 한다. 전화 스토킹은 피해자가 방어할 수단이 차단 정도밖에 없는 현실에서는 피해자가 번호를 바꾸는 것이 최선이다. 전화 스토킹이 스토킹을 하는 가장 쉬운 수단이면서 피해자를 괴롭힌다는 점에서 스토킹 처벌법이 추후 벌금형 이상의 실형을 선고할 수 있는 강력한 법으로 개정되기를 기대할 수밖에 없다. 개인 휴대전화 번호를 2개 이상 이용하는 것도 스토커를 막는데 이용해볼 수 있겠지만 피해자에게 그만큼 경제적 부담이 된다. 차라리 스토커가 폭언이나 모욕을 한다면 정보통신망법의 불법정보의 유통금지로 처벌을 받을 수 있게 하겠지만 모든 스토킹의 유형에 적용할 수 있는 것도 아니라 피해자만 이래저래 고생한다. 그리고 사이버 스토킹도 처벌대상이므로 사이버 수사대에 신고하여야 한다.

스토킹이 스토커가 '피해자를 좀 유별나게 좋아하는 것, 그저 심한 애정행위 정도로만 이해하는 상대' 같은 반응을, 특히 법집행을 하는 경찰이나 검사 등의 공무원이 그런 반응을 보인다면 공식적인 민원을 통해 교정을 요구하도록 하여야 한다. 이게 문제가 되는 것이 분명히 체포해야 하는 상황에서도 스토킹을 그냥 좀 많이 좋아하는 구애행위로만 생각하면 경찰이 아무 도움도 주지 않고 그냥 가버리는 수가 있다, 만약 친구나 지인이 스토킹을 애정행위로만 여기고 오히려 가해자를 두둔하려 한다면 스토커는 스토킹 상대를 살해하기도 하는 중증의 이상심리라고 판단하여야 한다.

스토커가 정신질환 환자이며 치료의 대상이지 비난의 대상이 아니라고 반박하면 답이 없다. 유별난 사람으로 보일 수도 있지만 스토커가 피해자의 주변을 통해서도 정보를 얻어내려 하는 점을 보면 차라리 유별난 사람 취급을 받는 것이 낫다. 이런 때에는 스토킹 피해자가 법률전문가의 조력을 받아서 구체적으로 제보하는 게 좋다. 스토킹 피해자 입장에서 순간의 공포심이나 흥분 때문에 본인의 스토킹 피해사실을 제대로 고소하지 못하는 경우가 있기 때문에 언제부터 언제까지 몇 번에 걸쳐서 어떤 방법으로 스토킹을 해왔는지를 기록해두거나 모아두는 게 제일 좋다. 스토킹은 또한 피해자의 의사에 반해 형사처벌을 하지 못하는 범죄다.

스토커가 접근하거나 연락이 오는 모든 통신수단을 기록하거나 보관한다. 당연한 것이지만 스토킹 피해입증을 하는 중요한 증거가 된다, 또한 스토커가 피해자의 사생활, 특히 성생활 같은 민감한 내용에 대해 유포하겠다거나 누군가에게 보내겠다는 것은 스토킹 이전에 협박죄이므로 경찰에 신고해야 한다.

스토커의 자살협박에 휘둘리지 말아야 한다. 스토커가 피해자에게 내가 원하는 대로 하지 않으면 자살하겠다라는 자살협박을 가할 수도 있다. 이러한 자살협박에 회유되거나 굴복해서는 안 된다. 이러한 자살협박을 받으면 경찰이나 생명의 전화 등 자살예방단체에 신고하면, 경찰이 친절하게 스토커를 찾아갈 것이다. 만에 하나 정말로 스토커가 자살한다 하더라도 그것은 피해자의 잘못이 아니며 스토킹 피해자에게는 아무런 형사적 책임이 없다. 대체로 상습적인 자살협박은 타인을 통제하려는 정서적 위협(**가스라이팅**)이며, 자살하겠다는 충동적인 언행을 습관적으로 하는 자체가 폭력을 쉽게 저지를 수 있는 근거가 된다.

스토커는 정서적 위협(가스라이팅) 등의 2차 가해를 가할 가능성이 높다. 스토커는 스토킹을 하는 이유를 피해자의 탓을 하면서 피해자에 대한 협박과 비난을 일삼는다. 그러나 수사 기관이나 범죄 피해자가 용의자를 추적하는 것도 아니고 과거에 얼마나 가까운 사이였던 간에 스토커가 스토킹을 하는 것 자체가 잘못된 것이며, 피해자가 위축되어야 할 이유는 없다. 그러한 이유로 스토커의 요구를 당장 들어준다 하더라도 스토커는 어떠한 식으로든 폭력을 멈추지 않을 것이며, 피해자를 괴롭힐 것이다. 스토커가 스토킹을 하는 이유는 스토커의 병적 집착과 분노 때문이고 그러한 스토킹의 해결은 스토커 본인이 스토킹을 중지하는 것이지 피해자가 가해자의 요구를 들어 주는 것이 아니다.

중증 스토킹범은 잠재적인 살인범으로 간주해야 한다. 스토커는 피해자나 그 가족, 연인, 주변인을 살해(데이트 폭력)하거나 방화와 같은 테러 행위까지도 저지를 수 있다고 전제해야 한다. 스토커 본인이 개심하거나 정신과적 치료를 받으며 자숙하지 않는 이상 피해자를 살해하는 것으로 스토커 본인의 병적 분노를 해결하려 할 것이라고 전제해야 한다. 이런 경우는 단순히 피해자와 그 주변인들이 조심한다고 해결되는 문제가 아니므로 본인과 그 가족이 매우 극심한 피해를 받고 있다면 언론이나 인터넷 공개 게시판, 신문고 등 가능한 한 모든 공적인 수단을 동원해서 피해 사실을 밝히고 강경한 대응을 요구하여야 한다.

온라인 스토킹도 엄연한 스토킹이다. 온라인을 통해 이루어지는 스토킹은 그 양상이 다른데, 기본적으로 인터넷 검색엔진이나 SNS 등의 검색기능, 디씨인사이드 실시간 베스트에서 올라오는 좌표찍기 등의 인터넷 게시판을 통해 이루어지고 피해자와 아는 사이가 아닌 여러 언행 등으로 이슈가 되거나, 정치, 사상적으로 적대적으로 취급하는 것을 지지하거나 관련된 행동을 하는 사람에게 행해진다. 익명성을 가진 불특정 다수가 스토커가 될 수 있고, 익명성에 의존하면서 고소, 고발을 당하지 않을 것이라는 이유로 정서적으로 위해를 가하려는 목적의 과격한 발언을 한다(인간쓰레기 등의 인격 비하, 살해당하거나 할 것이라는 언어상의 협박, 스토킹 대상의 과거 온라인 행적 따위). 또한 그러한 행위가 공개된 커뮤니티 등에서 정의구현, 혹은 다수가 원하는 일을 대신 해주는 행동대원 취급을 하기 때문에 스토킹 행위가 옹호받거나 은폐된다.

스토커들도 본인의 행위가 스토킹이라는 자각이 약하다. 특히 페미니스트 지지를 공개적으로 하거나 그러한 성향을 보이는 개개인에 대해서 폭력적 여론이 옹호받고 있는 것이 현실이다.[4)]

IV. 스토킹 사례

가수 **김창완**이 자신을 10년 넘게 스토킹하던 남성 스토커를 경찰에 신고하여 처벌한 경우가 있다. 스토커가 김창완과 본인이 막역한 친구 사이라 생각하는 등 망상이 심해, 주거침입죄를 비롯해 굳이 스토킹을 배제하더라도 기존의 인식으로도 충분히 범죄로 인식할 만한 죄를 많이 저질렀기 때문에 처벌이 가능했다고 한다.

배우 **이다인**은 무명 시절 486이라는 번호로부터 문자 메시지를 받았는데 '빨간 드레스 예쁘다', '지금 들어오네, 근데 옆에 남자(이다인의 매니저)는 누구?'라는 등 스토커라는 말 그대로 그녀를 감시하는 듯한 문자를 받는다. 그러다 영상이 담긴 문자를 받았는데, 그 영상에는 삐에로 가면을 쓴 남자가 이다인의 베란다에서 빙글빙글 춤을 추고 있었다. 소름이 끼친 이다인은 즉시 회사와 경찰에 연락했다.

스티븐 스필버그도 시달린 적이 있었다고 한다. 이 또한 남성으로 스필버그 근처에 자주 출몰했으며, 한 달 동안 무려 1,000번 넘게 전화를 걸어댔다. 다행히도 스필버그 곁에는 늘 무장 경호원들이 붙어있었고, 이 스토커는 경호원들에게 호되게 얻어맞은 뒤 구속되어 정신병원에 수감되었다. 구속된 스토커는 스필버그를 강간하려는 계획을 가지고 있었다고 하며, 이 이야기를 들은 스필버그는 '그럴 때는 쏴죽여도 정당방위 맞죠?'라고 말하며 어이없어 했다.

강사 **이지영** 역시 자신이 무려 두 번이나 스토킹을 당했다는 사실을 고백한 적이 있다. 이지영의 썰들 중에서 조회수가 가장 높은 썰들이기도 하다. 한

---

4) 영화 등에서는 상대의 머리카락까지도 주워 모은다든가, 자신조차 모르는 사진을 수십 장씩 전시해놓는다든가 하는 괴이한 스토커들도 존재한다. 그리고 실제로도 간간히 이런 수준의 스토커들이 있는 모양이다. 가령 존 레넌이 스토커에게 집 앞 현관에서 총격당해 즉사했다든가 하는 일이 바로 그것이다. 이탈리아의 세계적인 유명 디자이너 잔니 베르사체도 스토커의 총에 맞아 즉사했다.

번은 이지영이 세화여자고등학교에서 교사로 근무하던 시절, 5515번을 타고 상원서적 정류장에 내려서 퇴근할 때 검은 모자, 검은 티셔츠에 검은 청바지를 입고 항상 이지영을 기다리던 스토커 이야기다. 스토커는 원룸 월세를 내려고 KB국민은행 ATM에서 돈을 뽑자마자 어깨를 움켜잡았고, 공포를 느낀 이지영이 파출소 문을 열려는 순간 그대로 도망갔다. 급기야 이지영이 살던 원룸 센서등을 고장내 놓고 주거침입을 시도하려고 했고 결국 이지영은 그 원룸을 떠날 수밖에 없었다. 다른 한 번은 이지영이 강북종로학원에서 강사로 근무하던 시절, 성균관대를 다니다가 한의대를 준비한다면서 자신의 남자친구 행세를 했던 제자에게 스토킹을 당한 이야기다. 처음에는 자신이 인터넷으로 명예훼손을 당했는데 이거를 소송하려면 어떻게 해야 되냐고 질문하면서 이지영에게 접근했지만, 그는 수업에 나오지 않다가 얼마 후 학원을 그만두려고 환불절차를 밟으려고 와서는 '어제 전화 왜 안받았어요?'라고 하더니 갑자기 이 명예훼손의 가해자가 이지영이라고 주장하면서 이지영의 전 남자친구 행세를 했다. 당연히 이지영은 어이가 없어서 스토커의 주장을 무시하고 일어나서 나왔지만, 그는 다음 수업에 가기 위해 차를 타려고 학원 지하주차장에 가려는 이지영을 필목을 붙잡고 휘어잡으면서 붙삽았다. 결국 화가 난 이지영이 스토커의 멱살을 잡고 '교무실로 가자. 너 학원에 다시는 못 오게 할 거야'라고 얘기했다. 이지영이 스토커의 멱살을 잡고 강사용 엘리베이터에 집어넣고, 닫힘 버튼을 누르고 교무실이 있는 3층을 눌렀지만 문제는 엘리베이터 안에는 이지영과 스토커 단 둘뿐이었던 것. 스토커는 이지영 머리 바로 위에 엘리베이터 벽을 치면서 사과할 것을 요구하며 이지영을 공포에 떨게 만들었고, 교무실에 와서는 교무부장이 교무실에서 자신의 뺨을 때렸다고 망상하면서 자신에게 사과하라고 요구했다. 그리고 그 다음 주 월요일에는 이미 학원생이 아닌데도 4교시 이지영 수업 전에 쉬는 시간에 와서 앉았다. A16반 반장의 말에 따르면 그 형이 선생님이 자신의 여자친구라고 주장해서 A16반 학생들은 그 말을 반은 믿고 반은 안 믿었다고 하며, 이지영과 찍은 사진도 있다고 주장했다고 한다. 당연히 학원 관계자가 스토커를 내쫓았다. 그러자 스토커는 당시 이지영의 소속사였던 스카이에듀 사무실에 매일 이지영을 기다리려고 찾아왔고, 스카이에듀 사장과 면담을 신청하면서 '당신들이 이지영 강의를 계속하게 하고 싶으면 스카이에듀 지분의 20%를 자신에게 달라'고 요구했다. 결국 스카이에듀가 빡쳐서 경찰에 신고를 했고, 스토커는 현행범으로 잡혀갔다. 하지만 당시는 스토커 처벌법이 없던 시절이었던데다 부모님이 공무원이었기에 경찰은 정신과 치료를 받는 조건으로 스토커에게 훈방조치를 내렸다. 그러나 다음해 스승의 날에 스토커는 또다시 강북종로학원에 찾아가 이지영의 어깨에 손을 얹었고, 겁에 질린 이지영이 침착하게 무슨 일이냐고 묻자 '어제 전화로 스승의 날이라 찾아뵌다 그랬잖아요. 선생님이 3교시가 편하다고 하셔서 왔는데요'라고 망상을 늘여 놓았다. 결국 이지영이 전에 저장해 두었던 스카이에듀 법무팀 담당자와 담당 경찰관에게 직접 연락하면서 경찰차 3대가 오며 결국 스토커는 다시 현행범으로 체포되었다.

동백꽃의 작가 **김유정**도 당대의 명창 박녹주에 대한 스토킹으로 유명하다. 그녀를 보고 첫눈에 반한 김유정은 편지로 자신의 마음을 전했다. '당신을 연모합니다, 저의 사랑을 받아주옵소서.' 같은 달달한 내용의 편지로 고백했지만 그 횟수가 지나치게 많았다. 김유정에게 마음이 없었던 박녹주는 점잖게 타일러서 그를 되돌려보냈지만, 김유정은 포기하지 않고 그녀의 집에 찾아가서 대성통곡을 하기도 했다. 급기야 '당신이 무슨 상감이나 된 듯이 그렇게 고고한 척하는 거요. 보료 위에 앉아서 나를 마치 어린애 취급하듯 한 것을 생각하면 지금도 분하오. 그러나 나는 끝까지 당신을 사랑할 것이오. 당신이 사랑을 버린다면 내 손에 죽을 줄 아시오.'라는 편지를 시작으로 점점 폭력적으로 변했다. 지칭도 '선생'에서 '당신'으로 바뀌더니 급기야 '너'라는 극단적인 호칭을 사용하게 된다. 1928년 겨울 '오늘 너의 운수가 좋았노라. 그 길목에서 너를 기다리기 3시간, 만일 나를 만났으면 너는 죽었으리라'라는 편지가 도착했다. 편지는 잉크로 쓴 게 아닌 혈서였다. 어느 날 인력거를 타고 돌아오던 박녹주의 앞에 몽둥이를 든 김유정이 달려들어 "녹주, 오늘 밤은 너를 죽이지 않으마. 안심하고 내려라. 너는 내가 돈이 없는 학생이라서 나를 피하는 것이냐?"라며 막나가게 된다. 이에 식겁한 박녹주는 다음날 김유정을 집으로 불러 "저는 나이도 돈도 아무것도 필요 없습니다. 단지 당신에게 마음이 가지 않았던 것도 제 잘못입니까?"라고 타일렀다고 한다. 그것이 그 둘의 마지막 만남이었다.

또 다른 유명한 예로는 유명 연예인이 혼인 신고를 하려고 했더니, 이미 다른 남자와 혼인 신고가 되어있어서 놀랐다고 한다. 한 스토커가 그녀의 이름을 도용하여 멋대로 혼인 신고를 올린 것인데, 그 당시에는 혼자서도 혼인 신고를 할 수 있었기에 가능했던 일이라고 한다. 마치 도시전설 같은 이야기지만 놀랍게도 한국에서 여러 번 발생했던 실화이다. 70년대 미스코리아 김성희도 실제로 이런 일을 당했고, 문서 위조죄로 해당 남성은 징역형을 살았는데, 이 사이코는 이게 진짜라고 마지막까지 발버둥쳤다고 한다. 이런 일에 온갖 언론 기사로 마음에 큰 상처를 받은 김성희는 미국으로 이민 갔으며, 탤런트 R씨도 90년대 중반경에 혼인 신고를 '당해있었다'고 한다. 둘 다 미혼이었는데 어쩌다 알게 된 사례로, R씨가 경찰에 선처를 요구해 큰 사고는 없었다고 한다.

방송국에서는 이런 스토커가 하도 찾아와서 경비원이 새로 오면 인수인계를 다 한다고 한다. 90년대 후반 '그것이 알고 싶다'에서도 스토커를 다뤘는데, 연예인 강문영이 아내라고 하는(당시 강문영의 진짜 남편은 가수 이승철이었다) 남자가 나온 적이 있다. 이 남자는 방송국 버스 기사에게 이런 걸 하소연하다가 기사가 듣는 척도 하지 않자 홧김에 기사를 찔러 팔에 중상을 입혀 입건된 뒤 정신병원에 갇혔는데, 그 당시에도 정신병원에서 요주의 인물로 찍혀서 독방에 감금되어 있었다고 한다. 부상이 다 나아서 복귀한 버스 기사도 인터뷰에서 "방송국에 하루에도 그런 이상한 사람이 여러 번 와서 대수롭지 않게 굴었더니만 이렇게 칼을 휘두를 줄은 몰랐다"고 치를 떨었다. 이 사건 이후로 이런 스토커들이 어떤 일을 벌일지 몰라 경비원들이 예의주시하고 있다. 당시 이 방송에서는 SBS의 어느 경비원은 새로 일하게 됐을 때 겪은 일도 인터뷰했다. 어느 아줌마가 오더니만 못 보신 분인데 이전 경비원들에 대하여 자세한 이야기를 하더란다. '이상한 아줌마 다 보네?' 하고 무시하고 갔는데 선배 경비원이 "저 여자, 자신이 방송국 간부와 안다면서 스토커 짓을 하다 보니 당연히 방송국에 대하여 잘 알아야 한다고 경비원이라든지 방송국 직원들까지 이름이니 얼굴을 꼼꼼하게 알더구먼"라고 말하는데 서늘했다고 한다. 그래도 이 여자는 입으로만 큰소리치기에 경비원들은 방송국 안으로 들어오지 못하게만 할 뿐, 바깥에서 수다 떨던지 말던지 무시한다고 인터뷰했다. 당시 취재하던 SBS서울방송 경비실을 보면 요주의 인물 사진들을 한가득 벽에 꽂고 경비원들이 위험도 상·중·하로 구별할 정도였다. 의외겠지만 동성 스토커에서 심지어 나이차도 몇십 살 이상 되는 스토커도 허다하다고 했다. 한 30대도 안되는 젊은 여자 연예인에게 50~60대 할머니 스토커도 있었다고. 취재진이 얼굴 모자이크한 할머니에게 그 연예인을 왜 찾냐고 하자, 딸이라고 어거지를 부리며 횡설수설했다. 경비원들은 별 망상증 환자인지 저런 사람 질리게 본다고 할 정도였다.

정신질환자에 의한 스토킹 사례도 의외로 많이 볼 수 있다. 과거 긴급출동 SOS 24에서 모 중견 탤런트를 10년 이상 스토킹한 정신질환자 남성을 다룬 일이 있었다. 이 남성의 사례는 신문 기사로도 보도되었으며, 한 동료 연기자도 스토커가 맞다면서 문제의 남성을 목격한 적이 있다고 증언했다. 또한 피해 당사자인 탤런트는 당시 SOS 24 제작진과의 전화 인터뷰에서 도를 넘어서는 스토커의 행동에 사법처리를 준비하고 있다며 분통을 터트리기도 했다. 이 남성은 해당 탤런트에게 비정상적인 증오심을 보였으며, 자신의 뒷조사를 하고 다니면서 괴롭힌다고 주장했고, 심지어는 탤런트가 자신을 텔레파시로 조종해서 어머니를 폭행했다는 황당한 증언을 하기도 했다. 이에 대한 정신과 전문의의 소견은 조현병이 의심되며, 그중에서도 조종망상이 특징적으로 나타나는 케이스라고 보았다. 이런 조종망상형 스토커의 경우 대상에 대해 과도한 증오심을 보이면서 무의식적으로 폭력적인 행동이 나타날 수 있기 때문에, 매우 위험한 사례로 꼽힌다.

참고문헌

강봉현, 생활과 법률, 피앤씨미디어, 2019.

권영성, 헌법학원론, 법문사, 2002.

권영준, 민법판례연구Ⅰ, 박영사, 2019.

김균태, 실무중심 경찰수사론, 2022.

김대정, 계약법, 박영사, 2020.

김상용, 토지법, 법원사, 2004.

김봉수, 민법총칙, 청목출판사, 2011.

______, 물권법, 청목출판사, 2011.

______, 채권총론, 청목출판사, 2011.

김상찬, 법과 여성, 법과 여성, 청목출판사, 2012.

김상명, 경찰과 윤리, 피앤씨미디어, 2014.

______, 공직과 윤리, 피앤씨미디어, 2017.

______, 경찰과 인권, 피앤씨미디어, 2022.

김영규, 법학개론, 박영사, 2012.

김재형, 민법개정안연구, 박영사, 2019.

박규용, 알기쉬운 생활법률, 정독, 2021.

박상기, 법학개론, 박영사, 2012.

박영철, 생활과 법률, 담론사, 1999.

박현준, 경찰과 형사사법, 박영사, 2020.

법무부, 한국인의 법과 생활, 한국법교육센터, 2021.

송덕수, 민법총칙, 박영사, 2022.

______, 물권법, 박영사, 2022.

______, 채권법총론, 박영사, 2022.

______, 채권법각론, 박영사, 2022.

______, 민법강의, 박영사, 2023.

송희진, 범죄와 생활법률, 박영사, 2022.
신영호, 경찰과 법, 피앤씨미디어, 2013.
전경근, 생활법률, 박영사, 2009.
조성국, 생활법률, 형설출판사, 2003.
조성민, 민법총칙, 두성사, 2021.
______, 물권법, 두성사, 2020.
______, 채권법, 두성사, 2014.
______, 가족법, 두성사, 2021.
양형우, 민법입문, 정독, 2022.
______, 민법의 세계, 정독, 2022.
원영철, 법과 생활, 삼영사, 2014.
육종수, 법학기초론, 박영사, 1996.
임준태, 법과학과 범죄수사론, 대영문화사, 2022.
최종고, 법과 생활, 박영사, 2003.
______, 법과 생활, 박영사, 2004.
______, 법과 생활, 박영사, 2018.
한삼인, 민법일반이론, 보명, 2009.
______, 민법총칙, 화산미디어, 2019.
______, 계약법, 화산미디어, 2011.
______, 가족법, 화산미디어, 2019.
홍완식, 법학개론, 피앤씨미디어, 2016.

찾아보기

[ㅇ]

[ㅈ]

[저자 약력]

이 경 용

법학박사
법무사
제주국제대학교 경찰학부 특임교수
서귀포시법원 민사조정위원
사단법인 제주장수복지연구원 이사장
제주특별자치도10대·11대 도의원
우수조례 전국 최우수상(한국지방자치학회, 2022)
제주도 공무원 노조 선정 우수의정 대상(2017, 2019)
대한민국 의정대상(2019)

강 봉 현

법학박사
제주국제대학교 경찰학부 특임교수
제주대학교 행정대학원 법학과 강사
제주특별자치도 규제개혁위원회 위원장

주요 저서
생활과 법률(공저, 피앤씨미디어, 2019)
공직과 윤리(공저, 피앤씨미디어, 2017)
경찰과 윤리(공저, 피앤씨미디어, 2014)

김 상 명

법학박사
제주국제대학교 경찰학부 교수
사단법인 대한부동산학회 편집위원
제민일보 비상임논설위원
제주국제컨벤션센터 비상근이사
제주경찰청 청렴협의체 위원
제주특별자치도자치경찰위원회 고충심사위원

주요 저서
경찰과 인권(피앤씨미디어, 2021)
생할과 법률(공저, 피앤씨미디어, 2019)
공직과 윤리(공저, 피앤씨미디어, 2017)
법여성학(공저, 도서출판사 신아문화사, 2017)
경찰과 윤리(공저, 피앤씨미디어, 2014)
경찰과 법(공저, 피앤씨미디어, 2013)
법과 여성(공저, 청목출판사, 2012)
부동산재테크 이론과 실제(한국학술정보, 2008)
제주국제자유도시조성과 사법관계(공저, 제주대학교출판부, 2006)

사례 실무중심 생활법률

초판발행 2023년 9월 25일

지은이 이경용 · 강봉현 · 김상명
펴낸이 김중용

편 집 심성보 · 김인숙

펴낸곳 도서출판 정독

경기도 고양시 일산서구 하이파크로 113, 102-204
등록 제406-2014-000093호
전 화 031)924-7203 팩 스 02)718-8554
홈페이지 www.jeongdok.co.kr 이메일 admin@jeongdok.co.kr
ISBN 979-11-6858-172-2 93360

정 가 20,000원